Vincent Sénéchal
Rétribution et intercession dans le Deutéronome

Beihefte zur Zeitschrift für die alttestamentliche Wissenschaft

Herausgegeben von
John Barton · Reinhard G. Kratz
Choon-Leong Seow · Markus Witte

Band 408

Walter de Gruyter · Berlin · New York

Vincent Sénéchal

Rétribution et intercession dans le Deutéronome

Walter de Gruyter · Berlin · New York

⊚ Gedruckt auf säurefreiem Papier,
das die US-ANSI-Norm über Haltbarkeit erfüllt.

ISBN 978-3-11-022439-9
ISSN 0934-2575

Bibliografische Information der Deutschen Nationalbibliothek

Die Deutsche Nationalbibliothek verzeichnet diese Publikation in der Deutschen
Nationalbibliografie; detaillierte bibliografische Daten sind im Internet
über http://dnb.d-nb.de abrufbar.

© Copyright 2009 by Walter de Gruyter GmbH & Co. KG, 10785 Berlin
Dieses Werk einschließlich aller seiner Teile ist urheberrechtlich geschützt. Jede Verwertung
außerhalb der engen Grenzen des Urheberrechtsgesetzes ist ohne Zustimmung des Verlages
unzulässig und strafbar. Das gilt insbesondere für Vervielfältigungen, Übersetzungen, Mikroverfilmungen und die Einspeicherung und Verarbeitung in elektronischen Systemen.
Printed in Germany
Einbandgestaltung: Christopher Schneider, Laufen

Avant-propos

La présente étude a été présentée comme thèse de doctorat à la Faculté de Théologie de l'Institut Catholique de Paris en octobre 2007. La bibliographie ne prend donc pas en compte les ouvrages publiés depuis cette époque. Pour la publication, le manuscrit d'origine a été quelque peu réduit et la structure d'ensemble en partie révisée.

Je tiens à remercier tous ceux qui ont contribué à la réalisation du présent travail : les responsables de l'Église catholique au Cambodge et de la Société des Missions Étrangères de Paris, qui sont à l'origine de cette thèse ; le P. François Ponchaud, co-traducteur de la première bible œcuménique en khmer (1998), à qui va ma reconnaissance pour m'avoir transmis le goût de l'exégèse des textes bibliques ; l'Institut Catholique de Paris (ICP), la Katholieke Universiteit de Leuven (KUL), et l'École Biblique et Archéologique Française de Jérusalem, institutions académiques qui ont porté ce travail et contribué à son aboutissement ; mes directeurs de thèse, les Professeurs Olivier Artus (ICP) et Hans Ausloos (KUL), qui m'ont fait bénéficier de leurs expertises respectives et ont guidé ma recherche avec disponibilité et compétence ; les éditeurs de BZAW, John Barton, Reinhard G. Kratz, Choon-Leong Seow, Markus Witte et Albrecht Döhnert (de Gruyter), qui ont accepté l'ouvrage dans la collection ; les chercheurs et enseignants grâce auxquels, par la discussion, a souvent jailli la lumière ou un surcroît de clarté, en particulier Thomas Römer (Lausanne), Christophe Nihan et Jean-Daniel Macchi (Genève), Jean-Pierre Sonnet (Bruxelles), Adrian Schenker (Fribourg), Gary Knoppers (Pennsylvanie), Bernard Levinson (Minneapolis), Baruch Schwartz (Jérusalem), Jean L'Hour (Toulouse) et bien sûr ceux de l'Institut Catholique de Paris, trop nombreux pour être tous cités ici ; le P. Olivier Tellier, correcteur attentif et perspicace du manuscrit ; ma famille, amis et confrères, à qui revient ma gratitude pour leur soutien appréciable dans cette aventure solitaire d'une rédaction de thèse. Enfin, je dédie ce travail au peuple cambodgien, auquel je suis lié depuis 15 ans déjà.

Phnom Penh (Cambodge), Octobre 2009   Vincent Sénéchal

Table des matières

Introduction 1

1. La recherche récente sur le Deutéronome au sein des études concernant Genèse–2 Rois 5

1.1 Le Deutéronome dans quatre théories actuelles sur la composition du Pentateuque 6
   1.1.1 Le modèle d'E. Blum 9
   1.1.2 Le modèle de J. Van Seters 14
   1.1.3 Le modèle d'E. Otto 21
   1.1.4 Le modèle de R.G. Kratz 30
1.2 L'apport de quelques études synchroniques 39
   1.2.1 R. Polzin 39
   1.2.2 J.-P. Sonnet 43
1.3 Questions, consensus et tendances de la recherche récente sur le Deutéronome 48
   1.3.1 Consensus 50
   1.3.2 Tendances nouvelles 53
   1.3.3 Questions 57
1.4 Sigles, définitions et principes méthodologiques de notre étude ... 63
   1.4.1 Sigles et définitions 63
   1.4.2 Principes méthodologiques 72

2. Préliminaires à une étude thématique de la faute et de la rétribution dans le Deutéronome 75

2.1 Lire… mais quel texte ? 76

2.2 Délimitation de la lecture et structure du livre 79

2.3 Sélection des péricopes traitant des fautes contre Yhwh dans le Deutéronome 89
   2.3.1 La difficulté de circonscrire les textes du Deutéronome concernant les fautes d'Israël contre Yhwh 89
   2.3.2 Quatre critères de sélection des textes 91
   2.3.3 Les textes sélectionnés à partir de ces critères ... 95

2.4 Deutéronome, faute et rétribution. Le point sur quelques débats et leurs enjeux 115

2.5 Clarification du concept de rétribution et de ses caractéristiques possibles 124

3. Les fautes contre Yhwh et leurs conséquences (1) 128

3.1 La faute de Cades Barnea : une « faute originelle » 134
   3.1.1 Une faute qui se distingue des autres 134
   3.1.2 Une faute qui entraîne une réflexion théologique 137
   3.1.3 Les caractéristiques de la justice divine à la suite de la faute de Cades Barnea 153

3.2 « Après ma mort, vous ne manquerez pas de vous corrompre. » Âge sombre de la période post-mosaïque ? 159
   3.2.1 « Pourquoi Yhwh a-t-il ainsi traité ce pays ? » Réflexion sur la justice divine et les causes des événements de 597 / 587 en Dt 29,21-27 159
   3.2.2 Mort de Moïse, faute d'Israël, retrait de Yhwh et témoignage de la Torah : Dt 31,16-18.20-21.29 169
   3.2.3 Au cœur d'un système rétributif « historicisé » : Dt 28,15-68 177
   3.2.4 Au-delà de la punition : Dt 4,23-31 186

3.3 Un peuple à la nuque raide 199

4. Les fautes contre Yhwh et leurs conséquences (2) 204

4.1 Des fautes pour dire la norme : fautes et sanctions dans les lois et les parénèses 205
   4.1.1 Difficile distinction de ce qui, dans le Deutéronome, ressortit à la loi ou à la parénèse 205
   4.1.2 Les fautes mentionnées dans les textes parénétiques et la justice divine correspondante 209
   4.1.3 Les fautes mentionnées dans les textes législatifs et la justice divine correspondante 212

4.2 Le cantique de Moïse, synthèse du fonctionnement de la justice divine dans le Deutéronome 245

4.3 La justice divine en Dt 9,1–10,11 sur l'arrière-fond des autres fautes du livre 251
   4.3.1 La justice divine dans le Deutéronome. Essai de synthèse 251
   4.3.2 La justice divine en Dt 9,1–10,11 et l'absence de sanction dans cette péricope 254

Table des matières IX

5. Étude diachronique de Dt 9,1–10,11.
   Essai de contextualisation historique de la rédaction
   de cette péricope au sein des cadres du livre 263

5.1 Enquête littéraire et histoire de la rédaction 264
    5.1.1 Délimitation de la péricope 265
    5.1.2 « Fable » et structuration du récit 268
    5.1.3 Critique littéraire et rédactionnelle 271
    5.1.4 Essai de reconstitution de l'histoire de la rédaction 335

5.2 Situer la rédaction de Dt 9,1–10,11 au sein de celle
    de Deutéronome 338
    5.2.1 Point synthétique sur la recherche concernant Dt 5–11 339
    5.2.2 La place de Dt 9,1–10,11 dans l'histoire rédactionnelle
          de Dt 1–11 349

5.3 L'absence de sanction en Dt 9,1–10,11 à la lumière des
    résultats obtenus dans ce chapitre 360

6. Dt 9,7–10,11 et la composition du Pentateuque 363

6.1 Étude des relations de dépendance entre Ex 32,7-14 ;
    Dt 9,12-14.26-29 et Nb 14,11-25 364
    6.1.1 Positions récentes de la recherche 364
    6.1.2 Intégration des trois intercessions dans leurs contextes 366
    6.1.3 Comparaison du contenu et de l'horizon d'écriture
          des trois intercessions 370

6.2 Dt 9,7–10,11 face à ses sources et dans l'histoire de la
    composition du Pentateuque 383
    6.2.1 La source principale : le récit ancien d'Ex 32 383
    6.2.2 Les autres sources 410
    6.2.3 Dt 9,7–10,11 dans l'histoire d'Israël et de la
          composition du Pentateuque 413

6.3 Conclusions à propos de l'absence de sanction en Dt 9,7–10,11 .. 429

Conclusion générale 434

Annexes 439

Abréviations 447

Bibliographie 450

Index des références bibliques 476

Index des auteurs 504

Introduction

À la suite de la parution de l'ouvrage *Überlieferungsgeschichtliche Studien* de M. Noth en 1943[1], l'idée selon laquelle le Deutéronome n'a pu devenir qu'à une époque récente le cinquième livre du Pentateuque et a pu constituer, à un stade antérieur, la préface de la grande œuvre qui s'étend de Josué à 2 Rois a fait son chemin dans la recherche sur Genèse–2 Rois. Depuis un demi siècle, l'histoire deutéronomiste[2] (désormais abrégée HD[3]) décrite par Noth a été étudiée sous bien des aspects[4], l'un d'eux étant la théologie de la rétribution qui se manifeste notamment dans les livres des Juges et des Rois. Pour autant, les recherches sur la théologie de la rétribution dans le Deutéronome, livre qui pose les bases de toute l'histoire qui se déploie de Josué à 2 Rois, n'ont été que peu nombreuses[5].

La présente étude voudrait participer à la connaissance de ce champ de recherche. Elle possède son point de départ dans un questionnement à la fois exégétique et théologique issu de la lecture du Deutéronome. Alors que ce livre déroule sous nos yeux de façon massive le paysage d'une théologie de la rétribution[6], nous trouvons en

---

1 NOTH, *Studien*.
2 Nous reviendrons dans la suite de ce travail sur la remise en cause actuelle de cette hypothèse avec laquelle la recherche travaille depuis plus de cinquante ans et prendrons position à son sujet (cf. p. 56 et p. 67-70).
3 À propos des abréviations utilisées dans ce livre, cf. la table p. 451. Nous éluciderons également quelques conventions d'écriture de cette monographie un peu plus loin, p. 2 n. 8.
4 On consultera sur le sujet : MC KENZIE, *Israel's Traditions* ; DE PURY, *Israël construit*.
5 À notre connaissance, aucune monographie n'a été consacrée à la rétribution dans le Deutéronome en tant que telle, mais seulement quelques passages de livres ou articles : PLÖGER, *Untersuchungen*, p. 196-215 ; GAMMIE, « Retribution », p. 1-12 ; WEINFELD, *Deuteronomic School*, p. 307-319 ; KRAŠOVEC, *Reward*, p. 185-199.
6 Cette affirmation reste à étayer. Les chapitres 2, 3 et 4 de cette étude y seront consacrés. Qu'il suffise pour le moment de remarquer, d'une part, la présence de listes des bénédictions (rétribution positive) et malédictions (rétribution négative) à la fin du livre, et d'autre part, l'expression habituelle de la justice divine par les propositions conditionnelles suivantes :
SI vous vous faites une idole (Dt 4,25) ; vous oubliez Yhwh votre Dieu (8,19) ; tu contractes mariages avec les filles du pays (7,3) ; vous suivez d'autres dieux (6,14 ; 7,4 ; 8,19) ; vous laissez séduire votre cœur, vous vous dévoyez, servez

Dt 9,7–10,11 le récit d'une faute majeure du peuple d'Israël que ne punit aucune sanction. Cet état de fait nous semble fort singulier à plusieurs égards. D'une part, parce que le récit parallèle d'Ex 32–34 rapporte que le peuple est sanctionné pour cette faute, et ce au moins à deux reprises[7]. D'autre part, parce que l'interdiction du polythéisme et de l'idolâtrie (premier commandement[8]) est un des motifs récurrents

---

    d'autres dieux et vous prosternez devant eux (11,16) ; tu n'as pas écouté la voix de Yhwh ton Dieu en gardant ses commandements et ses lois (28,45) ; ton cœur se détourne et si tu n'écoutes pas (30,17) ;
    ALORS la colère de Yhwh s'enflammera contre vous (Dt 6,15 ; 7,4 ; 11,17) ; vous disparaîtrez (4,26 ; 8,19 ; 11,17 ; 30,18) ; vous serez exterminés (4,26 ; 6,15 ; 7,4 ; 28,45) ; Yhwh fermera le ciel et vous disparaîtrez du pays (11,17) ; tu serviras les ennemis que Yhwh t'enverra dans la faim, la soif, la nudité et la privation [...] jusqu'à ce qu'il t'extermine (28,48) ; Yhwh se plaira à vous faire disparaître et vous exterminer et vous serez arrachés de la terre (28,63) ; Yhwh te dispersera parmi tous les peuples (4,27 ; 28,63).

Nous retrouvons cette séquence en Dt 4,23-26 ; 6,14-15 ; 7,1-4 ; 7,9-10 ; 8,18-20 ; 11,16-17 ; 28,45-48(68) ; 29,18-20 ; 30,17-18. Ces conditionnels interviennent comme un refrain du livre. Ils exposent, nous allons le montrer, une théologie de la rétribution selon laquelle la transgression des lois et commandements de Yhwh, notamment l'idolâtrie, appelle une sanction en retour (extermination, disparition du peuple ; asservissement aux ennemis ; dispersion). Nous sommes conscient que la rétribution à laquelle nous faisons allusion est une catégorie construite, que nous nous efforcerons de définir et préciser aux p. 124-127.

7 Cf. Ex 32,25-29 ; 32,35. W. Johnstone décrit bien le contraste entre Dt 9,7–10,11 et Ex 32 : « Whereas the forgiving grace of the God of the covenant is shown to a remarkable degree in Deuteronomy – the guilt of the pulverised golden calf is borne away on the flowing waters of the stream ; there is no hint of any punishment of the people ; and the Levites are appointed as bearers of the ark simply because this is the moment for departure on the journey by stages through the wilderness to the Promised Land with the ark in the lead –, in the final version of Exodus Mose's intercessions are followed by a trial by ordeal of the guilty people (Ex 32,20b), a summon to arms of any Yahweh-zealots to massacre the people, and the bloody ordination of the Levites when they alone respond (Ex 32,25-29 ; contrast Deut 10,8-9). In the final version of Exodus the second forty day and night period is inaugurated with Mose's own offer of substitutionary atonement for the sin of the people, which is declined by the LORD who sends a plague that slays the guilty (Ex 32,30-35 ; there is no parallel to these features in Deut 9,18-19.25 ; 10,1-11 [...]) » (JOHNSTONE, « Reminiscences », p. 259).

8 Deux divisions des commandements du décalogue coexistent depuis l'Antiquité. Celle des Pères grecs est partagée par les Églises orthodoxes et réformées : I) Ex 20,2-3 / Dt 5,6-7 (autres dieux) ; II) Ex 20,4-6 / Dt 5,8-10 (idoles / images) ; III) Ex 20,7 / Dt 5,11 (blasphème) ; IV) Ex 20,8-11 / Dt 5,12-15 (sabbat) ; V) Ex 20,12 / Dt 5,16 (parents) ; VI) Ex 20,13 / Dt 5,17 (meurtre) ; VII) Ex 20,14 / Dt 5,18 (adultère) ; VIII) Ex 20,15 / Dt 5,19 (rapt / vol) ; IX) Ex 20,16 / Dt 5,20 (faux témoignage) ; X) Ex 20,17 / Dt 5,21 (convoitise de ce que possède le voisin). Celle établie par Augustin d'Hippone, d'après le Deutéronome, a été adoptée par les Églises catholique et luthé-

du Deutéronome et que la gravité de ces fautes et des sanctions qu'elles entraînent (la mort) est fréquemment soulignée. Enfin, parce que dans un livre habituellement didactique qui entend exhorter le peuple à mener une vie droite dans la terre où il s'apprête à entrer, il y a un paradoxe à présenter ce type de faute du passé sans aucune sanction ; cela apparaît pédagogiquement improductif.

La question qui est au cœur de cette étude se dégage de l'observation précédente : Comment interpréter l'absence de sanction en Dt 9,7–10,11 ? Pour la traiter, il nous faudra vérifier l'hypothèse de travail qui la sous-tend, à savoir le postulat que ce passage détonne par rapport à la théologie rétributive portée par le livre du Deutéronome, du fait qu'il ne comprend pas de sanction[9]. Dans une thèse publiée récemment, M. Franz[10] arrivait à une conclusion inverse à ce postulat. Selon M. Franz, les auteurs dtr, qui connaissaient Ex 32–34, auraient évité de reprendre en Dt 9,7–10,11 le discours de grâce exprimé en Ex 34,6-7. Cette omission reflèterait de la part de ces auteurs le refus délibéré de la théologie de la miséricorde et de la grâce portée par ces deux versets.

L'absence de sanction en Dt 9,7–10,11 contredit, a priori, la conclusion de M. Franz. L'évaluation de la théologie portée par Dt 9,7–10,11 paraît donc problématique. Sommes-nous en présence d'une voix discordante par rapport à la théologie de la rétribution environnante dans le livre (absence de sanction) ou d'une voix en accord avec cette théologie (omission supposée d'Ex 34,6-7) ? Notre étude devra non seulement tenter d'expliquer l'absence de sanction en Dt 9,7–10,11,

---

rienne : I) Ex 20,3-6 / Dt 5,7-10 (autres dieux et idoles / images) ; II) Ex 20,7 / Dt 5,11 (blasphème) ; III) Ex 20,8-11 / Dt 5,12-15 (sabbat) ; IV) Ex 20,12 / Dt 5,16 (parents) ; V) Ex 20,13 / Dt 5,17 (meurtre) ; VI) Ex 20,14 / Dt 5,18 (adultère) ; VII) Ex 20,15 / Dt 5,19 (rapt / vol) ; VIII) Ex 20,16 / Dt 5,20 (faux témoignage) ; IX) Ex 20,17a / Dt 5,21a (convoitise de la maison [Ex] / de la femme [Dt] du prochain) ; X) Ex 20,17b / Dt 5,21b (convoitise de ce que possède le voisin). Conventionnellement, nous utiliserons cette dernière numérotation.

Quelques autres conventions valent aussi d'être mentionnées : lorsqu'une référence biblique est donnée sans être précédée par l'abréviation d'un livre biblique, il s'agit du Deutéronome (par ex. : 1,36 = Dt 1,36) ; sauf notification contraire, les traductions du texte biblique ou des ouvrages de la littérature secondaire que nous citons seront nôtres ; nous avons évité d'employer l'astérisque dans la description de passages bibliques (ex. : Dt 7,1-5*). Cependant, nous citons parfois des auteurs qui en font l'usage. Cet astérisque signifie qu'il ne s'agit pas du verset ou du texte dans sa totalité, mais de la version présupposée originelle dudit texte.

9   Ce sera l'objet des chapitres 2, 3 et 4.
10 FRANZ, Gott, p. 194-221.

mais également caractériser la théologie portée par cette section et éventuellement la rattacher à une époque et un milieu d'origine.

Notre propos se développera en six chapitres. Dans le premier, nous nous attacherons à regarder l'histoire récente de la recherche sur le Deutéronome au sein des études sur le Pentateuque. Ces dernières, depuis le « séisme » de la remise en cause de l'hypothèse documentaire classique (système Graf–Wellhausen), sont en pleine restructuration et mutation. Il est donc nécessaire d'en prendre la mesure et de poser le cadre dans lequel nous allons travailler. Nous nous attacherons ensuite (chapitres 2, 3 et 4) à situer la théologie de Dt 9,1–10,11[11] sur l'arrière-fond du Deutéronome comme livre, en regardant quelle justice divine répond aux différentes fautes d'Israël. À l'issue de ces chapitres, il nous sera possible de formuler plusieurs hypothèses en réponse à la question de l'absence de sanction en Dt 9,1–10,11. La validité de certaines de ces hypothèses sera liée à l'histoire de la rédaction de ce passage. Il nous faudra dès lors essayer de situer cette péricope dans l'histoire de la composition du Deutéronome et du Pentateuque, c'est-à-dire finalement dans l'histoire d'Israël (chapitres 5 et 6). Les raisons de l'absence de châtiment dans l'épisode du veau en Dt 9,1–10,11 pourront ainsi, autant que possible, être mises en relief dans un contexte historique. La conclusion générale, enfin, sera l'occasion d'une brève relecture de l'exégèse mise en œuvre dans cette étude.

---

11   Nous avons jusqu'ici fait référence à Dt 9,7–10,11, péricope dans laquelle nous notons une absence de sanction, au contraire du récit parallèle d'Ex 32. Nous mentionnons maintenant Dt 9,1–10,11. La délimitation de notre péricope est en effet objet de débat. Faut-il faire débuter l'unité concernant l'idolâtrie à l'Horeb en 9,1 ou 9,7 ? Faut-il l'arrêter en 10,11 ou au-delà ? Nous anticipons ici sur certains résultats (cf. p. 266-269) en faisant référence à Dt 9,1–10,11. Nous verrons en effet que nous avons là une unité rhétorique, composée de deux sous-parties étroitement liées, 9,1-6 et 9,7–10,11. Dans la suite de ce travail, nous renverrons tantôt à l'unité rhétorique 9,1–10,11, tantôt à la sous-unité 9,7–10,11.

1. La recherche récente sur le Deutéronome au sein des études concernant Genèse–2 Rois

Pour qui envisage, après la remise en question de la théorie documentaire, une étude à dimension historique sur le Deutéronome, plusieurs clarifications s'imposent. Il importe d'abord de faire le point sur les grandes hypothèses de formation de Genèse–2 Rois[1] et, à l'intérieur de ces théories, de saisir plus particulièrement la place que les chercheurs attribuent au livre du Deutéronome. Les articulations et influences réciproques entre les recherches sur le Deutéronome et celles sur Genèse–2 Rois peuvent ainsi être mises en lumière.

Ces pages ont ces clarifications pour objectif. Le lecteur n'y trouvera pas une histoire exhaustive de la recherche[2], mais plutôt un état des développements récents depuis une quinzaine d'années. Le début des années 1990 nous semble un moment clé où faire commencer notre état des recherches récentes. Pour ce qui concerne l'étude du Pentateuque, c'est en effet en 1990 qu'ont été publiés les *Studien zur Komposition des Pentateuch*, le second ouvrage majeur d'E. Blum[3]. Dans la ligne des travaux de R. Rendtorff[4], l'auteur y poursuit l'élaboration d'une nouvelle hypothèse de composition du Pentateuque sur les décombres de l'hypothèse documentaire. La théorie qui en résulte et que nous pouvons appeler système « Rendtorff–Blum », puisqu'il part

---

1 Nous examinons ici la recherche sur l'ensemble Genèse–2 Rois dans la mesure où les théories globales explicatives de la naissance du Pentateuque composent souvent avec des ensembles tels que l'Hexateuque ou l'Ennéateuque (Genèse–2 Rois), avant d'expliquer la délimitation du Pentateuque actuel par la séparation des livres du Deutéronome et de Josué. Le Deutéronome est souvent considéré comme un livre charnière entre les différents ensembles (Tétrateuque, Pentateuque, Hexateuque, Ennéateuque…). En ce sens, il nous semble essentiel de situer la recherche actuelle sur le Deutéronome à l'intérieur de celle qui porte sur l'ensemble Genèse–2 Rois et non pas seulement Genèse–Deutéronome.
2 Pour de telles histoires de la recherche, on pourra par exemple se reporter à DE PURY, *Pentateuque*, p. 9-80 ; BOORER, *Promise*, p. 7-33 ; ou encore ZENGER, *Einleitung*, ⁵2004, p. 74-99.
3 BLUM, *Studien*.
4 Cf. surtout RENDTORFF, *Problem*.

de la critique de Rendtorff pour aboutir à la théorie globale de Blum, réhabilite en partie l'hypothèse des fragments. Elle est devenue incontournable, semble-t-il, au point d'avoir été qualifiée comme « The Theory Under Attack »[5]. Pourtant, ces dernières années, de nouveaux modèles explicatifs de l'histoire de la composition du Pentateuque ont été proposés. Nous prendrons donc l'année de parution de l'étude de Blum comme limite, en amont, pour l'examen de ces nouveaux modèles et pour notre passage en revue de la recherche récente.

L'étude de ces théories et de la place du livre du Deutéronome en leur sein constituera donc le premier temps de ce chapitre (1.1). Nous chercherons ainsi à déterminer quelle fonction joue le Deutéronome dans chacune de ces théories sur l'histoire de la composition du Pentateuque. Ce type d'approche par l'histoire rédactionnelle est maintenant complété par des études qui s'intéressent à la dimension littéraire (rhétorique et poétique) du Deutéronome sur un plan synchronique. Nous évoquerons donc dans un deuxième temps (1.2) l'apport de deux monographies qui approchent le livre sous cet angle, celles de R. Polzin et de J.-P. Sonnet. L'examen de l'apport de ces six auteurs (Blum, Van Seters, Otto, Kratz, Polzin, Sonnet) ne nous aura cependant fourni qu'un aperçu partiel de la recherche récente sur le Deutéronome. Aussi élargirons-nous ensuite (1.3) cet état de la recherche en brossant un tableau synthétique des questions, consensus et tendances actuelles qui animent les chercheurs. Enfin, ayant décrit l'environnement de recherche dans lequel nous allons évoluer, nous préciserons notre cadre de travail en énonçant quelques principes et définitions de départ (1.4).

1.1   Le Deutéronome dans quatre théories actuelles sur la composition du Pentateuque

Le Deutéronome est considéré depuis longtemps comme un livre-clé pour la compréhension de la formation du Pentateuque, pour deux raisons principales. La première vient de ce que ce livre se laisse en partie relier à un cadre historique plus large. Son identification, au moins dans sa version la plus ancienne, avec le livre trouvé dans le temple en 2 R 22–23 fournit en effet depuis la thèse de Wilhelm de Wette[6] un élément important de datation. Le Deutéronome manifeste

---

5   Nicholson, *Pentateuch*, p. 95-131.
6   De Wette, *Dissertatio*.

en outre en ses chapitres 13 et 28 une proximité reconnue avec les traités de vassalités d'Assarhaddon, des documents néo-assyriens du 7e s. avant J.-C[7]. La seconde raison réside dans le fait que ce livre apparaît comme le point focal d'un vocabulaire stéréotypé présent dans les livres antécédents et subséquents[8].

Cela étant dit, le Deutéronome primitif (qu'il soit délimité comme l'*Urdeuteronomium* de W. de Wette ou différemment, comme celui d'E. Otto ou de R. Kratz) a été considérablement étendu et remanié et se trouve aujourd'hui intégré dans des ensembles littéraires vastes (Pentateuque, Hexateuque, Ennéateuque). Pour rendre compte de cette intégration au sein de modèles explicatifs globaux, la recherche est confrontée aux questions suivantes[9] :

- Quelle relation d'origine et de dépendance littéraire entretiennent le Code de l'Alliance (CA), le Code Deutéronomique (CD) et la Loi de Sainteté (LS) ?
- Quelle est la nature des relations de dépendance littéraire qui unissent les récits des cadres du Deutéronome (Dt 1–11 ; 27–34)[10] et ceux du Tétrateuque ?[11]

---

[7] T. Veijola fait le point sur cette question dans VEIJOLA, « Deuteronomismusforschung », p. 289-298. E. Otto a souligné la parenté de Dt 13 avec les traités de vassalités d'Assarhaddon, Steymans celle de Dt 28 (OTTO, *Deuteronomium* ; STEYMANS, *Deuteronomium 28*). Selon Braulik, « mit dieser Rezeption eines ausser-atl. Textes und ihrer Datierung ist ein absoluter chronologischer Fixpunkt in der Literaturgeschichte des Dtn, ja ein Angelpunkt des Pentateuchs, gegeben » (BRAULIK, « Das Deuteronomium », p. 148).

[8] On trouvera le relevé de la phraséologie deutéronomico-deutéronomiste (dtq / dtr) et de ses points de contact avec d'autres livres de l'Ancien Testament dans DRIVER, *Deuteronomy*, ³1902, p. lxxvii-lxxxviii et dans WEINFELD, *Deuteronomic School*, p. 320-365. C'est sur ces points de contact que Martin Noth a fondé son hypothèse d'une historiographie deutéronomiste (NOTH, *Studien*).

[9] Ces questions nous ont été suggérées par la lecture d'ACHENBACH, *Das Deuteronomium zwischen*, p. 1, et OTTO, « Synchronical », p. 25-26.

[10] La recherche fait classiquement la différence entre un cadre parénétique (appelé aussi quelquefois cadre interne), Dt 5–11 ; 27–30 et un cadre historique (appelé aussi parfois cadre externe), Dt 1–3(4) ; 31–34.

[11] L'importance de cette question a souvent été soulignée, par exemple par Thomas Römer (« Aujourd'hui, […] les exégètes […] considèrent que la question des "traditions parallèles" entre Gn-Nb et Dt est la plus importante de toutes dans le débat sur le Pentateuque » [RÖMER, « Approches », p. 156]), ou encore par J. Van Seters (« There is even a broad recognition in the current discussion of the Pentateuch that the way Deuteronomy is viewed as related to the Tetrateuch and to the " Deuteronomic " elements within it determines the approach that one takes to the rest of the Pentateuch » [VAN SETERS, *Pentateuch*, p. 88]).

- Quelle est la corrélation entre le travail de rédaction et de remaniement que l'on trouve dans le Deutéronome et le travail semblable que l'on trouve dans les cycles historiques de Josué, Juges, Samuel et Rois ?
- Pourquoi y a-t-il un désordre chronologique dans la succession des événements présentés dans les cadres du Deutéronome ?[12]
- Pourquoi n'y a-t-il quasiment pas de trace d'écriture sacerdotale (P) dans le Deutéronome ?
- Comment expliquer que la Torah s'arrête après le Deutéronome et que la suite logique du récit a été mise à part pour former la partie du canon dénommée « Prophètes antérieurs » ou « livres historiques » ?

Dans une des dernières éditions de son introduction à l'Ancien Testament ([5]2004), Erich Zenger présente quatre théories récentes sur la formation du Pentateuque, qu'il estime représentatives des tendances actuelles de la recherche[13]. Il s'agit des modèles d'E. Blum, d'E. Otto, de R.G. Kratz et d'E. Zenger[14]. La sélection de Zenger consacre la prédominance de l'exégèse germanique sur cette question. Il est vrai que les autres sphères de recherche (anglophone, hébréophone, francophone, etc.) sont moins productrices de modèles globaux de ce genre que la recherche de langue allemande. Certains exégètes s'y essaient cependant. J. Van Seters a ainsi théorisé sa compréhension de la composition du Pentateuque à la fin des années 1980 et au début des années 1990. Nous inclurons cet auteur parmi les théories que nous étudierons. Notre objectif sera de regarder comment chacune se positionne vis-à-vis du livre du Deutéronome et répond aux questions

---

12 Dt 1–3 raconte par exemple des événements qui prennent place bien après le don de la loi au Sinaï, alors que Dt 5 raconte le don de la loi et Dt 9,7–10,11 l'épisode du veau d'or, à situer chronologiquement avant Dt 1–3. Cette question de la non coïncidence entre le déroulement des événements rapportés par le Tétrateuque et leur déroulement dans Dt 1–11 est qualifiée de question de la « fable » (die « Fabel ») par Lohfink (cf. LOHFINK, « Fabel »).

13 ZENGER, *Einleitung*, [5]2004, p. 99-123.

14 Dans ZENGER, *Einleitung*, [5]2004, p. 100-106, Zenger présente le « Münsteraner Pentateuchmodell » qu'il attribue à P. Weimar et à lui-même. Quelques années plus tôt cependant, dans ZENGER, *Einleitung*, [3]1998, p. 119-122, il présentait une première version de ce « Münsteraner Pentateuchmodell » qu'il attribuait à E. Zenger - C. Dohmen - F. L. Hossfeld. Il semble donc que le nom principal attaché à ce « Münsteraner Pentateuchmodell » soit avant tout celui de Zenger. C'est pourquoi nous nous permettons ici de parler du « modèle de Zenger ».

présentées plus haut. Nous commençons avec le modèle d'Erhard Blum[15].

1.1.1 Le modèle d'E. Blum

Blum a poursuivi sur les bases posées par Rendtorff[16] dans deux ouvrages majeurs. Dans son livre de 1984 (*Die Komposition der Vätergeschichte*), il étudiait la formation d'une histoire des patriarches à partir de récits fragmentaires[17]. Dans celui de 1990 (*Studien zur Komposition des Pentateuch*), il proposait d'expliquer la forme finale[18] du

---

15 Pour une compréhension globale du modèle, cf. le schéma présenté dans ZENGER, *Einleitung*, [5]2004, p. 111, ainsi que l'annexe 1 ci-dessous p. 442).

16 Avec quelques divergences fondamentales cependant. Par exemple, et c'est une divergence majeure, Blum remet en cause l'observation développée par Rendtorff dans *Das überlieferungsgeschichtliche Problem des Pentateuch* (cf. p. 5 n. 4) concernant l'indépendance des « unités majeures » : « Anders als in der Genesis – und ausgenommen die Bileam-Erzählung – finden sich m.E. in Exodus und Numeri keine Anzeichen für eine diachrone Eigenständigkeit " grösserer Einheiten " (im Rendtorffschen Sinne)» (BLUM, *Studien*, p. 215). Whybray liste d'autres divergences entre Blum et Rendtorff dans WHYBRAY, *The Making*, p. 211-212.

17 On peut résumer ses conclusions de la manière suivante : Blum identifiait comme premier stade de la formation de l'histoire des patriarches un récit sur Jacob originellement indépendant (Gn 25–33* ; *Die Jakoberzählung*), provenant du royaume du Nord durant le règne de Jéroboam Ier, qui aurait été étendu pour former une histoire de Jacob (*Die Jakobgeschichte*) allant de sa naissance à sa mort (Gn 25–50*). Cette histoire aurait été compilée entre 722 et 587 avec un récit « Abraham–Lot », originaire de Juda, au moyen du motif des promesses de Gn 13,14-17 et Gn 28,13-15 (*Vätergeschichte 1*). Pendant l'exil, ce complexe narratif aurait reçu l'addition de traditions indépendantes sur Abraham (Gn 12,10-20 ; 16 ; 21,8-21 ; 22) pour devenir, dans la terminologie de Blum, la *Vätergeschichte 2*. Une édition–D aurait ensuite ajouté les chapitres 15 et 24 et d'autres passages mineurs (Blum désigne cette étape de la formation de Gn 12–50 comme celle de la *D–Bearbeitung*) avant qu'une rédaction sacerdotale n'édite, parmi d'autres textes, les tables des générations et d'autres notices chronologiques.

18 L'auteur utilise l'expression « forme finale » avec des guillemets dans la dernière section de *Studien* intitulée : « Auf dem Weg zur kanonischen " Engestalt " » (p. 361-382). Cette catégorie n'est effectivement pas sans poser de problèmes, puisqu'il existe une pluralité de manuscrits du Pentateuque. Blum revient sur les ambiguïtés de l'expression dans BLUM, « Endgestalt ». Dans cet essai, il répond à la question de la manière suivante : « Gibt es nun die Endgestalt des Pentateuch ? – Die Prognose erscheint nicht gewagt, daß es unter den skizzierten erschwerten Bedingungen *de facto* die eine Endgestalt nie geben wird, sondern viele Endgestalten. Aber wenn der Streit um diese Endgestalten einen Sinn haben soll, – anders gesagt : als Bedingungen der Möglichkeit exegetischer Urteilsbildung – bleibt die Existenz " der

Pentateuque comme édition d'un document de compromis, l'expression de ce compromis étant repérable dans l'agencement de deux grandes compositions « K^D »[19] et « K^P »[20]. À la fin de l'ouvrage, Blum avançait la politique de l'autorisation impériale perse[21] comme élément déclencheur de ce travail d'édition, cette hypothèse s'accordant avec le résultat de ses datations de K^D et K^P (dans un contexte post-

---

Endgestalt " ein notwendiges Postulat der exegetischen Vernunft » (p. 57). Pour notre part, lorsque nous ferons référence à la forme finale du Deutéronome, il s'agira d'un renvoi au texte de M^L, dont nous justifierons plus loin le choix pour notre lecture du Deutéronome (cf. p. 76-79, sp. p. 78).

19   K^D est un sigle signifiant « composition deutéronomiste ». La mise à jour de K^D est le premier moment du livre. Méthodologiquement, Blum part d'une analyse synchronique de détail qui s'attache à observer le « relief » du texte en Ex 1–15 puis en Ex 19–24 ; 32–34. Il y découvre une couche compositionnelle unifiée (*eine Kompositionsschicht*). Après avoir montré, d'une part, la parenté de cette couche avec des textes comme 1 S 12,16-18, Jos 4,14, Gn 50,24 et, d'autre part, la présence en son sein de tournures dtr reconnues, il la qualifie de composition-D (K^D). Blum repère ensuite la présence de K^D hors de la péricope du Sinaï, grâce à des éléments qui forment selon lui un « syndrome » en Ex 33 ; Ex 34 ; Nb 11 ; Nb 12 ; Dt 31,14-15.23 ; Dt 34,10-12. Puis il en distingue le début en Gn 12 (récemment, Blum est revenu sur cette délimitation de K^D, la réduisant à l'histoire de Moïse, d'Ex 1 à Dt 34. Cf. BLUM, « Verbindung », p. 155). La détermination de la fin de K^D reste plus ouverte. Selon Blum, elle se lie dans le Deutéronome à la ligne narrative de HD, notamment en Dt 31,14-15.23 et Dt 34,10. K^D englobe donc toute la trame narrative du Pentateuque, à l'exception de l'histoire des origines. Elle présuppose HD et la rattache à sa propre structure.

20   K^P est un sigle signifiant « composition sacerdotale ». Blum étudie les traditions sacerdotales du Pentateuque dans la deuxième partie de *Studien*. Il cherche à déterminer les contours et la nature de ces textes P. Selon lui, on ne doit qualifier P ni de source ni de rédaction, mais de couche compositionnelle sacerdotale (sigle K^P) qui présuppose K^D et la transforme, l'interprète ou la complète généralement au moyen de traditions P. « Généralement », car K^P organise également des traditions anciennes non-P qui n'ont rien à voir avec K^D, comme le montre l'étude d'Ex 14 ou de Gn 1–11. À l'issue du travail de K^P, il résulte un écrit en tension dans lequel sont paradoxalement conservées des expressions auxquelles P cherche pourtant à faire contrepoids (BLUM, *Studien*, p. 285). Le profil théologique de K^P s'articule autour du thème central de la proximité avec Dieu (*die Gottesnähe*), en liaison étroite avec les thèmes de la création et de la sainteté. Ainsi s'explique l'installation du sacerdoce et de la demeure. L'organisation de la péricope du Sinaï de K^P s'appréhende donc selon les textes majeurs de l'institution du sanctuaire (Ex 25–40), de l'organisation du camp (Nb 1–10), du culte divin (Lv 1–10) et de la pureté / sainteté du peuple (Lv 11–26).

21   Hypothèse de P. Frei selon laquelle le gouvernement central de la Perse approuvait et scellait de sa propre autorité certaines lois ou certains règlements locaux. Cf. FREI, « Zentralgewalt ».

exilique ancien pour la première[22] ; au temps du règne de Darius Ier [522-486] pour la seconde[23]). Les auteurs de ces compositions proviendraient de différents milieux de l'Israël post-exilique : le document K[D] s'enracinerait dans le milieu des propriétaires fonciers de Juda[24], tandis que le milieu porteur de K[P] serait celui des cercles sacerdotaux aaronides de Jérusalem[25]. Blum décrivait enfin des suppléments ponctuels postérieurs à K[P] (notamment une *Jos 24-Bearbeitung*[26] et une *Mal'ak-Schicht*[27]), intervenus au terme du processus de rédaction du Pentateuque et qui selon lui n'altèrent pas fondamentalement la forme du Pentateuque, reçue principalement de la fusion de K[D] et K[P].

Comment évaluer cette théorie, notamment dans le cadre d'une étude sur le Deutéronome ? Le Deutéronome ne paraît pas être un point focal de ce modèle[28], bien que Blum lui concède le titre de « centre

---

22 *Ein früh-nachexilischer Kontext* (BLUM, *Studien*, p. 164 n. 276 et déjà BLUM, *Vätergeschichte*, p. 392).
23 BLUM, *Studien*, p. 357 et aussi BLUM, « Montagne », p. 300. Un des critères de datation réside dans le fait que l'hébreu de P, selon lui, est plus ancien que l'hébreu biblique tardif d'Esd–Ne, ce qui suggère donc de situer P au plus tard dans la première moitié du 5e siècle.
24 BLUM, *Studien*, p. 342. Blum reste assez prudent sur l'identification de ces auteurs, laissant ouverte la question de leur l'identité exacte (lévites ? scribes ? fonctionnaires de la cour de justice de Jérusalem ?) pour s'intéresser à celle de leur milieu social. Il se réfère ainsi de manière large à une « école » ou à un « mouvement » deutéronomico-deutéronomiste, cercle d'intellectuels d'où proviendraient également HD et le livre de Jérémie. Selon lui, ce mouvement ou cette école a probablement connu des scissions (BLUM, *Studien*, p. 341-342).
25 BLUM, *Studien*, p. 345. Blum parle également de l'aristocratie sacerdotale (p. 359).
26 Gn 35,1-7 ; 50,25.26b ; Ex 13,19 ; Jos 24,32 (BLUM, *Studien*, p. 363-364).
27 Ex 14,19 ; 23,20-33 ; 32,34ab ; 33,2.3b.4 ; 34,11-27 ; Jg 2,1-5 (BLUM, *Studien*, p. 365). Pour l'auteur, cette couche rédactionnelle ne présuppose pas la combinaison de K[D] et K[P], contrairement à la *Jos 24-Bearbeitung*.
28 Ce point n'est pas nouveau et rejoint les remarques de Van Seters (« Both of these [K[D] and K[P]] are postexilic in date and both are quite distinct from Deuteronomy, which he does not discuss », VAN SETERS, *Pentateuch*, p. 77; « K[D] is regarded as a late deuteronomistic work, but its relationship to Deuteronomy–2 King is never addressed », VAN SETERS, « The Case », p. 302), d'Otto (« Es ist auffällig, daß in Entwürfen zur Pentateuchkritik, die sich von der Neueren Urkundenhypothese lösen, das Deuteronomium weithin ausgeklammert wird, so in denen von E. Blum [*Studien*] u. a. [...] », OTTO, *Deuteronomium*, p. 12 n. 71) ou de Lohfink (« Je trouve [...] étonnant que ceux qui se consacrent au problème du Pentateuque pensent si peu au Deutéronome. Contentons-nous d'un seul exemple : la théorie la plus développée sur le Pentateuque se trouve sans conteste dans les deux tomes d'Erhard Blum des années 1984 et 1990. Cela fait en tout plus de mille pages. Pourtant, on n'y trouve qu'une seule note de bas de page concernant la critique interne et l'histoire

de la théologie biblique »[29]. Au contraire du récit Exode-Moïse (*Moseerzählung*[30]) ou des récits anciens qui constituent la base de l'histoire des patriarches, l'auteur ne se prononce ni sur l'antiquité du Deutéronome ni sur ses parties les plus anciennes. Son modèle ne répond pas non plus à l'ensemble des questions que nous avons listées plus haut[31]. Il ne dit pas, par exemple, pourquoi il ne se trouve quasiment pas d'éléments P dans le Deutéronome, alors même qu'il considère que sa composition-P est plus récente que sa composition-D[32]. De même, le désordre chronologique au sein des cadres du Deutéronome n'est pas abordé.

En revanche, l'auteur prend parti sur les autres questions. Concernant les relations d'origine et de dépendance littéraire entre les trois codes législatifs, sa position est claire : il se situe sur ce point conformément à la position de l'École d'Heidelberg, c'est-à-dire qu'il considère CA comme plus ancien que CD, LS étant postérieure à ces deux premiers codes[33]. En reliant le Deutéronome au Tétrateuque, K^D aurait délibérément donné à la Torah une double structure interne (décalogue + CA ; décalogue + CD)[34]. Le troisième code, LS, aurait quant à lui une particularité. Selon Blum, Lv 17–26 est une section législative qui est partie intégrante du livre du Lévitique et donc de K^P. L'auteur va donc à l'encontre de positions qui envisagent LS comme primitivement indépendant pour la considérer au contraire comme une couche de composition[35].

La question des récits relatés en double dans le Tétrateuque et dans les cadres du Deutéronome est abordée par une étude des rapports entre Ex 19–20 et Dt 4–5, entre Nb 13–14 et Dt 1,19-46, et entre Ex 32–34 et Dt 9,7–10,11. Blum suppose que Dt 4–5 et Ex 19–20 partent de la même tradition pré-deutéronomique relative à la montagne de Dieu. La différence entre Exode et Deutéronome résiderait dans le fait que le Deutéronome travaillerait librement cette tradition ancienne pour lui

---

      rédactionnelle du Deutéronome ! Il y fait remarquer qu'il présuppose quelque chose comme l'Œuvre historique apparue à un moment donné et décrite par Martin Noth », LOHFINK, « État de la recherche », p. 37).

29 BLUM, *Studien*, p. 340.

30 Cette *Moseerzählung* est un ensemble de traditions sur Moïse et sur l'exode que reçoit K^D. Blum en situe la cristallisation au tournant du 7e s. avant J.-C.

31 Cf. p. 7-8.

32 Pour Blum, les traces de K^P présentes dans le Deutéronome sont réduites. Elles sont visibles en Dt 1,3 ; 32,48-52 et 34,1.7-9 seulement (BLUM, *Studien*, p. 227).

33 BLUM, « Pentateuch-Hexateuch-Enneateuch ? ».

34 BLUM, *Studien*, p. 197-201 ; 343 ; également BLUM, « Montagne », p. 291.

35 BLUM, *Studien*, p. 318-332, particulièrement p. 319-322.

donner une nouvelle forme, tandis que la K^D d'Ex 19–20 serait plus liée par la tradition ancienne, la reprenant et la prolongeant sans trop la déformer[36]. Partant d'une tradition pré-deutéronomique, Dt 4–5 et Ex 19–20 auraient donc été composés dans une relation de réciprocité[37]. Une conclusion semblable explique les rapports entre Dt 1,19-46 et Nb 13–14[38], et entre Ex 32–34 et Dt 9,7–10,11[39]. Pour l'auteur se joue donc une écriture croisée entre le Tétrateuque et le début du Deutéronome.

Blum explique beaucoup plus simplement les relations littéraires unissant le Deutéronome et les livres de Josué, Juges, Samuel et Rois. Elles se déduisent des sources qu'il suppose avoir été en possession des auteurs de K^D. De son point de vue, le Deutéronome reçu par K^D est un Deutéronome déjà intégré dans HD au sens de Noth[40]. Cela signifie que les relations entre le Deutéronome en possession de K^D et les livres historiques sont à attribuer à l'historien auteur de HD. Dans cette optique, le Deutéronome reçu par K^D puis par K^P était un Deutéronome déjà abouti, qui n'a finalement reçu des deux compositions que des remaniements quantitativement peu nombreux, mais qualitativement fondamentaux. Outre les traditions communes avec le Tétrateuque, que K^D aurait remaniées, la composition-D aurait aussi introduit Dt 31,14-15.23 ; 34,10 comme charnière entre Exode–Nombres et HD[41]. K^P se serait quant à elle servie de Dt 1,3 ; 32,48-52 et 34,1.7-9 pour arrimer le Deutéronome à l'intérieur de sa composition d'ensemble du Pentateuque[42].

À la dernière interrogation posée à toute théorie sur le Pentateuque, à savoir comment et pourquoi une césure a été instaurée après le Deutéronome et l'ensemble des cinq premiers livres canonisés en

---

36 BLUM, *Studien*, p. 176-177.
37 Blum remarque que Dt 5,23-31 est une interprétation d'Ex 20,18-21, tandis qu'Ex 20,22 reprend Dt 4,10-13.36 (BLUM, *Studien*, p. 176).
38 BLUM, *Studien*, p. 181
39 BLUM, *Studien*, p. 187-188
40 BLUM, « Montagne », p. 279.
41 « On remarquera notamment, sur le plan de l'histoire de la composition, l'importance toute particulière de Dt 31,14s.23 ; 34,10. Si l'on examine ces versets dans leur contexte, on constate alors qu'ils ont été insérés dans un ensemble déjà constitué. Cet ensemble n'est rien d'autre que celui de " l'historiographie deutéronomiste " (" HD "). [...] On a affaire ici à des " charnières " par lesquelles la " K^D " se rattache à " HD " [...]. Nous avons donc affaire ici à ce qu'on pourrait appeler la pierre d'angle du rapport entre la K^D et HD » (BLUM, « Montagne », p. 282).
42 BLUM, *Studien*, p. 227.

Torah, Blum répond par l'hypothèse de l'autorisation impériale perse[43]. À cette raison externe se serait allié le travail de composition de K[D] (parachevé ensuite par K[P]). L'étape K[D] est à cet égard fondamentale puisque c'est à cette composition que Blum attribue la clarification du rapport « Prophétie–Torah ». Sans remettre en cause la prophétie, K[D] l'aurait subordonnée à la révélation faite à Moïse, prophète par excellence (Nb 12,6-8 ; Dt 34,10)[44]. K[D] aurait aussi redéfini l'expression ספר תורת משה par la coupure instaurée avec la mort de Moïse à la fin du Deutéronome et par l'extension du titre de « Torah » à l'ensemble allant d'Abraham à Moïse[45].

L'histoire littéraire du Deutéronome telle qu'envisagée par Blum peut donc se résumer ainsi : un Deutéronome partie intégrante de HD au sens de Noth (CD avec ses cadres), datant du temps de l'exil, aurait été retouché peu après l'exil par une composition dtr K[D] qui l'aurait intégré au Tétrateuque et séparé de Josué–2 Rois, élaborant ainsi la Torah (Genèse–Deutéronome). Peu après, vers 500 avant notre ère, une composition sacerdotale n'aurait procédé qu'à quelques ajouts supplémentaires (Dt 1,3 ; 32,48-52 ; 34,1.7-9). La nouveauté de cette théorie se situe donc dans la description de K[D], puisque Blum reprend HD de Noth ainsi que la position traditionnelle (cf. Wellhausen, Noth) de la présence de P en Dt 34,1.7-9.

1.1.2   Le modèle de J. Van Seters

Van Seters a exprimé ses vues concernant la genèse de l'Ennéateuque dans quatre ouvrages. Le premier, *Abraham in History and Tradition* (1975)[46], constituait une des premières remises en cause de la théorie documentaire classique, avec celles de H.H. Schmid et de R. Rendtorff. L'auteur mettait en doute les travaux de Gunkel, Noth et von Rad sur la tradition orale, en affirmant l'impossibilité de retrouver une tradition orale ancienne derrière les traditions patriarcales. En 1983, dans *In Search of History*[47], il se livrait à une étude comparative de l'historiographie israélite avec les historiographies grecques, mésopotamiennes, hittites, égyptiennes et levantines. Ses recherches aboutissaient à valoriser HD comme un historiographe semblable à

---

43   BLUM, *Studien*, p. 345-360, sp. p. 356-358.
44   BLUM, *Studien*, p. 194-197.
45   BLUM, *Studien*, p. 197-207, spécialement p. 207.
46   VAN SETERS, *Abraham*.
47   VAN SETERS, *In Search*.

Hérodote, utilisant la parataxe et organisant son matériel selon un axe défini[48]. Dans cet ouvrage, il affirmait que l'ordre de composition du Pentateuque était D-J-P et non pas JE-D-P comme le tenait l'hypothèse documentaire classique. Enfin, au début des années 1990, Van Seters produisit deux ouvrages détaillant l'œuvre du Yahwiste, dans le livre

---

48 Dans un ouvrage récent, (VAN SETERS, *Edited Bible*), J. Van Seters mène une réflexion sur l'utilisation des catégories d'éditeur, de rédacteur et d'auteur par l'exégèse critique en revisitant l'histoire du texte biblique de l'Antiquité jusqu'au 20ᵉ siècle. Il défend la thèse qu'il n'y a jamais eu, de l'Antiquité jusqu'à l'invention de l'imprimerie, « d'éditeurs » au sens moderne de ce terme (quelqu'un qui s'emploie à rassembler des écrits pour leur donner le statut de vulgate [= texte définitif]). L'utilisation de ce terme au sens moderne par l'exégèse critique est, selon Van Seters, un anachronisme. Dans les études profanes – sur les œuvres d'Homère notamment – cet anachronisme aurait été repéré, et la *Redaktionsgeschichte* de ces œuvres abandonnée. Van Seters reproche à l'exégèse biblique de travailler trop en isolation des études littéraires profanes et de rester enfermée dans une conception faussée de la notion « d'éditeur ». Il en va de même, écrit-il, pour les notions de « rédacteur » et de « rédaction ». Cela n'empêche pas de reconnaître qu'il y eut des additions, suppressions et interpolations dues à la copie scribale, mais en aucun cas à un travail d'édition au sens moderne. Il faut donc revisiter critiquement ces notions dans l'exégèse biblique et mettre davantage en avant les notions d'auteur et d'historiographe. HD est par exemple, écrit Van Seters, l'œuvre d'un écrivain qui a compilé une grande quantité de matériel traditionnel et folklorique, ainsi que de sources « historiques », et ce compilateur est en même temps un excellent conteur d'histoires (*a consummate storyteller*, p. 400). Ce compilateur montre une conception du monde et des options morales et théologiques personnelles. Cela vaut également pour le Yahwiste. Van Seters plaide donc pour que la littérature biblique hébraïque soit comparée avec la littérature gréco-romaine et propose de garder les termes « édition » et « éditeur » pour la reproduction et la diffusion fidèles des textes visée depuis l'imprimerie.

La mention de cet ouvrage nous donne l'occasion de prendre position quant aux termes que nous emploierons dans cette étude. Par sa critique d'un usage dit « naïf » des termes « éditeur » et « rédacteur » dans l'exégèse biblique, Van Seters entend créer un débat sur la terminologie utilisée par la recherche. Cette stimulation est bienvenue. En effet, la signification des termes « éditeur » et « rédacteur » a probablement changé avec l'arrivée de l'imprimerie. Cependant, le travail de mise en forme et d'unification d'un matériel préexistant par l'insertion de commentaires, de transitions, par l'uniformisation et éventuellement par la suppression ou le déplacement de versets ou péricopes est une réalité que la critique textuelle met au jour. Les leçons différentes entre les manuscrits ne sont pas toutes l'œuvre d'auteurs ou d'historiographes : elles peuvent être le fait, non pas d'hommes seuls, mais d'écoles de scribes ou de copistes. Il nous semble donc important, malgré sans doute les ambiguïtés qu'ils recèlent, de conserver les termes « éditeur(s) » et « rédacteur(s) », car ils apportent une dimension collective qui manque dans les termes « auteur » ou « historiographe ».

de la Genèse d'abord (*Prologue to History* [1992])[49], en Exode–Nombres ensuite (*The Life of Moses* [1994])[50].

Il y a quelques années, Van Seters a opéré une synthèse de ses positions[51]. Il en ressort une théorie de composition du Pentateuque originale. Son modèle se situe dans le cadre de l'hypothèse des suppléments. À l'origine de l'écriture du Pentateuque se trouve un proto-Deutéronome du 7e siècle avant J.-C. Celui-ci aurait été placé, au début de l'exil, comme introduction à HD (Deutéronome–2 Rois). Dans la seconde partie de l'exil, l'œuvre historiographique deutéronomiste aurait reçu un prologue sous la forme des textes yahwistes (J) du Tétrateuque. Pour ce faire, l'écrivain yahwiste aurait eu à sa disposition un ensemble de fragments, certains sous forme littéraire, d'autres sous forme de légendes ou de motifs populaires. Il aurait utilisé les promesses aux patriarches comme ciment pour son œuvre historiographique, connectant pour la première fois les traditions patriarcales, de l'exode et de la conquête. Enfin, un écrit sacerdotal (P) de la période post-exilique serait venu compléter et réviser l'orientation de l'écrit deutéronomico-yahwiste. Pour cela, P aurait disposé de son propre matériel traditionnel et d'intérêts idéologiques propres. Dans cette chronologie d'ensemble, le code législatif le plus ancien est CD, lequel aurait été révisé dans LS, tandis que CA se présenterait comme le code le plus récent. La chronologie générale concernant l'amalgame des différents suppléments au noyau initial (le proto-Deutéronome) pour former Genèse–2 Rois, selon la théorie de Van Seters, est donc : CD–HD–LS–Yahwiste (incluant CA)–Écrit et suppléments sacerdotaux.

Dans cette présentation globale, le Deutéronome joue un rôle de premier plan. L'auteur considère que ce livre est la clé de la compréhension du Pentateuque et des livres historiques qui suivent[52]. Le proto-Deutéronome de Van Seters, que l'auteur considère comme le livre trouvé dans le temple sous Josias[53], est circonscrit en Dt 6,4–9,6 ; 12–26 ; 28 [54]. Ce noyau aurait été étendu lors de son insertion dans HD. L'auteur voit en Dt 1–3 ; 4,41-49 ; 5,1–6,3 ; 9,7–10,10 et dans l'épilogue

---

49 VAN SETERS, *Prologue*.
50 VAN SETERS, *Life*.
51 VAN SETERS, *Pentateuch* ; voir aussi VAN SETERS, « The Pentateuch ».
52 « It may seem strange to begin a literary analysis of the Pentateuch with the last book and the end of the story. But Deuteronomy is the key to understanding both the Pentateuch (Torah) and the historical books that follow in Joshua-2 Kings, as well as the relationship between them » (VAN SETERS, *Pentateuch*, p. 88).
53 VAN SETERS, *Pentateuch*, p. 98.
54 VAN SETERS, *Pentateuch*, p. 94

de Dt 29–31 et 34 des couches dtr de l'époque de cette insertion. Une seconde strate dtr plus récente est visible selon lui en Dt 4,1-40 et Dt 10,12–11,32 [55].

Si l'on examine la position de Van Seters à propos des questions que nous avons dégagées comme centrales pour l'étude du Deutéronome, nous constatons que sa théorie répond clairement à quatre d'entre elles, tandis qu'elle reste moins précise sur deux autres. Nous commençons par ces dernières, à savoir la question des raisons du désordre chronologique des événements présentés dans les cadres du Deutéronome et celle concernant la quasi absence d'écriture sacerdotale dans le Deutéronome.

L'ordonnancement narratif des cadres du Deutéronome ne semble pas un problème premier pour J. Van Seters et n'est en tout cas pas abordé comme tel ; de même, la remise en ordre chronologique des événements de ces cadres par son Yahwiste post-dtr ne semble pas poser question.

L'auteur voit des traces d'écriture P en Dt 32,48-52 ; 34,1.5.9[56]. Pour lui, l'écrit sacerdotal n'est pas un document indépendant mais un supplément à J qui constitue une mythologisation de l'historiographie yahwiste. P serait ainsi responsable d'additions dans les livres de Josué et des Rois[57]. Pour autant, il n'explique pas ce phénomène, ce qui laisse entendre que les écrivains sacerdotaux auraient accepté sans contestation la théologie deutéronomico-deutéronomiste, mais ce point n'est pas explicité.

Pour les quatre questions restantes, la position de Van Seters est plus immédiatement lisible. La relation de dépendance littéraire des codes législatifs est claire dans son modèle. Il considère que les codes ont été insérés dans le Pentateuque selon la séquence suivante : CD–LS–CA[58]. Il pense que CD possède des racines dans le prophétisme du royaume du Nord, qu'il aurait connu un processus de révision et d'expansion, une « découverte » et une publication sous Josias, enfin des additions dtr et même P[59]. Il date ensuite LS du début de l'exil à partir de ses attaches avec le prophète Ezéchiel, du contexte sous-jacent

---

55   VAN SETERS, *Pentateuch*, p. 94.
56   VAN SETERS, *Life*, p. 160 ; 455 ; VAN SETERS, *In Search*, p. 351 n. 102.
57   Il aurait ainsi transformé la conquête de la terre en une opération armée menée par le clergé ; il aurait inséré le récit de la répartition du pays entre les tribus (Jos 13–19 ; 21) ainsi que la controverse sur l'autel érigé par les tribus transjordaniennes (Jos 22,7-34). D'autres additions ponctuelles seraient également repérables en 1 R 7,48-50 ; 1 R 8,4.10-11 (VAN SETERS, *Pentateuch*, p. 174-177).
58   VAN SETERS, *Pentateuch*, p. 205.
59   VAN SETERS, *Pentateuch*, p. 199.

à Lv 26 et de sa structure calquée sur CD[60]. Enfin, CA serait le code le plus tardif et aurait servi à réguler la vie de la communauté juive durant l'exil à Babylone. Le CA présupposerait donc les autres codes et sa composition serait l'œuvre du Yahwiste en vue du contexte du Sinaï[61].

Van Seters étudie les relations de dépendance des matériaux non seulement législatifs mais aussi narratifs. Son examen des doublets entre les récits du Tétrateuque et ceux des cadres du Deutéronome (Dt 1–11.27–34)[62] aboutit à la conclusion que les récits du Deutéronome sont présupposés, repris et développés par le Yahwiste. Celui-ci aurait disposé d'un Deutéronome quasi complet, y compris dans ses couches les plus récentes, par exemple Dt 4[63]. Van Seters ne concède qu'en quelques endroits du Deutéronome des retouches ciblées présupposant le Yahwiste : en Dt 9,27[64], en Dt 11,4-7[65], en Dt 31,14-15.23 ; 34,1b-3.4.6b.7b-8.10-12[66]. Le fait que l'on trouve des passages de style dtr dans J s'explique donc, selon sa théorie, par le fait que J a été écrit en proximité avec HD et l'a imité. Son modèle n'a donc pas besoin de rédacteurs dtr tardifs[67] ; le complexe Exode–Nombres apparaît comme une expansion du Deutéronome par le Yahwiste, auteur et compilateur de traditions.

---

60 VAN SETERS, *Pentateuch*, p. 204-205.
61 Van Seters argumente cette affirmation, qui est à contre-courant de la majorité des chercheurs, dans l'article et les essais suivants : VAN SETERS, « Hebrew Slave », p. 534-546 ; VAN SETERS, « Cultic Laws » ; VAN SETERS, « Lex Talionis ». Il synthétise sa position sur les codes législatifs dans VAN SETERS, *Pentateuch*, p. 194-209. Sa position est argumentée principalement par l'étude de lois parallèles entre CA et CD (Ex 23,14-17 et Dt 16,1-17 [lois sur les fêtes] ; Ex 22,15-16 et Dt 22,28-29 [loi sur le viol d'une vierge] ; Ex 23,1-3 et Dt 19,15-20 [loi sur le témoignage] ; Ex 23,4-5 et Dt 22,1-4 [loi sur le bœuf errant]), parfois entre les trois codes (Ex 23,10-11, Dt 15,1-11 et Lv 25,1-7 [loi sur l'année sabbatique] ; Ex 21,2-11 ; Dt 15,12-18 et Lv 25,39-46 [loi sur l'esclave hébreu]). La mention du נשיא (Ex 22,27) reflète selon lui la période exilique et renvoie aux leaders israélites à Babylone (VAN SETERS, « Cultic Laws », p. 345). Enfin, il considère que la loi sur l'autel d'Ex 20,24-26 ne présuppose pas une multiplicité d'autels mais un culte déjà centralisé et qu'elle est plus récente que Jos 8,30-31 et Dt 27,5-7 (VAN SETERS, *Life*, p. 280-282). E. Otto entre en débat avec J. Van Seters et argumente la dépendance de Dt 22,1-4 par rapport à Ex 23,4-5 et de Dt 15,12-18 et Lv 25,39-46 par rapport à Ex 21,2-11 dans OTTO, *Gottes Recht*, p. 20-24.
62 L'examen de ces doublets se trouve essentiellement dans VAN SETERS, *Life*, chap. 2-4.
63 VAN SETERS, *Life*, p. 279-280; 338.
64 VAN SETERS, *Life*, p. 309.
65 VAN SETERS, « The Case », p. 311-312.
66 VAN SETERS, *Life*, p. 451-452; 455.
67 VAN SETERS, « The Case », p. 303

Concernant la corrélation entre le Deutéronome et les cycles historiques de Josué, Juges, Samuel et Rois, Van Seters se situe dans le cadre de l'hypothèse de HD. Il n'entend HD ni au sens de F.M. Cross (école de Harvard) ni au sens de R. Smend (école de Göttingen), auxquels il reproche une prolifération incontrôlée de rédactions qui dissolvent graduellement la compréhension de l'unité de HD, mais au sens de Noth, c'est-à-dire une conception de HD comme œuvre unifiée écrite au début de l'exil[68]. Dès lors, la correlation entre le Deutéronome et Josué–2 Rois s'explique simplement : à partir d'un noyau deutéronomique, l'écrivain d'HD a développé une écriture dtr qui a abouti à l'ensemble Deutéronome–2 Rois[69]. Van Seters affirme que l'écrivain dtr est, dans sa manière d'écrire l'histoire, comparable à Hérodote, notamment par son style parataxique, l'utilisation de discours mis dans la bouche des personnages principaux, l'insertion de commentaires aux moments charnières du récit, la périodisation de l'histoire liée à des personnages, le motif prophétie / accomplissement, l'utilisation d'analogies entre les grandes figures de l'histoire[70]. La proximité entre le Deutéronome et les prophètes antérieurs s'explique donc par une écriture dtr commune.

Enfin, Van Seters attribue la canonisation de la Torah et donc la mise à part de Genèse–Deutéronome aux cercles sacerdotaux de Juifs influents revenus de Mésopotamie avec Esdras. Leur révision de l'historiographie yahwiste aurait visé, vers 400 avant J.-C., une réforme cultuelle au cours de laquelle le Pentateuque aurait été canonisé comme Torah, sans pression ni support des autorités perses[71]. En proposant ce processus interne au judaïsme comme clé de la canonisation du Pentateuque, Van Seters s'oppose à la reconstruction d'Albertz et de Blum, fondée sur l'hypothèse de l'autorisation impériale perse. Cependant, il n'explique pas pourquoi l'écriture P continue dans Josué–2 Rois et est si peu présente en Deutéronome.

À première vue, le modèle de J. Van Seters prend le contre-pied des grands modèles de la recherche actuelle. Il est par exemple peu suivi dans sa datation des codes législatifs et dans sa description d'une relation de dépendance des récits du Tétrateuque par rapport à leurs

---

68   VAN SETERS, « Avoid Death » ; VAN SETERS, *Pentateuch*, p. 93.
69   Cet ensemble a cependant encore subi des interpolations et ajouts post-HD selon Van Seters, comme l'histoire de la succession de David (« Court History ») en 2 S 9–20 et 1 R 1–2, mais aussi 2 S 2,8–4,12 (VAN SETERS, « Court History » ; VAN SETERS, *In Search*, p. 249-291).
70   VAN SETERS, *In Search*, p. 358.
71   VAN SETERS, *Pentateuch*, p. 183 ; 188.

doublets de Dt 1–11. Cependant, il voit dans le Deutéronome le noyau de la composition du Pentateuque, en accord sur ce point avec les modèles d'Otto et de Kratz (dont la description est à suivre). Et son Yahwiste post-dtr est également proche à bien des égards de la K^D de Blum[72].

En ce qui concerne son approche du Deutéronome, un certain nombre de limites nous semblent importantes à noter. Tout d'abord, son modèle ne prend pas en charge le désordre chronologique du fil narratif de Dt 1–11 qui reste une question non abordée. Son traitement des doublets entre le Tétrateuque et le Deutéronome pose ensuite quelques questions : pourquoi le Yahwiste traite-t-il différemment ses sources dtr en Nb 21,33-35 – où il copie assez servilement Dt 3,1-3 – et dans les autres péricopes où les différences avec les récits du Deutéronome sont beaucoup plus importantes (Ex 18 ; Ex 32–34 ; Nb 13–14 ; Nb 21,21-25) ? Comment se fait-il que les récits du Tétrateuque soient moins unifiés et plus hachés que leurs « sources » dans le Deutéronome, ce qui conduit Van Seters à constater comme un refrain[73] que le Yahwiste a obscurci la présentation dtr ?[74] À quelles traditions le Yahwiste a-t-il eu accès lorsque l'on constate qu'il compose des récits d'épreuves dans le désert à partir de quelques versets ténus du Deutéronome (par exemple l'épisode de la manne [Ex 16,1-35] repose selon Van Seters sur Dt 8,1-6[75]) ? À propos des codes législatifs, son argumentation pour montrer que la loi sur l'autel (Ex 20,24-26) présuppose la loi de centralisation est peu convaincante et s'appuie sur une option de critique textuelle discutable[76]. Van Seters n'explique pas

---

72   VAN SETERS, *Life*, p. 458.
73   VAN SETERS, *Life*, p. 380 ; 393 ; 450.
74   Voir sur ce point la remarque de Perlitt qui constate que les traditions de Dt 1–3 se retrouvent toutes dans le livre des Nombres, mais en désordre, mal agencées, mélangées avec du matériel législatif, insérées dans des couches non-dtr, accomodées dans une écriture sacerdotale. En Dt 1–3, au contraire, elles sont littérairement compactes, leur géographie se tient, leur forme d'expression est commune et leurs accents théologiques unifiés. Aussi Perlitt propose-t-il l'axiome suivant : « Wenn literarischer Vergleich überhaupt einen Sinn hat, dann gilt : das Ungeordnete geht dem Geordneten voraus, die Vielfalt der Formen geht deren Vereinheitlichung voraus - etc » (PERLITT, « Deuteronomium 1-3 », p. 120).
75   VAN SETERS, *Life*, p. 190.
76   VAN SETERS, *Life*, p. 280-282. Van Seters établit Ex 20,24b sur la base d'une leçon syriaque et traduit : « En tout lieu où *tu* invoqueras mon nom, je viendrai vers toi et je te bénirai » (les italiques sont nôtres). Il considère que l'invocation du nom de Yhwh renvoie à une prière et non pas spécifiquement à un sacrifice. Ce verset ne doit donc pas être interprété comme laissant ouverte la possibilité de bâtir une pluralité d'autels à Yhwh.

non plus pourquoi le contexte socio-historique sous-jacent à CA, qui reflète une société rurale au sein de laquelle les chefs de « familles élargies » peuvent régler les conflits les plus importants au niveau local[77], semble plus ancien que les horizons socio-historiques de CD et de LS.

1.1.3 Le modèle d'E. Otto

Le modèle suivant est probablement le plus stimulant des modèles récents. Comme chez J. Van Seters, le point de départ d'E. Otto[78] est le livre du Deutéronome. Cet auteur considère que le préjudice majeur dont souffre la recherche actuelle est justement l'oubli de ce livre, alors qu'il est, selon lui, le « berceau du Pentateuque »[79]. Dans ses trois ouvrages majeurs développant ses vues sur les origines de ce corpus[80], Otto prend donc le Deutéronome comme point de départ. Sa théorie a reçu récemment des compléments de R. Achenbach dans son étude détaillée sur le livre des Nombres[81].

Otto a présenté son modèle dans nombre de publications[82]. Dans cette théorie, deux explications de l'identité d'Israël, c'est-à-dire deux programmes pour le nouvel Israël après l'exil : un programme considérant l'identité d'Israël fondée sur l'alliance (ayant pour extension Dt 1–30 ; Jos 1–23), l'autre sur la généalogie (ayant pour extension Gn 1–Lv 9[83]) auraient été intégrés pour former un Hexateuque avant que, le livre de Josué étant mis à part, ne soit canonisé un Pentateuque.

Le Deutéronome tient une place centrale dans ce schéma. L'histoire littéraire du livre commence durant la période néo-assyrienne avec le

---

77 SKA, *Introduction*, p. 269.
78 Pour une compréhension globale du modèle, cf. le schéma présenté dans ZENGER, *Einleitung*, ^{5}2004, p. 117, ainsi que l'annexe 3 ci-dessous p. 446).
79 OTTO, *Pentateuch und Hexateuch*, p. 1. Sur le constat de « l'oubli » du Deutéronome par la recherche actuelle, E. Otto rejoint ici N. Lohfink (cf. p. 11 n. 28).
80 OTTO, *Deuteronomium* ; OTTO, *Pentateuch und Hexateuch* ; OTTO, *Gottes Recht*.
81 ACHENBACH, *Vollendung*.
82 Cf. les trois ouvrages précités. Un tableau récapitulatif de sa théorie se trouve dans OTTO, *Pentateuch und Hexateuch*, p. 264 (reproduit en OTTO, *Gottes Recht*, p. 56). Outre le résumé des positions d'Otto dans ZENGER, *Einleitung*, ^{5}2004, p. 112-118, on trouvera également un court résumé de son modèle par Otto lui-même en OTTO, *Tora*, p. 6-11 ou encore dans OTTO, « Synchronical », p. 14-35.
83 OTTO, « Synchronical », p. 26-27; 29. Otto reprend sur ce point les conclusions d'A. de Pury. Le sigle qu'Otto assigne à Dt 1–30 ; Jos 1–23 est DtrL, tandis que celui de Gn 1–Lv 9 est P (voir plus loin l'explication de ces sigles : pour DtrL, cf. p. 23 ; pour P, cf. p. 24).

repérage en Dt 13,1-10 et 28,15.20-44 de la traduction de parties d'un serment de loyauté exigé par le roi assyrien Assarhaddon de ses vassaux occidentaux en 672 avant J.-C. Cette traduction aurait en fait constitué une adaptation subversive de ces serments, puisque les premiers écrivains de ce noyau deutéronomique (*Urdeuteronomium*) auraient transformé le serment néo-assyrien en un engagement entre Israël et Yhwh.

Dans la période qui a précédé l'exil, à cet *Urdeuteronomium* se serait ajoutée une révision de CA, celui-ci étant transposé dans CD sous l'angle de la centralisation du culte. Otto estime que cette révision est à attribuer aux cercles sadocides de Jérusalem[84]. Puis durant l'exil, ce Deutéronome pré-exilique tardif, ayant son introduction en Dt 6,4-5 et s'étendant de 12,13 jusqu'à 28,44, aurait été mis en lien avec la figure de Moïse et avec l'Horeb, la montagne de Dieu, par une première rédaction dtr (DtrD). C'est à cette rédaction, là encore issue des milieux sadocides de Jérusalem[85], qu'Otto attribue Dt 4,45 (introduction), Dt 5 (théophanie à l'Horeb et proclamation du décalogue), Dt 9,9–10,5*[86] (rupture et renouvellement d'alliance) et Dt 26,16-18 (formule d'alliance comme conclusion des lois proclamées par Moïse en Dt 12–25). La fin de DtrD est à trouver en Dt 28,68[87]. Le Deutéronome de DtrD se présente ainsi comme une « fable » ou comme un « mythe des origines »[88], qui pour la première fois utilise la « fiction mosaïque »[89], c'est-à-dire met dans la bouche de Moïse les lois de CD jusque-là formulées sous la forme d'un discours direct de Yhwh[90]. Dans ce récit,

---

84 OTTO, *Pentateuch und Hexateuch*, p. 128 n. 85, également p. 187.
85 OTTO, *Pentateuch und Hexateuch*, p. 128 ; OTTO, *Gottes Recht*, p. 30 n. 120.
86 Plus précisémment Dt 9,9-19.21 ; 10,1-3.4(sauf « les dix paroles »).5.
87 OTTO, *Pentateuch und Hexateuch*, p. 118.
88 Otto parle de « fable » dans OTTO, *Tora*, p. 9 et de « mythe des origines » dans OTTO, *Pentateuch und Hexateuch*, p. 4.
89 OTTO, « Aspekte der gegenwärtigen Debatten », p. 241.
90 Le fil narratif de la fable de DtrD est le suivant : Le décalogue est révélé au peuple directement (sans intermédiaire) à la montagne de Dieu et est prescrit par Yhwh lui-même. Le peuple réagit alors avec peur à la révélation et demande à partir de ce moment la médiation de Moïse, que Yhwh lui accorde. Séjournant sur la montagne quarante jours et quarante nuits, Moïse reçoit alors de Yhwh la révélation de la loi du Deutéronome, par le don des tables du décalogue écrites par Yhwh. Pendant le séjour de Moïse sur la montagne, le peuple enfreint déjà le premier commandement du décalogue et se fait un veau d'or. De colère, Moïse fracasse les tables et détourne par son intercession la volonté divine de détruire le peuple. À nouveau, Moïse monte sur la montagne avec de nouvelles tables, sur lesquelles Yhwh écrit le décalogue pour la seconde fois. Moïse descend de la montagne, pose les tables dans le tabernacle et proclame au peuple la loi du Deutéronome. Sur la base de

il faut donc distinguer, selon Otto, le temps raconté et le temps racontant. L'auteur de DtrD s'adresse aux déportés pour expliquer l'exil et en transformer l'expérience. Certes, la détresse de l'exil est une expression de la colère divine due à l'idolâtrie du peuple (symbolisée par la fabrication du veau) ; cependant, la fable du Deutéronome exilique montre qu'en dépit du péché, Yhwh ne se laisse pas dissuader de son engagement d'alliance avec son peuple[91].

Notons que le Deutéronome de DtrD est un Deutéronome sans prise de possession du pays, question a priori centrale pour des exilés. Otto considère qu'une nouvelle édition, qu'il appelle DtrL (il reprend ici la détermination d'une couche dtr mise au jour par Lohfink[92]) a encadré DtrD, lui ajoutant les chapitres 1–3*[93] ; 29–30*[94] et le premier niveau dtr en Jos 1–11 ; 23 et Jg 2,6-9, fixant ainsi le centre de gravité de l'écrit sur la terre comme don de Yhwh à Israël plutôt que sur la loi. Cet encadrement supplémentaire du Deutéronome fournit au livre un contexte nouveau, allant du départ de l'Horeb jusqu'à la mort de Josué, et dont le nouveau centre est désormais l'alliance en Moab (Dt 29–30*)[95]. Là encore, comme il l'a déjà fait pour le Deutéronome pré-exilique tardif et pour DtrD, et comme il le fera par la suite pour les rédactions hexateucale et pentateucale[96], Otto attribue cette édition DtrL aux sadocides[97]. Il ressort donc de son analyse que le milieu sadocide, dont les liens avec le programme d'Ez 40–48 sont soulignés[98], serait responsable de l'activité rédactionnelle et éditoriale repérable

---

l'engagement du peuple vis-à-vis du décalogue et de la loi du Deutéronome, pour son propre épanouissement en terre promise (Dt 12,1), Yhwh scelle une alliance avec lui (Dt 26,16-18) (OTTO, *Tora*, p. 8-9).
91 OTTO, *Pentateuch und Hexateuch*, p. 125 ou encore OTTO, *Gottes Recht*, p. 30.
92 Ce sigle DtrL, introduit par Lohfink dans un article de 1981 (LOHFINK, « Kerygmata »), signifie *Landeroberungserzählung* (récit de la conquête de la terre). Lohfink entendait ainsi désigner l'édition de Dt 1–Jos 22*, qu'il proposait de situer à l'époque de Josias. Cet ensemble aurait été un document de propagande en faveur de la politique expansionniste de Josias. Pour la liste des versets que Lohfink attribue à cette couche, cf. p. 65 n. 309.
93 Dt 1,1a.4.6.7aa.8aba.19a.20-28a.34-35.39aab-45 ; 2,1-3.4a.5aa.6.7.8aab.9aa.24aa.26-30a.31-35 ; 3,1-4a.5-7.8.10a.12.13a.21-22.29 (OTTO, *Pentateuch und Hexateuch*, p. 136).
94 Dt 29,1-14 ; 30,15.19-20aba (OTTO, *Pentateuch und Hexateuch*, p. 142-143 ; p. 147).
95 OTTO, *Pentateuch und Hexateuch*, p. 5.
96 OTTO, *Pentateuch und Hexateuch*, p. 261.
97 OTTO, *Pentateuch und Hexateuch*, p. 187 ; OTTO, *Gottes Recht*, p. 68.
98 OTTO, *Gottes Recht*, p. 72. Il souligne également que l'arrière-plan de LS, dont il attribue l'introduction dans la trame globale du Pentateuque à la rédaction pentateucale (PentRed), est un arrière-plan sadocide (OTTO, *Pentateuch und Hexateuch*, p. 258).

dans la chaîne allant du Deutéronome pré-exilique tardif jusqu'à la rédaction pentateucale.

Malgré une même écriture sadocide, DtrD et DtrL développent donc des intérêts théologiques divergents (respectivement centrés sur le don de la loi au Sinaï et sur l'entrée en possession de la terre). Au même moment, à la fin de l'exil ou peu après[99], Otto considère qu'une autre ligne aurait concurrencé la perspective de l'entrée dans la terre développée par DtrL. Il s'agit de l'écrit sacerdotal (P), qui montre les caractéristiques d'un programme présentant l'identité d'Israël comme fondée sur la généalogie et non pas sur l'alliance (DtrL). Cet écrit sacerdotal, dont l'auteur fixe l'extension de Gn 1 à Ex 29,46[100], représenterait l'étiologie du sacerdoce aaronide[101] et résulterait de la fusion de trois blocs de traditions pré-exiliques : l'histoire des origines, les récits des patriarches et le récit Moïse-Exode. La théologie mise en avant par P est celle de l'inhabitation de Yhwh au sein du peuple d'Israël comme but de la création du monde et de l'histoire des nations[102]. De ces deux lignes de traditions sadocide (DtrL) et aaronide (P), des scribes post-exiliques auraient formé un Hexateuque (Gn 1– Jos 23). Ce moment rédactionnel qu'Otto désigne par le sigle HexRed (rédaction hexateucale) est à dater, comme la rédaction pentateucale (sigle : PentRed) qui lui succède dans ce modèle, entre le milieu du 5e s. et le début du 4e s. avant notre ère[103]. Cette datation repose sur le constat que HexRed présuppose la constitution de Juda comme territorialité sous Néhémie, tandis que PentRed aurait été achevée avant l'entrée en fonction d'Esdras[104].

Avec la fusion, par la rédaction hexateucale, des traditions concurrentes D (DtrL) et P (P^G [Gn 1–Ex 29,46] + P^S [Ex 30–Lv 9]), serait donc né un Hexateuque, premier écrit d'envergure selon la théorie d'Otto. La ligne directrice de cet Hexateuque est l'idée que la possession de la terre promise par Israël et la vie en sécurité dans le pays constituent le but de la création du monde et de l'histoire. HexRed

---

99 L'écrit sacerdotal P est composé de P^G (écrit principal) et P^S (suppléments). Otto considère P^G comme exilique, voire post-exilique, mais en tout cas antérieur à 515 avant J.-C., P^S prenant place après la reconstruction du temple de Jérusalem (OTTO, *Pentateuch und Hexateuch*, p. 127).

100 OTTO, « Synchronical », p. 28 mais déjà OTTO, « Priesterschrift ». Otto considère que P^G a reçu les suppléments P^S d'Ex 30–Lv 9 après l'exil (OTTO, « Synchronical », p. 28).

101 OTTO, *Gottes Recht*, p. 69.

102 OTTO, *Pentateuch und Hexateuch*, p. 240 ; 247.

103 HexRed : au temps de Néhémie ; PentRed : au temps d'Esdras (OTTO, *Pentateuch und Hexateuch*, p. 6-7). Otto place chronologiquement Néhémie avant Esdras.

104 OTTO, *Pentateuch und Hexateuch*, p. 261.

prolongerait ainsi la ligne de DtrL, et non celles de DtrD ou de P^G. Les deux grands piliers de cette rédaction seraient Gn 15 et Jos 24 (l'alliance en Sichem), ce dernier texte constituant la fin d'HexRed[105].

La ligne directrice HexRed aurait cependant été transformée par une rédaction supplémentaire, la rédaction pentateucale, qui, à la fin du 5e s. avant J.-C., aurait remis à l'honneur la conception de DtrD et fait de la promulgation de la Torah au Sinaï le centre de son écrit. Cette rédaction trahirait les perspectives de Judéens de la diaspora, probablement proches des groupes de scribes revenus de Perse avec Esdras[106]. Il s'agit donc là encore de prêtres sadocides, venus cette fois de la diaspora. Otto attribue aux auteurs de cette rédaction la responsabilité de l'extension de la péricope du Sinaï en Lv 17-26, l'insertion du décalogue et de CA en Ex 20–23, ainsi que la mise à part du livre de Josué pour former un Pentateuque[107].

La séparation entre le Pentateuque et les Prophètes premiers s'explique, selon l'auteur, par une prise de position de la rédaction pentateucale sur la question de la prophétie[108]. Pour les auteurs de PentRed, la clôture de la révélation de la Torah à Moïse coïncide avec la mort de ce dernier. Otto considère que ces auteurs se seraient opposés simultanément à la théorie de DtrD selon laquelle, après Moïse, se lèvera un prophète semblable à lui (Dt 18,15.18)[109] et à la position prophétique post-dtr d'une Torah inscrite dans le cœur, exprimée en Jr 31,31-34[110]. En insérant en Dt 34 les versets 7.10-12, ils visaient ainsi à donner à l'époque de Moïse la prééminence prophétique et à clore la période de la révélation de la Torah.

Si la rédaction pentateucale consacre la naissance du Pentateuque[111], Otto décrit pourtant encore un processus rédactionnel et éditorial post-PentRed qu'il attribue à des « écoles » plutôt qu'à un auteur ; il évoque en ce sens une « école de la rédaction hexateucale » et une « école de la rédaction pentateucale »[112], qui auraient poursuivi tardivement le débat déjà mené entre les deux grandes rédactions. Il décèle leur activité dans des ajouts reflétant l'esprit de HexRed ou de

---

105 OTTO, *Pentateuch und Hexateuch*, p. 244.
106 OTTO, « Synchronical », p. 31.
107 OTTO, *Pentateuch und Hexateuch*, p. 245-246.
108 OTTO, *Pentateuch und Hexateuch*, p. 211-233.
109 OTTO, *Pentateuch und Hexateuch*, p. 229.
110 OTTO, *Gottes Recht*, p. 76-83.
111 « Mit dem Tod des Mose wird aus der Sicht der Pentateuchredaktion der Pentateuch geboren » (OTTO, *Pentateuch und Hexateuch*, p. 233).
112 OTTO, *Pentateuch und Hexateuch*, p. 230-232; 244.

PentRed. Deux passages (Dt 11,26-30 ; 27,1-26) seraient par exemple des ajouts post-PentRed insérés par l'école de la rédaction hexateucale pour compenser dans le Deutéronome la perte de l'alliance à Sichem de Jos 24[113]. Nb 32,6-15 constituerait un plaidoyer de cette même école incitant les exilés à revenir d'exil[114]. Otto repère également des ajouts de l'école de la rédaction pentateucale en Nb 27,12-23, Dt 32 ; Dt 34,9 ; Jg 1,1–2,5 [115]. Ces retouches concurrentes auraient pris place durant le 4e s. avant notre ère. Enfin, des suppléments législatifs et des récits exprimant les prétentions des prêtres et lévites dans une perspective sadocide (Lv 10 ; certains passages de Lv 27–Nb 10 ; Nb 15 ; 16–17 ; 18–19 ; 27–36) auraient été insérés, complétant ainsi la jonction entre LS et le début du Deutéronome[116]. Dans son étude sur le livre des Nombres, R. Achenbach labellise ces éléments comme issus de trois relectures théocratiques[117].

Le modèle d'Otto est l'un des plus stimulants parus ces dernières années. Il prend position sur l'ensemble des questions que nous avons considérées comme centrales pour évaluer la place du Deutéronome dans chacune des quatre théories expliquant la composition du Pentateuque.

Au plan des lois, Otto place le Deutéronome à la croisée des traités néo-assyriens (relecture critique de ces traités) et du droit hébraïque (relecture de CA). Sa position sur les codes législatifs est donc celle d'une réinterprétation de CA par CD peu avant l'exil, LS étant plus tardive (attribuée à PentRed, donc post-exilique).

Au plan des récits, notre auteur décrit l'histoire littéraire du Deutéronome comme marquée par une influence croisée avec les récits du Tétrateuque et par des réinterprétations successives. Le récit de l'exploration des éclaireurs (Dt 1,19-46) en est une claire illustration. Otto montre dans ces versets que l'auteur DtrL, responsable du récit premier (*Grunderzählung*) de Dt 1,19-46, aurait eu à sa disposition un récit ancien de l'exploration du pays également sous-jacent à Nb 13–14. Il en aurait fait un contre-exemple de l'attitude requise par le peuple pour battre Sihon le roi des Amorites et Og le roi de Basan. Puis, lors de

---

113 OTTO, *Pentateuch und Hexateuch*, p. 230.
114 OTTO, *Pentateuch und Hexateuch*, p. 96.
115 OTTO, *Pentateuch und Hexateuch*, p. 227-228; 231; 233 n. 317.
116 OTTO, *Pentateuch und Hexateuch*, p. 263.
117 ACHENBACH, *Vollendung*, p. 635-638. La répartition des versets des cadres du Deutéronome entre DtrL, HexRed et PentRed à laquelle procède Achenbach est voisine de celle d'Otto. Les réécritures théocratiques qu'il met au jour concernent avant tout le livre des Nombres. Notre préoccupation étant la place du Deutéronome dans le système d'Otto, nous ne présentons pas ici l'ouvrage d'Achenbach.

l'insertion du Deutéronome dans l'Hexateuque, le rédacteur hexateucal aurait retouché Nb 13-14 et Dt 1,19-46 en les harmonisant, s'intéressant à Josué non plus comme simple explorateur du pays mais plutôt comme opposé à la rébellion du peuple et successeur de Moïse[118]. Cette même rédaction hexateucale serait également responsable des correspondances littéraires créées avec les récits mettant en scène Caleb en Jos 14,6-15 et Jos 15,13-19[119]. Dans la description des relations entre Nb 13-14 et Dt 1, Otto rejoint ainsi assez largement Blum, qui comptait lui aussi sur la réception dans ces deux textes d'une tradition ancienne qu'ils auraient prolongée[120]. Cette convergence entre Otto et Blum concernant Nb 13-14 et Dt 1,19-46 se prolonge en ce qui concerne les relations littéraires entre Ex 32 et Dt 9, puisque Otto pense là encore qu'une tradition ancienne pré-exilique (qui visait à avertir Juda par l'exemple de la chute du royaume du Nord) serait sous-jacente aux deux textes[121].

Le modèle d'Otto propose également une résolution du désordre chronologique des cadres du Deutéronome. Il s'y emploie en décrivant des différences de perspectives historiques et théologiques entre DtrD (Dt 4,45–28,68) et DtrL (Dt 1–30). Si les premiers chapitres Dt 1–3 ont été présentés par DtrL avant – et non pas après – l'alliance à l'Horeb (Dt 5 ; 9,9–10,5), c'est, selon l'auteur, pour montrer au lecteur le déplacement à opérer vis-à-vis de cette alliance (Dt 5), dans la perspective de son dépassement par celle de Moab (Dt 29–30)[122]. En Dt 1–3 se lit le dyptique « échec de la prise de la terre » (Dt 1) / « réussite de la prise de la terre » (Dt 2–3). La génération de l'Horeb qui n'a pas fait confiance à Yhwh et qui a eu peur d'entrer en possession du pays doit disparaître. Dans ce contexte, la fonction de Dt 1–3 est de décrire ce qui s'est passé pour la génération de l'alliance en Horeb aux oreilles des auditeurs auxquels Moïse commence à promulguer la Torah en face de Beth Peor, en pays de Moab, c'est-à-dire les auditeurs de la deuxième génération. Ainsi est d'emblée décrit l'échec de l'alliance à l'Horeb, qui demande un renouvellement et appelle celle de Moab. L'encadrement ainsi créé permet donc d'historiciser l'alliance à l'Horeb, de l'englober dans celle de Moab et de la rendre seconde vis-à-vis de cette dernière (cf. Dt 28,69 [DtrL])[123].

---

118 OTTO, *Pentateuch und Hexateuch*, p. 72-73.
119 OTTO, *Pentateuch und Hexateuch*, p. 75-86.
120 OTTO, *Pentateuch und Hexateuch*, p. 74 n. 262.
121 OTTO, *Pentateuch und Hexateuch*, p. 42 n. 130.
122 OTTO, *Pentateuch und Hexateuch*, p. 102 ; 111.
123 OTTO, *Pentateuch und Hexateuch*, p. 138-139.

La résolution de la corrélation entre le Deutéronome et les livres de Josué, Juges, Samuel et Rois semble moins plénière. Pour Otto, le livre de Josué et le début de celui des Juges laissent apparaître des couches provenant de rédactions également à l'œuvre dans le Deutéronome (DtrL [124] ; HexRed [125] ; l'école de PentRed [126]). Les parentés de théologie et de style dtr et post-dtr entre le Deutéronome et le livre de Josué sont donc expliquées de cette manière. Cependant, les couches de Josué–2 Rois habituellement présentées comme dtr par la critique depuis Noth[127] ne sont pas abordées de front par Otto. Son refus de HD (que ce soit au sens de Noth, de Cross ou de Smend) et l'argumentation qui le motive sont souvent relayés en notes de bas de page.

Enfin, les deux dernières interrogations pour lesquelles nous attendions une prise en charge par le modèle d'Otto concernent l'écriture sacerdotale dans le Deutéronome et la séparation entre ce livre et celui de Josué. La question de l'absence d'écriture P dans le Deutéronome trouve sa réponse d'elle-même dans le modèle en présence, puisque celui-ci décrit la chaîne de rédaction de DtrD à PentRed comme commandée par des auteurs sadocides (donc deutéronomistes ou post-deutéronomistes), qui auraient intégré l'écrit sacerdotal après l'exil. Il est logique, dans un tel contexte, de ne pas trouver de traces de P après Lv 9, puisque P n'est pas une rédaction globale dans le style HexRed ou PentRed, mais une des sources de telles rédactions. Quant à la séparation entre le Pentateuque et les Prophètes premiers, l'auteur la situe comme œuvre de la rédaction pentateucale, pour laquelle le bien suprême est la Torah. Le Pentateuque, séparé du livre de Josué grâce aux remaniements dus aux auteurs sadocides de PentRed en Dt 31–34[128], devient ainsi le fondement du canon de la BH sur lequel les autres parties du canon

---

124 L'auteur voit une couche principale DtrL en Jos 1–11 ; 23 ; Jg 2,6-9 (OTTO, *Pentateuch und Hexateuch*, p. 241).

125 La couche DtrL aurait été prolongée par HexRed en Jos 13–22 ; 24. HexRed serait également intervenue par endroits dans Jos 1–11 (OTTO, *Pentateuch und Hexateuch*, p. 242 n. 28).

126 Cette école n'aurait procédé qu'à des retouches, par exemple Jg 1,1–2,5 (OTTO, *Pentateuch und Hexateuch*, p. 231).

127 Par exemple en Jos 1,10-18 ; 12 ; 23 ; Jg 2,11-19 ; 1 S 12 ; 1 R 8,14-53 ; 2 R 17,7-23 (NOTH, *Studien*, p. 5-6).

128 Les principaux remaniements en Dt 31–34 sont l'insertion de Dt 33 pour établir un parallèle entre Jacob et Moïse (OTTO, *Pentateuch und Hexateuch*, p. 188) ; de Dt 31,9-15.23 pour faire de ce dernier le proclamateur de la loi et son interprète dans la plaine de Moab (OTTO, *Pentateuch und Hexateuch*, p. 177; 185) et enfin de Dt 34,7.10-12 pour souligner qu'il est le prophète par excellence (OTTO, *Pentateuch und Hexateuch*, p. 229-230).

peuvent s'appuyer[129]. L'histoire d'un échec historique (Josué–2 Rois) aurait été ainsi séparée de l'âge d'or de la révélation (Genèse–Deutéronome), pour faire de la Torah le lieu suprême du salut[130].

Au terme de la présentation de ce modèle, dont nous avons souligné la cohérence d'ensemble et le côté stimulant, relevons ses quelques limites[131]. Nous avons déjà évoqué le non traitement par l'auteur des textes classiquement considérés par la critique comme dtr en Juges–2 Rois. Ce point mériterait d'être approfondi et les liens de ces textes au Deutéronome éclairés. Finalement, le seul texte dtr de Juges–2 Rois qu'Otto inclue dans son modèle est Jg 2,6-9, qu'il considère comme conclusion de DtrL et date en conséquence comme plus ancien que Jos 24,28-31 (HexRed). La question se pose alors de savoir ce que devient ultérieurement ce passage (Jg 2,6-9) qui fait doublet avec la fin de Jos 24, puisque Jg 1,1–2,5 n'est, selon Otto, inséré que tardivement par l'école de la rédaction pentateucale. Est-il concevable que Jos 24,28-31 et Jg 2,6-9 aient été apposés comme doublets durant la période où le texte était dans ses formes HexRed et PentRed ? Cela nous semble douteux.

L'écriture de Dt 1–3 par DtrL sans que celui-ci ait connaissance du Tétrateuque suscite également notre interrogation. Certes, Otto aboutit à la conclusion que Dt 1,19-46 et Nb 13–14, tout comme Dt 9 et Ex 32–34, auraient disposé d'une *Vorlage* commune. Cependant, Dt 1–3 (DtrL) présente assez fortement les caractéristiques d'une récapitulation, agençant des allusions variées à certains passages du Tétrateuque. Si cette dernière hypothèse était fondée, cela signifierait qu'il faudrait soit attribuer à DtrL la connaissance du Tétrateuque, soit attribuer à HexRed ou PentRed l'écriture de Dt 1–3.

Enfin, la description par l'auteur de ce qu'il appelle des « écoles » (de la rédaction hexateucale et de la rédaction pentateucale) qui

---

129 OTTO, *Pentateuch und Hexateuch*, p. 271-273.

130 On le voit, Otto prend délibérément position contre l'hypothèse qu'une autorisation impériale perse aurait permis l'émergence du Pentateuque comme écrit de compromis entre des groupes laïcs et sacerdotaux. Selon lui, cette hypothèse repose sur une image du sacerdoce de la période post-exilique trop homogène et donc simplificatrice. Elle demanderait en outre que l'on prouve l'existence d'activités rédactionnelles et éditoriales de groupes laïcs (OTTO, *Pentateuch und Hexateuch*, p. 262). Plutôt que de considérer que les auteurs du Deutéronome étaient des laïcs, il estime que cet écrit est une œuvre de prêtres pour des laïcs (OTTO, *Pentateuch und Hexateuch*, p. 253). L'écriture du Pentateuque et la séparation Genèse-Deutéronome / Josué–2 Rois sont pour lui le fruit d'un débat intrasacerdotal.

131 Nous sommes redevable, pour une partie de ces critiques, aux observations de R. G. Kratz (KRATZ, « Hexateuch », p. 307-316).

auraient continué à travailler tardivement sur le texte, réagissant l'une vis-à-vis de l'autre, nous apparaît comme un point encore flou de la théorie. L'emploi même du terme « école », dont l'usage sans définition préalable, tout comme celui de termes comme « mouvement », « milieu » ou « cercle », avait été en son temps dénoncé par Lohfink[132], nécessiterait de notre point de vue des éclaircissements.

1.1.4 Le modèle de R.G. Kratz

Le modèle de R.G. Kratz[133] postule qu'à partir de nombreux récits fragmentaires pré-exiliques, trois œuvres littéraires se seraient constituées indépendamment les unes des autres entre la chute de Samarie et celle de Jérusalem. Chacune aurait fourni une légende des origines d'Israël et justifié la relation unissant les royaumes du Nord et du Sud[134]. Une première œuvre, la composition proto-yahwiste (sigle J dans le système de l'auteur), aurait eu dans un premier temps pour extension Gn 2–35 avant de recevoir durant l'exil l'histoire de Joseph (Gn 37–45) comme supplément. Une autre, la composition 1 Samuel 1–1 Rois 2, aurait rapproché les légendes sur Saül (1 S 1–14) et David (2 Samuel 11–1 Rois 2) pour démontrer que David, c'est-à-dire le royaume de Juda, était bien le successeur légitime de Saül, c'est-à-dire du royaume d'Israël[135]. Vers 560 avant notre ère, cette composition 1 Samuel 1–1 Rois 2 aurait été étendue pour former une œuvre deutéronomiste 1 Samuel 1–1 Rois 25 (sigle Dtr^G dans le système de l'auteur)[136]. Enfin, la dernière œuvre pré-exilique, un récit exodique (*die Exoduserzählung*, sigle E dans le système de l'auteur[137]) allant d'Ex 2 à Jos 12, aurait été élaborée dans le royaume du Nord à partir de récits

---

132 LOHFINK, « Bewegung », cf. particulièrement p. 313-314.
133 Pour une compréhension globale du modèle, cf. le schéma présenté dans ZENGER, *Einleitung*, ⁵2004, p. 123, ainsi que l'annexe 4 ci-dessous p. 448).
134 KRATZ, *Komposition*, p. 320.
135 KRATZ, *Komposition*, p. 190-191.
136 KRATZ, *Komposition*, p. 325.
137 La reprise des sigles J, E, et Dtr^G par R. Kratz pourrait éventuellement créer la confusion. Les œuvres E et J dont il suppose l'existence ne doivent pas être confondues avec l'Elohiste et le Yahwiste de la théorie documentaire classique. De même, son Dtr^G diffère de l'histoire deutéronomiste au sens de Martin Noth, celle-ci ne concernant que les livres de Samuel et des Rois (KRATZ, *Komposition*, p. 167).

fragmentaires décrivant pour la plupart Yhwh comme Dieu de la guerre[138].

Ces trois œuvres indépendantes auraient ensuite reçu chacune des compléments avant d'être fusionnées en un Ennéateuque. Dans un premier temps, vers la fin de l'exil, un rédacteur Dtr[R] (R pour livre des Juges, *Richter* en allemand[139]) aurait comblé le fossé existant entre E et Dtr[G] en rédigeant la période des Juges[140], puis des révisions deutéronomistiques (Dtr[S], S pour secondaires[141]) seraient régulièrement intervenues sur cet Ennéateuque. La jonction de cet ensemble Exode–2 Rois avec le livre de la Genèse aurait eu lieu vers la fin de l'exil (J+E+Dtr[G]).

Au cours des 5e et 4e s. avant notre ère, l'écrit sacerdotal (P[G] : Gn 1–Ex 40 ; P[S] : Lv ; l'auteur date P à partir de 500 avant notre ère [142]) que Kratz considère comme un écrit indépendant élaboré au début de la période perse à côté et en connaissance de l'Ennéateuque, aurait été intégré dans ce dernier. Des suppléments post-dtr et post-P auraient été insérés durant la même période, avant que Josué–2 Rois ne soit détaché du Pentateuque au cours du 3e s. avant J.-C. pour être rattaché au corpus prophétique (*Nᵉbî'îm*) alors en croissance[143].

Quelle compréhension du Deutéronome propose cette théorie ? Pour ce qui concerne le Deutéronome à l'intérieur de ce modèle, tout commence pour l'auteur par l'implantation, peu après 587 / 586 avant notre ère, d'un noyau deutéronomique (*Urdeuteronomium*[144]) dans E, le

---

138 Les fragments qui auraient formé la base de l'Hexateuque de Kratz sont les suivants : récit de la libération d'Égypte (Ex 12–14), tradition sur Myriam (Ex 15,20-21), *Mishpatîm* (Ex 21–22), récit sur Balaam (Nb 22–24), récits concernant Josué (Jos 6 et 8). Kratz ne tranche pas la question de savoir si dans ces fragments figuraient des traditions anciennes sur Moïse. D'autre part, l'Hexateuque pré-exilique de Kratz n'est pas vraiment un Hexateuque, puisqu'il ne contient ni Genèse, ni Lévitique, ni Deutéronome…
139 Kratz, *Komposition*, p. 216.
140 Kratz, *Komposition*, p. 326.
141 Kratz, *Komposition*, p. 167.
142 Kratz, *Komposition*, p. 117 (distinction P[G] et P[S]), p. 223 ; 247-248 (insertion de P dans l'Ennéateuque), p. 248 ; 329 (date de P).
143 Kratz, *Komposition*, p. 329.
144 Dt 6,4-5 ; 12,13-28 ; 14,22-29 ; 15,19-23 ; 16,16-17.18-20 ; 17,8-13 ; 19,1-13.15-21 ; 21,1-9; 26,1-16. À l'occasion de l'insertion de cet *Urdeuteronomium* dans E, les versets Dt 5,1aα[1] et 34,1a auraient servi de sutures rédactionnelles (Kratz, *Komposition*, p. 138). Pour établir cet *Urdeuteronomium*, Kratz combine le critère du nombre (la strate primitive aurait été écrite à la seconde personne du singulier), le critère de la relation à CA et le critère de la centralisation (Kratz, *Komposition*, p. 121). En cela, sa

récit exodique Ex 2–Jos 12, que Kratz qualifie également d'Hexateuque. Cet *Urdeuteronomium* se présente comme le fruit d'une révision de CA. Son implantation dans E aurait visé à une « judaïsation » [145] de cet Hexateuque du Nord, puisque la loi deutéronomique est une loi de centralisation sur Jérusalem et le temple. Kratz repère le fil narratif préalable à l'implantation de cette loi en Nb 25,1a, Dt 34,1a.5-6 et Jos 2,1 ; 3,1. Ainsi, selon lui, le récit E dans lequel l'*Urdeuteronomium* a été inséré relatait le campement d'Israël à Shittim (Nb 25,1a), la mort de Moïse (Dt 34,1a.5-6) et la préparation du passage en terre promise par les Israélites à partir de Shittim (Jos 2,1 ; 3,1).

L'introduction de l'*Urdeuteronomium* dans Exode 2–Josué 12 aurait ensuite provoqué une réaction en chaîne au cours de l'exil. L'affirmation programmatique de l'*Urdeuteronomium* (שמע ישראל, Dt 6,4-5) aurait d'abord été à la base de l'insertion du décalogue en Ex 20 comme préambule à CA, de sorte que ce décalogue tienne devant le code une place similaire à celle de Dt 6,4-5 au devant de CD[146]. Puis un peu plus tard, ce dernier agencement dans le récit de l'Exode aurait provoqué des retouches dans le Deutéronome en vue d'harmoniser la révélation au Sinaï « nouvelle manière »[147] avec la communication qu'en fait Moïse dans le Deutéronome : c'est ainsi qu'une copie du décalogue aurait été insérée devant Dt 6,4-5 pour faire prélude à CD, de manière parallèle à la révélation de la loi dans l'Exode. Peu après, les parénèses de Dt 6–11, qui se présentent comme des interprétations du שמע ישראל et du décalogue[148], qu'elles utilisent ou non des réminiscences historiques, auraient trouvé leur place entre Dt 6,4-5 et Dt 12,13, tandis que Dt 26,16 était prolongé par Dt 26,16-17.19 ; 28 et 30,15-20, donnant au Deutéronome, à ce stade, la forme et le style d'un traité hittite ou néo-assyrien[149]. Ce n'est qu'ultérieurement, mais toujours durant l'exil, que ce cadre parénétique aurait été complété par Dt 27 et 30, puis finalement Dt 29.

---

façon de procéder se distingue de celle d'Otto, qui s'appuie sur une parenté avec la littérature externe pour déterminer l'*Urdeuteronomium*.
145 KRATZ, *Komposition*, p. 324.
146 Kratz considère que la version du décalogue d'Ex 20 est plus ancienne que celle de Dt 5 et qu'Ex 20,2-17 est une sorte de catalogue minimal issu de CA et d'Ex 34 (KRATZ, « Dekalog », p. 231-235).
147 C'est-à-dire avec le décalogue placé en avant de CA.
148 KRATZ, *Komposition*, p. 131.
149 Demande d'amour de Yhwh en Dt 5–6 ; communication de la Loi en Dt 12–26 ; bénédictions et malédictions en Dt 28 ; convocation des témoins en Dt 30,15-20. Cf. KRATZ, *Komposition*, p. 134.

Pour Kratz, le cadre parénétique (cadre interne : Dt 5–11 / 27–30) précède donc le cadre historique (cadre externe : Dt 1–4 / 31–34), ce dernier ne se constituant que lors du processus d'autonomisation du livre du Deutéronome, c'est-à-dire après que l'écrit sacerdotal a été inséré littérairement dans l'Ennéateuque. Avec l'autonomisation du Deutéronome comme rouleau, Nb 27,12-14 est alors devenu la fin du livre des Nombres, ce qui aurait alors provoqué l'élaboration de Nb 27–36 d'une part et de Dt 1–3 d'autre part[150]. Avec la répétition de Nb 27,12-14 en Dt 32,46-52 et l'insertion d'autres traditions en Dt 31–34 (le cantique de Moïse, les bénédictions des tribus d'Israël), le Deutéronome aurait reçu une conclusion servant simultanément à séparer le Pentateuque des Prophètes premiers[151].

Le système de R.G. Kratz affronte la plupart des questions que nous avons relevées comme importantes et propose des solutions originales, quoique parfois succintes, concernant l'histoire littéraire du Deutéronome. Reprenons ces questions une à une.

Il n'est pas nécessaire de s'attarder sur la position de l'auteur concernant les codes législatifs, car il adopte ici la position classique de la recherche[152] déjà décrite chez Blum et Otto. Cependant, si LS fait, selon lui, partie des couches sacerdotales tardives (P^S), la relation de dépendance de ce code vis-à-vis du Deutéronome n'est cependant pas à sens unique puisqu'il fait dépendre Dt 14 de Lv 11 ; 19[153].

La parenté de style et de théologie entre le Deutéronome et les livres de l'ensemble Josué–2 Rois est l'un des points que Kratz approfondit le plus. Dans son explication de la corrélation entre ces livres, il rompt ici tant avec Wellhausen[154] qu'avec Noth[155]. Il refuse l'hypothèse de HD au sens de Noth[156], Cross et Smend[157]. Pour lui, la

---

150 L'écriture de Dt 1–3 présuppose la conception de la loi du Sinaï développée en Exode–Nombres et Dt (4)5–28 (KRATZ, Komposition, p. 133).
151 KRATZ, Komposition, p. 135 et 223.
152 « So wie das Deuteronomium eine Novelle des Bundesbuchs in Ex 20-23 ist […], so ist das priesterschriftliche Gesetz in Lev eine Novelle des Deuteronomiums. Das trifft insonderheit auf das Heiligkeitsgesetz Lev 17-26 zu, welches das Deuteronomium im priesterschriftlichen Geist und Stil reformuliert und m.E. am Anfang der literarischen Fortentwicklung in Lev steht » (KRATZ, Komposition, p. 114).
153 KRATZ, Komposition, p. 124.
154 Wellhausen considérait le livre de Josué comme un appendice du Pentateuque et Juges–2 Rois comme un appendice de l'Hexateuque (KRATZ, Komposition, p. 159).
155 Pour Noth, la corrélation entre ces livres s'explique dans le cadre de HD.
156 « Mit der Einheitlichkeit fällt aber auch die Existenz des " deuteronomistischen Geschichtswerkes " […]. Die Einsicht in das allmähliche Wachstum der deuteronomistischen Redaktion in (Dtn) Jos–Reg entzieht der Hypothese Noths die Grundlage » (KRATZ, Komposition, p. 219-220). Contre HD au sens de Noth, Kratz

parenté entre les livres de l'ensemble Deutéronome–2 Rois s'explique par le fait que le Deutéronome a constitué la règle d'écriture et de jugement théologique des livres suivants, dans le cadre d'une jonction progressive entre 1 Samuel–2 Rois (= Dtr^G) et Deutéronome–Josué 12 (= la fin de E). La jonction entre ces deux groupes d'écrits pour former un Ennéateuque se serait accomplie en des rédactions successives (Dtr^G, Dtr^R, Dtr^S). On peut discerner en 1 Samuel–2 Rois, selon l'auteur, deux critères deutéronomistes successifs d'évaluation des rois[158]. Le premier aurait été celui de l'unité du royaume et du culte. Il aurait constitué la base de l'interprétation théologique de Dtr^G, qui l'aurait reçu d'une part de ses sources (l'idéal d'unité du royaume était contenu dans 1 Samuel 1–1 Rois 2) et du proto-Deutéronome d'autre part (Dt 6,4 : idée de Yhwh comme Dieu unique ; Dt 12,13-18 : idée d'un lieu de culte unique). Le second critère aurait été celui du premier commandement du décalogue[159] : l'interdiction de l'idolâtrie. Il s'agit là du critère utilisé d'abord par Dtr^R (« faire le bien / le mal aux yeux de Yhwh »). Les rois jugés comme ayant « fait le mal aux yeux de Yhwh », au premier rang desquels Jéroboam Ier, auraient ainsi été évalués selon leur respect ou leur refus du culte unique de Yhwh et, partant, de l'observation ou non de l'alliance conclue en Ex 19–24 ; 32–34 ; Dt 5–30 [160]. Puis des suppléments dtr et post-dtr (Dtr^S) auraient pris place en Genèse–2 Rois, guidés dans leur évaluation théologique de l'histoire par le premier commandement (= second critère) ainsi que leur réserve vis-à-vis de la monarchie.

Pour Kratz, le premier critère, celui de l'évaluation des rois (unité du royaume et du culte) manifeste une proximité avec l'*Urdeuteronomium*, tandis que le second (culte unique de Yhwh) est proche non seulement des passages tardifs du Deutéronome mais aussi

---

  argumente par le fait que Dt 1–3 ainsi que les discours de transition proposant l'interprétation théologique de l'histoire en Jos 23–24 ; Jg 2–3 ; 1 S 12 ; 2 S 7 ; 1 R 8 ; 2 R 17 seraient des additions tardives créant des ruptures dans le fil de Dt 1–2 R 25. Il refuse également l'hypothèse d'une fin du Pentateuque tronquée lors du rattachement de HD au Tétrateuque.

157 « Des weiteren muss man sich von der in den beiden " Modellen " [n.d.r. : modèles de Cross et Smend] vorausgesetzen Vorstellung eines deuteronomistischen Geschichtswerkes im Umfang von Dtn bis Reg lösen, der sie selber den Boden entziehen » (KRATZ, *Komposition*, p. 160-161).

158 KRATZ, *Komposition*, p. 160 ; 221-223.

159 « Je suis Yhwh ton Dieu qui t'ai fait sortir du pays d'Égypte, de la maison de servitude. Tu n'auras pas d'autres dieux face à moi » (Dt 5,6-7).

160 KRATZ, *Komposition*, p. 160 ; 222.

du Pentateuque pris dans le cadre de l'Ennéateuque[161]. Kratz conclut de cette observation que la première rédaction deutéronomiste ne réside pas dans le Deutéronome mais en Samuel–Rois et donc qu'à partir de ces derniers livres, des rédactions dtr successives ont probablement reflué vers le Deutéronome[162]. Ces rédactions (Dtr[G], Dtr[R], Dtr[S]) méritent d'être qualifiées de « deutéronomistes » dans la mesure où les critères dont elles usent s'inspirent fortement du Deutéronome[163].

La question de l'histoire littéraire des cadres du Deutéronome s'inscrit dans la suite logique de celle de la corrélation entre Deutéronome et Josué–2 Rois. Comment le modèle de Kratz explique-t-il le désordre chronologique régnant au sein de ces cadres ?

Sa théorie postule que les cadres du Deutéronome ont grandi à partir de deux points d'accroche, Dt 6,4-5 et Dt 26,1-2.11.16, les deux extrémités respectives de l'*Urdeuteronomium* qui aurait été inséré dans E peu après 587 / 586 avant notre ère. Dans ce Deutéronome primitif, Kratz pense que Dt 6,4-5 jouait le rôle de protase (*Vordersatz*) de Dt 12,13 [164]. Après l'insertion du décalogue[165] (Dt 5,1–6,3) devant le שמע ישראל, les parénèses Dt 6–11 auraient été insérées à cet endroit pour commenter le שמע ישראל et le décalogue. Le commandement de l'amour de Yhwh qu'elles développent est en effet relié à l'alliance au Sinaï et au premier commandement.

De la même façon que le cadre interne (= cadre parénétique) devant CD se serait développé à partir du שמע ישראל, Kratz pense que l'extension du cadre parénétique intervenue après le code s'est produite à partir de Dt 26,16, qui est, à la fin du code, le pendant de Dt 6,4-5. Dans un premier temps, la parénèse de Dt 26,16 aurait été prolongée en Dt 26,17-19, versets qui trouvent leur suite naturelle dans les malédictions / bénédictions de Dt 28 et dans la parénèse conclusive de Dt 30,15-20 [166]. À ce stade, la forme du Deutéronome aurait alors été celle d'un traité ou d'un document d'alliance dans le style des traités

---

161 KRATZ, *Komposition*, p. 166.
162 KRATZ, *Komposition*, p. 160. Selon l'auteur, la première rédaction deutéronomiste (Dtr[G] : 1 S 1–2 R 25) tire de l'*Urdeuteronomium* (Dt 5,1aa[1] ; 6,4-5 ; 12–21 ; 26,1-2.11.16 ; 34,1a) ses principes théologiques d'évaluation de l'histoire, principes que l'on peut qualifier de deutéronomiques et non pas encore de deutéronomistes (KRATZ, *Komposition*, p. 221).
163 KRATZ, *Komposition*, p. 166.
164 KRATZ, *Komposition*, p. 131.
165 Par l'insertion du décalogue comme prélude à CD, ce dernier est localisé au Sinaï et la révélation de la loi (décalogue + CD) décrite dans le Deutéronome est accordée avec celle décrite dans l'Exode (décalogue + CA). Cf. p. 32-32.
166 KRATZ, *Komposition*, p. 133-134.

hittites ou néo-assyriens[167]. Ensuite, ce schéma aurait reçu des ajouts en Dt 27 et 29. Là encore, comme en Dt 5–11, Kratz domicilie la logique rédactionnelle de ce cadre parénétique dans la notion d'alliance et dans le principe du premier commandement du décalogue.

Pour rechercher les raisons de l'insertion de cadres historiques en amont et en aval des cadres parénétiques, Kratz commence par constater que Dt 1–3 est écrit sur la base de Nb 10–36 et utilise en particulier des textes tels que Nb 20,14-21 ; 21,21-27.33-35 pour Dt 2–3 ; Nb 11 et Ex 18 pour Dt 1,9-18 ; Nb 13–14 pour Dt 1,19-46 ; Nb 32 ; 34,13-15 (et Jos 1,12-18 ; 12–13) pour Dt 3,12-20 ; Nb 20,12 ; 27,12-22 pour Dt 3,21-22 ; 23-24, c'est-à-dire des textes qui n'appartiennent pas aux couches les plus anciennes du Pentateuque et présupposent l'incorporation et l'enrichissement de l'écrit sacerdotal en Nombres[168]. L'auteur parle à ce sujet de Dt 1–3 comme d'une « récapitulation »[169] qui aurait été insérée comme transition entre le livre des Nombres et le Deutéronome lors de la démarcation des rouleaux, avant que Dt 4, qui anticipe la révélation à l'Horeb et se termine en Dt 4,41-43.44-49 par des renvois à Dt 1–3, ne fasse le pont entre Dt 1–3 et Dt 5–11.

En aval de CD (Dt 12–26) et du cadre parénétique (Dt 27–30), le cadre historique de Dt 31–34 est jugé par l'auteur, à l'instar du cadre historique amont (Dt 1–3), comme appartenant principalement aux dernières strates du livre. Son élément le plus ancien est le récit de la mort de Moïse (Dt 34,1a ; 5-6), attribué dans la théorie à E (*die Exoduserzählung*). C'est autour de ce motif de la mort de Moïse que Dt 31–34 se serait organisé, avec d'abord l'insertion de la prise de fonction de Josué (Dt 31,1-8). Cela aurait provoqué l'écriture de Jos 1,1-6, qui reprend Dt 31,1-8, pour introduire le rouleau de Josué là où se termine la fin du Deutéronome. Ensuite, les versets sur l'écriture de la loi (Dt 31,9-13.24-26a ; 32,46-47) seraient venus s'intercaler, avant l'addition de la consécration de Josué (Dt 31,14-15.23). Finalement, Dt 32,48-52 (qui reprend Nb 27,12-23), Dt 34,7-12, le cantique de Moïse (Dt 31,16-22 ; 26b-30 ; 32,1-45) et les bénédictions des tribus (Dt 33) seraient successivement venus mettre une conclusion au livre et rendre effective la séparation de Genèse–Deutéronome comme Torah[170].

L'explication du désordre des cadres du Deutéronome est donc pour Kratz avant tout diachronique : ce désordre s'explique par la croissance du Deutéronome de l'intérieur vers l'extérieur, c'est-à-dire

---

167 Cf. p. 32 n. 149.
168 KRATZ, *Komposition*, p. 132.
169 KRATZ, *Komposition*, p. 133.
170 KRATZ, *Komposition*, p. 135.

d'un noyau central (*Urdeuteronomium*) vers ses cadres, parénétiques puis historiques. Cette croissance s'appuie sur des versets clé (Dt 6,4-5 ; Dt 26,16 ; Dt 34,1a.5-6) et sur des principes de rédaction (le premier commandement, l'alliance, l'autonomisation du livre dans un processus de séparation). Il en résulte une loi drapée dans des tissus variés dont les fils courent dans ce qui précède (Exode ; Nombres) et ce qui suit (Josué).

Aux trois questions touchant la relation entre les codes, les liens entre le Deutéronome et Josué–2 Rois et le désordre chronologique des cadres du Deutéronome, Kratz répond par des explications détaillées. Son modèle apparaît toutefois moins précis sur les autres questions listées plus haut[171]. L'explication du processus qui a conduit à la séparation de Josué–2 Rois du Pentateuque reste incertaine. Kratz pense que ce processus a commencé lors de l'incorporation de P dans l'Ennéateuque. À ce moment, P aurait réduit l'Ennéateuque en un Tétrateuque[172], avant que l'aménagement des cadres historiques du Deutéronome ne fassent de ce livre le dernier du Pentateuque[173]. Une série d'additions deutéronomistes tardives en Genèse–Nombres ou sacerdotales tardives en Josué–2 Rois, qui se manifestent sous la forme de références croisées (Gn 15 ; Ex 17,8-16 ; 23,20-33 ; 32–34 ; Nb 10–36 ; Jos 5 ; Jg 11,12-28 ; 1 S 12) et de suppléments à la périphérie des livres (Nb 27–36 ; Dt 1–3 ; 31–34 ; Jos 1 ; 24 ; Jg 1 ; 17–21 ; 1 S 2–3 ; 2 S 21–24), auraient servi simultanément à consolider les livres entre eux et à les séparer[174]. Des liens auraient été également créés avec le corpus prophétique. La situation historique sous-jacente à ce phénomène littéraire de canonisation est expliquée sommairement par Kratz qui se place dans le cadre de l'autorisation impériale perse, non sans une certaine réserve[175]. Selon lui, les signes de faveur perses au retour d'exil

---

171 Cf. p. 7-8.
172 À cet instant, Kratz est d'accord pour dire que des entités telles que le Tétrateuque (Genèse–Nombres) et HD (Deutéronome–2 Rois) ont eu la réalité que la recherche leur donne, mais il considère que ce fut à un stade très tardif, au moment de la division de l'Ennéateuque en deux parties (KRATZ, *Komposition*, p. 224).
173 En conséquence, Kratz peut voir dans le livre du Deutéronome la clé de compréhension de l'accrochage littéraire du Tétrateuque et des Prophètes antérieurs (KRATZ, *Komposition*, p. 118).
174 KRATZ, *Komposition*, p. 224.
175 « Aufgrund der – in der Forschung unter dem Stichwort " Reichsautorisation " verhandelten – Geneigtheit der Achämeniden, kulturspezifische Einrichtungen und Gesetze, besonder Tempel und Kult betreffend, durch Repräsentanten der Zentralmacht, meist den Satrapen, sanktionieren zu lassen, mag der theologisch motivierte Vorgang auch gewissermassen politisch in der Luft gelegen haben, regelrecht vom König selbst oder seinem Staathalter dekretiert wurde er jedoch,

étaient interprétés diversement. Certains y voyaient les signes d'un salut. D'autres considéraient que Yhwh ne devait pas être impliqué dans cette politique perse et interprétaient uniquement la reconstruction du temple et des remparts par le peuple comme des signes de la faveur divine. D'autres encore ignoraient les deux positions précédentes et attendaient dans la confession de leurs péchés et la prière l'intervention imminente de Yhwh. Ces différents courants théologiques, selon Kratz, sont repérables dans les textes vétérotestamentaires du début de la période perse.

Nous avons déjà abordé indirectement plus haut la question des relations de dépendance littéraire entre les récits des cadres du Deutéronome et ceux du Tétrateuque lorsque nous avons décrit l'explication de l'auteur concernant le désordre chronologique des cadres du livre. Selon son modèle, les cadres du Deutéronome, tant internes qu'externes présupposent les récits du Tétrateuque auxquels ils renvoient. Ils font donc allusion aux traditions du Tétrateuque à des fins parénétiques et/ou historiques, comme en Dt 1–3 où la récapitulation historique possède simultanément une dimension exhortative. Ce rapport d'écriture aurait ensuite été croisé puisqu'on trouve des suppléments dtr récents (Dtr^S) dans les textes du Tétrateuque[176]. Cette position de l'auteur reste toutefois relativement implicite et il ne propose pas d'étude comparative précise des récits communs du Tétrateuque et du Deutéronome. La dernière interrogation (pourquoi une absence d'écriture P en Deutéronome ?) est encore moins abordée puisqu'elle ne semble pas posée dans le livre. Kratz remarque que P, dont le rôle dans son modèle est d'importance pour la composition du Pentateuque (assez semblable à celui que Blum fait jouer à K^P), s'arrête en Ex 40 et met l'accent sur le Tétrateuque. Mais cela n'explique pas qu'il n'y ait pas de traces P en Deutéronome alors que Kratz reconnaît qu'il y a eu des suppléments P dans Josué–2 Rois[177].

---

soweit wir wissen, nicht » (KRATZ, *Komposition*, p. 328-329). Ce qui fait dire à E. Zenger que Kratz est un tenant de l'autorisation impériale perse (ZENGER, *Einleitung*, ^{5}2004, p. 129).

176 L'image d'Israël comme théocratie dans le Tétrateuque proviendrait selon l'auteur des suppléments dtr et post-dtr (KRATZ, *Komposition*, p. 223).

177 « Andererseits kommt es zu wechselseitigen Angleichungen, das sind Zusätze im spätdeuteronomistischen Ton in Gen-Num, priesterliche Ergänzungen in Jos-Reg und vor allem literarische Querverweise in Gen-Dtn (etwa Gen 15 ; Ex 17,8ff. : 23,20ff ; 32-34 ; Num 10-36) auf Jos-Reg oder in Jos 5, Jdc 11,12-28, 1 Sam 12 usw. auf die Geschichte des Pentateuchs » (KRATZ, *Komposition*, p. 224).

En dépit de cette dernière remarque, le système proposé par Kratz apporte une aide réelle pour aborder le rôle du Deutéronome dans le cadre de l'histoire littéraire du Pentateuque. Il est le seul auteur qui, dans les théories que nous venons d'étudier, prend position en faveur de l'existence d'un Ennéateuque à un stade donné de l'histoire littéraire de Genèse–2 Rois. En cela, il représente une tendance nouvelle de la recherche[178].

1.2 L'apport de quelques études synchroniques

La question de sa place au sein de l'histoire de la composition du Pentateuque n'est pas la seule question posée par la recherche au livre du Deutéronome. Avec l'émergence de nouvelles approches synchroniques du texte biblique, notamment les analyses rhétorique et narrative, celui-ci est quelquefois étudié pour lui-même, en tant qu'œuvre littéraire ou partie d'une œuvre plus large. Nous ne pouvons passer sous silence la voix de ces études synchroniques, même si, comparées aux études dites diachroniques, elles restent minoritaires[179].

1.2.1 R. Polzin

Le livre de Robert Polzin[180] est une étude de la catégorie littéraire de « point de vue » dans Deutéronome–Juges. Son auteur a poursuivi son étude de HD dans deux ouvrages complémentaires[181]. Un article de synthèse ressaisit également les positions défendues dans celui de 1980[182]. Aussi renvoyons-nous ici principalement à ces deux références qui concernent le Deutéronome.

---

178 Cf. également SCHMID, Konrad, *Erzväter*, p. 18-39 ; SCHMID, Konrad, « Deuteronomium » ; AURELIUS, *Zukunft* ; ZENGER, *Einleitung*, ⁵2004, p. 103-105.
179 Au nombre de ces études, citons les travaux de N. Lohfink, D.T. Olson, S. Weitzman, E. Talstra, J.-M. Carrière, S.K. Sherwood, K. Finsterbusch et, bien sûr, les ouvrages de R. Polzin et J.-P. Sonnet, que nous étudierons en détail dans cette section : LOHFINK, « Stimmen » ; OLSON, *Deuteronomy* ; WEITZMAN, « Lessons » ; LOHFINK, « Fabel » ; TALSTRA, « Deuteronomy 9 and 10 » ; LOHFINK, « Strukturen » ; LOHFINK, « Dtn 1,6–3,29 » ; CARRIERE, *Politique* ; SHERWOOD, *Lev, Num, Deut*, p. 197-292 ; LOHFINK, « Deuteronomy 5 as narrative » ; FINSTERBUSCH, *Weisung*.
180 POLZIN, *Moses*.
181 POLZIN, *Samuel* ; POLZIN, *David*.
182 POLZIN, « Deuteronomy ».

Dans *Moses and the Deuteronomist*, Polzin décrit la recherche exégétique comme étant dans une situation de crise méthodologique, celle de l'affrontement entre l'*historical criticism* et le *literary criticism* et préconise une articulation des deux approches[183].

L'étude littéraire du livre du Deutéronome s'appuie sur les catégories de *reported speech* et de *reporting speech* que Polzin emprunte à Mikhail Bakhtin[184]. Le *reporting speech*, ou « discours relatant », renvoie principalement dans le Deutéronome à la voix du narrateur[185], tandis que le *reported speech*, ou « discours relaté », renvoie à celle du personnage Moïse[186]. La relation entre ces deux voix narratives est complexe et varie selon les sections du livre. Le narrateur donne le plus souvent la parole à Moïse, son personnage principal, qui lui-même s'emploie fréquemment à la citation. Ainsi « en Dt 2,4-7 et 32,26.40-42, par exemple, le narrateur cite Moïse citant Yhwh se citant lui-même ; on obtient ainsi un énoncé dans un énoncé à l'intérieur d'un énoncé, le tout sous la forme d'un discours direct »[187]. Ce phénomène de la citation à l'intérieur de citations concourt à produire une pluralité de points de vue d'où résulte un effet multidimentionnel.

La pluralité des points de vue est aussi manifeste au début et à la fin du livre, lorsque le narrateur intervient soudainement dans les discours de Moïse au moyen de *frame breaks*[188], c'est-à-dire de commentaires ou explications qui suspendent le discours du personnage[189]. Par ces interventions, le narrateur dtr entend se donner du poids. Si son objectif est de présenter Moïse comme le plus grand prophète de toute l'histoire d'Israël et de l'asseoir comme leader et législateur[190], il entend également, selon Polzin, être lui-même perçu comme le Moïse de sa génération[191].

---

183 POLZIN, *Moses*, p. 7-8.
184 POLZIN, *Moses*, p. 18-19. M. Bakhtin a écrit sous le pseudonyme de Voloshinov, nom par lequel le désigne R. Polzin. Il a principalement étudié les modes du discours et du dialogue dans la littérature classique.
185 Polzin fait le relevé des *reporting speeches*, c'est-à-dire des paroles du narrateur, qui comprennent 56 versets : Dt 1,1-5 ; 2,10-12.20-23 ; 3,9.11.13b-14 ; 4,41-5,1a ; 10,6-7.9 ; 27,1a.9a.11 ; 28,69 ; 29,1a ; 31,1.7a.9 10a.14a.14c-16a.22-23a.24-25.30 ; 32,44-45.48 ; 33,1 ; 34,1-4a.5-12 (POLZIN, *Moses*, p. 29).
186 L'auteur divise ce *reported speech* de Moïse en trois discours (Dt 1,6-4,40 ; 5,1b-28,68 ; 29,1-31,6) et une collection des dernières paroles de Moïse (Dt 31,7–33,29).
187 Polzin, « Deuteronomy », p. 93.
188 POLZIN, *Moses*, p. 30.
189 Par exemple : Dt 2,10-12.20-23 ; 3,9.11.13b.14 ; 10,6-9 ; 27,1a.9a.11 ; 31,1
190 POLZIN, *Moses*, p. 30.
191 POLZIN, *Moses*, p. 32.

Dans les *reported speeches*, Polzin repère un phénomène d'exaltation de la figure de Moïse d'un côté, de sa relativisation de l'autre. Il observe deux voix narratives mêlées dans le texte. L'une met en valeur le statut unique de Moïse, exalte l'élection d'Israël comme peuple mis à part par Yhwh, souligne la miséricorde divine et se concentre sur l'alliance faite « avec vos / nos pères » (Dt 4,31 ; 5,3) comme alliance inconditionnelle. L'autre minimise le rôle de Moïse, relativise l'élection, insiste sur la justice rétributive de Yhwh et se focalise sur l'alliance faite « avec vous / nous » à l'Horeb (Dt 4,23 ; 5,2) comme alliance liée à l'écoute et à la mise en pratique des commandements divins[192]. Cette tension structure, selon l'auteur, non seulement le Deutéronome mais aussi l'ensemble de HD[193]. Il la corrèle avec le traumatisme de l'exil[194], sans y voir nécessairement, toutefois, deux voix diachroniquement distinctes.

Polzin met ces voix narratives en tension en rapport avec la temporalité du récit. Le deuxième discours par exemple, où l'auteur estime que la voix de la rétribution est majoritaire, au moins en surface[195], est principalement orienté vers le futur (futur proche dans CD ; futur lointain évoquant la catastrophe nationale en Dt 28), tandis que le premier discours (Dt 1–4) était principalement orienté vers le passé. Cette distinction entre passé (l'alliance patriarcale) et présent / futur (l'alliance à l'Horeb, c'est-à-dire avec la génération à laquelle s'adresse Moïse [cf. Dt 5,2-3]) est donc décrite comme fondamentale pour la tension idéologique sur laquelle est basée le livre[196]. Des expressions telles que « le Dieu de nos pères », « l'alliance faite avec les pères », « le serment que Dieu a juré aux pères », expressions qui connotent la miséricorde et l'élection, sont en conflit avec le point de vue ultime du livre qui, lui, est fondé sur la justice rétributive[197]. Mais finalement, cette tension idéologique et cette distinction temporelle se résolvent dans la fusion des auditoires de

---

192 POLZIN, *Moses*, p. 38-39 ; 46.
193 « We shall see further on in our analysis of Moses' second address that the bracketing of utterances of mercy and grace with neutralizing statements of a retributive nature is a consistent pattern in the book of Deuteronomy. [...] Therefore, as we proceed, we should not be surprised to see that the interplay of the two voices involved in this dialogue is an essential constituent, rather than a secondary addition to, the ultimate semantic authority that unifies not only Deuteronomy but, as we shall see, the entire Deuteronomic [*sic*] History » (POLZIN, *Moses*, p. 42-43).
194 POLZIN, *Moses*, p. 39 ; 72.
195 POLZIN, *Moses*, p. 53.
196 POLZIN, *Moses*, p. 54.
197 POLZIN, *Moses*, p. 54.

Moïse (les Israélites qui se préparent à entrer dans la terre) et du narrateur (les Israélites en exil qui attendent de reprendre possession de la terre), par le biais de la notation temporelle future « ce jour-là »[198].

Pour Polzin, le Deutéronome est donc un acte de communication inséré dans un acte de communication. Des ratios viennent selon lui illustrer ce point. La parole de Yhwh est à la parole de Moïse ce que cette dernière est à la parole du narrateur[199]. Les allers et retours temporels du personnage Moïse entre le jour de l'alliance à l'Horeb et celui de la proclamation de la loi en Moab correspondent à ceux du narrateur entre le jour de la proclamation de la loi en Moab et le jour de la narration[200]. Mais finalement pour l'auteur, ces ratios sont englobés dans un effort de synthèse. Si l'insistance est globalement forte sur la justice rétributive de Yhwh, des efforts récurrents tendent à mettre en relation l'alliance avec les pères (= patriarches) et l'alliance à l'Horeb (c'est-à-dire avec la génération des auditeurs de Moïse), en faisant de la seconde un préalable de la réalisation de la première[201].

Cette analyse littéraire du livre du Deutéronome par R. Polzin doit être saluée comme une des rares tentatives d'approcher le livre dans les ressorts de sa narration. L'étude des points de vue que mène l'auteur aboutit à des conclusions stimulantes touchant le dialogue idéologique interne au livre ainsi que la pluralité et la fusion des points de vue.

Cependant, les critiques n'ont pas manqué, d'abord à propos du positionnement méthodologique de l'auteur. Ainsi T. Römer et A. de Pury relèvent-ils l'ambiguïté évidente qu'il y a à se livrer à une étude narrative sur un corpus (HD) dont l'existence hypothétique repose sur les résultats établis par l'exégèse historico-critique tout en émettant des réserves sérieuses contre ce type d'exégèse[202]. J.-P. Sonnet

---

198 POLZIN, *Moses*, p. 72.
199 POLZIN, « Deuteronomy », p. 96.
200 POLZIN, « Deuteronomy », p. 92-93.
201 POLZIN, « Deuteronomy », p. 100.
202 « [...] Certains auteurs se sont mis à refuser, de manière plus ou moins catégorique, la différenciation de couches littéraires au sein de HD. Ainsi R. Polzin, en élaborant une trilogie sur HD, reproche vivement à l'exégèse historico-critique de faire obstacle – par sa recherche vaine et inutile, de couches rédactionnelles elles-mêmes illusoires – à une perception appropriée de la structure de HD et du message Dtr. Ce message, il se propose de le faire ressortir grâce à une " analyse holistique ". L'efficacité de sa méthode, pourtant, n'est pas vraiment manifeste. Lorsque Polzin observe, par exemple, que l'auteur dtr entend, par le biais de la fiction mosaïque, se présenter comme le vrai médiateur de la parole divine, que fait-il d'autre que de répéter une évidence reconnue par tous (et mise en lumière d'abord par l'exégèse historico-critique) ? Et lorsque, tout en décriant l'exégèse diachronique, il écrit " That corpus of the Hebrew Bible that streches from the Book of Deuteronomy through

va dans le sens de ces critiques lorsqu'il considère que la délimitation du corpus d'étude de Polzin est mal posée et que l'auteur fait trop abstraction de ce qui précède (Genèse–Nombres). Selon Sonnet, l'hypothèse diachronique de HD ne forme pas un cadre sain de lecture synchronique du Deutéronome[203]. Plus épineuse encore est l'identification qu'opère Polzin entre le « prophète semblable à Moïse » (Dt 18,17) et le narrateur deutéronomiste. Comme le remarque Sonnet, une telle identification « représente une violation des règles séparant les deux sphères de communication »[204], à savoir la sphère des protagonistes du récit et celle de l'instance narratrice. De nouveau, Polzin formule une remarque d'ordre diachronique alors même qu'il entend se situer dans un type d'interprétation synchronique, rompant avec l'exégèse historico-critique. Ajoutons à cela que certaines conclusions du livre semblent plus affirmées qu'argumentées. C'est par exemple le cas des affirmations concernant les ratios décrits plus haut.

Il nous faudra, dans la suite de ce travail, garder en mémoire autant les ouvertures significatives opérées par Polzin que les limites de son travail.

1.2.2   J.-P. Sonnet

Dix-sept ans après celui de Polzin, l'ouvrage de J.-P. Sonnet[205] offre une nouvelle lecture globale du Deutéronome s'appuyant sur la narratologie et sur la comparaison avec les corpus littéraires des civilisations du Proche-Orient ancien. Son auteur pose d'emblée le double cadre de lecture qui sera le sien : le Deutéronome comme livre et le Deutéronome comme finale du Pentateuque[206]. Son axe de lecture est l'étude du phénomène d'écriture dans le livre et l'examen de la finalité narrative de ce phénomène. Il entend par là offrir une nouvelle solution à un problème ancien : celui de l'autorité mosaïque de la Torah.

La clé de cette question réside selon lui dans l'acte de communication porté par le livre. Il voit dans le Deutéronome une dialectique « discours / mise par écrit » qui se joue sur l'arrière-fond dramatique de

---

2 Kings is called the Deuteronomistic History ", il fait état d'un résultat de l'exégèse historico-critique et non d'un donné traditionnel » (DE PURY, « Historiographie Deutéronomiste », p. 81).
203 SONNET, *The Book*, p. 23-24.
204 SONNET, *The Book*, p. 252.
205 SONNET, *The Book*.
206 SONNET, *The Book*, p. 21-22.

la mort annoncée du personnage principal, Moïse. Le but du Deutéronome est de recueillir les paroles vives de Moïse, prophète de Yhwh, pour lui donner une postérité au-delà de sa mort.

Dans le premier chapitre, Sonnet montre la centralité de la voix prophétique dans le monde du texte et le déplacement essentiel provoqué par la demande du peuple de ne plus entendre la voix de Yhwh au Sinaï (Dt 5,23-31). Au cœur de ce tournant décisif, un autre déplacement s'opère. Alors que le peuple demande que Moïse lui transmette les paroles (דבר) que lui dira Yhwh (Dt 5,27), ce dernier répond que le peuple a bien parlé et que Moïse leur enseignera (למד) les lois et les coutumes (Dt 5,31). Pour Sonnet, Dt 5,23-31 est une scène fondationnelle du rôle de Moïse vis-à-vis du peuple[207].

Les quatre chapitres suivants décrivent le processus de mise par écrit de l'enseignement de Moïse. Sonnet dégage de Dt 1–11 la séquence suivante : à l'Horeb, ce que Yhwh *déclare / dit* (דבר / נגד), est *écrit* (כתב) par lui (Dt 4,13 ; 5,22)[208], puis *donné* (נתן ; Dt 9,11 ; 10,4)[209], pour être *enseigné* (למד ; Dt 6,1 ; mais aussi 4,1.5.14 ; 5,31)[210]. Tout Israël doit ensuite *écrire* (כתב) « ces paroles » (Dt 6,6)[211] sur des amulettes pour qu'elles soient toujours à proximité et finalement *mises* (שים) dans le cœur et dans l'âme des fils d'Israël (Dt 11,18-20)[212].

Dans ce processus, Yhwh est décrit comme un « scribe céleste »[213]. Sonnet montre que la mise par écrit d'un document par une divinité sort de l'ordinaire dans le Proche Orient ancien où l'écriture incombe habituellement à la partie humaine[214]. Ici, c'est la duplication qui est impartie à cette dernière. Tel est le cas en Dt 6,6-9 mais aussi en Dt 17,14-20 dans la loi sur le roi. Ce dernier doit recopier la loi lui-même[215] et la lire tous les jours. Ce faisant, le roi devient un *arch-reader*

---

207 SONNET, *The Book*, p. 37-38.
208 Sur la séquence *déclarer / dire → écrire*, SONNET, *The Book*, p. 42.
209 Sur la séquence *écrire → donner*, SONNET, *The Book*, p. 45.
210 SONNET, *The Book*, p. 47.
211 Sonnet réfléchit à ce à quoi renvoie le syntagme « ces paroles » (Dt 6,6). Il évoque trois possibilités : 1) le *Shema Israel* ; 2) le décalogue ; 3) la Torah entière enseignée par Moïse à Moab. Il conclut en faveur de la troisième hypothèse (SONNET, *The Book*, p. 52-55).
212 SONNET, *The Book*, p. 69-70.
213 SONNET, *The Book*, p. 49.
214 SONNET, *The Book*, p. 49-51.
215 Sonnet documente le fait que l'écriture n'était pas étrangère aux souverains antiques et prend parti pour une copie de la loi faite personnellement par le roi et non par les scribes (SONNET, *The Book*, p. 72).

de la Torah²¹⁶ et l'injonction de dupliquer la loi inscrite dans la loi elle-même insère dans la loi le principe de sa reproduction (mise en abyme)²¹⁷. Le destinataire de la loi (le peuple ; le roi) en devient donc le scripteur, ce qui est déjà rendre la loi indépendante de Moïse lui-même.

L'écriture de la Torah par le roi ou par le peuple renvoyait à un futur lointain, celui de la vie dans le pays. En Dt 27–28, le récit renvoie à un futur proche, celui du jour de la traversée du Jourdain et de l'entrée dans le pays²¹⁸. Pour Sonnet, les deux mentions d'un סֵפֶר contenant les paroles de la Torah en Dt 28,58 et 28,61 renvoient au contenu des paroles de la Torah écrites sur les pierres dressées en Dt 27,1-8²¹⁹. Dans cette cérémonie qui devra avoir lieu au moment de l'entrée dans le pays, la Torah à laquelle il est ici fait allusion prend donc un contenu de bénédictions et de malédictions. En Dt 29, la situation change. L'auteur affirme qu'une métamorphose se produit entre le סֵפֶר de la Torah de l'au-delà du Jourdain et le סֵפֶר de Dt 29–30. Le mot ne renvoie plus au même contenu. En Dt 27–28, les pierres dressées, support de la Torah des bénédictions–malédictions avaient un aspect temporel limité de « portes » pour l'entrée dans la terre. Elles avaient une fonction de prélude à la conquête. En Dt 29–30, le cadre temporel est celui du *hic et nunc* de Moab et le סֵפֶר dont il est question en Dt 29,19.20.26 ; 30,10 coïncide avec l'enseignement de Moïse de Dt 5–28 ²²⁰. S'il y a une affinité de contenu²²¹ entre la version de la Torah à écrire sur les pierres dressées (Dt 27–28) et la version écrite à laquelle il est fait référence en Dt 29–30, les deux *Torôt* doivent être soigneusement distinguées. Pour Sonnet, deux moments de la procédure d'alliance se succèdent donc en Dt 5–30 : l'une orale, l'énonciation de la loi (Dt 5–28) qui se conclut par un engagement mutuel entre les parties en Dt 26,26-19, puis l'autre, rituelle, qui est une entrée dans l'alliance par « passage » (cf. Dt 29,11) en Dt 29–30.

Le troisième moment de la procédure d'alliance ne vient qu'en Dt 31 par la mise par écrit de la Torah de Moab proprement dite.

---

216 SONNET, *The Book*, p. 78.
217 SONNET, *The Book*, p. 79.
218 Sonnet s'appuie sur l'article de Jean L'HOUR, « L'alliance », pour montrer le « stratagème » narratif qui permet de focaliser l'attention du lecteur sur le moment du passage du Jourdain (SONNET, *The Book*, p. 87-88).
219 SONNET, *The Book*, p. 99-101. Sonnet renvoie aux stèles de Sefire et aux observations de J. Fitzmyer concernant les traités conservés sur ces stèles, pour avancer le fait que le mot סֵפֶר puisse signifier « inscription ».
220 SONNET, *The Book*, p. 105-107.
221 SONNET, *The Book*, p. 104.

Sonnet considère que cette mise par écrit se passe en deux temps[222]. En Dt 31,9, une première version, à laquelle il était fait référence par avance en Dt 29,19.20.26 ; 30,10, est mise par écrit et confiée aux prêtres fils de Lévi (כהנים בני לוי) et à tous les anciens d'Israël (כל זקני ישראל), pour la *proclamation*. Puis durant la théophanie qui suit (Dt 31,14-21), Yhwh dévoile à Moïse le sombre avenir du peuple et lui demande d'écrire un cantique qui témoignera en ces temps contre le peuple (Dt 31,21-22). En Dt 31,25-26, la Torah écrite par Moïse se présente dans sa version définitive, complète[223] parce qu'enrichie du cantique האזינו. Elle est transmise aux seuls lévites (הלוים) mais cette fois pour sa *conservation*, c'est-à-dire pour être placée dans l'arche et servir de « témoin » (Dt 31,26). La théophanie de Dt 31,14-21 apparaît donc comme le tournant du chapitre, puisque c'est à partir d'elle que change le statut de la Torah.

Après la mise par écrit de la Torah en Dt 31 et la proclamation du cantique en Dt 32,1-47, la Torah est constituée comme écrit et l'alliance en Moab est conclue. La fin du récit (Dt 32,48–34,12) ne fait donc pas partie de la Torah mise par écrit en Dt 31,24, mais émerge à la communication interne au livre du Deutéronome (accomplissement des paroles de Dt 1,37-38 ; 3,23-28 ; 4,21-22). Cette finale du livre est tournée vers la mort de Moïse et son remplacement par Josué. L'auteur montre comment la mention d'un prophète semblable à Moïse (Dt 18,15-18) que le peuple écoutera (Dt 18,15) et sur les lèvres duquel Yhwh mettra ses paroles pour dire tout ce qu'il lui ordonnera (Dt 18,17), trouve sa réalisation dans la personne de Josué[224]. Sur l'arrière-plan du Pentateuque, en Dt 33–34, Moïse est également attaché littérairement aux patriarches et à Balaam pour mettre l'accent sur son caractère prophétique[225]. L'auteur recourt alors ici à la théorie d'A. de Pury sur la

---

[222] SONNET, *The Book*, p. 156-167. La reconstruction par l'auteur de la « fable » de ce chapitre se démarque radicalement de celle de N. Lohfink. Pour J.-P. Sonnet, la loi écrite en Dt 31,9 est donnée aux Lévites pour la *proclamation*. En Dt 31,25-26, elle est donnée pour sa *conservation*. La seconde écriture de la Torah par Moïse en Dt 31,24-26 est une écriture qui ajoute le Cantique au document de Dt 31,9. On ne peut donc, affirme Sonnet, considérer avec Lohfink que c'est un seul et même événement qui, en 31,9 et 31,24, est raconté deux fois. Il faut, selon lui, plutôt penser que la Torah écrite a été confiée à deux corps différents (31,9 : aux lévites et aux anciens ; 31,24-26 : aux lévites), pour sa proclamation et pour sa conservation.

[223] Sonnet interprète la mention « jusqu'à la fin » en Dt 31,24 comme une notation colophonique indiquant que la Torah a bien reçu à ce moment l'adjonction du cantique (SONNET, *The Book*, p. 159).

[224] SONNET, *The Book*, p. 194-197.

[225] SONNET, *The Book*, p. 199-234.

coexistence dans le Pentateuque de deux conceptions des origines d'Israël, l'une généalogique, l'autre vocationnelle[226]. Il considère que la fin du Deutéronome est écrite non pas pour faire de Moïse le plus grand des patriarches, mais pour attacher et intégrer les traditions patriarcales (Israël généalogique) dans la tradition mosaïque de l'alliance (Israël vocationnel).

La spécificité du livre du Deutéronome comme finale du Pentateuque reste, selon l'auteur, le passage à l'écrit, c'est-à-dire qu'elle réside en ce que le livre induit les conditions de la réception et de la lecture de la Torah. Le Deutéronome est un livre qui parle d'un livre, celui de la Torah écrite par Moïse en Dt 31,9 et complétée par le « chapitre » supplémentaire du cantique האזינו en Dt 31,24. Sonnet garde une certaine réserve sur l'étendue exacte de ce livre, se contentant de constater que son écriture est circonscrite entre deux marqueurs : Dt 4,44 et Dt 31,9 [227]. Avec ces conclusions, il peut enfin revenir à sa question de départ sur l'autorité mosaïque de la Torah : cette autorité est celle de Moïse comme scribe, figure en filigrane des scribes auteurs du Deutéronome[228]. C'est pourquoi le Deutéronome est un livre sur lequel se laisse percevoir « l'ombre des scribes »[229].

Ayant présenté l'étude de J.-P. Sonnet, nous voudrions maintenant en évaluer la portée. Dans un article consacré à cette monographie, E. Otto l'a qualifiée d' « une des plus stimulantes parues ces dernières années sur le Deutéronome »[230], et ajoute qu'elle est « à marquer d'une pierre blanche dans la recherche sur le Deutéronome »[231]. Son apport nous semble effectivement stimuler la compréhension du livre du Deutéronome non pas seulement comme discours ou comme construction littéraire diachronique, mais d'abord comme récit, récit à la temporalité certes subtile mais pouvant être démêlée. La reconstruction par Sonnet de la fable du livre et particulièrement de Dt 31 est à cet égard exemplaire. Nous aurons l'occasion, dans la suite de ce travail, de revenir sur un certain nombre des remarques de cet auteur.

---

226 SONNET, *The Book*, p. 230-232.
227 « Whatever its exact extent, the Torah, now transcribed by Moses, is thus found between the two markers » (SONNET, *The Book*, p. 248).
228 « Dans son propos d'ensemble, l'ouvrage de Sonnet caractérise le Deutéronome comme un récit étiologique de l'écriture et de la réécriture (légales), développé par des scribes qui projetèrent leur pratique dans la figure littéraire de Moïse » (LEVINSON, *L'herméneutique*, p. 49 n. 43).
229 Titre de la dernière section du livre : SONNET, *The Book*, p. 262-267.
230 OTTO, « Schreiber » (citation p. 328) ; repris dans OTTO, *Gottes Recht*, p. 84-91.
231 OTTO, « Schreiber », p. 320-329 (citation p. 329).

Quelques questions restent cependant en suspens. L'auteur ne précise pas quels sont les cercles scribaux auxquels il fait allusion à la fin de l'ouvrage et qui auraient utilisé la figure de Moïse pour projeter leur propre activité littéraire. Dans l'histoire d'Israël, des scribes de types différents peuvent être envisagés : scribes sacerdotaux, royaux, laïcs, de cercles de sagesse... Cette question du rattachement du Deutéronome à tel ou tel courant, il est vrai, demeure difficile et hypothétique.

Un second point qui nous semble pouvoir être discuté est celui de l'horizon de lecture choisi et justifié par J.-P. Sonnet, qui s'en tient à la césure canonique, c'est-à-dire au Deutéronome comme fin du Pentateuque. Cependant, le livre semble parfois appeler un horizon de lecture aval, par exemple lorsque Dt 11,29 et 27,4-8 anticipent Jos 7,30-35, ou encore lorsque Josué est investi en prévision de l'entrée dans le pays[232]. Cette question de l'horizon de lecture est importante. L'horizon littéraire choisi par Sonnet est-il le seul possible ? La lecture de son étude permet en tout cas de se poser la question.

1.3 Questions, consensus et tendances de la recherche récente sur le Deutéronome

Nous venons de focaliser notre attention sur quelques monographies qui ont marqué les recherches sur le Deutéronome et le Pentateuque ces dernières années. Ces travaux pionniers ne nous fournissent cependant qu'un aperçu partiel de la recherche récente sur le Deutéronome. Nous voudrions maintenant brosser un tableau synthétique des questions, consensus et tendances qui l'animent[233], tout en gardant à l'esprit les limites d'un tel exercice[234].

---

232 Cf. également la liste des liens que l'on peut relever entre le Deutéronome et Josué–2 Rois, ci-dessous, p. 68.

233 Pour cela, nous nous appuyons en partie sur plusieurs synthèses de la recherche sur le Deutéronome parues ces dernières années : VEIJOLA, « Deuteronomismusforschung », p. 273-327 ; RÖMER, « The Book », p. 178-212 ; RÖMER, « Approches », p. 153-175 ; O'BRIEN, « Deuteronomy ». On trouvera chez H.D. Preuss une très bonne description détaillée de la recherche plus ancienne : PREUSS, *Deuteronomium*. Pour un point sur la recherche à la fin des années 1960 et sur les positions propres de l'auteur, voir : WEINFELD, « State ».

Les présentations du Deutéronome dans les dictionnaires et les introductions à l'Ancien Testament sont également instructives, car leur lecture chronologique permet de repérer à quel moment apparaissent des nouveautés dans la recherche : LOHFINK, Art. « Deuteronomy » ; MC BRIDE, Art. « Deuteronomium » ; BRAULIK,

Depuis quelques années, la recherche sur le Deutéronome connaît une forte croissance de la littérature secondaire. Les parutions récentes restent en grande majorité à dimension historique et théologique. Elles s'attachent à étudier la structure du livre, son lien à la littérature du Proche Orient ancien, son origine, sa langue et son milieu de production, ses idées théologiques et sa place dans l'histoire ancienne d'Israël. Depuis quelques décennies cependant, des bouleversements importants ont eu lieu, comme l'a souligné T. Veijola dans une revue de la littérature secondaire sur le Deutéronome et sur HD écrite en 2002 :

> « La recherche sur le deutéronomisme, terme sous lequel nous comprenons dans cette revue de la littérature les études sur le Deutéronome ainsi que celles sur l'écriture deutéronomiste (dtr) des livres historiques de Josué jusqu'à 2 Rois, se trouve actuellement, si ce n'est dans une crise, en tout cas dans un bouleversement qui caractérise également l'ensemble de la recherche sur l'Ancien Testament. Les positions classiques sont mises en question radicalement sans que cependant des alternatives convaincantes et constructives ne viennent les remplacer »[235].

Il est vrai que ce constat d'une crise des recherches sur le Pentateuque – qui affecte celles sur le Deutéronome – est partagé par de nombreux chercheurs[236]. Cette crise est caractérisée par un certain éclatement de la

---

« Das Deuteronomium », in ZENGER, *Einleitung*, ³1998, p. 125-141 ; OTTO, Art. » Deuteronomium », col. 693-696 ; BRAULIK, « Das Deuteronomium », in ZENGER, *Einleitung*, ⁵2004, p. 136-155 ; ROSE, » Deutéronome ».

Assez souvent, la recherche sur le Deutéronome est évoquée dans le cadre de la recherche sur la formation du Pentateuque ou sur HD : RÖMER, « Brève présentation » ; DAVID, « Pentateuque » ; SKA, « État de la recherche » ; WYNN-WILLIAMS, *State ;* SEEBASS, « Pentateuchforschung » ; NICHOLSON, *Pentateuch ;* VAN SETERS, *Pentateuch ;* MINETTE DE TILLESSE, Gaetano, « Crise », p. 1-9 ; SKA, *Introduction ;* KAISER, *Studien,* p. 70-133 ; RÖMER, « Nouvelles recherches » ; RÖMER, « Formation ».

234 Nous sommes conscient qu'il est délicat de déterminer ce qui est un acquis de la recherche et ce qui n'est qu'une tendance passagère. À cela s'ajoute le fait que ces tendances et consensus peuvent ne concerner que l'une ou l'autre sphère de recherche : anglophone, germanophone, hébraophone, scandinave, hispanophone ou francophone. En dépit de ces réserves, il est nécessaire d'inventorier les grandes tendances et les positions devenues classiques car elles sont habituellement le point de départ de la discussion. On gardera cependant toujours à l'esprit que les hypothèses avancées par la recherche peuvent faire l'objet de mouvements circulaires, comme l'a bien souligné N. Lohfink (LOHFINK, « État de la recherche », p. 35-36).

235 VEIJOLA, « Deuteronomismusforschung », p. 273.

236 Cf. entre autres BRIEND, Jacques, « Crise » ; RÖMER, « Brève présentation », p. vii : « Depuis un quart de siècle, les exégètes parlent d'une mise en question, voire d'une " crise " du Pentateuque » ; DOHMEN, « Argumente » ; FISCHER, Georg, « Wege », p. 5-7 ; TILLESSE, « Crise », p. 1-9. Le constat formulé en 2001 par T. Römer semble

recherche. Dans ce champ mouvant, des éléments de consensus existent (1.3.1), de nouvelles tendances se dessinent (1.3.2) et des questions importantes restent ouvertes (1.3.3).

1.3.1 Consensus

Malgré les bouleversements importants auxquels nous venons de faire allusion, il existe des éléments reconnus comme faisant partie du bien commun des chercheurs. Nous allons en examiner cinq. Avant de lister ces consensus sur le Deutéronome, nous pouvons rappeler les trois points de consensus que H.H. Schmid dégageait il y a quelques années à propos de la recherche sur le Pentateuque[237]. Selon cet auteur, premièrement, le constat était d'abord bien établi qu'au sein du texte de l'Ancien Testament, le « Pentateuque » n'est pas une entité autonome mais représente la première partie du grand ensemble qui s'étend de la Genèse au second livre des Rois (« Ennéateuque »). Deuxièmement, il était admis que ce corpus de textes ne représente pas une unité originelle mais qu'il s'est constitué de manière rédactionnelle et qu'on y distingue 1) le Deutéronome et l'historiographie dtr qui s'y rattache, au moins quant à sa substance mais très probablement aussi au plan littéraire ; 2) l'écrit sacerdotal ; 3) la couche littéraire présacerdotale du Pentateuque ou du moins sa substance de traditions « Tétrateuque » ou « Hexateuque » – JE selon la terminologie classique. Troisième et dernier consensus qui était avancé par Schmid : la jonction entre les trois entités qui forment le Pentateuque s'est faite au plus tôt à l'époque exilique, quel que soit le modèle envisagé (JE+P+Dt[r] ou JE+Dt[r]+P ou Dt[r]+JE+P).

En dépit des incertitudes qui entourent le Yahwiste aujourd'hui[238] – et donc forcément l'usage de la terminologie JE –, les points d'appui

---

toujours d'actualité : « [L]a crise s'est aggravée durant ces dix dernières années, à tel point que l'absence de tout consensus n'exaspère pas seulement les étudiants mais certains collègues qui cherchent désormais le salut dans les approches dites " synchroniques ", la narratologie ou autres *holistic readings* » (RÖMER, « Brève Présentation », p. vii).

237 SCHMID, Hans-Heinrich, « Théologie », p. 369-370.

238 Longtemps tenu dans l'hypothèse documentaire ancienne pour pré-exilique et pré-dtr, le Yahwiste est réévalué comme post-dtr depuis quelques décennies par des chercheurs tels que F.V. Winnett, N.E. Wagner, J. Van Seters, H.H. Schmid, M. Rose, H. Vorländer, H.-C. Schmitt et C. Levin (WINNETT, *Mosaic Tradition* ; WINNETT, « Foundations » ; WAGNER, « Future » ; WAGNER, « Abraham » ; VAN SETERS, *Abraham* ; VAN SETERS, *In Search* ; VAN SETERS, *Historiker* ; VAN SETERS, *Prologue* ;

décrits par H.H. Schmid restent valides. Il apparaît donc que le Deutéronome se présente – et c'est le premier point de consensus des chercheurs que nous dégageons – comme le noyau d'un des trois types d'écriture identifiables dans le Pentateuque, sans que l'on puisse pour autant s'accorder sur l'ordre de combinaison de ces matériaux (D, P et JE [ou non-P]). Cependant, si la recherche est arrivée à un certain accord sur le lexique[239] et les caractéristiques idéologiques de l'écriture D, force est aussi de constater qu'un émiettement progressif de D en un nombre important de strates dtr désignées par une multiplicité de sigles rend ses contours moins lisibles[240].

Le Deutéronome est donc le noyau de l'écriture D. Cependant, le constat que celle-ci n'est pas homogène est également une position classique dans la recherche (deuxième point d'unanimité parmi les chercheurs). Wellhausen distinguait ainsi CD et ses cadres lorsqu'il écrivait : « Les expressions spécifiquement " deutéronomiques "[241] se trouvent relativement absentes du cœur du Deutéronome (chapitres 12–26) et là où elles se trouvent, elles semblent en partie être des remaniements de la main de l'auteur des chapitres 5–11 »[242]. C'est

---

VAN SETERS, *Life* ; VAN SETERS, « Cultic Laws », p. 319-345 ; SCHMID, Hans-Heinrich, *Jahwist* ; SCHMID, Hans-Heinrich, « In Search » ; SCHMID, Hans-Heinrich, « Théologie », p. 361-386 ; ROSE, *Jahwist* ; ROSE, « Croissance » ; ROSE, « Empoigner » ; VORLÄNDER, *Entstehung* ; SCHMITT, *Josephsgeschichte* ; SCHMITT, « Meerwundererzählung » ; SCHMITT, » Hintergründe » ; LEVIN, *Jahwist*).
Pour H.H. Schmid, le Yahwiste reste encore pré-exilique ; M. Rose et J. Van Seters le datent de la fin de l'exil et F.V. Winnett et N.E. Wagner le considèrent comme post-exilique. Il résulte de la difficulté de caractériser et de dater l'écriture Yahwiste qu'une partie de la recherche réclame l'abandon pur et simple de l'appellation « Yahwiste » (cf. le volume GERTZ, *Abschied*). Au lieu d'utiliser cette appellation, certains chercheurs préfèrent en effet parler de textes « non-P ». Le débat sur le Yahwiste continue cependant. Un ouvrage récent défend la datation pré-exilique du Yahwiste comme source, à partir de critères linguistiques (WRIGHT, Richard, *Evidence*). Cet auteur prévient cependant : « It should be noted that I am not convinced personally of the existence of a " J " source. The narrative portions of the Pentateuch exhibit greater literary unity than the Documentary Hypothesis would seem to permit. Nevertheless, it is still a useful exercice to analyse those passages which most scholars attribute to " J " to ascertain their linguistic character, and to determine whether or not the alleged " J " source exhibits feature of Late Biblical Hebrew » (WRIGHT, Richard, *Evidence*, p. 4).
239 Cf. plus loin les tables qui recensent le vocabulaire et les expressions dtq-dtr (p. 66 n. 317).
240 Sur la prolifération des strates et des sigles dtr, cf. p. 63-72.
241 Wellhausen utilise ici l'adjectif *deuteronomisch*. La recherche actuelle qualifierait plutôt ces expressions de *deuteronomistisch*.
242 WELLHAUSEN, *Composition*, p. 192.

sur ce constat toujours en vigueur que s'est faite plus tard (M. Noth) la distinction de ce qui est considéré comme deutéronomique (dtq) et comme deutéronomiste (dtr)[243].

Les tentatives faites pour cerner l'extension de ce noyau ancien (dtq) du livre (*Urdeuteronomium*) ne sont cependant pas parvenues jusqu'ici à un consensus[244]. Depuis W. de Wette[245], elles avaient partie liée avec l'identification du livre mentionné en 2 R 22,3–23,25 comme base de la réforme de Josias. Cependant, les chercheurs se sont interrogés sur la valeur historique du récit de 2 R 22–23[246] et ont pris conscience du risque d'argumentation circulaire entre la reconstruction du contexte historique de 2 R 22–23 et la reconstruction de l'*Urdeuteronomium*[247].

La première partie de CD (Dt 12,2–16,17), qui comprend la majorité des lois de centralisation du code, est cependant souvent considérée comme appartenant à l'*Urdeuteronomium*. Un autre point qui semble de plus en plus assuré est la place de CD au sein de la chronologie des codes législatifs du Pentateuque (troisième point consensuel). CD est majoritairement compris comme une révision de CA[248] et comme ayant servi de base à la révision que constitue LS[249].

---

243 Pour une explication de ce à quoi renvoient ces sigles, cf. p. 63 et p. 66-67.
244 GARCÍA LÓPEZ, *Comment lire*, p. 284.
245 Pour la référence à sa thèse, cf. p. 6 n. 6.
246 Le jugement sur la valeur historique de la découverte de ce livre de la Torah (2 R 22,8 ; ספר התורה), décrit aussi comme livre de l'alliance (2 R 23,2 ; ספר הברית) est assez réservé aujourd'hui. Les remises en cause ont commencé dès la décennie 1920-1930 avec T. Oestreicher et A.C. Welch (WEINFELD, « State », p. 250). Pour l'historique de la discussion touchant l'hypothèse de W. de Wette, cf. PREUSS, *Deuteronomium*, p. 1-12 ; RÖMER, « Approches », p. 161-162 ; DE PURY, « Historiographie Deutéronomiste », p. 111-112).
247 Cf. à ce propos la position de MAYES, « Idéologie », p. 495 n. 46. Ou encore E. Otto : « Es war schon damals zu erkennen, daß es zu Zirkelschlüssen führt, wenn man das Urdeuteronomium nach einem vordtr Grundbestand, der in der dtr Erzählung in 2 Kön 22-23 isoliert werden muß, rekonstruiert und umgekehrt die vordtr Reformerzählung in 2 Kön 23 nach dem rekonstruierten Urdeuteronomium » (OTTO, *Gottes Recht*, p. 5).
248 J.-P. Sonnet : « In current scholarship, the legal corpus of Deuteronomy is increasingly approached as the outcome of a process of editorial revision directed on Exodus' Covenant Code » (SONNET, *The Book*, p. 48 n. 15). L'antériorité de CA sur CD est défendue entre autres par E. Blum (cf. p. 12-12), E. Otto (cf. p. 26), R. Kratz (cf. p. 33), B. Levinson (LEVINSON, *Deuteronomy*), J.-L. Ska (SKA, *Introduction*, p. 273), O. Artus (ARTUS, *Lois*, p. 63).
249 Position que l'on trouve entre autres chez E. Blum (cf. p. 12-12), E. Otto (cf. p. 26), R. Kratz (cf. p. 33), C. Nihan (NIHAN, « Holiness Code »), J.-L. Ska (SKA, *Introduction*, p. 273), O. Artus (ARTUS, *Lois*, p. 63). Il faut mentionner cependant que des voix

Du consensus fort sur le fait qu'il y eut bien un proto-Deutéronome et de celui – plus relatif – sur sa place dans la chronologie des codes, surgit la question de savoir où trouver l'introduction de ce noyau législatif dtq. À cette question, la recherche voit depuis longtemps la réponse en Dt 6,4-5, position bien enracinée dans l'exégèse germanophone[250]. Dès lors, le statut et la chronologie de l'insertion des chapitres intermédiaires entre 6,4-5 et la loi de centralisation en Dt 12 se trouve posée. Cette question – encore très ouverte dans la recherche – nous occupera assez longuement au chapitre 5[251] de cette étude.

Deux autres points sont, à notre sens, désormais bien établis. Le premier concerne le système des quatre titres décelables dans le livre, sur lequel nous reviendrons plus en détail au chapitre 2[252]. Ce système de titres, probablement tardif au plan de la composition du Deutéronome, est largement reconnu comme structurant le livre. Le second point qui semble acquis porte sur le lien entre le Deutéronome et les traités de vassalité du Proche Orient ancien. Le fait que le Deutéronome ne constitue pas un simple décalque de ces traités est désormais bien pris en compte et l'on mesure combien, si l'influence de ces traités, notamment néo-assyriens, est bien réelle, leur réception ne s'est pas faite servilement[253]. Les grands ouvrages récents sur ce sujet sont ceux de Steymans (Dt 28) et d'Otto (Dt 13)[254].

1.3.2 Tendances nouvelles

Il nous semble important de mettre ici en avant cinq tendances nouvelles de la recherche.

Premièrement, E. Otto et R. Achenbach ont récemment labellisé de plus en plus de couches rédactionnelles dans le Deutéronome comme post-P et post-dtr, autrement dit, ils comprennent le Deutéronome

---

discordantes existent, par exemple J. Van Seters, dont la chronologie des codes a déjà été abordée (cf. p. 17-18) ou encore des chercheurs tels J. Milgrom ou I. Knohl qui considèrent LS comme antérieure à CD (MILGROM, *Leviticus 1-16*, p. 13-42 ; MILGROM, *Leviticus 17-22*, p. 1319-1367 ; KNOHL, *Sanctuary*).

250 PUUKKO, *Deuteronomium*, p. 149-156 ; 173 ; HEMPEL, *Schichten*, p. 120-125 ; HÖLSCHER, « Komposition », p. 170-171 ; 180 ; ALT, « Heimat », p. 253 n. 3 ; ACHENBACH, *Verheissung*, p. 65 ; OTTO, *Deuteronomium*, p. 360 ; VEIJOLA, *Das Fünfte Buch*, p. 175.
251 Cf. chapitre 5, p. 340-361.
252 Cf. p. 83 n. 35 (références bibliographiques sur ce système de titres) et p. 85-87 (notre appréciation de ce système).
253 Nous traiterons plus largement de ces traités dans la suite, p. 83-84.
254 STEYMANS, *Deuteronomium 28* ; OTTO, *Deuteronomium* ; OTTO, *Gottes Recht*.

comme un lieu stratégique où sont intervenues des rédactions globales du Pentateuque ou de l'Hexateuque. Cette tendance, qui gagne du terrain dans la recherche, est à situer dans le cadre d'une réflexion renouvelée sur les grandes ensembles (Tétrateuque, Pentateuque, Hexateuque, Ennéateuque)[255] et aboutit à dater les textes du Pentateuque de plus en plus tardivement. La conséquence (ou la cause ?) de cette situation est un certain désintérêt pour les étapes pré-exiliques de la composition des textes[256]. J. Van Seters décrit cette orientation avant tout comme une tendance des exégètes européens, alors que, selon lui, Américains et Israéliens ne suivent pas ce mouvement[257].

Deuxièmement, une tendance de la recherche sur le Deutéronome qui s'est récemment renforcée consiste en la reconnaissance du fait que l'activité scribale qui se cache derrière les textes met en œuvre une écriture véritablement exégétique (c'est-à-dire de révision et d'innovation). Cette reconnaissance a fait pencher la compréhension de l'histoire rédactionnelle du Deutéronome vers le modèle des suppléments[258]. L'intérêt est effectivement grandissant dans les études

---

255 Cette orientation de la recherche est repérable notamment dans les titres des parutions de ces dernières années, par exemple RÖMER, « Deuteronomium 34 », p. 167-178 ; OTTO, *Pentateuch und Hexateuch* ; ACHENBACH, *Vollendung* ; AURELIUS, *Zukunft* ; ACHENBACH, « Verhältnisbestimmung », p. 122-154 ; RÖMER, *Dernières rédactions*.

256 Depuis la parution du livre de D.W. Jamieson-Drake (JAMIESON-DRAKE, *Scribes*), il est devenu classique de considérer qu'une activité scribale significative ne s'est pas développée en Juda avant le 8e s. avant notre ère. L'étude de cet auteur est principalement archéologique et épigraphique. Il recense en Juda les indices archéologiques concernant l'écriture (dans les installations, les travaux publics et sur les objets de luxe) et les compare avec les données bibliques et les données épigraphiques disponibles pour les cultures voisines (Mésopotamie et Égypte notamment). Il en conclut que l'écriture n'était pas très répandue en Juda avant le 8e siècle. À partir des 8e-7e s., en revanche, il constate la diffusion de l'écriture, à partir de Jérusalem, dans les cités fortifiées qui en dépendent. Ces résultats réévaluent et précisent ceux atteints par des études antérieures, notamment celles d'A. Lemaire et de M. Haran (LEMAIRE, *Écoles* ; HARAN, « Diffusion »). Lemaire concluait à l'existence d'écoles de scribes pendant la période monarchique en Israël-Juda. Haran mettait quant à lui en doute le fait qu'il y ait eu une forte diffusion de l'écriture dans la période du premier temple, et pensait qu'Israël n'était pas mieux loti que ses voisins. Autrement dit, il pensait qu'il existait bien des écoles de scribes dont il était possible de louer les services, mais pas de diffusion large de l'écriture dans la population durant la période du premier temple.

257 VAN SETERS, *Pentateuch*, p. 75.

258 « The literary model widely agree upon for the development of Deuteronomy is the supplementary model » (VAN SETERS, *Pentateuch*, p. 93).

sur la BH pour ce qui est appelé depuis N. Sarna « exégèse intrabiblique »[259]. En ce qui concerne le Deutéronome, les monographies de B. Levinson et de J.-P. Sonnet sont à relier à ce type d'approche[260].

Troisièmement, cette reconnaissance de l'exégèse intrabiblique attire l'attention sur les changements méthodologiques introduits durant ces dernières années. Un de ces changement est l'attention plus marquée qu'auparavant pour la synchronie du texte. Nous avons fait droit à ce type d'approche dans la section 1.2. Cependant, l'intérêt pour les méthodes synchroniques – notamment l'analyse narrative – n'a

---

259 L'expression « exégèse intrabiblique » est ambiguë car elle semble pouvoir désigner deux réalités : 1) l'exégèse mise en œuvre par les écrivains bibliques lorsqu'ils ont écrit ou réécrit, révisé ou modifié le texte biblique ; 2) l'étude par les exégètes modernes des techniques d'écriture et des motivations qui ont sous-tendu ces révisions et innovations des écrivains bibliques. M. Fishbane écrit qu'il a reçu l'expression et été alerté sur le phénomène d' » exégèse intrabiblique » par son maître, N. Sarna (FISHBANE, *Biblical Interpretation*, p. viii). Selon lui, Sarna aurait utilisé ce terme pour la première fois dans son étude sur le Ps 89 (SARNA, « Psalm 89 », p. 29-34). Il se plaçait alors dans la continuité de chercheurs étudiant l'exégèse rabbinique et qumrânique, ainsi que le midrash, et pressentait que certaines techniques d'écriture rabbiniques étaient déjà présentes dans le TM à l'état embryonnaire. Par la suite, l'expression « exégèse intrabiblique » et les études de ce phénomène dans la BH ont connu une réception de plus en plus large. Une enquête que nous avons menée début 2005 sur trois catalogues et bases de données (catalogue de la BOSEB [Bibliothèque œcuménique et scientifique d'études bibliques], bases de données OTA [Old Testament Abstracts] et ETL [Ephemerides Theologicae Lovanienses]) avait conclu à un usage de plus en plus fréquent de cette expression dans les titres de monographies, articles et essais (un seul titre contenant l'expression « exégèse intrabiblique » durant la décennie 1960-1969 ; un durant les années 1970-1979 ; six pour 1980-1989 ; dix-huit pour les années 1990 ; onze pour la période 2000- début 2005). Durant ces dernières années, l'intérêt pour l'exégèse intrabiblique s'est transmis de l'exégèse juive américaine vers le champ de l'exégèse de langue anglophone en général et atteint maintenant l'exégèse germanophone (en témoigne par exemple l'étude de ce phénomène par des auteurs comme E. Otto, K. Schmid et R. Kratz : OTTO, « Rechtshermeneutik », p. 75-98 ; SCHMID, Konrad, « Ausgelegte Schrift » ; OTTO, « Innerbiblische Exegese » ; SCHMID, Konrad, « Innerbiblische Schriftauslegung » ; KRATZ, *Judentum*, p. 126-156). Une nuance s'impose cependant : l'attention au phénomène de l'exégèse intrabiblique a précédé N. Sarna et M. Fishbane mais n'avait pas été aussi systématisée. Dans un volume paru en 2005, B. Levinson a ainsi fourni une bibliographie commentée des grands essais dans ce domaine et a montré que la recherche tant allemande (WELLHAUSEN, *Prolegomena*) que française (BLOCH, » Midrash » ; LE DEAUT, « Midrash ») avait commencé à étudier ce phénomène, sans cependant que la désignation « exégèse intrabiblique » n'ait encore été forgée (LEVINSON, *L'herméneutique*, p. 67-94).

260 LEVINSON, *Deuteronomy* ; SONNET, *The Book*.

encore, à vrai dire, que peu affecté la recherche sur le Deutéronome[261]. L'étude de J.-P. Sonnet est un des rares exemples d'analyse de la poétique[262] du texte. Ce genre d'étude contribue à une prise en compte du texte comme œuvre littéraire et explique sans doute pourquoi, depuis plusieurs années, une étude de la cohérence et du message des textes précède parfois les tentatives diachroniques pour en déterminer la genèse[263].

Quatrièmement, une autre évolution repérable qui a des conséquences pour la compréhension du Deutéronome est la mise en cause de HD commencée il y a quelques années[264]. Les arguments avancés pour réclamer l'abandon de cette théorie portent sur les différences stylistiques et idéologiques entre les divers livres de Deutéronome–2 Rois et sur le fait qu'il n'existe pas dans la BH d'historiographie au sens grec du terme[265]. La contestation de cette hypothèse pose en tout cas la question de la nature, de la finalité et de l'horizon de lecture du Deutéronome. Des voix défendant la viabilité de l'hypothèse introduite par M. Noth s'élèvent cependant[266].

Enfin, la cinquième (et dernière) tendance nouvelle de la recherche sur le Deutéronome que nous voulons souligner est la tentative de

---

261 Nous avons déjà donné plus haut les références bibliographiques des études de ce type. Cf. p. 39 n. 179.

262 Nous reviendrons dans la suite (cf. p. 72) sur le refus de cet auteur d'utiliser les adjectifs « diachronique » et « synchronique ». Plutôt que de se référer, par exemple, à une étude « diachronique » ou « synchronique » du texte, il préfère mentionner une étude de la « génétique » ou de la « poétique » du texte.

263 Cf. par exemple BLUM, *Studien*, qui s'attache à commencer par une lecture synchronique des textes avant d'en relever le « relief ». J.-L. Ska, dans une recension de quatre introductions à l'Ancien Testament, faisait le constat suivant : « [P]lusieurs de ces " introductions " adoptent une même méthode dans la présentation de la matière. En effet, une lecture de type synchronique précède l'analyse des composantes ». Ska faisait ici allusion aux introductions suivantes : WHYBRAY, *Introduction* ; BLENKINSOPP, *Pentateuch*.

264 Nous reviendrons sur cette mise en cause de HD. Cf. p. 67-70.

265 On trouve ce genre de critique et de mise en cause de HD chez WESTERMANN, *Geschichte* ; WÜRTHWEIN, *Studien*, p. 1-11 ; EYNIKEL, *Reform* ; KNAUF, « Historiographie deutéronomiste » ; RÖSEL, « Leitmotiv » ; GUILLAUME, « No future ! ». Des synthèses de cette mise en cause se trouvent, entre autres, dans DE PURY, « Historiographie Deutéronomiste », p. 84-86 ; DIETRICH, « Deuteronomistisches Geschichtswerk » ; VEIJOLA, « Deuteronomismusforschung », p. 274 ; FREVEL, « Geschichtswerk », p. 70-91 ; RÖMER, *So-Called*, p. 35-41).

266 Ainsi DIETRICH, « Prophetie » ; VAN SETERS, « Avoid Death », p. 213-222 ; MCKENZIE, « Divided Kingdom », p. 135-145 ; KNOPPERS, « Future ? » ; RÖMER, « L'école deutéronomiste » ; RÖMER, « Réponse » ; RÖMER, « Form-Critical Problem » ; RÖMER, *So-Called*.

certains auteurs de faire du Deutéronome le point névralgique (le point d'Archimède[267], le berceau[268], la clé[269]) pour la compréhension de l'histoire de la formation du Pentateuque. Il est vrai qu'une étude de détail du Deutéronome a quelquefois manqué dans les théories compositionnelles du Pentateuque[270]. Cependant, on peut se demander si cette tendance à faire du noyau dtq et de ses encadrements et élargissements successifs le lieu clé de la compréhension de l'histoire du Pentateuque s'imposera durablement. Cela nous amène à examiner maintenant les questions qui restent ouvertes.

1.3.3 Questions

Les questions disputées à propos du Deutéronome restent, en fin de compte, nombreuses. Certaines tendances nouvelles de la recherche, mentionnées précédemment, vont à nouveau être abordées ici.

Parmi les questions en débat, il y a d'abord celles que nous avons listées plus haut[271] et utilisées comme grille d'analyse des théories de Blum, Van Seters, Otto et Kratz. Nous les avons présentées comme les plus importantes, à notre sens, en matière d'histoire de la composition du Pentateuque. Nous leur adjoignons maintenant cinq autres questions qui nous paraissent faire débat dans la recherche actuelle.

---

267 L'expression fut d'abord utilisée à ce propos par O. Eissfeldt (EISSFELDT, *Einleitung*, p. 227 n. 2). Achenbach la reprend à son compte (ACHENBACH, *Vollendung*, p. 629).
268 OTTO, *Pentateuch und Hexateuch*, p. 1.
269 Cf. la citation de J. Van Seters, ci-dessus p. 16 n. 52.
270 Ce fut le cas au début des recherches critiques sur l'histoire rédactionnelle du Pentateuque, les chercheurs commençant souvent par s'intéresser aux premiers livres, en particulier celui de la Genèse. Cet oubli du Deutéronome a encore été souligné par Lohfink il y a quelques années (cf. la citation p. 11 n. 28).
271 Cf. p. 7-8 :
- Quelle relation d'origine et de dépendance littéraire entretiennent CA, CD et LS ?
- Quelle est la nature des relations de dépendance littéraire qui unissent les récits des cadres du Deutéronome (Dt 1–11 ; 27–34) et ceux du Tétrateuque ?
- Quelle est la corrélation entre le travail de rédaction et de remaniement que l'on trouve dans le Deutéronome et le travail semblable que l'on trouve dans les cycles historiques de Josué, Juges, Samuel et Rois ?
- Pourquoi y a-t-il un désordre chronologique dans la succession des événements présentés dans les cadres du Deutéronome ?
- Pourquoi n'y a-t-il quasiment pas de trace d'écriture sacerdotale (P) dans le Deutéronome ?
- Comment expliquer que la Torah s'arrête après le Deutéronome et que la suite logique du récit fut mise à part pour former la partie du canon dénommée « Prophètes antérieurs » ou « livres historiques » ?

Dans un article de 2001[272] où il engageait le dialogue avec N. Lemche[273], R. Albertz mettait en avant des interrogations que, selon lui, la recherche sur le Pentateuque devait se poser. Ces questions valent également pour le Deutéronome. Selon lui, il était urgent pour la recherche d'affronter les questions de l'identité des groupes ou partis qui éditèrent le Pentateuque, de l'identification de l'écriture de ces groupes avec les différentes strates littéraires discernées dans le Pentateuque et HD, de la position de ces différents groupes au sein de la société juive de l'époque, des intérêts poursuivis par ces auteurs lorsqu'ils rédigèrent leurs textes, des raisons pour lesquelles ils les fusionnèrent dans une œuvre collective ; enfin, des raisons pour lesquelles ces écrits purent gagner reconnaissance et autorité dans tous les groupes juifs (cf. par exemple le très grand nombre de fragments du Deutéronome trouvées à Qumrân[274]). Par ce rappel de l'importance des questions socio-historiques, Albertz voulait plaider en faveur de l'idée que pour être reçues, les hypothèses littéraires doivent être connectées à un cadre historique plausible.

En nous recentrant sur le Deutéronome avec en tête le questionnement de R. Albertz, nous constatons qu'une première question essentielle – toujours débattue – est celle de l'identité des auteurs du Deutéronome. À ce propos, García López écrivait récemment[275] : « La discussion sur l'auteur ou les auteurs du Deutéronome reste ouverte ». Selon lui, deux grandes positions historiques de la recherche continuent de s'affronter aujourd'hui : celle d'une origine nordiste[276] et celle d'une origine hiérosolymitaine[277] du

---

272 ALBERTZ, « End ? », p. 30-46. Ces questions sont listées p. 35.
273 L'essai d'Albertz est écrit en référence à l'article suivant de cet auteur : LEMCHE, « Hellenistic Book ? », p. 163-193.
274 Sur les fragments du Deutéronome trouvés dans les différentes grottes de Qumrân, cf. GARCÍA MARTÍNEZ, « Manuscrits », ainsi que TOV, *Judaean Desert*, p. 169-170 ; 189-191, qui liste ces fragments.
275 GARCÍA LÓPEZ, *Comment lire*, p. 285.
276 L'auteur décrit cette position comme celle d'A. Welch, de G. von Rad, qui attribue le Deutéronome à des lévites du royaume du Nord, et d'E.W. Nicholson, selon lequel des prophètes du royaume du Nord ayant ensuite continué leur activité à Jérusalem en seraient responsables (WELCH, *Deuteronomy* ; VON RAD, *Deuteronomium-Studien*, p. 41-49 ; NICHOLSON, *Deuteronomy*, p. 65-79). On trouvera l'argumentation d'une origine lévitique du livre et des listes bibliographiques plus fournies des auteurs qui la défendent chez STECK, *Israel*, p. 196 n. 3-4 ; PREUSS, *Deuteronomium*, p. 30-31 ; ROTH, Art. « Geschichtswerk », p. 547.
277 García López fait ici référence à R.E. Clements, pour qui le Deutéronome serait dû à un « parti réformateur » constitué de prophètes, de prêtres et d'officiels de la cour ; à M. Weinfeld, qui l'attribue à des cercles sapientiaux, et à R. Albertz, selon lequel cinq

Deutéronome. Sans doute ne faut-il pas durcir l'alternative ni écarter l'idée d'une coalition – donc d'une pluralité d'origines ? – derrière le livre[278]. On le voit donc, la question de l'identité du ou des auteurs du livre reste ouverte.

Deuxièmement, la place du Deutéronome dans l'histoire de la rédaction / composition du Pentateuque est encore et toujours posée. La relation de dépendance et donc d'antériorité entre P et D, par exemple, reste toujours d'actualité[279]. Celle des rédactions finales du Pentateuque et de leur influence / présence dans le Deutéronome est également brûlante. À cette dernière se greffe en outre la question de l'écriture à tendance prophétique dans le Pentateuque[280] et le Deutéronome[281]. On observe de fait qu'Abraham est décrit une seule fois comme un prophète dans le Pentateuque (Gn 20,7) et que cette attribution est probablement tardive. De même, il existe dans ce corpus une discussion sur le caractère prophétique de Moïse, qui est considéré comme le plus grand des prophètes, car il parle directement à Yhwh (Ex 33,11 [פנים אל־פנים]; Nb 12,8 [פה אל־פה]; Dt 34,10 [פנים אל־פנים]), mais non néanmoins le dernier (Dt 18,18). Ailleurs, son autorité est contestée et la question est posée de savoir si tout le peuple ne pourrait pas être prophète (Nb 11,24-30). La description de Moïse comme le plus grand des prophètes à la toute fin du Deutéronome et du Pentateuque (Dt 34,10) pose donc la question de la place faite au prophétisme dans le Deutéronome et les dernières rédactions du Pentateuque.

On peut donc se demander s'il y eut une ou plusieurs rédactions post-dtr et post-P du Pentateuque et ce qu'il en est dans le Deutéronome. J.-L. Ska estime que la question vaut d'être posée[282]. Otto

---

groupes (gens du pays, shafanides, prêtres, prophètes et cour suprême de Jérusalem) en seraient responsables (CLEMENTS, *Chosen People* ; WEINFELD, *Deuteronomic School*, p. 158-178 ; WEINFELD, *Deuteronomy 1-11*, p. 44-84 ; ALBERTZ, *Religionsgeschichte I*, p. 304-373). Pour une liste plus étendue d'auteurs défendant une origine hiérosolymitaine du Deutéronome, cf. PREUSS, *Deuteronomium*, p. 31-32.

278 Cf. CRÜSEMANN, *Tora*, p. 311-314 ; BLUM, *Studien*, p. 341 n. 31 ; 358.
279 Il y a un certain consensus en Europe pour considérer que P est postérieur à D, mais les héritiers israéliens et américains de Y. Kaufmann défendent plutôt la relation inverse.
280 Les enjeux et l'arrière-fond historique de cette question sont abordés par exemple dans BLUM, *Studien*, p. 358-360.
281 Sur le prophétisme dans le Deutéronome et son utilité pour imposer le message dtr, cf. VAN SETERS, *Pentateuch*, p. 108-110. Nous aborderons cette question p. 424-430 en nous demandant si l'intercession de Dt 9,26-29 n'appartiendrait pas à une rédaction pentateucale dans l'esprit de la prophétie.
282 SKA, « État de la recherche », p. 258 n. 46.

suggère quant à lui que de telles rédactions seraient repérables. Cela pose finalement la question de la forme finale du Pentateuque et de la façon dont ce corpus fut canonisé[283].

Un troisième point débattu dans les études sur le Deutéronome (après la question de l'auteur et celles des rédactions post-dtr et post-P) réside dans l'évaluation des traditions communes au Tétrateuque et au Deutéronome[284]. Nous avons signalé ci-dessus[285] que, s'il y a consensus pour repérer trois grands types de textes dans le Pentateuque, il n'y a cependant pas de consensus quant à la chronologie de leur combinaison (JE+P+Dt[r] ou JE+Dt[r]+P ou Dt[r]+JE+P ?). Les textes clés dans le Deutéronome pour cette question des traditions communes

---

283 Cf. la réflexion d'E. Blum à ce sujet dans BLUM, « Endgestalt », p. 46-57.
284 Nous avons établi la liste suivante à partir de DRIVER, *Deuteronomy*, ³1902, p. xv. que nous avons complétée par notre propre relevé :

Dt 1,9-18	↔	Ex 18,13-27
Dt 1,19-46	↔	Nb 13–14 ;
Dt 2,26-37	↔	Nb 21,21-27 ;
Dt 3,1-3.12a	↔	Nb 21,33-35 ;
Dt 4,3	↔	Nb 25 ;
Dt 4,10-14	↔	Ex 19,3–20,21 ;
Dt 5,2-31	↔	Ex 19,3–20,21 ;
Dt 6,16	↔	Ex 17,1-7 ;
Dt 7,8	↔	Ex 7–14 ;
Dt 8,3.16	↔	Ex 16 ;
Dt 8,15	↔	Ex 17,1-7 et / ou Nb 20,2-13 ;
Dt 9,7–10,11	↔	Ex 32–34 ;
Dt 9,22	↔	Nb 11,1-3 (Taveéra) Ex 17,1-7 (Massa) Nb 11,4-35 ; 33,16 (Qivroth-Taava) ;
Dt 9,23-24	↔	Nb 13–14 (Cades Barnea) ;
Dt 10,22	↔	Gn 46,26-27 et / ou Ex 1,5 (soixante dix personnes) ; Gn 15,5 et / ou 22,17 et / ou 26,4 (étoiles du ciel) ;
Dt 11,3-4	↔	Ex 7–15, sp. Ex 14 ;
Dt 11,6	↔	Nb 16 (récit ancien Datân et Abiram) ;
Dt 12–26 (CD)	↔	Ex 21–23 (CA) ;
Dt 14,3-21	↔	Lv 11 ;
Dt 18,16	↔	Ex 19,3–20,21 ;
Dt 23,5-6	↔	Nb 22,2–24,25
Dt 24,8	↔	Lv 13–14 ? ;
Dt 24,9	↔	Nb 12,12-15 (Myriam) ;
Dt 25,17-19	↔	Ex 17,8-16
Dt 26,5-8	↔	Traditions sur Jacob, l'exode et la conquête (?)
Dt 29,22	↔	Gn 19,24-28 (destruction de Sodome et Gomorrhe)
Dt 32,48-52	↔	Nb 27,12-14

285 Cf. p. 50.

sont Dt 1–2 ; Dt 5,2-31 ; Dt 9,7–10,11 et bien sûr CD. Ce débat semble loin d'être clos.

En relation avec la recherche sur la place du Deutéronome vis-à-vis des autres grandes couches du Pentateuque, une nouvelle question a surgi au début des années 1990 avec la parution de la thèse de T. Römer[286], à savoir la question de l'identité des « pères » dans le Deutéronome. Selon cet auteur, l'identification des pères avec les patriarches dans ce livre serait le fait d'un rédacteur tardif (pentateucal et post-dtr) qui aurait inséré à sept endroits stratégiques du livre les noms d'Abraham, d'Isaac et de Jacob (Dt 1,8 ; 6,10 ; 9,5.27 ; 29,12 ; 30,20 ; 34,4)[287]. Avant ces interventions rédactionnelles, les pères du Deutéronome n'auraient pas désigné les patriarches mais les ancêtres d'Israël en Égypte ; cette identification tardive aurait servi à unifier le Pentateuque, de la Genèse au Deutéronome, et à séparer le Deutéronome des livres suivants. Plus encore, selon l'auteur, deux compréhensions des origines d'Israël – deux « mythes » d'origine, l'un autochtone (traditions patriarcales), l'autre exodique (véhiculé par le milieu dtr) – auraient ainsi été amalgamés.

La thèse de Römer a généré un débat dans les années suivantes[288]. N. Lohfink[289] a argumenté, à l'inverse, que les noms des patriarches faisaient bien partie intégrale des textes dtr et que la majeure partie des références aux pères présentes dans le Deutéronome avaient bien à être comprises, dès le stade dtr, comme renvoyant aux patriarches. C'est également la position que défend la monographie récente de B. Biberger[290], alors que d'autres chercheurs ont, quant à eux, reçu positivement les vues de Römer sur les deux traditions touchant les origines d'Israël[291]. La discussion n'est donc pas close. Nous l'enregistrons ici comme notre quatrième question débattue dans les recherches sur le Deutéronome.

---

286 RÖMER, *Väter*.
287 Le constat que les mentions des patriarches dans ces occurrences étaient probablement des additions tardives avait déjà été posé par VAN SETERS, « Confessional Reformulation », p. 452 mais n'avait pas fait ensuite l'objet d'une démonstration systématique jusqu'à celle proposée par Römer.
288 Ce débat est évoqué dans SKA, *Introduction*, p. 281-282.
289 LOHFINK, *Väter*.
290 BIBERGER, *Väter*, p. 332-361 ; 540-542.
291 Cf. LANG, « Väter Israels » ; MICHAUD, *Débat*, p. 116-128 ; SCHMID, Herbert, *Gestalt*, p. 36.

La dernière question en débat que nous voudrions mettre en avant ici concerne la fiction mosaïque[292]. Y eut-il un stade de rédaction où la fiction mosaïque était encore inconnue au Deutéronome et où, par exemple, les instructions véhiculées par le livre étaient formulées sous la forme d'un discours direct de Yhwh ? E. Otto, dont nous avons déjà décrit la position à ce sujet[293], répond par la positive à cette question. C. Frevel[294], à la suite de M. Noth[295], pense au contraire que le Deutéronome a toujours été stylisé dans la forme d'un discours mosaïque. Cette question en entraîne une autre qui lui est consubstantielle : le Deutéronome fut-il d'emblée énoncé comme révélation de l'Horeb, ou ce lien à l'Horeb n'apparut-il que dans des mises en forme tardives du livre ? Suivant que l'on suit la position de Otto ou celle de Noth / Frevel, la réponse diffère.

Nous n'essaierons pas, bien entendu, de répondre à toutes les questions que nous venons d'évoquer[296]. Il était cependant important de les mentionner, car ce sont elles qui animent aujourd'hui la recherche et dessinent le cadre dans lequel nous allons travailler.

---

292 Sur la fiction mosaïque, cf. p. 22. La question de savoir si CD connaissait d'emblée la fiction mosaïque ou si celle-ci est apparue à un stade donné de la rédaction du Deutéronome, n'est pas nouvelle (cf. par exemple LOHFINK, « Kerygmata », p. 90 n. 17, qui renvoie aux ouvrages de G. Nebeling et G. Seitz). Elle reste cependant encore ouverte.

293 Cf. p. 22.

294 FREVEL, « Geschichtswerk », p. 88-89.

295 « Warum bringt Dtr nun diese ganze Geschichtserzählung in der Form einer Rede Moses ? Offenbar war der erste Punkt seines eigentlichen Programms die Mitteilung des deuteronomischen Gesetzes, das für ihn von so grundlegender Bedeutung war. Nun war es bereits durch die Rahmenstücke dieses Gesetzes (vgl. vor allem Dtn. 8,2ff.) festgelegt, daß es von Mose erst am Ende der Wüstenwanderung der israelitischen Stämme verkündet worden war. Also mußte Dtr die für seine weitere Erzählung als Voraussetzungen wichtigen Vorgänge der Wanderungszeit noch vor der Mitteilung des Gesetzes kurz zusammenfassend erwähnen. Solche Zusammenfassungen aber reiht er mit Vorliebe auch sonst, wie oben gezeigt wurde, in der Form von Reden führender Personen. Hier kam noch hinzu, daß das deuteronomische Gesetz selbst als Rede Moses formuliert und mit Reden Moses umrahmt vorlag, so daß Dtr nur der das Gesetz einleitenden Moserede einen längeren Vorspruch mit einem geschichtlichen Rückblick voranzustellen brauchte, um allen Erfordernissen zu genügen » (NOTH, *Studien*, p. 15-16).

296 Ce tour d'horizon (consensus, tendances, questions) n'a pas abordé certains points qui le seront dans la suite du travail, au moment où nous prendrons position à leur sujet. Il en est ainsi, par exemple, de l'évaluation et de l'usage à faire du phénomène du *Numeruswechsel* (cf. p. 281-282) et du débat autour du kérygme du Deutéronome (loi ou évangile ? Cf. p. 115-124).

1.4 Sigles, définitions et principes méthodologiques de notre étude

Le passage en revue de quelques théories actuelles sur l'histoire de la composition du Pentateuque d'une part, de monographies abordant le Deutéronome sous un angle synchronique d'autre part, et enfin des consensus, tendances nouvelles et questions débattues dans la recherche, nous a permis de préciser l'environnement dans lequel se situe notre étude.

Dans ce cadre, plusieurs clarifications et prises de position de départ s'imposent. Il nous faut tout d'abord clarifier les sigles et définitions avec lesquels nous allons travailler (1.4.1). La méthodologie à mettre en œuvre pour mener à bien cette étude devra ensuite être abordée (1.4.2).

1.4.1 Sigles et définitions

Depuis M. Noth et sa thèse sur HD[297], la recherche sur le Deutéronome a connu, dans la dernière moitié du 20e siècle, l'introduction d'un grand nombre de sigles dont l'inflation a correspondu à la labellisation deutéronomiste de textes de plus en plus nombreux, dans le Tétrateuque et dans le corpus prophétique. Certains chercheurs ont exprimé leur crainte devant ce pandeutéronomisme et appelé à l'utilisation de critères et de définitions plus rigoureux[298]. L'histoire de cette inflation peut s'avérer instructive pour poser nos propres conventions et décrire le cadre dans lequel nous allons travailler.

La lettre « D » était généralement utilisée par les prédécesseurs de Noth pour se référer aux strates apparentées au Deutéronome[299]. Elle n'était cependant pas considérée comme un renvoi à une réalité uniforme, puisque C. Steuernagel déjà, dans sa reconstruction de l'histoire littéraire du Deutéronome, avait conclu à l'existence de trois

---

297 Cf. p. 1 n. 1.
298 COGGINS, « Prophecy » ; COGGINS, « Deuteronomistic » ; LOHFINK, « Bewegung », p. 313-373 ; AUSLOOS, « Elements » ; AUSLOOS, « Septuagint » ; AUSLOOS, « Extrêmes » ; AUSLOOS, « Linguistic Criteria » ; AUSLOOS, « Controlling Framework » ; AUSLOOS, « The Risks » ; PERSON, *Deuteronomic School*, p. 21-24. En 1996, la section sur HD de la Society of Biblical Literature avait fait du pandeutéronomisme le sujet de sa rencontre et avait publié le résultat de ses travaux : MC KENZIE, *Elusive Deuteronomists*.
299 DE PURY, *Israël construit*, p. 32.

encadrements successifs (« D²a », « D²b », « D²c ») de l'*Urdeuteronomium* (auquel il attribuait le sigle « D¹ »)[300]. Cependant, l'introduction de HD par Noth a marqué un tournant et l'usage s'est imposé, en langue allemande, de désigner par « Dtn » le livre du Deutéronome, par « Dt » (« deutéronomique ») le noyau ancien du livre et par « Dtr » (« deutéronomiste ») la main de l'auteur exilique ayant composé l'ensemble Josué–2 Rois et le cadre du Deutéronome.

Par la suite, la distinction entre HD comme œuvre littéraire et l'historien responsable de cette œuvre engendra les sigles « DtrG » (*deuteronomistische Grundschrift*) pour désigner l'œuvre littéraire, et « DtrH » (*deuteronomistische Historiker*) pour désigner l'historien responsable de cette œuvre[301], laquelle était encore considérée comme unifiée. Mais la conclusion vint bientôt que DtrG était plutôt le fruit d'une combinaison de strates rédactionnelles. F.M. Cross y vit ainsi l'amalgame d'une strate « Dtr¹ », écrite au temps de Josias, et d'une strate « Dtr² », exilique[302]. À Göttingen, HD fut plutôt conçue comme la combinaison d'une écriture historiographique (« DtrG » ou « DtrH »[303]), d'une écriture nomiste (« DtrN »)[304], d'une écriture prophétique (« DtrP »)[305] et bientôt même d'une écriture axée sur la théologie de l'alliance (« DtrB »)[306]. Pour T. Veijola, partisan de cette école de Göttingen, toutes ces mains DtrH, DtrN, DtrP et DtrB (et bien d'autres encore !) ont eu prise sur le Deutéronome[307].

---

300 STEUERNAGEL, *Deuteronomium*, p. 9-10, où l'auteur liste les passages qui correspondent à D²a, D²b et D²c. Nous listons les versets de ces encadrements qui concernent Dt 5–11 plus loin, p. 342.
301 DE PURY, *Israël construit*, p. 32 ; 51 n. 179.
302 CROSS, *Canaanite Myth*, p. 274-289 ; Cross définit les sigles qu'il introduit, p. 274 n. 1.
303 R. Smend a d'abord distingué la première édition de HD par DtrG (*Grundschrift*) et préféra dans la suite le sigle DtrH. Aujourd'hui, dans la critique allemande, il semble que les auteurs utilisent l'un ou l'autre de ces sigles pour désigner la même réalité (cf. DE PURY, « Historiographie Deutéronomiste », p. 32 ; 51 n. 179 ; KRATZ, *Komposition*, p. 167 n. 67).
304 SMEND, « Gesetz » (introduction du sigle p. 497).
305 DIETRICH, *Prophetie und Geschichte*. Dans les premiers temps de son étude, Dietrich utilise par prudence le sigle « RedP » (*Redaktor von Prophetentexten*, p. 46), avant de remplacer ce sigle par DtrP une fois sa démonstration faite que les textes étudiés sont distincts de DtrG (p. 102).
306 Cf. VEIJOLA, *Querbeziehungen*, p. 242-276 ; VEIJOLA, *Das Fünfte Buch*, p. 4 n. 12 (où cet auteur liste les passages du Deutéronome qu'il attribue à DtrB et renvoie à C. Levin pour la description de cette *Bundestheologie* : LEVIN, *Verheissung*).
307 VEIJOLA, *Das Fünfte Buch*, p. 2-6.

Deux nouveaux sigles furent ensuite introduits par Lohfink en 1981[308] : « DtrL » et « DtrÜ ». Le premier signifie « récit dtr de conquête du pays » (*die deuteronomistische Landeroberungserzählung*). Cet auteur situe sa mise par écrit à l'époque de Josias et en trouve la trace entre Dt 1 et Jos 22[309]. Le second sigle signifie « (couche du) réviseur dtr » (*der deuteronomistische Überarbeiter*[310]) et couvre la quasi-totalité des chapitres sept et huit du Deutéronome, ainsi que Dt 9,1-8.22-24 et 11,18-25. Ces sigles (l'un ou l'autre, ou les deux) ont été repris par d'autres chercheurs, par exemple par G. Braulik, E. Otto et R. Achenbach[311].

Une nouvelle série de sigles, introduite par J. Vermeylen[312], eut moins de succès, sans doute en raison de sa trop grande précision. Dans son analyse des sections narratives de Dt 5–11 et Ex 19–34, cet auteur arrivait à la conclusion qu'Ex 19–34, dans sa version élohiste (du 8e siècle avant J.-C.), avait été complété par une main dtr (« Dtr 585 ») et que ce texte (enrichi) d'Ex 19–34 avait été reçu comme *Vorlage* de Dt 5–11 par un rédacteur « Dtr575 ». Ce rédacteur Dtr575, ainsi que des rédacteurs ultérieurs « Dtr560 » et « Dtr525 » auraient alors eu prise sur Ex 19–34 et sur Dt 5–11. Le carcan constitué par la datation précise de ces couches, alors même que la chronologie de l'exil est difficile à établir et est débattue, suscite légitimement des réserves à l'endroit de tels sigles.

Nous l'avons vu, d'autres sigles encore ont été introduits récemment par les auteurs dont nous avons étudié plus haut les monographies : K^D par E. Blum[313], DtrD par E. Otto[314], et DtrR par R.G. Kratz[315]. Ce dernier utilisait également le sigle DtrS à la suite d'O. Kaiser[316]. Finalement, si l'on fait aujourd'hui la liste des sigles

---

308 LOHFINK, « Kerygmata », p. 87-100.
309 La couche DtrL délimitée par N. Lohfink intègre un CD déjà historicisé. Elle va de Dt 1 à Jos 22 et se lit dans les passages clés suivants : Dt 1,1-5.6-8.19-46 ; 5 ; 9,9-19.21.25-29 ; 10,1-5.10-11 ; 31 ; Jos 1,3-4 ; 13–22 (LOHFINK, « Kerygmata », p. 92-96).
310 Lohfink reprend ici le terme qu'il avait déjà utilisé dans sa thèse pour qualifier la nature de ces versets : « révision » ou « remaniement » (*Überarbeitung*). Cf. LOHFINK, *Hauptgebot*, p. 290 (phase E).
311 T. Veijola reprend l'idée d'un « réviseur » (*ein jüngerer Überarbeiter*) qui serait intervenu en 1,31a ; 2,7 ; 8,2-6 ; 4,36-40 ; 7,7-11 ; 9,1.3-6, sans reprendre cependant le sigle introduit par Lohfink. Cf. VEIJOLA, *Das Fünfte Buch*, p. 5.
312 Cf. VERMEYLEN, « Sections » ; VERMEYLEN, *Le Dieu* ; VERMEYLEN, « L'école ».
313 Cf. p. 10 n. 19.
314 Cf. p. 22.
315 Cf. p. 31-31.
316 Cf. p. 31-31. Kratz utilise DtrS en référence à O. Kaiser (KRATZ, *Komposition*, p. 167 n. 67), l'introducteur de ce sigle auquel il donnait la signification de

apparus dans la recherche depuis M. Noth, on trouve que la lettre D (utilisée dans l'hypothèse documentaire classique) a laissé la place à Dtr¹, Dtr², DtrG / DtrH, DtrN, DtrP, DtrB, DtrL, DtrÜ, Dtr585, Dtr575, Dtr560, Dtr525, DtrS, DtrR, DtrD et même K^D... Sachant que ces sigles sont souvent transformés en traduction (ainsi, DtrG devient DH ou DtrH [*deuteronomistic history*] en anglais et HD [histoire deutéronomiste] en français), il devient de plus en plus difficile de se repérer et un travail de définition s'impose désormais avant toute étude voulant aborder l'histoire de la rédaction du Deutéronome et de HD.

Des tables donnant la liste du vocabulaire et des expressions deutéronomiques et deutéronomistes existent en nombre assez conséquent[317]. L'annexe A de Weinfeld[318] est à notre connaissance la plus récente et la plus détaillée. Elle s'attache à lister des expressions (rarement des mots seuls) labellisées comme deutéronomistes, en précisant si elles apparaissent dans le Deutéronome, dans HD ou en Jérémie. Weinfeld relie ce vocabulaire et ces expressions à des thèmes chers aux deutéronomistes, tels que la lutte contre le polythéisme et l'idolâtrie, la centralisation du culte, la théologie du nom de Yhwh, l'exode, l'alliance et l'élection, l'observance à la loi et l'obéissance, la prise de possession du pays, la rétribution et les récompenses matérielles. Ce travail de clarification opéré par Weinfeld sur le vocabulaire et les thèmes dtr nous semble un instrument de base important auquel nous nous référerons dans cette étude pour qualifier comme deutéronomiste un terme ou une expression donnés.

Dans son ouvrage de 1972[319], M. Weinfeld utilisait le terme d'école deutéronomique[320]. Si l'on s'en tient à la distinction de Noth évoquée plus haut entre dtn, dt et dtr, cet ouvrage reflète davantage une étude sur l'école deutéronom*iste* que sur l'école deutéronom*ique*. Nous acceptons pour notre part la distinction posée par Noth, car elle nous semble maintenant largement reçue et constitue une convention dans la

---

« rédactions dtr tardives » (*Spätdeuteronomistische Redaktionen* ; cf. KAISER, *Grundriß*, p. 85). J. Nentel l'utilise également (NENTEL, *Trägerschaft*, sp. p. 33).

317 KLEINERT, *Deuteronomium*, p. 214-235 ; DRIVER, *Deuteronomy*, ²1896, p. lxxviii-lxxxiv ; HOLZINGER, *Einleitung*, p. 283-291 ; STEUERNAGEL, *Deuteronomium*, p. 41-47 ; VON HUMMELAUER, *Commentarius*, p. 119-131 ; WEINFELD, *Deuteronomic School*, p. 320-365. Cf. aussi le relevé commenté effectué par von Rad (VON RAD, *Gottesvolk*, p. 5-11).

318 WEINFELD, *Deuteronomic School*, p. 320-365.

319 WEINFELD, *Deuteronomic School*.

320 Le terme d' » école » n'est pas sans ambiguïté. D'autres pensent les deutéronomistes en terme de cercle, mouvement ou parti. Cf. COGGINS, « Deuteronomistic », p. 31 ; RÖMER, « L'école deutéronomiste », p. 181-182.

recherche[321]. Nous travaillerons donc avec les sigles de Noth transcrits comme suit en français :
- « Dt »[322] : le livre du Deutéronome
- « Dtq »[323] (« deutéronomique ») : le noyau ancien du livre du Deutéronome
- « Dtr » (« deutéronomiste ») : les strates dues aux rédacteurs ayant composé l'ensemble Josué–2 Rois et les cadres du Deutéronome

De même, comme nous l'avons déjà signalé[324], nous utilisons le sigle HD pour désigner l'histoire deutéronomiste, c'est-à-dire l'ensemble Deutéronome–2 Rois qui est unifié par une écriture et une théologie dtr, repérable notamment aux grandes chanières de l'œuvre. Faire référence à HD ne va plus de soi. Nous avons déjà fait allusion à sa mise en cause dans la recherche actuelle[325]. La défense de HD comme unité littéraire et écriture de l'histoire par T. Römer[326] et d'autres auteurs[327] nous semble cependant convaincante. Cette défense se fonde d'abord sur le fait que HD présente une séquence chronologique claire de l'histoire narrative développée : la fondation (Deutéronome) ; la conquête (délimitée par Jos 1 et 23) ; le temps des Juges (délimité par Jg 2,6–3,6 et 1 S 12) ; les origines de la monarchie (délimitées par 1 S 12 et 1 R 8) ; l'histoire des deux royaumes (délimitée par 1 R 9 et 2 R 17) et l'histoire de la chute de Juda (avec une fin ouverte en 2 R 25). Ensuite, selon

---

321 Cf. DE PURY, « Historiographie Deutéronomiste », p. 32. De Pury et Römer estiment que le système des sigles établi par Noth s'est « impos[é], du moins dans l'exégèse germanophone, jusqu'à ce jour ». Plus de dix ans après ce constat, on peut considérer que ce système de sigles s'est également imposé dans l'exégèse francophone – l'ouvrage en question de Macchi, de Pury et Römer y aura largement contribué – et dans l'exégèse anglophone.

322 Correspond au sigle allemand « Dtn ». Dans l'article RÖMER, « L'école deutéronomiste », p. 179-193, cet auteur explique : « Dans cet article, je renonce à la distinction chère à l'exégèse germanique entre " deutéronomique " (dt, se rapportant au Deutéronome avant son insertion dans HD) et " deutéronomiste " (dtr, désignant les différentes rédactions de HD à l'époque exilique). Cette distinction pose de toute façon problème, si l'on s'imagine les origines de HD à l'époque de Josias » (p. 180). Il est vrai que l'utilité de ce sigle n'est plus aussi avérée qu'autrefois. Cependant, nous le conservons car il reste commode pour désigner les strates de CD pré-dtr. Tant que CD sera appelé *deutéronomique*, ce sigle aura, à notre sens, une utilité.

323 Correspond au sigle allemand « Dt ».

324 Cf. p. 1 n. 3 et p. 2 n. 8.

325 Cf. p. 56-56.

326 Cf. notamment RÖMER, « L'école deutéronomiste », p. 179-193 ; RÖMER, « Form-Critical Problem », p. 240-252 ; RÖMER, « Réponse », p. 59-62.

327 Cf. p. 56 n. 266.

Römer, un grand nombre de formes littéraires reconnaissables dans HD, de Dt 28 à 2 R 22–23, imitent les conventions littéraires assyro-babyloniennes. Enfin, HD contient des renvois internes qui unifient l'ensemble.

Nous supposons en effet qu'a bien eu lieu un travail d'organisation littéraire de l'histoire d'Israël relue selon les normes mises en avant par Dt 5–28 : monolâtrie, lutte contre la polylâtrie, centralisation du culte, observance et loyauté envers la Torah. Cette mise en forme nous semble particulièrement repérable dans les interprétations de l'histoire du peuple en Jos 1 ; 23 ; Jg 2,11-19 ; 1 S 12,1-25 ; 1 R 8,14-53 ; 2 R 17,7-20. Le Deutéronome est solidaire de cette présentation de l'histoire d'Israël par des liens manifestes[328].

---

328 Nous ne préjugeons pas, dans la liste suivante, de la direction d'emprunt ou de dépendance mais notons simplement certains liens existant entre le Deutéronome et Josué–2 Rois :

Dt 1,8 ; 4,38 ; 5,31.33 ; 6,1.10.18-19 ; 7,1 ; 8,1.7.20 ; 10,11 ; 11,8.10 ; 11,21.23-25 ; 11,29.31 ; 12,1.10.20.29 ; 15,4 ; 17,14 ; 18,9 ; 19,1.14 ; 21,1 ; 23,21 ; 25,19 ; 26,1.9 ; 27,2 ; 28,21.63 ; 30,16.18 ; 31,1-8.13 ; 34,4	↔	Ces références au don du pays, à sa prise de possession ou à l'entrée du peuple dans cette terre anticipent le récit de la conquête.
Dt 1,36	↔	Jos 14,6-15
Dt 1,38	↔	Jos 1–12
Dt 3,18-20	↔	Jos 1,12-18 ; 22,1-8
Dt 3,21-22	↔	Jos 1–12
Dt 4,27	↔	2 R 17,5-6 ; 2 R 25,8-21
Dt 4,41-43	↔	Jos 20,8
Dt 7	↔	Tout ce chapitre n'a de sens que dans le cadre d'un récit de conquête à venir.
Dt 7,1 (liste nations)	↔	Jos 3,10 ; 9,1 ; 11,3 ; 12,8 ; 24,11 ; Jg 3,5 ; 1 R 9,20
Dt 7,2 (anathème)	↔	Jos 6,21 (Jéricho) ; 8,26 (Aï) ; 10,28 (Maqqéda) ; 10,35 (Eglôn) ; 10,37 (Hébron) ; 10,39 (Debir) ; 10,40 (le sud de Canaan) ; 11,11 (Haçor) ;11,12 (villes du nord de Canaan) ; 11,20 ; 11,21 (Anaqim)
Dt 7,3-4	↔	Jg,3,6 ; 1 R 11,1-2
Dt 9,1-6	↔	Ces versets n'ont de sens que dans le cadre d'un récit de conquête à venir.
Dt 10,2.5	↔	1 R 8,9
Dt 10,9 (cf. 18,1-2)	↔	Jos 13,14.33 ; 14,3-4 ; 18,7 (≠ de Jos 21,1-42 ↔ Nb 35,1-8)

Nous travaillerons donc dans le cadre de l'hypothèse de HD, c'est-à-dire d'une mise en forme de l'histoire d'Israël et de son interprétation théologique ayant eu prise sur Deutéronome–2 Rois[329]. Sur un point cependant, nous serons en retrait par rapport à cette hypothèse telle qu'avancée par M. Noth, à savoir sur le fait que Dt 1–3 est à considérer comme l'introduction de HD. Comme le souligne C. Frevel[330], M. Noth est arrivé à cette conclusion davantage par un raisonnement déductif que par une analyse du livre. Cependant, peut-être a-t-il ainsi trop accentué la césure entre le Tétrateuque et HD. Il nous semble difficile d'imaginer le début d'une histoire commençant par une série de flash-backs. Cela n'a de sens, à notre avis, que si Dt 1–3 se situe dans la

Dt 11,29	↔	Jos 8,33-35
Dt 12,5	↔	1 R 8,29
Dt 13,18	↔	Jos 7 (histoire d'Akân)
Dt 17,14-20	↔	1 S 8
Dt 18,1-2 (cf. 10,9)	↔	Jos 13,14.33 ; 14,3-4 ; 18,7 (≠ de Jos 21,1-42 ↔ Nb 35,1-8)
Dt 18,15.18	↔	1 S 2,35 ; 1 R 9,5
Dt 18,22	↔	1 R 22,28
Dt 19,1-3.7-10	↔	Jos 20
Dt 20,15-18 (anathème)	↔	Jos 6,21 (Jéricho) ; 8,26 (Aï) ; 10,28 (Maqqéda) ; 10,35 (Eglôn) ; 10,37 (Hébron) ; 10,39 (Debir) ; 10,40 (le sud de Canaan) ; 11,11 (Haçor) ; 11,12 (villes du nord de Canaan) ; 11,20 ; 11,21 (Anaqim)
Dt 21,22-23	↔	Jos 8,29 ; 10,26-27
Dt 24,16	↔	2 R 14,6 (citation explicite)
Dt 25,17-19	↔	1 S 15,18-19
Dt 27,2-4.8	↔	Jos 8,32
Dt 27,5-7	↔	Jos 8,30-31
Dt 27,11-26	↔	Jos 8,33-35
Dt 28,36-37	↔	2 R 17,4-6 ; 25,7.11
Dt 28,37 (fable et risée)	↔	1 R 9,7
Dt 28,63-64	↔	2 R 17,6 ; 25,11
Dt 29,27	↔	2 R 17,6 ; 25,11
Dt 31,3-8	↔	Anticipe le livre de Josué
Dt 31,16-18.20-21.29	↔	Idolâtrie et infidélités récurrentes dans Josué–2 Rois

---

[329] Nous ne précisons pas plus avant les questions d'auteur(s) et de chronologie. La compréhension de l'École de Harvard (F.M. Cross et ses successeurs), avec deux éditions josianique et exilique de HD, nous semble plus à même de répondre à certaines questions que celle de Göttingen (R. Smend et al.). Par exemple, il est difficile d'expliquer pourquoi on trouve dans HD des versets comme 2 S 7,15-16 si l'on se place uniquement dans le cadre d'une édition exilique de HD, car on peut difficilement dater ces versets de la période de l'exil.

[330] Frevel, « Geschichtswerk », p. 86.

continuité d'éléments du Tétrateuque qu'il est nécessaire de restituer, au moins sommairement, au début d'un nouveau rouleau. Dt 1–3 nous semble donc constituer davantage l'ouverture d'un nouveau chapitre d'une histoire déjà commencée que l'introduction d'une œuvre indépendante.

Avant que les rouleaux qui forment HD aient été rapprochés, il nous semble également plausible que le Deutéronome et Josué aient pu être solidaires dans une présentation dtr du départ de l'Horeb, d'une conquête avortée de la terre promise à partir de Cadès Barnea, de la mort de la première génération du désert et de Moïse, enfin de la conquête réussie par Josué son successeur. N. Lohfink[331] a dégagé les liens existant entre le Deutéronome et Josué, notamment la présentation d'une conquête militaire reposant sur les racines ירש et חרם. Sa présentation d'un écrit josianique DtrL, ayant pour fonction d'exprimer les revendications territoriales des Israélites au 7e s. avant notre ère et dont le fil serait à retrouver en Deutéronome 1–Josué 22, nous semble une hypothèse recevable. Il est en effet reconnu depuis longtemps qu'une césure est visible entre le livre de Josué et celui des Juges, ce dernier commençant d'ailleurs par un récit de l'installation (Jg 1) dont la tonalité est sensiblement différente du récit équivalent en Jos 1–12. La suggestion de I.W. Provan[332] que le livre des Juges n'ait été joint à ceux de Samuel–Rois qu'à une époque tardive, a été assez bien reçue dans la recherche. Nous travaillerons donc également avec l'hypothèse de Lohfink qu'une écriture dtr a uni Deutéronome–Josué à un stade antérieur à la mise en forme de HD.

Nous utiliserons donc les sigles Dt, dtq, dtr, HD et DtrL. L'existence d'une écriture sacerdotale répérable pour le moins en Gn 1 et dans les récits de construction du sanctuaire portatif (Ex 25–31 ; 35–40), peut-être également dans le Lévitique (Lv 1–9 ? Lv 1–16 ?) et les Nombres (Nb 1–10 ? au-delà ?), est un phénomène bien attesté. Cependant, ses contours et caractéristiques restent débattus, qu'il s'agisse de la fin de l'écrit, de sa nature (rédaction ? suppléments ?) ou de sa date[333].

---

331 LOHFINK, « Kerygmata », p. 87-100.
332 PROVAN, *Hezekiah*, p. 164-168.
333 On pourra se reporter aux présentations générales et à l'histoire de la recherche sur P dans ZENGER, *Einleitung*, [5]2004, p. 156-175 ; SKA, *Introduction*, p. 208-229 ; NIHAN, « Débat actuel », p. 93-104. Pour ce qui concerne la délimitation de P[G] verset par verset, on peut se reporter à l'article d'ELLIGER, « Sinn », p. 121-143 (résultats sp. p. 121-122) et à la monographie de POLA, *Priesterschrift* (résultats p. 343 n. 144). Le style de P a été étudié en détail par MC EVENUE, *Narrative Style*. Auparavant, H. Holzinger et S.R. Driver avaient également décrit de façon détaillée le vocabulaire et le style de P (HOLZINGER, *Einleitung* [vocabulaire, liste des expressions et étude du

Comme pour D, mais dans une moindre mesure, une certaine dissolution du sigle P de l'hypothèse documentaire classique est visible dans la recherche. La distinction entre P^G (*die priesterliche Grunschrift*) et P^S (*die sekundären Teile der priesterlichen Schrift*) sert ainsi à distinguer l'écrit de base de ses suppléments. Nous postulerons donc l'existence d'un écrit sacerdotal sans entrer dans le détail des distinctions entre P^G et P^S, en nous situant plutôt dans le courant majoritaire en Europe qui envisage pour P une date postérieure à l'écriture dtq / dtr et post-exilique.

Cependant, même en ayant clarifié les sigles que nous utiliserons et en nous référant à la table de Weinfeld comme outil pour identifier la « langue » dtr, des questions importantes continueront à se poser pour le travail sur les textes. Comme l'écrit E. Otto, « tout ce qui semble dtr n'est pas forcément dtr »[334]. Effectivement, cela peut être post-dtr... ou même proto-dtq, comme certains chercheurs l'avancent à propos de sections du Tétrateuque dont le vocabulaire est de facture dtr[335]. Il nous faut donc définir plus précisément ce que nous désignons par dtr, pré-dtr ou post-dtr.

Par post-dtr, nous entendrons un texte ou un passage postérieur à HD. Plus précisément, nous ne parlerons d'un passage comme étant post-dtr qu'à la condition que l'on puisse y déceler des influences étrangères et postérieures à HD, en fait souvent sacerdotales. Par exemple, Dt 4,15-20 est apparenté à dtr (cf. la forme parénétique du v. 15 ; la mention de l'Horeb [v. 15] ; שחת [v. 16] ; prosterner, servir [v. 19] ; Israël peuple-héritage de Yhwh [v. 20 → Dt 7,6]) mais on y décèle également la marque d'un vocabulaire sacerdotal, puisque 4,16-19

---

style : p. 338-354] ; DRIVER, *Introduction*, p. 126-159 [vocabulaire et liste des expressions : p. 131-135 ; table des versets P dans Genèse–Josué : p. 159]). À propos de la fin de P^G, après des années où elle était majoritairement située soit en Dt 34, soit en Jos 18 ou 19, elle est maintenant plutôt envisagée en Exode (Otto, Pola) ou en Lévitique (cf. la thèse de C. Nihan qui la situe en Lv 16 : NIHAN, *Priestly Torah*).

334 OTTO, *Pentateuch und Hexateuch*, p. 172 n. 83 ; p. 235 n. 7 : « Nicht alles, was dtr klingt, ist auch dtr ».

335 DE PURY, « Historiographie Deutéronomiste », p. 66 mentionne à ce propos les travaux de C. Brekelmans, J. Loza, A. Reichert, D.E. Skweres, M.Z. Brettler, T.K. Chan. L'introduction du terme « proto-deutéronomique » pour désigner ces passages de Genèse–Nombres, considérés comme témoins d'une étape antérieure à la formation des vocabulaire, style et concepts théologiques deutéronomiques et deutéronomistes, serait due à C. Brekelmans et N. Lohfink en 1963 (cf. AUSLOOS, « Extrêmes », p. 341, qui renvoie aux publications respectives de ces auteurs). Comme l'indique l'article d'H. Ausloos, les positions des chercheurs concernant ces passages vont d'une labellisation proto-deutéronomique à post-deutéronomiste.

reprend les classifications animales de Gn 1,14-27[336]. Ce passage est donc post-dtr.

En dehors des strates P et dtq / dtr, il nous semble assez probable que les écrivains deutéronomistes du Deutéronome aient connu des traditions pré-dtr et pré-sacerdotales situées principalement dans les passages non-P du livre de l'Exode et en Nb 11–25 (cf. la liste des renvois entre Tétrateuque et Deutéronome repérés ci-dessus, p. 60 n. 284). Par pré-dtr, nous entendons donc ces traditions, probablement déjà mises par écrit selon un vocabulaire et un style non deutéronomiste, que les écrivains dtr ont utilisées et interprétées.

Par dtr enfin, nous entendrons l'écriture qui met en forme HD par étapes successives, peut-être en commençant par l'historicisation de CD et par la création d'une histoire Deutéronome–Josué. Le lexique de cette écriture que nous prenons comme référence est celui de Weinfeld. Nous considérerons donc que la littérature dtr a ses points d'ancrage en Deutéronome–Josué et dans les livres des Rois et de Samuel.

1.4.2 Principes méthodologiques

Les deux questions de cette étude (1/ Comment expliquer qu'aucune sanction ne soit mentionnée suite à la fabrication du veau en Dt 9,7–10,11 ? 2/ Dt 9,1–10,11 est-il dans la ligne du message rétributif qui apparaît souvent dans le livre ?) appellent de notre part le choix d'une méthodologie adaptée à leur instruction. Ces questions sont à la croisée de l'histoire de la rédaction, de la rhétorique et de la théologie du texte. Faut-il les aborder en appréhendant d'abord le livre sur un plan synchronique ou diachronique ?

Dans sa monographie étudiée plus haut[337], J.-P. Sonnet évite d'utiliser les adjectifs « synchronique » et « diachronique ». Il leur préfère les adjectifs « génétique » (*genetic*) et « poétique » (*poetic*) car, écrit-il, « quiconque a approché les récits de manière " synchronique " sait quelle " diachronie " ils recèlent par le biais d'une intrigue qui se déploie temporellement (*dia-chronos*) et également par le fait qu'ils ont recours à un medium de représentation essentiellement " diachronique " (la langue, dans son caractère distinct et linéaire) »[338]. Nous comprenons cette remarque et reconnaissons effectivement que les noms et adjectifs « synchroni(qu)e » et « diachroni(qu)e » ne sont pas

---

336 Cf. par exemple FISHBANE, *Biblical Interpretation*, p. 321-322.
337 Cf. p. 43-48.
338 SONNET, *The Book*, p. 7 n. 11.

sans ambiguïté. Nous continuerons cependant à les utiliser, d'une part parce qu'ils sont largement reçus par la recherche et, d'autre part, parce que l'adjectif et le nom « poétique » ne nous semblent pas non plus dépourvus de toute ambiguïté.

Dans les chapitres 2 à 4, notre étude cherchera à décrypter le fonctionnement de la justice divine dans le Deutéronome et, sur cet arrière-fond, tentera de caractériser son fonctionnement en Dt 9,1–10,11. Pour cela, nous procéderons à une étude thématique. Celle-ci ne sera ni uniquement synchronique, ni uniquement diachronique. Nous étudierons le Deutéronome tel qu'il nous est connu par le manuscrit M^L en repérant dans ce texte les fautes d'Israël contre Yhwh[339]. Puis, ayant regroupé ces fautes par péricopes ou sections, nous les examinerons successivement – tant au niveau de leur structure et organisation rhétorique que par le biais de la *Literarkritik* – pour déterminer quelle justice divine y est reflétée, non seulement dans l'état actuel du manuscrit M^L mais aussi quelquefois dans ses états antécédents. Au terme de ces trois chapitres, il deviendra possible de relier Dt 9,1–10,11 à d'autres présentations semblables de la justice divine dans le Deutéronome et d'esquisser des réponses à la question centrale de ce livre. À ce stade, les réponses envisagées ne pouvant être définitives, il nous faudra reprendre la question sous l'angle de l'histoire de la rédaction (chapitres 4-5).

Nous allons donc nous intéresser aux idées théologiques portées par le texte, plus précisément au fonctionnement de la justice divine. Nous souhaitons non seulement essayer d'en cerner les contours mais également percevoir quel degré d'homogénéité elle présente. Cet intérêt pour une donnée théologique du livre n'est en rien éloigné dans notre esprit de l'attention à l'histoire du texte et des groupes religieux qui l'ont produit et transmis. Il arrive en effet assez fréquemment que les conceptions théologiques divergentes reflétées dans les textes fournissent à l'exégète des critères seconds[340] de différenciation des rédactions bibliques. N. Lohfink proposait, il y a longtemps déjà, d'analyser les « kérygmes » des textes pour en faire un critère de détermination des strates rédactionnelles, particulièrement en ce qui concerne la littérature dtr :

> « La difficulté en ce qui concerne l'analyse des couches rédactionnelles du code deutéronomique et de l'histoire deutéronomiste réside dans la question des *critères*. Les observations sur la structure sont importantes ;

---

[339] Pour la justification du choix de ce manuscrit, cf. p. 76-79.
[340] Critères seconds, car l'analyse des théologies portées par les textes ne saurait décider à elle seule de la détermination de couches rédactionnelles.

> elles tombent cependant à plat dans une œuvre qui, presque toujours, intègre du matériel préexistant. L'utilisation de la langue et du style peuvent aider pour une bonne part, mais elles laissent souvent ouverte la possibilité que des mains ultérieures se soient servi de formulations précédemment existantes. Sur la base de ces éléments, le sol est vraiment assuré lorsque l'on tombe sur des tensions et des contradictions dans le domaine de l'expression factuelle et d'effets recherchés sur le lecteur. Cela signifie, en ce qui concerne l'histoire deutéronomiste, que l'analyse de la pluralité des kérygmes sous un angle de critique littéraire possède un rôle clé »[341].

T. Römer va dans le même sens que N. Lohfink lorsqu'il écrit :

> « [L]'application du seul critère stylistique pour ce travail de repérage (n.d.r. : des textes dtr) n'est pas suffisante. […] Il faut donc recourir, à côté du critère stylistique, au critère théologique, c'est-à-dire déterminer les notions fondamentales qui semblent typiques de la pensée dtr. […] Il est impossible de privilégier le critère idéologique au détriment du critère stylistique, sous peine de mener à une sorte de pan-deutéronomisme incontrôlé et incontrôlable. […] Pour pouvoir identifier un texte dtr, il faut combiner les critères stylistique et idéologique. Ces critères devraient ensuite être limités, dans leur application, par des arguments de datation »[342].

Aussi notre étude de la justice divine dans le Deutéronome ne se fera-t-elle pas hors de l'histoire de la composition du texte mais plutôt essaiera-t-elle de contribuer à établir cette histoire. Parallèlement, l'histoire de la composition du Deutéronome contribuera à éclairer notre compréhension de la justice divine dans le livre. Il y a là un cercle herméneutique issu des principes qui sont au cœur de notre recherche (étudier la théologie du Deutéronome *et* son histoire littéraire). Nous espérons qu'il s'avérera fécond.

---

341 LOHFINK, « Kerygmata », p. 89.
342 RÖMER, « L'école deutéronomiste », p. 180-181.

2. Préliminaires à une étude thématique de la faute et de la rétribution dans le Deutéronome

Ayant dressé un état des études actuelles concernant le livre du Deutéronome et ainsi défini le cadre de recherche dans lequel nous allons travailler (chapitre 1), nous revenons maintenant à la question centrale de notre recherche, celle de l'absence de sanction en Dt 9,1–10,11[1]. Comment faut-il interpréter cette absence ? Est-elle délibérée ? Constitue-t-elle un *hapax* dans le Deutéronome ?

Nous avons mentionné dans l'introduction[2] la conclusion à laquelle arrivait M. Franz à propos de cette péricope : l'omission délibérée du « discours de grâce » (*Gnadenrede*) d'Ex 34,6-7 par les rédacteurs dtr de Dt 9,7–10,11 reflèterait chez eux le refus délibéré de la théologie de la miséricorde et de la grâce portée par ce discours. Pour notre part, nous constatons que l'absence de sanction contredisait cette conclusion et nous faisions l'hypothèse – à vérifier maintenant – que cette absence de sanction est un *hapax* qui pourrait être le signe d'une volonté de ces rédacteurs de s'affranchir de la théologie de la rétribution qui apparaît prépondérante dans le reste du livre.

Il nous faut donc vérifier cette hypothèse de départ. La justice divine décrite en Dt 9,1–10,11 se distingue-t-elle vraiment de la justice divine que décrit le reste du livre ? Pour le vérifier, nous allons procéder à une étude du thème de la faute et de ses conséquences dans le Deutéronome. Nous voudrions comprendre comment sont présentées les différentes fautes d'Israël, qu'elles soient passées ou futures et quels résultats elles engendrent. Il s'agit donc d'une étude thématique visant à saisir la théologie de la faute dans le Deutéronome, autrement dit, à analyser comment est décrit le fonctionnement de la justice divine et, en dernière analyse, à essayer d'expliquer l'absence de sanction en Dt 9,1–10,11.

Cette étude thématique s'étalera sur trois chapitres (chap. 2 à 4). Le chapitre 2, méthodologique, s'attachera à un travail de définition et de sélection. Puisqu'il s'agit de l'étude du thème de la faute et de ses

---

1   À propos de la délimitation de cette péricope, cf. p. 4 n. 11.
2   Cf. p. 3 n. 10.

conséquences, il nous faudra, d'une part, clarifier ce que nous entendons par faute (et par rétribution) et, d'autre part, mettre sur pied une critériologie afin de sélectionner les péricopes où le thème de la faute apparaît dans le livre. Ayant sélectionné de tels textes, nous procéderons dans les chapitre 3 et 4 à des regroupements et à un classement des fautes, afin d'examiner comment est envisagée la justice divine dans ces différents groupes de fautes, c'est-à-dire quelles sanctions sont prévues et éventuellement appliquées. Le chapitre 2 concernera donc les préliminaires de la lecture, tandis que les deux suivants constitueront la lecture thématique de passages sélectionnés du Deutéronome. Au terme du chapitre 4, nous mettrons en contraste la justice divine telle que nous l'appréhendons en Dt 9,1–10,11 sur l'arrière-fond de son fonctionnement dans le reste du livre, avant de procéder à une reprise synthétique du parcours effectué dans les chapitres 2, 3 et 4.

2.1 Lire... mais quel texte ?

Depuis les débuts de l'imprimerie s'est posée pour les éditeurs la question du texte à publier, question toujours actuelle. Comme l'écrit I. Himbaza en conclusion d'un essai sur l'histoire de la prise en charge des problèmes textuels de l'Ancien Testament par les chercheurs,

> « [...] la question du texte à éditer, d'un bon manuscrit de base ou d'un texte éclectique se posera probablement de plus en plus. Parallèlement à cette première question, il faudra encore déterminer si l'on recherche l'état original ou l'état accompli et canonique du texte ou encore une solution intermédiaire »[3].

Les différentes éditions du texte hébreu de l'Ancien Testament illustrent ce dilemme. Les éditeurs de la *Biblia Hebraica Stuttgartensia* (BHS), dans la lignée de la dernière édition de la *Biblia Hebraica* publiée originellement par Rudolf Kittel (BHK)[4], ont choisi de ne pas reconstituer un texte qui s'approcherait d'un document supposé

---

3   HIMBAZA, « Problèmes textuels », p. 61.
4   KITTEL, Rudolph (Éd.), *Biblia Hebraica*, Stuttgart : Württembergische Bibelanstalt Stuttgart, ^{3}1937. Alors que R. Kittel avait choisi le texte de Ben Hayyim pour les deux premières éditions, Paul Kahle, dans la troisième édition de la BHK en 1937, choisit de reproduire le *Codex Leningradensis*, B19^A (sur le changement d'appellation de ce codex, cf. la note suivante).

original mais de publier un manuscrit existant, le *Codex Petropolitanus*[5], désigné par les sigles L ou M[L]. Ce codex, daté de l'an 1009, est en effet le plus ancien manuscrit connu contenant l'intégralité de la Bible hébraïque. Cette ligne éditoriale des BHK et BHS reste celle du projet de la *Biblia Hebraica Quinta* (BHQ), prévue pour succèder à la BHS. Pourtant, à côté de ces éditions diplomatiques du texte hébreu, il existe des projets d'éditions éclectiques[6]. Ainsi le projet d'édition critique de l'*Oxford Hebrew Bible* (OHB)[7] se fixe pour objectif d'établir l'archétype du texte biblique, c'est-à-dire son état textuel déductible le plus ancien.

Si la question du texte est une question pour l'éditeur, elle l'est tout autant pour l'exégète. Quel texte lire ? Faut-il reconstituer par la conjecture le texte le plus original possible pour en faire l'exégèse, ou choisir un manuscrit existant comme manuscrit de base de l'interprétation ? Avant de répondre à ces questions, précisons les objectifs et enjeux de la critique textuelle pour notre étude.

Nous partageons les réserves apportées par A. Schenker et P. Hugo à la tentative de remonter au texte originel[8], laquelle a constitué dans l'histoire de la recherche une utopie récurrente. Pour autant, nous ne récusons pas le but principal de la critique textuelle tel qu'assigné par un grand nombre de chercheurs, à savoir étudier, en comparant les manuscrits disponibles, l'histoire de la transmission du texte biblique à travers les siècles pour reconstruire l'état du texte le plus original possible[9]. Cet acte de généalogie qui consiste à remonter le plus loin possible dans la chaîne de transmission des textes nous semble en effet nécessaire à plusieurs titres. D'abord parce que cette recherche apporte un éclairage sur l'histoire de la diffusion des recensions du texte et des

---

5 Selon Heinz-Josef Fabry, il s'agit d'une nouvelle appellation qui succède à celle de la période soviétique : *Codex Leningradensis*, B19[A] (FABRY, « Der Text », p. 36).

6 Les désignations « édition éclectique » et « édition critique » sont équivalentes. Pour une définition, cf. TOV, *Textual Criticism*, p. 140.

7 Jusqu'à présent, un seul volume est paru : HENDEL, *Genesis 1-11*.

8 Ces réserves se trouvent consignées dans SCHENKER, « Histoire », p. 22-27. Elles sont de deux ordres : le caractère extrêmement conjectural de l'opération de reconstruction et l'existence de formes concurrentes qui relèvent de la critique littéraire et non de la critique textuelle. Sur cette seconde réserve, cf. également BARTHELEMY, *Découvrir*, p. 176.

9 Cf. TOV, *Textual Criticism*, p. 287-290. Emmanuel Tov n'indique pas explicitement s'il partage ou non ce but, mais il montre que cet objectif est partagé par P. Maas, J.P. Postgate, E.J. Kennedy. Il ajoute : « Most scholars believe that this evaluation [n.d.r. : l'évaluation des différentes leçons] involve a reconstruction of elements included in the original text of the Bible [...] », confirmant ainsi que la quête du texte original est le but ultime poursuivi par une majorité de textualistes (TOV, *Textual Criticism*, p. 290).

groupes humains responsables de celles-ci. Ensuite parce que cet acte permet de déceler où se lisent les lieux de tension de l'herméneutique du texte, étant donné que les différents manuscrits sont des témoins de l'histoire de la reception et de l'interprétation du texte. Enfin, la recherche sur les grands états du texte est importante pour éviter un nouveau dogmatisme qui serait celui du *textus receptus* ou « texte standard ».

Aussi utiliserons-nous la critique textuelle dans cette étude, non pas pour reconstituer un état textuel antérieur à celui que nous aurons choisi d'étudier, mais pour repérer les tensions et problèmes d'interprétation qui ont émergé lors de l'acte de transmission du texte et voir comment les traditions textuelles ont pris en charge ces tensions et problèmes. Il nous semble possible d'utiliser ainsi les manuscrits, qu'ils soient chronologiquement antérieurs ou postérieurs au manuscrit que nous prendrons comme référence, comme révélateurs de l'histoire de l'interprétation.

Cela étant posé, quel texte allons-nous lire ? Depuis les découvertes de Qumrân, la controverse qui opposait au 17ᵉ siècle l'oratorien Jean Morin et les auteurs de la *Formula consensus helvetici*[10] est maintenant close, les rouleaux de Qumrân ayant montré qu'il a bel et bien existé, à la base de nombreuses leçons de la Septante, des formes textuelles hébraïques nettement distinctes de celle que représente le texte massorétique[11]. Nous disposons donc de plusieurs traditions textuelles. Invité à choisir comme base l'une de ces traditions, nous optons, dans cette étude en théologie biblique, pour le texte massorétique tel qu'il apparaît dans le Codex Petropolitanus (M^L), c'est-à-dire pour le texte qui est reçu comme Écriture inspirée par les confessions juive et chrétienne[12]. Ce manuscrit est également, mais sans exclusive, le manuscrit de référence pour la recherche et les traductions.

---

10 Cette formule dénonçait au canon 3 ceux qui « soutiennent que les exemplaires hébreux que nous avons aujourd'hui ne sont pas les seuls qu'il y ait jamais eu, puisque les versions des anciens interprètes diffèrent de notre texte hébreu ». Morin affirmait au contraire que la Septante était le témoin d'un texte hébreu différent et antérieur au texte massorétique (BARTHELEMY, *Découvrir*, p. 163-164). Les adversaires de Jean Morin à l'origine de cette formule étaient Arnold Boot, Siméon de Muis et Jean Buxtorf Jr.

11 AUWERS, « Pentateuque », p. 60-61. Morin avait fondé son hypothèse sur le fait que le Pentateuque samaritain (qu'il avait été le premier à publier dans la Polyglotte de Paris en 1632) présentait environ 6000 variantes par rapport au texte massorétique, tandis que plus d'un quart de ces variantes du Pentateuque samaritain étaient en accord avec la Septante.

12 Le manuscrit M^L n'est pas le seul témoin du texte massorétique. Le projet de la *Hebrew University Bible*, auquel travaillent en Israël des chercheurs tels que

Nous lirons donc M^L comme manuscrit de base de notre étude, les autres manuscrits lui servant d'auxiliaires. Dans les chap. 2 à 4, qui entendent mettre en œuvre une lecture thématique du livre du Deutéronome, nous ferons intervenir les éléments de critique textuelle aux moments qui nous sembleront opportuns et nécessaires. Dans les chap. 5 et 6, qui s'attacheront à l'étude d'un ensemble textuel plus restreint (Dt 9,1–10,11), il deviendra possible de pratiquer une critique textuelle plus systématique.

2.2 Délimitation de la lecture et structure du livre

Nous avons annoncé notre intention de lire thématiquement le Deutéronome. Nous pensons que cette entreprise est possible parce que ce livre peut être appréhendé comme un tout, c'est-à-dire comme un rouleau jouissant d'une certaine autonomie au sein du vaste ensemble de Genèse–2 Rois. Bien sûr, le Deutéronome est étroitement relié au Tétrateuque qui le précède, et peut également être lu comme le prologue de Josué–2 Rois[13]. Pourtant, il présente une unité de vocabulaire, de style[14], d'espace et de temps assez remarquable. G. von Rad considère qu'il est marqué par une unité théologique[15]. Le Deutéronome se démarque également de Genèse–Nombres par sa dominante discursive, plus précisément par le fait qu'il est constitué de discours de Moïse. Dans le long fil narratif continu qui s'étend de Gn 1 à 2 R 25, l'ouverture du livre constitue une rupture. C'est la première fois qu'un rouleau ne s'ouvre pas sur un *waw* initial le reliant à ce qui

---

S. Talmon, E. Tov, C. Rabin, M. H. Goshen-Gottstein prend pour manuscrit le Codex d'Alep. Trois volumes ont été publiés à ce jour sur les livres d'Isaïe, de Jérémie et d'Ezéchiel. Sur ce projet, cf. SCHENKER, « Histoire », , p. 16-17.

13 La recherche doit cette conception du Deutéronome comme prologue de l'ensemble Deutéronome–2 Rois à Martin Noth dans son étude NOTH, *Studien*.

14 Concernant le vocabulaire et le style, cf. les tables de DRIVER, *Deuteronomy*, ²1896, p. lxxvii-xcv et également celles de WEINFELD, *Deuteronomic School*, p. 320-365. Selon S.R. Driver, « The literary style of Deuteronomy. is very marked and individual » (p. lxxvii).

15 « Nous avons pour tâche de comprendre le Deutéronome lui-même, du point de vue théologique. Le problème de la combinaison littéraire, qui n'est pas encore tout à fait élucidé, ne gêne guère cette recherche, car, à part quelques additions exiliques (Dt 28,25-69 ; 29), l'ensemble est marqué d'un bout à l'autre par une unité théologique » (VON RAD, *Theologie I*, p. 219-220) ; cf. déjà VON RAD, *Problem*, p. 24.

précède[16]. Il faut ensuite attendre le début du livre d'Isaïe pour trouver un volume qui ne commence pas par un *waw* initial. Autrement dit, dans le vaste ensemble Genèse–2 Rois, chaque livre est attaché au précédent par le fait qu'il commence par un *waw* initial, exception faite de Dt 1,1.

La rupture instaurée par l'absence de *waw* initial en Dt 1,1 marque, dans la temporalité du récit, une pause occupée par le discours testamentaire de Moïse[17]. Ce discours prend un caractère ultime en raison de la mort annoncée de Moïse et de sa succession imminente par Josué (annoncée dès Nb 27,12-23 et encore en Dt 1,37-38). Aussi la finale du livre constitue-t-elle une césure importante dans l'économie du récit (mort de Moïse, personnage principal [Dt 34,7-8] ; entrée en fonction de Josué [Dt 34,9] ; fin de la prophétie par excellence [Dt 34,10]) et dans la tradition (fin du Pentateuque). Cette finale est une double clôture du Pentateuque et du Deutéronome, c'est-à-dire de l'épopée de libération et de marche au désert (Exode-Nombres) ainsi que du discours récapitulatif de cette épopée par Moïse (Deutéronome). Pour le dire en peu de mots, le Deutéronome a donc un statut à part dans le Pentateuque. Ce statut lui est conféré par sa nature de reformulation didactique de la communication juridique de Yhwh au Sinaï, comme l'a bien montré J.-P. Sonnet[18].

Dans ce chapitre, nous lirons donc d'abord et avant tout le Deutéronome comme une œuvre. Plusieurs horizons de lecture sont possibles pour cela : Pentateuque, HD, ensemble Deutéronome-Josué[19] ou même Ennéateuque. Si l'on retient la continuité narrative comme critère principal de délimitation d'un horizon de lecture cohérent, l'Ennéateuque nous apparaît comme l'horizon maximal de lecture du Deutéronome[20]. Cependant, nous n'exclurons a priori de cet espace aucun des autres horizons de lecture mentionnés ci-dessus.

---

16 Nous tirons cette observation de DOGNIEZ, « Présentation », p. 127. Certains manuscrits possèdent cependant un *waw* initial : c'est le cas par exemple du codex Alexandrinus et de la polyglotte dite de Walton.

17 Sur le Deutéronome comme discours testamentaire de Moïse, cf. CHILDS, *Introduction*, p. 211.

18 Cf. SONNET, *The Book*, p. 47-48.

19 Cf. LOHFINK, « Kerygmata », p. 87-100 où l'auteur introduit l'idée qu'il y ait pu exister un écrit ayant eu Dt 1–Jos 22 comme extension. N. Lohfink désigne cet écrit par le sigle DtrL (*deuteronomistische Landeroberungserzählung*).

20 La LXX et le TM font tous deux de Genèse–2 Rois un ensemble narratif unifié mais divergent sur la suite : la LXX place l'historiographie chroniste immédiatement après 2 Rois, tandis que le TM place à cet endroit des livres prophétiques.

Notre lecture du Deutéronome nécessite de repérer la
« géographie » de l'œuvre. Il n'y a pas aujourd'hui de consensus dans
la recherche à propos de la forme et de la structure de l'ouvrage. À
première lecture, structurer le Deutéronome paraît malaisé, le constat
d'un certain désordre s'imposant plutôt, qui concernerait les seuls
encadrements de CD selon R.E. Clements[21]. Il atteindrait toute
l'organisation du livre selon H. Cazelles[22].

Il est par exemple difficile de se repérer dans la temporalité du
livre[23]. Une bonne illustration de cette difficulté est fournie par la
discussion qu'a menée J.-P. Sonnet à propos de la reconstruction de la
temporalité du Deutéronome telle que proposée par N. Lohfink. Ce
dernier propose de permuter l'ordre des sections au centre du livre
(Dt 5–28 ; 29–30)[24]. Selon lui, dans l'économie du livre, Moïse aurait
proclamé la Torah (Dt 5–28) *au cours* du rituel d'alliance décrit en
Dt 29–30, et il aurait fait cela en lisant à haute voix au peuple une Torah
déjà écrite[25]. La façon dont N. Lohfink envisage la succession des
événements rapportés dans le Deutéronome suit donc le schéma[26]
suivant :

$$[5 \longrightarrow 26\,(-28)]$$
$$\downarrow$$

[1–4] [29,1-14   29,15–30,20] [31–34]

Sonnet défend une autre hypothèse. Selon lui, l'ordre de présentation
des événements par le Deutéronome correspond à leur ordre de
performance par Moïse. Autrement dit, pour cet auteur, on a affaire en
Dt 5–28 et 29–30 à deux procédures d'alliance successives. L'une est
orale et consiste en l'énonciation de la loi (Dt 5–28) ; elle se conclut par

---

21 « While the law code now bears a relatively uniform and coherent structure, the framework that surrounds it appears to be more haphazard in its arrangement and lacking in unity » (CLEMENTS, *Deuteronomy*, p. 33).

22 « Cet ensemble de lois, de discours, de récits, ne peut qu'être assez complexe. De plus, ces lois sont groupées d'une manière qui n'est pas strictement logique, il y a pluralité de discours et les récits s'intercalent les uns dans les autres d'une manière à première vue étrange » (CAZELLES, *Deutéronome*, p. 8).

23 Cf. déjà p. 8 où nous avions signalé que Dt 1–3 raconte *avant* Dt 5 et Dt 9,7–10,11 des événements qui prennent place *après* le don de la loi à l'Horeb.

24 LOHFINK, « Fabel », p. 65-78 ; LOHFINK, « Bund », p. 228-233.

25 Lohfink remarque qu'en Dt 29,1-14, le peuple s'apprête à passer dans l'alliance, alors qu'en 29,19.20, pour la première fois dans le rituel de Dt 29–30, Moïse se réfère au ספר (29,19 : « ce livre » ; 29,20 : « ce livre de la loi »). Cela implique donc que Moïse a déjà donné lecture de la loi en question.

26 Schéma tiré de SONNET, *The Book*, p. 114.

un engagement mutuel entre les parties en Dt 26,16-19. L'autre est rituelle et consiste en une entrée dans l'alliance par « passage » en Dt 29–30 ; elle constitue le « précipité » écrit de l'énonciation précédente, la transaction verbale de Dt 5–28. La Torah (Dt 5–28) n'aurait donc pas été lue entre Dt 29,14 et Dt 29,15 comme le propose N. Lohfink, mais à la place qu'elle occupe dans le récit[27]. À la simple évocation de ce débat, il apparaît donc que la compréhenion de la succession des événements dans la trame narrative du Deutéronome ne va pas de soi[28].

Pour illustrer cette sensation de désordre évoquée par les chercheurs, nous pouvons prendre deux autres exemples, celui des auditeurs de Moïse, c'est-à-dire des destinataires de ses discours tels que le texte les envisage, et celui du locuteur. Le début du livre laisse entendre que Moïse s'adresse à la seconde génération du désert (cf. Dt 1,3), mais le lecteur a quelquefois la sensation qu'il s'adresse toujours à la première (11,2-6). Le changement fréquent de nombre (*Numeruswechsel*[29]) concernant les destinataires dans les discours de Moïse accentue la difficulté de savoir à qui exactement les discours sont adressés : à la seconde (parfois première ?) génération du désert ? Aux descendants de cette génération ? À un Israël intemporel ? De même, le locuteur n'est pas toujours facile à identifier. Au sein de certains discours de Moïse, le texte passe brusquement à un discours direct de Yhwh (cf. Dt 7,4 ; 11,13-15 ; 17,3 ; 28,20 ; 29,4-5)[30].

Si l'on ajoute à cela que certains chapitres (Dt 4 ; 27) semblent intercalés assez artificiellement dans le récit ou dans les discours[31] et qu'un autre (Dt 31) a été qualifié d'« éboulis de traditions »[32] (*Traditionsgeröll*) par G. von Rad, le constat que la structuration du livre n'est pas chose aisée se renforce.

Pour autant, certaines observations sont devenues « classiques » et peuvent être retenues, à notre avis, comme valides. Ainsi, il a été repéré

---

27 SONNET, *The Book*, p. 114-116.
28 Cf. également la discussion semblable que J.-P. Sonnet mène vis-à-vis de la reconstruction des événements de Dt 31 par N. Lohfink (SONNET, *The Book*, p. 122-182).
29 Nous reviendrons par la suite sur cette caractéristique importante du Deutéronome (entre autres livres) : cf. p. 281-282.
30 LOHFINK, « Kerygmata », p. 90.
31 Ainsi par exemple Dt 4 (la parénèse sur la révélation de l'Horeb et ses exigences [Dt 4,9-20] intervient *avant* que Moïse ne rapporte les événements de l'Horeb ; les précisions sur les villes de refuge [Dt 4,41-43] sont coincées entre Dt 4 et Dt 5) ou Dt 27 (qui est encadré par Dt 26,18-19 et la *Wiederaufnahme* de ces versets en Dt 28,1-2, ce qui entraîne une double liste de malédictions).
32 VON RAD, *Das Fünfte Buch*, p. 136.

depuis longtemps qu'au centre du livre se trouve un code législatif dont le matériel est, pour une part, parallèle à celui de CA et de LS[33]. Les auteurs distinguent également volontiers deux encadrements de ce code : un cadre parénétique ou cadre interne (Dt [4]5–11 / 27–30) et un cadre historique ou cadre externe (Dt 1–3 / 31–34)[34]. Enfin, un système de titres est décelable dans l'ouvrage[35].

À partir de ces observations, plusieurs propositions ont eu cours dans l'histoire de la recherche sur la structure du Deutéronome, tant pour le livre dans son ensemble que pour CD. Il serait superflu de décrire chacune de ces propositions par le menu, d'autant que cela a été fait ailleurs[36]. Nous nous contentons d'en rappeler ici les grandes lignes.

Au milieu du siècle dernier, la forme du Deutéronome a été rapprochée de traités du Proche-Orient ancien[37], traités de l'empire hittite des 14 et 13e s. (G.E. Mendenhall[38] ; K. Baltzer[39]) ou néo-assyriens des 9e-7e s. avant notre ère (M. Weinfeld[40]). Weinfeld conclut d'ailleurs à la dépendance du Deutéronome vis-à-vis de ces deux modèles de

---

33 Cf. par exemple le tableau donné par DRIVER, *Deuteronomy*, ²1896, p. iv-vii.
34 Cette terminologie très répandue est par exemple reprise par CHRISTENSEN, *Deuteronomy 1-11*, p. xli ; KRATZ, *Komposition*, p. 120.
35 Les titres habituellement retenus sont Dt 1,1 (אלה הדברים אשר דבר משה), Dt 4,44 (אלה דברי הברית), Dt 28,68 (וזאת התורה אשר־שם משה לפני בני ישראל) et Dt 33,1 (וזאת הברכה אשר ברך משה) (אשר־צוה יהוה את־משה). Ce système de titres a d'abord été décrit par P. Kleinert (KLEINERT, *Deuteronomium*, p. 166-167) et plus récemment retravaillé par N. Lohfink (cf. L'HOUR, « Deutéronome 5-11 » ; SONNET, *The Book*, p. 17 n. 40). Nous allons revenir ci-dessous sur les essais de structuration à partir de ces titres.
36 On pourra consulter des présentations de l'histoire de la recherche sur la structure du Deutéronome ou de CD dans RÖMER, « Approches », p. 164-166 ; ROSE, « Deutéronome », p. 213-216.
37 Cela donne la mise en forme suivante : préambule (présentation, titres royaux) → [Dt 5,6] ; prologue historique (rappel du fondement historique du traité) → [Dt 1–4 ou peut-être 1–11] ; stipulation de base (définition des relations établies par le traité) → [le décalogue de Dt 5] ; stipulations particulières (tribut annuel, visite à la cour…) → [Dt 12–25 ou 12–26] ; témoins (dieux, forces de la nature divinisées) → [Dt 30,19] ; sanctions (malédictions et bénédictions) → [Dt 28 ou 27–28] ; clause finale (dépôt du document) → [Dt 31,9] (schéma décrit dans ROSE, « Deutéronome », p. 214). On trouvera une sélection de tels traités dans PRITCHARD, *ANET*, p. 201-206; WISEMAN, « Treaties » ; MC CARTHY, Dennis, *Treaty*, p. 181-205.
38 MENDENHALL, « Law », p. 26-46 ; MENDENHALL, « Covenant Forms », p. 50-76.
39 BALTZER, *Bundesformular*.
40 WEINFELD, *Deuteronomic School*, p. 59-157.

traités[41]. Si les parallèles sont immanquables[42], on ne retrouve cependant pas de traités prenant en compte tous les éléments de la forme actuelle du Deutéronome. Il faut donc certainement compter avec une influence de ces traités sur le Deutéronome, mais probablement aussi comprendre celle-ci dans le cadre d'une écriture assez libre – peut-être subversive[43] – de la part des auteurs du Deutéronome.

G. von Rad a reçu et développé le constat précédent sur l'existence de points de contact entre le Deutéronome et les formulaires d'alliance du Proche-Orient ancien. Après avoir repéré que le Deutéronome prend le style d'un discours d'adieu (*eine Abschiedsrede*) de Moïse et que l'on retrouve d'autres discours d'adieu de chefs d'Israël en Jos 23 ; 1 S 12 ; 1 Ch 22-29, dans lesquels le schéma d'un formulaire d'alliance (*ein Bundesformular*[44]) est également reconnaissable[45], cet auteur conclut que :

> « la forme du Deutéronome doit être regardée comme celle d'un discours d'adieu, cependant en un sens large, c'est-à-dire comme une variante du genre " testament " de chefs. [...] Si l'on pose maintenant la question du *Sitz im Leben* présupposé par la forme selon laquelle le Deutéronome est arrangé, il apparaît que celle-ci ne peut tirer son modèle que d'une célébration cultuelle, peut-être d'une fête de renouvellement de l'alliance, en faveur de laquelle milite l'insertion en Dt 26,16-19 d'une formule de conclusion d'alliance »[46].

Cette réception dans le culte d'Israël de la forme « formulaire d'alliance » explique, selon cet auteur, pourquoi le Deutéronome

---

41 « Deuteronomy is actually dependant on two models of covenant : the Hittite one and the Assyrian one. The Hittite model is old and seems to underlie the old biblical covenantal tradition. Deuteronomy shows connections with both sets of loyalty oaths : one of the second millenium and the other of the first millenium. The Hittite model pervaded the old biblical tradition, which Deuteronomy used and reworked in accordance with the prevalent covenantal pattern reflected in the vassal treaties of Esarhaddon » (WEINFELD, *Deuteronomy 1-11*, p. 9).

42 « There can be not doubt that Deuteronomy does show some kind of relationship to the literary forms of these treaties » (MC CARTHY, Dennis, *Old Testament*, p. 28) ; « Mais il est clair cependant qu'il y a des connexions entre le Deutéronome et la tradition tractatologique du Proche-Orient, et que des éléments de terminologie relatifs aux traités de vassalité parcourent le Deutéronome » (RÖMER, « Approches », p. 165) ; « The influence of the Hittite and Neo-Assyrian treaty forms on Deuteronomy, for instance, is undeniable » (SONNET, *The Book*, p. 20).

43 RÖMER, « Approches », p. 165 ; OTTO, *Deuteronomium*, p. 364-378 ; OTTO, *Gottes Recht*.

44 Cf. BALTZER, *Bundesformular*.

45 VON RAD, *Das Fünfte Buch*, p. 15.

46 VON RAD, *Das Fünfte Buch*, p. 16.

présente des variantes vis-à-vis de cette forme et notamment un grand nombre de textes que von Rad qualifie de « sermons » (*Predigten*).

D'autres auteurs ont choisi de partir de la surface du texte pour en dégager le plan. M. Rose[47] indique ainsi avoir essayé de structurer le livre à partir du critère de la narration et des discours, sans succès selon lui, en raison du fait que la fin du livre est brouillée. En effet, dans le début du livre, les discours sont de Moïse, mais à la fin apparaît soudainement un narrateur. L'essai de structuration de H.Cazelles[48] était déjà fondé sur la même distinction récit / discours.

Plus récemment, une structuration concentrique du livre a été proposée par D. Christensen[49]. Cette structure concentrique, séduisante à l'échelle du livre, se vérifie aussi, selon l'auteur, sur des péricopes particulières. L'auteur morcelle ainsi Dt 9,1–10,11 en quatre sections, chacune des trois premières étant organisée concentriquement (Dt 9,1-7 ; 9,8-29 ; 10,1-7), tandis que la dernière (10,8-11) posséderait une structure en diptyque. Devant cette organisation concentrique de péricopes particulières, on peut légitimement se demander avec T. Römer, si « ce degré d'abstraction manifeste[-t-il] vraiment l'intention des éditeurs du livre ? »[50].

Enfin, l'essai de structuration du livre le plus convaincant est sans doute celui qui prend appui sur la présence de quatre titres repérés

---

47   ROSE, « Deutéronome », p. 213.
48   CAZELLES, *Deutéronome*, p. 8 :
  Le Deutéronome proprement dit : Dt 1–30
    1. Discours d'introductions
      1a : Premier discours Dt 1–4
      1b : Deuxième discours Dt 5–11
    2. Le code deutéronomique
    3. Discours de conclusion :
      3a : Fin du second discours d'introduction : Dt 27–28
      3b : Troisième et dernier discours : Dt 29–30
  Les récits relatifs à la fin de la vie de Moïse : Dt 31–34
    1. Textes de transition (sur Josué, la Loi et le cantique) : Dt 31
    2. Cantique de Moïse : Dt 32
    3. Bénédiction des tribus : Dt 33
    4. Mort de Moïse : Dt 34
49   CHRISTENSEN, *Deuteronomy 1-11*, p. xli ; CHRISTENSEN, *Song*, p. 9-11 :
      A : Le cadre extérieur : un regard en arrière (1–3)
        B : Le cadre intérieur : la grande péroraison (4–11)
          C : Le corps central : les stipulations de l'Alliance (12–26)
        B' : Le cadre intérieur : la cérémonie de l'Alliance (27–30)
      A' : Le cadre extérieur : un regard en avant (31–34)
50   RÖMER, « Approches », p. 165 n. 67.

depuis longtemps par P. Kleinert[51] : « Voici les paroles que Moïse adressa... » (1,1) ; « Voici la Torah que Moïse présenta... » (4,44) ; « Voici les paroles de l'alliance que Yhwh ordonna à Moïse de conclure... » (28,69) ; « Voici la bénédiction que Moïse prononça... » (33,1). N. Lohfink a repris ce système de titres en le considérant non seulement comme un signal structurel mais aussi comme un indicateur du genre des parties du livre (*Gattungsindikator*) [52]. Cela revient donc à considérer le Deutéronome comme un recueil de quatre discours (Discours : 1–4 ; Torah : 5–28 ; Cérémonie d'alliance en Moab : 29–32 ; Bénédiction : 33), complété, au chapitre 34, par le récit de la mort de Moïse[53].

Cette structuration est pourtant contestée. M. Rose se demande ainsi si elle ne néglige pas l'importance de Dt 12,1[54] : « Voici les lois que vous garderez et pratiquerez... ». S.K. Sherwood, qui accepte le système des quatre titres, avance d'autres réserves :

> « D'un côté, il semble y avoir des titres en 27,1 et à nouveau en 27,9. De l'autre, 4,44-49 semble servir de pivot entre deux sections. La discussion pour savoir si 28,69 [NRSV : 29,1] est la fin ou le début d'une section (c'est-à-dire si " Voici les paroles " fait référence à ce qui précède ou à ce qui suit) est visible dans les différentes façons de numéroter ce verset. Certains considèrent le verset comme la fin du chapitre 28, tandis que d'autres voient en lui le début du chapitre 29. Il y a également de nouvelles introductions à des discours de Moïse par le narrateur en 31,1-2 et 7, des interruptions par ce dernier en 31,9-10.14-16a.24-25, une introduction propre pour le cantique en 31,30 ainsi que d'autres interventions en 32,44-46 et 48. En clair, diviser le livre en quatre discours est pratique mais doit être reconnu comme une simple approximation » [55].

Ces réserves peuvent être surmontées par les partisans du système des quatres titres. Si Dt 12,1 et Dt 6,1 présentent une parenté avec les quatre titres évoqués ci-dessus, ces derniers avaient cependant pour locuteur le narrateur du livre, tandis que Dt 12,1 et 6,1 ont – selon la logique du discours commencé en Dt 5– Moïse pour locuteur. Ces versets ne sont donc pas situés exactement sur le même plan que Dt 1,1 ; 4,44 ; 28,69 et

---

51 KLEINERT, *Deuteronomium*, p. 166-167.
52 LOHFINK, « Bundesschluß », p. 32 ; LOHFINK, *Hauptgebot*, p. 3-4 ; LOHFINK, « Fabel », p. 65-78, spéc. p. 69 ; LOHFINK, « Bund », p. 218-221.
53 BRAULIK, *Deuteronomium I*, p. 5-6 ; CLEMENTS, *Deuteronomy*, p. 13-14.
54 ROSE, « Deutéronome », p. 213. On pourrait ajouter à cette remarque que Dt 6,1 est aussi laissé de côté (« Voici les commandements, les lois et les coutumes que Yhwh votre Dieu a ordonné de vous enseigner... »).
55 SHERWOOD, *Lev, Num, Deut*, p. 220.

33,1[56]. On peut également douter de ce que les ouvertures de discours en Dt 27,1.9.11 ; 31,1-2.7 puissent être appelées titres de la même manière que Dt 1,1 ; 4,44 ; 28,69 et 33,1. Il s'agit plutôt d'introductions discursives à portée limitée, n'utilisant pas de déictiques (זה ; זאת ; אלה), comme le font les quatre titres. Il faut néanmoins concéder que les interventions du narrateur à partir de Dt 27 sont de plus en plus fréquentes et empêchent de considérer Dt 29–32 comme un seul discours, en dépit du titre « Voici les paroles de l'alliance que Yhwh ordonna à Moïse de conclure... » (28,69).

Lorsqu'on se penche sur les tentatives de structuration de CD, la situation n'est guère plus simple, ainsi que le constate M. Rose : « Aucun plan évident ne semble régir la disposition des prescriptions de cette loi »[57]. Un simple regard sur le tableau de G. Seitz[58] récapitulant l'histoire de la recherche sur la structure de CD confirme ce constat.

Bien que la comparaison avec les autres codes législatifs du Pentateuque laisse apparaître entre CA, LS et CD une structure générale semblable[59], ce dernier code comprend des lois qui lui sont propres, ce qui engage à la recherche d'une structure spécifique. Un plan tripartite est devenu « classique »[60] : 1) lois administrant le culte (12,1–16,17) ; 2) lois sur les autorités et les institutions (16,18–18,22) ; 3) autres lois, privées et publiques (19–25). Il est concurrencé par la proposition avancée par H. Schultz[61], S.A Kaufman[62] puis G. Braulik[63]

---

56 L'étude des titres du Deutéronome par Gottfried SEITZ, *Studien*, p. 23-44 va dans ce sens puisque cet auteur repère deux séries de titres dans le Deutéronome : 1) 4,45 ; 6,1 ; 12,1 et 2) 1,1 ; 4,44 ; 28,69 et 33,1. La première série est selon lui plus ancienne que la seconde et à une portée plus restreinte : Dt 12,1 est le titre de Dt 12,2–26,15, section qui a pour formule de fin Dt 26,16 ; Dt 4,45 est un titre qui vaut uniquement pour Dt 5, puisqu'en 6,1 un autre titre suit. La seconde série a une portée qui s'étend jusqu'à HD.
57 ROSE, « Deutéronome », p. 215.
58 SEITZ, *Studien*, p. 92-93. Dans ce tableau, l'auteur synthétise les positions d'A. Dillmann, S.R. Driver, C. Steuernagel, A. Bertholet, F. de Hummelauer, K. Marti, G. Hölscher, F. Horst, E. Wright, H. Cazelles, P. Buis-J. Leclercq.
59 F. Crüsemann fait remarquer avec justesse que la structure des trois grands codes est identique : en tête, les lois sur l'autel (Ex 20,24-26 ; Dt 12 ; Lv 17,3-7) ; à la fin : des formules de bénédiction et de malédiction (Ex 23,21-22 ; Dt 27–28 ; Lv 26) (CRÜSEMANN, « Prolégomènes », p. 340). Notons que l'appartenance d'Ex 23,21-22 à CA est discutée.
60 BRAULIK, « Das Deuteronomium », in ZENGER, *Einleitung*, ⁴2001, p. 127 ; RÖMER, « Approches », p. 165. T. Römer considère que « cette structure reste floue et hésitante à propos de l'organisation de Dt 12ss ».
61 SCHULTZ, *Todesrecht*, p. 67.
62 KAUFMAN, « Structure », p. 105-158.

d'une structure décalogique de CD. Si cette dernière proposition est stimulante[64], elle ne doit pas être pensée comme s'appliquant dans les moindres détails de ce code[65]. Finalement, le constat de H.D. Preuss, vieux de plus de vingt années, reste d'actualité :

> « Si une explication éclairante de l'ordre d'ensemble que suit le texte et les groupes de texte de Dt 12–25 est loin d'avoir été trouvée, une voie possible, au moins grossièrement, semble s'ouvrir avec l'indication de l'ordre du décalogue [comme ordre suivi par le code deutéronomique]. Il se pourrait qu'il n'y ait pas eu plus d'intention de produire plus qu'une telle structure grossière » [66].

Au terme de cette section, nous retenons quelques points d'appui semblant assurés : 1) la présence d'un code législatif (Dt 12–26) ; 2) de deux encadrements (cadre interne / parénétique [Dt (4)5–11 / 27–30] et cadre externe / historique [Dt 1–3 / 31–34]) ; enfin 3) d'un système de titres (Dt 1,1 ; 4,44 ; 28,69 ; 33,1). Les deux premiers points d'appui ont, nous semble-t-il, avant tout une valeur sur le plan de la diachronie du texte. Le dernier donne, en revanche, des indications utiles pour une structuration synchronique. Il fournit les pivots principaux de l'œuvre :

Introduction du narrateur : Dt 1,1-5
- Premières paroles de Moïse : Dt 1,6–4,43
- Torah de l'Horeb : Dt 4,44–28,68[67]
- Paroles de l'alliance en Moab : Dt 28,69–32,52
- Bénédiction des douze tribus : Dt 33,1-29

Conclusion du narrateur : Dt 34

---

63 BRAULIK, « Abfolge » ; BRAULIK, *Dekalog*. La distribution de CD selon les commandements du décalogue (G. Braulik suit la numérotation augustinienne, cf. p. 2 n. 8) se fait comme suit : I) Dt 12,2–13,9 ; II) 14,1-21 ; III) 14,22–16,17 ; IV) 16,18–18,22 ; V) 19,1–21,23 ; VI) 22,13–23,15 ; VII) 23,16–24,7 ; VIII) 24,8–25,4 ; IX) 25,5-12 ; X) 25,13-16.

64 RÖMER, « Approches », p. 165.

65 « Si Braulik (1991) défend l'idée d'une structure globale qui serait construite sur le modèle du décalogue, il se trouve obligé (camisole de force d'un système !) de construire parfois des liens très invraisemblables, comme par exemple lorsqu'il perçoit en 14,1-21 un écho au second commandement » (ROSE, « Deutéronome », p. 215).

66 PREUSS, *Deuteronomium*, p. 112.

67 À l'intérieur de cet ensemble, le couple חקים ומשפטים a un rôle structurant. Il apparaît en Dt 5,1 ; 11,32 ; 12,1 et 26,16, c'est-à-dire qu'il encadre Dt 5–11 et Dt 12–26 (cf. LOHFINK, *Hauptgebot*, p. 56-57). Dans cette grande partie centrale, lois et parénèses sont donc mêlées. Si le mot תורה renvoyait en Dt 1,5 au Deutéronome comme récit, parénèse et lois, il renvoie en Dt 4,44 non seulement au contenu de Dt 12–26 mais aussi à celui de Dt 5–11. Dans la grande section Dt 5–26, lois et parénèses sont mêlées dans une commune instruction ou exhortation (תורה).

La difficulté à structurer le livre et le code provient à notre avis de l'histoire rédactionnelle du texte[68]. Le double système de titres dégagé par G. Seitz[69] indique que des logiques concurrentes ont eu prise sur le texte. Il serait donc vain de « corseter » le livre dans une structure reflétant seulement un stade donné de sa composition.

Cela explique pourquoi nous ne proposons pas ici de structure détaillée du Deutéronome, mais seulement ses pivots principaux. Nous en restons à une structure de surface. Cela nous semble suffisant pour démarrer notre lecture du livre : ces pivots et césures tracent un premier chemin qui permet de se repérer dans l'œuvre.

2.3 Sélection des péricopes traitant des fautes contre Yhwh dans le Deutéronome

Dans cette section de notre étude, notre projet est de regarder comment les fautes commises contre la divinité auxquelles le Deutéronome fait allusion sont traitées théologiquement et quelles conséquences elles entraînent. Pour procéder à cette analyse, il convient de sélectionner les péricopes traitant des fautes contre Yhwh.

Pour cela, un premier moment de réflexion générale identifiera quelques-unes des difficultés de la tâche (2.3.1). Nous proposerons ensuite un système de quatre critères susceptibles de contourner ces difficultés (2.3.2), ce qui nous amènera à établir la liste des péricopes retenues selon ces critères (2.3.3).

2.3.1 La difficulté de circonscrire les textes du Deutéronome concernant les fautes d'Israël contre Yhwh

Nous souhaitons donc colliger les textes du Deutéronome où il est question de fautes d'Israël contre Yhwh. Ce travail de sélection est délicat pour trois raisons. D'abord parce que le mot « faute » est rendu par plusieurs équivalents hébreux. Ainsi, sur les cinquante-deux occurrences où apparaît le mot (au singulier ou au pluriel) dans la

---

[68] Pace ROSE, « Deutéronome », p. 215. La difficulté à trouver une structure du texte indépendemment de l'histoire de sa composition est visible dans WEINFELD, *Deuteronomy 1-11* où, dans l'introduction et sous le titre « Composition and Structure » (p. 9-13), l'auteur s'en tient à une description de la manière dont des traditions distinctes ont été amalgamées pour former le livre.

[69] Cf. plus haut n. 56.

traduction œcuménique du Pentateuque[70], il traduit trente six fois le nom עון, une fois le nom פשע, deux fois le nom חטא, deux fois le nom חטאת, sept fois le nom שגגה (faute involontaire), trois fois le verbe חטא et une fois le verbe שגה. Seules deux occurrences concernent le livre du Deutéronome (5,9 ; 19,15 ; עון dans les deux cas).

Le terme français « faute » traduit donc principalement, dans le Pentateuque de la TOB, le terme hébreu עון. Cependant, si nous nous en tenons à ce seul terme, nous risquons fort de laisser de côté des passages où il est pourtant bel et bien question de fautes d'Israël, mais sans que le nom עון n'apparaisse[71]. Pour éviter cet écueil, une solution pourrait résider dans l'élargissement de la recherche aux synonymes du nom עון. P. Bovati, dans son étude sur la terminologie, les concepts et les procédures pour rétablir la justice dans la BH, donne une longue liste de noms hébreux entrant dans la catégorie de *misdeed*, c'est-à-dire pouvant être autant de synonymes du terme עון : חטא, חטאה, חטאת, עשק, תועבה, סרה, מרי, מרד, מעל, רשע, רעה, רע, עולה, עול, פשע, חמס[72], שקר, שוא, מרמה, עמל, און, זמה, נבלה... Un travail de concordance large s'appuyant sur ces noms et sur leurs racines pourrait donc constituer une première approche du thème de la faute d'Israël contre Yhwh dans le Deutéronome. Cependant, cette approche reste encore trop imprécise.

La seconde source de difficulté qui rend complexe la sélection des textes vient de ce que nous souhaitons ne retenir que les textes traitant de faute(s) d'Israël *contre la divinité* (Yhwh), qu'elles soient individuelles ou collectives. Le travail de concordance évoqué plus haut risque de faire tomber dans notre filet non seulement les fautes contre Yhwh mais aussi les fautes entre humains ; nous touchons là une des limites d'un tel travail. Les choses paraissent plus compliquées

---

70 Cf. TOB.
71 Cela est d'autant plus probable que le nom est très rare dans le Deutéronome, comme le note K. Koch : « Deuteronomistic redactors incorporated references to *'āwōn* as a trigger for disaster into their own traditions, but apparently without genuinely appropriating the term themselves. Surprisingly, apart from the adopted Decalog, the term *'āwōn* occurs only once in Deuteronomy (19 :15). At most one might find the reformulation of a deuteronomistic redactor in Josh. 22 :17 and 20 (Gn 15 :16). No one has yet investigated why the Deuteronomic/Deuteronomistic circles apparently avoid a term that in their own time became increasingly more common in prophetic and cultic circles » (KOCH, Art. « עון »).
72 BOVATI, *Justice*, p. 65-68. Cf. également BEAUCAMP, « Péché », qui traite de façon extensive du champ lexical du péché dans l'Ancien Testament (64 p. !). Dans la langue française, nous pourrions trouver autant de synonymes pour le mot « faute » : transgression, infidélité, rébellion, péché, infraction, manquement, apostasie, crime, délit, culpabilité, méfait...

encore lorsque l'on découvre qu'un certain nombre de fautes entre humains sont assimilées à des fautes contre Yhwh (par ex. Dt 15,7-9 ; 24,14-15 ; 25,13-16).

La troisième raison pour laquelle le travail de sélection des textes faisant référence aux fautes d'Israël contre Yhwh est difficile, réside dans le fait qu'il peut être fait allusion à une faute passée contre Yhwh sans qu'aucun signal de vocabulaire ne l'indique. Le phénomène allusif est difficile à détecter. Deux exemples se trouvent dans le livre. En Dt 11,2-6, le texte énumère ce que le peuple a expérimenté de Yhwh et termine par l'évocation de la sanction (et donc également l'évocation de la faute) de Datân et Abiram (Nb 16). En Dt 24,9, le même phénomène concerne cette fois la sanction (et donc la faute) de Myriam (Nb 12). Dans notre étude sur les conséquences des fautes commises contre Yhwh dans le livre du Deutéronome, ces deux passages sont à prendre en compte, bien que leur détection soit impossible sur le seul critère du vocabulaire.

2.3.2 Quatre critères de sélection des textes

Sur quelle critériologie démarrer notre selection ? Les études sur la faute ou le péché dans le Deutéronome sont quasi-inexistantes, car le thème est souvent traité au niveau général de l'Ancien Testament plutôt que pour le seul livre du Deutéronome[73]. La courte étude de V. Almiñana Lloret[74] est la seule que nous ayons trouvée comme spécifiquement consacrée à ce thème dans le Deutéronome. L'auteur affirme que la terminologie du péché dont use ce livre est essentiellement relationnelle et liée à l'opposition du peuple au plan de Yhwh. V. Almiñana Lloret choisit quelques expressions significatives qui sont comme des têtes de chapitre sous lesquelles peuvent se ranger d'autres tournures exprimant le péché du peuple contre Yhwh : « faire

---

[73] Cf. entre autres les monographies de PORUBCAN, *Sin* ; KNIERIM, *Hauptbegriffe*, et bien sûr les nombreux articles de dictionnaires sur le sujet, par exemple BEAUCAMP, « Péché » ; SITZLER-OSING, Art. » Schuld ».

Un essai de H.N. Rösel fait un relevé des motifs suivants dans HD : I. Le péché d'Israël (et de ses leaders) ; II. La réaction (émotionnelle) de Yhwh ; III. La punition de Yhwh ; IV. Le salut futur. En Deutéronome, Rösel sélectionne les textes suivants : Dt 4,25-31 ; 7,2-4 ; 6,15 ; 8,19 ; 11,16-17 ; 29,24-27 ; 30,17-18 ; 31,16-17. Il ne précise cependant pas la critériologie mise en œuvre pour arriver à cette sélection (RÖSEL, « Leitmotiv »).

[74] ALMIÑANA LLORET, « Pecado », p. 267-285.

le mal aux yeux de Yhwh », commettre « une abomination aux yeux de Yhwh », « abandonner Yhwh et rompre son alliance ».

En soulignant l'aspect relationnel de la faute et du péché dans le Deutéronome, V. Almiñana Lloret repère là un accent essentiel. Notre étude du thème doit, en conséquence, éviter de se focaliser sur la seule notion de faute, car celle-ci s'inscrit dans un contexte relationnel plus large. D. Sitzler-Osing souligne ce fait en plaçant la faute ou le méfait au sein d'un système formé de quatre constituants : un coupable (*Täter*), un méfait (*Tat*), une victime (*Opfer*) et un système de valeurs (*Wertsystem*)[75].

Nous en déduisons que le lecteur du Deutéronome se trouve, a priori, en présence d'une faute d'Israël contre Yhwh lorsqu'il repère un des éléments suivants :
- un ou plusieurs signes de Yhwh (la victime) indiquant qu'il y a eu faute contre lui
- l'aveu d'Israël (le coupable) d'une faute commise contre Yhwh
- l'identification par le lecteur de la transgression du système de valeurs qui règle les relations entre Yhwh et Israël.

À partir de ces éléments, des critères concrets de sélection des textes traitant des fautes d'Israël contre Yhwh peuvent être déterminés. Nous tenons d'abord un indice concret que Yhwh considère qu'Israël est en faute contre lui lorsque intervient comme marqueur ce que K. van der Toorn qualifie de *religious emotivity* dans son étude comparée du péché et de la sanction en Israël et en Mésopotamie. La description de cette « émotivité religieuse » par l'auteur étant importante, nous la reproduisons ici :

> « Les divinités sont représentées comme étant concernées par les valeurs normatives sur un plan affectif. Elles les approuvent ou désapprouvent par leur émotivité. [...] Nous devons donc prendre en considération les caractéristiques de ce qui peut être appelé " l'émotivité religieuse ". Le terme est utilisé ici pour décrire le fait qu'une approbation ou désapprobation divine détermine la validité d'une ligne de conduite particulière. Les actes humains sont encouragés ou prohibés dans la mesure où ils plaisent ou déplaisent à la divinité. La notion " d'abomination " ou de " tabou " joue un rôle majeur dans la formulation de cette idée. [...] Dans la religion de l'Ancien Testament, le Dieu personnel et le divin maître de la justice ne sont qu'un ; son implication affective vis-à-vis des comportements humains se laisse percevoir non seulement dans son horreur de la fraude et du mensonge mais aussi positivement dans son amour (*'hb*) des actions justes (*ṣᵉdāqôt*), de l'exercice de la justice (*ṣᵉdāqāh*) et de l'observance des normes légales (*mišpāṭ*). Le Seigneur " trouve

---

[75] SITZLER-OSING, Art. « Schuld », p. 573.

agréable" (*ḥāpēṣ*) la loyauté ; une juste mesure est son "plaisir" (*rāṣôn*). Bien qu'il y ait de multiples différences entre la Mésopotamie et Israël, nous devons relever une similarité en ce qui concerne la façon qu'ont leurs divinités de faire respecter le code éthique. Dans les deux civilisations, ce respect est fondé sur un intérêt des divinités respectives pour les valeurs morales ; une violation de celles-ci ne les laisse pas sans réaction »[76].

Pour déterminer les textes du Deutéronome où il est question de fautes, péchés ou méfaits d'Israël contre Yhwh, cette catégorie de l'*émotivité divine* nous fournit donc un premier critère. D.J. Mc Carthy a étudié, dans un essai sur HD, deux formules qui entrent dans ce champ de l'émotivité divine : la « formule de la colère » et la « formule de la provocation »[77]. La formule de la colère est constituée de l'expression חרה אף יהוה ב (la colère de Yhwh s'enflamme contre) ou de sa variante אנף יהוה-*hithpael* (Yhwh se met en colère) ; la formule de la provocation, de l'expression כעס יהוה-*hiphil* (vexer / provoquer Yhwh)[78]. Certaines tournures déjà relevées par V. Alminaña Lloret entrent également dans ce champ de l'émotivité divine : עשה הרע בעיני יהוה (faire le mal aux yeux de Yhwh), לפני יהוה תועבה ou תועבת יהוה (c'est une abomination pour Yhwh). Nous pouvons ajouter d'autres expressions : קצף את־יהוה-*hiphil* (irriter Yhwh), עבר יהוה-*hithpael* ou קצף יהוה-*qal* (Yhwh s'irrite), עשן אף־יהוה-*qal* (la colère de Yhwh fume), נאץ יהוה-*qal* (Yhwh éprouve du mépris), את אשר שנא יהוה (ce que Yhwh déteste). Lorsque le vocabulaire ou des expressions de l'émotivité divine interviennent, nous disposons d'un signal indiquant que le récit ou le discours fait état de fautes passées ou futures d'Israël contre Yhwh.

Pour notre sélection de textes, nous ferons intervenir un deuxième critère qui se situe dans le prolongement direct du premier. Dans certains passages, des actes sont qualifiés de רע (mal ; 13,6.12 ; 17,7.12 ; 19,19.20 ; 21,21 ; 22,21.22.24 ; 23,10 ; 24,7), חטא (péché ; 15,9 ; 21,22 ; 23,22 ; 24,15.16), עול (injustice ; 25,16) ou תועבה (abomination ; 7,26 ; 13,15 ; 14,3 ; 17,4 ; 18,9), sans qu'il soit précisé s'il s'agit d'un mal, d'une injustice ou d'une abomination *aux yeux de Yhwh*, ou d'un péché *contre Yhwh*. Nous faisons l'hypothèse que, dans tous ces cas, le mal, le péché, l'injustice ou l'abomination sont effectivement qualifiés du point de vue de la divinité, c'est-à-dire que, même s'ils renvoient à des fautes entre humains, ces actes constituent bien également des fautes *contre la divinité* et le système de valeurs qu'elle instaure.

---

76 VAN DER TOORN, *Sin*, p. 41-42.44.
77 MC CARTHY, Dennis, « Wrath ».
78 MC CARTHY, Dennis, « Wrath », p. 100.

Certains textes étayent cette hypothèse. En Dt 13,6, le mal dont il est question est mis en équivalence avec le fait de « s'écarter du chemin prescrit par Yhwh » (même verset). Au chapitre 17, l'abomination du v. 4 ou le mal du v. 7 sont décrits au v. 2 comme faire « ce qui est mal aux yeux de Yhwh » et « transgresser son alliance ». En Dt 15,9 ; 24,15, l'Israélite qui opprime son frère ou un salarié pauvre pèche non seulement contre ce pauvre mais aussi contre Yhwh, qui entérine la gravité de l'acte. En Dt 25,16, l'injustice est qualifiée « d'abomination pour Yhwh ». Il nous faudra donc être attentif au fait que ces termes (תועבה, עול, חטא, רע), même lorsqu'ils ne sont pas directement reliés au prédicat « Yhwh », peuvent faire référence à des fautes contre Yhwh. Bien que l'expression habituelle n'y figure pas, lorsqu'un texte des lois dites *bi'artâ*[79] indique : « Tu ôteras le mal du milieu de toi », nous pouvons légitimement penser que le mal dont il est question correspond à « ce qui est mal aux yeux de Yhwh » (cf. Dt 17,2.6). Le deuxième critère qui nous permettra de repérer les mentions de fautes d'Israël contre Yhwh est donc celui de l'attention à des termes qualifiant habituellement l'infidélité d'Israël par rapport à Yhwh (חטא ליהוה, תועבת יהוה, עשה הרע בעיני יהוה) mais apparaissant seuls (חטא, תועבה, הרע) dans les textes.

Le troisième critère de sélection est celui de l'aveu de sa faute par Israël. À vrai dire, ce critère intervient très peu dans le Deutéronome (une fois en Dt 1,41), si bien qu'il ne fait pas l'objet d'expressions stéréotypées. La détection de tels aveux repose donc sur l'attention au vocabulaire de la faute et du péché cité plus haut[80].

Enfin, un quatrième et dernier critère vient en complément des trois premiers. Il peut être fait référence à la faute par la simple description de la violation du système normatif (*Wertsystem*) donné par Yhwh, sans aucune réaction d'émotivité divine ni aucun aveu d'Israël. En Dt 30,17-18 par exemple, ce signal n'est pas présent, bien qu'une faute potentielle contre Yhwh soit décrite : « Si ton cœur se détourne, si tu n'écoutes pas, si tu te laisses entraîner à te prosterner devant d'autres dieux et à les servir ». Il est fait référence ici à la violation du premier commandement[81] de manière précise (30,17b : si tu te laisses entraîner à

---

79 Dans l'histoire de la recherche sur CD, le postulat d'une collection prédeutéronomique de lois dites *bi'artâ* (« tu ôteras » ; Dt 13,2-6 ; 17,2-7 ; 19,16-19 ; 21,8-21 ; 22,13-21.23-27 ; 24,7) est habituellement associé aux noms de R.P. Merendino, G. Seitz, J. L'Hour et G. Nebeling (DE PURY, « Historiographie Deutéronomiste », p. 91 n. 374).

80 Cf. p. 90.

81 À propos de la convention que nous adoptons dans ce travail pour la division des commandements du décalogue, cf. p. 2 n. 8.

te prosterner devant d'autres dieux et à les servir) et en des termes généraux (30,17a : si ton cœur se détourne, si tu n'écoutes pas). La sanction de cette faute est immédiatement décrite (30,18).

Le dernier critère qui va nous permettre de repérer les mentions de fautes d'Israël contre Yhwh est donc celui du vocabulaire et des expressions indiquant la violation par Israël du système de valeurs donné par Yhwh. En plus de toutes les références directes à la violation du premier commandement, on compte dans ce domaine des expressions telles que : שׁכח את־ברית יהוה (oublier l'alliance de Yhwh), עבר ברית (transgresser l'alliance), שׁכח את־יהוה (oublier Yhwh), שׂנא יהוה (haïr Yhwh), מרה היה עם־יהוה-hiphil (être rebelles à Yhwh), מרה את־פי יהוה (se rebeller contre les ordres de Yhwh), סור מן יהוה (se détourner de Yhwh), סור מן דרך־יהוה (se détourner du chemin de Yhwh), לא שׁמע בקול יהוה (ne pas écouter la voix de Yhwh), לא שׁמר את־דברי / את־מצות / חקת / חקים / עדת / משׁפטים / התורה (ne pas respecter les paroles / les commandements / les lois / les décrets / les coutumes de la torah), לא עשׂה[קום]-qal-hiphil את־דברי התורה (ne pas accomplir [faire] les paroles de la Torah), פתה לבב (se laisser séduire le cœur), פנה לבב (se laisser détourner le cœur), נסה את־יהוה (mettre Yhwh à l'épreuve), חטא ליהוה (pécher contre Yhwh), שׁחת-avec Israël comme sujet (se corrompre, se pervertir), חטא COD + היה ב (être chargé d'un péché). Toutes ces expressions se réfèrent directement ou indirectement à Yhwh et sont des marqueurs signifiant la sortie par Israël du système de valeurs donné par Yhwh, autrement dit la rupture de la relation d'alliance avec lui. Nous tenons donc avec ce vocabulaire et ces expressions un système de signaux indiquant que nous sommes en présence de fautes d'Israël envers Yhwh. Ce quatrième et dernier critère se combine d'ailleurs assez fréquemment avec l'un ou l'autre des trois premiers.

2.3.3 Les textes sélectionnés à partir de ces critères

À partir de ces quatre critères, nous arrivons à une sélection de quatre-vingts péricopes faisant référence à une ou des fautes d'Israël contre Yhwh, que ces fautes soient à situer dans le passé ou dans l'avenir. Dans le tableau suivant, les critères de sélection de ces textes sont indiqués comme suit :
Critères :   - signal de l'émotivité divine : <u>double soulignement</u>
 - vocabulaire de la faute et du péché mentionné seul mais renvoyant habituellement à une faute contre Yhwh : pointillés

- aveu de sa faute par Israël : PETITES MAJUSCULES
- violation du système de valeurs donné par Yhwh :
<u>gras souligné</u>

Tout texte répondant au moins à l'un de ces critères a été sélectionné. La plupart des textes répondent cependant à plusieurs des critères. Nous nous contentons pour le moment de lister ces textes sans les commenter, en spécifiant simplement à quels types de faute ils renvoient : fautes passées, fautes futures potentielles, fautes futures annoncées, état fautif permanent du peuple. Les péricopes retenues appartiennent à des genres littéraires différents : récits, parénèses, textes législatifs, malédictions, cantique. Aucun de ces genres ne saurait être écarté, car tous contribuent à situer les fautes contre Yhwh et à en montrer les conséquences. Au début du chapitre suivant, toutes ces fautes seront regroupées et classées afin que chaque type de faute puisse faire l'objet, dans les chapitres 3 et 4, d'une étude approfondie.

N°	Péricope	Type de faute
1	Dt 1,19-46 v.26 : Mais vous avez refusé d'y monter ; <u>vous vous êtes révoltés contre les ordres de Yhwh votre Dieu</u> (תמרו את־פי יהוה) v.34 : « Yhwh a entendu les paroles que vous disiez. <u>Il s'est irrité</u> (ויקצף יהוה) » v.37 : « Même contre moi, <u>Yhwh s'est mis en colère</u> (התאנף יהוה) à cause de vous. Il a dit : " Même toi, tu n'y entreras pas ! " » v.41 : Vous m'avez répondu : « NOUS AVONS PECHE CONTRE Yhwh ! (חטאנו ליהוה) Nous allons monter et combattre, suivant tout ce que Yhwh notre Dieu nous a ordonné ».	Faute du passé, à Cades Barnea
2	Dt 3,26 Mais <u>Yhwh s'est mis en fureur contre moi</u> (ויתעבר יהוה בי) à cause de vous, et il ne m'a pas écouté ; Yhwh m'a dit : « Assez! Cesse de me parler de cette affaire ! ».	Rappel d'une faute du passé commise par le peuple, qui a pour conséquence que Moïse n'entrera pas dans la terre
3	Dt 4,3-4 Vous avez vu de vos yeux ce que Yhwh a fait à Baal-Péor ; **<u>tous ceux qui avaient suivi</u>** (הלך אחרי) **<u>le Baal de Péor</u>**, Yhwh ton Dieu les a exterminés du milieu de toi, 4 tandis que vous, les partisans de Yhwh votre Dieu, vous êtes tous en vie aujourd'hui.	Parénèse utilisant le rappel d'une faute du passé contre le 1er commandement

Sélection des péricopes

4	Dt 4,15-16 Prenez bien garde à vous-mêmes – puisque vous n'avez vu aucune forme le jour où Yhwh vous a parlé à l'Horeb, du milieu du feu – 16 **de ne pas aller pas vous corrompre** (תִּשְׁחִתוּן) **en vous fabriquant une idole, une forme quelconque de divinité** (פֶּן־תַּשְׁחִתוּן וַעֲשִׂיתֶם לָכֶם פֶּסֶל) תְּמוּנַת כָּל־סָמֶל), l'image d'un homme ou d'une femme...	Parénèse mettant en garde contre une faute future potentielle contre le 1er commandement
5	Dt 4,21 <u>Yhwh s'est mis en colère contre moi à cause de vous</u> (וַיהוה הִתְאַנַּף־בִּי עַל־דִּבְרֵיכֶם), et il a juré que je ne passerai pas le Jourdain, et que je n'entrerai pas dans le bon pays que Yhwh ton Dieu te donne comme patrimoine.	Rappel d'une faute du passé commise par le peuple, qui a pour conséquence que Moïse n'entrera pas dans la terre
6	Dt 4,23-24 Gardez-vous bien **d'oublier l'alliance que Yhwh votre Dieu a conclue avec vous** (פֶּן־תִּשְׁכְּחוּ אֶת־בְּרִית יהוה אֱלֹהֵיכֶם אֲשֶׁר כָּרַת עִמָּכֶם), et **de vous faire une idole** (וַעֲשִׂיתֶם לָכֶם פֶּסֶל), une forme de tout ce que Yhwh ton Dieu t'a défendu de représenter. 24 <u>Car Yhwh ton Dieu est un feu dévorant, il est un Dieu jaloux</u> (כִּי יהוה אֱלֹהֶיךָ אֵשׁ אֹכְלָה הוּא אֵל קַנָּא).	Parénèse mettant en garde contre une faute future potentielle contre le 1er commandement
7	Dt 4,25-31 Gardez-vous bien d'oublier l'alliance que Yhwh votre Dieu a conclue avec vous, et de vous faire une idole, une forme de tout ce que Yhwh ton Dieu t'a défendu de représenter. Car Yhwh ton Dieu est un feu dévorant, il est un Dieu jaloux. Lorsque tu auras des fils et des petits-fils et que vous serez une vieille population dans le pays, **et que vous vous serez corrompus** (וְהִשְׁחַתֶּם) en **vous fabriquant une idole** (וַעֲשִׂיתֶם לָכֶם פֶּסֶל), une forme de quoi que ce soit, et que <u>vous aurez fait ce qui est mal aux yeux de Yhwh ton Dieu au point de l'offenser</u> (וַעֲשִׂיתֶם הָרַע בְּעֵינֵי יהוה־אֱלֹהֶיךָ לְהַכְעִיסוֹ), 26 alors, j'en prends à témoin aujourd'hui contre vous le ciel et la terre : vous disparaîtrez aussitôt du pays dont vous allez prendre possession en passant le Jourdain, vous n'y prolongerez pas vos jours : vous serez totalement exterminés. 27 Yhwh vous dispersera parmi les peuples, et il ne restera de vous qu'un petit nombre parmi les nations, là où Yhwh vous aura emmenés. 28 Là-bas, vous servirez des dieux qui sont l'ouvrage de la main des hommes : du bois, de la pierre,	Faute future annoncée contre le 1er commandement

		incapables de voir et d'entendre, de manger et de sentir. 29 Alors, de là-bas, vous rechercherez Yhwh ton Dieu ; tu le trouveras si tu le cherches de tout ton cœur, de tout ton être. 30 Quand tu seras dans la détresse, quand tout cela t'arrivera, dans les jours à venir, tu reviendras jusqu'à Yhwh ton Dieu, et tu écouteras sa voix. 31 Car Yhwh ton Dieu est un Dieu miséricordieux : il ne te délaissera pas, il ne te détruira pas, il n'oubliera pas l'alliance jurée à tes pères.	
8	Dt 5,7	Tu n'auras pas d'autres dieux face à moi (לא יהיה־לך אלהים אחרים על־פני).	Faute future potentielle : polythéisme
9	Dt 5,8-10	**Tu ne te feras pas d'idole** (לא־תעשה־לך פסל), rien qui ait la forme de ce qui se trouve au ciel là-haut, sur terre ici-bas ou dans les eaux sous la terre. 9 **Tu ne te prosterneras pas devant ces dieux et tu ne les serviras pas** (לא־תשתחוה להם ולא תעבדם), car c'est moi Yhwh ton Dieu, un Dieu jaloux (כי אנכי יהוה אלהיך אל קנא), poursuivant la faute des pères chez les fils et sur trois et quatre générations - s'ils me haïssent - 10 mais prouvant sa fidélité à des milliers de générations - si elles m'aiment et gardent mes commandements.	Faute future potentielle : idolâtrie
10	Dt 5,11	**Tu ne prononceras pas à tort le nom de Yhwh ton Dieu** (לא תשא את־שם־יהוה אלהיך לשוא), car Yhwh n'acquitte pas celui qui prononce son nom à tort.	Faute future potentielle : blasphème
11	Dt 5,17	Tu ne commettras pas de meurtre (לא תרצח).	Faute future potentielle : meurtre
12	Dt 5,18	Tu ne commettras pas d'adultère (לא תנאף).	Faute future potentielle : adultère
13	Dt 5,19	Tu ne commettras pas de vol / rapt (לא תגנב).	Faute future potentielle : vol / rapt
14	Dt 5,20	Tu ne porteras pas de faux témoignage contre ton prochain (לא־תענה ברעך עד שוא).	Faute future potentielle : faux témoignage
15	Dt 5,21	" Tu ne convoiteras pas la femme de ton prochain (לא תחמד אשת רעך), tu ne désireras ni sa maison, ni son	Faute future potentielle : convoitise des

Sélection des péricopes

	champ, ni son serviteur ou sa servante, ni son bœuf ou son âne : rien de ce qui est à ton prochain. " ולא תתאוה בית) (רעך שדהו ועבדו ואמתו שורו וחמרו וכל אשר לרעך)	biens du prochain
16	Dt 5,32-33 Vous veillerez à agir comme vous l'a ordonné Yhwh votre Dieu, **sans vous écarter ni à droite ni à gauche** (לא תסרו ימין ושמאל). 33 Vous marcherez toujours sur le chemin que Yhwh votre Dieu vous a prescrit, afin que vous restiez en vie, que vous soyez heureux et que vous prolongiez vos jours dans le pays dont vous allez prendre possession.	Parénèse mettant en garde contre une faute future potentielle de désobéissance à Yhwh
17	Dt 6,12 garde-toi bien **d'oublier Yhwh** (פן־תשכח את־יהוה) qui t'a fait sortir du pays d'Égypte, de la maison de servitude.	Parénèse mettant en garde contre une faute future potentielle d'oubli de Yhwh
18	Dt 6,14-15 **Vous ne suivrez pas d'autres dieux** (לא תלכון אחרי אלהים אחרים) parmi ceux des peuples qui vous entourent, 15 car <u>Yhwh ton Dieu est un Dieu jaloux</u> (כי אל קנא יהוה אלהיך) au milieu de toi. Prends garde que <u>la colère de Yhwh ton Dieu ne s'enflamme contre toi</u> (פן־יחרה אף־יהוה אלהיך בך), et qu'il ne t'extermine de la surface de la terre.	Parénèse mettant en garde contre une faute future potentielle contre le 1er commandement
19	Dt 6,16 Vous ne **mettrez pas à l'épreuve Yhwh** (לא תנסו את־יהוה) votre Dieu comme vous l'avez fait à Massa.	Parénèse. Mise en garde contre faute future potentielle de révolte contre Yhwh
20	Dt 7,1-4 Lorsque Yhwh ton Dieu t'aura fait entrer dans le pays dont tu viens prendre possession, et qu'il aura chassé devant toi des nations nombreuses, le Hittite, le Guirgashite, l'Amorite, le Cananéen, le Perizzite, le Hivvite et le Jébusite, sept nations plus nombreuses et plus puissantes que toi, 2 lorsque Yhwh ton Dieu te les aura livrées et que tu les auras battues, tu les voueras totalement à l'interdit. **Tu ne concluras pas d'alliance avec elles** (לא־תכרת להם ברית), tu ne leur feras pas grâce. 3 Tu ne contracteras pas de mariage avec elles, tu ne donneras pas ta fille à leur fils, tu ne prendras pas leur fille pour ton fils, 4 car **cela détournerait ton fils de me suivre** (כי־יסיר את־בנך מאחרי) **et il servirait d'autres dieux** (ועבדו אלהים אחרים) ; <u>la colère</u>	Parénèse mettant en garde contre une faute future potentielle contre le 1er commandement

	de Yhwh s'enflammerait contre vous (וחרה אף־יהוה בכם) et il t'exterminerait aussitôt.	
21	Dt 7,9-10
Tu reconnaîtras que c'est Yhwh ton Dieu qui est Dieu, le Dieu vrai ; il garde son alliance et sa fidélité durant mille générations à ceux qui l'aiment et gardent ses commandements, 10 mais il paie de retour directement **celui qui le hait** (לשנאו), il le fait disparaître ; il ne fait pas attendre celui qui le hait, il le paie de retour directement.	Parénèse mettant en garde contre une faute future potentielle de désobéissance contre Yhwh (=haïr Yhwh)
22	Dt 7,25-26
Les idoles de leurs dieux, vous les brûlerez. **Tu ne convoiteras pas leur revêtement d'argent et d'or** (לא־תחמד כסף וזהב עליהם). En le prenant, **tu serais pris au piège** (פן תוקש בו), car c'est une abomination pour Yhwh ton Dieu (כי תועבת יהוה אלהיך הוא). 26 Tu ne feras pas entrer un objet abominable (תועבה) dans ta maison, car tu serais voué à l'interdit comme lui. Tu les réprouveras totalement et tu les auras en abomination (ותעב תתעבנו), car elles sont vouées à l'interdit.	Parénèse mettant en garde contre une faute future potentielle de violation de la loi sur le חרם
23	Dt 8,11-18
Garde-toi bien **d'oublier Yhwh ton Dieu en ne gardant pas ses commandements, ses coutumes et ses lois** (פן־תשכח את־יהוה אלהיך לבלתי שמר מצותיו ומשפטיו וחקתיו) que je te donne aujourd'hui. 12 Sinon tu mangerais à satiété, tu te construirais de belles maisons pour y habiter, 13 ton gros et ton petit bétail se multiplieraient, l'argent et l'or s'accroîtraient pour toi, ainsi que tout ce que tu possèdes, 14 et tu **deviendrais orgueilleux et tu oublierais Yhwh ton Dieu** (ורם לבבך ושכחת את־יהוה אלהיך), lui qui t'a fait sortir du pays d'Égypte [...], 15 qui t'a emmené dans le désert [...], qui a fait sortir pour toi de l'eau [...], 16 qui t'a fait manger la manne [...], pour t'abaisser et pour t'éprouver en vue de ton bonheur ultime, 17 **et tu dirais dans ton cœur : « C'est à la force du poignet que je suis arrivé à cette prospérité »** (ואמרת בלבבך כחי ועצם ידי עשה לי את החיל הזה), 18 mais souviens-toi que c'est Yhwh ton Dieu qui t'aura donné la force d'arriver à la prospérité, pour confirmer son alliance jurée à tes pères, comme il le fait aujourd'hui.	Parénèse mettant en garde contre une faute future potentielle d'oubli de Yhwh, de désobéissance et de présomption humaine
24	Dt 8,19-20
Et si jamais tu en viens à **oublier Yhwh ton Dieu** (אם־שכח תשכח את־יהוה אלהיך), **si tu suis d'autres dieux** (והלכת	Parénèse mettant en garde contre une faute future

	אחרים אלהים אחרי), **si tu les sers et te prosternes devant eux** (ועבדתם והשתחוית להם), je l'atteste contre vous aujourd'hui : vous disparaîtrez totalement ; 20 comme les nations que Yhwh a fait disparaître devant vous, ainsi vous disparaîtrez, pour **n'avoir pas écouté la voix de Yhwh votre Dieu** (עקב לא תשמעון בקול יהוה אלהיכם).	potentielle d'oubli de Yhwh et de violation du 1er commandement
25	Dt 9,6 Reconnais que ce n'est pas parce que tu es juste que Yhwh ton Dieu te donne ce bon pays en possession, car tu es un peuple à la nuque raide (עם־קשה־ערף).	État fautif permanent du peuple : il est un peuple rebelle
26	Dt 9,7 Souviens-toi, n'oublie pas que tu as irrité Yhwh ton Dieu (הקצפת את־יהוה אלהי) dans le désert. Depuis le jour où tu es sorti du pays d'Égypte jusqu'à votre arrivée ici, **vous avez été en révolte contre Yhwh** (ממרים הייתם עם־יהוה)	Rappel de fautes du passé, fautes au désert
27	Dt 9,8-21.25-29 ; 10,1-11 v.8 : À l'Horeb, vous avez irrité Yhwh, et Yhwh s'est mis en colère contre vous (הקצפתם את־יהוה ויתאנף יהוה בכם) jusqu'à vouloir vous exterminer. v.12 : Alors Yhwh m'a dit : « Lève-toi, descends tout de suite d'ici, car **ton peuple s'est corrompu** (שחת עמך), ce peuple que tu as fait sortir d'Égypte ; ils n'ont pas tardé à **s'écarter du chemin que je leur avais prescrit** (סרו מהר מן־הדרך אשר צויתם) : **ils se sont fabriqué une statue de métal fondu** ! » (עשו להם מסכה) v.16 : Et j'ai vu : vous aviez péché contre Yhwh votre Dieu (חטאתם ליהוה אלהיכם) en vous fabriquant un veau de métal fondu (עשיתם לכם עגל מסכה) ; vous n'aviez pas tardé à vous écarter du chemin que Yhwh vous avait prescrit (סרתם מהר מן־הדרך אשר־צוה יהוה אתכם). v.18-21 : JE ME SUIS PROSTERNE DEVANT Yhwh comme la première fois, pendant quarante jours et quarante nuits je n'ai pas mangé de pain, je n'ai pas bu d'eau, A CAUSE DE TOUS LES PECHES QUE VOUS AVIEZ COMMIS (כל־חטאתכם אשר חטאתם) en faisant ce qui est mal aux yeux de Yhwh, au point de l'offenser (בעיני יהוה להכעיסו לעשות הרע). 19 Je redoutais la colère et la fureur de Yhwh, irrité contre vous (האף והחמה אשר קצף יהוה עליכם) jusqu'à vouloir vous exterminer ; mais Yhwh, cette fois encore, m'a écouté. 20 Contre Aaron aussi, Yhwh s'est mis dans une violente colère (התאנף יהוה מאד) jusqu'à vouloir l'exterminer,	Rappel d'une faute du passé : le veau de fonte

		alors j'ai prié aussi pour Aaron. 21 Et **le péché que vous aviez fait** (ואת־חטאתכם אשר־עשיתם) : le veau, je l'ai pris, je l'ai brûlé, mis en morceaux, écrasé tout fin, réduit en poussière, et j'en ai jeté la poussière dans le torrent qui descend de la montagne.	
28	Dt 9,22-24	À Taveéra, à Massa, à Qivroth-Taava, **vous avez irrité Yhwh** (מקצפים הייתם את־יהוה). 23 Et quand Yhwh, à Cades Barnea, vous a envoyés en disant : « Montez prendre possession du pays que je vous donne », **vous vous êtes révoltés contre les ordres de Yhwh** (ותמרו את־פי יהוה אלהיכם) votre Dieu, **vous n'avez pas mis votre foi en lui** (ולא האמנתם), **vous n'avez pas écouté sa voix** (ולא שמעתם בקלו). 24 **Vous avez été en révolte contre Yhwh** (ממרים הייתם עם־יהוה) depuis le jour où je vous ai connus.	Rappel de fautes du passé : fautes du désert Taveéra, Massa, Qivroth-Taava, Cades Barnea
29	Dt 11,6 - ce qu'il a fait à Datân et Abiram, les fils d'Eliav fils de Ruben, que la terre, ouvrant sa gueule, a engloutis au milieu de tout Israël avec leur famille, leurs tentes et tous les gens qui marchaient sur leurs traces.		Évocation de la sanction d'une faute du passé : Datan et Abiram (Nb 16)
30	Dt 11,16-17 Gardez-vous bien **de vous laisser séduire dans votre cœur** (פן יפתה לבבכם), **de vous dévoyer** (וסרתם), **de servir d'autres dieux et de vous prosterner devant eux** (ועבדתם אלהים אחרים והשתחויתם להם) : 17 car alors **la colère de Yhwh s'enflammerait contre vous** (וחרה אף־יהוה בכם), il fermerait le ciel et il n'y aurait plus de pluie, la terre ne donnerait plus ses produits, et vous disparaîtriez rapidement du bon pays que Yhwh vous donne.		Parénèse mettant en garde contre une faute future potentielle contre le 1er commandement
31	Dt 11,26-28 Vois : je mets aujourd'hui devant vous bénédiction et malédiction : 27 la bénédiction si vous écoutez les commandements de Yhwh votre Dieu, que je vous donne aujourd'hui, 28 la malédiction **si vous n'écoutez pas les commandements de Yhwh** (אם־לא תשמעו אל־מצות יהוה אלהיכם) votre Dieu, et **si vous vous écartez du chemin que je vous prescris** (וסרתם מן־הדרך אשר אנכי מצוה אתכם) aujourd'hui **pour suivre d'autres dieux que vous ne connaissez pas** (ללכת אחרי אלהים אחרים אשר לא־ידעתם).		Parénèse mettant en garde contre une faute future potentielle contre le 1er commandement
32	Dt 12,13-14 Garde-toi bien **d'offrir tes holocaustes dans n'importe**		Parénèse mettant en garde contre la

Sélection des péricopes 103

		lequel des lieux que tu verras (פן־תעלה עלתיך בכל־מקום אשר תראה) ; 14 c'est seulement **au lieu choisi par Yhwh** (במקום אשר־יבחר יהוה) chez l'une de tes tribus que tu offriras tes holocaustes ; c'est là que tu feras tout ce que je t'ordonne.	faute future potentielle d'un culte non centralisé
33		Dt 12,29-31 Lorsque Yhwh ton Dieu aura abattu devant toi les nations chez qui tu vas entrer pour les déposséder, quand tu les auras dépossédées et que tu habiteras dans leur pays, 30 garde-toi bien de **te laisser prendre au piège en les imitant** (פן־תנקש אחריהם), après qu'elles auront été exterminées devant toi ; garde-toi de **chercher leurs dieux en disant : « Comment ces nations servaient-elles leurs dieux, que j'agisse à leur manière, moi aussi ? »** (פן־תדרש לאלהיהם לאמר איכה יעבדו הגוים האלה את־אלהיהם ואעשה־כן גם־אני). 31 À cause de Yhwh ton Dieu, tu n'agiras pas à leur manière, car tout ce qui est <u>une abomination pour Yhwh</u> (תועבת יהוה), tout <u>ce qu'il déteste</u> (אשר שנא), elles l'ont fait pour leurs dieux : même leurs fils et leurs filles, ils les brûlaient pour leurs dieux !	Parénèse mettant en garde contre une faute future potentielle contre le 1er commandement
34		Dt 13,2-6 S'il surgit au milieu de toi un prophète ou un visionnaire - même s'il t'annonce un signe ou un prodige, 3 et que le signe ou le prodige qu'il t'avait promis se réalise -, **s'il dit : « Suivons et servons d'autres dieux »** (נלכה אחרי אלהים אחרים), des dieux que tu ne connais pas, 4 tu n'écouteras pas les paroles de ce prophète ou les visions de ce visionnaire ; car c'est Yhwh votre Dieu qui vous éprouvera de cette manière pour savoir si vous êtes des gens qui aimez Yhwh votre Dieu de tout votre cœur, de tout votre être. 5 C'est Yhwh votre Dieu que vous suivrez, c'est lui que vous craindrez, ce sont ses commandements que vous garderez, c'est sa voix que vous écouterez, c'est lui que vous servirez, c'est à lui que vous vous attacherez. 6 Quant à ce prophète ou visionnaire, il sera mis à mort pour avoir prêché **la révolte contre Yhwh** (סרה על־יהוה) votre Dieu qui vous a fait sortir du pays d'Égypte et t'a racheté de la maison de servitude ; **cet homme voulait t'entraîner hors du chemin que Yhwh ton Dieu t'a prescrit de suivre** (להדיחך מן־הדרך אשר צוך יהוה אלהיך ללכת בה). Tu ôteras <u>le mal</u> (הרע) du milieu de toi	Faute future potentielle : violation du 1er commandement

35	Dt 13,7-12 Si ton frère, fils de ta mère, ou ton fils ou ta fille ou la femme que tu serres contre ton cœur, ou ton prochain qui est comme toi-même, viennent en cachette te faire cette proposition : « **Allons servir d'autres dieux** » (נלכה ונעבדה אלהים אחרים) - ces dieux que ni toi ni ton père vous ne connaissez, 8 parmi les dieux des peuples proches ou lointains qui vous entourent d'un bout à l'autre du pays - , 9 tu n'accepteras pas, tu ne l'écouteras pas, tu ne t'attendriras pas sur lui, tu n'auras pas pitié, tu ne le défendras pas ; 10 au contraire, tu dois absolument le tuer. Ta main sera la première pour le mettre à mort, et la main de tout le peuple suivra ; 11 tu le lapideras, et il mourra pour avoir cherché à t'entraîner loin de Yhwh ton Dieu qui t'a fait sortir du pays d'Égypte, de la maison de servitude. 12 Tout Israël en entendra parler et sera dans la crainte, et on cessera de commettre <u>le mal</u> (הרע) de cette façon au milieu de toi.		Faute future potentielle : violation du 1er commandement
36	Dt 13,13-19 Si, dans une des villes que Yhwh ton Dieu te donne pour y habiter, tu entends dire 14 que des vauriens sont sortis du milieu de toi et ont entraîné les habitants de leur ville en disant : « **Allons servir d'autres dieux** » (נלכה ונעבדה אלהים אחרים) - des dieux que vous ne connaissez pas - , 15 alors tu feras des recherches, tu t'informeras, tu mèneras une enquête approfondie ; et une fois vraiment établi le fait que <u>cette abomination</u> (התועבה הזאת) a été commise au milieu de toi, 16 tu frapperas au tranchant de l'épée tous les habitants de cette ville : tu la voueras à l'interdit avec tout ce qui s'y trouve et tu frapperas son bétail au tranchant de l'épée. 17 Tout le butin, tu le rassembleras au milieu de la place et tu brûleras totalement la ville avec tout son butin pour Yhwh ton Dieu. Ce sera une ruine pour toujours, elle ne sera plus jamais reconstruite. 18 Tu ne mettras la main sur rien de ce qui est voué à l'interdit. Ainsi Yhwh reviendra de <u>l'ardeur de sa colère</u> (חרון אפו), te donnera et te montrera sa tendresse, et te rendra nombreux, comme il l'a promis à tes pères, 19 car tu auras écouté la voix de Yhwh ton Dieu en gardant tous ses commandements que je te donne aujourd'hui, et en faisant ce qui est droit aux yeux de Yhwh ton Dieu.		Faute future potentielle : violation du 1er commandement

Sélection des péricopes

37	Dt 14,3 Tu ne mangeras rien de ce qui est <u>abominable</u> (תועבה).	Faute future potentielle : non respect des lois alimentaires
38	Dt 15,7-9 S'il y a chez toi un pauvre, l'un de tes frères, dans l'une de tes villes, dans le pays que Yhwh ton Dieu te donne, **tu n'endurciras pas ton cœur** (לא תאמץ את־לבבך) **et tu ne fermeras pas ta main à ton frère pauvre** (ולא תקפץ את־ידך מאחיך האביון), 8 mais tu lui ouvriras ta main toute grande et tu lui consentiras tous les prêts sur gages dont il pourra avoir besoin. 9 Garde-toi bien d'avoir dans ton cœur une pensée de vaurien en te disant : « C'est bientôt la septième année, celle de la remise », et en regardant durement ton frère pauvre, sans rien lui donner. Car alors, il appellerait Yhwh contre toi, et <u>ce serait un péché pour toi</u> (והיה בך חטא).	Faute future potentielle : mauvais traitement des pauvres lors de l'année sabbatique
39	Dt 16,21-22 Tu ne planteras pour toi aucun poteau de bois à côté de l'autel que tu construiras pour Yhwh ton Dieu. 22 Tu ne dresseras pour toi aucune de ces stèles <u>que Yhwh ton Dieu déteste</u> (אשר שנא יהוה אלהיך).	Faute future potentielle : violation du 1er commandement
40	Dt 17,1 Tu ne sacrifieras pas à Yhwh ton Dieu un bœuf ou un mouton ayant une tare quelconque, car <u>c'est une abomination pour Yhwh ton Dieu</u> (תועבת יהוה אלהיך הוא).	Faute future potentielle : fraude sur la matière sacrificielle du culte
41	Dt 17,2-7 S'il se trouve au milieu de toi, dans l'une des villes que Yhwh ton Dieu te donne, un homme ou une femme qui fait <u>ce qui est mal aux yeux de Yhwh</u> (את־הרע בעיני יהוה־אלהיך) ton Dieu **en transgressant son alliance** (לעבר בריתו), 3 et **qui s'en va servir d'autres dieux et se prosterner devant eux** (וילך ויעבד אלהים אחרים וישתחו להם), devant le soleil, la lune ou toute l'armée des cieux, ce que je n'ai pas ordonné, 4 si l'on te communique cette information ou si tu l'entends dire, tu feras des recherches approfondies ; une fois vraiment établi le fait que <u>cette abomination</u> (התועבה הזאת) a été commise en Israël, 5 tu amèneras aux portes de ta ville l'homme ou la femme qui ont commis ce méfait ; l'homme ou la femme, tu les	Faute future potentielle : violation du 1er commandement

	lapideras et ils mourront. 6 C'est sur les déclarations de deux ou de trois témoins que celui qui doit mourir sera mis à mort ; il ne sera pas mis à mort sur les déclarations d'un seul témoin. 7 La main des témoins sera la première pour le mettre à mort, puis la main de tout le peuple en fera autant. Tu ôteras le_mal (הרע) du milieu de toi.	
42	Dt 17,8 [...] 12-13 S'il est trop difficile pour toi de juger de la nature d'un cas de sang versé, de litige ou de blessures - affaires contestées au tribunal de ta ville - , tu te mettras en route pour monter au lieu que Yhwh ton Dieu aura choisi. [...] 12 Mais l'homme qui aura agi avec présomption, **sans écouter ni le prêtre qui se tient là, officiant pour Yhwh ton Dieu, ni le juge** (לבלתי שמע אל־הכהן העמד לשרת שם את־יהוה אלהיך או אל־השפט), cet homme-là mourra. Tu ôteras le_mal (הרע) d'Israël. 13 Tout le peuple en entendra parler et sera dans la crainte, et on ne sera plus présomptueux.	Faute future potentielle : refus d'une décision de justice
43	Dt 18,9-12 Quand tu seras arrivé dans le pays que Yhwh ton Dieu te donne, tu n'apprendras pas à agir selon les abominations (כתועבת) de ces nations-là : 10 il ne se trouvera chez toi personne pour faire passer par le feu son fils ou sa fille, interroger les oracles, pratiquer l'incantation, la magie, les enchantements 11 et les charmes, recourir à la divination ou consulter les morts. 12 Car tout homme qui fait cela est une abomination pour Yhwh (תועבת יהוה), et c'est à cause de telles abominations (תועבת) que Yhwh ton Dieu dépossède les nations devant toi.	Parénèse mettant en garde contre une faute future potentielle contre le 1er commandement
44	Dt 18,17-19 Alors Yhwh me dit : « Ils ont bien fait de dire cela. 18 C'est un prophète comme toi que je leur susciterai du milieu de leurs frères ; je mettrai mes paroles dans sa bouche, et il leur dira tout ce que je lui ordonnerai. 19 **Et si quelqu'un n'écoute pas mes paroles, celles que le prophète aura dites en mon nom** (והיה האיש אשר לא־ישמע אל־דברי אשר ידבר בשמי), alors moi-même je lui en demanderai compte.	Faute future potentielle : ne pas écouter le prophète que Yhwh enverra
45	Dt 18,17-20 Alors Yhwh me dit : « Ils ont bien fait de dire cela. 18 C'est un prophète comme toi que je leur susciterai du milieu de	Faute future potentielle : fausse prophétie

	leurs frères ; je mettrai mes paroles dans sa bouche, et il leur dira tout ce que je lui ordonnerai. [19] 20 Mais **si le prophète, lui, a la présomption de dire en mon nom une parole que je ne lui aurai pas ordonné de dire, ou s'il parle au nom d'autres dieux** (אך הנביא אשר יזיד לדבר דבר בשמי את אשר לא־צויתיו לדבר ואשר ידבר בשם אלהים אחרים), alors c'est le prophète qui mourra. »	
46	Dt 19,11-13 Mais **lorsqu'un homme a de la haine pour son prochain** (וכי־יהיה איש שנא לרעהו), le guette, **se jette sur lui et le frappe à mort au point qu'il succombe** (וקם עליו והכהו נפש ומת) : si cet homme-là se réfugie dans l'une de ces villes, 12 les anciens de sa ville y enverront quelqu'un pour l'arrêter, et ils le livreront entre les mains du vengeur pour qu'il meure. 13 Tu ne t'attendriras pas sur lui. Tu ôteras d'Israël l'effusion du sang de l'innocent, et tu seras heureux.	Faute future potentielle : meurtre
47	Dt 19,16-19 S'il se présente contre un homme **un faux témoin** (עד־חמס) pour l'accuser de révolte, 17 les deux hommes qui auront ainsi une contestation devant Yhwh se tiendront devant les prêtres et les juges qui seront en fonction en ces jours-là. 18 Les juges feront des recherches approfondies ; ils découvriront que le témoin est un témoin menteur : il a accusé son frère de façon mensongère. 19 Vous le traiterez comme il avait l'intention de traiter son frère. Tu ôteras **le mal** (הרע) du milieu de toi. Le reste des gens en entendra parler et sera dans la crainte, et on cessera de commettre **le mal** (הרע) de cette façon au milieu de toi.	Faute future potentielle : faux témoignage
48	Dt 20,17-18 En effet, tu voueras totalement à l'interdit le Hittite, l'Amorite, le Cananéen, le Perizzite, le Hivvite et le Jébusite, comme Yhwh ton Dieu te l'a ordonné, 18 afin qu'ils ne vous apprennent pas à imiter toutes leurs **actions abominables** (תועבתם) qu'ils font pour leurs dieux : vous **pécheriez contre Yhwh** (וחטאתם ליהוה) votre Dieu.	Faute future potentielle : violation du 1er commandement
49	Dt 21,1.9 Si, sur la terre que Yhwh ton Dieu te donne en possession, on trouve **un homme victime d'un meurtre, gisant dans les champs, sans qu'on sache qui l'a frappé** ([...] חלל נפל בשדה לא נודע מי הכהו), [...] (rituel de la génisse)	Faute future potentielle : meurtre (sans arrestation du coupable)

		Et toi, tu auras ôté du milieu de toi l'effusion de sang innocent, en faisant ce qui est droit aux yeux de Yhwh.	
50		Dt 21,18-21 Lorsqu'un homme a **un fils rebelle et révolté, qui n'écoute ni son père ni sa mère** (בן סורר ומורה איננו שמע בקול אביו ובקול אמו), s'ils lui font la leçon et qu'il ne les écoute pas, 19 alors son père et sa mère s'empareront de lui et l'amèneront aux anciens de sa ville, à la porte de sa localité. 20 Ils diront aux anciens : « Voici notre fils, un rebelle et un révolté, qui ne nous écoute pas ; il s'empiffre et il boit ! » 21 Tous les hommes de sa ville le lapideront, et il mourra. Tu ôteras le mal (הרע) du milieu de toi ; tout Israël en entendra parler et sera dans la crainte.	Faute future potentielle : violation du 5ᵉ commandement. Respect des parents
51		Dt 21,22 Si un homme, pour son péché (כי־יהיה באיש חטא משפט־מות), a encouru la peine de mort et que tu l'aies mis à mort et pendu à un arbre,	Péché non déterminé passible de la peine de mort
52		Dt 22,5 Une femme ne portera pas des vêtements d'homme ; un homme ne s'habillera pas avec un manteau de femme, car quiconque agit ainsi est une abomination pour Yhwh ton Dieu (תועבת יהוה אלהיך).	Faute future potentielle : désordre dans l'habillement
53		Dt 22,13-14.18-21 Lorsqu'un homme a pris une femme, est allé vers elle, puis a cessé de l'aimer, 14 s'il lui reproche sa conduite et lui fait une mauvaise réputation en disant : « Cette femme, je l'ai prise, je me suis approché d'elle et je ne l'ai pas trouvée vierge », […] (s'il est prouvé qu'elle était bien vierge) Les anciens de cette ville arrêteront l'homme pour le punir : 19 ils lui imposeront une amende de cent sicles d'argent, qu'ils donneront au père de la jeune femme, car cet homme a fait une mauvaise réputation à une vierge d'Israël. Elle sera sa femme, et il ne pourra pas la renvoyer tant qu'il sera en vie. Mais si la chose s'avère exacte, et que la jeune femme n'ait pas été trouvée vierge, 21 on l'amènera à la porte de la maison de son père ; les hommes de sa ville la lapideront, et elle mourra, car elle a commis une infamie en Israël en se prostituant dans la maison de son père. Tu ôteras le mal (הרע) du milieu de toi.	Faute future potentielle : atteinte à la réputation d'une jeune femme

54	Dt 22,22 Si l'on prend sur le fait un homme couchant avec une femme mariée, ils mourront tous les deux, l'homme qui a couché avec la femme, et la femme elle-même. Tu ôteras <u>le mal</u> (הרע) d'Israël.	Faute future potentielle : adultère avec une femme mariée
55	Dt 22,23-24 Si une jeune fille vierge est fiancée à un homme, et qu'un autre homme la rencontre dans la ville et couche avec elle, 24 vous les amènerez tous les deux à la porte de cette ville, vous les lapiderez et ils mourront : la jeune fille, du fait qu'étant dans la ville, elle n'a pas crié au secours ; et l'homme, du fait qu'il a possédé la femme de son prochain. Tu ôteras <u>le mal</u> (הרע) du milieu de toi.	Faute future potentielle : viol – en ville – d'une jeune vierge fiancée
56	Dt 23,10-15 Quand tu dresseras le camp face à tes ennemis, tu te garderas de tout ce qui est <u>mal</u> (רע). 11 S'il y a chez toi un homme qui n'est pas pur, à cause d'un accident nocturne, il sortira hors du camp et ne rentrera pas à l'intérieur : 12 à l'approche du soir, il se lavera dans l'eau et, au coucher du soleil, il rentrera à l'intérieur du camp. 13 Tu auras un certain endroit hors du camp, et c'est là que tu iras. 14 Tu auras un piquet avec tes affaires, et quand tu iras t'accroupir dehors, tu creuseras avec, et tu recouvriras tes excréments. 15 Car Yhwh ton Dieu lui-même va et vient au milieu de ton camp pour te sauver en te livrant tes ennemis : aussi ton camp est-il saint, et <u>il ne faut pas que Yhwh voie quelque chose qui lui ferait honte</u> (ולא־יראה בך ערות דבר) : il cesserait de te suivre.	Faute future potentielle : défaut de pureté du camp
57	Dt 23,18-19 Il n'y aura pas de courtisane sacrée parmi les filles d'Israël ; il n'y aura pas de prostitué sacré parmi les fils d'Israël. 19 Tu n'apporteras jamais dans la maison de Yhwh ton Dieu, pour une offrande votive, le gain d'une prostituée ou le salaire d'un « chien », car, aussi bien l'un que l'autre, <u>ils sont une abomination pour Yhwh ton Dieu</u> (תועבת יהוה אלהיך).	Faute future potentielle : prostitution
58	Dt 23,22 Si tu fais un vœu à Yhwh ton Dieu, tu ne tarderas pas à l'accomplir, car autrement Yhwh ton Dieu ne manquerait pas de te le réclamer, et <u>pour toi ce serait un péché</u> (והיה בך חטא).	Faute future potentielle : non respect d'un vœu fait à Yhwh

59	Dt 24,4 [cas d'une femme répudiée] alors, son premier mari, qui l'avait renvoyée, ne pourra pas la reprendre pour en faire sa femme, après qu'elle aura été rendue impure. C'est une abomination devant Yhwh (תועבה הוא לפני יהוה) ; tu ne feras pas pécher le pays (ולא תחטיא את־הארץ) que Yhwh ton Dieu te donne comme patrimoine.	Faute future potentielle : retour d'une femme répudiée chez son premier mari
60	Dt 24,7 S'il se trouve un homme qui commet un rapt sur la personne d'un de ses frères parmi les fils d'Israël, qui vend sa victime pour en tirer profit, l'auteur du rapt mourra. Tu ôteras le mal (הרע) du milieu de toi.	Faute future potentielle : rapt
61	Dt 24,9 Souviens-toi de ce que Yhwh ton Dieu a fait à Myriam sur votre route, à la sortie d'Égypte.	Évocation de la sanction d'une faute du passé : Myriam (Nb 12)
62	Dt 24,14-15 Tu n'exploiteras pas un salarié malheureux et pauvre, que ce soit l'un de tes frères ou l'un des émigrés que tu as dans ton pays, dans tes villes. 15 Le jour même, tu lui donneras son salaire ; le soleil ne se couchera pas sans que tu l'aies fait ; car c'est un malheureux, et il l'attend impatiemment ; qu'il ne crie pas contre toi vers Yhwh : pour toi ce serait un péché (והיה בך חטא).	Faute future potentielle : exploitation d'un salarié pauvre
63	Dt 24,16 Les pères ne seront pas mis à mort pour leurs fils ; les fils ne seront pas mis à mort pour leurs pères ; c'est pour son propre péché (בחטאו) que chacun sera mis à mort.	Péché non déterminé passible de la peine de mort
64	Dt 25,13-16 Tu n'auras pas dans ton sac deux poids différents, un grand et un petit ; 14 tu n'auras pas dans ta maison deux boisseaux différents, un grand et un petit ; 15 c'est un poids intact et juste, un boisseau intact et juste que tu auras, pour que tes jours se prolongent sur la terre que Yhwh ton Dieu te donne. 16 Car tout homme qui fait cela, tout homme qui commet l'injustice (עול), est une abomination pour Yhwh ton Dieu (תועבת יהוה אלהיך).	Faute future potentielle : escroquerie
65	Dt 27,15 ‹Maudit, **l'homme qui fabriquera une idole ou une statue** - abomination pour Yhwh, œuvre de mains d'artisan - et l'installera en cachette !› Et tout le peuple répondra et dira : ‹Amen›.	Faute future potentielle : violation du 1er commandement

66	Dt 28,15 [alors → malédictions de Dt 28,16-44] « Mais **si tu n'écoutes pas la voix de Yhwh** (אִם־לֹא תִשְׁמַע בְּקֹל יְהוָה אֱלֹהֶיךָ) ton Dieu **en veillant à mettre en pratique tous ses commandements et ses lois** (לִשְׁמֹר לַעֲשׂוֹת אֶת־כָּל־מִצְוֹתָיו וְחֻקֹּתָיו) que je te donne aujourd'hui, voici les malédictions qui viendront sur toi et qui t'atteindront :	Faute future potentielle de désobéissance à Yhwh, qui ouvre l'exposé des malédictions prévues en ce cas
67	Dt 28,47 [alors → perspectives de guerre et d'invasion] Parce que **tu n'auras pas servi Yhwh ton Dieu** (לֹא־עָבַדְתָּ אֶת־יְהוָה אֱלֹהֶיךָ) dans la joie et l'allégresse de ton cœur quand tu avais de tout en abondance,	Faute future annoncée de désobéissance à Yhwh, qui ouvre l'exposé des malheurs prévus en ce cas
68	Dt 28,58 [alors → fléaux et maladies] **Si tu ne veilles pas à mettre en pratique toutes les paroles de cette Loi** (אִם־לֹא תִשְׁמֹר לַעֲשׂוֹת אֶת־כָּל־דִּבְרֵי הַתּוֹרָה הַזֹּאת), celles qui sont écrites dans ce livre, en craignant ce nom glorieux et redoutable, ‹Yhwh ton Dieu›,	Faute future potentielle de non respect de la Torah, qui ouvre l'exposé des fléaux et maladies prévus en ce cas
69	Dt 28,62b [alors → Exil et dispersion parmi les nations] Puisque tu n'auras pas écouté la voix de Yhwh ton Dieu (כִּי־לֹא שָׁמַעְתָּ בְּקוֹל יְהוָה אֱלֹהֶיךָ).	Faute future annoncée de désobéissance à Yhwh, qui ouvre l'exposé des malheurs prévus en ce cas
70	Dt 29,15-17 Qu'il n'y ait donc pas chez vous un homme, ou une femme, une famille ou une tribu **dont le cœur se détourne aujourd'hui de Yhwh notre Dieu** (אֲשֶׁר לְבָבוֹ פֹנֶה הַיּוֹם מֵעִם יְהוָה אֱלֹהֵינוּ) **pour aller servir les dieux de ces nations** (לָלֶכֶת לַעֲבֹד אֶת־אֱלֹהֵי הַגּוֹיִם הָהֵם) ; qu'il n'y ait pas chez vous la racine d'une plante produisant du poison ou de l'absinthe.	Faute future potentielle contre le 1er commandement
71	Dt 29,18-20 Et s'il arrive qu'après avoir entendu ces paroles d'imprécations, quelqu'un se croie béni et se dise : « Je suis comblé, parce que je me suis obstiné à suivre mes idées, puisqu'il est vrai que terre arrosée n'a plus soif », 19 Yhwh ne voudra pas lui pardonner ; <u>la colère de Yhwh et sa</u>	Faute future potentielle d'oubli de Yhwh et de présomption humaine

		jalousie fumeront contre cet homme (אז יעשן אף־יהוה ‏וקנאתו באיש ההוא), toutes les imprécations écrites dans ce livre seront tapies autour de lui, et Yhwh effacera son nom de sous le ciel. 20 Yhwh le mettra à part de toutes les tribus d'Israël, pour son malheur, conformément à toutes les imprécations de l'alliance écrite dans ce livre de la Loi.	
	72	Dt 29,21-27 Et voici ce que dira la génération suivante, vos fils qui se lèveront après vous, et l'étranger qui viendra d'un pays lointain, quand ils verront les blessures de ce pays, et les maladies dont l'aura frappé Yhwh : 22 « Tout son pays n'est que soufre, sel et feu : pas de semailles, pas de végétation, aucune plante ne pousse, comme à Sodome et à Gomorrhe, à Adma et à Cevoïm, que Yhwh a bouleversées <u>dans sa colère et sa fureur</u>. » (באפו ובחמתו) 23 Et toutes les nations s'écrieront : « Pourquoi Yhwh a-t-il ainsi traité ce pays? <u>Pourquoi cette grande colère s'est-elle enflammée</u> (מה חרי האף הגדול הזה)? » 24 Et on répondra : « C'est parce qu'**ils ont abandonné l'alliance de Yhwh** (עזבו את־ברית יהוה), le Dieu de leurs pères, qu'il avait conclue avec eux en les faisant sortir du pays d'Égypte. 25 **Ils sont allés servir d'autres dieux et se sont prosternés devant eux** (וילכו ויעבדו אלהים אחרים וישתחוו להם) - des dieux qu'ils ne connaissaient pas, et que Yhwh ne leur avait pas donnés en partage - , 26 aussi <u>la colère de Yhwh s'est-elle enflammée</u> (ויחר־אף יהוה) contre ce pays, et il a fait venir sur lui toute la malédiction écrite dans ce livre. 27 Yhwh les a arrachés de leur terre <u>dans sa colère, sa fureur et son grand courroux</u> (באף ובחמה ובקצף גדול) pour les rejeter vers un autre pays, comme il arrive aujourd'hui. »	Faute future annoncée contre le 1er commandement
	73	Dt 30,17-18 Mais **si ton cœur se détourne** (ואם־יפנה לבבך), **si tu n'écoutes pas** (ולא תשמע), si tu te laisses entraîner à **te prosterner devant d'autres dieux et à les servir** (והשתחוית לאלהים אחרים ועבדתם), 18 je vous le déclare aujourd'hui : vous disparaîtrez totalement, vous ne prolongerez pas vos jours sur la terre où tu vas entrer pour en prendre possession en passant le Jourdain.	Faute future potentielle contre le 1er commandement
	74	Dt 31,16-18 Yhwh dit à Moïse : « Voici que tu vas te coucher avec tes pères ; et ce peuple se mettra à **se prostituer en suivant les**	Faute future annoncée contre le 1er

Sélection des péricopes

	dieux des étrangers (וזנה אחרי אלהי נכר־הארץ) qui sont dans le pays au milieu duquel il entre ; **il m'abandonnera et il brisera mon alliance** (ועזבני והפר את־בריתי), celle que j'ai conclue avec lui. 17 <u>Ma colère s'enflammera contre lui</u> (וחרה אפי בו) ce jour-là. Je les abandonnerai, je leur cacherai ma face. Alors, il se fera dévorer, de grands malheurs et de grandes détresses l'atteindront. Et il dira ce jour-là : ‹Si ces malheurs m'ont atteint, n'est-ce pas parce que mon Dieu n'est plus au milieu de moi?› 18 Mais moi, ce jour-là, je continuerai à cacher ma face, à cause de tout le mal qu'il aura fait **en se tournant vers d'autres dieux** (כי פנה אל־אלהים אחרים).	commandement
75	Dt 31,20-21 En effet, je ferai entrer ce peuple dans la terre ruisselante de lait et de miel que j'ai promise par serment à ses pères ; il mangera à satiété et s'engraissera, **puis se tournera vers d'autres dieux ; il les servira, il me méprisera, il brisera mon alliance** (ופנה אל־אלהים אחרים ועבדום ונאצוני והפר את־בריתי) ; 21 et quand de grands malheurs et de grandes détresses l'auront atteint, ce cantique déposera contre lui, comme un témoin, car sa descendance n'oubliera jamais de le répéter. En effet, je connais bien le projet qu'il est en train de faire aujourd'hui, avant même que je le fasse entrer dans le pays que j'ai promis par serment. »	Faute future annoncée contre le 1er commandement
76	Dt 31,27 Car moi, je connais <u>tes révoltes</u> (את־מריך) et <u>la raideur de ta nuque</u> (ואת־ערפך הקשה) : si aujourd'hui, alors que je suis encore vivant au milieu de vous, **vous êtes rebelles à Yhwh** (ממרים היתם עם־יהוה), qu'arrivera-t-il après ma mort?	État fautif chronique du peuple : il est un peuple rebelle
77	Dt 31,29 Car je le sais : après ma mort, **vous allez vous corrompre totalement** (כי־השחת תשחתון) et **vous écarter du chemin que je vous ai prescrit** (וסרתם מן־הדרך אשר צויתי אתכם) ; et dans les jours à venir, le malheur viendra à votre rencontre, parce que <u>vous aurez fait ce qui est mal aux yeux de Yhwh, au point de l'offenser</u> (כי־תעשו את־הרע בעיני יהוה להכעיסו במעשה ידיכם) par vos actions. »	Faute future annoncée de désobéissance à Yhwh
78	Dt 32,4-5 Lui, le Rocher, son action est parfaite, tous ses	Rappel de l'état fautif passé et

	cheminements sont judicieux ; c'est le Dieu fidèle, il n'y a pas en lui d'injustice, il est juste et droit. 5 Pour lui, **ils ne sont que corruption** (שחת לו), à cause de leur tare, ils ne sont plus ses fils, **c'est une génération pervertie et dévoyée** (דור עקש ופתלתל).	présent du peuple
79	Dt 32,15-22 Ainsi Yeshouroun s'est engraissé, mais il a rué - tu t'es engraissé, tu as grossi, tu t'es épaissi - **il a délaissé Dieu** (ויטש אלוה) qui l'avait fait, **il a déshonoré le Rocher** (וינבל צור), son salut. 16 <u>Ils le rendrent jaloux</u> (יקנאהו) avec des étrangers, <u>par des abominations ils l'offensent</u> (בתועבת יכעיסהו), 17 **ils offrent des sacrifices aux démons qui ne sont pas Dieu** (יזבחו לשדים לא אלה), **à des dieux qu'ils ne connaissaient pas** (אלהים לא ידעום), des nouveaux venus d'hier que vos pères ne redoutaient pas. 18 Le Rocher qui t'a engendré, tu l'as négligé ; **tu as oublié le Dieu qui t'a mis au monde** (ותשכח אל מחללך). 19 Ce que Yhwh a vu <u>a excité son mépris</u> (וינאץ) : ses fils et ses filles <u>ont été offensant</u> (מכעס). 20 Il a dit : « Je vais leur cacher ma face, je verrai quel sera leur avenir. Car c'est une génération pervertie, des fils en qui on ne peut avoir confiance. 21 <u>Ils m'ont rendu jaloux</u> (קנאוני) par ce qui n'est pas Dieu, <u>ils m'ont offensé</u> (כעסוני) par leurs vaines idoles. Eh bien! moi, je leur donnerai pour rival ce qui n'est pas un peuple, par une nation folle je les offenserai. 22 Oui, <u>un feu s'est enflammé dans mes narines</u> (כי־אש קדחה באפי) ; il a brûlé jusqu'au fond du séjour des morts, il a dévoré la terre et ses produits, il a embrasé les fondements des montagnes.	Rappel des fautes du passé contre le 1ᵉʳ commandement
80	Dt 32,48-52 Le jour même, Yhwh dit à Moïse : 49 « Monte sur cette montagne de la chaîne des Avarim, au mont Nébo qui est au pays de Moab, en face de Jéricho, et regarde le pays de Canaan que je donne en propriété aux fils d'Israël. 50 Puis meurs sur la montagne où tu seras monté, sois réuni à ta parenté - comme ton frère Aaron est mort à Hor-la-Montagne et a été réuni à sa parenté - 51 puisque **vous avez commis une infidélité contre moi** (מעלתם בי) au milieu des fils d'Israël, aux eaux de Mériba-Cadès dans le désert de Sin, lorsque vous n'avez pas reconnu ma sainteté au milieu des fils d'Israël. 52 D'en face, tu verras le pays, mais tu n'y entreras pas, dans ce pays que je donne aux fils d'Israël. »	Rappel d'une faute du passé commise par Moïse et Aaron, qui a pour conséquence qu'ils n'entreront pas dans la terre

2.4 Deutéronome, faute et rétribution. Le point sur quelques débats et leurs enjeux

L'analyse que nous allons faire des péricopes listées ci-dessus pour évaluer le traitement théologique des fautes dans le livre du Deutéronome ne va pas se faire en terrain vierge. Des débats animent la recherche sur les fautes et leurs conséquences dans la théologie du Deutéronome. Une des problématiques que l'on retrouve chez les auteurs est celle de la nature théologique de la forme finale du livre[82]. Formulée dans les termes volontairement anachroniques d'un article de G. Braulik[83] et de son prolongement par L. Perlitt[84], la question est la suivante : le Deutéronome, loi ou évangile ? Autrement dit : le Deutéronome est-il structuré d'abord selon la catégorie de rétribution ou selon celle de grâce[85] ?

Le schématisme de la question ne doit pas occulter la réalité du débat. La plupart des auteurs tranchent la question en considérant que les deux lignes théologiques coexistent dans le livre et en privilégiant l'une d'elles.

Ainsi en est-il de G. von Rad, dans son livre de 1938 *Das formgeschichtliche Problem des Hexateuchs*. Il décrivait le Deutéronome comme une unité structurée selon le déroulement d'un culte en quatre parties[86], et donnait à cette forme le *Sitz im Leben* d'une cérémonie de

---

82 Sur ce que nous entendons par « forme finale », cf. p. 9 n. 18. Nous sommes bien conscient que la théologie portée par le texte du ms M^L est certainement la résultante de théologies en tension ou en dialogue. Les dernières interventions qui ont eu prise sur le manuscrit peuvent n'avoir eu qu'une influence restreinte sur la théologie globale du livre. La référence à la forme finale du Deutéronome ici faite renvoie, non pas à ces dernières interventions, mais au texte comme produit fini lisible dans le ms M^L.
83 BRAULIK, « Evangelium ».
84 PERLITT, « Evangelium ».
85 Sans être anachronique – comme l'est le terme *évangile* utilisé plus haut – la catégorie de *grâce* est éloignée des expressions et du vocabulaire dtq / dtr. Elle correspond au champ lexical des termes hébreux ancrés autour de la racine חנן, du nom חן et de ses dérivés et synonymes. Cette catégorie a pris une connotation précise et technique dans la théologie chrétienne qui en rend l'utilisation malaisée pour le Deutéronome. Certains auteurs l'utilisent cependant, tel MC CONVILLE, *Grace*.
86 VON RAD, *Problem* , p. 24 :
1) Présentation historique des événements du Sinaï et parénèse (Ex 19 / Dt 1–11) ;
2) Proclamation de la loi (CD) ;

renouvellement de l'alliance à Sichem. Selon lui, des fragments plus anciens encore de cette cérémonie de Sichem se trouvent en Ex 19–24 où l'on peut lire une même structure quadripartite. Il avançait également que les éléments les plus anciens du livre du Deutéronome provenaient d'une autre fête, à Gilgal cette fois (cf. les soi-disant *credos historiques* de Dt 6,20-24 ; 26,5-9). La mise en commun de ces éléments distincts (cérémoniaux de Gilgal et de Sichem) aurait été l'œuvre du Yahwiste que G. von Rad situe à l'époque salomonienne.

Selon cette optique, les deux lignes principales mêlées par le Yahwiste pour former l'Hexateuque se retrouvent dans le Deutéronome : d'un côté, les traditions de Gilgal sur la sortie d'Égypte et la conquête de Canaan soulignent l'élection et la promesse faite au peuple ; de l'autre, les traditions sichémites sur le Sinaï et l'alliance mettent l'accent sur la loi. Concernant la fusion de ces traditions, G. von Rad écrit :

> « [A]u plan théologique, l'insertion de la tradition du Sinaï a constitué un enrichissement considérable. La tradition de la conquête du pays atteste la volonté de Yhwh de montrer sa faveur ; au centre de la tradition du Sinaï se trouve la volonté exigeante de Yhwh de faire respecter le droit. Grâce à l'insertion de la tradition du Sinaï, l'idée sotériologique fondamentale de la tradition sur la conquête du pays, idée très simple, a reçu des fondations puissantes et salutaires. Tout ce que le Yahwiste raconte en suivant sa tradition – et en premier lieu le point central de sa tradition c'est-à-dire la conquête – tout cela se trouve maintenant coiffé par la révélation de Dieu au Sinaï et s'avère désormais faire partie des actes de salut de Dieu qui est exigeant pour les hommes et exerce un jugement. Par cette mise ensemble des deux traditions se précisent les deux éléments fondamentaux de toute proclamation biblique : loi et évangile »[87].

C'est ainsi que s'expliquent pour G. von Rad les accents théologiques contrastés présents dans le livre du Deutéronome. Mais pour lui, la présence de ces théologies en tension ne met pas en cause la préséance du don divin formulé dans l'élection et la promesse faite aux pères ; autrement dit, la « juxtaposition de l'indicatif et de l'impératif [...] ne gêne pas du tout la proclamation de la grâce »[88].

L. Perlitt[89] a poursuivi dans la ligne de séparation de deux théologies posée par G. von Rad. Dans son *Habilitationsschrift*, il a argumenté l'idée que l'alliance dans la forme conditionnelle telle qu'on

---

3) Engagement dans l'alliance (Dt 26,16-19) ;
4) Bénédictions-Malédictions (Dt 27–28).

87 VON RAD, *Problem*, p. 49-50.
88 VON RAD, *Theologie I*, p. 230.
89 PERLITT, *Bundestheologie*, sp. le chapitre 2.

la trouve dans le Deutéronome a fait une entrée tardive dans l'histoire de la religion d'Israël et que sa paternité revient aux milieux dtr, au moment des événements de l'exil. Pour cet auteur, la théologie de la promesse et celle de la loi étaient originellement distinctes. Il trouve en Dt 5 et Dt 7 ces deux théologies de l'alliance distinctes. Le chapitre 7 comprend l'alliance comme un serment ou une promesse faite aux pères. C'est en fait une théologie de l'élection et de la terre, à dater selon lui du 7ᵉ s. avant notre ère, au moment où Israël connaissait la pression des armées assyriennes[90]. Le chapitre 5 déploie au contraire une théologie de l'alliance conditionnée par l'obéissance d'Israël aux décrets et aux commandements. Cette obéissance est dans ce chapitre, selon L. Perlitt, la condition du bonheur dans la terre (cf. Dt 5,33). Cette compréhension différenciée de l'alliance serait un développement dtr de la conception de Dt 7, et le terme ברית n'aurait donc pas toujours eu le sens d'alliance conditionnelle.

N. Lohfink[91] a augmenté le nombre des couches littéraires ayant des compréhensions différentes de l'alliance et de la relation existant entre le don de la terre et le respect de la loi dans le Deutéronome. Il s'intéresse à trois strates ayant chacune son kérygme théologique. À partir d'une étude de la racine ירש, il met d'abord au jour une couche qu'il appelle DtrL (*deuteronomistische Landeroberungserzählung*). Il s'agit selon lui d'un écrit de légitimation de la tentative d'extension territoriale de Josias. Le kérygme de cet écrit est simple : il faut faire advenir la correspondance – dont la loi fournit l'étiologie – entre le don (נתן) de la terre par Yhwh à Israël et la conquête (ירש) de cette terre[92]. N. Lohfink repère ensuite une couche dtr nomiste (DtrN[93]) qui, durant l'exil, lie la possession de la terre au respect des commandements et de la loi[94]. Enfin, il décrit une strate supplémentaire qui, en un temps plus avancé encore de l'exil, complète DtrN pour en contrer le kérygme. Selon cette couche que Lohfink appelle DtrÜ (couche du réviseur dtr [*deuteronomistischer Überarbeiter*]), l'entrée dans la terre ne dépend pas des mérites et de la « justice » du peuple, mais de Yhwh seul. Il en trouve des traces dans la dernière rédaction de Dt 7, puis en Dt 8 (tout le chapitre sauf le v.1) et enfin en Dt 9,1-8.22-24[95]. Les conclusions de

---

90 PERLITT, *Bundestheologie*, p. 55-56 ; 63.
91 LOHFINK, « Kerygmata », p. 87-100.
92 Sur cette couche DtrL, cf. ce que nous avons déjà écrit plus haut, p. 65 n. 309.
93 N. Lohfink renvoie ici à l'article de SMEND, « Gesetz », qui découvrait une *Bearbeitungsschicht* nomiste dans les livres de Josué et des Juges.
94 Dt 6,17-19 ; 8,1 ; 11,8.22-25 (LOHFINK, « Kerygmata », p. 98-99).
95 LOHFINK, « Kerygmata », p. 100.

N. Lohfink ont été reprises et élargies par G. Braulik[96] qui voit en Dt 4,29-31 ; 30,1-10 une réaction à DtrÜ, car le kérygme du réviseur dtr pouvait laisser entendre que l'effort du peuple vivant en exil pour se rapprocher de Yhwh était sans intérêt. Aussi Dt 4,29-31 ; 30,1-10, textes reliés entre eux par la racine שוב, auraient-ils réagi contre cette mauvaise interprétation[97].

Pour ces auteurs, la composition du Deutéronome mêle donc diachroniquement des lignes théologiques diverses, en tension les unes avec les autres, insistant pour l'une sur l'obéissance à Yhwh et la conditionnalité de l'alliance ou pour l'autre sur la gratuité du don de la terre et de l'élection. Mais pour eux comme pour G. von Rad avant eux, dans la forme finale du livre, cette dernière ligne théologique est prépondérante[98].

Sans nier cette dernière affirmation, quelques chercheurs ont souligné le caractère central de la rétribution dans le Deutéronome et enquêté sur sa mécanicité supposée. À notre connaissance, aucune monographie n'a été consacrée à la question de la rétribution dans le Deutéronome en tant que telle, mais seulement quelques articles ou essais. Dans la discussion concernant Dt 28 qu'il mène dans son livre *Literarkritische, formgeschichtliche und stilkritische Untersuchungen zum Deuteronomium*, J. Plöger fait place à une section intitulée *Vergeltung im Deuteronomium*[99]. L'interlocuteur premier de sa réflexion est K. Koch. Dans un article de 1955[100], ce dernier avait en effet initié un débat très animé sur le concept de rétribution dans l'Ancien Testament. Il avançait que les textes vétérotestamentaires mettent en avant un lien inhérent entre l'action et ses conséquences et que le rôle de Yhwh par rapport aux actions humaines n'est qu'un rôle de confirmation et de déclenchement des conséquences naturelles qu'entraînent ces actions. Koch prenait deux images suggestives pour s'expliquer. D'une part, il comparait Yhwh à « une *inconnue*[101] *transcendant* les humains » qui accomplit « pour ainsi dire " un service de sage-femme ", par lequel elle *porterait à son développement complet ce qui est posé en germe par les humains* »[102]. D'autre part, en s'appuyant sur Os 8,4b-7, il comparait l'action humaine à une semence (*Saat*) « à partir de laquelle une récolte

---

96 BRAULIK, « Doctrine ».
97 Cf. BRAULIK, « Doctrine », p. 161-164.
98 BRAULIK, « Evangelium » ; PERLITT, « Evangelium ».
99 PLÖGER, *Untersuchungen*, p. 196-215.
100 KOCH, « Vergeltungsdogma », p. 1-42.
101 N.d.r. : Au sens mathématique du terme.
102 KOCH, « Vergeltungsdogma », p. 5.

correspondante pousserait »[103]. La conclusion de K. Koch était qu'il n'existe pas de doctrine de la rétribution (*Vergeltungsdogma*) dans l'Ancien Testament, mais seulement des « actes décisifs quant au destin »[104], dont Yhwh protège la marche ordonnée. Il faut donc renoncer selon lui à une compréhension judiciarisée de la rétribution, selon laquelle la divinité distribuerait récompenses ou sanctions comme un juge intervient dans des affaires de société.

L'article de Koch reçut un accueil favorable de G. von Rad, W. Mc Kane et H.W. Wolff[105]. Il entraîna également une série de réponses et des suggestions de modifications légères ou profondes de sa thèse chez F. Horst (1956), H.G. Reventlow (1960), J. Scharbert (1960), E. Pax (1960/61), R. Knierim (1965), J. Plöger (1967), J.G. Gammie (1970), P. Zerafa (1973), J. Barton (1979), P.D. Miller (1982), R.L. Hubbard (1982, 1997), L. Boström (1990), H. Delkurt (1993), B. Janowski (1994), J. Hausmann (1995), B.E. Kelly (1996) et K.L. Wong (2001)[106]. J. Plöger se place donc dans cette liste de réponses à la proposition de K. Klaus. Il est vrai que ce dernier se référait dans son article à des textes puisés principalement dans Pr 25–29, le livre d'Osée, les Psaumes et HD. Un seul exemple concernait le Deutéronome[107].

J. Plöger se demande donc si la thèse de K. Koch peut ou non s'appliquer au Deutéronome. À partir du passage en revue d'une série de versets (Dt 1,20-46 ; 4,3-4 ; 4,25-28 ; 5,11 ; 6,15 ; 7,9-10 ; 7,12 ; 8,19-20 ; 9,13-14 ; 11,13-15.16-17.22-25.26-28 ; 15,10 ; 18,12 ; 18,19), il montre que l'on peut à raison parler de réactions de Yhwh[108]. En effet, ces réactions et les épithètes appliquées à la divinité (רחום, נאמן, גדול ונורא, אל קנא, גדול) empêchent de la reléguer dans un simple rôle de « sage-femme ». Cet auteur pense donc que la définition de la rétribution donnée par E. Pax[109] est plus proche de la réalité du

---

103 Koch, « Vergeltungsdogma », p. 10.
104 L'expression de K. Koch est *schicksalsentscheidende Tat* (Koch, « Vergeltungsdogma », p. 12). Ci-dessus, nous la mettons volontairement au pluriel.
105 Cf. Wong, *Idea*, p. 5.
106 Les positions de ces auteurs sont résumées et évaluées dans Gammie, « Retribution », p. 2-5 (F. Horst, J. Scharbert, E. Pax, J. Plöger) et Wong, *Idea*, p. 6-21 (tous les auteurs cités sauf K.L. Wong).
107 Dt 19,14 (Koch, « Vergeltungsdogma », p. 30).
108 « Alle vorgelegten Texte zeigen, daß von " Vergeltung " als Reaktion Jahwes auf menschliches Verhalten für Dt geredet werden kann » (Plöger, *Untersuchungen*, p. 215).
109 « Die lohnende und strafende *Reaktion Gottes* auf die guten und schlechten Taten der Menschen » (Pax, « Vergeltungsproblem », p. 62).

Deutéronome que la compréhension qu'a développée K. Koch pour l'Ancien Testament.

J.G. Gammie[110] justifie l'analyse de J. Plöger mais estime possible de faire un pas supplémentaire en dégageant les différentes variations de la notion de rétribution présentes dans le Deutéronome. Il décrit quatre aspects différents de cette notion. Un premier niveau de l'idée de rétribution présente dans le Deutéronome veut qu'une action mauvaise provoque une accumulation mécanique et inévitable d'autres maux sur le coupable, sa maison, son pays. Gammie repère cet aspect de la rétribution dans les lois *bi'arta*[111], où il faut éliminer physiquement le coupable, ainsi que dans des textes comme Dt 21,22-23 ; 22,8 ; 24,1-4. Ce premier niveau rejoint donc la conception de K. Koch, excepté toutefois le fait que cela concerne uniquement l'aspect négatif de la rétribution : J. Gammie ne trouve pas dans le Deutéronome l'idée qu'une action bonne provoque automatiquement (sans principe personnel opérant) l'accumulation de biens pour celui qui l'a produite[112].

L'idée de rétribution est ensuite présente sous un deuxième aspect qui veut que les fidèles (*faithful*) soient assurés que Yhwh interviendra invariablement en leur faveur. Un certain nombre de textes émargeant à ce deuxième niveau comportent la conjonction למען : Dt 5,29.33 ; 6,2-3.18 ; 8,1 ; 11,8.18-21 ; 12,25-28 ; 13,18 ; 14,28-29 ; 16,20 ; 22,6-7 ; 25,15. À ce niveau appartiennent également les bénédictions et malédictions de Dt 28. Ces passages sont théocentriques et anthropocentriques, affirme Gammie. Théocentriques, puisque l'obéissance à Yhwh est mise en avant et parce que Yhwh est le principe de rétribution. Mais également anthropocentriques dans la mesure où, dans cette optique, l'action de Yhwh est conditionnée à celle de l'homme[113].

Le troisième aspect de l'idée de rétribution présent dans le Deutéronome est celui d'une rétribution opérant selon une conception théocentrique et personnelle, où Yhwh n'est pas astreint inexorablement à rétribuer en appliquant les clauses de la loi. En ce troisième niveau, la relation entre Yhwh et le peuple est centrale. Yhwh a l'initiative (Dt 7,6-8), il donne des commandements pour le bien de l'homme (10,12-13) et sa colère n'est pas inaltérablement contingente aux actions du peuple (Dt 9,7b–10,11). Il est intéressant, ce dernier texte

---

110 GAMMIE, « Retribution », p. 1-12.
111 Cf. p. 94 n. 79.
112 GAMMIE, « Retribution », p. 6-7.
113 GAMMIE, « Retribution », p. 8.

étant l'objet premier de notre étude générale, de relever à cet égard une observation de J. Gammie à son propos :

> « Ce passage (n.d.r. : 9,7b-8) se trouve au début d'une longue péricope (9,7b–10,11) qui est fréquemment attribuée au deutéronomiste, principalement parce qu'elle est écrite à la deuxième personne du pluriel. Il est curieusement en tension avec de nombreux passages qui utilisent la deuxième personne du singulier dans la mesure où les termes qu'il emploie sont *plus* personnels et où il est clairement suggéré que <u>l'homme n'a pas reçu de Yhwh en retour la pleine mesure de jugement que ses actions avaient méritée</u> »[114].

Enfin, le quatrième niveau de traitement de l'idée de rétribution dans le Deutéronome est, selon Gammie, celui… de la dissolution de cette idée, laquelle n'est même plus vue comme un véhicule conceptuel approprié pour décrire les relations Yhwh-Israël, comme c'était encore le cas dans le troisième niveau. Au contraire, les limites du principe rétributif sont posées. Un tel traitement se lit en Dt 8,2 (Yhwh déploie une activité probatoire vis-à-vis d'Israël) ; 8,3.5 (activité pédagogique) ; 8,18 (la force humaine qui permet d'arriver à la prospérité est un don de Yhwh) ; 9,4-6 (l'entrée dans la terre ne dépend en rien des mérites d'Israël). Ce quatrième niveau apparaît donc comme une correction aux dérives possibles d'une compréhension anthropocentrique de la rétribution. Ces textes de Dt 8–9 soulignent que Yhwh ne peut être réduit à une instance réagissant mécaniquement aux actions humaines. En résumé, les quatre aspects ou niveaux de la rétribution en Deutéronome que J. Gammie présente se placent sur une échelle qui va de la mécanicité absolue du principe à sa dissolution complète : 1) une rétribution comprise comme mécanique, sans principe personnel sous-jacent ; 2) une rétribution mécanique, avec principe personnel (Yhwh) ; 3) une rétribution non-mécanique, avec principe personnel (Yhwh) ; 4) un traitement dissolutif de l'idée de rétribution.

Deux ans après l'article de J. Gammie, paraissait le livre de M. Weinfeld, *Deuteronomy and the Deuteronomic School*[115]. Cet auteur considère, comme J. Plöger et J. Gammie, que la doctrine de la rétribution occupe une place significative dans le Deutéronome [116].

---

114 GAMMIE, « Retribution », p. 9-10. Les italiques sont de l'auteur et la section soulignée l'a été par nous.
115 WEINFELD, *Deuteronomic School*, 1972.
116 Pour introduire sa section sur la théodicée dans le Deutéronome, M. Weinfeld écrit : « A book in which the doctrine of reward and retribution occupies so significant a place cannot pass over the question of Good and Evil in silence » (WEINFELD, *Deuteronomic School*, p. 316). Il utilise ici le terme *rétribution* uniquement dans un sens

Selon lui, cette doctrine puise son inspiration dans les enseignements sapientiaux bibliques et extrabibliques du Proche-Orient ancien[117], moyennant une modification résidant dans le caractère national et non plus individuel des biens promis en récompense (bonheur, longévité, multiplication du peuple, prospérité, joie, possession de la terre). L'auteur analyse également Dt 7,9-10 qu'il comprend comme une correction d'Ex 34,6-7 (Yhwh ne punit plus les fautes des pères sur les fils en Dt 7,9-10, mais punit les coupables sans délai [לֹא יְאַחֵר ; יְשַׁלֶּם־לוֹ]). Le second commandement du décalogue (Dt 5,9b-10) aurait lui aussi subi une révision pour être en accord avec Dt 7,9-10 (ajout de לְשֹׂנְאָי et de לְאֹהֲבַי וּלְשֹׁמְרֵי מִצְוֺתַי). Ainsi, avec ces versets, le concept de rétribution sous-jacent à HD, qui veut que Yhwh ne punisse les fautes des pères sur les fils que si ces derniers perpétuent le mal fait par leurs pères, se retrouve au cœur du Deutéronome[118]. Pour M. Weinfeld, la coexistence dans le même livre d'une rétribution collective (caractère national des biens promis) et individuelle (cf. Dt 7,9-10) n'est pas une contradiction dans la mesure où, à la suite de J. Scharbert, il refuse l'idée que ces deux doctrines aient été consécutives et pensent qu'elles ont plutôt été coexistantes dans l'histoire d'Israël[119]. Il insiste aussi sur le fait que le Deutéronome, à l'instar de la littérature de sagesse, connaît une rétribution différée en utilisant le concept de אַחֲרִית (la fin ultime, l'issue finale de tout phénomène)[120], et une rétribution immédiate (cf. Dt 7,10 : לֹא יְאַחֵר). Cet auteur dégage donc différentes caractéristiques du concept de rétribution (collective ou individuelle ; immédiate ou différée) et indique que la présentation de la rétribution divine peut varier au sein d'une même œuvre.

Travaillant sur la *Gnadenrede* d'Ex 34,6-7[121], M. Franz[122] s'est récemment posé la question de son absence en Dt 9,7–10,11 et, par

---

négatif (sanction). Aussi est-il obligé d'avoir recours fréquemment à l'hendiadys *reward and retribution*, comme c'est le cas dans cette citation.

117 M. Weinfeld prend le contre-pied d'une majorité d'exégètes en réfutant l'idée que l'idéologie de sagesse peut avoir été inspirée par l'enseignement du Pentateuque et des prophètes. Il faut selon lui plutôt considérer que « Deuteronomy is [...] a synthesis of Torah and sapiential thought and not of Torah and prophetic thought » (WEINFELD, *Deuteronomic School*, p. 293-294.308).
118 WEINFELD, *Deuteronomic School*, p. 318-319.
119 WEINFELD, *Deuteronomic School*, p. 318.
120 Cf. Dt 8,16. M. Weinfeld interprète לְהֵיטִבְךָ בְּאַחֲרִיתֶךָ dans ce verset comme signifiant « to do them good in the end » (WEINFELD, *Deuteronomic School*, p. 317).
121 Cet auteur use de l'appellation *Gnadenrede* pour désigner Ex 34,6-7, terme qui se distingue de l'appelation *Gnadenformel*. Ex 34,6-7 est en effet composé de deux entités (Ex 34,6 et 34,7) qui selon toute vraisemblance ont été indépendantes avant d'être amalgamées ensemble grâce au mot crochet חֶסֶד : Spieckermann avait forgé

ricochet, la question de la théologie de la grâce (*Gnadentheologie*) dans le Deutéronome et dans la tradition dtr. Selon lui, les auteurs dtr connaissaient cette *Gnadenrede* mais l'ont évitée, de la même manière qu'ils ont évité de reprendre Ex 22,26b dans Dt 24,13. Plus encore, dans leur réception d'Ex 34,6-7 en Dt 5,9-19 et Dt 7,9-10, M. Franz pense comme M. Weinfeld que les auteurs dtq / dtr ont transformé la *Gnadenrede* pour lui donner une forme équilibrée entre justice et miséricorde divines, c'est-à-dire pour en faire à nouveau une formule de rétribution et non de grâce.

Cette esquive délibérée de toute théologie de la miséricorde dans le Deutéronome provient, selon Franz, de la crise de l'exil :

> « La théologie deutéronomique la plus ancienne date de la période préexilique tardive et son développement s'est largement produit durant l'exil babylonien. Durant cette période, la théologie de la grâce est entrée dans une crise profonde de laquelle elle ne s'est remise qu'après 539 avant J.-C. Il est difficilement imaginable que le Dieu miséricordieux et gracieux ait été connu comme tel de façon insouciante ; de fait, il n'en a pas été ainsi (cp. Ps 77,10-11). Dans la théologie dtq-dtr, cette tendance s'est combinée avec la théologie des bénédictions et malédictions : le Dieu miséricordieux a été passé sous silence, parce que Dieu se montre sûr et juste lorsqu'il bénit la fidélité et maudit l'infidélité »[123].

Les positions des auteurs présentées ci-dessus n'ont pas été discutées durant le cours de cette présentation. Dans notre étude globale des textes sélectionnés plus haut, nous referons appel à ces auteurs et ce sera l'occasion, en les prenant comme interlocuteurs, de nous positionner par rapport à eux. Il s'agissait en effet avant tout dans cette section de faire émerger les débats qui animent la recherche sur la question des fautes, de leur sanction, des théologies de la rétribution et de la miséricorde dans le Deutéronome. Nous avons vu les points principaux qui font débat. La nature théologique du Deutéronome est-elle d'abord celle d'une théologie de la rétribution ou de la grâce ? Pour schématique qu'elle soit, cette question anime la recherche. Ensuite, la présence dans le livre d'une théologie de la rétribution – ce qui est un consensus de la recherche – appelle sa description. A-t-on dans le Deutéronome, comme le propose J. Gammie, différents aspects ou niveaux de cette théologie de la rétribution, voire plusieurs théologies

---

le terme *Gnadenformel* pour Ex 34,6 et Renaud celui de *logion deutéronomique* pour Ex 34,7 (SPIECKERMANN, « Barmherzig », p. 3 ; RENAUD, *L'alliance*, p. 197). Nous reviendrons sur cette *Gnadenrede* plus loin dans ce chapitre (cf. p. 238-245).

122 FRANZ, *Gott*, p. 194-221.
123 FRANZ, *Gott*, p. 221.

de la rétribution ? Si oui, quelles peuvent être les caractéristiques de cette ou ces théologie(s) ? Rétribution individuelle ou collective, immédiate ou différée (cf. M. Weinfeld), régie selon un principe personnel ou impersonnel (cf. K. Koch) ? Ces dernières questions nous invitent à réfléchir à la définition du concept de rétribution et à clarifier les caractéristiques qu'il peut présenter.

2.5 Clarification du concept de rétribution et de ses caractéristiques possibles

Nous avons cité plus haut la définition du concept de rétribution donnée par E. Pax[124] : « La *réaction* récompensante ou punissante de Dieu selon les actes bons ou mauvais des hommes ». Bien que le terme *rétribution* soit parfois devenu l'équivalent, dans son usage moderne, de *punition méritée*[125], son étymologie est plus ouverte et laisse possible qu'il embrasse également la notion de *récompense*. Étymologiquement, le mot est en effet composé de *re + tribuere*, qui signifient littéralement *payer en retour, donner en retour*. Les deux aspects, positif et négatif, sont donc compris dans cette étymologie et c'est d'ailleurs sous ce sens – les deux aspects inclus – que la majorité des chercheurs emploie ce concept. Nous avons donc là un premier jalon pour notre définition du concept : la rétribution est ce qui est reçu en retour, récompense ou sanction, pour un acte déterminé.

Quelle est l'instance d'une telle rétribution ? E. Pax nomme, dans sa définition, une instance – ou un principe – de la rétribution : *Gott*. Il souligne que cette instance est réactive (cf. la définition de E. Pax ci-dessus). Nous avons trouvé chez J. Gammie une autre possibilité. Dans le premier aspect de la catégorie de rétribution qu'il décrit, celui-ci évoque un *principe impersonnel* de rétribution que cependant, il ne nomme ni ne définit. Il veut signifier par là que la rétribution en ce premier niveau est mécanique et automatique : une action mauvaise provoque une accumulation mécanique et inévitable d'autres maux sur le coupable, sa maison, son pays. Ce que Gammie veut probablement signifier, c'est que, dans les textes émargeant à ce premier niveau, le système rétributif fonctionne sans instance rétributive ou plus précisément avec une instance rétributive non réactive. C'est un peu

---

124 Cf. p. 120 n. 109.
125 M. Weinfeld utilise par exemple ce terme dans sa seule acception négative, cf. p. 122 n. 116.

comme si Yhwh était le maître d'un système dont il se contentait de laisser le mécanisme fonctionner par lui-même. K. Koch comprenait ainsi le rôle de Yhwh au sein du système rétributif décrit dans l'Ancien Testament. Nous avons là un premier trait qui permet de distinguer entre différentes doctrines de la rétribution : celle-ci est-elle fondée sur un principe personnel ou impersonnel, sur une instance réactive ou non réactive ? Pour le dire autrement, quel degré de mécanicité y a-t-il dans la chaîne « acte–rétribution » ?

Pour faire un pas de plus dans notre effort de clarification du concept de rétribution, précisons d'autres caractéristiques possibles. En lisant M. Weinfeld, nous avons dit que la rétribution pouvait être collective ou individuelle, immédiate ou différée. Ajoutons d'autres qualificatifs dans notre réflexion sur la notion : elle peut aussi être, selon nous, corporative, transgénérationnelle, strictement terrestre ou posthume.

Le premier qualificatif évoqué ci-dessus (rétribution *collective*) nous paraît très équivoque. J. Krašovec a bien senti l'ambiguïté de cette expression[126]. Il l'utilise pourtant, après avoir donné la définition ce que doit, selon lui, recouvrir l'adjectif de l'expression *rétribution collective* : « l'usage du terme " collectif " doit refléter la structure et le rôle de la société dans l'Israël ancien »[127]. Dans les pages suivantes de son article, cet auteur décrit plus précisémment l'Israël ancien comme une société marquée par une personnalité corporative[128]. Par l'expression *rétribution collective*, il nous semble donc que Krašovec entende une rétribution qui, pour la faute ou le mérite d'un individu ou de quelques-uns, entraîne la punition ou la récompense d'un groupe plus large en raison de l'existence d'une solidarité corporative entre ces personnes et ce groupe. En clair, il s'agit d'une rétribution où un ou plusieurs individus peuvent payer pour une faute, ou bénéficier des effets d'une action méritoire faite par d'autres. Cette compréhension habituelle de l'expression « rétribution collective » nous semble ambiguë. En effet, cette expression peut abriter deux modes de rétribution. Admettons par exemple que, dans un groupe donné, seuls quelques uns des membres soient impliqués dans une faute ou un acte méritoire collectif. Deux modes de rétribution – que l'on appellera dans les deux cas rétribution collective – sont alors possibles : 1) celle des seuls membres impliqués, ou 2) celle de tout le groupe au nom de sa

---

126 Krašovec, « Doctrine », p. 35.
127 Krašovec, « Doctrine », p. 35.
128 Sur cette notion de *personnalité corporative* que nous définirons et utiliserons dans la suite de notre travail, cf. ci-après p. 151.

personnalité corporative. Il ne suffit donc pas qu'un groupe soit puni ou récompensé collectivement, pour que nous soyons dans le cas d'une rétribution collective au sens de Krašovec : encore faut-il que certains membres de ce groupe ne méritent pas la punition ou la récompense en question. Pour lever cette ambiguïté de l'expression *rétribution collective*, nous proposons l'introduction de l'expression *rétribution corporative* pour désigner le mode de rétribution du cas n°2 décrit ci-dessus, tout en gardant l'expression *rétribution collective* pour désigner le mode du cas n°1. L'expression *rétribution corporative* met en effet en avant le lien de solidarité au nom duquel un individu ou un groupe est inclus dans une récompense ou une punition, tandis que l'expression *rétribution collective* continuera de souligner le fait que des individus impliqués ensemble dans une faute ou une action méritoire peuvent être punis ou récompensés ensemble pour cette action. Avec cette terminologie plus précise, nous serons alors à même de distinguer des réalités complexes, par exemple le fait qu'un groupe puisse être puni collectivement sans être dans le cadre d'une rétribution corporative[129].

Cette clarification étant effectuée, essayons maintenant de définir le plus simplement et clairement possible les différents cas de rétribution envisageables. Nous entendrons dans ce travail par *rétribution individuelle* le fait qu'un individu paie *seul* pour sa faute ou au contraire bénéficie *seul* d'une de ses actions méritoires. Par *rétribution collective*, nous entendrons le fait qu'un groupe qui a commis une faute collective – c'est-à-dire une faute où chacun des membres est impliqué – est puni collectivement. Par *rétribution corporative*, nous comprendrons le fait qu'un individu ou un groupe puisse pâtir des fautes ou bénéficier des mérites d'un autre individu ou groupe au nom d'un lien de solidarité, le plus souvent ethnique. Par *rétribution transgénérationnelle*, il faudra entendre le fait qu'une punition ou une récompense se transmet des parents sur les enfants, éventuellement sur plusieurs générations[130]. Une rétribution transgénérationnelle peut, par exemple, être *immédiate ou différée*. Ainsi, la mort de l'enfant né de l'adultère de David et Bethsabée est expliquée par le texte biblique comme une rétribution transgénérationnelle immédiate (2 S 12,13-19). La chute du royaume de

---

129 Cette distinction sera importante lorsque nous aborderons Dt 1,19-46.
130 Dans les livres des Rois, le système rétributif est transgénérationnel *et conditionnel*. Les fils sont punis pour les fautes de leurs pères *uniquement* s'ils perdurent dans le chemin mauvais de ceux-ci. Comme le remarque avec finesse M. Weinfeld, il n'est question d'aucun cas où un roi aurait fait « ce qui est juste aux yeux de Yhwh » et aurait pourtant été puni pour les fautes de ses pères (WEINFELD, *Deuteronomic School*, p. 319).

Juda en raison des péchés de Manassé est quant à elle le fait d'une rétribution transgénérationnelle différée (2 R 23,26-27 ; 2 R 24,3-4). Plusieurs modalités sont encore possibles pour différer la rétribution : celle-ci peut rester *strictement terrestre* ou s'appliquer de façon *posthume*. Le Deutéronome ne comprend aucune rétribution de ce dernier type, mais d'autres livres bibliques y font allusion (cf. par ex. 2 M 7,9 où la résurrection des morts peut être comprise comme telle).

Ces différentes caractéristiques du concept de rétribution indiquent que plusieurs modes sont possibles. Il nous faudra regarder de près, dans le Deutéronome, comment la justice divine est envisagée et quels traits revêt la rétribution de Yhwh lorsque celle-ci, implicitement ou explicitement, s'applique.

Ayant discuté la question du texte à lire, justifié une lecture du livre du Deutéronome en tant que tel, sélectionné les textes concernant des fautes contre Yhwh, fait le point sur les débats existant dans la recherche à propos du traitement des fautes dans ce livre, et clarifié ce que nous entendons par concept de rétribution, nous allons maintenant passer à la phase de la lecture thématique proprement dite (chapitre 3 et chapitre 4). La question qui va guider cette lecture est la suivante : comment sont présentées les différentes fautes d'Israël et quelles conséquences engendrent-elles ? Autrement dit, quelle type de justice divine est à l'œuvre dans le Deutéronome ?

3. Les fautes contre Yhwh et leurs conséquences (1)

Grâce à la détermination de quatre critères, nous avons pu sélectionner les passages traitant de fautes contre Yhwh dans le Deutéronome. Ces textes vont être maintenant l'objet premier de notre étude. Pour revenir un instant sur leur sélection, il nous faut préciser qu'une critériologie est toujours dépendante de son opérateur et doit donc être comprise comme un outil qui n'est pas indiscutable. Nous avons par exemple inclu dans le tableau de sélection deux versets (péricopes n°29 [Dt 11,6] et 61 [Dt 24,9]) évoquant des sanctions de Yhwh consécutives à des fautes du passé, alors même qu'aucun de nos critères n'apparaissait. Cependant, en dépit du fait que quelques péricopes auraient probablement pu trouver leur place dans la sélection alors qu'elles ont été laissées de côté[1], l'outil critériologique dont nous nous sommes doté doit être considéré comme large plutôt qu'étroit. En raison même de cette sélection étendue, nous allons caractériser les fautes par groupes, voir quelles fonctions elles occupent et tenter de déterminer si la théologie de la faute que déploie le Deutéronome possède une certaine homogénéité.

Établir un regroupement et un classement des fautes listées plus haut (cf. tableau p. 96-114) n'est pas chose aisée. Pour y parvenir, il nous semble que deux paramètres essentiels sont à prendre en

---

1   Il suffit par exemple de se souvenir que nous avons sélectionné les deux péricopes Dt 22,22 et 22,23-24 sans avoir retenu Dt 22,25-27 et 22,28-29 pour prendre conscience de la non-exhaustivité de notre sélection. En Dt 22,22-29 se déploie une casuistique décroissante concernant l'adultère et le viol : il est d'abord question d'une relation sexuelle illégitime d'un homme avec une femme mariée, puis avec une jeune femme fiancée en ville, ensuite avec une jeune femme fiancée à la campagne, enfin avec une jeune femme ni fiancée ni mariée. Ces fautes sont sanctionnées de façon décroissante. Dans leur formulation, les deux premières lois (Dt 22,22 ; 22,23-24) satisfont à notre troisième critère de sélection : elles portent sur des fautes qui sont un mal (22,22.24), que nous considérons comme un mal aux yeux de Yhwh. En revanche, les deux dernières (Dt 22,25-27 ; 22,28-29) ne comportent la marque d'aucun des trois critères et nous les avons laissées de côté, alors qu'elles sont de toute évidence de la même veine que les deux premières.

considération : la temporalité du Deutéronome et la place de la faute mentionnée dans la structure du livre.

La temporalité du Deutéronome est assez complexe. L'espace temporel embrassé par le livre va du « jour où Dieu a créé l'homme sur la terre » (4,32), lequel fait partie des « jours premiers » (4,32 : ימים ראשנים), jusqu'à « l'après des jours »[2] (4,30 et 31,29 : באחרית הימים) et « l'avenir » d'Israël (8,16 ; 32,20.29 : אחרית). Cet avenir sera balisé par l'infidélité d'Israël (4,25 ; 29,24 ; 31,29), par la survenue de son malheur (31,29 : וקראת אתכם הרעה ; cf. 29,21-27), c'est-à-dire son extermination, sa diminution et sa dispersion (4,26-27 ; 29,27), puis par sa conversion et son retour (4,29-31 ; 30,1-10)[3]. Entre ces deux pôles temporels extrêmes envisagés par le livre, prennent place un pôle du passé proche et un pôle du futur proche que S.K. Sherwood décrit en regardant la distribution des noms « Égypte », « Sihon », « Og » et « Amaleq » d'une part (pôle du passé proche = exode et conquête de la Transjordanie), et l'expression « la terre que Yhwh... donne » d'autre part (pôle du futur proche = conquête de Canaan)[4]. La distribution des occurrences de ces deux pôles est assez homogène dans le livre, ce qui amène cet auteur à conclure que :

> « les deux phénomènes temporels (passé et futur) sont liés. Les victoires du passé pour lever des obstacles apparemment insurmontables sont

---

2   L'expression באחרית הימים pourrait se traduire littéralement « dans l'après des jours ». La TOB traduit 4,30 et 31,29 par « dans les jours à venir » ; la BJ traduit 4,30 par « à la fin des temps » et 31,29 par « dans l'avenir ». Le mot אחרית est utilisé seul en 8,16 ; 32,20.29 où il désigne simplement « le futur », « l'avenir » du peuple d'Israël et en 11,12 où רשית השנה (« le début de l'année ») est opposé à אחרית שנה (« la fin de l'année »). Il n'y a pas en 4,30 de connotation eschatologique à cette notice temporelle qu'il faut plutôt interpréter contextuellement comme désignant les jours qui succèdent à la détresse (4,30 : בצר לך est parallèle à באחרית הימים). Dans ce sens, cf. VEIJOLA, *Das Fünfte Buch*, p. 109.

3   Nous nous sommes interrogé sur le sens de l'expression כימי השמים על־הארץ ([pour que leurs jours et ceux de leurs fils se multiplient...] autant que les jours où le ciel [sera] au-dessus de la terre) en 11,21. Cette expression ne présuppose-t-elle pas qu'arrivera un moment où le ciel ne sera plus au-dessus de la terre, autrement dit, ne serions-nous pas là en présence d'une allusion à l'*eschaton* envisagé par le livre ? Cependant, la présence de ce type d'expression dans l'adresse d'une lettre d'Adon, roi d'Ashqelon, au Pharaon (« que les jours du Pharaon s'allongent comme les jours du ciel ») et en Ps 72,5.17 ; 89,30 (WEINFELD, *Deuteronomy 1-11*, p. 449) oriente vers une interprétation de cette expression comme signifiant : « pour toujours », « à jamais ». Cette tournure de Dt 11,21 ne révèle donc probablement pas la pensée d'un *eschaton* par le Deutéronome, mais s'apparente plus probablement à une expression comme עד־עולם , לעלם (cf. 5,29 ; 12,28 ; 29,28). Pour une analyse de ces expressions sur l'arrière-fond du Proche-Orient ancien, cf. PAUL, « Psalm 72 :5 ».

4   SHERWOOD, *Lev, Num, Deut*, p. 210.

racontées pour donner de l'espoir à un peuple qui est craintif quant au futur – qui craint de ne pas pouvoir surmonter les obstacles à venir (ou que Yhwh ne tienne pas ses promesses) »[5].

Enfin, au centre des discours de Moïse comme du récit du narrateur, se trouve l'expression temporelle « aujourd'hui » (היום ; היום הזה). Cette notice temporelle peut cacher des contenus variés : la grande majorité des occurrences[6] désignent le moment des paroles de Moïse au pays de Moab (le cadre de ces paroles est planté en 1,1.5) ; quelquefois, l'indication « aujourd'hui » est mise dans la bouche de Moïse dans un discours du passé[7] ou encore apparaît dans un discours direct concernant l'avenir[8] ; enfin, elle peut être utilisée par le narrateur pour désigner le moment même de sa narration (34,6 : ולא־ידע איש את־קברתו עד היום הזה). Les cinq grands moments balisés dans la temporalité du Deutéronome sont donc :

Passé lointain :	création de l'homme par Dieu
Passé proche :	sortie d'Égypte et conquête de la Transjordanie
Présent :	l' « aujourd'hui » des discours de Moïse
Avenir proche :	conquête de Canaan
Avenir lointain :	infidélité, châtiment et conversion des descendants du peuple

L' « aujourd'hui » des discours de Moïse est distinct de l' « aujourd'hui » du narrateur qui peut encore lui-même être différent de celui des lecteurs (cf. 29,13-14), sans exclure cependant que ces plans temporels puissent parfois fusionner. L' « aujourd'hui » de Moïse est massivement qualifié comme le jour où celui-ci donne et ordonne de suivre les commandements de Yhwh (ou autres synonymes : la Torah de Yhwh, le chemin de Yhwh, etc.)[9]. Il s'agit en quelque sorte d'un nouveau יום הקהל, ce jour de la promulgation de la loi à l'assemblée d'Israël à l'Horeb (4,10 ; 5,22 ; 9,10 ; 10,4 ; 18,6). Le יום הקהל orginel,

---

5   SHERWOOD, *Lev, Num, Deut*, p. 211.
6   Dt 1,10 ; 2,22.30 ; 3,14 ; 4,4.8.26.39.40 ; 5,1.3 ; 6,6.24 ; 7,11 ; 8,1.11.19 ; 9,1.3 ; 10,8.13 ; 11,2.4.8.13.26.27.28.32 ; 12,8 ; 13,19 ; 15,5.15 ; 19,9 ; 26,16.17.18 ; 27,1.4.9.10 ; 28,1.13.14.15 ; 29,3.9.11.12.14.17 ; 30,2.8.11.15.16.18.19 ; 31,2.21.27 ; 32,46.48.
7   Dt 1,39 (jour de la faute de Cadès Barnea) ; 2,18.25 (jours compris dans la période de migration du désert vers la Transjordanie) ; 5,24 (jour de l'assemblée à l'Horeb).
8   Dt 20,3 (notice de temps renvoyant à un jour de bataille futur) ; 26,3 (déclaration d'un Israélite arrivé et installé en Canaan).
9   Dt 4,8.40 ; 6,6 ; 7,11 ; 8,1.11 ; 10,13 ; 11,8.13.26.27.28.32 ; 13,19 ; 15,5 ; 19,9 ; 27,1.4.10 ; 28,1.13.14.15 ; 30,2.8.11.16

c'est-à-dire le jour du don de la loi à l'Horeb, est reproduit aux oreilles de la seconde génération du désert par la proclamation de Moïse (5,1-3). Cette proclamation, qui recouvre 5,1-26,19(28,68), est complétée par la proclamation du cantique (האלה הדברים־כל־את en 32,45 désigne la Torah *et* le cantique[10]). Ce יום הקהל devra encore être dupliqué tous les sept ans par les anciens et les fils de Lévi au cours d'une assemblée (31,12 : הקהל) qui doit se tenir l'année de la Remise (שנת השמטה), dans le cadre de la fête des Tentes (31,10-13). Ainsi, le peuple est constitué en une assemblée cultuelle formée par l'écoute de la Torah (cf. 23,2.3.4.9), et la mort du médiateur de cette Torah ne marque pas la fin de sa réception. L' « aujourd'hui » des discours de Moïse se prolonge jusqu'à l' « aujourd'hui » des nouveaux auditeurs / lecteurs de cette Torah.

Cette temporalité du livre au service de l'actualisation de la Torah pour chaque nouvelle génération de lecteurs / auditeurs influe inévitablement sur la présentation des fautes d'Israël. Le Deutéronome possède une forte dimension didactique et édifiante. Son but ultime est l'écoute et la mise en pratique des commandements de la Torah par la seconde génération d'Israël et par celles qui la suivront, y compris au-delà des infidélités du peuple qui ne manqueront pas de se produire. Les fautes du passé sont donc convoquées dans un but pédagogique. Celles de l'avenir sont annoncées avec un accent prophétique[11] afin d'en expliquer la cause par avance et éventuellement d'y porter remède. Il est important de situer les fautes sélectionnées sur l'axe de la temporalité du livre pour voir si la justice divine est envisagée de la même façon selon les temps et les circonstances et quelle corrélation est établie entre passé et futur. À cet égard, nous porterons une attention spéciale à la faute passée de Cades Barnea (1,19-46) et à la corruption future du peuple annoncée en 4,25-28 ; 28,47 ; 28,62b ; 29,21-27 ; 31,16-18.20-21.29.

Le second élément que nous considérons comme crucial pour établir un classement des fautes d'Israël contre Yhwh est leur place dans le livre. Nous avons décrit plus haut[12] une structure synchronique souple (structure de surface) qui souligne la dynamique du livre : après des premières paroles (Dt 1,6–4,43) où Moïse rappelle à la seconde génération du désert la migration depuis l'Horeb, les raisons de la mort de ses pères, la conquête de la Transjordanie et l'exhorte à l'obéissance à la Torah reçue à l'Horeb, Moïse proclame aux oreilles de cette

---

10 Cf. le chapitre 4 de SONNET, *The Book*, p. 117-182, sp. p. 156-167 et 178-180.
11 Cf. SONNET, *The Book*, p. 167.
12 Cf. p. 88.

seconde génération le contenu d'une Torah[13] qui reprend en partie celui de l'alliance de l'Horeb (Dt 4,44-28,68). S'ensuit la conclusion d'une alliance (dite de Moab) entre Yhwh et la seconde génération sur la base des paroles proclamées par Moïse, puis la mise par écrit de ces paroles qui reçoivent l'ajout écrit d'un cantique et sont confiées aux prêtres lévites, avant que le cantique ne soit proclamé au peuple (Dt 28,69–32,52). Enfin, après la bénédiction des douze tribus (Dt 33,1-29), le narrateur conclut en racontant la mort de Moïse (Dt 34).

La structure de ce livre laisse apparaître qu'un très grand nombre de fautes sélectionnées plus haut[14] se situent en Dt 4,44–28,68 (péric. n°8-69). Ces fautes, mentionnées sous forme casuistique, apodicitique ou parénétique, ont pour fonction d'énoncer la norme qu'Israël s'engage à suivre en entrant dans l'alliance en Moab. Israël est sommé d'éviter ces fautes, de ne pas les (re)produire. Puisque Moïse reprend en grande partie le contenu de la Torah de l'Horeb, l'exhortation à éviter ces fautes valait déjà pour les pères. Dt 5,2-3 indique que cette exhortation vaut également pour la génération qui va entrer en Canaan et Dt 29,13-14, qu'elle vaudra pour celles qui la suivront. La prohibition de ces fautes en Dt 4,44–28,68 est donc quasi « intemporelle ». Celles-ci servent à énoncer ou illustrer des lois et des parénèses qui valaient pour les pères et vaudront pour les générations à venir. Nous étudierons au chapitre 4 (section 4.1) ces fautes qui servent d'abord et avant tout à « énoncer la norme » et à exhorter Israël à l'obéissance.

Les rares fautes qui ne font pas partie de ce corpus fondamental prennent un relief spécial. Ce sont 1) la faute de Cades Barnea [Dt 1,19-46 : péric. 1] ; 2) la faute commise par le peuple et qui empêche Moïse d'entrer dans le pays [Dt 3,26 ; 4,21 : péric. 2.5] ; 3) la violation du premier commandement qui doit entraîner l'extermination et la dispersion future du peuple [Dt 4,23-31 ; 29,21-27 ; 31,16-18 ; 31,20-21 ; 31,29 : péric. 7.72.74.75.77] ; 4) la faute présumée de Moïse et Aaron à Mériba-Cades [Dt 32,48-52 : péric. 80] ; 5) la description du peuple comme perpétuellement rebelle [Dt 31,27 : péric. 76]. Nous ne sommes plus ici dans un énoncé normatif de fautes à éviter, mais dans le récit de fautes « historiographiques », c'est-à-dire de fautes rapportées pour elles-mêmes et non pour illustrer une loi ou une parénèse, de fautes qui

---

13 Dans le Deutéronome, le mot Torah renvoie à des contenus différents en 1,5 et en 4,44. En 1,5, le mot comprend Dt 1,6–4,43, tandis qu'il l'exclut en 4,44 (cf. CRÜSEMANN, « Prolégomènes », p. 341-343). La proclamation qui commence en 4,44 est celle d'une Torah « nouvelle » qui comprend en partie celle de l'Horeb mais aussi des éléments nouveaux.

14 Cf. p. 96-115.

ne sont pas intemporelles, mais ancrées dans la trame narrative, à laquelle elles sont nécessaires. Aussi nous y référerons-nous par l'appellation « fautes historiographiques ».

La faute de Cadès Barnéa et la faute présumée de Moïse (et d'Aaron) (Dt 3,26 ; 4,21 ; 32,48-52) sont nécessaires à la trame narrative du Pentateuque et particulièrement importantes dans celle du Deutéronome. Elles n'émargent ni à la loi ni à la parénèse mais au récit par Moïse de ce qui s'est passé depuis l'Horeb. Puisque le sort de Moïse semble lié au refus d'entrer dans le pays qui suit le retour des explorateurs, nous examinerons la théologie de ces fautes dans une même section (chapitre 3, section 3.1).

La violation future du premier commandement et les conséquences inévitables qu'elle devra entraîner (4,23-31 ; 29,21-27 ; 31,16-18 ; 31,20-21 ; 31,29) encadrent de façon stratégique la proclamation de la Torah de Dt 4,44-28,68. Nous ne sommes plus ici dans l'expression d'une normativité à respecter ou de fautes du passé, mais dans l'évocation prophétique[15] du destin du peuple. En conséquence, l'évocation de la corruption future du peuple sera regardée pour elle-même (chapitre 3, section 3.2). Nous y joindrons également Dt 28,47-68, qui envisage la même situation.

Cette future transgression est décrite comme la conséquence d'un état rebelle permanent de la seconde génération du désert, que Moïse décrit en 31,27. Ce constat est important pour la description de la théologie de la faute dans le livre et fera l'objet d'un développement séparé (chapitre 3, section 3.3). Enfin, nous réserverons un traitement spécial au cantique de Moïse (Dt 32,1-43 : péric. 78.79), dont la fonction de témoin contre le peuple durant ses infidélités futures est soulignée (chapitre 4, section 4.2). Celui-ci est en effet à la jonction des fautes passées et futures du peuple, tout en insistant sur son état de révolte permanente. Il se distingue du reste du livre par son écriture poétique, ce qui justifie que nous abordions séparément son apport à la théologie de la faute.

Notre étude des fautes contre Yhwh et de leurs conséquences sera donc répartie sur deux chapitres qui formeront une unité et seront le moment clé de notre étude thématique. Chacune de ces sections doit nous aider à préciser comment est envisagée la justice divine dans le livre du Deutéronome. Cela nous permettra, en dernière analyse, de mettre en contraste sa description habituelle dans le livre avec sa présentation en Dt 9,1–10,11. Cette comparaison sera l'objet de la dernière section du chapitre 4 (section 4.3). Nous serons alors à même

---

15 Cf. p. 131.

de vérifier si l'absence de sanction en Dt 9,7–10,11 est, oui ou non, un *hapax*, et d'essayer de comprendre les raisons de l'absence de punition dans cette péricope.

3.1 La faute de Cades Barnea : une « faute originelle »

La faute dite de Cades Barnea (Dt 1,19-46) est corrélée implicitement avec une faute du peuple dont Moïse se plaint de ce qu'elle va l'empêcher d'entrer dans le pays (1,37). Les causes de la mort de Moïse en Tranjordanie seront à nouveau évoquées en 3,26 ; 4,21 et 32,48-52. En raison du lien ainsi créé entre ces fautes, nous allons les aborder ensemble en justifiant d'abord l'attention spéciale que nous leur accordons (3.1.1), puis en regardant la réflexion théologique sur la faute et la sanction qu'elles ont engendré (3.1.2) et les caractéristiques de la justice divine qui s'en dégagent (3.1.3).

3.1.1 Une faute qui se distingue des autres

Au seuil du Deutéronome, Dt 1,19-46 apparaît clairement comme une rébellion contre Yhwh par la présence de trois marqueurs : signal de l'émotivité divine (v. 34.37), vocabulaire de la violation d'un ordre donné par Yhwh (v. 26 : ותמרו את־פי יהוה אלהיכם) et aveu de sa faute par Israël (v. 41). Cette faute d'Israël contre Yhwh se distingue de l'ensemble des fautes listées dans le Deutéronome de par sa place[16], sa fonction, la façon dont elle est qualifiée et la sanction qu'elle entraîne.

La fonction et la place de cette faute sont liées, car elle est non seulement la première à être rapportée mais aussi la plus développée de tout le Deutéronome (28 versets) après l'affaire du veau (34 versets). Si la grande majorité des fautes recensées dans le Deutéronome illustrent un article de loi ou une parénèse, tel n'est pas le cas de la rébellion de Cades Barnea qui, avec la faute qui entraîne la non-entrée de Moïse dans la terre[17], est une des deux fautes qui jouent un rôle majeur dans la trame narrative du livre. Dt 1,19-46 apporte[18] en effet

---

16 Nous entendons par là non seulement l'emplacement du récit de cette faute – au seuil du livre – mais aussi la place qu'elle y occupe, c'est-à-dire l'étendue de sa narration.

17 Pour autant que ces deux fautes soient distinctes dans le Deutéronome (cf. *infra*).

18 En fait, dans une lecture cursive du Pentateuque, Dt 1,19-46 *redonne* au lecteur / auditeur des informations que la lecture du livre des Nombres lui a déjà

des informations essentielles sur Moïse et sur son auditoire, sans lesquelles le récit de la fin du livre (Dt 31–34) ne pourrait se comprendre.

Cette péricope s'ouvre, après une courte introduction (1,1-5), par un récit des événements qui suivirent le départ de l'Horeb. Un ordre de Yhwh – celui d'entrer dans la terre – marque la mise en route du peuple (1,7-8). Au sortir de l'Horeb, celui-ci est décrit comme florissant : Yhwh l'a multiplié et il est aussi nombreux que les étoiles du ciel (1,10), ce qui justifie l'organisation juridictionnelle du pouvoir judiciaire que Moïse instaure (Dt 1,9-18 ; cp. avec Ex 18,13-27, péricope placée cependant *avant* celle du Sinaï, ainsi qu'avec Nb 11). À cette situation florissante d'un peuple en expansion, signe de bénédiction (1,11), la faute relatée en Dt 1,19-46 met un coup d'arrêt brutal par le verdict de l'élimination d'une génération (Dt 1,35 ; 2,14-15), élimination décrite comme accomplie en 2,16.

La suppression de la première génération du désert a plusieurs incidences. D'une part, elle induit qu'il ne reste de la génération fautive, au moment de l'énonciation du Deutéronome, que Caleb, Josué et Moïse. On peut donc légitimement s'interroger sur ce qu'il en est de l'alliance conclue au Sinaï / Horeb. Reste-t-elle valide pour la deuxième génération ? Est-il nécessaire de la réactiver par une nouvelle cérémonie ? D'autre part, Moïse est encore vivant mais le texte indique qu'il ne passera pas dans la terre, ce qui signifie qu'il est associé à la faute et au sort des hommes de la première génération.

La péricope de la faute de Cades Barnea est donc un carrefour important du livre. D'emblée, elle indique qu'une génération bénie par Yhwh (1,10-11) peut être rebelle et disparaître. Elle précise à quel Israël nouveau s'adresse Moïse en Dt 1,1 (la deuxième génération du désert), où s'arrêtera la mission de celui-ci (avant l'entrée du peuple dans une terre où lui n'entrera pas) et précise qu'il aura un successeur (Josué ; 1,38). Elle décrit les raisons pour lesquelles la conquête du pays peut échouer et Israël ne pas posséder la terre. Elle est le premier tableau d'une mise en miroir de deux sections de Dt 1–3, racontant une tentative malheureuse de conquête (Dt 1,19-46), et une autre heureuse (Dt 2–3)[19]. Cette faute et la sanction du retour au désert qu'elle provoque servent aussi d'appui à des développements parénétiques ou

---

fournies, à savoir que Moïse n'entrera pas dans le pays et que l'auditoire à qui s'adresse Dt 1,1 est la seconde génération du désert. Ces informations répétées en Dt 1,19-46 sont cependant utiles dans la perspective d'une lecture du Deutéronome seul.

19 TIGAY, *Deuteronomy*, p. 7.

narratifs qui font écho dans le corps du livre : Dt 2,7 ; 2,14-16 ; 8,2-4 ; 9,23-24 ; 29,4-5. Le sort de Moïse, lié à celui du peuple en Dt 1,37-38, est à nouveau évoqué en 3,23-28 ; 4,21-22 ; 31,16 ; 32,48-52 ; 34,1-12. Il y a donc une « réverbération » de la faute de Cadès Barnea dans le reste du Deutéronome qui souligne sa fonction structurante.

Cette faute possède donc, au seuil du livre, une place et une fonction narrative majeures. Elle se distingue également du reste des fautes contre Yhwh mentionnées dans le livre, par la façon dont elle est qualifiée et la sanction qu'elle entraîne. La nature du méfait consiste en une rébellion contre un ordre de Yhwh, signe d'un manque de confiance en lui (1,32 : אינכם מאמינם ביהוה ; cf. aussi 9,23 qui qualifie cette faute de façon similaire). Si l'expression מרה היה עם־יהוה-*hiphil* – qui est apparentée à celle que l'on trouve en Dt 1,26.43 (מרה את־פי יהוה) – apparaît ailleurs en Dt 9,7.24 ; 31,27, on ne trouve nulle autre faute décrite comme procédant de la non-foi (אמן-*hiphil*) en Yhwh dans le Deutéronome[20]. Ce motif de la foi en Yhwh, quasiment absent du Deutéronome, traverse en revanche le Tétrateuque, comme le souligne E. Blum :

> « Il commence avec Abraham comme paradigme important (Gn 15,6), détermine ensuite de façon décisive la ligne principale de la composition d'Ex 1–14 (Ex 4,1ss.31 ; 14,31), et finalement introduit en Ex 19,9 (cp. le lien avec Ex 14,31) le thème de la place spéciale de l'homme Moïse, thème qui traverse la péricope du Sinaï. Cette ligne se prolonge en Nb 14 (v. 11) »[21]. La faute de Dt 1,19-46 est donc mise en série avec le manque de confiance des Israélites en Yhwh et en Moïse lors de la sortie d'Égypte. Il ne s'agit pas d'une désobéissance à un commandement positif comme en Dt 9,7–10,11 (violation du premier commandement), mais d'une rébellion devant un ordre divin transmis par Moïse.

La sanction qui en résulte est d'une ampleur rare dans le Pentateuque. Une telle discontinuité dans la chaîne des générations due au jugement divin ne se rencontre qu'à de rares occasions. Le verdict de Yhwh selon lequel un nouveau commencement est nécessaire en raison de la dégénérescence d'une population ou d'une génération entière ne se lit qu'en Gn 6–9 ; Ex 32,10 (// Dt 9,14) et Nb 14,12.21-23.28-35.36-38 (// Dt 1,34-35). L'indication en Dt 1,39 – absente de Nb 13–14[22] – que la seconde génération du désert survivra et entrera dans le pays parce que

---

[20] Nous reviendrons par la suite sur ce motif à propos de sa place dans l'histoire de la composition du Pentateuque, en soulignant notamment le caractère tardif du vocabulaire dérivé de la racine אמן dans cet ensemble (cf. p. 313 et 425).

[21] BLUM, *Studien*, p. 104.

[22] Mais présente en LXX-Nb 13,23 et dans la Peshitta en Nb 14,31 (cf. ci-dessous, p. 142).

ses membres « ne savent pas encore distinguer le bien du mal », laisse supposer que la condamnation de la première génération repose sur son mauvais usage de cette connaissance du bien et du mal, connaissance qui apparaît dans le Pentateuque en Gn 3 (cf. v. 5.7.22). Au plan d'une lecture synchronique du Pentateuque, la faute de Cades Barnea se présente donc, à la suite de Gn 3 et Gn 6–9, comme une discontinuité qui enclenche un nouveau début de l'histoire d'Israël. Et le fait que ce récit soit placé dès le premier chapitre du livre contribue à souligner cette discontinuité et l'espace nouveau qu'il ouvre dans l'histoire du peuple. Pour la seconde génération du désert, parce qu'elle marque la mort de leurs pères et le fait pour eux de devenir l'Israël nouveau qui va entrer dans le pays , cette faute est en quelque sorte une « faute originelle », la faute qui marque l'origine de cette génération.

En résumé, la faute de Cades Barnea se distingue de l'ensemble des autres fautes du livre par les caractéristiques suivantes : elle est l'objet d'un long récit, elle est une des rares fautes à être ancrée dans la structure narrative du livre, elle est l'unique faute qualifiée par un manque de foi envers Yhwh (racine אמן), elle fait l'objet de « réverbérations » dans le reste du livre et, enfin, la sanction qu'elle entraîne est d'une ampleur inégalée depuis le récit du déluge. Tout cela contribue à la distinguer de la série des autres fautes et à souligner sa place à part au sein du livre.

3.1.2 Une faute qui entraîne une réflexion théologique

Cette faute a initié une réflexion sur la justice divine et ses caractéristiques à propos de deux questions principales : Yhwh est-il intervenu directement pour punir le peuple et qui a subi ce châtiment ? Les critiques textuelles et littéraires vont nous permettre d'en discerner les traces.

> À quelle sanction cette faute conduit-elle ?
> Yhwh intervient-il directement dans sa mise en œuvre ?

La sanction consécutive à la désobéissance de Cades Barnea n'est pas exposée de façon très précise en Dt 1,19-46 : les hommes de la génération mauvaise, c'est-à-dire ceux qui viennent de refuser d'entrer dans le pays, *ne le verront pas* (1,35). Cela implique donc une mort au désert sans que les conditions de cette mort ne soient précisées : mort naturelle (de vieillesse) ? Mort par privations (faim, soif) ? Mort par un fléau de Yhwh ? La part prise par Yhwh dans la mort de cette génération n'est pas dévoilée dans ce chapitre 1. Le verdict de Yhwh s'applique en tout cas immédiatement, puisque lorsque les hommes de guerre, malgré le serment de Yhwh (1,34 : וישבע), essaient d'entrer dans le pays, ils sont battus et refoulés par les Amorites. Le pays est désormais devenu inaccessible à cette génération.

La suite du texte ne lève pas complètement l'ambiguïté sur le genre de mort qui doit suivre. En Dt 2,7, il est indiqué que Yhwh a accompagné Israël durant ses quarante ans dans le désert et que ce dernier n'a manqué de rien (לא חסרת דבר), ce qui écarte la possibilité d'une mort par privations. Ces données ne s'accordent que partiellement avec le temps du désert décrit en Dt 8,2-4.14b-16 et 29,4-5 où Yhwh fait connaître la faim et la soif à Israël (8,3 : וירעבך ; 29,5 : לחם לא אכלתם ויין ושכר לא שתיתם) pour l'abaisser (ענה) et le mettre à l'épreuve (נסה). Mais ce traitement « à la dure » entre dans le cadre d'une pédagogie divine (8,5 : יסר) qui ne laisse nullement entendre que Yhwh aurait pour autant laissé le peuple mourir de privations puisqu'il le nourrit de la manne (8,3). La mort de cette génération par privations (faim, soif) est donc exclue.

Dt 2,14-16 donne des précisions supplémentaires, bien que de manière assez répétitive, sur la sanction qui fait suite à la faute de Cadès Barnéa :

> והימים אשר־הלכנו מקדש ברנע עד אשר־עברנו את־נחל זרד שלשים ושמנה שנה עד־תם כל־הדור אנשי המלחמה מקרב המחנה כאשר נשבע יהוה להם: 15 וגם יד־יהוה היתה בם להמם מקרב המחנה עד תמם: 16 ויהי כאשר־תמו כל־אנשי המלחמה למות מקרב העם: 17 וידבר יהוה אלי לאמר: [...]

> Les jours où nous avons marché de Cadès-Barnéa jusqu'à ce que nous ayons passé le torrent du Zéred avait été de trente-huit ans, jusqu'à **l'extinction** du milieu du camp de tous les hommes de guerre, comme Yhwh le leur avait juré. 15 Plus encore la main de Yhwh avait été sur eux pour les chasser du milieu du camp, jusqu'à **leur extinction**. 16 Et voici que lorsque tous les hommes de guerre furent **éteints** par la mort du milieu du peuple, 17 Alors Yhwh me parla et dit [...]

Le verbe המם-*qal* avec Yhwh comme sujet se trouve dix fois dans l'Ancien Testament[23]. Il évoque la panique, la terreur devant Yhwh en

---

23 Ex 14,24 ; 23,27 ; Dt 2,15 ; Jos 10,10 ; Jg 4,15 ; 1 S 7,10 ; 2 S 22,15 ; 2 Ch 15,6 ; Ps 18,15 ; 144,6.

guerre contre ses ennemis. Cette מהומה peut provenir de la « main de Yhwh » (1 S 5,9-11 ; 7,10-13 ; Dt 2,15) qui intervient pour affliger ou galvaniser[24]. Ce verbe appartient selon von Rad à la terminologie des « guerres de Yhwh »[25]. Dt 2,15 souligne donc l'intervention de Yhwh contre son peuple dans le châtiment consécutif à la faute de Dt 1,19-46.

Ce verset pourrait cependant être une addition. Le caractère répétitif de ces trois versets, la présence en Dt 2,15 de la conjonction וגם, souvent utilisée pour des ajouts ou expansions dans les textes[26], ainsi que la possibilité de voir dans le v. 16 une *Wiederaufnahme*[27] du v. 14 plaident dans ce sens. T. Veijola, qui considère également ce verset comme une addition, pense qu'il est issu d'une réflexion théologique qui a voulu rendre explicite l'intervention divine dans la sanction de la désobéissance[28].

Si l'on fait abstraction de ce verset, on se rend compte que le texte constitué des deux versets qui encadrent 2,15 se contente d'indiquer une mort d'Israël par élimination naturelle (2,14 : עד־תם ; 2,16 : ויהי כאשר־תמו כל־אנשי המלחמה למות : « Et voici que lorsque tous les hommes de guerre furent éteints par la mort »).

Des éclairages divers sont donc jetés sur la période des quarante années du désert, période correspondant à la sanction de la faute de Cades Barnea. Il s'agit :
– d'un temps où Israël n'a manqué de rien et où Yhwh a été avec lui (Dt 2,7)
– d'un temps où Israël a connu la faim et la soif dans le cadre d'une pédagogie visant l'écoute et l'obéissance à Yhwh (Dt 8,2-4 ; 29,4-5)

---

24 MÜLLER, Art. » המם «.
25 VON RAD, *Heilige Krieg*, p. 12.
26 Pour ce qui concerne le seul Deutéronome, il semble que cette conjonction soit similairement utilisée pour des additions en 1,28 et en 7,20. Nous verrons en effet par la suite (cf. p. 275 n. 37) que la mention des Anaqim en 1,28, qui commence par la conjonction וגם, est un ajout dans ce récit portant primitivement sur la conquête de la montagne des Amorites. En Dt 7,20, la mention de l'envoi de frelons pour exterminer les populations cananéennes qui se cacheraient est visiblement un ajout s'inspirant d'Ex 23,28. En dehors de l'attache lâche par וגם à ce qui précède, cela se laisse percevoir par le fait que ce verset s'écarte du sujet qui le précède, à savoir l'analogie entre ce que Yhwh a fait à l'Égypte et ce qu'il fera aux peuples du pays où Israël va pénétrer, et par la discordance qu'il crée avec Dt 7,22. Sur le caractère d'addition de Dt 7,20, cf. AURELIUS, *Fürbitter*, p. 25.
27 Sur l'histoire de ce concept d'abord isolé comme phénomène textuel par H. Weiner en 1929, cf. TALMON, « Textual Study », p. 363 n. 174 ; FISHBANE, *Biblical Interpretation*, p. 85 n. 19 ; ou encore SONNET, *The Book*, p. 161-162.
28 VEIJOLA, *Das Fünfte Buch*, p. 49.

- d'un temps qui a permis l'élimination naturelle de la génération des hommes de guerre qui ont fini par mourir (2,14.16)
- d'un temps où Yhwh a agi – de façon similaire à son action lors des « guerres de Yhwh » – pour faire disparaître la génération des hommes de guerre (Dt 2,15)

Ces différents éclairages sont-ils compatibles ? Au plan diachronique, nous sommes ici très probablement face à des lectures diversifiées de la période du désert. Cependant, tenus ensemble synchroniquement, ces éclairages donnent une image complexe de cette période comme étant un temps où Yhwh a agi (2,15 : יד־יהוה, המם-*qal*) pour faire disparaître la génération fautive sur la longue durée, tout en étant présent à elle de façon bienveillante (2,7) et rigoureuse (8,2-4 ; 29,4-5). Il apparaît donc que la sanction de la faute de Cades Barnea est le lieu d'un débat théologique souterrain dans le Deutéronome entre des strates d'écritures distinctes qui cherchent à préciser, d'une part, si Yhwh a agi lui-même pour décimer Israël ou s'il a laissé les fautifs mourir de mort naturelle, et d'autre part, s'il a manifesté de la bienveillance ou de la rigueur vis-à-vis du peuple pendant les 38 ans qui ont suivi la faute de Cades Barnea.

Qui doit mourir ?

Une lecture serrée de Dt 1,19-46 révèle non seulement des vues contrastées sur le rôle qu'a joué Yhwh dans la mise en œuvre de la sanction, mais aussi un débat sur les membres du peuple passibles ou non de châtiment, plus précisémment sur l'âge à partir duquel doit être délimitée la seconde génération et sur le sort des dignitaires du peuple.

Génération entière ou hommes de guerre seuls ? Quelle limite d'âge sépare la première de la seconde génération du désert ?

La faute de Cades Barnea est collective. Les explorateurs ont entraîné le peuple dans leur refus (1,28 : אחינו המסו את־לבבנו) et c'est donc leur génération (1,35 : הדור הרע הזה ; 2,14 : הדור אנשי המלחמה) qui va faire les frais de cette désobéissance. Cependant, plusieurs questions se posent, et tout d'abord : qui exactement fait partie de cette génération fautive ?

C. Steuernagel[29] comprend le syntagme « hommes de guerre » en 2,14 comme une « apposition limitative » (*eine einschränkende Apposition*).

---

29 STEUERNAGEL, *Deuteronomium*, p. 9.

E. König[30] refuse cette interprétation au motif que, si tel était le cas, seuls les guerriers seraient compris dans la punition. On le voit, il est donc possible de comprendre le syntagme הדור אנשי המלחמה en Dt 2,14 comme renvoyant soit aux seuls hommes de guerre, soit plus largement à tous leurs contemporains (par métonymie)[31].

L'indication הדור הרע הזה (1,35) est absente de la LXX et est souvent considérée comme une addition[32]. Elle s'inscrit probablement dans la même problématique. De nombreux commentateurs voient en elle une glose visant à éviter que le lecteur puisse penser que la sanction retombe sur les seuls explorateurs[33]. Des deux fonctions possibles de cette glose – souligner le caractère générationnel de la punition ou la méchanceté [רע] des opposants à l'entrée dans le pays –, la première paraît effectivement plus probable, la réaction divine en 1,34 ayant déjà montré que les récriminations du peuple étaient mauvaises[34].

Le texte précise encore les contours de la seconde génération en Dt 1,39, dans un verset où TM, LXX et Pentateuque samaritain divergent de façon significative : les propositions relatives אשר לא־ידעו היום טוב ורע et אמרתם לבז יהיה sont respectivement absentes de la LXX[35] et du Pentateuque samaritain.

---

30 KÖNIG, *Deuteronomium*, p. 73.
31 L'étymologie sous-jacente au terme hébreu דור est probablement l'idée de « cercle » et de « cycle », et donc par extension de « cycle chronologique », de « cercle de personnes », d' » assemblée » et de « génération » (FREEDMAN, Art. « דור »). Le mot peut donc être entendu dans un sens horizontal (assemblée, groupe) ou vertical (génération). Dans le Deutéronome, sur les dix occurrences du mot, l'usage est clairement générationnel en Dt 7,9 (« mille générations ») ; 23,3.4 (« dixième génération ») .9 (« troisième génération ») ; 29,21 (« voici ce que dira la génération suivante, *vos fils qui se lèveront après vous* ») ; 32,5 (« ils ne sont plus *ses fils*, c'est une génération pervertie et dévoyée ») .7 (« *remonte le cours des années*, de génération en génération, *demande à ton père*, et il te l'apprendra, *à tes anciens*, et ils te le diront ») .20 (« c'est une génération pervertie, *des fils* en qui on ne peut avoir confiance »). Le mot דור doit, nous semble-t-il, être également compris dans le sens de « génération » en Dt 1,35 et 2,14, en raison des précisions apportées par Dt 1,39 (cf. *infra*).
32 Avec raison selon nous : elle est absente de la LXX et rompt le rythme de la phrase, rejetant le complément d'objet loin du verbe (cf. les auteurs cités n. 33).
33 Entre autres DILLMANN, *Bücher*, p. 239 ; BERTHOLET, *Deuteronomium*, p. 6 ; STEUERNAGEL, *Deuteronomium*, p. 6 ; DRIVER, *Deuteronomy*, ²1896, p. 25-26 ; CRAIGIE, *Deuteronomy*, p. 104 ; MAYES, *Deuteronomy*, p. 132 ; WEINFELD, *Deuteronomy 1-11*, p. 147 ; VEIJOLA, *Das Fünfte Buch*, p. 30 n. 118.
34 *Pace* S. Mittmann, qui voit dans cette glose une harmonisation du texte avec Dt 2,14b (MITTMANN, *Deuteronomium*, p. 37).
35 Dans LXX Dt 1,39, il est difficile de savoir si παιδίον νέον traduit טף ou בן. La caractérisation de cet enfant comme ne connaissant pas encore le bien et le mal invite

Il faut reconnaître, avec A. Dillmann, S.R. Driver ou encore S. Mittmann[36] que la présence en TM Dt 1,39 de ובניכם אשר peu après וטפכם אשר est quelque peu tautologique. C. Steuernagel[37] propose de considérer אשר לא־ידעו היום וטפכם אשר אמרתם לבז יהיה et טוב ורע comme deux ajouts dans une phrase qui devait donc être originellement : ובניכם המה יבאו שמה ולהם אתננה והם יירשוה.
Pour cet auteur, le premier ajout provient de Nb 14,31 et harmonise Dt 1 et Nb 13–14, tandis que le second donne la raison pour laquelle les enfants ne sont pas punis pour la faute de Cadès Barnea.

Il semble assez probable que וטפכם אשר אמרתם לבז יהיה provienne effectivement de Nb 14,31, où cette affirmation fait système avec Nb 14,3, alors qu'elle est isolée en Dt 1. Il est, en revanche, difficile de préciser quelle clause précède l'autre dans l'histoire du texte. Les manuscrits attestent des tentatives d'harmonisation dans les deux sens entre Nb 13–14 et Dt 1,19-46, puisque si וטפכם אשר אמרתם לבז יהיה de Dt 1,39 provient certainement de Nb 14,31, la présence de l'indication « leurs enfants qui ne connaissent pas encore le bien ni le mal » de LXX Nb 14,23 et de la Peshitta[38] en Nb 14,31 provient très probablement de Dt 1,39[39].

La tradition manuscrite laisse donc percevoir le TM comme tissé d'insertions donnant des précisions complémentaires sur l'identité et l'âge de la seconde génération du désert. Chacune des clauses du v. 39 donne seulement un âge approximatif. Si l'on suit la clause וטפכם אשר אמרתם לבז יהיה, cet âge est celui d'individus qui ne peuvent pas encore porter les armes[40], tandis que l'on déduit de אשר ובניכם

à voir dans ces termes la traduction de בן, mais pourquoi alors le mot υἱός a-t-il été évité ?

36 DILLMANN, *Bücher*, p. 240 ; DRIVER, *Deuteronomy*, ²1896, p. 28 ; MITTMANN, *Deuteronomium*, p. 37.
37 STEUERNAGEL, *Deuteronomium*, p. 6.
38 Nous faisons ici référence au *Codex Ambrosianus* et à la polyglotte de Londres (B. Walton).
39 Cf. l'apparat critique de la BHS ainsi que AUSLOOS, « LXX Num 14 :23 ». Dans cet article, l'auteur souligne le processus d'harmonisation qui a eu lieu entre LXX-Nb 14,23 et TM-Dt 1,39, la présence de ἀλλ' ἢ τὰ τέκνα αὐτῶν ἅ ἐστιν μετ' ἐμοῦ ὧδε ὅσοι οὐκ οἴδασιν ἀγαθὸν οὐδὲ κακόν πᾶς νεώτερος ἄπειρος τούτοις δώσω τὴν γῆν dans la *Vorlage* de LXX-Nb 14,23 provenant très vraisemblablement de TM-Dt 1,39.
40 Si le mot טף désigne ici des enfants, il est à noter que dans la BHS, טף peut désigner d'autres individus. Il peut inclure les femmes, les enfants, les personnes âgées, les esclaves (Gn 43,8 ; 47,12.24 ; 50,8.21 ; Ex 10,10.24 ; 12,37 ; Nb 31,17-18 ; 32,16-17.24 ; Jg 18,21 ; 2 S 15,22 ; Esd 8,21), autrement dit une catégorie habituellement inapte à la guerre, qui se distingue des « hommes de guerre » (Gn 45,19 ; 46,5 ; Nb 16,27 ; 32,26 ;

לא־ידעו היום טוב ורע qu'il peut être, selon les commentateurs, soit celui du sevrage d'un enfant, soit celui de son accession à la raison morale[41]. Les âges auxquels renvoient ces deux clauses ne sont pas nécessairement incompatibles. Ils s'opposent d'autant moins que celles-ci restent imprécises. C'est finalement en Nb 14,29 que l'âge séparant les deux générations du désert est le plus précis puisqu'il est fixé à vingt ans et au-delà (cf. Nb 1,3).

L'ajout de הדור הרע הזה (1,35) d'une part et assez probablement de וטפכם אשר אמרתם לבז יהיה (1,39) d'autre part attestent que l'on a tenté de lever les ambiguïtés du texte. Il s'agissait avec la première glose de préciser que toute la génération fautive a dû mourir au désert, et non pas seulement les seuls « hommes de guerre » désignés en 2,14. L'ajout de 1,39, quant à lui, visait probablement à préciser la ligne de démarcation entre première et seconde génération du désert, le mot וטפכם désignant des enfants qui ne sont pas en âge

---

Dt 2,34 ; 3,6.19 ; 29,10 ; 31,12 ; Jos 1,14 ; 8,35 ; Jg 21,10 ; Est 8,11 ; Jr 40,7 ; 41,16 ; 43,6) et peut être considérée comme butin (Gn 34,29 ; Nb 14,3 ; 31,9 ; Dt 20,14). Cette indétermination relative du mot pourrait éventuellement expliquer l'introduction de la précision qui suit en Dt 1,39 (ובניכם אשר לא־ידעו היום טוב ורע). En 2 Ch 20,13 et 31,18, le terme est également précisé par des gloses : גם־טפם נשיהם ובניהם ובנותיהם (Rudolph, *Chronikbücher*, p. 260 ; 306). En Dt 1,39, טף est donc à comprendre comme désignant les enfants qui n'ont pas encore l'âge de porter les armes, par opposition aux hommes de guerre (2,14).

41 À quel âge la clause ובניכם אשר לא־ידעו היום טוב ורע renvoie-t-elle ? Dans la BHS, le parallèle le plus éclairant se trouve en Is 7,15-16, dans l'oracle dit « de l'Emmanuel » : « De crème et de miel il se nourrira, jusqu'à ce qu'il sache rejeter le mal (רע) et choisir le bien (טוב). Avant même que l'enfant sache rejeter le mal (רע) et choisir le bien (טוב), elle sera abandonnée, la terre dont tu crains les deux rois ». Deux interprétations principales de l'âge de l'enfant en ce passage ont été proposées : l'une soutient que l'âge où l'enfant est capable de rejeter le mal et choisir le bien est celui du sevrage ; l'autre avance que l'âge en question est celui de la raison morale. Selon G. Gray, qui prend position pour l'âge du sevrage, il faut comprendre ici l'âge où l'enfant est capable de faire la différence entre ce qui est ingérable (le bon) et ce qui ne l'est pas (le mauvais). Cela renvoie donc à un enfant sevré, même tardivement, c'est-à-dire un enfant de deux ou trois ans (cf. 2 M 7,27). Cet auteur connaît la position qui consiste à considérer que l'âge en question est celui de la raison morale. Mais l'analogie fournie en Is 8,4 plaide selon lui suffisamment clairement en faveur d'un enfant de deux ou trois ans en Is 7,15-16 (Gray, *Isaiah I-XXXIX*, p. 131). Selon H. Ewald, qui plaide en faveur de l'âge de raison, cela renvoie à un enfant qui a entre dix et vingt ans (Ewald, *Jesaja*, p. 343). Il nous semble que pour Is 7,15-16, la position prenant partie pour l'âge d'un enfant sevré présente les arguments les plus solides, arguments tirés essentiellement du contexte en Is 7–8. Aussi ne serait-il pas de bonne méthode d'extrapoler ces conclusions pour les appliquer à Dt 1,39. Il paraît plus sage de ne voir ici qu'une indication sur l'irresponsabilité morale de ces fils et non pas sur un âge fixé très précisémment (*pace* Dillmann, *Bücher*, p. 240 ; Driver, *Deuteronomy*, ²1896, p. 28).

de porter les armes, ce que Nb 14,29 explicitera clairement. Avec ces gloses, la tradition manuscrite montre que la réflexion sur les conséquences de la faute de Cadès Barnéa s'est exercée non seulement sur le rôle de Yhwh dans la mise en œuvre de la punition, mais aussi sur la délimitation dans le peuple de ceux qui devaient être frappés par la punition et ceux qui devaient en réchapper. Un autre volet de la réflexion est encore perceptible dans la description du sort de quelques chefs du peuple.

Le sort de Caleb, Moïse et Josué

Aussitôt après que, dans une formule de serment, Yhwh a exprimé son verdict (1,35), deux exceptions (Caleb et Josué) et un cas particulier (Moïse) viennent restreindre le champ de la sentence et donc atténuer cette dernière. Là encore, nous sommes devant les marques d'une réflexion sur la justice divine et sur la portée de la sentence de Yhwh (v. 35).

Une lecture synoptique du Deutéronome et du Tétrateuque fait état pour ces v. 36-38 de divergences repérées à maintes reprises par la recherche :
- Caleb, dont le rôle était majeur en Nb 13–14, est mentionné comme en passant en Dt 1,19-46, sans introduction du personnage ;
- Moïse est condamné à subir une punition absente de Nb 13–14, semblant injustifiée en Dt 1 au regard de son plaidoyer pour que le peuple obéisse à Yhwh (Dt 1,29-31), et liée ici à la faute commise par le peuple à Cadès Barnéa, tandis qu'elle est liée en Dt 32,48-52 à une faute personnelle perpétrée à Mériba-Cadès ;
- Josué n'a plus le rôle d'explorateur qu'il avait en Nb 13–14, et son entrée dans le pays semble désormais due avant tout au besoin de trouver un successeur à Moïse plutôt qu'à son obéissance à Yhwh.

Ces différences entre Tétrateuque et Deutéronome ont souvent été interprétées dans le cadre de théories diachroniques[42]. N'est-il pas cependant possible de les intégrer dans une lecture synchronique du Pentateuque ?

J.-P. Sonnet[43] a tenté l'expérience à propos des raisons de la non-entrée de Moïse dans le pays, lesquelles raisons divergent a priori entre

---

42   Cf. encore récemment OTTO, *Pentateuch und Hexateuch*, p. 17-109 ; ACHENBACH, « Erzählung », p. 56-123.

43   SONNET, *The Book*, p. 185-192.

Dt 1,37-38 ; 3,26 ; 4,21-22 d'une part et Nb 20,12 ; 27,14 et Dt 32,51 d'autre part. Il commence par souligner qu'un paramètre narratif majeur est à prendre en compte : la différence de niveau de narration. Les versets du Deutéronome (1,37 ; 3,26 ; 4,21) sont en effet exprimés par un locuteur second, une voix humaine qui est celle de Moïse, tandis qu'en Nb 20,12 ; 27,12-14 et Dt 32,48-52, le locuteur premier du récit, le narrateur omniscient, reproduit la voix de Yhwh dans un discours direct[44]. Cette différence est importante, avance Sonnet, car elle induit une différence de fiabilité. La combinaison des voix du narrateur et de Yhwh en Nb 20,12, 27,12-14 et Dt 32,48-52 fournit au lecteur un point de référence « autorisé », auquel il peut être fait appel pour évaluer la version des faits rapportée par Moïse. Le motif avancé par ce dernier pour justifier sa non-entrée dans le pays (1,37 : בגללכם ; 3,26 : למענכם ; 4,21 : על דבריכם) est absent des discours de Yhwh : cette raison appartient donc à l'appréciation et à la compréhension propre que possède Moïse de l'événement qui fera qu'il ne traversera pas le Jourdain.

Faut-il pour autant considérer que les versets qui ont Moïse pour locuteur cherchent délibérément à dissimuler la part de responsabilité de celui-ci en reportant la faute sur le peuple ? J.-P. Sonnet ne le pense pas. Jusqu'en Nb 20, avance-t-il, le lecteur du récit peut légitimement penser que Moïse est inclus dans la sanction qui frappe le peuple en Nb 14, puisque seuls Caleb et Josué ont été explicitement disculpés. Ce n'est qu'avec l'épisode de Nb 20,1-11 qu'est superposée à Nb 13–14 une raison propre à Moïse (et Aaron) pour laquelle le médiateur d'Israël mourra en Transjordanie (avoir frappé le rocher et donc s'être écarté des ordres donnés par Yhwh[45]). Le fait que Moïse ne mentionne en Dt 1,37 ; 3,26 et 4,21 que la première des deux raisons justifiant sa mort en Transjordanie peut aussi être vu comme « une façon de contourner un incident très personnel et humiliant qui se rapporte à son appel spécifique – sa vocation de médiateur des paroles de Yhwh »[46].

---

44 Cette différence de niveau d'élocution est également soulignée par O. Artus : « [l]es récits du Deutéronome permettent de bien distinguer le point de vue de Moïse de celui du narrateur : c'est en effet Moïse qui, dans les discours de Dt 1,37 ; 3,26-27 ; 4,21, expose sa propre théorie et rejette sur le peuple la responsabilité de la sanction qui le touche » (ARTUS, *Études*, p. 239). Plus loin dans la même page, l'auteur écrit à propos de Dt 1,37 ; 3,26-27 ; 4,21 qu'il s'agit de « " plaidoyers pro domo " de Moïse ».
45 Cette explication de la faute de de Moïse est fréquemment et majoritairement avancée dans la recherche. Pour une liste commentée des différentes interprétations de cette mystérieuse « faute » de Moïse, cf. ARTUS, *Études*, p. 215-217.
46 SONNET, *The Book*, p. 190.

La lecture synchronique de J.-P. Sonnet rapproche donc les données de Nb 13–14 ; 20 ; Dt 1,19-46 ; 3,23-28 ; 4,21-22 ; 32,48-52 en proposant la chronologie suivante : en Nb 13–14, Moïse est implicitement inclus dans la sanction qui doit frapper le peuple (ne pas entrer dans le pays) ; en Nb 20, une faute personnelle de Moïse et d'Aaron se superpose à celle de Nb 13–14 et le verdict de Yhwh est définitif : Moïse et Aaron n'entreront pas dans le pays ; en Dt 1,37, Moïse donne sa propre version des faits et occulte ce qui s'est passé en Nb 20 : selon lui, c'est à cause du peuple qu'il n'entrera pas dans le pays ; ce point de vue sur la raison de sa mort en Transjordanie est répété en 3,26 et 4,21 ; enfin, en Dt 32,48-52, Yhwh répète le discours déjà tenu en Nb 20,12 et 27,12-14 pour aider le personnage Moïse à accepter une relecture plus lucide de ses propres défaillances et se préparer à la mort[47].

La lecture minutieuse des textes proposée par J.-P. Sonnet postule que les points de vue[48] sur la faute de Cades Barnea et ses conséquences diffèrent en fonction des personnages ou du narrateur[49]. Cette lecture ne résout pas pour autant les tensions repérées depuis longtemps par la recherche historico-critique et n'unifie pas les différents points de vue en une unique théologie de la faute dans les péricopes traitant des raisons de la mort de Moïse en Transjordanie. Elle attribue les discours en tension à différentes instances d'énonciation (narrateur, personnages) et ce faisant, apporte l'élément nouveau de la hiérarchisation des points de vue en tension, par l'introduction de la catégorie de fiabilité des différents locuteurs (*reliability*[50]). Selon cette lecture, le point de vue qui doit s'imposer au lecteur est, en toute

---

47 « Maintenant qu'il a achevé sa mission de médiateur de la Torah et transmis le chant redoutable, Moïse est prêt à entendre des vérités abruptes sur sa vie et sa mort » (SONNET, *The Book*, p. 192).

48 Sur la notion de « point de vue » en analyse narrative, cf. ASURMENDI, *Regards*.

49 On peut se demander si une telle différenciation s'applique réellement aux textes de l'Antiquité, ou s'il ne s'agit pas plutôt d'un phénomène typique de la littérature moderne et post-moderne, qui signalerait alors une limite à la transposition des méthodes de lecture développées dans le cadre du roman moderne, comme l'analyse narrative, aux textes de l'Antiquité. Autrement dit, cela pose deux questions : l'existence ou non d'une stratégie synchronique narrative des éditeurs de la Torah (intention d'écriture) et la question de savoir s'il est légitime d'en faire l'exégèse hors de toute référence à cette intention d'écriture. Dans le cas de la double interprétation des causes de la mort de Moïse – divine et mosaïque –, les deux points de vue sont conservés et juxtaposés, sans être articulés. Aucun d'eux ne fait référence à l'autre. Cela indique paradoxalement que chacun d'eux doit être pris en compte dans la lecture tout en mettant en question l'existence d'une stratégie narrative globale, puisqu'ils ne sont pas articulés.

50 SONNET, *The Book*, p. 188.

logique, celui du narrateur omniscient et de Yhwh. Autrement dit, le texte subordonnerait l'expression – dans la bouche de Moïse – d'une punition collective touchant un leader innocent à l'expression d'une rétribution individuelle pour une faute effectivement commise par lui.

En pratiquant ce type de lecture holiste, J.-P. Sonnet n'entend pas pour autant nier la validité d'une solution de type « histoire de la rédaction » pour expliquer la présence de deux justifications de la mort de Moïse en Transjordanie[51]. Il faut en effet reconnaître que Dt 1 présente dans ces versets 36-38 un relief diachronique que nous allons maintenant décrire[52].

Nous observons d'abord la présence, au milieu d'un discours de Yhwh (Dt 1,35-40), d'une prise de parole de Moïse impromptue et démunie d'introduction (1,37-38). Le v. 39 se présente en effet comme le pendant du v. 35 et comme sa suite logique : les hommes de cette génération perverse n'entreront pas dans le pays, tandis que leurs enfants eux y entreront. Dt 1,35 et 1,39 sont désormais séparés par les v. 36-38. Cela nous conduit à conclure avec G.A. Smith que les v. 37-38 « anticipent inutilement 3,26.28 ; 4,21 »[53] et doivent être considérés comme interpolés à cet endroit[54]. Le but de cet ajout est probablement de rendre explicite le fait que Moïse est lui aussi englobé dans la sanction qui frappe le peuple.

Le verset précédant cette insertion, qui précise la situation de Caleb, est également souvent jugé comme un ajout. La mention de Caleb intervient effectivement sans aucune présentation préalable dans le Deutéronome, ce qui plaide en faveur de son caractère d'ajout harmonisant en provenance de Nb 13–14, où la figure de Caleb trouve un meilleur enracinement. Ces observations invitent donc à voir, avec

---

51 « The question now is whether the contrasting views of Moses' non-crossing, *coherently explained from a genetic perspective,* also have a narrative rationale » (SONNET, *The Book*, p. 188 ; les italiques sont nôtres).

52 La solution de type « histoire de la rédaction » avancée par la recherche a longtemps consisté à voir en Dt 1,37-38 ; 3,26 ; 4,21 un motif dtr et en Nb 20,12-13 ; 27,12-14 ; Dt 32,48-52 le fruit d'une écriture sacerdotale (cf. par exemple NOTH, *Studien*, p. 190-192). Depuis que L. Perlitt a mis en doute la présence de P dans le Deutéronome (PERLITT, « Priesterschrift »), cette solution est en cours de reévaluation. E. Otto propose par exemple de distribuer ces textes entre ses rédactions hexateucale (HexRed) et pentateucale (PentRed) : Nb 20,12-13 : HexRed ; Nb 27,12-14 : ajout de l'école de la PentRed ; Dt 1,37-38 : HexRed ; Dt 3,26 : HexRed ; Dt 4,21 : PentRed ; Dt 32,48-52 : HexRed.

53 SMITH, *Deuteronomy*, p. 25.

54 Parmi les auteurs qui considèrent Dt 1,37-38 comme un ajout : DILLMANN, *Bücher*, p. 239-240 ; SMITH, *Deuteronomy*, p. 25 ; MAYES, *Deuteronomy*, p. 132 ; WEINFELD, *Deuteronomy 1-11*, p. 150.

un grand nombre de commentateurs[55], les trois versets 36-38 comme constitués de deux insertions : v. 36 ; v. 37-38.

Lequel de ces ajouts est-il antérieur à l'autre ? Trois indices nous aident à répondre à cette question. L'introduction du v. 37 nous donne une première indication : גַּם־בִּי הִתְאַנַּף יהוה. L'ordre classique de la phrase hébraïque aurait dû être, dans ce cas précis : וְהִתְאַנַּף יהוה בִּי. L'inversion et l'ouverture de la phrase par le complément permet ici de mettre l'accent sur Moïse, objet de l'irritation divine, irritation située dans le prolongement de la colère décrite au v. 34 (וַיִּקְצֹף וַיִּשָּׁבַע לֵאמֹר) et justifiant la punition du peuple (v. 35). L'introduction du v. 37 repose donc directement sur les informations données au v. 34-35 et les prolonge. Elle se trouve en revanche en porte-à-faux vis-à-vis du v. 36 qui exprime pour sa part une mesure de clémence, si bien que le גַּם־בִּי du v. 37 ne s'explique pas bien après le v. 36. Ce dernier verset ne pouvait cependant pas être placé ailleurs puisqu'il a pour contenu une exception qui trouve logiquement sa place après l'expression de la punition générale (v. 35). Cette observation montre donc que les v. 37-38 devaient, dans un état textuel antérieur, suivre directement le v. 35 avant d'en être séparés par l'ajout ultérieur du v. 36. Un deuxième indice soutient cette position. Si l'on cherche à quel antécédent renvoie le suffixe à la troisième personne du féminin singulier de יִנְחָלֶנָּה (v. 38), deux possibilités se présentent. On peut considérer que ce suffixe renvoie à אֶת־הָאָרֶץ אֲשֶׁר דָּרַךְ־בָּהּ du v. 36 ou à אֶת הָאָרֶץ הַטּוֹבָה אֲשֶׁר נִשְׁבַּעְתִּי לָתֵת לַאֲבֹתֵיכֶם du v. 35. Il faut à notre avis préférer la seconde solution, car il n'est pas possible que Josué donne en patrimoine à Israël la terre que Caleb a foulée (= Hébron). Dt 1,38 se rattache donc à Dt 1,35 par dessus le v. 36. Il semble donc qu'inséré après coup, ce dernier verset ajoute de la confusion puisqu'il oblige le lecteur de יִנְחָלֶנָּה à se demander à quoi renvoie exactement le suffixe de ce verbe. Enfin, un troisième et dernier indice confirme cette conclusion. À la fin du v. 36, la mention אַחֲרֵי יהוה perturbe la lecture : comme le montre l'apparat critique de la BHS, la logique aurait voulu que le texte porte la marque de la première personne du singulier (אַחֲרָי). En fait, cette particularité s'explique si l'on remarque que le verset suivant commence par גַּם־בִּי. Si le discours direct de Yhwh s'était terminé au v. 36 par אַחֲרָי, il y aurait alors eu télescopage avec le discours direct de Moïse commençant par גַּם־בִּי au v. 37 : le lecteur aurait été dérouté quant au locuteur (Yhwh ou Moïse ?). Il est tout à fait

---

[55] STEUERNAGEL, *Deuteronomium*, p. 6-7 ; BERTHOLET, *Deuteronomium*, p. 6 ; HÖLSCHER, « Komposition », p. 163 n. 1 ; BROWN, *Book*, p. 21 ; VON RAD, *Das Fünfte Buch*, p. 29 ; VEIJOLA, *Das Fünfte Buch*, p. 40-41.

plausible que la mention אחרי יהוה du v. 36 ait été ainsi formulée pour éviter la confusion quant aux locuteurs des v. 36 et 37. Si tel est le cas, cela signifie que le v. 36 est plus récent que le v. 37. Ce troisième indice renforce donc l'hypothèse soutenue : le v. 36 a très probablement été inséré après que les v. 37-38 aient eux-mêmes pris place de façon secondaire dans le récit.

Que changent ces additions à la théologie de la faute dans le récit de Cades Barnea ? Avec J.G. Plöger, il faut reconnaître que les insertions des v. 36.37-38 affaiblissent la sentence portée contre le peuple[56]. Celui-ci n'est plus entièrement coupable et compte en son sein un « homme juste » qui a montré une totale obéissance à Yhwh. C'est le sens de la tournure מלא אחרי יהוה-*piel*[57]. La « suite de Yhwh » (אחרי יהוה) dont fait preuve Caleb en 1,36 peut être rapprochée de la seule autre occurrence de la tournure « *verbe* + אחרי יהוה » dans le Deutéronome, à savoir 13,5 (אחרי יהוה אלהיכם תלכו ואתו תיראו ואת־מצותיו תשמרו ובקלו תשמעו ואתו תעבדו ובו תדבקון). Dans ce verset, « marcher derrière Yhwh » est opposé à la suite d'autres dieux, et c'est la crainte, le respect, l'écoute, le service et l'attachement à Yhwh qui sont requis.

L'obéissance qu'il a manifestée va donc permettre à Caleb d'éviter la sanction commune, de posséder le sol qu'il a foulé – c'est-à-dire Hébron –, et que possèderont ses descendants (v. 36a : ולבניו). S. Mittmann s'étonne de cette mention des fils de Caleb au v. 36 : « D'abord, on ne comprend pas bien pourquoi, à côté de Caleb, ses fils sont également mis en avant alors qu'ils devraient être compris dans la totalité des enfants du v. 39 »[58]. Cette redondance peut cependant être lue comme une façon de rendre explicite et de souligner la transmission générationnelle des bénéfices de l'acte « méritoire » de Caleb, qui a fidèlement suivi Yhwh.

L'addition concernant Caleb élargit ainsi l'horizon de lecture du texte. Elle fournit la seule allusion du Deutéronome à cet ancêtre éponyme d'un clan de la tribu de Juda situé à Hébron (Jos 14,6-15 ; 15,13-19), territoire dont la possession est justifiée par son rôle d'éclaireur fidèle aux ordres de Yhwh (Nb 14,24 ; Dt 1,36 ; Jos 14,9). Le « mérite » de Caleb ne déborde pas les limites de son clan (v. 36a :

---

56 PLÖGER, *Untersuchungen*, p. 43.
57 Littéralement « il a rempli après Yhwh » ou « il a accompli à la suite Yhwh », c'est-à-dire il a été parfaitement loyal à Yhwh (cf. aussi Nb 14,24 ; 32,11.12 ; Jos 14,8.9.14). Sur ce point, cf. par ex. WEINFELD, *Deuteronomy 1-11*, p. 150. Cette tournure est employée dans un sens négatif en 1 R 11,6.
58 MITTMANN, *Deuteronomium*, p. 39.

ולבניו ; Nb 14,24 : וזרעו), mais il englobe ses descendants. Nous sommes donc là en présence d'une rétribution positive (récompense) transgénérationnelle.

La seconde addition (v. 37-38) vise à rendre manifeste que Moïse est bien inclus dans le châtiment qui frappe le peuple (v. 35) et à remédier à sa succession. S.R. Driver[59] constate que certains critiques considèrent 1,37 comme une allusion à Nb 20,1-11[60]. Il s'oppose avec force à cette position[61]. Il est vrai que ce verset établit une connexion – certes implicite – avec la rébellion toute récente du peuple (בגללכם) plutôt qu'avec Nb 20,1-11[62]. J. Tigay indique d'ailleurs qu'une allusion de ce type se trouve en Dt 9,20 où, bien que Moïse ne rappelle pas que c'est à cause de la fabrication du veau que Yhwh s'enflamme contre Aaron, une connexion implicite avec cette faute est établie par le contexte et confirmée par Ex 32[63].

Le v. 37 est laconique quant à la raison de l'intégration de Moïse dans le peuple coupable. La préposition utilisée (בגללכם) pointe son innocence[64], tout comme deux autres évocations ultérieures de cet événement (3,26 : למענכם ; 4,21 : על־דבריכם). Cette innocence invoquée est cohérente avec son plaidoyer en 1,29-31. Des plaidoyers similaires avaient valu à Caleb (Nb 13,30) et/ou à Caleb et Josué (Nb 14,6-9) d'être admis à pénétrer dans la terre (Nb 14,24.30b).

Le v. 37 s'en tient donc au double constat que Moïse n'entrera pas dans le pays et que cela n'est pas dû à sa propre défaillance mais à celle du peuple. Échafauder plus avant sur ce verset serait forcer le texte.

---

59   DRIVER, *Deuteronomy*, ²1896, p. 26-27.
60   Récemment, E. Otto a soutenu cette position (OTTO, *Pentateuch und Hexateuch*, p. 22) en s'appuyant sur J. Wellhausen (WELLHAUSEN, *Composition*, p. 207). R. Achenbach propose au contraire que Dt 1,37 (HexRed) soit antérieur à Nb 20,1-13, ce dernier texte, qui intègre la figure d'Aaron, émargeant au kérygme de PentRed (ACHENBACH, *Vollendung*, p. 315 ; ACHENBACH, « Erzählung », p. 74 n. 88).
61   Ses arguments sont les suivants : 1) Dt 1,37-38 fait partie du récit de ce qui est arrivé à Cadès Barnéa, la deuxième année après la sortie d'Égypte, tandis que Nb 20,1-11 prend place dans la trente-neuvième année de l'Exode, soit quelques trente-sept ans après l'épisode des explorateurs. Et même si le récit de Cadès Barnéa n'entend pas d'abord enseigner à ses lecteurs la chronologie et l'histoire, il n'en reste pas moins que l'ordre d'exposition suivi est chronologique ; 2) l'expression בגללכם est très insuffisante pour être une allusion à Nb 20 (DRIVER, *Deuteronomy*, ²1896, p. 26-27).
62   Dans ce sens : DRIVER, *Deuteronomy*, ²1896, p. 27 ; JUNKER, *Deuteronomium*, p. 27 ; CRAIGIE, *Deuteronomy*, p. 105 n. 17 ; TIGAY, *Deuteronomy*, p. 19.
63   TIGAY, *Deuteronomy*, p. 19.
64   Ainsi : BUIS, *Deutéronome*, p. 59 ; BRAULIK, *Deuteronomium I*, p. 28 ; TIGAY, *Deuteronomy*, p. 19 + réf. rabbiniques qui vont dans ce sens p. 347 n. 112 ; BIDDLE, *Deuteronomy*, p. 29-30.

G. von Rad[65], D.T. Olson[66] et d'autres auteurs qui font le parallèle entre Moïse et le serviteur souffrant d'Isaïe[67] considèrent qu'il s'agit d'une souffrance acceptée pour d'autres (*ein stellvertretendes Leiden*, selon von Rad ; *a vicarious atonement for Israel*, selon Olson), autrement dit une expiation. Une certaine exégèse rabbinique allait déjà dans ce sens[68]. J. Scharbert[69], J.-P. Sonnet[70], E. Otto[71], R. Achenbach[72] réfutent cette idée, à juste titre selon nous. En effet, loin d'accepter cette souffrance pour d'autres, Moïse semble plutôt *protester* de son innocence (1,37 : בגללכם ; 3,26 : למענכם ; 4,21 : על־דבריכם). Un peu plus loin, il négocie même son entrée dans le pays (3,24-25).

Par conséquent, la sanction qui frappe Moïse ressort plus, à notre avis, de son inclusion dans un peuple d'Israël conçu comme une « personnalité corporative »[73] – ce qui implique la solidarité de tout un groupe dans la faute – que de l'expiation d'un individu pour un groupe. L'importance de la notion de personnalité corporative dans l'Ancien Testament a été soulignée par H. Wheeler Robinson dans une conférence de 1935[74]. Celui-ci s'applique à en définir le contenu dans le premier paragraphe de son allocution. Sous cette notion, il entend le fait qu'un groupe, grand ou petit, soit conçu sans question aucune comme une unité dont les individus sont reliés par la réalité ou la fiction de liens du sang remontant jusqu'à un ancêtre commun. Ce groupe, qui comprend des membres passés, présents et futurs, est envisagé comme un unique individu et chacun de ses membres le représente et l'implique dans ses actes. Si cette catégorie doit être utilisée avec précaution[75], il n'en reste pas moins qu'elle semble ici une

---

65   VON RAD, *Theologie II*, p. 383.
66   OLSON, *Deuteronomy*, p. 124.
67   BROWN, *Book*, p. 21 ; BUIS, *Deutéronome*, p. 59-60 ; PHILLIPS, *Deuteronomy*, p. 19.
68   Cf. BUIS & LECLERCQ, *Deutéronome*, p. 41.
69   SCHARBERT, *Heilsmittler*, p. 98 n. 96.
70   SONNET, *The Book*, p. 190 n. 16.
71   OTTO, *Pentateuch und Hexateuch*, p. 23 n. 49.
72   ACHENBACH, « Erzählung », p. 74 n. 88.
73   Nous traduisons ainsi l'expression anglaise *corporate personality* (cf. la note suivante).
74   ROBINSON, « Corporate Personality ».
75   Cette conférence de H. Wheeler Robinson a généré des réactions décrites par G.M. Tucker dans ROBINSON, *Corporate Personality*, p. 7-13. On lui reprocha que sa terminologie pouvait laisser penser que la notion d'individu était étrangère à Israël. D'autre part, la théorie documentaire classique issue des travaux de Graf et Wellhausen, cadre dans lequel travaillait Robinson, s'est écroulée, ce qui fragilise certaines de ses analyses. Cependant, la notion de responsabilité corporative dont il a souligné la nécessaire prise en compte reste selon nous une clé de compréhension importante, bien qu'à manipuler avec discernement.

des meilleures explications de l'inclusion de Moïse dans la sanction qui frappe le peuple (על־דבריכם ; למענכם ; בגללכם).

La question des raisons de la présence en Dt 1,37 ; 3,23-25 ; 4,21-22 d'une protestation d'innocence, non reçue par Yhwh en 3,26b-28, se pose alors : faut-il y voir une protestation contre la rétribution corporative (tout Israélite frappé pour une faute corporative pourrait se reconnaître en Moïse) ? Ou, à l'inverse, cette protestation infructueuse ne viserait-elle pas à montrer que personne, quel qu'il soit, ne peut échapper à la rétribution corporative ? Ces deux explications doivent probablement être tenues ensemble. Le texte cherche en effet à disculper Moïse en rejetant la responsabilité de sa mort en Transjordanie sur le peuple infidèle. Ce faisant, il souligne implicitement les limites d'une justice qui punit un innocent avec les coupables. Cette critique reste cependant relative puisque le jugement s'impose malgré tout, soulignant ainsi l'inflexibilité et l'impartialité de Yhwh[76]. Autrement dit, ici encore, plusieurs points de vue sont articulés et hiérarchisés. À la critique implicite de la rétribution corporative que contiennent les protestations d'innocence de Moïse répond l'inflexibilité et l'application de ce type de justice par Yhwh, ce qui souligne que la rétribution corporative ne connaît pas d'exception, fût-ce pour l'autorité la plus haute. Nous n'avons donc pas dans ces protestations d'innocence une critique frontale du concept de rétribution corporative mais seulement un premier jalon, encore timide, de sa mise en cause.

Dans le verset suivant (1,38), Josué – comme Caleb précédemment – échappe à la sanction, en dépit de la personnalité corparative du peuple. La raison de cette entrée dans le pays du serviteur de Moïse[77] n'est pas présentée, au contraire de Nb 14,6-10.30.38 où Josué était associé à Caleb comme explorateur fidèle à Yhwh. En Dt 1,38, Josué est simplement mis en contraste avec Moïse : לא־תבא שם (v. 37) – הוא יבא שמה (v. 38). L'injonction faite à Moïse de fortifier (חזק) Josué revient en 3,28 et prend effet en 31,7(.23[78]). Elle intervient dans un

---

76 Des textes postérieurs feront de cette impartialité un idéal, tant pour la justice humaine que divine : cf. Dt 10,17 (justice divine) et 1,17 ; 16,19 (justice humaine).
77 L'expression העמד לפניך indique cette condition de serviteur : DILLMANN, *Bücher*, p. 240 ; DRIVER, *Deuteronomy*, ²1896, p. 28 ; STEUERNAGEL, *Deuteronomium*, p. 6 ; SMITH, *Deuteronomy*, p. 24 ; MAYES, *Deuteronomy*, p. 132 ; WEINFELD, *Deuteronomy 1-11*, p. 151 ; TIGAY, *Deuteronomy*, p. 20 ; VEIJOLA, *Das Fünfte Buch*, p. 42.
78 Dans cette dernière occurrence, le sujet du verbe צוה est ambigu : est-ce Moïse ou Yhwh ? La BJ ne lève pas l'ambiguïté dans sa traduction, tandis que la TOB fait de Yhwh le sujet du verbe, ce qui est cohérent avec le contenu du discours (c'est toi qui

contexte de succession entre Moïse et Josué. Le v. 38 prend donc appui sur l'indication de la mort de Moïse au désert, annoncée au verset précédent, et la prolonge en préparant une passation de pouvoir rendue nécessaire.

La lecture de Dt 1,19-46 que nous venons d'effectuer atteste l'existence d'une réflexion théologique sur les conséquences de la faute de Cades Barnea à plusieurs niveaux : nature de la sanction, degré de participation de Yhwh dans la mise en œuvre de celle-ci, délimitation et âge des membres du peuple qui doivent être sanctionnés, et enfin, sort de certaines autorités d'Israël (Caleb, Josué, Moïse). Les critiques textuelle et littéraire ont permis de découvrir dans le texte les traces de cette réflexion. Il nous reste à déterminer les contours de la théologie de la faute que toutes ces retouches dessinent en dernier ressort.

3.1.3 Les caractéristiques de la justice divine à la suite de la faute de Cades Barnea

Au-delà des retouches et interpolations précisant la sanction encourue en Dt 1,19-46, nous voudrions essayer de synthétiser les caractéristiques de la justice divine qui fait suite à cette faute dans le TM.

Si l'on reprend les caractéristiques décrites plus haut à propos de la rétribution[79], il apparaît que l'agent de la sanction est Yhwh, dont « la main » provoque la מהומה (terminologie des « guerres de Yhwh ») jusqu'à élimination du camp de toute la génération en âge de faire la guerre (2,15)[80]. Le châtiment est collectif, frappe uniquement la génération fautive, prend effet immédiatement et dure trente huit années ; il est donc strictement terrestre. Il ne s'agit pas d'une punition transgénérationnelle.

Le Deutéronome ne dit pas que les fils (seconde génération du désert) sont sanctionnés pour la faute de leurs pères (première génération). Il leur faut cependant errer dans le désert avec ces

---

feras entrer les fils d'Israël dans le pays que je leur ai promis par serment ; et moi je serai avec toi).
79 Cf. p. 125-127 : Quel est l'agent de la rétribution : principe personnel (divin, humain) ou impersonnel ? Cette rétribution est-elle collective, corporative ou individuelle ? Transgénérationnelle ? Immédiate ou différée ? Strictement terrestre ou posthume ?
80 Cf. p. 139.

derniers. En Nb 14,33, il est précisé que cette errance des fils au désert est une façon de « porter » l'infidélité de leurs pères :

ובניכם יהיו רעים במדבר ארבעים שנה ונשאו את־זנותיכם
עד־תם פגריכם במדבר:

> Vos fils seront bergers dans le désert pendant quarante ans ; ils porteront la peine de vos infidélités jusqu'à ce que vos cadavres soient tous étendus dans ce désert.

On ne trouve nulle part ce type d'assertion dans le Deutéronome à propos de la faute de Cadès Barnea. Nous pouvons donc dire que nous avons là une ligne de partage entre les récits de cette faute en Nombres et en Deutéronome : en Nombres, la punition est explicitement interprétée comme transgénérationnelle ; en Deutéronome, elle paraît – en l'absence d'indication contraire – uniquement générationnelle. E. König note à ce propos : « Le fait que les descendants ne sont menacés d'aucune sanction s'accorde avec 7,10 »[81]. Ce verset[82] montre que chacun est puni pour sa propre faute, et développe donc le principe d'une rétribution individuelle[83]. Pour le Deutéronome, la génération qui va être punie pour la rébellion de Cadès Barnea étant mauvaise (1,35), chacun de ses membres mérite d'être sanctionné. Il semble donc que le principe d'une rétribution individuelle soit appliqué ici, ce qui s'accorde avec Dt 7,10. Nous avions défini plus haut cette punition collective d'un groupe entièrement coupable comme un cas de rétribution collective[84].

Le sort réservé à Moïse, Josué et Caleb brouille ce constat et précise le fonctionnement de la justice divine en montrant qu'elle sait s'adapter à des cas particuliers. Le verdict concernant la génération à laquelle appartiennent les hommes de guerre (2,14) paraissait justifié en raison de la méchanceté de cette génération (1,35) et du fait que celle-ci avait déblatéré dans ses tentes (1,27) sans croire en Yhwh (1,32). Dès lors, il est juste que ceux qui n'ont pas participé à cette faute mais ont cru en

---

81 KÖNIG, *Deuteronomium*, p. 70.
82 Dt 7,10 : « mais il rend la pareille en leur propre personne à ceux qui le haïssent en les faisant périr ; il n'attend pas, celui qui le hait, c'est en sa propre personne qu'il lui rend la pareille ». Sur la remarquable construction concentrique de ces versets, cf. p. 212.
83 Cf. la définition donnée plus haut (p. 126) : la rétribution individuelle est « le fait qu'un individu paie *seul* pour sa faute ou au contraire bénéficie *seul* d'une action méritoire ».
84 Cf. p. 126.

Yhwh soient épargnés par ce verdict. C'est le cas de Caleb qui, parfaitement loyal à Yhwh (1,36), est rétribué positivement pour cette loyauté et reçoit une promesse qui vaut pour lui et ses fils. Nous sommes donc là dans le cas d'une rétribution corporative[85] (positive) transgénérationnelle. La clause de rétribution positive de Dt 7,9 (= 5,10) s'applique donc en l'espèce. Que ce soit pour le peuple ou pour Caleb, le récit de la faute de Cades Barnea incarne donc jusqu'ici le principe énoncé en Dt 7,9-10.

Selon ce principe et en vertu de son plaidoyer de Dt 1,29-31 et du principe selon lequel les mêmes causes produisent les mêmes effets, Moïse aurait dû lui aussi être exempté de la sanction qui frappe sa génération. Mais un autre principe semble ici s'appliquer. Israël étant conçu comme une personnalité corporative, Moïse est malgré tout inclus dans la sanction qui touche son peuple. Nous sommes donc à nouveau devant un cas de rétribution corporative, mais négative cette fois[86]. Cependant, le principe de Dt 7,10 ne s'applique pas puisque, si l'on donne créance à 1,37 ; 3,26 et 4,21, Moïse n'est pas puni pour une faute personnelle mais par simple solidarité avec une génération mauvaise.

Cette explication de la mort de Moïse en Canaan comme fruit d'une rétribution corporative (1,37 ; 3,26 ; 4,21) est l'objet d'une réévaluation à la fin du livre (32,48-52). Ces versets orientent l'interprétation de la mort de Moïse hors du pays vers la rétribution individuelle, comme l'a bien noté M. Rose :

> « En comparant ces textes deutéronomistes avec ceux qui sont empreints du style sacerdotal (Nb 27,12-23 et Dt 32,48-52), il faut constater que selon la pensée sacerdotale, Moïse doit porter les conséquences de ses *propres* péchés *individuels* : " ... puisque vous (Moïse et Aaron) avez commis une infidélité contre moi au milieu des fils d'Israël, aux eaux de Mériba de Qadesh, lorsque vous n'avez pas reconnu ma sainteté au milieu des fils d'Israël " (Dt 32,51 ; cf. Nb 27,14). La pensée de P, influencée par l'idée d'une responsabilité *individuelle* qui s'exprime programmatiquement aussi dans le livre du prophète de l'exil, Ezéchiel (chapitre 18), ne supporte plus cette réponse à peine suffisante qui recourt aux péchés collectifs. Mourir à l'extérieur du pays promis, c'est (pour la pensée sacerdotale) un malheur éclatant, et ce malheur doit être expliqué d'une manière individuelle. Un concept théologique précis demande la modification de l'interprétation de l'histoire »[87].

---

85 Puisque ses fils vont bénéficier de ses mérites (cf. la définition p. 126).
86 Dans le cas de Caleb, il s'agissait d'une rétribution positive (récompense).
87 ROSE, « Empoigner », p. 138. Cette évaluation est partagée par E. Blum : « Bekanntlich wird auf die gleiche Frage (für Mose) im Deuteronomium (Dtn 1,37 ;

Si l'attribution de Dt 32,48-52 à P est aujourd'hui controversée[88], il ne nous semble cependant pas douteux que ces versets ont un horizon d'écriture large et mélangent des motifs P et dtr, comme E. Otto l'a avancé récemment encore[89]. Les deux verset 32,49 et 32,52 reprennent textuellement Nb 13,2*ab*, un verset HexRed selon Otto[90], et Dt 32,52 (ושמה לא תבוא) s'appuie en outre sur 1,37 (שם לא־תבא גם־אתה). Il faut également noter la présence de tournures et d'un vocabulaire de style P (תוך[93] ; לאחזה[92] ; בעצם היום הזה[91]) ainsi que le fait qu'Aaron est relié à la grande figure de légitimation qu'est Moïse, ce qui présuppose la connaissance de P[94]. En outre, le toponyme Mériba-Cades de 32,51 présuppose l'ultime rédaction de Nb 20,1-13, laquelle fournit au nom du lieu où se passe Nb 20,1-11 la même étymologie que le récit d'Ex 17,1-7, après que ce lieu a d'abord été désigné sous le nom de Cades (Nb 20,1)[95].

3,23-28 ; 4,21f.) eine andere Antwort gegeben. Nicht persönliches Verschulden Moses ist hier der Grund, sondern die Schuld des *Volkes*, dessen Ergehen er als verantwortlicher Führer offenbar zu teilen hat. [...] Aber auch die konsequente Durchführung des Gedankes der individuellen Verantwortlichkeit scheint den priesterlichen Tradenten am Herzen zu liegen » (BLUM, *Studien*, p. 276).

88   Cf. p. 147 n. 52.
89   OTTO, *Pentateuch und Hexateuch*, p. 223-225.
90   OTTO, *Pentateuch und Hexateuch*, p. 223 :
   Nb 13,2   שלח־לך אנשים ויתרו את־ארץ כנען אשר־אני נתן לבני ישראל
              איש אחד איש אחד למטה אבתיו תשלחו כל נשיא בהם
              Envoie des hommes pour explorer **le pays de Canaan que je donne aux fils d'Israël** ; vous enverrez un homme par tribu, chacun pour la tribu de ses pères ; ils seront tous pris parmi les responsables des fils d'Israël.
   Dt 32,49   עלה אל־הר העברים הזה הר־נבו אשר בארץ מואב אשר על־פני ירחו
              וראה **את־ארץ כנען אשר אני נתן לבני ישראל**
              Monte sur cette montagne de la chaîne des Avarim, au mont Nébo qui est au pays de Moab, en face de Jéricho, et regarde **le pays de Canaan que je donne aux fils d'Israël**.
   Dt 32,52   כי מנגד תראה את־הארץ ושמה לא תבוא **אל־הארץ אשר־אני נתן לבני ישראל**
              D'en face, tu verras le pays, mais tu n'y entreras pas, dans **le pays que je donne aux fils d'Israël**.
91   NIELSEN, *Deuteronomium*, p. 293.
92   DRIVER, *Deuteronomy*, ²1896, p. 384. Le Deutéronome utilise habituellement נחלה plutôt que אחזה.
93   DRIVER, *Deuteronomy*, ²1896, p. 384. Le Deutéronome utilise habituellement קרב plutôt que תוך.
94   BLUM, *Studien*, p. 276.
95   ARTUS, *Études*, p. 239-240.

À la place qui est la sienne, Dt 32,48-52 prolonge et relaie d'autres textes qui ont un horizon d'écriture large et sont des pivots de la trame narrative du Pentateuque (Nb 20,1-13 ; 20,22-29, Nb 27,12-14 ; Dt 34,1.4)[96]. À partir de toutes ces données, il nous semble raisonnable de considérer que les versets 32,48-52 font partie de l'écriture d'un grand ensemble, peut-être pentateucal[97]. Leur fonction est non seulement de faire transiter le récit vers la mort de Moïse, qui doit faire pendant à celle d'Aaron (Nb 20,22-29), mais aussi probablement de réévaluer la raison donnée antérieurement (Dt 1,37 ; 3,26 ; 4,21) de la mort de Moïse hors de Canaan.

En Dt 32,48-52, la mort de Moïse en Transjordanie conçue comme résultat d'une rétribution corporative (1,37 ; 3,26 ; 4,21) est repensée en une mort conçue comme résultat d'une rétribution individuelle. Deux moyens permettent cette subordination de la rétribution corporative à la rétribution individuelle. D'une part, dans une lecture cursive, l'explication qui a le mot de la fin bénéficie généralement d'un poids plus grand. D'autre part, comme l'a clairement montré J.-P. Sonnet, la hiérarchisation des points de vue entre discours divin et discours mosaïque est effectuée par le lecteur au bénéfice du premier.

Les contours de la justice divine que dessinent la faute de Cades Barnea et la prétendue faute de Moïse sont donc mouvants. Il s'agit d'une rétribution (négative) collective immédiate pour ce qui concerne la première génération du désert ; d'une rétribution (positive) corporative transgénérationnelle en ce qui concerne Caleb ; d'une

---

96 Cf. ACHENBACH, *Vollendung*, p. 318-334.
97 Nous laissons ici ouverte la question de la relation de dépendance entre Nb 27,12-14 et Dt 32,48-52. Cette question reste très disputée. Pour E. Blum, Dt 32,48-52 est une reprise de Nb 27,12-14 en Deutéronome qui sert à arrimer ensemble le Deutéronome et K^P (BLUM, *Studien*, p. 227). Il reprend et adapte ainsi à son modèle la thèse traditionnelle avancée par J. Wellhausen (WELLHAUSEN, *Composition*, p. 113) puis M. Noth selon laquelle Dt 32,48-52 est une répétition de Nb 27,12-14 (NOTH, *Studien*, p. 190-192). M. Fishbane va également dans ce sens et soutient que des indices internes au Pentateuque suggèrent que l'annonce de la mort de Moïse et le transfert de pouvoir à Josué en Nb 27,12-23 (après la péricope des filles de Zelophad aux vv.1-11) était une conclusion ancienne du livre des Nombres. Il pense que ce scénario a été répété en Dt 32,48-52 et 34,7-9 après l'incorporation de la tradition deutéronomique et note que, d'une manière similaire, la notice de la mort de Josué en Jos 24,28-31 est récapitulée éditorialement en Jg 2,6-10 après le matériel interpolé de Jg 1,1-36 ; 2,1-5 (FISHBANE, *Biblical Interpretation*, p. 105 n. 49). La position inverse de celle soutenue par Blum, Noth, Wellhausen et Fishbane, c'est-à-dire la thèse d'une dépendance de Nb 27,12-14 vis-à-vis de Dt 32,48-52, a été argumentée récemment par E. Otto (OTTO, *Pentateuch und Hexateuch*, p. 223) et R. Achenbach (Nb 27,12-14 = ThB I ; Dt 32,48-52 = PentRed ; ACHENBACH, *Vollendung*, p. 558-559).

rétribution (négative) corporative légèrement différée en ce qui concerne Moïse, cette dernière compréhension étant réévaluée en une rétribution strictement individuelle.

De l'examen de la théologie de la faute et de la justice divine issues de l'épisode de Cades Barnea ressortent plusieurs points conclusifs que nous aimerions souligner.

D'abord cet épisode de la faute de Cades Barnea et de la faute supposée de Moïse fait apparaître que la relation de Yhwh avec Israël ne se limite pas à une seule génération. La « génération mauvaise » (1,35) mourra dans le désert mais ses descendants pourront, eux, entrer dans le pays. Moïse mourra en Transjordanie mais Josué fera entrer le peuple. Il ne semble donc pas que l'échec d'une génération puisse empêcher la suivante d'être fidèle (racine אמן) à Yhwh. Nous sommes donc déjà là dans les prémices d'une théologie du « reste » d'Israël (cf. le livre d'Isaïe). Celle-ci s'appuie sur l'idée qu'après avoir écarté la partie corrompue du peuple, il est possible de redéployer un Israël nouveau et fidèle à l'alliance à partir d'un noyau sain.

Le deuxième point à souligner est la réflexion théologique dont a été l'objet ce récit. Les critiques textuelles et littéraires nous ont permis de prendre connaissance des lieux où précisions et retouches ont été effectuées. Nous voyons là que les motivations théologiques constituent un moteur important de mise en action des écrivains bibliques.

Enfin, notre dernier point conclusif énonce la synthèse provisoire de cette première tentative pour percevoir le fonctionnement de la justice divine ; il ouvre également vers la section suivante. Nous constatons que le principe énoncé en Dt 7,9-10 s'applique pour trois des quatre cas décrits ci-dessus[98]. Seul le point de vue de Moïse selon lequel sa non-entrée dans le pays serait due à une rétribution corporative ne suit pas ce principe, mais, comme nous l'avons vu, ce point de vue est d'une fiabilité basse au regard du point de vue développé en 32,48-52. On peut dès lors se demander, à partir de cette première étude, si le principe qui va régir la justice divine dans le Deutéronome ne serait pas celui qui affleure en Dt 7,9-10.

---

98 Cf. p. 158.

3.2 « Après ma mort, vous ne manquerez pas de vous corrompre. » Âge sombre de la période post-mosaïque ?

Nous poursuivons ici – après l'étude de la faute de Cadès Barnea et de la faute supposée de Moïse – l'examen des fautes que nous avions qualifiées d'« historiographiques ». Moïse fait référence à plusieurs reprises dans ses discours à la corruption future du peuple, qu'il annonce comme inévitable (péric. 7 : 4,23-31 ; péric. 67 : 28,47-57 ; péric. 69 : 28,62b-68 ; péric. 72 : 29,21-27 ; péric. 74 : 31,16-18 ; péric. 75 : 31,20-21 ; péric. 77 : 31,29). Il convient de se demander s'il fait ainsi allusion à un événement et une période précis. Nous allons pour cela regarder les textes en question un à un, en commençant par Dt 29,21-27, qui présente la particularité de posséder une notice temporelle en tension avec la fiction mosaïque.

3.2.1 « Pourquoi Yhwh a-t-il ainsi traité ce pays ? » Réflexion sur la justice divine et les causes des événements de 597 / 587 en Dt 29,21-27

Dt 29,27 (ויתשם יהוה מעל אדמתם באף ובחמה ובקצף גדול וישלכם אל־ארץ אחרת כיום הזה) donne en effet des précisions sur « l'aujourd'hui » du narrateur (כיום הזה) qui ne s'accordent pas avec « l'aujourd'hui » de Moïse. Mis dans la bouche de Moïse, ce verset évoque un temps où Israël va être arraché de sa terre et expulsé dans un autre pays. Il se termine par la précision : « comme [c'est le cas] aujourd'hui ». Or cet « aujourd'hui » ne correspond pas à celui de la fiction mosaïque, puisque Israël n'est pas encore entré dans la terre ! La précision כיום הזה trahit donc la distance temporelle entre la période présumée du discours de Moïse et l'époque d'écriture de cette péricope[99]. Il nous faut essayer de déterminer la période à laquelle renvoie cet « aujourd'hui » du narrateur.

---

99   En faisant ce constat, nous prenons doublement position. D'une part nous considérons que le narrateur et l'écrivain biblique sont identiques. Le Deutéronome ne livre en effet aucun indice qui laisserait penser le contraire. D'autre part nous postulons que la précision כיום הזה n'est pas une glose insérée tardivement à cet endroit. G.A. Smith et P.C. Craigie évoquent cette possibilité (SMITH, *Deuteronomy*, p. 326 ; CRAIGIE, *Deuteronomy*, p. 360). Cependant, deux éléments nous laissent penser le contraire. En premier lieu, la tradition textuelle ne fournit aucun argument dans ce sens. En second lieu, la précision כיום הזה est du même ordre que celle que l'on trouve au verset précédent (הקללה הכתובה בספר הזה). Cette dernière clause est construite selon le point de vue de l'écrivain, puisque la mention de « ce livre » n'est pas appropriée dans la bouche de ceux qui sont supposés répondre à la

Les avis divergent sur l'arrière-fond historique de ces versets. Quelques auteurs considèrent que nous sommes devant un langage très général qui ne renvoie pas nécessairement à un exil précis[100]. J.A. Thompson note que la menace d'exil a toujours été présente dans le Proche-Orient ancien. P. Buis et J. Leclercq regardent la description contenue dans ces versets comme conventionnelle et imprécise. Il peut tout à fait s'agir, selon eux, d'une prédiction antérieure à l'exil de Babylone. Ils concluent : « Ce paragraphe provient donc de l'École deutéronomique, sinon de la première rédaction [du Deutéronome] ». Pour H. Junker, puisque la possession de la terre de Canaan comme récompense du respect de l'alliance est en vue, il n'est pas illogique que sa perte soit envisagée comme punition de la rupture de cette alliance.

Ces arguments très généraux ne sont pas convaincants. Il est vrai que la description de l'infertilité (soufre, sel, terre brûlée) du pays s'attache à créer un parallèle avec l'épisode de Sodome et Gomorrhe en Gn 19 et donc ne doit pas être d'abord considérée comme un renvoi historique[101]. Il est également vrai qu'il existe des parallèles extra-bibliques attestant le motif de la « réflexion sur les causes d'une punition »[102], lesquels montrent que les traités anciens décrivaient ce type de catastrophes dans leur liste des malédictions prévues en cas de rupture de contrat. Cependant, la description d'Israël comme « jeté dans un autre pays *comme aujourd'hui* » trahit la connaissance d'événements précis. D'autres commentateurs pointent vers le sort du royaume du Nord et des dix tribus exilées en Assyrie[103]. Nous nous

---

question des causes de la destruction d'Israël (cf. DRIVER, *Deuteronomy*, ²1896, p. 328). Si כיום הזה est à considérer comme une glose au motif que cette précision reflète le point de vue de l'écrivain, alors il faudrait en toute logique poser le même constat pour הכתובה בספר הזה (v. 26). Rien ne pousse vers une telle décision.

100 JUNKER, *Deuteronomium*, p. 117 ; BUIS & LECLERCQ, *Deutéronome*, p. 183-184 ; THOMPSON, *Deuteronomy*, p. 283.

101 La pratique de répandre du sel sur le sol d'une ville ou d'un pays conquis – comme punition – est cependant attestée ailleurs. Cf. par ex. Jg 9,45. Des exemples concernant le Proche-Orient ancien sont donnés dans GEVIRTZ, « Jericho » et WEINFELD, *Deuteronomic School*, p. 109-111.

102 D.E. Skweres appelle ce motif *eine Strafgrunderfragung* dans SKWERES, « Motiv ». Après analyse des parallèles bibliques (1 R 9,8-9 ; 2 Ch 7,21-22 ; Jr 5,19 ; 13,22 ; 16,10-13 ; 22,8-9) et extrabibliques (trois textes néo-assyriens des annales d'Ashurbanipal ; le parallèle le plus clair est un texte où ce roi décrit une défaite infligée à l'Arabie), il conclut qu'il vaut mieux parler d'un *motif* plutôt que d'une *forme littéraire* en ce qui concerne la parenté entre ces textes (p. 197). Cf. aussi WEINFELD, *Deuteronomic School*, p. 114-116.

103 Cf. certains commentaires rabbiniques (Mish. Sanh. 10,3 ; Tosef. Sanh. 13,12 ; Sanh. 110b) ainsi que Rashi (TIGAY, *Deuteronomy*, p. 281 et p. 399 n. 55). A. Rofé

rangeons plutôt à l'avis des auteurs qui pensent que cette péricope présuppose les événements de 597 / 587 avant J.-C[104]. Le parallèle entre Dt 29,23-26 et 1 R 9,(6)8-9 plaide en effet en ce sens. Dans ce dernier texte, il est fait allusion à la destruction de la ville de Jérusalem et à son temple, c'est-à-dire aux événements de 597 / 587. Il est question qu'Israël devienne « la fable et la risée » de tous les peuples (v. 7 : שנינה et משל), expression que l'on retrouve chez Jérémie à propos de Sédécias (Jr 24,9), ainsi qu'en Dt 28,37 dans une addition secondaire[105] (v. 36-37) qui envisage à mots couverts la chute de Jérusalem et l'exil de Babylone au sein des malédictions de Dt 28. Ce réseau de textes dans lequel se situe Dt 29,21-27 plaide donc en faveur du fait que la situation historique à l'arrière-plan de ces versets, évoquée par la clause כיום הזה, est bien celle des invasions et déportations babyloniennes de 597 / 587.

Nous avons donc là, très vraisemblablement, une réflexion sur les causes de cette catastrophe nationale et sur la justice divine. Quelles sont, selon le texte, les caractéristiques de cette justice ?

La réflexion s'appuie sur un système question–réponse qu'E. Nielsen met en relation avec la liturgie de deuil ou de lamentation (*Trauerliturgie*) postérieure à la catastrophe, ainsi qu'avec la prédiction prophétique antérieure de Jérémie ou d'Ezéchiel[106]. Ce passage prend acte, dans une présentation très hyperbolique, du fait que le pays a été frappé[107] lourdement, d'une manière comparable à Sodome, Gomorrhe, Adma et Cevoïm[108]. Dans ce texte, il ne fait pas de doute que Yhwh est l'auteur de cette catastrophe (v. 23 : על־מה עשה יהוה ככה לארץ הזאת מה חרי האף הגדול הזה), comme il l'était déjà pour le renversement (מהפכה) des villes du Kikar (« que Yhwh

---

argumente la même position. Il pense que le v. 27 a été ajouté après la destruction de Samarie, car l'exil qui est ici envisagé est un exil partiel, pas un exil de tout le peuple, ce qui se lit au v. 17 : « ou une femme, ou un clan, ou une tribu ». Ce verset renvoie à une fraction seulement du peuple (ROFE, « Covenant », p. 316).

104 BROWN, *Book*, p. 94 ; LOHFINK, « Bundesschluß », p. 41 ; LOHFINK, « État de la recherche », p. 48 ; FRIEDMAN, *Exile*, p. 18-19 ; RÖMER, « Approches », p. 157 ; NIELSEN, *Deuteronomium*, p. 267. Cela fournit un *terminus a quo* : l'écriture de ce passage peut être exilique ou post-exilique

105 FRIEDMAN, *Exile*, p. 22 ; STEYMANS, *Deuteronomium 28*, p. 259-260.

106 NIELSEN, *Deuteronomium*, p. 267.

107 מכה (cf. Dt 28,59.61).

108 C'est le seul endroit de la BHS où ces quatre villes sont associées. La référence à ces villes du Kikar amalgame peut-être deux traditions, l'une du nord (Adma et Cevoïm; cf. Os 11,8), l'autre du sud (Sodome et Gomorrhe ; cf. Gn 19 ; Am 4,11 ; Is 1,9 ; 13,19). Adma et Cevoïm tenaient peut-être au nord la place symbolique qu'avaient Sodome et Gomorrhe au sud (MAYES, *Deuteronomy*, p. 366).

avait renversées (הָפַךְ) dans sa colère et sa fureur »). La pointe de la réflexion porte sur la raison de cette colère divine. Elle réside dans l'abandon de l'alliance conclue avec les pères lors de leur sortie d'Égypte, abandon qui a pris la forme du culte de dieux étrangers.

La faute est ici décrite comme collective, de même que la punition qui s'ensuit et qui consiste dans l'application des malédictions (הַקְּלָלָה[109]) écrites dans « ce livre ». La tournure בוֹא עַל, qui sert à dire que les malédictions deviennent effectives, se trouve en trois autres endroits du Deutéronome :

28,15
והיה אם־לא תשמע בקול יהוה אלהיך לשמר לעשות את־כל־מצותיו וחקתיו אשר אנכי מצוך היום <u>ובאו עליך כל־הקללות האלה</u> והשיגוך:

Mais si tu n'écoutes pas la voix de Yhwh ton Dieu en veillant à mettre en pratique tous ses commandements et ses lois que je te donne aujourd'hui, <u>l'ensemble de ces malédictions viendront sur toi</u> et t'atteindront…

28,45
<u>ובאו עליך כל־הקללות האלה</u> ורדפוך והשיגוך עד השמדך כי־לא שמעת בקול יהוה אלהיך לשמר מצותיו וחקתיו אשר צוך:

<u>Toutes ces malédictions viendront sur toi</u>, te poursuivront et t'atteindront jusqu'à ce que tu sois exterminé, puisque tu n'auras pas écouté la voix de Yhwh ton Dieu en gardant ses commandements et ses lois, qu'il t'a donnés.

29,26
ויחר־אף יהוה בארץ ההוא <u>להביא עליה את־כל־הקללה</u> הכתובה בספר הזה:

Et la colère de Yhwh s'est enflammée contre ce pays, et il a fait venir sur lui toute la malédiction écrite dans ce livre.

30,1
והיה כי־<u>יבאו עליך</u> כל־הדברים <u>האלה</u> הברכה <u>והקללה</u> אשר נתתי לפניך והשבת אל־לבבך בכל־הגוים אשר הדיחך יהוה אלהיך שמה

Et quand <u>arriveront sur toi toutes ces choses</u>, la bénédiction et <u>la malédiction</u> que j'avais mises devant toi, alors tu méditeras dans ton cœur parmi toutes les nations où Yhwh ton Dieu t'aura emmené :

Les malédictions évoquées sont donc celles de Dt 28. Dans la fiction mosaïque, leurs effets seront constatés, prédit Moïse, par la génération future des fils qui se lèveront après la seconde génération du désert, ainsi que par des étrangers venus de terres lointaines. La nouvelle de ces destructions sera alors connue de toutes les nations (v. 23 : כל־הגוים)

---

109 Le singulier a probablement ici une valeur collective.

qui chercheront les raisons d'une telle catastrophe[110]. L'indication que c'est la génération suivante, c'est-à-dire celle des fils de la génération du désert, qui constatera le malheur ne signifie pas nécessairement que la catastrophe est imminente, puisque le terme « fils » peut ici être entendu au sens générique de « descendants ».

Le TM indique que cette génération future des fils va parler : ואמר (29,21). Les traductions en français que nous avons consultées[111] considèrent toutes que le contenu de ces paroles est donné par le v. 22. C'est une option possible mais qui n'est en rien évidente, car le verbe אמר se trouve très loin de cette prise de parole supposée ; il est en outre supplanté à mi-verset par l'action visuelle (וראו). Si nous avions, avant le v. 22, un indicateur d'ouverture de discours, par exemple לאמר, il nous semblerait naturel de considérer le v. 22 comme constituant le contenu du discours auquel se réfère ואמר (v. 21), mais tel n'est pas le cas. En cette absence, il est plus naturel de voir en 29,22 la description des blessures (מכת) et maladies (תחלואים) infligées par Yhwh à la terre.

Où se trouve alors la prise de parole indiquée par ואמר (v. 21) ? Nous pensons, à la suite d'autres commentateurs[112], que le v. 23 répète le verbe אמר du v. 21 afin de donner le contenu des paroles évoquées au début de ce dernier verset. Il est en effet d'usage, à cette époque, de reprendre lorsqu'une précision ou une digression a détourné le propos, le mot à partir duquel le développement a été interrompu. Dans une lecture synchronique du texte, on peut donc avancer que le verbe אמר (v. 23) englobe la réaction non seulement des nations mais aussi de la génération future et de l'étranger venu d'un pays lointain[113]. Sur un plan diachronique, il se pourrait que cette lecture de אמר (v. 23) comme reprise (*Wiederaufnahme*) du même verbe en 29,21 soit le résultat de remaniements opérés en 29,21-22. On remarque en effet en 29,21 que le verbe אמר au singulier en s'accorde pas avec les noms qui lui servent

---

110 Nous avons là une sorte d'antithèse de Dt 4,6.
111 O-T ; BJ ; TOB ; BAY et NBS.
112 EZRA (IBN), *Deuteronomy*, p. 143 ; LOHFINK, « Bundesschluß », p. 40 n. 36.
113 Les traducteurs du Deutéronome pour la Bible dite de Bayard ont bien senti cette possibilité lorsqu'ils ont traduit : « La génération future, vos fils qui à votre suite se dresseront, l'étranger également, provenant d'un pays lointain, voyant les fléaux qui assaillent ce pays et les maladies par Yhwh infligées, tous s'exclameront : " Par le soufre ou par le sel, toute sa terre est brûlée ! On n'y sème plus, rien ne germe, pas un brin d'herbe n'y pousse ! N'est-ce pas ainsi qu'ont été dévastées Sodome, Gomorrhe, Adam et Tsevoïm que Yhwh détruisit dans sa colère et sa fureur ? Pourquoi Yhwh a-t-il réservé un tel sort à ce pays, pourquoi un si grand courroux ? ", s'interrogeront toutes ces nations ».

de sujets (הדור והנכרי)[114]. Si cette interprétation est juste, alors les « fils » (v. 21) prennent non seulement acte des effets de la punition subie par le pays, mais demandent aussi à connaître les raisons qui l'ont motivée. Cela indiquerait que la faute qui a entraîné cette catastrophe est bien la faute de leurs pères et non pas la leur propre.

Le sujet du verbe אמר au v. 24 est un nouveau point obscur de ce passage. S'agit-il des nations (v. 23) ? De la génération suivante des fils qui se lèveront et de l'étranger venu d'un pays lointain (v. 21) ? Ou des trois ? Ou faut-il considérer que nous sommes devant une forme impersonnelle et traduire : « Et l'on dira… » ? Quelle que soit l'option choisie – la traduction d'une forme impersonnelle nous semble la plus respectueuse du texte hébreu – la description de la rupture d'alliance par des verbes à la troisième personne du pluriel (חוה, עבד, עזב : ils ont abandonné, ils ont servi, ils se sont prosterné) indique une distance entre le locuteur des v. 24-25 et le peuple coupable. L'association de la génération future avec les observateurs étrangers au v. 21 et la réaction supposée de cette génération avec les nations au v. 23 invitent donc à dissocier cette génération de la faute qui a entraîné à la catastrophe décrite.

Pour résumer les caractéristiques de la justice divine qui s'applique dans ce passage, nous pouvons dire qu'il s'agit d'une rétribution collective dont il est difficile de déterminer si elle est générationnelle ou transgénérationnelle. En effet, le sujet des verbes וילכו, ויעבדו, עזבו, וישתחוו (v. 24-25) n'est pas précisé, si bien que la rupture d'alliance peut avoir été causée tout aussi bien par une seule que par plusieurs générations du peuple. Au moment où le malheur se produit, la génération en place (29,21 : הדור האחרון) est décrite comme faisant partie des observateurs stupéfaits, associée à l'étranger et aux nations. Elle est ainsi disculpée de la responsabilité de la faute, mais non pas de ses effets. Nous touchons là les limites de notre distinction entre rétribution générationnelle ou transgénérationnelle. Lorsque le texte biblique indique clairement qu'un fils est frappé pour la faute de son père (par ex. : 2 S 12,13-14 → 2 S 12,18 ; 1 R 21,27-29 → 2 R 9,22-26), la distinction joue : la faute d'un membre d'une génération étant reportée sur un membre de la génération suivante, nous sommes dans un cas de rétribution transgénérationnelle. Mais lorsqu'une génération est sanctionnée par la destruction d'un bien commun qui se transmet de génération en génération (ici la terre), la sanction a beau être celle d'une génération donnée du peuple, elle a également des effets transgénérationnels !

---

114 Le verbe qui suit dans le même verset (וראו) est, lui, au pluriel.

Il nous suffit pour le moment de constater que la justice divine en 29,21-27 présente les caractéristiques d'une rétribution collective (invasions / déportations de 597 / 587) considérée comme résultant d'une rupture d'alliance collective (וישתחוו, וילכו, ויעבדו, עזבו [v. 24-25]). E. Otto considère que cette présentation d'une rétribution collective vise délibérément à corriger Dt 29,15-20, section qui souligne la rétribution individuelle :

> « Les appendices dtr au Deutéronome, qui comportent plusieurs couches (Dt 29,15-20.21-27[.28] ; 30,1-10.[11-14.]16-18), servent à lever des réserves internes contre l'alliance (Dt 29,15-20) et souligner les conséquences de la violation du premier commandement pour le peuple d'Israël (Dt 29,21-27). L'interprétation parénétique des menaces de malédictions (Dt 29,15-20) ainsi posée individualise l'alliance de telle sorte que chaque auditeur de la parénèse décide de son sort en se positionnant face à la question qui consiste à savoir s'il veut suivre ou non la loi du Deutéronome. La catégorie de rétribution individuelle du droit pénal qui apparaît dans la loi du Deutéronome (24,16) se trouve ainsi appliquée à la théologie de l'alliance dtr. Dt 29,21-27 corrige à son tour l'individualisation de la rétribution exprimée en Dt 29,15-20 par le biais de la menace qu'Israël deviendra comme Sodome et Gomorrhe s'il abandonne l'alliance. Dans cette addition dtr, la confiance de l'auteur DtrL que la " seconde génération " puisse éviter un nouvel exil a ainsi cédé la place à l'inquiétude qu'Israël, individuellement ou collectivement, échoue à mettre en œuvre le Deutéronome »[115].

Que Dt 29,15-20 et 29,21-27 soient en lien l'un avec l'autre – dans un rapport qui reste à déterminer[116] – nous semble en effet indiqué par l'accroche littéraire des v. 20 et 26. Ces deux versets présentent des clauses quasi-parallèles :

29,20   והבדילו יהוה לרעה מכל שבטי ישראל ככל **אלות** הברית **הכתובה בספר** התורה **הזה**:

Yhwh le mettra à part de toutes les tribus d'Israël, pour son malheur, conformément à <u>toutes les imprécations</u> de l'alliance <u>écrite dans ce livre</u> de la Loi.

---

115 OTTO, *Pentateuch und Hexateuch*, p. 151-152. E. Otto rejoint sur ce point A. Rofé, lequel pense que les versets 29,21-27 ont été interpolés entre 29,15-20 et 29,28. Il en tire l'observation suivante : « Classical critics did not recognize it [n.d.r. : le fait que 29,21-27 est une interpolation], and the reason becomes clear reading in Steuernagel's commentary : they could not admit that individual retribution came first, and collective retribution was later interpolated. Indeed, the history of ideas of Ancient Israel was much more complex than it is sometimes assumed to be » (ROFÉ, « Covenant », p. 313-314).

116 Dt 29,21-27 complète-t-il ou corrige-t-il 29,15-20 ?

29,26   ויחר־אף יהוה בארץ ההוא להביא עליה
את־כל־הקללה הכתובה בספר הזה:

Aussi la colère de Yhwh s'est-elle enflammée contre ce pays, et il a fait venir sur lui toute la malédiction écrite dans ce livre.

Les termes אלה (imprécation) et קללה (malédiction) sont proches quant au sens. Perlitt avance avec raison qu'ils renvoient à une partie du livre de la Torah (cf. 29,19.20.26) également mentionnée en 28,58 et 28,61[117].

Dt 29,15-20, comme 29,21-27, évoque la violation du premier commandement. Le v. 17 prévoit la transgression d'un individu (איש או־אשה), d'un clan (משפחה) ou d'une tribu (שבט). Il y a là une présentation par degrés croissants, de l'unité de base de la société à sa cellule la plus importante. Peut-être faut-il alors, comme le suggère J. Tigay[118], comprendre Dt 29,15-28 comme une section elliptique : après avoir mis en garde contre la violation du premier commandement par les différentes unités composant le peuple (v. 15-17), le texte montrerait les conséquences de cette violation pour la plus petite unité (v. 18-20 ; באיש ההוא [v. 19]) et, laissant de côté les unités intermédiaires, passerait aux conséquences pour la totalité, la nation entière (v. 21-27).

Cette proposition de J. Tigay rencontre cependant quelques obstacles. D'abord, le passage du v. 20 au v. 21 est abrupt et commence par la description d'une situation nationale non envisagée dans les versets précédents. Ensuite, les v. 15-20 se présentent sous une forme parénétique[119] reliée à ce qui précède[120], tandis que le passage suivant (29,21-27) est descriptif avant d'être parénétique : il relate une situation concrète et un dialogue mais ne consiste pas en une exhortation directe du locuteur. Enfin, certains analystes[121] attachent Dt 29,21-27 avec 30,1-10 plutôt qu'avec 29,15-21, en faisant de 29,21-27 et 30,1-10 les

---

117 PERLITT, *Bundestheologie*, p. 44-45.
118 TIGAY, *Deuteronomy*, p. 281.
119 Nous allons revenir plus bas sur les éléments qui permettent de reconnaître la forme « parénèse », cf. p. 207-208.
120 Dt 29,1-20 est notamment structuré par l'adresse à la « seconde génération » au début de chaque sous-section : אתם (v. 1.9.15). Sur les autres facteurs de structuration de cette unité, cf. LOHFINK, « Bundesschluß », p. 36-40.
121 BALTZER, *Bundesformular*, p. 44-45 ; LOHFINK, « Bundesschluß », p. 36-45 ; BRAULIK, *Testament*, p. 71. A. Rofé reconnaît également derrière Dt 28,69-30,20 la forme d'un traité de vassalité mais n'y inclut pas 29,21-27 et 30,1-10, considérant que ce sont deux passages interpolés plus tard dans cette forme (ROFE, « Covenant », p. 317).

malédictions–bénédictions d'un formulaire d'alliance présent en Dt 29,1–30,20[122].

Étudier et reconstruire l'histoire rédactionnelle des différentes unités[123] qui composent Dt 29,1–30,20 sortant du champ de notre travail, nous devons nous en tenir ici aux remarques faites ci-dessus qui montrent que Dt 29,15-20 et 29,21-27 sont dans un rapport tant de continuité que de rupture l'un vis-à-vis de l'autre. Bien que ces sections aient toutes deux pour objectif de montrer la gravité de la violation du premier commandement et qu'elles émergent l'une comme l'autre au régime de la rétribution, elles se séparent sur le mode d'exposition (parénèse ; récit) et sur les modalités de la rétribution (individuelle ; collective). Deux grilles de lecture peuvent donc être avancées : considérer que ces péricopes se complètent l'une l'autre (J. Tigay) ou que l'une corrige l'autre (E. Otto). Si l'on s'en tient à Dt 29,15-27, rien selon nous ne permet de décider en faveur de l'une ou l'autre position. Le v. 28 pourrait cependant apporter un éclairage à cette question.

Ce verset énigmatique – probablement une glose formulée dans un style sapientiel[124] – dont le sens est discuté, pourrait en effet réagir à la juxtaposition des deux sections 29,15-20 et 29,21-27. C'est ainsi que lit le Targum du Pseudo-Jonathan :

> « Les choses cachées sont manifestées devant Yahvé, notre Dieu, et c'est lui qui décide à leur sujet (de la rétribution). Mais les choses cachées ont été transmises à nous et à nos fils à jamais, pour que nous en jugions, afin d'accomplir toutes les paroles de cette Loi » [125].

Ce targum comprend donc le v. 28 comme une tentative de Moïse de rassurer le peuple qui a entendu que les actes privés d'un seul homme (v. 17-20) pouvaient conduire à la destruction de la nation entière

---

122 Par exemple selon Braulik (BRAULIK, *Testament* , p. 71) :
   1. Préambule historique : 29,1-8
   2. Protocole de la cérémonie de serment : 29,9-14
   3. Sermon de mise en garde : 29,16-20
   4. Malédictions–bénédictions attachées à l'alliance : 29,21-27 ; 30,1-10
   5. Sermon de prise de congé : 30,11-14
   6. Bénédictions, malédictions, appel de témoins et exhortation finale : 30,15-20
123 Les auteurs repèrent classiquement : Dt 29,1-8 ; 29,9-14 ; 29,15-20 ; 29,21-27 ; 30,1-10 ; 30,11-14 ; 30,15-20.
124 Une discussion détaillée est fournie dans HEMPEL, *Schichten*, p. 165-167. H.-W. Wolff attribue ce verset à un travail éditorial dtr (WOLFF, « Kerygma », p. 185-186. Otto s'attache à montrer son arrière-fond sapientiel (OTTO, « Gut und Böse »).
125 Targum du Pseudo-Jonathan, traduction française du manuscrit Add. 27031 par R. Le Déaut dans : LE DEAUT, *Targum*, p. 245. Les italiques sont de R. Le Déaut et signalent les passages où TM et targum divergent.

(v. 21-27), en lui signifiant qu'il ne peut être tenu responsable collectivement pour des fautes commises individuellement dans le secret. Rachi commente exactement dans ce sens[126]. Il explique en effet que Yhwh ne menace pas de punir tout le peuple pour les pensées secrètes d'un seul de ses membres, car ces pensées secrètes lui appartiennent et il veut la punition exacte de l'individu ; mais les choses révélées appartiennent à Israël pour qu'il supprime le mal de son sein. Cependant, si Israël ne juge pas le mal pour le supprimer, alors la communauté sera punie collectivement[127]. Si cette interprétation est correcte – étant donné le caractère énigmatique du verset, la prudence doit rester de mise –, alors cela signifierait que Dt 29,21-27 n'a pas été perçu par le(s) rédacteur(s) de 29,28 comme une rétribution collective mais plutôt comme une rétribution corporative[128], à laquelle il(s) aurai(en)t tenté de s'opposer[129]. Nous serions donc dans la situation d'une réaction en chaîne : la *Fortschreibung* que l'on trouve en Dt 29,21-27 (rétribution collective) aurait complété Dt 29,15-20 (rétribution individuelle), ce qui aurait provoqué la réaction de Dt 29,28 (opposition à l'idée d'une rétribution corporative).

Comme en Dt 1,19-46, nous constatons à partir de l'étude de Dt 29,21-27 et de son contexte que différentes conceptions de la justice divine ont trouvé leur chemin dans le texte biblique. Là encore, le régime sous lequel est pensée cette justice est celui de la rétribution : Yhwh ne laisse aucune faute impunie. Cependant, cette rétribution doit être « juste » et dès lors que cela ne semble pas être le cas, des réactions théologiques sont générées. Dt 29,28 est probablement à mettre au rang de telles réactions.

---

126 Cette interprétation est reprise également par TIGAY, *Deuteronomy*, p. 283 ; ROFE, « Covenant », p. 313.
127 RASHI *Pentateuch*, p. 148.
128 Sur la distinction entre rétribution collective et corporative, cf. p. 126.
129 Il existe d'autres interprétations de ce verset difficile. Une deuxième interprétation consiste à le comprendre comme une référence à l'avenir que seul Yhwh connaît. Cette glose viserait alors à écarter les spéculations sur l'avenir que pourrait engendrer ce contexte de prédictions (DRIVER, *Deuteronomy*, ²1896, p. 328 ; BUIS & LECLERCQ, *Deutéronome*, p. 185 ; CRAIGIE, *Deuteronomy*, p. 360-361 ; MAYES, *Deuteronomy*, p. 368). M. Weinfeld avance une troisième piste de lecture à partir de la pratique du Proche Orient ancien de dupliquer les traités d'alliance, de sorte que chaque partie en possède une copie. Puisque Yhwh réside dans le secret, sa copie du traité d'alliance est cachée et secrète, tandis que la copie possédée par les Israélites (la Torah) leur est révélée et leur appartient, à eux et à leurs enfants (WEINFELD, *Deuteronomic School*, p. 63 n. 5).

3.2.2 Mort de Moïse, faute d'Israël, retrait de Yhwh et témoignage de la Torah : Dt 31,16-18.20-21.29

Dt 29,27 évoque donc à mots couverts la situation historique des événements de 597 / 587. La réflexion sur les causes de cette catastrophe nationale met en évidence les conséquences de la rupture d'alliance avec Yhwh. En Dt 31, cette situation est à nouveau évoquée à trois reprises : Dt 31,16-18 ; 31,20-21 et 31,29. Ces trois péricopes (n°74, 75 et 77) décrivent le même enchaînement qu'en 29,21-27 : une rupture temporelle marquée par la mort de Moïse ou par un changement de génération (29,21 ; 31,16 ; 31,29a) → la violation du premier commandement (29,25 ; 31,16b ; 31,29a) → la colère de Yhwh (29,26 ; 31,17) → la survenue de malédictions, maux et détresses sur Israël (29,26 ; 31,17 ; 31,21 ; 31,29b). Dans cet enchaînement, les correspondances entre ces textes sont mises en valeur dans le tableau suivant[130] :

29,21-27 (péric 72)	31,16-18 (péric 74)	31,20-21 (péric 75)	31,29 (péric 77)
	ויאמר יהוה אל־משה הנך שכב עם־אבתיך	כי־אביאנו אל־האדמה אשר־נשבעתי לאבתיו זבת חלב ודבש	כי ידעתי אחרי מותי
ואמר הדור האחרון בניכם אשר יקומו מאחריכם [...] *description de l'état du pays* [...]	וקם העם הזה		
יהוה באפו ובחמתו: 23 ואמרו כל־הגוים על־מה עשה יהוה ככה לארץ הזאת	[cf. v. 17 ci-dessous]		
מה חרי האף הגדול הזה:	[cf. v. 17 ci-dessous]		
		ואכל ושבע ודשן ופנה	
[cf. v. 25 ci-dessous]	וזנה אחרי אלהי נכר־הארץ אשר הוא בא־שמה בקרבו ועזבני	אל־אלהים אחרים ועבדום ונאצוני	
24 ואמרו על אשר עזבו			כי־השחת תשחתון

---

130 Les parallèles mot à mot sont en souligné double, les parallèles thématiques, en souligné simple, les correspondances indirectes (qui n'occupent pas la même place dans les textes respectifs) sont en pointillé.

אֶת־בְּרִית יהוה אלהי אבתם אשר כרת עמם בהוציאו אתם מארץ מצרים: 25 וילכו וַיַּעַבְדוּ אֱלֹהִים אֲחֵרִים וישתחוו להם אלהים אשר לא־ידעום ולא חלק להם: 26 וַיִּחַר־אַף יהוה בָּאָרֶץ הַהִוא להביא עליה אֶת־כָּל־הַקְּלָלָה הכתובה בספר הזה: 27 ויתשם יהוה מעל אדמתם בְּאַף ובחמה ובקצף גדול וישלכם אל־ארץ אחרת כיום הזה: [cf. v. 26 ci-dessus] [cf. v. 25 ci-dessus]	וְהֵפֵר אֶת־בְּרִיתִי אשר כרתי אתו: [cf. v. 16 ci-dessus] 17 וְחָרָה אַפִּי בוֹ ביום־ההוא ועזבתים והסתרתי פני מהם וְהָיָה לֶאֱכֹל וּמְצָאֻהוּ רעות רבות וצרות [cf. v. 17 ci-dessus] ואמר ביום ההוא הלא על כי־אין אלהי בקרבי מְצָאוּנִי הָרָעוֹת הָאֵלֶּה: 18 ואנכי הסתר אסתיר פני ביום ההוא על כָּל־הָרָעָה אשר עשה כי פָנָה אֶל־אֱלֹהִים אֲחֵרִים:	וְהֵפֵר אֶת־בְּרִיתִי: [cf. v. 20 ci-dessus] [cf. v. 20 ci-dessus] 21 וְהָיָה כִּי־תִמְצֶאןָ אֹתוֹ רעות רבות וצרות [cf. v. 21 ci-dessus] וענתה השירה הזאת לפניו לעד כי לא תשכח מפי זרעו כי ידעתי אֶת־יִצְרוֹ אשר הוא עשה היום [cf. v. 20 ci-dessus] בטרם אביאנו אל־הארץ אשר נשבעתי:	וְסַרְתֶּם מִן־הַדֶּרֶךְ אשר צויתי אתכם וְקָרָאת אֶתְכֶם הָרָעָה באחרית הימים [cf. ci-dessus] כִּי־תַעֲשׂוּ אֶת־הָרַע בעיני יהוה להכעיסו בְּמַעֲשֵׂה ידיכם:

Âge sombre de la période post-mosaïque ? 171

Nous remarquons donc une parenté thématique et quelquefois phraséologique entre ces quatre textes, parenté plus particulièrement manifeste entre Dt 31,16-18 et 31,20-21. Au sein de Dt 31, les parallèles relevés laissent entendre que les péricopes 74, 75 et 77 constituent une seule et unique prédiction annoncée en trois vagues successives. Les deux premières annonces sont faites par le locuteur divin ; la dernière, effectuée par Moïse, souligne le caractère inéluctable et dramatique de cette corruption future : כי ידעתי אחרי מותי כי־השחת תשחתון.

Entre ces annonces, deux autres thématiques sont développées : la réception / conservation de la Torah et du cantique, et la succession de Moïse. Ces trois thèmes (réception / conservation de la Torah et du cantique ; succession de Moïse ; annonces de la corruption future) sont quelquefois juxtaposés et donc pas complètement articulés entre eux. Un seul exemple suffit à le montrer : celui du v. 23. En Dt 31,22, le sujet des verbes est Moïse. Dans la continuité de cette description, le sujet du verbe צוה au v. 23 semble à première vue être encore Moïse. Mais la suite de ce verset montre qu'il ne peut en fait s'agir que de Yhwh. Nous avons certainement là la suite et l'accomplissement de Dt 31,14 où Yhwh ordonne à Moïse קרא את־יהושע והתיצבו באהל מועד[131] ואצונו, ordre qui, sans le verset 23, serait inutile. La recherche a depuis longtemps repéré ce type de tension, en a conclu que ce chapitre n'est pas homogène et s'est appliquée à retracer l'histoire de sa rédaction[132].

Nombreux sont les auteurs qui soulignent le rôle joué par Dt 31,16-22 dans l'introduction du cantique[133], ce qui conduit habituellement à attribuer l'insertion de ce cantique à l'auteur de 31,16-22. L'attribution de ces derniers versets à des couches anciennes[134] a, après la remise en cause de l'hypothèse documentaire classique, laissé la place à une

---

131 Pour une présentation synthétique des questions de critique textuelle que soulève ce verset et des divergences de vue, entre L. Laberge et N. Lohfink, sur l'antériorité du TM sur la LXX et inversement, cf. SONNET, *The Book*, p. 38 n. 30.

132 Cf. LOHFINK, « Bundesschluß », p. 45-46 ; LABUSCHAGNE, « Song », p. 86-90 (ces deux auteurs font un point synthétique sur l'histoire de la recherche) ; BLENKINSOPP, *Prophecy*, p. 82-83 ; FRIEDMAN, *Exile*, p. 13-16 ; NIELSEN, *Deuteronomium*, p. 275-277 ; OTTO, *Pentateuch und Hexateuch*, p. 175-196.

133 Par exemple : PERLITT, *Bundestheologie*, p. 268 n. 3 ; BLUM, *Studien*, p. 85 ; NIELSEN, *Deuteronomium*, p. 276 ; OTTO, *Pentateuch und Hexateuch*, p. 176.

134 « [A]n Elohistic introduction [to the song] » (WEINFELD, *Deuteronomic School*, p. 10 n. 2 ; 83 n. 2) ; « 31,16-22 ist nicht-deuteronomistich und bildet eine Einleitung zum Moseslied » (LOHFINK, « Bundesschluß », p. 46).

labellisation dtr ou post-dtr[135]. Une datation exilique[136] ou post-exilique[137] de ces versets semble donc raisonnable.

De façon intéressante, R.E. Friedman attribue Dt 31,16-22 et 28-30 à Dtr[2], c'est-à-dire à une strate dtr exilique[138]. Les autres textes de cette strate d'écriture Dtr[2], laquelle a procédé, selon les tenants de la théorie de Cross, à un travail éditorial de Dtr[1], se lisent selon Friedman en Dt 4,24-31 ; 8,19-20 ; 28,36-37 ; 28,63-68 ; 29,21-27 ; 30,1-10 ; 30,15-20 ; 32,44 (+ l'insertion du cantique) ; Jos (23,15-16) ; 1 R (6,11-13) ; 9,6-9 ; 2 R (17,19) ; (17,35-40a) ; 21,8-15 ; (22,16-20) ; 23,26-25,26(27-30)[139]. Les versets 31,16-18.20-22.29 ne représentent pas, selon lui, l'expression d'une menace mais la révélation d'un événement futur réel. Les écrivains Dtr[2] qui ont inséré ces passages ainsi que le cantique auraient donc procédé par *vaticinium ex eventu*. G. von Rad, qui soutient une position similaire, avance l'idée d'une rétrojection de la catastrophe de l'exil dans la prédication de Moïse[140].

Pour confirmer la corrélation entre ces versets et l'exil proposée notamment par G. von Rad et R.E. Friedman, nous ne disposons malheureusement pas en Dt 31 d'indices semblables au « lapsus » qui apparaissait en Dt 29,27 (וישלכם אל־ארץ אחרת כיום הזה). Les notations temporelles de Dt 31,16-18.20-21.29 susceptibles de nous

---

135 « Die Verse 16-22 sind durchaus dtr » (NIELSEN, *Deuteronomium*, p. 276) ; « The latter [the Song], with its heading in 31 :30 and its introduction in 31 :16-22, are post-deuteronomistic additions » (MAYES, *Deuteronomy*, p. 376) ; pour Otto, Dt 31,16-22 est une addition à la PentRed (OTTO, *Pentateuch und Hexateuch*, p. 177-178 ; 191-192).

136 VON RAD, *Gottesvolk*, p. 70-71 (*eine exilische Weiterung*) ; FRIEDMAN, *Exile*, p. 13-16.

137 Ils sont postérieurs à la PentRed pour Otto, c'est-à-dire selon sa chronologie, postérieurs au milieu du 5e s. avant J.-C. (OTTO, *Pentateuch und Hexateuch*, p. 191-192).

138 Friedman se rattache à l'école de Cross en ce qui concerne HD et il en utilise les sigles (Dtr[1] ; Dtr[2]). Cet auteur reconstruit les différentes couches d'écriture de Dt 31 en partant de l'observation que six unités thématiques distinctes se trouvent en son sein : v. 1-8 ; 9-13 ; 14-15.23 ; 16-22 ; 24-27 ; 28-30. Pour lui, les deux premières péricopes sont josianiques (= Dtr[1]) ; 14-15.23 est JE ; 24-27 sont de la main de Dtr[1] (FRIEDMAN, *Exile*, p. 13-16).

139 FRIEDMAN, *Exile*, p. 25-26. Les parenthèses sont de l'auteur. Il les utilise dans son livre pour attribuer les textes en question à Dtr[2] avec un degré de certitude inférieur à celui des textes qui ne sont pas entre parenthèses.

140 « Da aber diese Katastrophe als ein bereits eingetretenes Faktum, das nunmehr unausweichlich dem Zustand des Heils ein Ziel gesetzt hat, seinerseits als Weissagung in die Predigt Mosis zurückprojiziert wird, ist der unbefangene gegenwartsfrohe Glaube des genuin deut. Bestandes verloren gegangen » (VON RAD, *Gottesvolk*, p. 71).

indiquer si une période précise est visée par ces textes restent par trop générales :
- *Après l'entrée dans le pays*, le peuple va manger et se rassasier (31,20)
- *En ce jour-là*, la colère de Yhwh va s'enflammer contre eux ; *en ce jour-là*, on dira : « N'est-ce pas parce que Yhwh n'est plus au milieu d'eux que les ont atteint ces malheurs ? » (31,17) ; *en ce jour-là*, Yhwh leur cachera sa face (31,18)
- *Après la mort de Moïse* (30,29), le peuple va se corrompre. Ce malheur va s'abattre sur Israël dans « l'après des jours[141] » (31,29 : באחרית הימים), c'est-à-dire « dans l'avenir ».

Les points de contact entre Dt 31,16-18.20-21.29 et Dt 29,21-27 (cf. tableau ci-dessus) constituent un élément important à prendre en compte mais ne contraignent pas totalement à établir une corrélation avec l'exil.

Nonobstant cette incertitude touchant la situation historique présupposée par ces versets, nous pouvons nous attacher à dégager trois caractéristiques principales de la justice divine qui leur est sous-jacente. Premièrement, faute et punition sont envisagées sous le régime de la Torah. La faute est en effet déclarée telle grâce au double témoignage du livre de la Torah et du cantique, tandis que la punition repose sur le système des bénédictions–malédictions de Dt 28. La deuxième caractéristique de la justice divine est son lien à une théologie de l'absence de Yhwh ; nous partirons pour cela de l'indication en Dt 31,17-18 que Yhwh « cachera sa face » à la suite de l'offense du peuple. Enfin, la troisième et dernière caractérisitique portera sur la punition mise en œuvre, punition qui se présente « mesure pour mesure », le châtiment étant corrélé à l'offense.

Le premier trait de la justice divine en Dt 31 est donc son exercice dans le cadre de la Torah. L'alliance que le peuple va briser (31,16.20) est celle qui vient d'être conclue (29,9-14). Elle est un engagement vis-à-vis de paroles maintenant consignées par écrit et confiées, sous la forme du livre de la Torah, aux prêtres lévites et aux anciens d'Israël (31,9.24-26). Ce livre contient les bénédictions–malédictions de Dt 28 et c'est probablement ces dernières qu'il faut entendre sous le couple רעות וצרות qui apparaît en 31,17.21[142]. L'idée sous-jacente à la survenue de ces maux et détresses est que l'infraction à l'alliance déclenche la mise en

---

141 Cf. p. 129 n. 2.
142 Ce couple est rare dans la BHS. En dehors des deux attestations en Dt 31, cf. 1 S 10,19 ; Ps 71,20 ; Jr 15,11. En Dt 29,20, le malheur est mis en relation avec les imprécations du livre de la Torah (cf. Dt 28).

action des malédictions. Cet état de fait est décrit avec des expressions diverses : les malédictions vont être envoyées sur Israël (29,26 : לְהָבִיא עָלֶיהָ אֶת־כָּל־הַקְּלָלָה) ; elles vont trouver Israël (31,17.21 : תִּמְצֶאןָ אֹתוֹ / מְצָאֻהוּ רָעוֹת רַבּוֹת וְצָרוֹת) ou encore aller à sa rencontre (31,29 : וְקָרָאת אֶתְכֶם הָרָעָה). Nous sommes donc dans la même logique qu'en Dt 28 où les malheurs à venir sont en quelque sorte réifiés et vont s'attacher, « coller » au peuple (cf. דבק : 28,21.60).

La rupture d'alliance décrite à l'avance par Yhwh et Moïse est donc envisagée à partir des règles de la Torah donnée par Yhwh à Israël (bénédictions–malédictions) et c'est pour cette raison qu'intervient en Dt 31,19.21.26 le terme nouveau de témoin (עֵד). Celui-ci apparaît trois fois : deux fois pour désigner le cantique (v. 19.21) et une fois pour désigner le livre de la Torah (v. 26). Le cantique introduit par Dt 31,16-22.28-30 sera pour Yhwh (תִהְיֶה־לִּי) un témoin contre (בְּ) les fils d'Israël (v. 19). Comment faut-il comprendre ce rôle de témoignage ? L'idée de préserver une prophétie comme témoin pour l'avenir se trouve ailleurs en Is 30,8 (cf. 8,16) et Hb 2,2-3. J. Tigay[143] rapproche le rôle que doit jouer ce cantique pour l'Israël futur de la prise de conscience du roi hittite Muršili II[144], de celle du roi Josias (2 R 22–23) ou de l'Israël post-exilique à l'audition de textes sacrés (Ne 8–10). R.E. Friedman établit un lien entre le rôle de témoin du cantique et la situation exilique de Dtr², à qui il attribue l'insertion du cantique en Dt 32 :

> « Un autre thème partagé entre les deux éditions [n.d.r. : les deux éditions de HD : josianique et exilique] est celui du témoignage. Dtr² continue à développer l'idée de Dtr¹ qu'un avertissement convenable avait bien été donné à Israël. La version exilique, cependant, choisit de nouveaux témoins. Dans la version josianique, le témoin contre Israël est le livre de la Torah. " Il sera là comme un témoin contre toi " (Dt 31,26). Le problème pour Dtr² réside dans le fait que ses intérêts ne sont pas confinés au passé, mais regardent plutôt vers la possibilité d'une restauration. Le livre placé *là* comme témoin ne constitue pas vraiment une source d'inspiration après 587, alors que *là* n'existe plus. Les additions exiliques du Deutéronome en

---

143 TIGAY, *Deuteronomy*, p. 297. Cf. également SONNET, *The Book*, p. 150.
144 Cf. PRITCHARD, *ANET*, p. 394-396. Dans ce texte hittite, longue prière au dieu de l'orage et aux autres dieux hittites, le prêtre envoyé par le roi Muršili explique aux dieux comment il a trouvé deux tablettes qui lui ont permis de comprendre les raisons de l'épidémie qui frappe le pays hittite : une des tablettes fait état d'un serment fait par le roi Šuppiluliuma, père de Muršili, serment non tenu. Muršili promet de faire des offrandes de réparation. Nous avons donc dans ce texte l'attestation en pays hittite au 14e s. avant J.-C. d'une recherche dans les textes anciens des causes d'événements mystérieux. Ce texte a pour titre « Second Prayer » (de Muršili) dans HALLO, *Context Vol. 1*, p. 157-159.

appellent en conséquence, de façon répétée, au ciel et à la terre, c'est-à-dire à des témoins éternels »[145].

Cette interprétation de Friedman repose foncièrement sur sa datation exilique de Dt 31,16-22.28-30, datation qui nous paraît probable mais non pas certaine, et qui a le mérite d'avancer une explication de la présence du cantique qui, conjointement avec le livre de la Torah, doit servir de témoin contre Israël (31,19.21.26). Il est vrai qu'un cantique est plus facile à mémoriser et à restituer qu'un livre (Torah). Il est donc plus « immatériel » et, à ce titre, sans doute plus adapté à un temps d'exil.

Dans les trois annonces de la corruption future d'Israël, les références aux malédictions de Dt 28 et à la fonction de témoignage du livre et du cantique soulignent donc le rôle de la Torah dans la justice divine. Celle-ci, avec le cantique, doit servir de témoin, c'est-à-dire de source d'intelligibilité de ce qui arrivera[146] à Israël. Dt 31 précise ainsi que les maux (רעות וצרות) qui frapperont le peuple, loin d'être arbitraires, seront une stricte application de la Torah.

Le deuxième trait de la justice divine dans ce chapitre concerne la réaction de Yhwh à la désobéissance du peuple. Si l'on compare les trois prédictions d'une rupture à venir entre Israël et Yhwh en Dt 31 avec celle décrite en Dt 29,21-27, un constat est frappant : en 29,26, Yhwh envoie (בוא על-hiphil) sur Israël les malédictions, tandis qu'en 31,17.21.29, les maux trouvent (מצא-qal) ou viennent à la rencontre (קרא את-qal) d'Israël sans que Yhwh ne soit mentionné comme agent actif de la rétribution. Plus encore, Dt 31,17-18 précise que Yhwh va « cacher sa face » à Israël (סתר פנה מן-hiphil), expression que, hormis 32,20, on ne trouve pas ailleurs dans l'Hexateuque mais qui apparaît « en Is 8,17, Mi 3,4 et fréquemment chez des écrivains plus tardifs, spécialement dans les psaumes »[147]. Selon S. Balentine, dans le Pentateuque et les Prophètes, le retrait de Yhwh qui cache sa face est toujours une réponse directe au péché et à la désobéissance d'Israël en tant que peuple, tandis que, dans Job ou les psaumes, la raison de cette absence de Yhwh n'est pas donnée et c'est l'occasion d'une lamentation

---

145 FRIEDMAN, *Exile*, p. 34. L'appel au ciel et à la terre comme témoins apparaît régulièrement dans les traités du Proche Orient ancien, hittites et araméens (cf. HUFFMON, « Covenant », p. 291-292 ; MORAN, « Remarks »).

146 Ce qui arrivera si l'on se place au niveau de la fiction mosaïque ; ce qui est arrivé si l'on admet que le narrateur a en tête des événements précis, ceux de 597 / 587 par exemple.

147 DRIVER, *Deuteronomy*, ²1896, p. 341. L'expression se trouve en Dt 31,17.18 ; 32,20 ; Jb 13,24 ; 34,29 ; Ps 10,11 ; 13,2 ; 22,25 ; 27,9 ; 30,8 ; 31,21 ; 44,25 ; 51,11 ; 69,18 ; 88,15 ; 102,3 ; 104,29 ; 143,7 ; Is 8,17 ; 54,8 ; 59,2 ; 64,2 ; Jr 33,5 ; Ez 39,23.24.29 ; Mi 3,4.

et d'une protestation d'innocence de la part du suppliant[148]. Nous avons donc en 31,17-18 – comme en Dt 29,23-26 – une recherche de ce qui cause les maux qui s'abattent sur Israël. La réponse est introduite en des termes semblables : ואמרו על אשר (29,24) ; ואמר ביום ההוא הלא על כי (31,17), mais le rôle de Yhwh dans la sanction diffère d'un passage à l'autre.

Précédemment, nous nous sommes efforcé de dégager différentes caractéristiques que peut présenter le concept de rétribution[149]. L'une d'elles concerne son principe. À la suite du débat initié par K. Koch, il semble important de regarder si le principe rétributif de chaque cas est personnel ou impersonnel, réactif ou non réactif. Jusqu'ici, en Dt 1,19-45 et 29,21-27, Yhwh est apparu comme un principe personnel réactif. Lors de la faute de Cades Barnea, il entendait (שמע), s'irritait (קצף) et faisait le serment (שבע) que la première génération du désert n'entrerait pas dans le pays. Cette décision était accomplie en 2,14-16 où il était précisé, à l'aide de la terminologie des « guerres de Yhwh », que la main de Yhwh avait été sur la génération des hommes de guerre pour les détruire (2,15 : יד־יהוה היתה בם להמם). En Dt 29,21-27, Yhwh était décrit une fois encore comme un principe rétributif personnel actif qui arracherait (נתש) Israël et le jetterait (שלך) dans d'autres pays.

Dt 31 rompt donc avec cette description puisqu'en ce chapitre, ce sont les malheurs et détresses prévus dans les malédictions de la Torah qui vont faire leur œuvre. Il est bien indiqué que Yhwh s'irritera (31,17 : וחרה אפי בו) mais aussi qu'il se retirera, qu'il cachera sa face. Nous sommes donc ici devant une théologie jouant sur les registres de la présence / absence de Yhwh à Israël. La question de la présence / absence de Yhwh au milieu d'Israël (בקרב ישראל) se lisait déjà en Ex 33–34, à la suite de l'affaire du veau d'or. Si on compare Dt 2,15 et 29,27 avec 31,17-18, le retrait de Yhwh mentionné dans ces derniers versets apporte donc un accent théologique neuf présentant une alternative au comportement de Yhwh face à la faute : celui-ci peut agir directement comme en 2,15 et 29,27 ou au contraire se retirer comme en 31,17-18. À vrai dire, cette théologie du retrait ou de l'absence de Yhwh se rencontrait déjà en Dt 1,19-45 puisqu'en 1,42-45 (// Nb 14,39-45), l'absence de Yhwh était la raison expliquant l'échec du peuple. Il nous faudra être attentif aux différentes apparitions de ce type de théologie dans le Deutéronome.

La troisième et dernière caractéristique de la justice divine que nous relevons ici porte sur la punition prévue. En Dt 31, le châtiment est

---

148 BALENTINE, *Hidden God*, p. 66-67 ; également p. 165-166.
149 Cf. p. 125-127.

décrit à deux reprises comme « mesure pour mesure », c'est-à-dire corrélé à l'offense :
- puisque le peuple va l'abandonner (31,16 : ועזבני), lui l'abandonnera également (31,17 : ועזבתים)
- le mal (הרעה) viendra à la rencontre d'Israël parce qu'il a fait ce qui est mal (הרע) aux yeux de Yhwh (31,29 : וקראת אתכם הרעה באחרית הימים כי־תעשׂו את־הרע בעיני יהוה)[150]

Nous avons déjà rencontré ce type de châtiment « mesure pour mesure » en Dt 1,35 où, alors que l'offense du peuple avait consisté en un refus d'entrer dans le pays, Yhwh l'avait puni en l'en écartant et en le renvoyant au désert. Ce type de punition « mesure pour mesure » est typique d'un système rétributif où l'on reçoit selon ses propres œuvres (cf. l'énonciation de ce principe par exemple en 2 S 3,39b ; Ps 28,4 ; Is 3,11).

Le chapitre 31 du Deutéronome fait donc allusion à trois reprises à une corruption future du peuple présentée comme inévitable. En présentant cet échec à venir avec une telle assurance, le(s) rédacteur(s) de ces passages laisse(nt) supposer la connaissance d'événements historiques précis. La parenté avec Dt 29,21-27 incline à penser que les événements de 597 / 587 constituent ici aussi l'arrière-fond de ces versets, mais en l'absence d'indices formels confirmant cette supposition, la question des événements visés par ces lignes doit rester ouverte. Cette rébellion future d'Israël entraînera, selon le texte, un châtiment sous forme de maux et détresses. Nous sommes donc dans le cadre d'une rétribution collective sur la base des malédictions prévues statutairement par la Torah (Dt 28). La punition est décrite comme mesurée et corrélée à l'offense, et Yhwh, l'agent de cette rétribution, est en retrait, dans une théologie de l'absence. Dans les derniers chapitres du Pentateuque, le livre de la Torah prend donc toute sa place de témoin et d'expression de la volonté divine.

3.2.3 Au cœur d'un système rétributif « historicisé » : Dt 28,15-68

Dans la liste des fautes sélectionnées plus haut, les péricopes n°66 à 69[151] concernent les bénédictions–malédictions de Dt 28[152]. Nous avons distin-

---

150 Peut-être faut-il ajouter le possible jeu de mot sur la racine פנה que relèvent certains commentateurs : כי פנה אל־אלהים אחרים correspondant à אסתיר פני (NIELSEN, *Deuteronomium*, p. 279 ; BIDDLE, *Deuteronomy*, p. 461).

gué dans le tableau[153] les fautes mentionnées dans des propositions conditionnelles (péric. 66 et 68) de celles qui le sont dans des propositions causales (péric. 67 et 69), puisque nous avons appelé les premières *fautes futures potentielles* et les secondes, *fautes futures annoncées*. Les transgressions évoquées sont les suivantes :

28,15   והיה אם־לא תשמע בקול יהוה אלהיך לשמר לעשות את־כל־מצותיו וחקתיו אשר אנכי מצוך היום [...]

Mais si tu n'écoutes pas la voix de Yhwh ton Dieu en veillant à mettre en pratique tous ses commandements et ses lois que je te donne aujourd'hui, voici les malédictions qui viendront sur toi et qui t'atteindront...

28,47   תחת אשר לא־עבדת את־יהוה אלהיך בשמחה ובטוב לבב מרב כל [...]

Parce que tu n'auras pas servi Yhwh ton Dieu dans la joie et l'allégresse de ton coeur quand tu avais de tout en abondance...

28,58   אם־לא תשמר לעשות את־כל־דברי התורה הזאת הכתובים בספר הזה ליראה את־השם הנכבד והנורא הזה את יהוה אלהיך [...]

Si tu ne veilles pas à mettre en pratique toutes les paroles de cette loi, celles qui sont écrites dans ce livre, en craignant ce nom glorieux et redoutable, celui de Yhwh ton Dieu...

28,62   [...] כי־לא שמעת בקול יהוה אלהיך:

... puisque tu n'auras pas écouté la voix de Yhwh ton Dieu.

Chacun des quatres versets ci-dessus commande une section de Dt 28 décrivant les conséquences de la désobéissance à Yhwh qu'encourt le peuple :

  −   28,15 commande les v. 16-44 et trouve sa conclusion en 28,45-46[154]
  −   28,47 commande les v. 48-57

---

151   Péric. 66 = Dt 28,15-46 ; Péric. 67 = Dt 28,47-57 ; Péric. 68 = Dt 28,58-61 ; Péric. 69 = Dt 28,62-68.

152   Pour l'histoire de la recherche sur ce chapitre, cf. PLÖGER, *Untersuchungen*, p. 130-136 ; SEITZ, *Studien*, p. 254-257 et plus récemment STEYMANS, *Deuteronomium 28* (dans ce livre, l'histoire de la recherche sur le chapitre est ventilée selon les sections étudiées).

153   Cf. p. 96-115.

154   Cf. la reprise inversée de 28,15 en 28,45 :

28,15   והיה אם־לא תשמע בקול יהוה אלהיך לשמר לעשות את־כל־מצותיו וחקתיו אשר אנכי מצוך היום ובאו עליך כל־הקללות האלה והשיגוך

28,45   ובאו עליך כל־הקללות האלה ורדפוך והשיגוך עד השמדך כי־לא שמעת בקול יהוה אלהיך לשמר מצותיו וחקתיו אשר צוך

- 28,58 commande les v. 58-61
- 28,62 commande les v. 63-68

Les versets 28,15 et 58 sont clairement au conditionnel, étant donné la présence de la particule conditionnelle אִם dans ces deux protases. Dans ces versets, la désobéissance à la voix de Yhwh et aux commandements de la Torah est donc une éventualité. C'est à ce titre que nous avons qualifié ces fautes de futures potentielles.

Les versets 28,47 et 62 décrivent en revanche une situation plus ambiguë. On peut se demander si nous sommes dans ces deux cas devant des propositions causales ou conditionnelles. Le cas du v. 62 est plus difficile à résoudre que celui du v. 47, aussi commençons-nous par celui-là et il nous sera ensuite plus aisé de résoudre celui-ci.

La difficulté pour déterminer si כִּי־לֹא שָׁמַעְתָּ בְּקוֹל יְהוָה אֱלֹהֶיךָ (28,62) est une proposition conditionnelle ou causale provient du fait que la particule כִּי peut avoir de multiples usages. Comme l'indique P. Joüon, en hébreu « les diverses nuances de causalité sont ordinairement rendues par des particules. La conjonction la plus ordinaire est כִּי, qui, parmi beaucoup d'autres sens, a celui de *parce que*, *car* »[155]. Cependant, כִּי peut aussi parfois remplacer אִם comme particule conditionnelle pour exprimer une supposition conçue comme réelle ou irréelle[156]. En 28,62b, ce qui permet de déterminer si cette proposition est causale ou conditionnelle est le fait que le verbe שָׁמַע est à l'accompli et renvoie à une action à situer avant l'instant auquel renvoie le verbe שָׁאַר. Ce dernier verbe présente pour sa part une forme *weqataltí* (parfait inverti) et il convient de le traduire au futur. Il y a donc antériorité chronologique de la clause כִּי־לֹא שָׁמַעְתָּ בְּקוֹל יְהוָה par rapport à וְנִשְׁאַרְתֶּם בִּמְתֵי מְעָט, ce qui conduit à traduire 28,62b comme une proposition causale et שָׁמַעְתָּ, comme un futur antérieur : « Et vous ne resterez que peu de gens alors que vous étiez aussi nombreux que les étoiles du ciel, *parce que* tu n'auras pas écouté la voix de Yhwh ton Dieu ». C'est ainsi que la Vulgate et la plupart des traductions françaises ont rendu ce verset[157]. La LXX – qui donne la

---

155 JOÜON, *Grammaire*, p. 522 (§170d) ; JOÜON, *Grammar. 3.*, p. 638 (§170d).
156 JOÜON, *Grammaire*, p. 513 (§167c) et p. 515 (§167i) ; JOÜON, *Grammar. 3.*, p. 629 (§167c) et p. 630-631 (§167i)
157 Vg. : « quoniam non audisti » → « parce que vous n'aurez point écouté »
    Crmp. : « parce que tu n'auras pas obéi »
    O-T : « parce que tu n'auras pas écouté »
    BJ : « parce que tu n'auras pas obéi »
    TOB : « puisque tu n'auras pas écouté »
    BAY : « parce que tu n'auras pas obéi »
    NBS : « parce que tu n'auras pas écouté ».

leçon « καὶ καταλειφθήσεσθε ἐν ἀριθμῷ βραχεῖ [...] ὅτι οὐκ εἰσηκούσατε » – rend également כִּי comme une particule causale tout en obligeant ses traducteurs en français[158] à une contorsion en ce qui concerne la concordance des temps : « Et vous serez laissés en petit nombre [...] parce que vous n'avez pas écouté »[159].

Ce que nous venons de décrire en Dt 28,62 s'observe également en 28,47 où la chaîne des temps est tout à fait semblable quoique inversée, puisque l'apodose vient cette fois après la protase : qatal-תַּחַת אֲשֶׁר לֹא → wᵉqataltí. Au lieu de la particule כִּי, nous avons ici l'utilisation de תַּחַת אֲשֶׁר. Selon la grammaire de P. Joüon[160], תַּחַת אֲשֶׁר est – comme sa proche parente עֵקֶב אֲשֶׁר – une tournure marquant la conséquence. Ces deux tournures sont pratiquement synonymes et peuvent être utilisées l'une comme l'autre pour signifier positivement « en récompense de ce que » ou négativement « en punition de ce que ». Le verset 28,47 doit donc, comme 28,62b, être traduit comme une proposition causale : « *Parce que* tu n'auras pas servi Yhwh ton Dieu dans la joie et le bonheur de ton cœur qui provient de l'abondance de toutes choses, alors tu serviras tes ennemis que Yhwh enverra contre toi... » Là encore, il existe sur ce point un consensus de la LXX[161], de la Vulgate[162] et des traductions françaises consultées[163].

Il n'est pas indifférent d'utiliser l'un ou l'autre type de propositions (conditionnelle ou causale) pour décrire les fautes futures du peuple et en souligner les conséquences. La proposition conditionnelle de 28,15 qui introduit les v. 16-44 fait de la réalisation des malédictions une

---

158 HARL, *Bible d'Alexandrie 5.*, p. 295.
159 Cette traduction de 28,62b comme proposition causale à la suite d'une proposition conditionnelle en 28,58 crée le même enchaînement qu'entre 28,15 et 28,45, comme l'a bien remarqué STEYMANS, *Deuteronomium 28*, p. 231. En 28,15, les malédictions s'ouvrent par « si tu n'obéis pas... (vb. inacc. + אִם־לֹא) » et elles se concluent en 28,45 par « parce que tu n'auras pas obéi... (vb. acc. + כִּי־לֹא) ». Nous avons un enchaînement semblable avec 28,58 « si tu ne gardes pas... (vb. inacc. + אִם־לֹא) » et 28,62b « parce que tu n'auras pas obéi... (vb. acc. + כִּי־לֹא) ».
160 JOÜON, *Grammaire*, p. 523 (§ 170g) ; JOÜON-MURAOKA, *Grammar. 3.*, p. 639 (§ 170g)
161 LXX : « ἀνθ' ὧν οὐκ ἐλάτρευσας κυρίῳ » → « parce que tu n'as pas rendu un culte au Seigneur » (trad. tirée de HARL, *Bible d'Alexandrie 5.*, p. 293).
162 Vg. : « eo quod non servieris Domino » → « Parce que vous n'aurez point servi le Seigneur »
163 Crmp. : « Parce que tu n'auras pas servi Jéhovah »
O-T : « Parce que tu n'auras pas servi Yahvé »
BJ : « Puisque tu n'auras pas servi Yahvé »
TOB : « Parce que tu n'auras pas servi le SEIGNEUR »
BAY : « Et puisque tu n'auras pas servi Yhwh »
NBS : « Pour n'avoir pas servi le SEIGNEUR »

simple éventualité, pour le cas où Israël ne garderait pas les commandements. Il n'y a donc pas ici de fatalité. Les propositions causales des versets 28,47 et 28,62, qui commandent les v. 48-57 et 63-68, c'est-à-dire la majeure partie de la seconde partie du chapitre 28, regardent, en revanche, la désobéissance du peuple comme un fait inévitable. Les clauses « parce que tu n'auras pas servi Yhwh... » et « parce que tu n'auras pas écouté... » indiquent que dans le futur envisagé, les maux et souffrances décrits en 28,48-57.63-68 ne pourront être éludés.

Nous avons montré plus haut que Dt 28,45-46 constitue la conclusion de la section 28,15-46, qui est elle-même le pendant des bénédictions listées en 28,1-14. Toute cette grande section est conditionnelle. Dans la suite du chapitre, hormis Dt 28,58-61, les v. 47-57.62-68 introduisent la description des malédictions par des propositions causales. Nous verrons par la suite que Dt 28,58-61 est probablement une addition – la plus tardive de tout le chapitre – dans le tissu du texte[164]. Ces premières remarques permettent donc de se rendre compte que nous assistons à un basculement entre Dt 28,15-46 et 28,47-68*[165] respectivement de l'expression de malédictions à celle de prédictions.

H.-U. Steymans et N. Lohfink distinguent également ces sections de Dt 28. Steymans écrit :

> « Si ainsi, en Dt 28,20-44, le changement du jussif à l'indicatif futur souligne une différence substantielle entre l'expression de malédictions et la description de leurs effets, alors cela signifie pour Dt 28,47-68 que ses phrases à l'indicatif futur ne sont pas la proclamation de malédictions mais l'exposition de leurs effets. La syntaxe des phrases manifeste par conséquent une différence de genre entre Dt 28,20-44 et 28,47-68. Le phénomène ici repéré coïncide avec la LXX, puisque à partir du v. 47, au contraire de toutes les phrases précédentes qui ont Dieu comme sujet, les phrases sont traduites à l'indicatif »[166].

N. Lohfink prolonge ce jugement. Pour lui, il faut distinguer entre l'action de maudire (*verwünschen*) et celle de menacer (*drohen*). Dt 28,20-44 est de l'ordre des malédictions (*Verwünschungen*), tandis qu'il s'agit de menaces (*Drohungen*) en Dt 28,47-68[167].

Penser la différence entre Dt 28,15-46 et 28,47-68 en termes de malédictions / prédictions, malédictions / exposition de leurs effets ou encore malédictions / menaces, revient à considérer cette seconde

---

164 Cf. p. 182 n. 169.
165 C'est-à-dire Dt 28,47-57.62-68.
166 STEYMANS, *Deuteronomium 28*, p. 324.
167 LOHFINK, « Zorn Gottes », p. 152-153.

section comme un développement de la première. Steymans comprend ainsi 28,47-68 comme un commentaire de 28,24-34[168]. Si l'on met à part 28,58-61, qui sont des versets insérés ici tardivement[169], on remarque en effet que c'est principalement le thème de l'invasion des ennemis qui a été repris de 28,20-44 et développé dans 28,47-68* selon une ligne dramatique croissante : après l'arrivée des ennemis (v. 49-52), le peuple est assiégé (v. 53-57) et à la fin du siège il ne lui reste qu'un petit nombre de survivants (v. 62). Ceux-ci sont alors déportés et dispersés dans d'autres pays (v. 63-64). Même en diaspora, ils ne trouvent pas le repos (v. 65-67), le pire étant pour ceux qui sont obligés de retourner en Égypte (v. 68).

Ces observations, complétées par d'autres[170] encore, invitent à voir dans les v. 47-68 un appendice de la section 28,15-46, sur lequel une addition secondaire (v. 58-61) est sans doute venue se greffer ultérieurement. La description du siège et de l'exil des v. 47-68* est effectivement très concrète. Le ton est dur : Israël est menacé de destruction (v. 48.51.61.63) par la main d'une nation ennemie ; il va souffrir détresse et affliction (v. 53.55.57). Les références aux villes fortifiées, à un ennemi qui parle une langue inconnue, au cannibalisme (cp. Dt 28,53 avec Lm 2,20) et à une dispersion parmi les nations, reflètent la situation d'Israël et Juda aux 8ᵉ et 6ᵉ s. avant J.-C. Ces

---

168 STEYMANS, *Deuteronomium 28*, p. 327.
169 Nous suivons ici K. Krämer, G. von Rad, G. Seitz, H.-U. Steymans. Les arguments qui plaident en ce sens sont les suivants : 1) les v. 58-61 forment une unité rendue visible par une nouvelle introduction au v. 58, laquelle construit une inclusion avec le v. 61 par la mention du livre de la Torah ; 2) Seitz mentionne une tension entre la destruction indiquée au v. 61 et le fait qu'il y a un reste au v. 62 ; 3) le *Numeruswechsel* entre le v. 61 et 62 fournit également un indice dans le même sens ; 4) les v. 58-61 semblent plus récents que leur entourage, leur langage étant poétique (cf. STEYMANS, *Deuteronomium 28*, p. 329) ; ils mentionnent la Torah, respectent le nom divin et se greffent à 28,47-57 par une reprise de 28,15 (אם־לא, עשה, שמר) (KRÄMER, *Numeri und Deuteronomium*, p. 518-519 ; VON RAD, *Das Fünfte Buch*, p. 126 ; SEITZ, *Studien*, p. 265 ; STEYMANS, *Deuteronomium 28*, p. 340 ; 344). Pour H.-U. Steymans, ces versets sont les plus récents de tout le chapitre, ce que le point 4) ci-dessus soutient effectivement.
170 L'encadrement des malédictions de 28,15-46 aux v. 15.45 correspond à celui des bénédictions aux v. 1-2.13-14. Les structures parallèles et parallèles inversées (cf. BIDDLE, *Deuteronomy*, p. 408-409) existant entre les deux sections 28,1-14 et 28,15-46 les lient dans une présentation parallèle dont le principe réside en ce que les malédictions représentent l'*inversion* des bénédictions. Dt 28,47-68 sort du cadre d'une telle présentation bien équilibrée. Cette dernière section tranche également avec la première (v. 15-46) en ce qu'elle ne s'occupe plus d'abord de phénomènes naturels et de la réputation internationale d'Israël, mais décrit un siège et un exil de façon très concrète.

références suggèrent une perspective historique. La grande majorité des commentaires[171] considère que le vocabulaire utilisé est à rapprocher de la littérature liée à la crise babylonienne du 6e siècle (notamment HD [voc. dtr] et Jérémie) et avance avec raison, étant donné cette parenté, une date exilique ou post-exilique pour l'insertion de cet appendice[172]. En tout cas, la section Dt 28,15-46, qui est le support de l'addition des v. 47-68*, ne peut être préexilique puisqu'elle comprend les v. 36 et 41 qui annoncent déjà la captivité. Dt 28,15-46 semble donc devoir être datée, au plus tôt, dans la période exilique.

Il ne paraîtra pas étonnant que la description de la justice divine sous-jacente aux deux grandes sections Dt 28,15-46 et 47-68 nous entraîne du côté d'une théologie de la rétribution, dont les caractéristiques peuvent être dégagées sans trop de difficultés. Dans ce chapitre 28, le principe ou agent rétributif est ici personnel et réactif :

v. 1 :   <u>Yhwh te rendra supérieur</u> à toutes les nations du pays
v. 7 :   <u>Yhwh fera</u> qu'ils (tes ennemis) soient battus devant toi
v. 8 :   <u>Yhwh ordonnera</u> que la bénédiction soit avec toi
v. 9 :   <u>Yhwh t'élèvera</u> pour lui au rang de peuple consacré
v. 11 : <u>Yhwh te fera</u> surabonder de biens
v. 12 : <u>Yhwh ouvrira</u> pour toi le ciel
v. 13 : <u>Yhwh te mettra</u> à la tête
v. 20 : <u>Yhwh enverra</u> contre toi la malédiction
v. 21 : <u>Yhwh attachera</u> à toi la peste
v. 22 : <u>Yhwh te frappera</u> de consomption
v. 24 : la pluie de ton pays, <u>Yhwh en fera</u> de la poussière et du sable
v. 25 : <u>Yhwh fera</u> de toi un vaincu
v. 27 : <u>Yhwh te frappera</u> d'ulcères d'Égypte
v. 28 : <u>Yhwh te frappera</u> de délires
v. 35 : <u>Yhwh te frappera</u> de mauvais ulcères

---

171 STEUERNAGEL, *Deuteronomium*, p. 103-105 ; WEINFELD, *Deuteronomic School*, p. 129-146 ; PHILLIPS, *Deuteronomy*, p. 190-193 ; BRAULIK, *Testament*, p. 67-71 ; MAYES, *Deuteronomy*, p. 351 ; 356 ; NIELSEN, *Deuteronomium*, p. 256 ; STEYMANS, *Deuteronomium 28*, p. 344-354 ; BIDDLE, *Deuteronomy*, p. 419.

172 BUIS & LECLERCQ, *Deutéronome*, p. 179-181 ; VON RAD, *Das Fünfte Buch*, p. 124-126 ; PHILLIPS, *Deuteronomy*, p. 190-193 ; BRAULIK, *Testament*, p. 67-71 ; PREUSS, *Deuteronomium*, p. 157 ; NIELSEN, *Deuteronomium*, p. 254-257 ; STEYMANS, *Deuteronomium 28*, p. 345-347 ; BIDDLE, *Deuteronomy*, p. 419-420. Il faut aussi noter que d'autres commentateurs refusent de faire la corrélation avec la période 597 / 587, en avançant que les descriptions de 28,47-68 sont la reprise de lieux communs des traités de vassalité du Proche Orient ancien : ainsi M. Weinfeld argumente à la suite de D.R. Hillers que Dt 28 provient de la même main et est pré-dtr (WEINFELD, *Deuteronomic School*, p. 116-157 ; HILLERS, *Curses*, p. 40).

v. 36 : <u>Yhwh vous mènera</u> en une nation que tes pères ni toi n'avez connue

v. 37 : Tu seras l'épouvante, la fable et la risée de tous les peuples où <u>Yhwh t'aura emmené</u>

v. 49 : <u>Yhwh suscitera</u> contre toi une nation lointaine

v. 59 : <u>Yhwh te frappera</u> de fléaux

v. 61 : Toutes les maladies et fléaux que ne mentionne pas le livre de cette Torah, <u>Yhwh les suscitera</u> contre toi

v. 63 : autant <u>Yhwh avait pris plaisir à vous rendre heureux et à vous multiplier</u>, autant <u>il prendra plaisir à vous perdre et à vous détruire</u>

v. 64 : <u>Yhwh te dispersera</u> parmi tous les peuples

v. 65 : <u>Yhwh te donnera</u> là-bas un cœur tremblant, des yeux éteints, un souffle court

v. 68 : <u>Yhwh te renverra</u> en Égypte

L'agir divin ainsi esquissé se distingue du retrait de Yhwh rencontré en Dt 31,17-18. Il fait également contraste avec la thèse en deux volets de K. Koch selon laquelle : 1) les textes vétérotestamentaires mettent en avant un lien inhérent entre l'action et ses conséquences et 2) le rôle de Yhwh dans l'Ancien Testament n'est qu'un rôle de confirmation et de déclenchement des conséquences naturelles qu'entraînent les actions humaines. Au contraire de ce qu'avance Koch, l'agent de la rétribution n'est pas ici en retrait. Il est le sujet de nombreux verbes d'action. Il est réactif et doué d'émotivité, selon la description de K. van der Toorn citée plus haut[173] (cf. 28,63 : כאשר־שש יהוה / כן ישיש יהוה).

Les désobéissances (28,15.47.58.62b) qui entraînent les malheurs listés en Dt 28 sont décrites de façon très générale (ne pas écouter la voix de Yhwh ; ne pas garder ses commandements ; ne pas mettre en pratique les paroles de la Torah ; ne pas servir Yhwh). Elles sont décrites comme le fait d'Israël en tant que nation. À ces fautes collectives correspondant des maux qui affectent collectivement Israël : la terre et le bétail deviennent improductifs, les épidémies se répandent, les biens sont pillés, toutes les villes assiégées et le peuple emmené en captivité. Nous sommes ici devant une rétribution qui semble également toucher les enfants de la génération coupable (cf. v. 32.41.50.53-57). Nous ne pouvons pas cependant parler ici, à notre sens, de la présence dans le texte d'une théologie de la rétribution transgénérationnelle puisqu'il n'est pas précisé que les fils ou filles portent la faute de leurs pères. La description des conséquences de la faute des pères sur les enfants véhicule davantage la thèse selon

---

[173] Cf. p. 92-93.

laquelle « les pères sont punis dans leurs enfants »[174] plutôt que celle qui veut que « les enfants portent la faute de leurs pères ». Cela suffit cependant à montrer que nous sommes ici devant une rétribution corporative.

Concernant la punition, nous retrouvons, comme déjà en Dt 31 mais ici en un endroit seulement, l'idée d'un châtiment « mesure pour mesure », autrement dit l'idée d'une punition corrélée à l'offense. Il s'agit de 28,47-48 :

> « Parce que tu n'auras pas servi Yhwh (לֹא־עָבַדְתָּ אֶת־יְהוָה) ton Dieu dans la joie et l'allégresse de ton cœur quand tu avais de tout en abondance, tu serviras (וְעָבַדְתָּ אֶת־אֹיְבֶיךָ) les ennemis que Yhwh t'enverra, dans la faim, la soif, la nudité et la privation de toute chose. Il te mettra un joug de fer sur le cou, jusqu'à ce qu'il t'extermine ».

La punition paraît donc comme mesurée, corrélée à l'offense. Elle est également soumise ici à l'idée d'un équilibre entre les pôles positif et négatif de la rétribution, qui se repère dans le texte à plusieurs indices. Cet équilibre se lit d'abord dans les nombreux parallèles entre 28,1-14 et 28,15-46 qui invitent à voir les malédictions comme l'*inversion* des bénédictions[175]. Ensuite, à plusieurs reprises, l'énoncé de la punition rappelle en même temps le don préalable de Yhwh :

v. 21 : « Yhwh te fera attraper une peste qui finira par t'éliminer de la terre (punition) où tu entres pour en prendre possession (don) »

v. 52 : « [Une nation étrangère] t'assiégera dans toutes tes villes, dans tout ton pays (punition), celui que Yhwh ton Dieu te donne (don) »

v. 62 : « Il ne restera de vous qu'un petit nombre de gens (punition), vous qui avez été aussi nombreux que les étoiles du ciel (don) »

v. 63 : « Et vous serez arrachés de la terre (punition) où tu entres pour en prendre possession (don) »

v. 68 : « Et Yhwh te fera retourner sur des bateaux en Égypte, vers ce pays dont je t'avais dit : " Tu ne le reverras plus jamais! " (punition et rappel de la sortie d'Égypte) »

---

174 Nous procédons ici, en quelque sorte, à la « domestication » ou « démocratisation » de la catégorie de « ruler punishment » (un souverain est puni dans la mort de ses sujets) qu'avait autrefois introduite D. Daube (DAUBE, *Studies*, p. 163).

175 Cf. déjà p. 182 n. 170.

La punition est donc comprise comme l'annulation d'un don, ou encore comme l'inversion d'une bénédiction. Enfin, le v. 63[176] souligne l'impartialité de Yhwh qui agit avec la même énergie et « sans état d'âme » tant pour récompenser que pour punir. Tous ces traits inculquent à l'auditeur / lecteur du chapitre 28 du Deutéronome, en dépit d'un ratio bénédictions / malédictions désormais déséquilibré (à peu près d'un pour trois[177]), l'idée que Yhwh donne ou retire, punit ou récompense de façon équilibrée, mesurée et quasi mécanique.

Avec la séquence « bénédictions–malédictions–prédictions » du chapitre 28, nous touchons donc au cœur du système rétributif mis en place par le livre du Deutéronome. Ce chapitre de conclusion de la Torah de 4,44–28,68 énonce la règle et le principe d'interprétation mis en œuvre dans HD pour relire l'histoire des deux royaumes. Le système rétributif de ce chapitre est aussi sous-jacent à Dt 29,21-27 et 31,16-18.20-21.29. Nous avons vu que l'énoncé des bénédictions–malédictions avait certainement crû à partir d'un noyau et que la seconde partie du chapitre (v. 47-68*) émerge à la prédiction rétrojetée de la chute de Jérusalem au 6ᵉ siècle plutôt qu'à la proclamation de malédictions intemporelles. Le système de la rétribution mentionné dans ce chapitre a donc enregistré l'ajout de détails au départ inconnus qui l'ont adapté à l'histoire du peuple, par incorporation d'allusions aux événements de 597 / 587. Cette « actualisation » a déséquilibré un ratio bénédictions–malédictions originellement équilibré et a altéré le genre « malédictions » en le tirant vers le genre « prédictions ».

3.2.4 Au-delà de la punition : Dt 4,23-31

L'allusion à une corruption future du peuple (cf. verbe שחת) en Dt 4 nous place dans une situation semblable à celle de Dt 28,47 et 62b pour ce qui concerne Dt 4,25, c'est-à-dire devant la question de savoir à quel type de proposition nous avons affaire dans ce verset : la particule כי introduit-elle ici une proposition conditionnelle ou temporelle ? Dans la LXX, la Vulgate et les traductions françaises, la situation est inversée

---

[176] « Et de même que Yhwh se plaisait à s'occuper de vous pour vous rendre heureux et nombreux, de même Yhwh se plaira à s'occuper de vous pour vous faire disparaître et vous exterminer, et vous serez arrachés de la terre où tu entres pour en prendre possession. »

[177] BIDDLE, *Deuteronomy*, p. 406.

par rapport à Dt 28,47.62b : en dehors de la BJ (trad. : H. Cazelles)[178], toutes les traductions que nous avons consultées introduisent en 4,25 une clause conditionnelle[179].

À première vue, la traduction de la particule כִּי au v. 25 comme une clause conditionnelle semble effectivement la meilleure option. La fonction du v. 25 au sein de Dt 4,23-31 plaide dans ce sens. Cette section commence par une mise en garde contre la violation du premier

---

178 BJ : « Lorsque tu auras engendré des enfants et des petits-enfants et que vous aurez vieilli dans le pays, quand vous vous serez pervertis, que vous aurez fabriqué quelque image sculptée, fait ce qui est mal aux yeux de Yahvé ton Dieu de manière à l'irriter. »

179 LXX : « ἐὰν δὲ γεννήσῃς υἱοὺς καὶ υἱοὺς τῶν υἱῶν σου καὶ χρονίσητε ἐπὶ τῆς γῆς καὶ ἀνομήσητε καὶ ποιήσητε γλυπτὸν ὁμοίωμα παντὸς καὶ ποιήσητε τὰ πονηρὰ ἐναντίον κυρίου τοῦ θεοῦ ὑμῶν παροργίσαι αὐτόν »
→ « Si tu engendres des fils et des fils de tes fils, si vous vieillissez sur la terre et que vous commettiez une iniquité, que vous fabriquiez une forme sculptée, n'importe laquelle, et que vous accomplissiez le mal devant le Seigneur votre Dieu, pour l'irriter » (trad. tirée de HARL, *Bible d'Alexandrie 5.*, p. 141).

Vg. : « si genueritis filios ac nepotes et morati fueritis in terra deceptique feceritis vobis aliquam similitudinem patrantes malum coram Domino Deo vestro ut eum ad iracundiam provocetis » → « Si, après avoir eu des enfants et des petits-enfants, et avoir demeuré dans ce pays, vous vous laissez séduire, jusqu'à vous former quelque figure, en commettant devant le Seigneur votre Dieu un crime qui attire sur vous sa colère. »

Crmp. : « Lorsque tu auras des enfants et des enfants de tes enfants et que vous aurez longtemps habité le pays, si vous vous corrompez et si vous vous faites quelque image taillée, figure de quoi que ce soit, faisant ainsi ce qui est mal aux yeux de Jéhovah pour l'irriter. »

O-T : « Lorsque tu auras engendré des fils et des petits-fils, quand vous aurez vieilli dans le pays, si vous vous pervertissez et si vous faites une statue ayant forme de quoi que ce soit, si vous faites ce qui est mal aux yeux de Yahvé, ton Dieu, pour l'irriter. »

TOB : « Lorsque tu auras des fils et des petits-fils et que vous serez une vieille population dans le pays, si vous vous corrompez en vous fabriquant une idole, une forme de quoi que ce soit, si vous faites ce qui est mal aux yeux du SEIGNEUR ton Dieu au point de l'offenser. »

BAY : « Et si, après avoir engendré des fils, et des fils de ces fils, après avoir longuement vieilli dans le pays, s'il devait alors arriver que vous retombiez dans la corruption et façonniez quelque image sculptée que ce soit, faisant ainsi, au point de le mettre hors de lui, le mal aux yeux de Yhwh ton Dieu. »

NBS : « Lorsque tu auras des fils et des petits-fils, lorsque vous serez depuis longtemps dans le pays, si vous vous pervertissez, si vous faites une statue, une forme de quoi que ce soit, si vous contrariez le SEIGNEUR, ton Dieu, en faisant ce qui lui déplaît. »

commandement et enchaîne en décrivant, avec les termes mêmes de cette mise en garde, la survenue d'une telle violation :

Mise en garde (4,23)   השמרו לכם פן־תשכחו את־ברית יהוה
אלהיכם אשר כרת עמכם
ועשיתם לכם פסל תמונת כל אשר צוך
יהוה אלהיך

Gardez-vous bien d'oublier l'alliance que Yhwh votre Dieu a conclue avec vous, et de vous faire une idole, une forme de tout ce que Yhwh ton Dieu t'a défendu de représenter.

Violation (4,25)   כי־תוליד בנים ובני בנים ונושנתם בארץ
והשחתם
ועשיתם   פסל תמונת כל ועשיתם
הרע בעיני יהוה־אלהיך להכעיסו

Lorsque tu auras des fils et des petits-fils et que vous serez une vieille population dans le pays, si vous vous corrompez en vous fabriquant une idole, une forme de quoi que ce soit, si vous faites ce qui est mal aux yeux de Yhwh ton Dieu au point de l'offenser,

Nous avons, semble-t-il, le même mécanisme qu'en 15,4.7 : après une mise en garde au v. 4 (אפס כי לא יהיה־בך אביון : « qu'il n'y ait pas de personne dans le besoin chez toi »), le texte envisage au v. 7 ce qui devrait se passer si ce n'était pas le cas (כי יהיה־בך אביון : « s'il y a une personne dans le besoin chez toi »). Similairement, la violation décrite en 4,25 peut être comprise comme hypothétique et comme servant à envisager ce qui se passerait si cette mise en garde n'était pas respectée. La particule כי introduit donc en 4,25 une casuistique de violation de la mise en garde précédente. Selon cette logique, l'utilisation du conditionnel dans la traduction se justifie : « Si jamais tu engendres des enfants [...] et si vous vieillissez [...] et que vous vous corrompez ». L'apodose se trouve ensuite en 4,26*ab* : כי־אבד תאבדון « alors vous disparaîtrez complètement ».

Cependant, l'accumulation des détails dans la description de ce qui suivra la faute décrite au v. 25 – l'extermination (v. 26), la dispersion et l'exil (v. 27), le culte de dieux de pierre et de bois (v. 28), la recherche et la consultation de Yhwh (v. 29), l'écoute des paroles transmises par Moïse et de la voix de Yhwh (v. 30), enfin le retour en grâce du peuple (v. 31) – invite à voir dans cette description non l'évocation d'une simple éventualité mais plutôt l'inscription dans le discours de Moïse, par *vaticinium ex eventu*, d'événements historiques. En conséquence, de nombreux auteurs datent ces versets de l'exil, voire de la période post-exilique[180]. La traduction par H. Cazelles du v. 25 comme proposition temporelle n'est donc pas non plus illégitime[181]. Ainsi, si nos traductions sont contraintes à un choix entre les deux types de proposition (conditionnelle et temporelle), le TM reste, pour sa part, porteur d'une ambiguïté permettant les deux traductions.

L'option de traduction de Cazelles, si elle n'est pas la seule possible, se justifie d'autant mieux que Dt 4,23-31, pour évoquer la corruption future du peuple, use des thématiques, du vocabulaire et de la phraséologie rencontrée dans les textes étudiés ci-dessus (Dt 28,15-68 ; 29,21-27 ; 31,16-18.20-21.29)[182] :

4,25	כי־תוליד בנים ובני בנים ונושנתם בארץ
28,41	בנים ובנות תוליד
29,21	ואמר הדור האחרון בניכם אשר יקומו מאחריכם
4,25	והשחתם
31,29	השחת תשחתון
4,25	ועשיתם פסל תמונת כל
31,29	במעשה ידיכם
4,25	ועשיתם הרע בעיני יהוה־אלהיך להכעיסו
31,29	כי־תעשו את־הרע בעיני יהוה להכעיסו
4,26	העידתי בכם היום את־השמים ואת־הארץ
31,21	וענתה השירה הזאת לפניו לעד
4,26	כי־אבד תאבדון מהר
28,20	ועד־אבדך מהר

---

180 LOHFINK, *Höre*, p. 91 ; MAYES, *Deuteronomy*, p. 148-149 ; KNAPP, *Deuteronomium 4*, p. 112-114.158-163 ; NIELSEN, *Deuteronomium*, p. 55.59.63 ; OTTO, *Pentateuch und Hexateuch*, p. 157-175.261-262 ; VEIJOLA, *Das Fünfte Buch*, p. 97.

181 « Lorsque tu auras engendré des enfants et des petits-enfants et que vous aurez vieilli dans le pays, quand vous vous serez pervertis, que vous aurez fabriqué quelque image sculptée, fait ce qui est mal aux yeux de Yahvé ton Dieu de manière à l'irriter, je prends aujourd'hui à témoin contre vous les cieux et la terre : vous devrez promptement disparaître de ce pays dont vous allez prendre possession en passant le Jourdain. Vous n'y prolongerez pas vos jours, car vous serez bel et bien anéantis » (4,25-26).

182 Les contacts mot à mot sont en double souligné, les parallèles thématiques en souligné simple.

28,22	עד אֹבְדָךְ
28,51	עד הַאֲבִידוֹ אתך
28,63	להאביד אתכם
31,17	והיה לאכל
4,26	הִשָּׁמֵד תִּשָּׁמֵדוּן
28,20	עד הִשָּׁמְדָךְ
28,24	עד הִשָּׁמְדָךְ
28,45	עד הִשָּׁמְדָךְ
28,48	עד הַשְׁמִידוֹ אתך
28,51	עד הִשָּׁמְדָךְ
28,61	עד הִשָּׁמְדָךְ
28,63	ולְהַשְׁמִיד אתכם
4,27	והפיץ יהוה אתכם בעמים
28,64	והפיצך יהוה בכל־העמים
29,27	ויתשם יהוה מעל אדמתם [...] וישלכם אל־ארץ אחרת
28,63	ונסחתם מעל האדמה
4,27	ונשארתם מתי מספר
28,62	ונשארתם במתי מעט
4,27	בגוים אשר ינהג יהוה אתכם שמה
28,37	בכל העמים אשר־ינהגך יהוה שמה
4,28	ועבדתם־שם אלהים מעשה ידי אדם
28,36	ועבדת שם אלהים אחרים
28,64	ועבדת שם אלהים אחרים
29,25	וילכו ויעבדו אלהים אחרים
31,20	ופנה אל־אלהים אחרים ועבדום
31,29	במעשה ידיכם

Les points de contact avec Dt 28,15-68 sont de loin les plus nombreux et les plus littéraux. La thématique est la même que dans les textes précédemment étudiés, mais 4,23-31 présente cependant une spécificité nouvelle quant à sa présentation de la justice divine. Étudier pas à pas la péricope devrait permettre de cerner cette spécificité.

La délimitation de 4,23-31 ne va pas de soi[183]. Faut-il faire commencer cette péricope parlant de la corruption future du peuple seulement au v. 25, en raison de la présence du signe *petûḥah* (פ) entre les v. 24 et 25 par lequel les massorètes ont signifié qu'il existait à leurs yeux une césure à cet endroit ? Faut-il voir une césure entre les v. 28 et 29 au motif que 4,1-28 est une section presque totalement à la deuxième personne du pluriel, tandis que 4,29-40 est uniquement à la deuxième personne du singulier[184] ? Pour avancer sur cette question, il semble important de savoir si nous cherchons à délimiter cette unité dans le cadre d'une lecture synchronique ou d'une lecture diachronique.

Au niveau diachronique, il n'y a pas unanimité sur la question de l'homogénéité de Dt 4,1-40. Certains commentateurs plaident pour l'unité compositionnelle de ce chapitre[185] qui, pour d'autres, est constitué de sous-unités amalgamées[186].

Si l'on regarde ce qui précède l'évocation du sombre avenir d'Israël, on se rend compte que les v. 20 et 21-22 se présentent comme des excursus à la suite d'une longue mise en garde en 4,15-19. Ce dernier passage est organisé de la manière suivante :

---

183 Dans les lignes qui vont suivre, nous nous concentrerons sur la délimitation « amont » de cette péricope, la délimitation « aval » étant moins problématique. En effet, le v. 32 commence avec une injonction d'interroger le passé (שאל־נא לימים ראשנים), alors que les versets précédents évoquaient l'avenir du peuple en Canaan. La seconde partie du verset (v. 32b) enchaîne avec une question rhétorique – comme c'était déjà le cas en 4,7-8 – sur la grandeur de la révélation à l'Horeb par la voix de Yhwh parlant dans le feu.

184 KNAPP, *Deuteronomium 4*, p. 26. Knapp divise Dt 4,1-40 en trois sections : 4,1-14 ; 4,15-28 ; 4,29-40. À la suite de H.W. Wolff (lequel attribuait Dt 4,29-31 au même rédacteur que Dt 30,1-10), D. Knapp attribue à trois rédacteurs différents les sections ci-dessus délimitées et les voit à l'œuvre en Dt 29–30 :
  - couche 1 : Dt 4,1-4.9-14 ; Dt 29,1(b)-14
  - couche 2 : Dt 4,15-16a.19-28 ; Dt 29,15-28
  - couche 3 : Dt 4,29-35 (les versets 36-40 sont tardifs) ; Dt 30,1-10
Selon cet auteur, les couches 1 et 2 appartiennent à la période exilique et la couche 3, à la période post-exilique.

185 LOHFINK, *Höre*, p. 87-120 ; BRAULIK, *Mittel* ; WEINFELD, *Deuteronomy 1-11*, p. 221-223 ; MC CONVILLE, *Time*, p. 33-49.133-147 ; OTTO, *Pentateuch und Hexateuch*, p. 157-164.

186 S. Mittmann divise le texte en cinq couches différentes (cf. MITTMANN, *Deuteronomium*, p. 115-128 ainsi que le tableau récapitulatif p. 183-184) ; D. Knapp, en trois grandes strates (cf. p. 191 n. 184) ; pour T. Veijola, une couche de base nomiste (DtrN : 4,1a.10-12a.13-14.22) à la deuxième personne du pluriel a subi un remaniement dtr axé sur la question des dieux étrangers et de la problématique des images (DtrB : 4,1b.3-4.9.12b.15.16a.19.20.23aba.23aba.24-29.31). Un deuxième remaniement (4,5-6.8), qui a intégré des éléments de la tradition de sagesse, ainsi que des ajouts ponctuels (4,2a.2b.7.16b-18.21.23bb.30) et deux appendices successifs (4,32-35 ; 4,36-40) ont encore eu prise sur le texte (VEIJOLA, *Das Fünfte Buch*, p. 98).

15 וְנִשְׁמַרְתֶּם מְאֹד לְנַפְשֹׁתֵיכֶם	Prenez bien garde pour vous-mêmes – puisque vous
כִּי לֹא רְאִיתֶם כָּל־תְּמוּנָה בְּיוֹם דִּבֶּר	n'avez vu aucune forme le jour où Yhwh vous a
יהוה אֲלֵיכֶם בְּחֹרֵב מִתּוֹךְ הָאֵשׁ:	parlé à l'Horeb, du milieu du feu –
16 פֶּן־תַּשְׁחִתוּן	16 de ne pas vous corrompre
וַעֲשִׂיתֶם לָכֶם	en vous fabriquant
פֶּסֶל תְּמוּנַת כָּל־סָמֶל	une idole, une forme quelconque de divinité,
תַּבְנִית זָכָר אוֹ נְקֵבָה:	l'image d'un homme ou d'une femme,
תַּבְנִית כָּל־בְּהֵמָה אֲשֶׁר בָּאָרֶץ	17 l'image de n'importe quelle bête de la terre
17 תַּבְנִית כָּל־צִפּוֹר כָּנָף	ou l'image de n'importe quel oiseau
אֲשֶׁר תָּעוּף בַּשָּׁמָיִם:	qui vole dans le ciel,
18 תַּבְנִית כָּל־רֹמֵשׂ בָּאֲדָמָה	18 l'image de n'importe quelle bestiole rampante
תַּבְנִית כָּל־דָּגָה	ou l'image de n'importe quel poisson sur le sol,
אֲשֶׁר־בַּמַּיִם מִתַּחַת לָאָרֶץ:	qui vit dans les eaux sous la terre.
19 וּפֶן־תִּשָּׂא עֵינֶיךָ הַשָּׁמַיְמָה	19 de ne pas lever les yeux vers le ciel,
וְרָאִיתָ	et regarder
אֶת־הַשֶּׁמֶשׁ	le soleil,
אֶת־הַיָּרֵחַ	la lune,
אֶת־הַכּוֹכָבִים	les étoiles,
כֹּל צְבָא הַשָּׁמַיִם	toute l'armée des cieux,
וְנִדַּחְתָּ	et te laisser séduire
וְהִשְׁתַּחֲוִיתָ לָהֶם	et te prosterner devant eux
וַעֲבַדְתָּם	et les servir,
אֲשֶׁר חָלַק יהוה אֱלֹהֶיךָ אֹתָם	eux qui sont une part de Yhwh ton Dieu
לְכֹל הָעַמִּים תַּחַת כָּל־הַשָּׁמָיִם:	pour tous les peuples qui sont sous le ciel ;

Dans ce long avertissement, les deux propositions qui commencent par פֶּן sont subordonnées à la proposition principale régie par le verbe שׁמר, ici au *niphal*, plus habituellement au *hiphil* pour ce genre d'exhortation. À la suite de cette mise en garde, le v. 20 s'attache au v. 19 par la thématique de l'élection : les astres du ciel sont la part donnée par Yhwh aux autres peuples mais *vous* (c'est-à-dire Israël : le v. 20 commence par le complément d'objet pour bien souligner le contraste entre les autres peuples et Israël), il vous a fait sortir d'Égypte « pour être pour lui un " peuple héritage " » (לִהְיוֹת לוֹ לְעַם נַחֲלָה). Les v. 21-22 qui suivent concernent maintenant la situation personnelle de Moïse. Ils ne s'attachent à ce qui précède que de façon très lâche, comme si l'expression de l'élection d'Israël était l'occasion de glisser une observation sur la situation personnelle de Moïse.

Immédiatement après, au v. 23, l'exhortation parénétique (cf. שׁמר-*hiphil* + פֶּן-*verbe à l'inacc.*) reprend et se place dans la continuité de la mise en garde des v. 15-19, par-dessus les digressions de Dt 4,20.21.22.

La continuité entre 4,15-19 et 4,23-24 se lit dans les liens thématiques et lexicaux entre les deux passages (4,23 : הִשָּׁמְרוּ לָכֶם // 4,15 : וְנִשְׁמַרְתֶּם; 4,23 : וַעֲשִׂיתֶם לָכֶם פֶּסֶל תְּמוּנַת כֹּל // 4,16 : וַעֲשִׂיתֶם לָכֶם פֶּסֶל (תְּמוּנַת כָּל־סֶמֶל).

Dt 4,23-24 joue en fait un rôle de charnière. Ces versets sont la suite de 4,15-19 et la base sur laquelle le développement des v. 25-31 prend appui. Ils contribuent à donner à Dt 4,23-31 une structure antithétique, comme l'a remarqué M. Weinfeld[187]. En effet :

- Cette section s'ouvre en invitant le peuple à ne pas oublier l'alliance avec Yhwh (4,23 : הִשָּׁמְרוּ לָכֶם פֶּן־תִּשְׁכְּחוּ אֶת־בְּרִית יְהוָה אֱלֹהֵיכֶם) et se termine avec l'idée que Yhwh ne va pas oublier son alliance avec les patriarches (4,31 : וְלֹא יִשְׁכַּח אֶת־בְּרִית אֲבֹתֶיךָ אֲשֶׁר נִשְׁבַּע לָהֶם)
- Yhwh est décrit au v. 24 comme « passionné », « jaloux » (אֵל קַנָּא) et c'est au contraire l'exercice de sa miséricorde qui est mis en avant à la fin du passage (v. 31 : אֵל רַחוּם)

Cette façon de jouer avec les contraires se prolonge en 4,25-31 :
- Le peuple va éventuellement se détruire lui-même (v. 25 : וְהִשְׁחַתֶּם) mais Yhwh, lui, ne le détruira pas (v. 31 : וְלֹא יַשְׁחִיתֶךָ)
- Alors que le peuple va se multiplier (v. 25 : כִּי־תוֹלִיד בָּנִים וּבְנֵי בָנִים), après sa faute, ses membres ne seront plus que peu nombreux (v. 27 : וְנִשְׁאַרְתֶּם מְתֵי מִסְפָּר).
- Après avoir vieilli dans le pays (v. 25 : וְנוֹשַׁנְתֶּם בָּאָרֶץ), le peuple disparaîtra rapidement du pays (v. 26 : כִּי־אָבֹד תֹּאבֵדוּן מַהֵר מֵעַל הָאָרֶץ)
- Alors que les dieux étrangers sont impuissants (v. 28 : ils ne peuvent voir, entendre, manger, sentir), Yhwh est au contraire un Dieu agissant, fidèle à ses engagements (v. 31).

Malgré la césure entre les v. 23-24 et 25-31, il est donc possible de lire Dt 4,23-31 comme une unité littéraire où se succèdent l'évocation d'une faute future du peuple, sa punition par Yhwh et le retour à lui. La césure entre les v. 24 et 25 est probablement d'ordre diachronique. Comme l'a bien vu R.E. Friedman[188], le rédacteur des v. 25-31 a tout à fait pu prendre appui sur le texte qu'il a reçu (v. 23-24) pour le prolonger. Au plan diachronique, il y a donc probablement une césure, tandis qu'au plan synchronique, la lecture de ces versets comme une unité ne pose pas de problème majeur.

---

187 WEINFELD, *Deuteronomy 1-11*, p. 207-208.
188 FRIEDMAN, *Exile*, p. 17.

Ce constat d'une structure antithétique de ce passage, au niveau d'une lecture synchronique, laisse encore ouverte la question de l'existence ou de l'absence d'une césure diachronique entre les v. 28 et 29. D. Knapp argumentait une telle rupture sur la base du *Numeruswechsel*[189]. Ce critère reste à notre sens insuffisant dans ce cas précis pour arguer d'une telle discontinuité. En Dt 4,1-40, le *Numeruswechsel* est en effet très fréquent et on note à de nombreuses reprises un changement de nombre au sein même d'un verset (cf. v. 1.3.5.21.23.25.29.34). E. Otto[190], à la suite de C.T. Begg[191], explique le changement de nombre entre les 4,1-28 (deuxième personne du pluriel) et 4,29-40 (deuxième personne du singulier) comme provenant du fait que 4,1-40 aurait repris la séquence Dt 29,1-28 (deuxième personne du pluriel) → 30,1-10 (deuxième personne du singulier). On remarque, de fait, une suite de thèmes communs entre les deux sections Dt 4,1-40 et Dt 29,1-30,10 :

- Adresse à Israël (4,1 : « Et maintenant, Israël, écoute… » // 29,1 : « Moïse convoqua tout Israël, et il leur dit… »)
- Rappel des actions passées de Yhwh (4,3 : « Vous avez vu de vos yeux ce que Yhwh a fait à Baal-Péor » // 29,1-2 : « Vous avez vu vous-mêmes tout ce que Yhwh a fait sous vos yeux, dans le pays d'Égypte, au Pharaon, à tous ses serviteurs et à tout son pays : les grandes épreuves que vous avez vues de vos yeux »)
- Exhortation à garder et mettre en pratique les prescriptions de la loi (4,5-6 : « Vois, je vous apprends les lois et les coutumes […]vous les garderez, vous les mettrez en pratique » // 29,8 : « Vous garderez les paroles de cette alliance et vous les mettrez en pratique »)
- Évocation des alliances respectives de l'Horeb et de Moab (4,10 : « Au jour où tu étais debout [עמד] en présence de Yhwh ton Dieu à l'Horeb » // 29,9 : « Vous vous tenez tous debout [נצב] aujourd'hui devant Yhwh votre Dieu »)
- Rappel historique qui fonde une nouvelle exhortation (4,15-16 : « Prenez bien garde à vous-mêmes : vous n'avez vu aucune forme le jour où Yhwh vous a parlé à l'Horeb, du milieu du feu. N'allez pas vous corrompre en vous fabriquant une idole, une forme quelconque de divinité » // 29,15-17 : « Vous savez, vous, comment nous avons séjourné au pays d'Égypte, et comment nous avons passé au milieu des nations où vous avez passé.

---

189 Cf. p. 191 n. 184.
190 OTTO, *Pentateuch und Hexateuch*, p. 162.
191 BEGG, « Deut 4,1-40 ».

Âge sombre de la période post-mosaïque ?

Vous avez vu les horreurs et les idoles qu'elles ont chez elles : du bois, de la pierre, de l'argent et de l'or ! Qu'il n'y ait donc pas chez vous un homme, ou une femme, une famille ou une tribu dont le cœur se détourne aujourd'hui de Yhwh notre Dieu pour aller servir les dieux de ces nations »)
- Cas de transgression envisagé (4,25 : « Lorsque tu auras des fils et des petits-fils et que vous serez une vieille population dans le pays, si vous vous corrompez en vous fabriquant une idole, une forme de quoi que ce soit, si vous faites ce qui est mal aux yeux de Yhwh ton Dieu au point de l'offenser » // 29,18.25 : « Et s'il arrive qu'après avoir entendu ces paroles d'imprécations, quelqu'un se croie béni et se dise... », « Ils sont allés servir d'autres dieux et se sont prosternés devant eux - des dieux qu'ils ne connaissaient pas, et que Yhwh ne leur avait pas donnés en partage - »)
- Dispersion du peuple hors de la terre (4,27 : « Yhwh vous dispersera parmi les peuples » // 29,27 : « Yhwh les a arrachés de leur terre dans sa colère, sa fureur et son grand courroux pour les rejeter vers un autre pays »)
- Retour à Yhwh du peuple (4,30 : « tu reviendras jusqu'à Yhwh ton Dieu, et tu écouteras sa voix » // 30,2.8.10 : « tu reviendras jusqu'à Yhwh ton Dieu, et tu écouteras sa voix », « Alors toi, tu reviendras et tu écouteras la voix de Yhwh », « Puisque tu écouteras la voix de Yhwh ton Dieu »)
- Yhwh fait miséricorde (4,31 : « Car Yhwh ton Dieu est un Dieu miséricordieux : il ne te délaissera pas, il ne te détruira pas, il n'oubliera pas l'alliance jurée à tes pères » // 30,3 : « Yhwh ton Dieu changera ta destinée, il te montrera sa tendresse, il te rassemblera de nouveau de chez tous les peuples où Yhwh ton Dieu t'aura dispersé »)

Les points de contact « mot à mot » entre les deux textes, sans être nombreux, restent significatifs et concernent les points névralgiques de Dt 4,1-40 et 29,1–30,10[192] :

4,3	עיניכם הראת את אשר־עשה יהוה
29,1	אתם ראיתם את כל־אשר עשה יהוה לעיניכם
4,6	ושמרתם ועשיתם
29,8	ושמרתם את־דברי הברית הזאת ועשיתם אתם

---

192 Les contacts mot à mot sont en double souligné, les parallèles non littéraux, en souligné simple.

4,10	יוֹם אֲשֶׁר עָמַדְתָּ לִפְנֵי יְהוָה אֱלֹהֶיךָ בְּחֹרֵב
29,9	אַתֶּם נִצָּבִים הַיּוֹם כֻּלְּכֶם לִפְנֵי יְהוָה אֱלֹהֵיכֶם
4,19	וְנִדַּחְתָּ וְהִשְׁתַּחֲוִיתָ לָהֶם וַעֲבַדְתָּם אֲשֶׁר חָלַק יְהוָה אֱלֹהֶיךָ אֹתָם לְכֹל הָעַמִּים תַּחַת כָּל־הַשָּׁמָיִם
29,25	וַיֵּלְכוּ וַיַּעַבְדוּ אֱלֹהִים אֲחֵרִים וַיִּשְׁתַּחֲווּ לָהֶם אֱלֹהִים אֲשֶׁר לֹא־יְדָעוּם וְלֹא חָלַק לָהֶם
4,27	וְהֵפִיץ יְהוָה אֶתְכֶם בָּעַמִּים וְנִשְׁאַרְתֶּם מְתֵי מִסְפָּר בַּגּוֹיִם אֲשֶׁר יְנַהֵג יְהוָה אֶתְכֶם שָׁמָּה
29,27	וַיִּתְּשֵׁם יְהוָה מֵעַל אַדְמָתָם בְּאַף וּבְחֵמָה וּבְקֶצֶף גָּדוֹל וַיַּשְׁלִכֵם אֶל־אֶרֶץ אַחֶרֶת כַּיּוֹם הַזֶּה
4,30	וְשַׁבְתָּ עַד־יְהוָה אֱלֹהֶיךָ וְשָׁמַעְתָּ בְּקֹלוֹ
30,2	וְשַׁבְתָּ עַד־יְהוָה אֱלֹהֶיךָ וְשָׁמַעְתָּ בְּקֹלוֹ
30,8	וְאַתָּה תָשׁוּב וְשָׁמַעְתָּ בְּקוֹל יְהוָה
30,10	כִּי תִשְׁמַע בְּקוֹל יְהוָה אֱלֹהֶיךָ
4,31	כִּי אֵל רַחוּם יְהוָה אֱלֹהֶיךָ
30,3	וְשָׁב יְהוָה אֱלֹהֶיךָ אֶת־שְׁבוּתְךָ וְרִחֲמֶךָ
4,32	וּלְמִקְצֵה הַשָּׁמַיִם וְעַד־קְצֵה הַשָּׁמָיִם
30,4	אִם־יִהְיֶה נִדַּחֲךָ בִּקְצֵה הַשָּׁמָיִם

Les trois observations que nous venons de faire sur les deux textes (séquences thématiques identiques ; contacts mot à mot ; *Numeruswechsel* au même endroit) invitent à penser que ces textes suivent une même trame. Deux possibilités se présentent alors : ou ils émergent à un même rédacteur, ou l'un est postérieur à l'autre et s'en est servi librement comme d'un canevas. Entrer dans une étude de détail pour déterminer la relation de dépendance éventuelle de l'un vis-à-vis de l'autre serait sortir du champ de notre travail, qui a plutôt comme objectif de déterminer les caractéristiques de la justice divine en Dt 4,23-31. Remarquons cependant qu'en tout état de cause, Dt 4,25-31 semble plus homogène que 29,21–30,10, puisque cette dernière section est coupée en deux par l'interpolation de 29,28 et que 30,1 marque un nouveau commencement (suite directe de 28,46 ? 28,68 ?). La charnière correspondante entre 4,28 et 4,29, en comparaison, est marquée du sceau de la continuité et n'accuse pas la césure qui existe entre 29,27.28 et 30,1[193].

La justice divine se présente en Dt 4,23-31 sous les traits d'une théologie de la rétribution. L'utilisation de la terminologie de Dt 28

---

193 Cf. le signe ס inséré par les massorètes à cet endroit.

pour décrire la sanction faisant suite à la transgression par le peuple du premier commandement[194] indique bien que la faute mentionnée au v. 25 est punie selon les normes rétributives de ce chapitre. L'agent de la rétribution est Yhwh, lequel dispersera (פוץ-*hiphil*) et mènera (נהג-*piel*) Israël chez d'autres peuples. L'émotivité divine souligne le fait que nous avons ici la description d'un agent rétributif réactif. Israël est considéré comme un corps et la punition, qui s'inscrit dans une chaîne causale, n'est ni transgénérationnelle ni différée. Nous sommes donc ici face à une théologie de la rétribution collective ou corporative, immédiate et strictement terrestre.

La comparaison avec les textes touchant la corruption future du peuple (28,15-68 ; 29,21-27 ; 31,16-18.20-21.29) fait cependant apparaître une spécificité nouvelle. Nous avions relevé en un certain nombres de textes que Yhwh était décrit comme punissant le peuple « mesure pour mesure » :

- 1,35 : Alors que l'offense du peuple avait consisté en un refus d'entrer dans le pays, Yhwh l'avait puni en l'en écartant et en le renvoyant au désert
- 28,47-48 : Parce qu'Israël n'aura pas servi Yhwh (לא־עבדת), il servira (ועבדת) son ennemi
- 31,16-17 : Puisque le peuple va abandonner Yhwh (v. 16 : ועזבני), lui l'abandonnera également (v. 17 : ועזבתים)
- 31,29 : Le mal (הרעה) viendra à la rencontre d'Israël parce qu'il a fait ce qui est mal (הרע) aux yeux de Yhwh

Cette conception se retrouve également dans le cantique de Moïse[195]. En Dt 4,23-31, elle est cependant prise à contre-pied. Au lieu de rendre à Israël « mesure pour mesure », le texte prévoit au contraire une fidélité de Yhwh vis-à-vis de son peuple :

- Alors qu'ils vont se pervertir (4,25 : שחת), Yhwh ne va pas les détruire (4,31 : לא ישחית)
- Alors qu'ils vont fabriquer une idole (4,25), ce qui revient à oublier l'alliance de Yhwh (שכח את־ברית יהוה ; cf. v. 23), Yhwh lui n'oubliera pas l'alliance avec les pères (4,31 : ולא ישכח את־ברית אבתיך)

Cette rémission prendra effet après que le peuple exilé (v. 29 : משם) aura cherché et *trouvé* Yhwh (v. 29 : ומצאת) et que, dans un

---

194 Cf. tableau p. 192.
195 32,21 : Parce qu'Israël aura rendu Yhwh jaloux avec un néant de dieu, de manière à l'irriter (הם קנאוני בלא־אל כעסוני בהבליהם), lui les rendra jaloux avec un peuple qui n'en est pas un et par une nation folle de manière à les irriter (ואני אקניאם בלא־עם בגוי נבל אכעיסם).

mouvement symétrique, les paroles prononcées par Moïse (כֹּל הַדְּבָרִים הָאֵלֶּה ; c'est-à-dire la Torah de Moïse : cf. 1,5) auront *trouvé* le peuple (v. 30 : וּמְצָאוּךָ). C'est donc un retour à Yhwh par l'écoute et l'observation de la Torah qui est ici évoqué, ce qui s'accorde bien avec l'utilisation du verbe דרשׁ au v. 29.

Ce retour du peuple à Yhwh par les paroles de la Torah doit ouvrir un « au-delà » de la faute et permettre la pérennité de l'alliance conclue avec les pères (4,31). Il ne s'agit en rien d'une nouvelle alliance, comme l'a bien noté A. Schenker en commentant la spécificité de Dt 4,25-31 par rapport à Jr 31,31-34 :

> « Cela signifie que l'alliance au Sinaï existe encore et qu'à tout moment elle peut être actualisée. Cela ne nécessite pas de nouvelle alliance mais juste un retour à l'observance de l'alliance (une conversion) ! »[196].

Ce retour à la Torah s'accorde bien avec les conclusions que nous avons tirées de notre étude de la justice divine en Dt 31. Dt 4,23-31, comme Dt 30,1-10 et Dt 31, dessine un « au-delà » de la rétribution fondé sur le pouvoir des paroles de la Torah de réformer Israël. Mais cet « au-delà » ne marque en rien la remise en cause ou la sortie du système rétributif porté par cette Torah. Le peuple ne saurait faire l'économie de la punition et expérimenter un pardon sans punition. L' « au-delà » de la catastrophe de l'exil ne se dessine que comme un recommencement à partir d'un nouveau germe, d'un « petit nombre » (4,27 : מְתֵי מִסְפָּר ; cf. aussi 28,62) qui pratiquera la Torah. Nous retrouvons là l'idée exprimée dans le remplacement des générations en Dt 1,19-46, à savoir le fait que, après avoir écarté la partie corrompue du peuple, il était possible de redéployer un Israël nouveau et fidèle à l'alliance à partir d'un noyau sain[197].

Au terme de l'étude de la faute de Cades Barnea et de celle qui empêche Moïse d'entrer dans le pays d'une part (3.1), ainsi que des textes qui évoquent la corruption future du peuple – c'est-à-dire très vraisemblablement les événements de 597 / 587 – d'autre part (3.2), il apparaît que différentes conceptions de la justice divine cohabitent. Le système sous-jacent à tous ces textes, sans exception, est celui de la

---

196 SCHENKER, « Umkehr », p. 86. Nous n'entrons pas ici dans le débat portant sur la relation d'antériorité entre Dt 4,25-31 ; 30,1-10 et Jr 31,31-34. E. Otto y fait allusion dans OTTO, *Pentateuch und Hexateuch*, p. 153 n. 179 ; OTTO, « Aspekte der gegenwärtigen Debatten », p. 226 n. 13. Pour cet auteur, Dt 30,1-10 (dtr) a été repris en 4,25-31 (PentRed) et Jr 31,31-34 « reagiert kritisch auf die Belehrungs- und Verschriftungstheorie der Pentateuchredaktion in Dtn 4,6.11.31 ; 31,9.12f. » (OTTO, *Pentateuch und Hexateuch*, p. 196). Pour une position inverse, où Dt 30,1-10 est analysée comme une réaction post-dtr à Jr 31,31-34, cf. BRETTLER, « Predestination ».

197 Nous avions alors fait référence à la théologie du « reste » d'Isaïe (cf. p. 158).

rétribution divine dont le « barême » se trouve en Dt 28. Nous l'avons vu au fil des textes étudiés, la compréhension de cette rétribution a pu connaître des variations et générer des corrections. Le principe énoncé en Dt 7,9-10 ne s'applique pas toujours. Il est souvent difficile de discerner si nous sommes face à une rétribution collective ou corporative. De même, la ligne de partage entre rétribution générationnelle et transgénérationnelle n'est pas toujours facile à établir. Il ressort finalement de tous ces textes l'image d'un Israël formant une société extrêmement corporative où la rétribution individuelle ne trouve que difficilement son chemin (Dt 32,48-52). Dans les fautes du passé comme dans celle(s) de l'avenir, Israël est surtout envisagé comme globalité. Dans le présent également, où il est un « peuple à la nuque raide ».

3.3 Un peuple à la nuque raide

En trois occurrences, la génération à laquelle Moïse s'adresse est décrite comme rétive[198] :

Dt 9,6 (Péric. 25)　　וידעת כי לא בצדקתך יהוה אלהיך נתן
　　　　　　　　　　לך את־הארץ הטובה הזאת לרשתה כי
　　　　　　　　　　עם־קשה־ערף אתה:

Reconnais que ce n'est pas parce que tu es juste que Yhwh ton Dieu te donne ce bon pays en possession, car tu es un peuple <u>à la nuque raide</u>.

Dt 31,27 (Péric. 76)　　כי אנכי ידעתי את־מריך ואת־ערפך הקשה
　　　　　　　　　　　הן בעודני חי עמכם היום ממרים היתם
　　　　　　　　　　　עם־יהוה ואף כי־אחרי מותי:

Car moi, je connais <u>tes révoltes et la raideur de ta nuque</u> : si aujourd'hui, alors que je suis encore vivant au milieu de vous, vous avez été en révolte contre Yhwh, qu'arrivera-t-il après ma mort ?

Dt 32,5 (Péric. 78)　　שחת לו לא בניו מומם דור עקש ופתלתל

Pour lui, ils ne sont que corruption, à cause de leur tare, ils ne sont plus ses fils, c'est <u>une génération pervertie et dévoyée</u>.

---

[198] Dt 32,5 est inséré dans une pièce poétique qui vaut pour toutes les générations d'Israël à partir de la génération aux oreilles de laquelle Moïse fait entendre ce chant. Nous aborderons cette occurrence lorsque nous regarderons la fonction du cantique de Moïse dans la théologie de la faute portée par le Deutéronome. En conséquence, nous nous intéressons dans cette section à Dt 9,6 et 31,27 uniquement.

L'image utilisée dans les deux premières occurrences est celle de la « nuque raide », qui sert à signifier l'indiscipline et la rébellion du peuple vis-à-vis de Yhwh[199]. Comme le souligne M. Weinfeld, cette expression est le contraire de l'action qui consiste à « tendre l'oreille » (נטה את־אזן) , c'est-à-dire à plier le cou afin d'écouter (cf. Jr 17,23 ; 19,15 ; Za 7,11 ; Ne 9,29)[200].

Le fait que soit ainsi souligné l'état de rébellion de la seconde génération du désert qui a survécu à la faute de Cadès Barnéa, pour qui les termes de l'alliance à l'Horeb sont répétés et ratifiés (26,17-19), et qui conclut avec Yhwh l'alliance de Moab (29,9-12), ne cesse d'intriguer. Quel méfait à commis cette génération pour mériter, elle aussi, cette appellation de « peuple à la nuque raide » ? Dans le Pentateuque, ce qualificatif n'avait été employé auparavant que pour la première génération du désert (Ex 32,9 ; 33,3.5 ; 34,9). Pour justifier son application à la seconde génération, Moïse lui impute alors la faute de ses pères (9,7–10,11) ! Une fois encore, c'est donc un Israël corporatif qui est présenté au lecteur / auditeur des paroles de Moïse, un Israël corporativement solidaire dans la faute.

La présence de Moïse au sein du peuple marque cependant une différence : « Si aujourd'hui, alors que je suis encore vivant avec vous, vous êtes en révolte contre Yhwh, qu'arrivera-t-il après ma mort ? » (Dt 31,27). Sa présence semble atténuer, selon ce verset, la rébellion du peuple. L'explication réside probablement dans le fait qu'en tant que médiateur des paroles de l'alliance, Moïse est à même de dire au peuple ce qui est conforme à la Torah et ce qui ne l'est pas. Il a donc un rôle de témoin (8,19 ; 32,46) semblable à celui du livre (31,26) et du chant (31,21) :

8,19   העדתי בכם היום
...je l'atteste contre vous aujourd'hui...

32,46   ויאמר אלהם שימו לבבכם לכל־הדברים אשר אנכי מעיד בכם היום
...il leur dit : « Prenez à coeur toutes les paroles par lesquelles je témoigne aujourd'hui contre vous... »

31,21   וענתה השירה הזאת לפניו לעד
...ce cantique déposera contre lui...

---

199 Cf. Ex 32,9 ; 33,3.5 ; 34,9; Dt 9,6.13 ; 10,16 ; 31,27 ; 2 R 17,14 ; 2 Ch 30,8 ; 36,13 ; Ne 9,16.17.29 ; Pr 29,1 ; Is 48,4 ; Jr 7,26 ; 17,23 ; 19,15.
200 WEINFELD, *Deuteronomy 1-11*, p. 407.

31,26   לקח את ספר התורה הזה ושמתם אתו מצד ארון
        ברית־יהוה אלהיכם והיה־שם בך לעד
…il (le livre de la loi) sera là <u>comme un témoin contre toi</u>…

Le verset 32,46 est important. On peut le traduire littéralement de la manière suivante : « Et il leur dit : " Mettez dans vos cœurs toutes ces paroles par lesquelles je témoigne contre vous aujourd'hui " ». On le voit, le témoignage de Moïse contre (ב) le peuple se fait par l'entremise des paroles qu'il véhicule. En cela, Moïse est ici envisagé dans un rôle de prophète selon les critères de Dt 18,18-19 : les paroles qu'il transmet sont celles de Yhwh, il parle en son nom.

Le rôle prophétique de Moïse sous-entendu en Dt 31,27 peut être mis en parallèle avec le rôle des juges tel qu'envisagé en Jg 2,18-19 :
- Le juge, comme Moïse ou le prophète qui doit se lever après lui, est « suscité » par Yhwh (Dt 18,18 et Jg 2,18 : קוּם-*hiphil* ; cf. également Dt 34,10 : קוּם-*qal*[201])
- Une fois le juge mort ou Moïse disparu, le peuple va se pervertir plus encore que par le passé (Jg 2,19 : במות ואף כי־אחרי ; Dt 31,27.29 : השופט ישבו והשחיתו מאבותם (כי ידעתי אחרי מותי כי־השחת תשחתון ; מותי)
- Le peuple poursuit en cela une conduite endurcie habituelle (Jg 2,19 : עם־קשׁה ; Dt 9,6 : עֹרֶף קשה ; Dt 31,27 : דרך הקשה (־ערף)

Le temps où Moïse est à la tête d'Israël, d'Égypte jusqu'aux steppes de Moab, est donc décrit comme un temps où le peuple est bel et bien infidèle à Yhwh mais muni cependant du secours des paroles de Yhwh transmises par Moïse. Il s'agit donc d'une sorte d'*Urzeit*, comme le laisse entendre Dt 34,10-12. Après sa mort, c'est la Torah complétée par le cantique, autrement dit le livre réceptacle des paroles véhiculées par Moïse, qui jouera la fonction de témoin pour Israël.

Si n'étaient le secours de la Torah et les promesses – régulières dans le Deutéronome – de bonheur, possession du pays, longue vie, etc.[202], la

---

[201] Les versets 18,18 (נביא אקים להם מקרב אחיהם כמוך) et 34,10 (ולא־קם נביא עוד בישראל כמשה), qui sont en tension forte l'un avec l'autre, sont très probablement à attribuer à des rédacteurs différents, le second venant corriger le premier. Pour l'argumentation de la compatibilité de ces versets dans le cadre d'une lecture synchronique, cf. cependant SONNET, *The Book*, p. 196-197. Cette argumentation, fondée sur le fait que Josué succède à Moïse tout en lui étant subordonné (et donc pas complètement comme Moïse) n'explique cependant pas en 34,10 l'utilisation de termes identiques à 18,18 pour faire passer une idée exactement à contre-pied de celle exprimée quinze chapitres plus tôt.

description d'Israël comme peuple corporativement rebelle, quelles que soient les générations, pourrait faire sombrer dans le pessimisme le plus profond. P. Buis souligne ce fait lorsqu'il commente 9,6 et l'expression עַם־קְשֵׁה־עֹרֶף : « Le Deutéronome est ici très proche du pessimisme impitoyable des prophètes de l'exil (voir Jr 13,23 ; Ez 16 ; 20 ; 23, etc.) »[203]. Cependant, un rappel et une promesse parcourent également le livre : Israël *est* un peuple saint pour Yhwh (7,6 ; 14,2.21 : כִּי עַם קָדוֹשׁ אַתָּה) et *Yhwh fera d'Israël* un peuple saint (26,19 : לְהִיּתְךָ יְקִימְךָ יהוה לוֹ לְעַם קָדוֹשׁ ; 28,9 : עַם־קָדֹשׁ לַיהוה)[204]. Selon 26,16-19 et 28,9, il semble que cette constitution d'Israël comme peuple saint soit d'ailleurs l'objectif de la proclamation des חֻקִּים, מִצְוֹת et מִשְׁפָּטִים à Israël. Il s'agit là, selon 28,9, d'une œuvre de Yhwh. Le Deutéronome décrit donc Israël comme un peuple simultanément rebelle (כִּי עַם־קְשֵׁה־עֹרֶף אַתָּה) et saint (כִּי עַם קָדוֹשׁ אַתָּה), que Yhwh façonne pour qu'il devienne saint par le don et la pratique de la Torah.

*   *   *

À l'issue de ce chapitre consacré à l'étude des fautes que nous avons décrites comme « historiographiques »[205], nous constatons que la description de la justice divine consécutive aux fautes d'Israël contre Yhwh n'est que *relativement homogène*. Nous relèvons, en effet, des constantes et des fluctuations dans le fonctionnement d'une justice divine qui peut être qualifiée de rétributive.

Une première constante réside dans le fait que chaque faute évoquée entraîne la punition des coupables. Seuls Caleb – dont l'obéissance est soulignée – et les enfants déclarés irresponsables y

---

202 Sur la liste des biens de la rétribution positive dans le Deutéronome, cf. p. 211.
203 BUIS, *Deutéronome*, p. 161. Dt 30,11-14 pourrait constituer une correction de ce pessimisme de fond. Ces derniers versets laissent en effet entendre que la connaissance et la pratique des ordonnances de la Torah ne sont pas hors de portée pour Israël.
204 Il est probable que Dt 7,6 ; 14,2.21 et Dt 26,19 ; 28,9 n'émargent pas à un même niveau rédactionnel. Dans les trois premières occurrences, Israël est saint *de facto*. Dans les deux dernières, il doit le devenir moyennant son respect des commandements de la Torah (conditionnalité). C. Nihan (*Priestly Torah*, p. 550-557, sp. p. 556 n. 619), développe cette idée d'une différence de niveau diachronique entre ces occurrences et, à la suite de E. Otto et R. Achenbach, considère que les deux dernières sont des interpolations des éditeurs de la Torah s'inspirant du concept de sainteté introduit par LS.
205 Cf. p. 132.

échappent en Dt 1,19-46. Très souvent, les textes décrivent également tant la faute que la punition comme corporatives, y compris dans les cas où Israël est envisagé selon différentes générations. Une autre constante des textes étudiés ci-dessus se lit dans les références explicites ou implicites à Dt 28, manifestes notamment dans l'évocation des fautes à venir. Enfin, la punition « mesure pour mesure » paraît à de multiples reprises, bien qu'elle soit, semble-t-il, abandonnée en 4,25-31. Ces constantes dessinent pour les fautes historiographiques que nous avons passées en revue les traits de la justice rétributive de Yhwh.

Cependant, ce fonctionnement rétributif de la justice divine connaît certaines fluctuations dans son application. L'agent de la sanction – c'est-à-dire Yhwh – peut agir plus ou moins directement pour mettre celle-ci en œuvre. En 2,15, sa « main » provoque la מהומה (terminologie des « guerres de Yhwh ») mais, selon 31,17-18, lorsque le peuple l'abandonnera, il se retirera et « cachera sa face », les malédictions de Dt 28 s'abattant alors sur le peuple quasiment d'elles-mêmes. La caractéristique générationnelle de la punition est également plus ou moins soulignée. En 1,19-46 ; 2,14-16, la mort ne concerne que la génération fautive, tandis que la rétribution positive de Caleb est transgénérationnelle. L'attribution de la faute de l'Horeb à la seconde génération (9,6-7) va dans le sens d'une solidarité transgénérationnelle. En 28,32.41.50.53-57, les enfants sont décrits comme victimes de la faute des parents, mais nous avons évoqué dans ce cas précis non pas une théologie de la rétribution transgénérationnelle mais plutôt l'explication d'une punition des parents dans leurs enfants[206]. La rétribution corporative laisse enfin parfois la place à une rétribution individuelle, comme en 32,48-52.

Il semble donc que les traits généraux de la justice divine, en ce qui concerne les fautes historiographiques, sont ceux d'une rétribution divine pouvant adopter différentes modalités. À plusieurs reprises, l'idée d'un « reste » du peuple à partir duquel un avenir d'Israël serait possible après une faute grave est mentionnée[207]. Pour user d'une analogie, la rétribution divine dont les contours ont été dégagés plus haut est envisagée comme une sorte d'émondage du peuple[208]. Il s'agit, un peu comme lorsque l'on procède à la taille des arbres, d'écarter les éléments corrompus et improductifs d'Israël pour redéployer un nouveau peuple à partir de quelques éléments sains.

---

206 Cf. p. 185 (sorte de « ruler punishment »).
207 Cf. p. 158 et 198.
208 C'est ce type d'idée qui est développé, par exemple, en Is 6,11-13.

4. Les fautes contre Yhwh et leurs conséquences (2)

Le passage en revue des fautes dites « historiographiques » (chapitre 3, sections 3.1 – 3.3) nous a donné une première compréhension de la théologie de la faute et de la conception de la justice divine qui lui est associée dans le Deutéronome. En dehors de quelques exceptions, Israël est conçu comme une réalité corporative, foncièrement infidèle, qui reçoit la Torah (4,44–28,68) pour devenir un peuple saint. La pratique ou le non-respect des commandements de cette dernière, qui doit être intériorisée (Dt 6,6), conditionne le fait que le peuple reçoive bénédictions ou malédictions (Dt 28).

Dans le cadre de cette justice divine rétributive, Israël est décrit comme muni de la Torah et d'un cantique, véhiculés par Moïse. De son vivant, Moïse est la voix de cette Torah et de ce cantique, et le médiateur autorisé (cf. 5,23-31) des instructions divines. Après sa mort, la proclamation et l'enseignement de la Torah et du cantique prendront le relais de sa voix (31,9-11.19.22 ; 32,45-47).

Dans ce nouveau chapitre, nous voudrions regarder comme sont présentées les fautes contre Yhwh dans la Torah (4.1) et le cantique (4.2) et quelles conséquences sont prévues pour punir ceux qui les commettent. Il ne s'agit plus ici d'observer les suites des fautes concrètes et singulières d'Israël mais des fautes « génériques » ou « paradigmatiques », c'est-à-dire de celles qui sont présentées comme intemporelles, hors d'une trame narrative « historicisée ». Au terme de ces deux sections (4.1 et 4.2), le passage en revue des fautes sélectionnées[1] sera terminé. Nous serons alors en mesure d'évaluer le fonctionnement de la justice divine en Dt 9,1–10,11 sur l'arrière-fond de son fonctionnement dans le reste du livre (4.3).

---

1 Cf. le tableau p. 96-115.

4.1 Des fautes pour dire la norme : fautes et sanctions dans les lois et les parénèses

Nous nous tournons donc maintenant vers les fautes qui n'ont pas, dans le livre, une visée d'abord historiographique, mais normative. Nous classons sous le titre de « fautes pour dire la norme » celles qui sont mentionnées dans une écriture d'abord juridique ou parénétique. Cela ne signifie pas que les fautes dites « historiographiques » ne possèdent pas une certaine dimension parénétique et que celles qui servent avant tout un but parénétique ne puissent avoir une dimension « historiographique ». Comme l'observe J. Krašovec, « tous les types caractéristiques du témoignage de l'activité de Dieu à travers l'histoire d'Israël et des obligations du peuple vis-à-vis de l'alliance sont entrelacés dans le livre du Deutéronome. Nous trouvons ici une écriture de forme historique, prophétique, légale et de sagesse, et toutes ces formes sont au service d'un objectif parénétique »[2]. En raison de cet entrelacs des genres dans le Deutéronome et du fait que parénèses et lois s'appuient souvent sur des rappels historiques, nous avons distingué fautes « historiographiques » et fautes « normatives » en fonction de leur degré de nécessité et d'intégration dans la trame narrative du livre.

Les fautes dites « normatives », qui servent à l'énoncé ou à l'illustration des lois et parénèses, sont très nombreuses dans le Deutéronome (cf. péric. n°8-65.73 dans le tableau p. 96-114). Nous les étudierons en en distinguant le genre, législatif ou parénétique. Une première étape consistera donc d'abord à réfléchir à cette distinction (4.1.1). Il sera ensuite possible de regarder quel type de justice divine est envisagé pour les fautes mentionnées dans les textes parénétiques (4.1.2), puis dans les textes législatifs (4.1.3).

4.1.1 Difficile distinction de ce qui, dans le Deutéronome, ressortit à la loi ou à la parénèse

Lorsqu'on regarde la liste des fautes d'Israël contre Yhwh, on se rend compte que distinguer les genres littéraires où ces fautes apparaissent n'est pas aisé. Dans le Deutéronome, récits, parénèses et lois sont souvent imbriqués. Le Deutéronome se présente d'abord comme un

---

2 Krašovec, *Reward*, p. 185.

récit, le narrateur s'effaçant d'emblée pour laisser la parole à Moïse (Dt 1,5) et ne la reprendre que beaucoup plus tard (Dt 27,1.9.11 ; 28,69 ; 29,1 ; 31,1.9-10.14-30 ; 32,44–33,1 ; 34,1-12). Dans cet espace, Moïse raconte, exhorte et « légifère » tour à tour[3]. Ces trois modes d'expression ne sont pas toujours distincts. L'exhortation – ou la parénèse – peut par exemple faire appel au récit (cf. Dt 9,7–10,11). La loi et la parénèse peuvent également se combiner inextricablement[4]. Nous voudrions mener ici un travail de clarification, définir la *parénèse* étant une source de confusion potentielle.

Une description du genre parénétique et particulièrement de la parénèse dtq / dtr se trouve dans la thèse de N. Lohfink[5]. Cet auteur dégage ce qu'il appelle le *schéma parénétique* tel qu'il le trouve dans le Deutéronome. Après avoir retracé l'histoire de la recherche sur le genre parénétique dtq / dtr à partir du milieu du 19ᵉ siècle, il décrit les deux parties de ce schéma :
- 1ᵉʳᵉ partie : une parénèse de portée générale (*eine allgemeine Paränese*)
- 2ᵈᵉ partie : une indication de bénédiction (*ein Segenshinweis*)

La première partie a toujours pour noyau un ou plusieurs verbes d'observance de la loi (שמע, למד, שמר, עשה, הלך בדרך, אל תסור מן הדרך)[6], auxquels s'attachent un ou plusieurs mots pour désigner la loi (תורה, דברים, דבר, עדות, משמרת, חקות, מפטים, חקים, מצוה), souvent accompagnés d'une proposition relative de promulgation (*ein Promulgationssatz*[7] ; classiquement : כאשר צוה יהוה אלהיך/כם). Des compléments accidentels de cette première partie sont possibles. La seconde partie du schéma est constituée d'une indication de bénédiction (*Segenshinweis* [8]) qui peut se terminer par l'indication que cette bénédiction est « pour toujours » ou sur la mention du pays. À

---

3   L'amalgame des trois modes (récit, parénèse et loi) au sein de la Torah est déjà supposé par Dt 1,5 : « Moïse se mit à leur exposer la Loi (התורה הזאת) que voici ».

4   Par exemple, faut-il considérer Dt 7,1-5 comme une loi ou une parénèse ? Puukko pense que ce passage pourrait à la rigueur (*zur Not*) être regardé comme une loi (PUUKKO, *Deuteronomium*, p. 171).

5   LOHFINK, *Hauptgebot*, p. 90-97, sp. 90, et p. 271-276.

6   L'auteur consacre un chapitre (chapitre 4 de la partie I) à ces verbes. Il montre qu'ils peuvent être utilisés seuls ou en série. Lorsqu'ils le sont en série (61 occurrences d'emploi en série dans le Deutéronome), ils le sont toujours – sauf quatre exceptions– dans l'ordre suivant : סור מן הדרך / הלך > עשה > שמר > למד > שמע > בדרך (LOHFINK, *Hauptgebot*, p. 64-72 + tableau III, p. 299-302).

7   Le *Promulgationssatz* est décrit dans le chapitre 3 de la première partie de la thèse de Lohfink (LOHFINK, *Hauptgebot*, p. 59-63 + tableau II, p. 297-298).

8   Cf. LOHFINK, *Hauptgebot*, p. 81-85 + tableau V p. 305-306.

cette seconde partie – ou même quelquefois avant la première – peut venir se greffer une mention des générations suivantes (enfants ou petits-enfants). Le message de base de ce schéma parénétique est simple. Il est une invitation à satisfaire à la loi pour que tout aille bien. De temps à autre, la seconde partie manque et la parénèse générale apparaît seule, en concluant alors généralement avec la mention du pays.

Dans un article de 1965[9], W. Beyerlin a apporté des éléments supplémentaires à cette description du genre parénétique. Il réfutait l'idée que les parénèses que l'on trouve dans CA soient le fruit d'une écriture dépendant littérairement du Deutéronome et proposait de situer leur origine dans un *Sitz im Leben* de fêtes de pélerinage de l'amphyctionie israélite. Mais avant d'argumenter cette position, cet auteur décrivait succinctement le style rhétorique propre aux parénèses[10]. Il listait plusieurs éléments : un interlocuteur est présupposé (un *tu* ou un *vous*) par le discours parénétique ; le propos use d'un ton pressant ou véhément pour essayer de raviver ou exploiter une expérience qui s'est estompée ou risque de s'estomper ; des expressions forensiques sont utilisées (racines ידע, ראה, זכר : « souviens-toi… vous avez vu… vous avez connu… ») ; il y aussi un usage fréquent d'avertissements (« gardez-vous de… », « faites attention à… »[11]) et de menaces de rétribution.

Selon ces critères, il apparaît que plusieurs fautes contre Yhwh que nous avons sélectionnées et qui appartiennent à CD sont formulées dans un style parénétique ou sont l'occasion de développements parénétiques : Dt 12,13-14 [péric. 32][12] ; Dt 12,29-31 [péric. 33][13] ; Dt 13,2-6 [péric. 34][14] ; Dt 13,13-19 [péric. 36][15] ; Dt 15,7-9 [péric. 38][16]. De façon

---

9   BEYERLIN, « Paränese ».
10 BEYERLIN, « Paränese », p. 12-13.
11 Cf. les verbes d'observance listés par N. Lohfink.
12 Cf. l'avertissement initial (v. 13 : השמר לך פן), le verbe d'observance (v. 14 : עשה) et la proposition relative de promulgation (v. 14 : כל אשר אנכי מצוך).
13 Cf. l'avertissement initial (v. 30 : השמר לך פן), le verbe d'observance (v. 31 : עשה).
14 Cf. les verbes d'observance (v. 5 : שמר, שמע ; v. 6 : הלך/נדח מן־הדרך), les mots désignant la loi (v. 5 : מצותיו, קלו) et la proposition relative de promulgation (v. 6 : אשר צוך יהוה אלהיך).
15 Cf. les verbes d'observance (v. 19 : שמר, שמע), les mots désignant la loi (v. 19 : מצות, קול יהוה) et la proposition relative de promulgation (v. 19 : אשר אנכי מצוך היום).
16 Cf. l'avertissement initial (v. 9 : השמר לך פן). Cette faute est reliée à la parénèse de 15,5 (cf. les verbes d'observance [v. 5 : שמע, שמר, עשה], les mots désignant la loi [v. 5 : כל־המצוה הזאת, קול יהוה] et la proposition relative de promulgation [v. 5 : אשר אנכי מצוך היום]). Selon L. Perlitt, nous avons en Dt 15,1-11 deux parties :

similaire, l'introduction et la conclusion des malédictions (Dt 28,15 [péric. 66][17] ; Dt 28,45[18]) ainsi que les introductions des exposés complémentaires à ces malédictions (Dt 28,58 [péric. 68][19] ; Dt 28,62b [péric. 69][20]) comportent des éléments du schéma parénétique. Il semble donc que la distinction classique entre parénèses et lois en Dt 5–26 soit à nuancer. L'attribution très pratique des qualificatifs « parénèses » à Dt 5–11 et « lois » à Dt 12–26 n'est pas si évidente[21]. On peut par exemple se demander si Dt 7,1-6 ne penche pas plus du côté de la loi que de la parénèse. On trouve des introductions similaires ou proches de celle de Dt 7,1a non seulement en Dt 6,10 ; 11,29, mais aussi en Dt 12,20 ; 17,14 ; 18,9 ; 19,1 ; 26,1, c'est-à-dire dans le code. Le décalogue qui ouvre Dt 5–11 est également, en partie, un texte législatif. Ces observations consonnent avec les remarques de N. Lohfink dans son étude de 1963 : « " Loi " signifie – comme nous l'avons vu – non seulement Dt 12–26 mais aussi le contenu de Dt 5–11 »[22] ; « Il en ressort que Dt 5,1 est non seulement un verset qui fait autorité pour la proclamation de commandements mais qui en même temps annonce du matériel " parénétique " ! [...] Nous devons compter avec la possibilité que les deux postures [n.d.r. : parénèse et loi] puissent exister ou ont pu exister ensemble. Le texte souhaite, au moins théoriquement, à la fois commander et exhorter et cela en ce qui concerne les mêmes réalités. Il est tout au plus possible d'avancer que l'exhortation apparaît comme une posture englobante »[23].

La distinction que nous nous proposons de faire, au sein des fautes « normatives », entre celles qui sont mentionnées dans des textes parénétiques et des textes législatifs ne devra pas, en conséquence, être

---

l'exposition de la loi (Dt 15,1-6), puis une parénèse (Dt 15,7-11) qui en poursuit l'exposé de cette loi (PERLITT, « Evangelium », p. 178-179).
17 Cf. les verbes d'observance (עשה, שמר, שמע), les mots désignant la loi (מצות, חקת, קול יהוה) et la proposition relative de promulgation (אשר אנכי מצוך היום).
18 Cf. les verbes d'observance (שמר, שמע), les mots désignant la loi (מצות, קול יהוה, חקת) et la proposition relative de promulgation (אשר צוך).
19 Cf. les verbes d'observance (עשה, שמר), les mots désignant la loi (כל־דברי התורה הזאת) et la proposition relative de promulgation (הכתובים בספר הזה).
20 Cf. les verbes d'observance (שמע), les mots désignant la loi (קול יהוה).
21 Nous n'ignorons pas, ce faisant, les correspondances qui existent entre CA et CD, lesquelles militent en faveur du caractère de code législatif de Dt 12–26 (cf. PREUSS, *Deuteronomium*, p. 104-106). Nous observons simplement que CD présente un caractère parénétique assez affirmé.
22 LOHFINK, *Hauptgebot*, p. 273.
23 LOHFINK, *Hauptgebot*, p. 275. Cf. aussi H.D. Preuss : « Das Dtn erweist sich gegenüber dem Bundesbuch als theologisch reflektierender, humanitärer, *paränetischer* » (PREUSS, *Deuteronomium*, p. 107. Les italiques sont nôtres).

surévaluée. Comme nous venons de le voir, la frontière entre ces genres n'est pas si clairement délimitée. Mais la distinction vaut cependant d'être faite, car elle permet une organisation (même partielle) du matériel sélectionné.

4.1.2 Les fautes mentionnées dans les textes parénétiques et la justice divine correspondante

La lecture cursive des fautes mentionnées dans les textes parénétiques du Deutéronome[24] fait ressortir deux éléments frappants touchant la parénèse : d'une part, celle-ci fait allusion à la violation du premier commandement de façon massive (4,15-16 ; 4,23-24 ; 6,14-15 ; 7,1-4 ; 7,25-26 ; 8,19-20 ; 11,16-17 ; 12,29-31 ; 29,15-17 ; 30,17-18) ; d'autre part, elle évoque souvent la rupture avec Yhwh en des termes très généraux :
- oublier Yhwh (6,12)
- oublier Yhwh en ne gardant pas ses commandements, ses coutumes et ses lois (8,11-18)*
- s'écarter du chemin prescrit par Yhwh (5,32-33)
- mettre Yhwh à l'épreuve (6,16)
- haïr Yhwh (7,9-10)
- devenir présomptueux et oublier Yhwh (8,11-18 ; 29,18-20)
- ne pas écouter la voix de Yhwh (8,19-20)
- ne pas mettre en pratique les paroles de la Torah (28,58)

Ces termes généraux peuvent servir à inciter au respect de la Torah de 4,44–28,68 – dans sa forme embryonnaire ou complète – ou encore, assez souvent, être utilisés pour mettre en garde contre la violation du premier commandement. En 4,23-24 et 8,19-20 par exemple, « oublier Yhwh » équivaut à tomber dans l'idolâtrie. Nous pouvons déduire de ces observations que les deux grandes priorités de la parénèse dans le Deutéronome sont 1) le respect et la pratique de la Torah et 2) la mise en garde contre l'assimilation par Israël des coutumes religieuses étrangères.

La gravité de la violation du premier commandement est soulignée par la sanction à laquelle elle conduit, à savoir l'extermination directe ou indirecte d'Israël par Yhwh (racine שׁמד : 6,15 ; 7,4b ; racine אבד : 4,26 ; 8,19.20 ; 11,17 ; 30,18).

---

24 Péricopes n°4 ; 6 ; 16-24 ; 30 ; 32-33 ; 43-45 ; 68 ; 70-71 ; 73, c'est-à-dire respectivement Dt 4,15-16 ; 4,23-24 ; 5,32-33 ; 6,12 ; 6,14-15 ; 6,16 ; 7,1-4 ; 7,9-10 ; 7,25-26 ; 8,11-18 ; 8,19-20 ; 11,16-17 ; 12,13-14 ; 12,29-31 ; 18,9-12 ; 18,17-19 ; 18,17-20 ; 28,58 ; 29,15-17 ; 29,18-20 ; 30,17-18.

SI – vous vous faites une idole (Dt 4,23 [= 4,25])
– vous oubliez Yhwh votre Dieu (Dt 8,19)
– tu contractes mariages avec les filles du pays (Dt 7,3)
– vous suivez d'autres dieux (Dt 6,14 ; 7,4 ; 8,19)
– vous laissez séduire votre cœur, vous vous dévoyez, servez d'autres dieux et vous prosternez devant eux (Dt 11,16)
– ton cœur se détourne et si tu n'écoutes pas (Dt 30,17)

ALORS – la colère de Yhwh s'enflammera contre vous (Dt 6,15 ; 7,4 ; 11,17)
– vous disparaîtrez (Dt 4,26 ; 8,19 ; 11,17 ; 30,18)
– vous serez exterminés (Dt 4,26 ; 6,15 ; 7,4)
– Yhwh fermera le ciel et vous disparaîtrez du pays (Dt 11,17)
– Yhwh te dispersera parmi tous les peuples (Dt 4,27)

Les séquences parénétiques de Dt 4,23-31 ; 6,14-15 ; 7,1-4 ; 7,9-10 ; 8,18-20 ; 11,16-17 ; 30,17-18 soulignent que si le peuple devient infidèle à Yhwh, ce dernier le fera disparaître. Elles reviennent comme un refrain dans le livre du Deutéronome. La justice divine de ces sections est clairement rétributive. Cette extermination et disparition du peuple contraste avec les biens promis à qui respecte les commandements de la Torah : vie, bonheur, longs jours dans le pays (5,32-33) ; bonheur, prise de possession du pays, expulsion des ennemis (6,16-19).

Notre étude se focalise par nécessité sur les fautes contre Yhwh mentionnées dans le Deutéronome, en raison de notre objectif qui est de percevoir les constantes éventuelles de la réaction divine face à la faute d'Israël. Nous laissons donc délibérément de côté l'activité de rétribution positive de Yhwh, laquelle est évoquée à de multiples reprises dans le livre. Les biens promis en récompense sont la (longue) vie (4,1.40 ; 5,16.33 ; 6,2.24 ; 8,1 ; 11,9.21 ; 16,20 ; 22,7 ; 25,15 ; 32,47), le bonheur (4,40 ; 5,16.29 ; 6,3.18.24 ; 12,25.28 ; 19,13 ; 22,7), la bénédiction (11,27 ; 14,29 ; 15,4.6.10.18 ; 23,21 ; 24,19 ; 28,1-14 ; 30,16.19), la possession de la terre (4,1.40 ; 6,18 ; 8,1 ; 11,8 ; 16,20 ; 25,15), la multiplication des enfants (6,3 ; 8,1 ; 11,21), un long règne pour le roi (17,20), la force (11,8) et la pluie saisonnière (11,14). Ces biens sont souvent introduits par la particule prépositive למען, « de sorte que », « afin que ». Les parénèses du Deutéronome y renvoient fréquemment pour soutenir leurs appels à l'obéissance.

En cas de désobéissance, c'est le manque de ces biens qui doit survenir. Les formules parénétiques reposent donc sur les alternatives obéissance / désobéissance, bénédictions / malédictions[25]. Elles présupposent un corpus de lois minimal au service duquel elles se placent en exhortant à sa pratique. Comme l'a bien noté N. Lohfink, elles jouent un rôle important de ciment entre les grands blocs qui composent le Deutéronome par leur place dans les introductions, les transitions et les conclusions[26]. Elles permettent de tenir ensemble dans une même visée les récits et les lois et sont des échos du chapitre 28 disséminés dans le corps du livre.

Nous avons inclus la formule de Dt 7,9-10 au rang des fautes mentionnées dans les textes parénétiques. La section Dt 7,7-11 présente en effet les caractéristiques d'une section parénétique dont le v. 11 est la conclusion. Ce verset possède les éléments du schéma dégagé par Lohfink : un verbe d'observance (וְשָׁמַרְתָּ) articulé avec des termes qui désignent la loi (אֶת־הַמִּצְוָה וְאֶת־הַחֻקִּים וְאֶת־הַמִּשְׁפָּטִים) et une clause de promulgation (*Promulgationssatz* : אֲשֶׁר אָנֹכִי מְצַוְּךָ הַיּוֹם לַעֲשׂוֹתָם). Les v. 9-10 viennent en soutien de cette conclusion en la fondant sur la connaissance de l'identité de Yhwh : וְיָדַעְתָּ כִּי (v. 9).

Dt 7,9 développe l'idée de la fidélité (אֵל הַנֶּאֱמָן) et de la bonté (חֶסֶד) de Yhwh qui récompense ses fidèles « mesure pour mesure » : Yhwh *garde* son alliance (שֹׁמֵר הַבְּרִית) pour ceux qui *gardent* ses commandements (לְשֹׁמְרֵי מִצְוֹתָו). Cette fidélité de Yhwh vaut pour mille générations, ce qui semble être une hyperbole pour signifier une durée illimitée[27].

La construction du verset suivant est également remarquable (le centre est marqué X)[28] :

A Mais il rend la pareille (וּמְשַׁלֵּם)
 B à ceux qui le haïssent en leur propre personne (לְשֹׂנְאָיו אֶל־פָּנָיו)
  X en les faisant périr (לְהַאֲבִידוֹ)
  X il n'attend pas (לֹא יְאַחֵר)
 B' celui qui le hait c'est en sa propre personne (לְשֹׂנְאוֹ אֶל־פָּנָיו)
A' qu'il lui rend la pareille (יְשַׁלֶּם־לוֹ)

---

25 D'après J. Krašovec, « [t]he theme of punishment for human errors of all kinds recurs frequently in the ancient narrative literature and in the prophets, but that of reward for virtues is heard only rarely. Deuteronomy was the first to make this unevenness even, to emphasize both aspects of retribution equally » (KRAŠOVEC, *Reward*, p. 186).
26 LOHFINK, « Bundesschluß », p. 37.
27 SCORALICK, *Gottes Güte*, p. 63.
28 Pour un commentaire de cette structure, cf. entre autres LEVINSON, « Paradoxes », p. 36-44.

Au contraire du verset qui précéde, Dt 7,10 refuse toute rétribution transgénérationnelle. La rétribution divine décrite en 7,9-10 est donc transgénérationnelle en ce qui concerne la récompense et individuelle pour ce qui est de la punition. L'exercice de la justice divine ici décrit est en tension avec celui décrit en Dt 5,9-10. Il s'accorde par contre, en ce qui concerne la punition, avec Dt 24,16. Nous reviendrons dans la suite de ce chapitre[29] sur ces trois passages importants pour voir comment interpréter leur coexistence.

Le passage en revue des fautes contre Yhwh mentionnées dans les textes parénétiques souligne donc le rôle important de ces textes dans l'expression de la doctrine rétributive qui traverse le livre. Les termes généraux utilisés dans les parénèses renvoient aux provisions particulières contenues dans les textes législatifs. C'est vers ceux-ci que nous nous tournons donc maintenant pour voir comment y est envisagée la justice divine.

4.1.3 Les fautes mentionnées dans les textes législatifs et la justice divine correspondante

Quelle compréhension de la justice divine se dégage de l'étude des fautes mentionnées dans les textes législatifs ? Pour instruire cette question, il convient de se remettre en tête les fautes concernées et les sanctions encourues :

Fautes mentionnées dans les textes législatifs		
N°	Péricopes et type de faute	Sanction(s)
8	Dt 5,7 : Faute future potentielle : polythéisme	Aucune sanction n'est mentionnée à cet endroit. Mais les péricopes n°3, 7, 18, 20, 24, 30, 31, 34, 35, 36, 41, 65, 72, 73, 74, 75, 79, mentionnent une ou plusieurs sanctions pour violation du 1er commandement : en général, l'extermination et la mort.
9	Dt 5,8-10 :Faute future potentielle : idolâtrie	5,9-10 : « car moi Yhwh ton Dieu, je suis un Dieu passionné (אל קנא), **poursuivant la faute** (פקד עון) **des pères sur les fils et sur les troisième et quatrième (générations) – pour ceux qui me haïssent –** (לשנאי) 10 mais prouvant sa fidélité (ועשה חסד) à des milliers (de générations) – pour ceux qui m'aiment et gardent

---

29 Cf. p. 230-245.

Des fautes pour dire la norme

		mes commandements (לאהבי מצותי ולשמרי) ». Les péricopes n°3, 7, 18, 20, 24, 30, 31, 34, 35, 36, 41, 65, 72, 73, 74, 75, 79, mentionnent également une ou plusieurs sanctions pour violation du 1er commandement : en général, l'extermination et la mort.
10	Dt 5,11 : Faute future potentielle : blasphème	5,11 : « car **Yhwh ne laisse pas impuni** (לא ינקה) celui qui prononce son nom à tort ».
11	Dt 5,17 : Faute future potentielle : meurtre	Aucune sanction n'est mentionnée à cet endroit. Cf. péricope n°46 : si le meurtrier est découvert, il doit être mis à mort.
12	Dt 5,18 : Faute future potentielle : adultère	Aucune sanction n'est mentionnée à cet endroit. Cf. péricope n°54 : l'homme et la femme doivent être mis à mort.
13	Dt 5,19 : Faute future potentielle : vol / rapt	Aucune sanction n'est mentionnée à cet endroit. Cf. péricope n°60 : l'auteur du rapt doit être mis à mort.
14	Dt 5,20 : Faute future potentielle : faux témoignage	Aucune sanction n'est mentionnée à cet endroit. Cf. péricope n°47 : le faux témoin doit être traité comme il avait l'intention de traiter son frère (= châtiment mesure pour mesure)
15	Dt 5,21 : Faute future potentielle : convoitise de la femme et des biens du prochain	Aucune sanction n'est mentionnée à cet endroit. Cf. péricope n°54 (adultère)
34	Dt 13,2-6 : Faute future potentielle : violation du 1er commandement par un prophète ou un visionnaire	13,6 : « Et ce prophète ou visionnaire, **il sera mis à mort** (יומת) pour avoir prêché la révolte contre Yhwh votre Dieu qui vous a fait sortir du pays d'Égypte et t'a racheté de la maison de servitude ; cet homme voulait t'entraîner hors du chemin que Yhwh ton Dieu t'a prescrit de suivre. Tu ôteras le mal du milieu de toi (ובערת הרע מקרבך) »
35	Dt 13,7-12 : Faute future potentielle : violation du 1er commandement par un frère, un fils, une épouse ou un compagnon	13,10-11 : « tu dois absolument le tuer (הרג תהרגנו). **Ta main sera la première pour le mettre à mort, et la main de tout le peuple suivra** ; 11 **tu le lapideras** (וסקלתו באבנים), **et il mourra** (ומת) pour avoir cherché à t'entraîner loin de Yhwh ton Dieu qui t'a fait sortir du pays d'Égypte, de la maison de servitude. »

36	Dt 13,13-19 : Faute future potentielle : violation du 1er commandement par les habitants d'une ville	13,16-17 : « **tu frapperas au tranchant de l'épée** (הכה תכה לפי־חרב), **tous les habitants de cette ville : tu la voueras à l'interdit** (החרם אתה) avec tout ce qui s'y trouve et tu frapperas son bétail au tranchant de l'épée. 17 Tout le butin, tu le rassembleras au milieu de la place et **tu brûleras totalement la ville** (ושרפת באש את־העיר) **avec tout son butin** pour Yhwh ton Dieu. Ce sera une ruine pour toujours (והיתה תל עולם), elle ne sera plus jamais reconstruite. »
37	Dt 14,3 : Faute future potentielle : non respect des lois alimentaires	Aucune sanction n'est mentionnée à cet endroit.
38	Dt 15,7-9 : Faute future potentielle : mauvais traitement des pauvres lors de l'année sabbatique	Aucune sanction n'est mentionnée à cet endroit. N'est mentionné que le fait que celui qui agit de la sorte est chargé d'un péché.
39	Dt 16,21-22 : Faute future potentielle : violation du 1er commandement	Aucune sanction n'est mentionnée à cet endroit. Mais les péricopes n°3, 7, 18, 20, 24, 30, 31, 34, 35, 36, 41, 65, 72, 73, 74, 75, 79, mentionnent une ou plusieurs sanctions pour violation du 1er commandement : en général, l'extermination et la mort.
40	Dt 17,1 : Faute future potentielle : fraude sur la matière sacrificielle du culte	Aucune sanction n'est mentionnée à cet endroit.
41	Dt 17,2-7 : Faute future potentielle : violation du 1er commandement	17,5-7 : « tu amèneras aux portes de ta ville l'homme ou la femme qui ont commis ce méfait ; **l'homme ou la femme, tu les lapideras** (וסקלתם באבנים) **et ils mourront** (ומתו). 6 C'est sur les déclarations de deux ou de trois témoins que celui qui doit mourir sera mis à mort ; il ne sera pas mis à mort sur les déclarations d'un seul témoin. 7 La main des témoins sera la première pour le mettre à mort, puis la main de tout le peuple en fera autant. Tu ôteras le mal du milieu de toi (ובערת הרע מקרבך). »
42	Dt 17,8 [...] 12-13 : Faute future potentielle : refus d'une décision de justice	17,12 : « Mais l'homme qui aura agi avec présomption, sans écouter ni le prêtre qui se tient là, officiant pour Yhwh ton Dieu, ni le juge, **cet homme-là mourra** (ומת האיש ההוא). Tu ôteras le mal d'Israël (ובערת הרע מישראל). »

46	Dt 19,11-13 : Faute future potentielle : meurtre	19,12-13 : « les anciens de sa ville y enverront quelqu'un pour l'arrêter, et ils le livreront entre les mains du vengeur pour **qu'il meure** (ומת). 13 Tu ne t'attendriras pas sur lui. Tu ôteras d'Israël l'effusion du sang de l'innocent (ובערת דם־הנקי מישׂראל), et tu seras heureux. »
47	Dt 19,16-19 : Faute future potentielle : faux témoignage	19,19 : « **Vous le traiterez comme il avait l'intention de traiter son frère** (ועשׂיתם לו כאשׁר זמם לעשׂות לאחיו). Tu ôteras le mal du milieu de toi (ובערת הרע מקרבך) »
48	Dt 20,17-18 : Faute future potentielle : violation du 1ᵉʳ commandement. Loi du חרם.	Aucune sanction n'est mentionnée à cet endroit. N'est mentionné que le fait que celui qui agit de la sorte est chargé d'un péché. Mais les péricopes n°3, 7, 18, 20, 24, 30, 31, 34, 35, 36, 41, 65, 72, 73, 74, 75, 79, mentionnent une ou plusieurs sanctions pour violation du 1ᵉʳ commandement : en général, l'extermination et la mort.
49	Dt 21,1-9 : Faute future potentielle : meurtre (sans arrestation du coupable)	Aucune sanction n'est mentionnée à cet endroit mais seulement le fait qu'un rite d'expiation (כפר) doit avoir lieu.
50	Dt 21,18-21 : Faute future potentielle : violation du 5ᵉ commandement. Respect des parents	21,21 : « **Tous les hommes de sa ville le lapideront** (רגמהו), **et il mourra** (ומת). Tu ôteras le mal du milieu de toi (ובערת הרע מקרבך) ; tout Israël en entendra parler et sera dans la crainte. »
51	Dt 21,22 : Péché non déterminé passible de la peine de mort	21,22 : « Si un homme, pour son péché, a encouru la **peine de mort** et que tu l'aies mis à mort et pendu à un arbre (והומת ותלית אתו על־עץ) [...] »
52	Dt 22,5 : Faute future potentielle : désordre dans l'habillement	Aucune sanction n'est mentionnée à cet endroit.
53	Dt 22,13-14.18-21 : Faute future potentielle : mise en cause par son mari de la non virginité d'une jeune femme.	Si la mise en cause est erronée : 22,18-19 : « Les anciens de cette ville arrêteront l'homme pour le punir (ויסרו אתו) : 19 **ils lui imposeront une amende** (וענשׁו) **de cent sicles d'argent**, qu'ils donneront au père de la jeune femme, car cet homme a fait une mauvaise réputation à une vierge d'Israël. Elle sera sa femme, et il ne pourra pas la renvoyer tant qu'il sera en vie. »

		Si la mise en cause est avérée : 22,21 : « on l'amènera à la porte de la maison de son père ; **les hommes de sa ville la lapideront** (וסקלוה באבנים), **et elle mourra** (ומתה), car elle a commis une infamie en Israël en se prostituant dans la maison de son père. Tu ôteras le mal du milieu de toi (ובערת הרע מקרבך). »
54	Dt 22,22 : Faute future potentielle : adultère avec une femme mariée	22,22 : « Si l'on prend sur le fait un homme couchant avec une femme mariée, **ils mourront tous les deux** (ומתו גם־שניהם), l'homme qui a couché avec la femme, et la femme elle-même. Tu ôteras le mal d'Israël (ובערת הרע מישראל). »
55	Dt 22,23-24 : Faute future potentielle : viol – en ville – d'une jeune vierge fiancée	22,24 : vous les amènerez tous les deux à la porte de cette ville, **vous les lapiderez** (וסקלתם אתם באבנים) et ils mourront (ומתו) : la jeune fille, du fait qu'étant dans la ville, elle n'a pas crié au secours ; et l'homme, du fait qu'il a possédé la femme de son prochain. Tu ôteras le mal du milieu de toi (ובערת הרע מקרבך). »
56	Dt 23,10-15 : Faute future potentielle : défaut de pureté du camp	23,15 : « Car Yhwh ton Dieu lui-même va et vient au milieu de ton camp pour te sauver en te livrant tes ennemis : aussi ton camp est-il saint, et il ne faut pas que Yhwh voie quelque chose qui lui ferait honte : **il se détournerait de toi** (ושב מאחריך). »
57	Dt 23,18-19 : Faute future potentielle : prostitution	Aucune sanction n'est mentionnée.
58	Dt 23,22 : Faute future potentielle : non respect d'un vœu promis à Yhwh	Aucune sanction n'est mentionnée à cet endroit. N'est mentionné que le fait que celui qui agit de la sorte est chargé d'un péché.
59	Dt 24,4 : Faute future potentielle : retour d'une femme répudiée chez son premier mari	Aucune sanction n'est mentionnée à cet endroit. N'est mentionné que le fait que celui qui agit de la sorte fait pécher le pays.
60	Dt 24,7 : Faute future potentielle : rapt	24,7 : « S'il se trouve un homme qui commet un rapt sur la personne d'un de ses frères parmi les fils d'Israël, qui vend sa victime pour en tirer profit, **l'auteur du rapt mourra** (ומת הגנב ההוא). Tu ôteras le mal du milieu de toi (ובערת הרע מקרבך). »
62	Dt 24,14-15 : Faute future potentielle : exploitation d'un	Aucune sanction n'est mentionnée à cet endroit. N'est mentionné que le fait que celui qui agit de la sorte est chargé d'un péché.

	salarié pauvre	
63	Dt 24,16 : Péché non déterminé passible de la peine de mort	24,16 : « Les pères ne seront pas mis à mort (יומתו) pour leurs fils ; les fils ne seront pas mis à (יומתו) pour leurs pères ; <u>**c'est à cause de son propre péché que chacun sera mis à mort**</u> (יומתו) »
64	Dt 25,13-16 : Faute future potentielle : escroquerie	Aucune sanction n'est mentionnée à cet endroit. N'est mentionné que le fait que celui qui agit de la sorte est en abomination pour Yhwh.

Le rapport entre le décalogue et le code deutéronomique. L'idée de justice divine qui se dégage de l'étude des sanctions prévues par le code deutéronomique.

Les fautes sélectionnées ci-dessus se trouvent dans deux ensembles : le décalogue et CD. Nous sommes ici à la croisée de la justice divine et de la justice humaine. Nous avions vu plus haut[30] que notre objectif de retenir les textes ne traitant que des fautes d'Israël *contre la divinité* (Yhwh), tant individuelles que collectives, s'était heurté au fait que certains textes laissaient entendre que des fautes entre humains sont aussi des fautes contre Yhwh (Dt 15,7-9 ; 24,14-15 ; 25,13-16).

Le Deutéronome est marqué par une interpénétration des sphères de la justice divine et de la justice humaine. Les textes mentionnés ci-dessus (Dt 15,7-9 ; 24,14-15 ; 25,13-16) en donnent une première indication mais, au plan d'une réflexion d'ensemble, c'est peut-être la complémentarité existant entre le décalogue et CD qui en est l'illustration la plus poussée.

Les lois du décalogue (péric. 8-15) sont présentées au lecteur / auditeur comme porteuses d'un degré d'autorité maximum. Moïse rapporte les propres paroles de Yhwh (cf. Dt 5,5-6), prononcées « face à face […] sur la montagne, du milieu du feu » (Dt 5,4)[31]. Cette promulgation prend donc par le fait même un poids prescriptif de première importance[32], renforcé par le fait que l'actualité de ces lois

---

30 Cf. p. 90.
31 Des indices rédactionnels montrent que le décalogue de Dt 5, à l'instar de celui d'Ex 20, a probablement été rédigé à l'origine comme un discours direct de Yhwh au peuple (cf. Dt 5,4), la médiation de Moïse (Dt 5,5) étant introduite par la suite (cf. RÖMER, « Décalogues », p. 66). T. Römer en conclut que « l'idée répandue selon laquelle le décalogue se distingue des autres révélations de la loi doit être relativisée » (p. 66).
32 Les décalogues sont des textes d'une « autorité maximale », selon l'expression d'O. Artus (ARTUS, *Lois*, p. 159).

ne se limite à aucun lieu ou temps précis³³ – ce qui laisse entendre que la validité du décalogue de Dt 5 transcende les lieux et les époques – et par la mise à part des autres prescriptions législatives du Deutéronome³⁴.

Porté par le degré d'autorité divine le plus élevé, le décalogue n'accompagne pas ses interdits par la description de sanctions concrètes mais se contente d'énoncer le principe d'une rétribution pour leur respect ou violation. Ce principe d'une rétribution divine se lit dans les premier et deuxième commandements.

En Dt 5,9-10, l'évocation d'une punition est mise en parallèle avec la חסד de Yhwh dans une disproportion évidente (punition sur trois ou quatre générations mais חסד pour des milliers³⁵). La punition étant mentionnée en premier, avant la bonté (חסד) de Yhwh envers ceux qui l'aiment et gardent ses commandements, la faute apparaît comme un acte sérieux mais pas désespérant³⁶, et ce d'autant plus que nous nous trouvons dans ces versets en face d'une rétribution conditionnée (לשנאי : pour ceux qui me haïssent). Comme l'ont montré de façon

---

33   Il n'est pas stipulé, par exemple, que ces lois ne valent qu'une fois le peuple entré dans le pays, ou lorsque Yhwh aura agrandi son territoire ou fait table rase des nations, comme en Dt 6,10 ; 7,1 ; 11,29 ; 12,20 ; 17,14 ; 18,9 ; 19,1 ; 26,1.
34   Cf. ARTUS, *Lois*, p. 162.
35   Avec la majorité des commentateurs, nous entendons les adjectifs numéraux לאלפים, שלשים et רבעים en Dt 5,9-10 comme des adjectifs substantivés signifiant « ceux de la millième / troisième / quatrième génération ». Il y aurait d'autres possibilités. J. Krašovec fait référence à certains commentateurs qui pensent que ces numéraux renvoient aux contemporains d'un même clan : אלפים renverrait alors à un nombre indéfini de membres vivants d'une même tribu (clan), famille ou nation et שלשים et רבעים désignerait les personnes vivantes du clan, trois et quatre générations étant le nombre maximum de générations pouvant être contemporaines (KRAŠOVEC, « Doctrine », p. 42). Dt 7,9 et Ex 34,7 prennent le contre-pied d'une interprétation numérique et plaident en faveur d'une interprétation générationnelle. La première référence précise לאלף דור. La seconde décrit une chaîne généalogique : « des pères sur les fils et sur les fils des fils ». Le contraste instauré entre les notations « jusqu'à la troisième et jusqu'à la quatrième » et « à des milliers » autorise ensuite, par retour au début du verset, à comprendre אלפים comme signifiant « à des milliers de générations » (Dans ce sens [entre autres] : RENAUD, *L'alliance*, p. 195 n. 1. ; SARNA, *Exodus*, p. 216 ; MICHAELI, *Exode*, p. 30 ; HOUTMAN, *Exodus 20-40*, p. 707).
36   La mise en parallèle des générations, des milliers en ce qui concerne la fidélité, et trois et quatre pour ce qui concerne la sanction, est particulièrement déséquilibrée et relativise le châtiment. La durée démesurée à laquelle renvoie la référence à des milliers de générations semble utiliser la technique de l'hyperbole pour signifier une durée illimitée (SCORALICK, *Gottes Güte*, p. 63). En contraste, trois ou quatre générations correspondent à une durée tout à fait calculable, proche de la durée de vie d'un chef de famille (RENAUD, *L'alliance*, p. 195).

convaincante W.L. Moran[37] puis M. Weinfeld[38], les participes hébreux traduits par « ceux qui m'aiment » et « ceux qui me haïssent » ne sont pas, au départ, des termes affectifs mais juridiques. Ces termes renvoient à la terminologie des traités d'état hittites et araméens où « aimer » désigne la loyauté politique envers le suzerain, tandis que « haïr » dénote un acte de trahison. Nous nous arrêterons assez longuement sur l'interprétation problématique de ces versets 5,9-10 dans la section suivante.

En Dt 5,11, nous trouvons encore exprimé le principe de la sanction divine : Yhwh ne laisse pas impuni (כי לא ינקה יהוה) la prononciation de son nom à tort[39]. Le verbe נקה a le sens d'être acquitté, innocenté, disculpé[40]. C'est un *hapax* dans le Deutéronome. Aucune clause ne vient restreindre le champ de ce principe de non disculpation posé comme absolu et intemporel.

Le décalogue énonce donc le principe d'une rétribution divine pour le respect ou la violation de ses commandements mais ne les accompagne aucunement de la description concrète de récompenses ou de sanctions. Pour trouver une telle description, il faut se tourner vers CD. Pour ce qui est des sanctions, celui-ci donne en quelque sorte le « pénitentiel » de la violation des commandements du décalogue. La sanction du polythéisme et de l'idolâtrie (Dt 5,6-10) se trouve ainsi consignée dans les péricopes n°34-36 et 41[41], du non-respect des parents

---

37 MORAN, « Background ».
38 WEINFELD, *Deuteronomic School*, p. 81-91.
39 Le sens de נשא את־שם־יהוה לשוא-*qal* est incertain. Weinfeld pense que l'expression doit être comprise comme elliptique : « You shall not take up the name of Yhwh your God *upon your lips* falsely » et pointerait vers le sens de « jurer par le nom de Yhwh » (WEINFELD, *Deuteronomy 1-11*, p. 278 ; les italiques sont de l'auteur). Cette interprétation comme visant les faux serments est fréquente dans la recherche. Cependant, on trouve en Dt 5,20 une interdiction semblable du faux témoignage. Dans le Deutéronome, nous remarquons que le nom de Yhwh intervient assez souvent. Au sein d'Israël, Yhwh a choisi un lieu pour y placer (שים) son nom (Dt 12,5.11.21 ; 14,23.24 ; 16,2.6.11 ; 26,2). Cette élection d'Israël par Yhwh peut se dire autrement : « le nom de Yhwh a été prononcé sur Israël » (קרא על-*niphal* ; 28,10). Cela fonde le fait que le peuple doit craindre le nom de Yhwh (ירא את־השם 28,58), jurer par lui (שבע בשמו-*niphal* ; Dt 6,13 ; 10,20), que les lévites doivent bénir (ברך בשמו ; Dt 10,8 ; 21,5) et officier (שרת בשם־יהוה ; Dt 18,5.7) en / par son nom, que Moïse peut l'invoquer (קרא שם יהוה-*qal* ; 32,3) et qu'un prophète futur semblable à Moïse parlera (דבר בשם־יהוה ; Dt 18,19.22) au nom de Yhwh. L'expression נשא את־שם־יהוה-*qal* regroupe peut-être ces différents usages (bénir par le nom, jurer par le nom, invoquer le nom, parler au / par le nom).
40 « (straf)frei, schuldlos sein » (WARMUTH, Georg, Art. « נקה », in *TWAT* V, p. 592).
41 Dt 13,2-6 ; 13,7-12 ; 13,13-19 ; 17,2-7.

(Dt 5,16), dans la péricope n°50[42], d'un meurtre (Dt 5,17), dans la péricope n°46[43], d'un adultère (Dt 5,18) et de la convoitise de la femme du prochain (Dt 5,21a), dans les péricopes n°54 et 55[44], d'un vol / rapt[45] (Dt 5,19), dans la péricope n°60[46], et d'un faux témoignage, dans la péricope n°47[47]. Ces péricopes de CD décrivent donc les sanctions à appliquer pour la violation des 1er, 4e, 5e, 6e, 7e, 8e, 9e commandements du décalogue. Elles sont formulées selon un mode casuistique.

Une des fonctions de CD est donc de fournir la casuistique du décalogue. Entre ces deux collections se lit le rapport entre horizon théorique et applications concrètes, autrement dit entre principes généraux et casuistique. La mise en vis-à-vis des commandements et interdits du décalogue et des sanctions prévues par CD[48] montre que

---

42 Dt 21,18-21.
43 Dt 19,11-13.
44 Dt 22,22 ; 22,23-24.
45 L'interdiction לא תגנב est très souvent traduite par « tu ne voleras pas » ou « tu ne commettras pas de vol » (par exemple : O-T ; BJ ; BAY ; NBS), plus rarement par « tu ne commettras pas de rapt » (par exemple : TOB). Le verbe n'intervient dans le Deutéronome qu'en 5,19 et 24,7. En cette dernière occurrence, il a manifestement le sens d'enlever quelqu'un, c'est-à-dire de commettre un rapt. C'est pourquoi l'exégèse rabbinique mais également A. Alt (indépendamment de la connaissance de l'interprétation rabbinique) lui ont donné le sens de « commettre un rapt, enlever quelqu'un ». Les deux arguments principaux qui soutiennent cette position sont l'occurrence de Dt 24,7 d'une part, et d'autre part le fait que le 10e commandement (convoiter les biens de son prochain) concerne déjà le vol, ce qui laisse entendre que le 8e commandement (לא תגנב) doit concerner autre chose (le rapt). La LXX traduit pourtant גנב par κλέπτω et il n'y a pas de complément d'objet direct après le verbe גנב. Selon V. Hamp, « [T]he etymology of *gnb* and all the examples in which the root occurs oppose the view that it once meant " to steal persons '. Moreover, that *'ish*, " man ", or something similar, was at one time used with *gnb* is only a hypothesis. Thus Alt's conjecture can indeed be inffered from the context and from Ex. 21 :16, but it cannot be proved absolutely. In any case, the short prohibition was open to a general interpretation at a later time. It is interesting that the Rabbis still interpreted Ex. 20 :15 as a prohibition against stealing persons (kidnapping) » (HAMP, Vincenz, Art. » גנב », *TDOT III*, p. 42). Finalement, étant donné le registre étendu du verbe גנב en hébreu (qui embrasse aussi bien le vol de biens que l'enlèvement de personnes), on peut se demander si l'on n'a pas affaire ici qu'à un problème de traduction et postuler que le commandement prohibe l'ensemble du registre du verbe. Dès lors, Dt 24,7 décrit une sanction du 8e commandement pour une partie seulement de son registre.
46 Dt 24,7.
47 Dt 19,16-19.
48 1er commandement → sanctions exprimées dans les péricopes 34-36 ; 41
    4e commandement → sanction exprimée dans la péricope 50
    5e commandement → sanction exprimée dans la péricope 46
    6e commandement → sanctions exprimées dans les péricopes 54-55

certains commandements du décalogue ne sont pas concernés et que l'ordre des sanctions ne suit pas l'ordre des prohibitions, ce qui fragilise l'idée que CD suive une structure décalogique[49]. Cependant, si ces ensembles ne peuvent être harmonisés au plan de leurs structures, ils se complètent sur un autre plan : tandis que le décalogue exprime la sanction dans son principe, CD l'expose dans son application. Cela entraîne une conséquence importante : la justice humaine mise en œuvre dans CD apparaît comme corrélée au principe de rétribution divine énoncé dans le décalogue. Autrement dit, Israël est l'agent d'une justice qui transcrit dans la réalité du peuple le principe de rétribution divine présenté dans le décalogue.

Pour cela, Israël est doté d'une organisation judiciaire, dont le Deutéronome livre quelques traits. Pour la comprendre, Dt 16,18–17,13 est un passage important puisque, au sein d'une section que la critique allemande appelle « loi consitutionnelle » (*das Verfassungsgesetz* : 16,18-18,22), est fournie une description de l'organisation locale et de la consultation d'une instance suprême. Selon cette péricope, des juges et des scribes doivent être installés « dans toutes les portes que Yhwh te donne pour tes tribus » (שפטים ושטרים תתן־לך בכל־שעריך אשר יהוה אלהיך נתן לך לשבטיך), c'est-à-dire à la porte principale de chacune des villes d'Israël[50]. C'est là que ces juges et scribes auront à rendre leur jugement. En Dt 17,2-7 – section qui semble donner un exemple de jugement rendu par les juges et scribes installés en 16,18 –, une procédure d'enquête apparaît : והגד־לך ושמעת ודרשת היטב והנה אמת נכון הדבר (v. 4). Le juge doit se faire raconter l'accusation (והגד־לך) et l'écouter attentivement (ושמעת), il doit ensuite enquêter minutieusement (ודרשת היטב) et une fois le fait avéré (והנה אמת נכון הדבר), sur la base d'au moins deux témoins (v. 6 : על־פי שנים עדים או שלשה עדים), prononcer le jugement et faire exécuter la sanction[51]. Dans le cas cité, celle-ci est exécutée aux portes de la ville (v. 5 : אל־שעריך)[52].

7ᵉ commandement → sanction exprimée dans la péricope 60
8ᵉ commandement → sanction exprimée dans la péricope 47
9ᵉ commandement → sanctions exprimées dans les péricopes 54-55

49 Cf. les auteurs cités plus haut p. 87-88 aux n. 61-63.
50 Quelques traductions en français (Crampon, BJ, TOB) traduisent בכל־שעריך par « dans toutes tes villes » en considérant que « porte » est ici une métonymie pour « ville ».
51 Une procédure d'enquête semblable apparaît en Dt 13,15 et 19,18.
52 C'est le lieu habituel. En 22,21, dans le cas d'une jeune fille qui n'était pas vierge lors de son mariage, le lieu de la lapidation est l'entrée de la maison paternelle (פתח בית־אביה).

Si cette instance locale de justice ne sait comment régler un cas qui lui est présenté « à ses portes » (בשעריך), la procédure suivante est alors prévue : le ou les juges locaux monteront pour demander le jugement d'une instance suprême composée de prêtres lévites et d'un juge (17,9) au lieu choisi par Yhwh (c'est-à-dire au temple de Jérusalem[53]). Après que cette instance s'est prononcée, le jugement est définitif. Si l'on en croit le v. 12, il semblerait que ce jugement puisse être rendu par un seul membre de cette instance (« le prêtre qui sert au nom de Yhwh ton Dieu[54] ou le juge »).

Cette justice excercée par des prêtres, des juges et / ou des scribes paraît en plusieurs endroits du code (16,18-17,13 ; 19,15-21a ; 25,1-3). Pour ce qui concerne les prêtres, ils peuvent être consultés pour le droit commun (cf. 17,9), mais servent aussi dans les sanctuaires où ils conseillent et officient dans les procédures religieuses (cf. 24,8 ; 26,3).

En complément de la justice rendue aux portes des villes par les juges et scribes d'une part, et des décisions édictées au temple par les prêtres d'autre part, certaines péricopes décrivent des jugements locaux rendus par les « anciens de la ville » (זקני העיר). Ceux-ci officient également aux portes de la ville (21,19 ; 22,15 ; 25,7). Faut-il imaginer qu'il y a eu simultanément deux instances de justice coordonnées entre elles aux portes des villes (les juges et scribes d'une part ; les anciens d'autre part) ou que cette description renvoie à deux époques différentes de l'histoire d'Israël ?[55] B.M. Levinson, qui fournit des

---

53 Le lieu désigné par cette périphrase est discuté. L'interprétation qui nous semble la plus probable est qu'il s'agit d'une désignation du temple de Jérusalem, qui ne peut être nommé explicitement sous peine de commettre un anachronisme (dans ce sens : MC CARTHY, Carmel, « Readings », p. 124). A. Schenker pense pour sa part que le Deutéronome était un document du nord et que cette périphrase (originellement avec le verbe בחר à l'accompli) désignait initialement le temple du mont Garizim. Plus tard, lors de la réception judéenne du rouleau, l'expression en serait venue à désigner le temple de Jérusalem, le verbe בחר ayant été mis à l'inaccompli (A. Schenker, lors d'une conférence intitulée « " Quand Dieu a-t-il choisi le lieu de sa demeure sur terre ? " Une formule deutéronomique qui distingue la Bible samaritaine de notre Bible juive et chrétienne » et donnée à l'École biblique et archéologique française de Jérusalem, le 18 décembre 2006).
54 Il s'agit d'un prêtre lévite. Cette description d'un prêtre qui officie (שרת) au nom de Yhwh (שם יהוה) renvoie aux lévites en Dt 10,8 ; 18,5.7.
55 Il faut signaler le cas étrange de Dt 21,1-9 où la procédure est menée, selon le v. 2, par « les anciens et les juges » (TM) ou par « les anciens et les scribes » (Pentateuque samaritain). Dans ce passage, le v. 5 semble être une interpolation introduisant les prêtres lévites (OTTO, *Pentateuch und Hexateuch*, p. 185-186). Les anciens concluent le rite. Juges ou scribes n'apparaissent plus après le v. 2. Leur mention pourrait elle aussi être un ajout. Si tel n'est pas le cas, nous avons alors un exemple de collaboration des deux instances qui siègent aux portes.

références bibliographiques abondantes sur les procédures judiciaires de l'ancien Israël[56], liste quatre niveaux de justice qui ont pu, selon lui, se chevaucher : la justice dans le cadre de la famille ou du clan exercée par le *paterfamilias* ; la justice locale du village ou de la ville exercée par les anciens ; le droit religieux dispensé par les prêtres et enfin la justice exercée par le roi. Mais il montre aussi combien la réforme centralisatrice portée par le Deutéronome a modifié non seulement les pratiques religieuses d'Israël mais aussi ses pratiques judiciaires. Selon cet auteur, la justice exercée par les anciens aux portes des villes a dû laisser place, lors de la réforme centralisatrice, à un système professionalisé de juges siégeant au même endroit[57]. Selon le Deutéronome, la fonction judiciaire du roi est également altérée[58]. Il est assez significatif que l'instance suprême ne soit pas le roi mais les prêtres lévites et le juge du temple[59]. Le roi est d'ailleurs décrit comme

---

56 LEVINSON, *Deuteronomy*, p. 110 n. 30.
57 LEVINSON, « Ideal Type », p. 103-104.
58 LEVINSON, « Ideal Type », p. 108-112.
59 Le « déclassement » du roi se lit non seulement dans sa subordination à la Torah et la mise en garde qui lui est faite de ne pas « hausser son cœur au-dessus de celui de ses frères » (17,20), mais aussi dans la séquence textuelle de la *Verfassungsgesetz* : juges et scribes (système judiciaire local) → prêtres lévites et juge (organe judiciaire central) → roi → prêtres lévites → prophète. Si les fonctions sont mentionnées selon un ordre d'importance croissante, alors il semble que le roi soit supplanté, dans cette présentation, par le prophète. Cependant, cet ordre croissant est probablement une fausse piste. Ce n'était pas, semble-t-il, l'ordre de présentation des documents anciens qui était l'ordre inverse, comme l'indique B.M. Levinson : « [The] principle of organizing legal paragraphs in a sequence that reflects social rank, from higher to lower, has long been recognized within Israelite and cuneiform legal collections. Were the arrangement here one of ascending order, the king, not the prophet, would logically be found at the apex of the series ; were the order descending, local judicial officials would be found at the end, not the beginning, of the series ». La fonction prophétique n'est donc pas nécessairement celle qui désormais surclasse le roi. Ce sont plutôt les prêtres lévites, qui ont une fonction à la fois juridique et religieuse de par leur responsabilité vis-à-vis de la Torah, qui le surclassent ici : « Deuteronomy's cultic center eclipses the king both in textual priority (since Deut 17 :8-13 precedes 17 :14-20) and in claiming supreme judicial authority at royal expense. The centralized cultus usurps the place – textual as well as hierarchical – more conventionally ascribed to the monarch. At the same time, the very retention of the king in this unit, in second place after the account of the centralized judiciary but before the section dealing with the priests (18 :1-8), is intelligible only in light of the monarch's former role in the judicial system » (LEVINSON, *Deuteronomy*, p. 142-143). Pour une réflexion complémentaire sur la structure de Dt 16,18–18,22, cf. CARRIERE, *Politique*, p. 188-341. Cet auteur envisage une organisation de cette section selon les grandes instances fondamentales de l'existence du peuple (justice, politique,

soumis à la Torah dont il devra faire une copie sous la supervision (מלפני) des prêtres lévites (17,18-19). Décisions et procédures légales et religieuses ont donc leur instance suprême au temple et dans la Torah sur laquelle veillent les prêtres lévites. Le jugement rendu par un prêtre ou un juge est donc un jugement d'ordre divin, puisque la Torah qui contient CD est considérée comme révélation divine. C'est ainsi que l'on peut comprendre 19,16-18 qui pose une équivalence entre régler une contestation devant Yhwh et devant les prêtres et les juges : « S'il se lève un faux témoin contre un homme, pour l'accuser de révolte, alors les deux hommes qui auront une contestation se tiendront *devant Yhwh, devant les prêtres et les juges* qu'il y aura en ces jours, et les juges feront une enquête minutieuse... » (ועמדו שני־האנשים אשר־להם הריב לפני יהוה לפני הכהנים והשפטים אשר יהיו בימים ההם). Le système judiciaire d'Israël décrit dans CD reflète donc une interpénétration des sphères de la justice humaine et de la justice divine. Comme le Deutéronome est structuré selon les termes d'un engagement passé entre Yhwh et Israël (cf. 26,16-19 et 29,9-14) et que le respect des lois du code fait partie des stipulations de cet engagement, les sanctions en cas de violation de ces lois relèvent à la fois de la justice humaine et de la justice divine. En conséquence, l'étude des sanctions contenues dans le code contribue à notre connaissance de l'image de la justice divine portée par le Deutéronome.

Le passage en revue des sanctions présentes dans CD va se focaliser assez longuement sur la peine capitale, de loin la peine la plus fréquente dans le code. Elle peut prendre la forme de la lapidation ou de la pendaison. En dehors de cette peine, nous regarderons plus rapidement les peines graduées suivantes : les quarante coups, le paiement d'une amende et la loi du talion. Les peines qui apparaissent dans CD (capitale, corporelle, talionique et pécunière) sont des peines habituelles que l'on trouve dans les autres codes législatifs du Pentateuque[60]. Nous verrons également que, dans de nombreux autres cas, aucune sanction n'est mentionnée en accompagnement des lois édictées. Enfin, un cas particulier arrêtera notre attention, la sanction prévue ressortissant directement, non à la justice humaine, mais à la justice divine.

---

religion) et met en valeur l'usage des chiffres 7 et 10 dans le Deutéronome, Dt 16,18–18,22 compris.

60 Cf. FRYMER-KENSKY, « Israel », p. 1027. Dans les pages qui suivent, l'auteur passe en revue les peines prévues par les codes.

La peine de mort est requise pour la violation des commandements suivants :
- 1er commandement (interdiction du polythéisme et de l'idolâtrie) : péric. 34-36 ; 41 (Dt 13,2-6 ; 13,7-12 ; 13,13-19 ; 17,2-7).
- 4e commandement (honorer père et mère) : péric. 50 (Dt 21,18-21)
- 5e commandement (interdit du meurtre) : péric. 46 (Dt 19,11-13)
- 6e commandement (interdit de l'adultère) : péric. 54 et 55 (Dt 22,22 ; 22,23-24)
- 7e commandement (interdit du vol / rapt) : péric. 60 (Dt 24,7)
- 8e commandement (interdit du faux témoignage) : péric. 47 (Dt 19,16-19)[61]
- 9e commandement (convoitise de la femme du prochain) : péric. 54 et 55 (Dt 22,22 ; 22,23-24)[62]

Polythéisme et idolâtrie sont présentés comme les fautes les plus graves. Plusieurs facteurs le soulignent. Premièrement, leur interdiction est placée en tête du décalogue et leur sanction est la première que l'on rencontre dans CD (Dt 13). Deuxièmement, ils sont mentionnés à fréquence soutenue dans le code. Troisièmement, la peine qu'encourent les coupables de ces fautes est la mort par lapidation (Dt 13,11 ; 17,5) ou par l'épée (Dt 13,16) et tous les objets frappés d'interdit (חרם) doivent être brûlés au feu (cf. l'expression technique שׂרף באשׁ ; Dt 12,3 ; 13,17). Quatrièmement, l'injonction ובערת הרע מקרבך que l'on trouve pour la première fois en Dt 13,6 est appliquée à ces fautes et en souligne la gravité.

Cette même expression intervient pour toutes les autres fautes qui entraînent la peine de mort : non respect des autorités[63], meurtre avec préméditation[64], relations sexuelles illégitimes[65], enlèvement d'un tiers[66]. Pour chacun de ces crimes et délits, l'application de la sentence semble se faire dans le cadre du système judiciaire d'Israël décrit plus

---

61 La peine capitale n'est pas systématiquement requise dans ce cas, cf. p. 228.
62 On remarquera que les lois qui donnent la casuistique des commandements du décalogue ne se présentent pas dans un ordre croissant : péric. n°34-36 ; 41 → 50 → 46 → 54 et 55 → 60 → 47 → 54 et 55. Cela montre combien est difficile l'entreprise de structuration de CD selon l'ordre même des commandements.
63 Cf. le non respect d'une décision de justice venant du prêtre ou du juge de la circonscription suprême (péric. 42 c'est-à-dire Dt 17,8-13 : לבלתי שׁמע) ou de la parole des parents (péric. 50 c'est-à-dire Dt 21,18-21 : איננו שׁמע).
64 Péric. 46 (Dt 19,11-13).
65 Relations sexuelles avant mariage d'une jeune femme (péric. 53 [Dt 22,13-21]) ; adultère (péric. 54 [Dt 22,22]) ; viol d'une vierge fiancée en ville (peine de mort pour les deux, l'agresseur et la jeune femme ; péric. 55 [Dt 22,23-24]).
66 Péric. 60 (Dt 24,7).

haut⁶⁷. Deux versets du code précisent d'ailleurs les procédures judiciaires qui concernent cette peine (péric. 51 [Dt 21,22] et 63 [Dt 24,16]). Le premier s'intéresse au cadavre d'un homme exécuté pour avoir commis un משפט־מות חטא, c'est-à-dire un « crime / péché⁶⁸ [passible] de sentence de mort ». Le second préconise que l'on ne soit passible de mort que pour ses propres crimes / péchés (איש בחטאו יומתו). Nous avons là l'expression du principe de rétribution individuelle. Aucun des deux versets ne donne la liste de ce que recouvre un חטא ou un חטא משפט־מות.

Pour préciser le sens du mot חטא, il peut être tentant de se rapporter à trois péricopes de notre sélection (n°38, 58, 62) qui utilisent le mot sans porter pour autant la mention de la peine de mort. Elles se terminent toutes trois par l'indication que si Israël agit mal envers les

---

67 Cf. p. 222-225.
68 La traduction du mot חטא par le mot français *crime* laisse entendre qu'il appartiendrait à la sphère judiciaire civile, tandis que sa traduction par le mot *péché* le classerait plus dans la sphère religieuse. W. Gesenius donne deux sens principaux au mot : 1) *Fehltritt, Sünde, Vergehn* ; 2) *Sündenstrafe* (GESENIUS, Wilhem, *Hebräisches und Aramäisches Handwörterbuch über das Alte Testament*, Leipzig : Vogel, ¹²1895, p. 233). Nous sommes en présence de ce premier sens en Dt 22,21 ; 24,16. Comme Gesenius le laisse entendre, la séparation entre sphère juridique civile et religieuse n'existe pas encore dans ces occurrences. Pour F. Brown, S.R. Driver et C.-A. Briggs, il faut plutôt distinguer trois sens du mot חטא : 1) *sin* ; 2) *guilt of sin* ; 3) *punishment for sin*. Selon ces auteurs, nos deux occurrences se classent dans la deuxième définition (BRIGGS, *Lexicon*, p. 308). K. Koch, dans la ligne de sa théorie sur la rétribution (cf. *supra*), considère que le mot חטא une « unvergebbare Sündenlast bezeichnet, die aufgrund des Tun-Ergehen-Zusammenhangs unweigerlich zum Tode führt. [...] Wenn durch schwere soziale und kultische Frevel im (bᵉ) Menschen *hēṭ'* entsteht (*hāyāh* Deut 15,9, 21,22, 23,22, 24,15), ist Tod unausweichlich (Lev 22,9 ; Num 18,22 ; vgl. Kl 1,8). Denn *hēṭ'* tangiert die *nœpœš* als das Lebenszentrum (Num 9,13 ; Jes 38,17 ; 53,12) » (KOCH, Art. « חטא », p. 864-865). Quel sens faut-il donc donner au mot חטא en Dt 22,21 et 24,16 ? Celui de crime / péché (Gesenius), de culpabiblité (Brown-Driver-Briggs) ou d'une charge de péché qui va se développer dans l'individu comme une sorte de cancer (Koch) ? Les autres occurrences du mot dans le Deutéronome (15,9 ; 19,15 ; 22,26 ; 23,22.23 ; 24,15) plaident selon nous en faveur de la définition de W. Gesenius. On peut penser que le חטא מות dont il est question en 22,26 désigne une réalité semblable au חטא משפט־מות de 21,22, c'est-à-dire une action dont le jugement (משפט) par une instance de droit civil / religieux entraîne la mort. Si ces textes ont besoin de préciser qu'il s'agit là d'un חטא (משפט־)מות, c'est que le חטא ne conduit pas automatiquement à la mort, par jugement ou par conséquences naturelles. L'idée de K. Koch que le חטא « aufgrund des Tun-Ergehen-Zusammenhangs *unweigerlich* zum Tode führt » (les italiques sont nôtres) apparaît donc quelque peu forcée. La notion de חטא désigne à notre avis une réalité mélangeant nos catégories modernes de crime et de péché.

pauvres ou n'acquitte[69] (שלם) pas ses vœux envers Yhwh, il sera chargé d'un חטא (15,9 ; 23,22 ; 24,15 : והיה בך חטא). Les actes décrits dans ces trois péricopes sont donc à classer au rang de חטאי. Ils sont qualifiés ainsi à partir du point de vue de Yhwh. En Dt 15,9 et 24,15, la négligence du pauvre entraîne son cri vers Yhwh, et c'est au regard de ce dernier que l'acte est qualifié de חטא. En Dt 23,22, le non acquittement d'un vœu est également une affaire entre le « contractant » et Yhwh. Il semble donc que nous soyons, dans CD, devant un double usage du mot חטא : un usage juridique passible des tribunaux (cf. חטא משפט־מות) et un usage théologique qui qualifie un acte humain mauvais aux yeux de Yhwh, acte non passible des tribunaux parce que relevant de la liberté humaine devant Yhwh (prêter attention au pauvre, acquitter ses vœux).

Le verset 16 de Dt 24, qui emploie חטא dans son usage juridique, met ce terme en lien avec la peine de mort. Il s'agit certainement dans ce verset d'une instruction à l'adresse des juges ou des anciens de la ville, allant à l'encontre du principe punitif développé dans le décalogue où la faute pouvait être poursuivie par Yhwh de façon transgénérationnelle (Dt 5,9)[70]. Il s'agit probablement ici d'éviter que le clan ne soit puni pour la faute d'un ou plusieurs de ses membres (cf. par ex. Jos 7,24-25), c'est-à-dire éviter une punition collective et transgénérationnelle.

À côté des occurrences explicites de la peine de mort, le système de sanctions que déploie CD présente un cas où la peine suprême est requise de façon implicite. Il s'agit de la mention de la loi du talion pour faux témoignage en 19,16-21. Il n'est pas spécifié ici que la sanction soit la peine capitale, mais trois indices le laissent penser. Premièrement, il est écrit : ועשיתם לו כאשר זמם לעשות לאחיו ובערת הרע מקרבך (19,19). Nous avons là une certaine formulation de la loi du talion, probablement ajoutée à 19,21b afin que le v. 19 soit complètement explicite[71]. Or la loi du talion peut comprendre la peine de mort (« vie pour vie »). Deuxièmement, en dehors de ce passage, toutes les autres occurrences de l'expression ובערת הרע מקרבך (13,6 ; 17,7 ; 17,12 ; 19,13 ; 21,21 ; 22,21 ; 22,22 ; 22,24 ; 24,7) sont

---

69 Par exemple : offrir un sacrifice, faire un don au sanctuaire en numéraire, bétail ou produits du sol, éventuellement la consécration d'un enfant au service du sanctuaire (TIGAY, *Deuteronomy*, p. 218), une offrande pour un repas sacré, un engagement dans le naziréat (BUIS, *Deutéronome*, p. 330).
70 Nous aborderons par la suite la relation de ce verset avec Dt 5,9-10 et 7,9-10. Cf. p. 230-245.
71 OTTO, *Deuteronomium*, p. 262 ; ARTUS, « Talion », col. 901.

explicitement connectées à une sentence de mort. Enfin, le faux témoin accuse sa victime de סרה (révolte, rébellion). Or il n'y a qu'une seule autre occurrence du terme סרה dans le Deutéronome : il s'agit de la violation du premier commandement en 13,6, violation qui doit entraîner la mort du coupable. Donc que le faux témoin doive recevoir la sanction qui devait être celle de sa victime, cela signifie qu'il est passible de la peine de mort[72].

Hormis la peine capitale, les autres sanctions prévues par CD sont pécunières ou corporelles. Un cas requiert une amende (péric. 53 ; Dt 22,13-19). Lorsqu'un mari diffame sa femme pour non virginité après le mariage, il doit payer une amende de cent pièces d'argent et garder son épouse. Une autre peine concrète apparaît : celle des quarante coups (Dt 25,1-3). La loi du talion (19,21), qui fonctionne sur le principe du châtiment « mesure pour mesure », s'intègre également dans les peines corporelles « graduées ».

Cependant, ces peines graduées sont peu nombreuses et apparaissent dans un entre-deux. Pour la majorité de lois, ou la peine capitale est encourue, ou aucune sanction n'est mentionnée en cas de violation. Rien n'est dit, par exemple, des peines encourues pour non respect des lois alimentaires (péric. 37 ; Dt 14,2-21), pour fraude sur la matière sacrificielle du culte (péric. 40 ; Dt 17,1), pour désordre dans l'habillement (péric. 52 ; Dt 22,5), pour prostitution sacrée et vœu au temple d'un ou d'une prostitué(e) (péric. 57 ; Dt 23,18-19). Une autre série de fautes, déjà partiellement citées plus haut (péric. n°38, 58, 59, 62, 64), ne contient, elle non plus, aucune sanction mais seulement une clause soulignant la gravité de l'acte commis. Cela ne signifie probablement pas qu'aucune sanction n'était prévue mais plutôt que leur détermination était laissée à l'exercice des juges. Entre peine de mort et non détermination de la sanction à appliquer, les lois de CD prévoyant une peine graduée représentent donc un entre-deux peu développé.

Il faut ajouter, pour terminer cette étude des sanctions prévues dans CD, un cas spécial concernant la pureté du camp (péric. 56 : Dt 23,10-15). La première partie de cette péricope porte sur la mise à l'écart d'un homme rendu impur (v. 11 : איש אשר לא־יהיה טהור) par des pollutions nocturnes (23,11-12). Un deuxième cas concernant l'hygiène du camp (23,13-15) s'appuie sur cette première instruction en

---

[72] Sur la loi du talion, cf. l'étude détaillée d'O. Artus (« Talion ») où celui-ci se demande dans quelle mesure cette loi était effectivement appliquée. Il aboutit à la conclusion qu'en Dt 19,21 comme en Ex 21,23b, la peine de mort ne s'appliquait effectivement qu'en cas de meurtre avec préméditation.

prolongeant la distinction entre intérieur et extérieur du camp. En cas de violation de la règle d'hygiène énoncée (v. 13-14), la sanction potentielle est le retrait de Yhwh du camp (v. 15 : וְשָׁב מֵאַחֲרֶיךָ), ce qui signifie implicitement la défaite en cas de guerre, puisque le texte corrèle la présence de Yhwh dans le camp avec la victoire sur les ennemis (v. 15 : כִּי יְהוָה אֱלֹהֶיךָ מִתְהַלֵּךְ בְּקֶרֶב מַחֲנֶךָ לְהַצִּילְךָ וְלָתֵת אֹיְבֶיךָ לְפָנֶיךָ)[73]. La sanction mentionnée en 23,15 est singulière dans CD puisqu'elle est du ressort direct de la justice divine et non pas de la justice humaine. Elle rejoint un type de sanction que nous avons déjà rencontré lors de notre étude de Dt 31 (v. 17 : וְהִסְתַּרְתִּי פָנַי מֵהֶם ; v. 18 : וְאָנֹכִי הַסְתֵּר אַסְתִּיר פָּנַי בַּיּוֹם הַהוּא). Nous avions évoqué à cette occasion une théologie de la présence / absence de Yhwh au sein d'Israël, également repérable en Dt 1,41-46 (v. 42 : לֹא תַעֲלוּ וְלֹא־תִלָּחֲמוּ כִּי אֵינֶנִּי בְּקִרְבְּכֶם).

L'étude des relations entre le décalogue et CD, d'une part, et des sanctions prévues dans le code, d'autre part, permet donc de savoir que justice humaine et justice divine étaient inextricablement liées. La justice humaine paraît être le bras agissant de la justice divine. Le droit donné à Israël vise à ce que le peuple évite toute « abomination » (תּוֹעֵבָה : 7,25.26 ; 12,31 ; 13,15 ; 14,3 ; 17,1.4 ; 18,9.12 ; 20,18 ; 22,5 ; 23,19 ; 24,4 ; 25,16 ; 27,15 ; 32,16) aux yeux de Yhwh et fasse « disparaître » (בער : 13,6 ; 17,7.12 ; 19,13.19 ; 21,9.21 ; 22,21.22.24 ; 24,7) le mal de son sein. La législation qui est au cœur de la Torah de 4,44–28,68 apparaît donc comme le moyen choisi par Yhwh pour élever Israël au rang de peuple saint (עַם־קָדֹשׁ ; cf. 26,18-19) et rendre le pays pur et sans péchés (21,23 : וְלֹא תְטַמֵּא אֶת־אַדְמָתְךָ אֲשֶׁר יְהוָה אֱלֹהֶיךָ נֹתֵן לְךָ נַחֲלָה ; 24,4 : וְלֹא תַחֲטִיא אֶת־הָאָרֶץ אֲשֶׁר יְהוָה אֱלֹהֶיךָ נֹתֵן לְךָ נַחֲלָה).

Les sanctions prévues par cette législation sont guidées par le souci de la justice la plus stricte. Chacun doit être châtié pour son propre crime (24,16). Le principe de rétribution individuelle semble donc s'appliquer pour le droit civil de CD. Celui-ci est cependant à distance du fonctionnement de la justice divine décrite en Dt 5,9-10, tout en s'accordant avec Dt 7,9-10. Comment interpréter la coexistence de ces trois passages qui sont centraux pour la compréhension de la justice divine dans le Deutéronome ?

---

73 La péricope n°51 (Dt 21,22-23) fonctionne sur le même ressort et vise à prévenir que le sol de la terre promise par Yhwh – et non plus le camp en temps de guerre – devienne impur (21,23 : טמא את־אדמה).

Le débat sur l'interprétation du principe de rétribution de Dt 5,9-10 et son lien à Dt 7,9-10 et 24,6

La coexistence de Dt 5,9-10 et 7,9-10 dans un même livre crée une tension certaine. Chacune de ces occurrences apporte sa contribution au portrait de la justice divine dans le Deutéronome. Dans un premier temps, nous allons nous arrêter sur l'interprétation de Dt 5,9-10, assez disputée dans la critique. Cette interprétation nous conduira à envisager les relations de ce passage avec d'autres textes, dont Dt 7,9-10 et 24,6.

La principale difficulté d'interprétation de Dt 5,9-10 se situe dans la compréhension de la clause פקד עון אבות על־בנים ועל־שלשים ועל־רבעים qui se trouve également en Ex 20,5, Ex 34,7[74] et Nb 14,18. Selon A. Schenker[75], les commentateurs se divisent en deux grands courants d'interprétation de cette clause. Une première position, que Schenker qualifie de *via antiqua*, du fait de l'antiquité de son attestation et de ses partisans[76], la comprend « dans le sens d'un sursis que Yhwh interpose entre la faute de la première génération et l'exécution de la peine à la quatrième en vue de susciter au cours des quatre générations un amendement de la part des coupables qui rendrait superflue l'exécution de la peine »[77]. Autrement dit, Yhwh ne visite (פקד) pas la faute des pères directement sur eux-mêmes mais « attend » de voir si leurs fils continueront dans la même voie néfaste : si tel est le cas, les fils de la quatrième génération paient leur faute assortie de celle(s) de leur(s) père(s) ; si tel n'est pas le cas et si donc ils ne perpétuent pas les méfaits de leur(s) père(s), aucune sanction ne prend effet.

La seconde position est qualifiée de *via moderna*, parce que majoritaire dans la critique moderne[78]. Elle interprète cette clause

---

74 Avec une légère variante dans ce verset, puisqu'il y a ajout de ועל־בני בנים après עון אבות על־בנים.

75 SCHENKER, « Formulation », sp. p. 116-120.

76 Cette position se lit dans les traductions araméennes de la Bible, le Talmud de Babylone, *bBerakôt* 7a, *bSanhédrin* 27b, Rashi, Ibn Esra, Jérôme, Augustin d'Hippone, Grégoire le Grand, Origène, Théodoret de Cyr, Nicolas de Lyre (SCHENKER, « Formulation », p. 116-117 ; cet auteur renvoie également à NEUDECKER, « Iniquity », p. 5-24). Dans la suite de cet article, A. Schenker argumente et se prononce en faveur de cette *via antiqua*.

77 SCHENKER, « Formulation », p. 117.

78 Elle a été défendue ces dernières années par B. Jacob, U. Cassuto, N. Sarna, J. Milgrom, J. Tigay, M. Weinfeld, M. Noth, B.S. Childs, G. André, F. Michaéli, M. Rose, E. Nielsen et J. Krašovec, et l'a été au 19e siècle et dans la première partie du 20e par H. Holzinger, A. Knobel et G. Beer (SCHENKER, « Formulation », p. 118).

comme une sanction collective transgénérationnelle : pour la faute du père, ses descendants sont eux aussi sanctionnés et cela jusqu'à la quatrième génération. Ces trois ou quatre générations sanctionnées représenteraient un groupe familial contemporain, puisqu'il est possible dans une famille ou un clan que les grands-parents vivent avec leurs petits-enfants, voire avec leurs arrière-petits-enfants. Ainsi conçue, cette clause décrirait donc une sanction encourue par un clan ou une famille.

Comment interpréter פקד עון אבות על־בנים ועל־שלשים ועל־רבעים ? Le principe énoncé est-il à situer dans le cadre d'une rétribution transgénérationnelle immédiate non-conditionnelle (*via moderna*), ou d'une rétribution transgénérationnelle différée conditionnelle (*via antiqua*) ? Ou encore, à une rétribution transgénérationnelle différée non-conditionnelle ou à une rétribution transgénérationnelle immédiate conditionnelle[79] ?

Il nous semble que plusieurs éléments sont à prendre en compte pour parvenir à une vue précise de ce qu'implique cette clause en Dt 5,9 et dans chacune des autres occurrences : 1) le sens du verbe פקד et de l'expression dont il fait partie ; 2) le contexte des croyances de l'Israël ancien et de ses voisins quant à la rétribution ; 3) les précisions qui entourent cette clause.

Le sens du verbe פקד est un premier élément d'importance. Ce verbe n'est pas facile à traduire[80] et ses sens sont nombreux. Comme le note J.R. Spencer, « les principaux dictionnaires hébreux concordent pour donner à *pqd* le sens de " s'occuper de ", " surveiller ", " nommer ". Cependant, c'est lorsque l'on a affaire aux significations secondaires et dérivées de la racine que les choses se compliquent »[81].

---

79 La compréhension de la rétribution comme immédiate ou différée repose sur l'interprétation du ו de ועל־רבעים. S'il est interprété comme un ו de consécution, la rétribution est alors différée. S'il est interprété comme comme un ו de coordination, elle a valeur immédiate. Autrement dit, c'est la compréhension du ו comme ayant valeur soit diachronique soit synchronique qui est en jeu (sur les notions de *waw* de coordination ou de consécution, également appelés *waw* simple et *waw* énergique, cf. JOÜON, *Grammaire*, p. 313 (§115a) ; JOÜON-MURAOKA, *Grammar. 3.*, p. 379 (§115a).

80 « To be sure, there is probably no other Hebrew verb that has caused translators as much trouble as pqd. Its semantic range would seem to accommodate " to remember, investigate, muster, miss, punish, number " and the like » (SPEISER, « Census », p. 21). Cf. également la liste bibliographique des études de la racine פקד fournie par J.R. Spencer. Cette liste est classée selon trois catégories : études du sens de la racine פקד ; études centrées sur le sens théologique de פקד comme « visite » (de Dieu) ; études des usages tardifs et traductions de פקד (SPENCER, « PQD », p. 539 n. 28).

81 SPENCER, « PQD », p. 539-540.

Dans le Deutéronome, ce verbe paraît à deux reprises. La seconde occurrence (Dt 20,9) n'aide pas à comprendre le sens de פקד en Dt 5,9, car le verbe y a un usage différent (le sujet est humain ; il y a emploi de la préposition ב et non pas de על). En Dt 5,9 nous avons affaire à une tournure bien déterminée. En reprenant les abréviations de G. André[82], nous pouvons décrire sa construction de la façon suivante : « A^d→פקד-qal→B^r→על→C^h » avec B^r = עון et C^h = בן. Cette tournure se retrouve à l'identique en Ex 20,5, Ex 34,7[83] et Nb 14,18. D'autres constructions s'en approchent dans la BHS[84] :

- « A^d→פקד-qal→B^r→על→C^h » avec B^r=עון ou synonyme et C^h≠ בן :

Lv 18,25   ותטמא הארץ ואפקד עונה עליה ותקא הארץ את־ישביה
Le pays est devenu impur, et j'ai PQD(inacc. inv.) sa faute contre / sur lui (=le pays[85]) ; et le pays a vomi ses habitants.

Is 13,11   ופקדתי על־תבל רעה ועל־רשעים עונם
Je PQD(acc. inv.) contre / sur le monde la méchanceté et contre / sur les impies leurs fautes.

Is 26,21   כי־הנה יהוה יצא ממקומו לפקד עון ישב־הארץ עליו
Car voici Yhwh sortant de son lieu pour PQD(inf. const.) la faute des habitants[86] de la terre contre / sur eux-mêmes[87].

- « A^d→פקד-qal→על→C^h →pa B^r » avec B^r=עון ou synonyme :

Jr 25,12   והיה כמלאות שבעים שנה אפקד על־מלך־בבל
ועל־הגוי ההוא נאם־יהוה את־עונם ועל־ארץ
כשדים ושמתי אתו לשממות עולם

---

82 ANDRÉ, PQD, p. 9 :
A = sujet ; B = objet ; C = objet ; pa = particule את indiquant un accusatif défini ; ^{d}(eus) = divin ; ^{h}(omo) = humain ; ^{r}(es) = impersonnel.
83 Avec la variante signalée plus haut, p. 231 n. 74.
84 Dans les tableaux qui suivent, פקד sera identifié en double souligné ; B^r en pointillés et C^h en double soulignement sinusoïdale ; « acc. inv. » signifiera « accompli inversé », et « inacc. inv. », « inaccompli inversé ».
85 La personnification du pays se lit dans l'utilisation du verbe קיא (vomir).
86 Dans le TM, il s'agit d'un singulier. Nous le traduisons comme ayant valeur collective.
87 עליו manque dans les mss grecs, probablement parce que la tournure un peu lourde en hébreu pouvait être allégée dans la traduction.

Des fautes pour dire la norme 233

Mais quand les soixante-dix ans seront révolus, je PQD(*inacc.*) contre / sur le roi de Babylone et contre / sur cette nation-là – oracle de Yhwh –, leurs fautes, contre / sur le pays des Chaldéens : je le transformerai pour toujours en étendue désolée.

Jr 36,31
וּפָקַדְתִּי עָלָיו וְעַל־זַרְעוֹ וְעַל־עֲבָדָיו אֶת־עֲוֹנָם
וְהֵבֵאתִי עֲלֵיהֶם וְעַל־יֹשְׁבֵי יְרוּשָׁלִַם אֵת כָּל־הָרָעָה
וְאֶל־אִישׁ יְהוּדָה אֲשֶׁר־דִּבַּרְתִּי אֲלֵיהֶם וְלֹא שָׁמֵעוּ

Je PQD(*acc. inv.*) contre / sur lui(=Joiaqîm), et contre / sur sa descendance, et contre / sur ses serviteurs, leurs fautes ; et je ferai venir sur eux, sur les habitants de Jérusalem et les hommes de Juda, tous les grands malheurs dont je leur ai parlé sans qu'ils m'écoutent.

Os 2,15
וּפָקַדְתִּי עָלֶיהָ אֶת־יְמֵי הַבְּעָלִים אֲשֶׁר תַּקְטִיר לָהֶם

Je PQD(*acc. inv.*) contre / sur elle les jours des Baals auxquels elle brûlait de l'encens

Am 3,2
רַק אֶתְכֶם יָדַעְתִּי מִכֹּל מִשְׁפְּחוֹת הָאֲדָמָה עַל־כֵּן
אֶפְקֹד עֲלֵיכֶם אֵת כָּל־עֲוֹנֹתֵיכֶם

Vous seuls, je vous ai connus, entre toutes les familles de la terre ; c'est pourquoi je PQD(*inacc.*) contre / sur vous toutes vos fautes.

- « A^d→פקד-*qal*→על→C^h→B^r » ou « A^d→פקד→B^r→על→C^h », avec B^r = עון ou synonyme :

Ex 32,34
וּבְיוֹם פָּקְדִי וּפָקַדְתִּי עֲלֵיהֶם חַטָּאתָם

Mais au jour de mon PQD, alors je PQD(*acc. inv.*) contre / sur eux leur péché

Jr 15,3
וּפָקַדְתִּי עֲלֵיהֶם אַרְבַּע מִשְׁפָּחוֹת נְאֻם־יְהוָה
אֶת־הַחֶרֶב לַהֲרֹג וְאֶת־הַכְּלָבִים לִסְחֹב וְאֶת־עוֹף
הַשָּׁמַיִם וְאֶת־בֶּהֱמַת הָאָרֶץ לֶאֱכֹל וּלְהַשְׁחִית

Je PQD(*acc. inv.*) contre / sur eux quatre commandos - oracle de Yhwh - : l'épée pour tuer, les chiens pour traîner, les oiseaux du ciel et les bêtes de la terre pour dévorer et liquider.

Jr 23,2b
הִנְנִי פֹקֵד עֲלֵיכֶם אֶת־רֹעַ מַעַלְלֵיכֶם נְאֻם־יְהוָה

Or moi, je PQD(*part. qal*) contre / sur vous vos agissements pervers - oracle de Yhwh.

Os 1,4
וַיֹּאמֶר יְהוָה אֵלָיו קְרָא שְׁמוֹ יִזְרְעֶאל כִּי־עוֹד מְעַט
וּפָקַדְתִּי אֶת־דְּמֵי יִזְרְעֶאל עַל־בֵּית יֵהוּא וְהִשְׁבַּתִּי
מַמְלְכוּת בֵּית יִשְׂרָאֵל

Et Yhwh dit à Osée : « Donne-lui le nom d'Izréel, car encore un peu de temps et je PQD(*acc. inv.*) le sang d'Izréel contre / sur la maison de Jéhu et je mettrai fin à la royauté de la maison d'Israël ».

Os 4,9　　　　וְהָיָה כָעָם כַּכֹּהֵן וּפָקַדְתִּי עָלָיו דְּרָכָיו וּמַעֲלָלָיו אָשִׁיב לוֹ

Il en sera pour le peuple comme pour le prêtre. Et je PQD*(acc. inv.)* contre / sur lui sa conduite et je lui revaudrai ses actions.

Am 3,14　　　　כִּי בְּיוֹם פָּקְדִי פִשְׁעֵי־יִשְׂרָאֵל עָלָיו וּפָקַדְתִּי עַל־מִזְבְּחוֹת בֵּית־אֵל וְנִגְדְּעוּ קַרְנוֹת הַמִּזְבֵּחַ וְנָפְלוּ לָאָרֶץ

Car au jour où je PQD*(acc. inv.)* les iniquités d'Israël contre / sur lui(=Israël), je PQD*(acc. inv.)* contre / sur les autels de Béthel, on cassera les cornes de l'autel et elles tomberont à terre

Si on examine en outre la tournure « A→פקד-*qal*→על→B^h »[88], on se rend compte que A apparaît toujours comme A^d, à une exception près[89]. Dans tous ces cas, il s'agit – comme dans les tournures ci-dessus – d'un contexte de rétribution négative. En Jr 5,9.29 ; 9,8, l'expression est mise en parallèle avec le fait de prendre sa revanche, de tirer vengeance (נקם). En Jr 11,22 la modalité de la פקדה est décrite comme étant l'épée et la faim ; en 13,21, il s'agit de douleurs semblables à celles de la femme qui accouche. Il en était déjà de même ci-dessus en Jr 15,3 (l'épée, les chiens, les oiseaux, les bêtes) ou en Am 3,14 (les cornes brisées de l'autel).

L'observation des expressions apparentées à « A^d→פקד-*qal*→ B^r→על→C^h » avec B^r = עון ou synonymes montre donc que l'expression d'un sursis tel que l'envisagent les tenants de la *via antiqua* n'est pas attesté. En Ex 34,7, ce sursis est exprimé par la chaîne עַל־בָּנִים וְעַל־בְּנֵי בָנִים עַל־שִׁלֵּשִׁים וְעַל־רִבֵּעִים. Dans les cas décrits ci-dessus, on ne trouve de chaînes de ce type qu'en Is 13,11 ; Jr 25,12 ; 36,31. Une chaîne de ce type se trouve aussi en So 1,8 (וּפָקַדְתִּי עַל־הַשָּׂרִים וְעַל־בְּנֵי הַמֶּלֶךְ וְעַל כָּל־הַלֹּבְשִׁים מַלְבּוּשׁ נָכְרִי). Cependant, aucune de ces chaînes ne comporte à notre avis le *waw* de consécution nécessaire pour affirmer que l'on est en présence d'une rétribution différée[90]. Ce constat peut cependant être discuté pour l'une des quatre occurrences. En Jr 36,30-31, le texte envisage la rétribution négative de Joiaqîm et de la maison de David. Ces versets se présentent ainsi comme l'inverse de l'oracle de 2 S 7,15-16 : il n'y aura désormais plus personne pour siéger sur le trône de David. En Jr 36,31, Yhwh déclare :

---

[88] Dans la BHS : Is 10,12 ; Jr 5,9.29 ; 9,8.24 ; 11,22 ; 13,21 ; 23,34 ; 29,32 ; 30,20 ; 46,25 ; 51,47.52 ; So 1,8.9.12 ; 3,7 ; Za 10,3.

[89] Nb 4,27 : ce verset mentionne qu'Aaron et ses fils doivent superviser le travail des guershonites (וּפָקַדְתֶּם עֲלֵהֶם בְּמִשְׁמֶרֶת אֵת כָּל־מַשָּׂאָם).

[90] Cf. p. 232 n. 79.

וּפָקַדְתִּי עָלָיו וְעַל־זַרְעוֹ וְעַל־עֲבָדָיו אֶת־עֲוֹנָם. Dans ce verset, il pourrait être envisagé que וְעַל־זַרְעוֹ contienne un ו de consécution. On pourrait alors comprendre le verset dans le sens d'une inspection par Yhwh de la faute de Joiaqîm sur lui-même *puis* sur ses descendants. Néanmoins, cette interprétation pose problème et les *waw* de וְעַל־זַרְעוֹ וְעַל־עֲבָדָיו doivent être compris comme de simples *waw* de coordination et non pas de consécution. Car une chaîne temporelle mettant en consécution la punition de Joiaqîm, *puis* celle de ses descendants, *puis* celle de ses serviteurs serait illogique : pourquoi la rétribution des serviteurs de Joiaqîm serait-elle différée ? Les deux *waw* mentionnés ci-dessus n'ont donc pas valeur temporelle mais coordinatrice.

Dans la BHS, l'étude des constructions apparentées à la clause פֹּקֵד עֲוֹן אָבוֹת עַל־בָּנִים וְעַל־שִׁלֵּשִׁים וְעַל־רִבֵּעִים conduit donc à conclure, d'une part, que le verbe פָּקַד a probablement ici le sens d'une rétribution négative (punition) et non pas celui d'un sursis et, d'autre part, que nous ne trouvons nulle part une chaîne « A^d→פָּקַד-*qal*→עַל→B^h→וְעַל→C^h » avec valeur de consécution, nécessaire pour envisager une rétribution différée.

Le deuxième élément à prendre en considération pour clarifier le sens de la clause qui fait question, est le contexte des croyances de l'Israël ancien et de ses voisins touchant la rétribution. La croyance des anciens en matière de rétribution divine semble avoir été multiforme.

D'une part, l'opinion que la faute des pères pouvait se reporter sur et être payée par les fils est attestée à plusieurs reprises dans l'Israël ancien. Certains récits illustrent le fait que les fils pouvaient payer pour leurs pères de façon immédiate. Ainsi le fils né de l'union de David et de Bethsabée est-il victime du péché de son père (2 S 12,13-14). Les fils et filles d'Akân (Jos 7,24-25) sont mis à mort pour la main mise de leur père sur un manteau, de l'argent et un lingot d'or voués au חֵרֶם. Datân et Abiram sont engloutis par la terre, « eux et leurs maisonnées » (אֹתָם וְאֶת־בָּתֵּיהֶם : Nb 16,31-32b ; cf. aussi Dt 11,6).

À cette attestation d'une rétribution immédiate pour les descendants des coupables s'ajoute celle d'une rétribution différée, comme dans le cas d'Achab (1 R 21,27-29), d'Ezéchias (2 R 20,16-19) ou de Manassé (2 R 24,3-4 ; Jr 15,4)[91]. Cette croyance à un report des fautes

---

91 Dans la plupart des cas cités, les pères paient également pour leurs fautes. Ainsi le prophète Natân annonce à David que l'épée ne se détournera plus jamais de sa maison (2 S 12,10), et la suite du récit décrit le règne d'un roi fragilisé devant faire face aux révoltes successives de ses fils désireux de s'emparer du pouvoir. Akân, Datân et Abiram meurent tous trois pour leurs fautes. Achab est tué au combat et le

des pères sur leurs descendants est clairement exprimée en Lm 5,7 : « Nos pères ont péché : ils ne sont plus ; et nous, nous portons leurs fautes ».

Une autre confirmation de l'existence de cette pensée se lit dans les réactions prophétiques qui veulent la contrecarrer et donc confirment en creux son existence. Si Jr 31,28 et Ez 18 s'opposent avec tant de soin à cette conception, c'est d'évidence parce qu'elle était répandue.

Chez les voisins d'Israël, une croyance semblable à une rétribution immédiate ou différée des pères étendue à leurs descendants est également attestée. M. Weinfeld[92] donne ainsi des exemples issus de la littérature hittite des treize et quatorzième siècles avant J.-C. Dans des instructions pour les prêtres et personnels de temples, on lit ainsi :

> « Si donc, par ailleurs, un homme excite la colère d'un dieu, est-ce que ce dieu se venge sur cet homme seul ? Ne se venge-t-il pas aussi sur sa femme, ses enfants, ses descendants, sa parenté[93], ses esclaves hommes et femmes, son bétail et ses moutons ainsi que ses récoltes de manière à le détruire complètement ? Sois donc en conséquence plein de respect pour la parole d'un dieu ! »[94].

Dans les prières du roi Muršili[95] à propos d'une épidémie qui frappe son pays, l'idée d'une rétribution corporative et transgénérationnelle est, là encore, explicite :

> « Vois ! J'ai reconnu ma faute devant le Dieu de l'orage et (j'ai dit) : " C'est vrai. Nous avons commis cet acte ". Je sais avec certitude que cette offense n'a pas été commise durant mes jours mais qu'elle a été commise durant les jours de mon père... Mais puisque le Dieu de l'orage du Hatti est en colère pour cette raison et que le peuple meurt au pays de Hatti, je vais (néanmoins) faire les offrandes au Dieu de l'orage du Hatti, mon seigneur, pour cette cause. [...] Dieu de l'orage du Hatti, mon seigneur, et vous les dieux, mes seigneurs ! C'est bien vrai que l'homme est pécheur. Mon père a péché et transgressé la parole du Dieu de l'orage du Hatti, mon seigneur.

---

sang qui a coulé au fond de son char est lapé par les chiens (1 R 22,35-38, réalisation partielle de la prophétie de 1 R 21,19), signe que ses fautes ne sont pas restées impunies. Seuls Ezéchias et Manassé semblent échapper aux conséquences de leurs fautes. Pour expliquer cet état de fait, le Chroniste insère le récit d'une repentance et d'une conversion de Manassé (2 Ch 33,11-13).

92 WEINFELD, « Traces », p. 459-460.
93 Dans HALLO, *Context. Vol. 1*, p. 218, ce passage est mis en relation avec Lv 20,5, où il est précisé que si la communauté n'élimine pas elle-même un individu qui livre ses enfants au *mōlek*, Yhwh se retournera contre cet homme et contre son clan (באיש ההוא ובמשפחתו) pour le retrancher (כרת), ainsi que tous ceux qui l'auront suivi dans cette prostitution.
94 PRITCHARD, *ANET*, p. 208 ; HALLO, *Context. Vol. 1*, p. 218.
95 Pour le contexte de ces prières, cf. p. 174 n. 144.

Mais je n'ai péché en aucune occasion. C'est bien vrai, pourtant, que le péché du père tombe sur le fils. Ainsi, le péché de mon père est retombé sur moi. Maintenant, je l'ai reconnu devant le Dieu de l'orage du Hatti, mon seigneur et devant les dieux, mes seigneurs : " C'est vrai. Nous avons commis cet acte ". Et parce que j'ai confessé la faute de mon père, que l'esprit du Dieu de l'orage du Hatti, mon seigneur, et des dieux, mes seigneurs, soit à nouveau pacifié ! Prends pitié de moi et écarte le fléau de la terre du Hatti ! »[96].

Weinfeld donne également des exemples de la littérature grecque ancienne attestant cette conception[97]. Cette croyance à une rétribution corporative et transgénérationnelle est donc bien documentée. Peut-être provient-elle d'une réflexion populaire sur le fait que des transgressions qui auraient été impunies du vivant d'un homme ne restent pas malgré tout impunies[98], ou encore d'une extrapolation de certaines pratiques humaines vers la sphère divine[99].

---

96 PRITCHARD, *ANET*, p. 395 ; HALLO, *Context. Vol. 1*, p. 158.
97 WEINFELD, « Traces », p. 460.
98 C'est ainsi que M. Fishbane explique le cas d'Achab dont la faute va retomber sur son fils (1 R 21,19-29) : « [T]he case of Ahab seems to reflect the popular attitude that transgressions which went unpunished in the civil sphere were eventually requited » (FISHBANE, *Biblical Interpretation*, p. 336).
99 Nous savons en effet qu'il existait en Israël un régime de vengeance privée qui a subisté jusque chez les Arabes modernes. A. Jaussen en a étudié le fonctionnement pour les arabes de Moab au début du 20e siècle (JAUSSEN, *Coutumes*, p. 220-232). Il écrit p. 220 : « Le sang de la tribu a été versé, il doit être vengé ou compensé. Le coup vengeur doit atteindre en première ligne l'auteur lui-même du crime ; s'il est inaccessible, on s'attaquera soit à son père, soit à son fils, soit à un de ses parents, suivant le comput de la *cinquième génération* ». Cette idée de la vengeance du sang et de la solidarité de la maisonnée dans l'offense et dans la vengeance se lisait déjà chez les Araméens au 8e s. avant notre ère dans les inscriptions de Sefire : « Now if any one of my brothers or any one of my father's household or any one of my sons or any one of my officers or any one of my [of]ficials or any one of the people under my control or any one of my enemies seeks my head to kill me and to kill my son and my offspring – if they kill m[e], you must come and avenge my blood from the hand of my enemies ; and your son must come (and) avenge the blood of my son from his enemies ; and your grandson must come (and) avenge the blood of my grandson. Your offspring must come (and) avenge the blood of my offspring. If it is a city, you must strike it with a sword. If it is one of my brothers or one of my slaves or [one] of my officials or one of the people who are under my control, you must strike him and his offspring, his *nobles*, and his friends with a sword. And if (you do) not (do) so, you shall have been unfaithful to all the gods of the [tr]eaty which is in this inscription » (FITZMYER, *Sefire*, p. 139). Cette institution de la vengeance du sang se lit dans la BHS en Nb 35,9-34 ; Dt 19,1-13 et Jos 20, sans que la dimension de rétribution corporative et transgénérationnelle n'y apparaisse cependant (*pace* SCHMID, Konrad, « Kollektivschuld », p. 197-198).

Le troisième et dernier élément important à notre sens pour interpréter la signification de פקד עון אבות על־בנים ועל־שלשים ועל־רבעים est la prise en compte des précisions qui entourent cette clause en Dt 5,9 et en chacune des occurrences où elle apparaît dans la BHS. Cette clause est incorporée dans des contextes différents en Dt 5,9 (// Ex 20,5) ; Ex 34,7 ; Nb 14,18 et est entourée de précisions diverses. Il est assez probable que nous ayons affaire en certaines de ces occurrences à des réemplois et reformulations adaptés à de nouveaux contextes de la clause que nous étudions. Pour comprendre si Dt 5,9-10 (et 7,9-10) manifeste(nt) des visées rédactionnelles propres, il convient de nous pencher sur le délicat dossier des relations de dépendance entre les passages qui comportent la clause פקד עון אבות על־בנים ועל־שלשים ועל־רבעים.

En Ex 34,7 et Nb 14,18, juste avant la clause à laquelle nous nous intéressons, apparaît une formule appelée par H. Spieckermann « formule de grâce » (*Gnadenformel*) ainsi que des indications sur Yhwh absentes de Dt 5,9-10 et 7,9-10[100]. La *Gnadenformel* est très attestée dans les psaumes et la littérature post-exilique, ainsi que le montre le tableau suivant[101] :

---

100 נשא עון ופשע ונקה לא ינקה (Ex 34,6) et נשא עון ופשע וחטאה ונקה לא ינקה (Nb 14,18).

101 [A] אל Dieu / [A²] יהוה Yhwh / [A³] יהוה אלהיכם Yhwh votre Dieu / [A⁴] אל קנא Dieu jaloux / [A⁵] האל הנאמן le Dieu vrai / [A⁶] אלוה סליחות Dieu des pardons
[B] רחום וחנון miséricordieux et favorable / [B²] חנון ורחום favorable et miséricordieux
[C] ארך אפים lent à la colère
[D] ורב־חסד plein de fidélité / [D²] ורב־חסד ואמת plein de fidélité et de loyauté / [D³] וגדל־חסד et d'une grande fidélité
[E] נצר חסד gardant fidélité / [E²] עשה חסד faisant fidélité / [E³] שמר הברית והחסד conservant l'alliance et la fidélité / [E⁴] חפץ חסד se plaisant à la fidélité
[F] לאלפים à des milliers (de génération) / [F²] לאלף דור à mille générations
[G] נשא עון enlevant la faute / [G²] נשא עון ופשע enlevant la faute et le crime / [G³] נשא עון ופשע וחטאה enlevant la faute, le crime et le péché / [G⁴] ועבר על־פשע passant sur le crime
[H] ונקה לא ינקה mais (quand à) innocenter, non, il n'innocente pas
[I] פקד עון châtiant la faute / [I²] משלם עון faisant payer la faute
[J] (עון) אבות על־בנים ועל־בני (faute) des pères sur les fils / [J²] (עון) אבות על־בנים בנים (faute) des pères sur les fils et sur les fils des fils / [J³] (עון) אבות אל־חיק בניהם (faute) des pères sur l'ombre de leurs fils après eux אחריהם
[K] על־שלשים ועל־רבעים sur trois et sur quatre (générations)
[L] לשנאי(ו) à ceux qui me (le) haïssent
[M] לאהבי ולשמרי מצותי(ו) à ceux qui m' (l') aiment et gardent mes commandements
→ Signifie que l'élément de cette colonne est plus loin dans le verset
← Signifie que l'élément de cette colonne est plus avant dans le verset

Des fautes pour dire la norme 239

Versets	1ᵉ partie Gnadenformel				2ᵉ partie de la formule Logion deutéronomique													
Ex 34,6-7	A²A²A	B	C	D²	E		F	G³	H	I	J²	K	←	←				
Nb 14,18	A²		C	D				G²	H	I	J	K						
Ex 20,5-6	A⁴				→		→			I	J	K	L	E²	F	M		
Dt 5,9-10	A⁴				→		→			I	J	K	L	E²	F	M		
Dt 7,9-10	A⁵				E³	M	F²			I²			L	←	←	←		
Jr 32,18					E²		F			I²	J³		←	←				
Ps 86,15	A	B	C	D²														
Jl 2,13	AA³	B²	C	D														
Jon 4,2	A	B²	C	D														
Ne 9,17	A⁶	B²	C	D														
Ps 103,8	B	A²	C	D														
Ps 145,8	B	A²	C	D³														
Ps 111,4	B²	A²																
2 Ch 30,9	B²	A²																
Ne 9,31	A	B²																
Na 1,3	A²		C						H									
Mi 7,18	A				→		G / G⁴							E⁴				
Ps 86,5				D														

Si Ex 34,6-7 et Nb 14,18 possèdent des indications absentes d'Ex 20,5-6 ; Dt 5,9-10 et de Dt 7,9-10, ces derniers passages possèdent cependant deux clauses inconnues d'Ex 34 et de Nb 14, à savoir לשׂנאי et לאהבי ולשׁמרי מצותי. En dehors de ces différences, les cinq premières occurrences dans le tableau ci-dessus témoignent de contacts littéraires manifestes. Si nous pouvions éclaircir la généalogie de ces occurrences, les spécificités rédactionnelles et théologiques respectives de Dt 5,9-10 et 7,9-10 s'en trouveraient soulignées.

Le passage en revue des positions des chercheurs sur les relations de dépendance d'Ex 34,6-7 ; Dt 5,9-10 et Dt 7,9-10, n'éclaircit pas vraiment la situation, car ces positions sont loin d'être consensuelles[102] :

---

[102] Nous laissons ici de côté Ex 20,5-6 puisque c'est son parallèle Dt 5,9-10 qui est notre centre d'intérêt, ainsi que Nb 14,18, verset très certainement dépendant d'Ex 34,6-7. Plusieurs éléments plaident en faveur de cette dépendance. D'une part, la formule sur les attributs divins en Nb 14,18 est introduite par l'indication כאשר דברת לאמר, qui sous-entend la reprise d'une occurrence préalable. Deux lieux seulement sont susceptibles de constituer cette occurrence préalable, à savoir Ex 20,5-6 et Ex 34,6-7. Or, non seulement les contacts littéraires entre Nb 14,18 et Ex 34,6-7 sont plus nombreux que ceux existant entre Nb 14,18 et Ex 20,5-6, mais la *Gnadenformel* est absente de ces versets du décalogue, alors qu'elle est présente en Ex 34,6-7. En outre, il semble vraisemblable que le verbe סלח–*qal*, employé en Nb 14,19.20, provienne d'Ex 34,9 (AURELIUS, *Fürbitter*, p. 130). Tout cela invite à voir

Auteurs	Relation de dépendance chronologique et littéraire
J. Scharbert[103] (1957)	Ex 34,6-7 → Dt 5,9-10 → Dt 7,9-10
L. Perlitt (1969)[104]	Dt 5,9-10 et 7,9-10 → Ex 34,6-7
M. Weinfeld (1972)[105]	Ex 34,6-7 → Dt 5,9-10 → Dt 7,9-10
M. Fishbane (1985)[106]	Ex 34,6-7 → Dt 5,9-10 → Dt 7,9-10
E. Aurelius (1988)[107]	Ex 34,6-7 → Dt 5,9-10 et Dt 7,9-10[108]
H. Spieckermann (1990)[109]	Dt 7,9-10 → Dt 5,9-10 → Ex 34,6-7
J. Van Seters (1994)[110]	Dt 7,9-10 → Dt 5,9-10 → Ex 34,6-7
B. Renaud (1998)[111]	Dt 5,9-10 et 7,9-10[112] → Ex 34,6-7
K. Schmid (1999)[113]	Dt 5,9-10 et Dt 7,9-10 → Ex 34,6-7[114]
M. Franz (2003)	Ex 34,6-7 → Dt 5,9-10 → Dt 7,9-10
B. Levinson (2006)[115]	Dt 5,9-10 → Dt 7,9-10 → Ex 34,6-7

M. Franz utilise l'appellation « discours de grâce » (*Gnadenrede*) pour désigner les deux versets d'Ex 34,6-7[116]. Il prolonge ainsi la désignation forgée précédemment par H. Spieckermann pour la première partie de ce *Gnadenrede*, c'est-à-dire le v. 6 : « formule de grâce » (*Gnadenformel*)[117]. Entre temps, B. Renaud avait introduit le titre de *logion deutéronomique* pour la seconde partie du *Gnadenrede*[118].

---

dans la formule sur les attributs divins en Nb 14,18 une citation synthétique d'Ex 34,6-7.
103 SCHARBERT, « Formgeschichte », sp. p. 145-147.
104 PERLITT, *Bundestheologie*, p. 213-214.
105 WEINFELD, *Deuteronomic School*, p. 317-318.
106 FISHBANE, *Biblical Interpretation*, p. 335-350, sp. p. 335 pour l'ancienneté d'Ex 34,6-7 (en référence à Scharbert) et p. 343-345 pour l'explication de Dt 7,9-10 comme révision aggadique de Dt 5,9-10.
107 AURELIUS, *Fürbitter*, p. 117 n. 111.
108 Aurelius ne précise pas la relation d'antécédence entre ces deux textes.
109 SPIECKERMANN, « Barmherzig », p. 5-9.
110 VAN SETERS, *Life*, p. 349-350.
111 RENAUD, *L'alliance*, p. 197.
112 Renaud refuse de se prononcer sur la relation d'antécédence entre ces deux textes.
113 SCHMID, Konrad, « Kollektivschuld », p. 217-219.
114 Schmid s'appuit sur Spieckermann pour considérer Ex 34,6-7 comme plus tardif que Dt 5,9-10 et 7,9-10 (cf. SCHMID, Konrad, « Kollektivschuld », p. 219), mais ne précise pas la relation de dépendance entre ces deux textes du Deutéronome.
115 LEVINSON, « Rechtsreform », p. 175 n. 55.
116 Cf. p. 123.
117 SPIECKERMANN, « Barmherzig », p. 3.
118 RENAUD, *L'alliance*, p. 197.

La distinction, au sein de la *Gnadenrede*, de deux parties intialement distinctes nous semble plausible. La construction littéraire d'Ex 34,6-7[119] et les occurrences nombreuses de la *Gnadenformel* apparaissant seule (cf. tableau ci-dessus[120]), plaident en ce sens. Celle-ci se retrouve en effet seule en de nombreux endroits de l'Ancien Testament (Ps 86,15 ; 103,8 ; 145,8 ; Jl 2,13 ; Jon 4,2 ; Ne 9,17), tandis que tout ou partie du *logion deutéronomique* se trouve exclusivement en six passages (Ex 34,6-7 ; Nb 14,18 ; Ex 20,5-6 ; Dt 5,9-10 ; Dt 7,9-10 ; Jr 32,18), plus ou moins relié à des éléments de la *Gnadenformel*.

---

119 Les versets d'Ex 34,6-7 forment une sorte de dyptique dont les volets sont attachés l'un à l'autre par le mot-crochet חסד. Le premier volet (Ex 34,6) enchaîne les adjectifs qualifiant Yhwh : רב, ארך, חנון, רחום, tandis que le second (Ex 34,7) est caractérisé par une succession de participes : נצר, נשא, פקד. En schématisant, on pourrait dire que le premier volet s'intéresse à l'être de Yhwh, et le second, à son agir. Nos versets sont scandés par un rythme binaire, relevé par B. Renaud (RENAUD, *L'alliance*, p. 191). Dans le premier volet, ce rythme binaire est renforcé par le jeu des assonances : deux *qattûl* se répondent (חַנּוּן // רַחוּם), puis une sorte de « chiasme vocalique » termine le verset (SCORALICK, *Gottes Güte*, p. 37-38) :

(sons A) אֶרֶךְ אַפַּיִם (sons È)

(sons È) וְרַב־חֶסֶד וֶאֱמֶת (son A)

Dans le second volet, le texte se déploie selon la figure de style du *parallelismus membrorum*, figure classique dans les psaumes (7aα gardant sa fidélité à des milliers // 7aβ enlevant la faute, le crime et le péché ; 7bα mais (quant à) innocenter, non, il n'innocente pas // 7bβ châtiant la faute des pères sur les fils et sur les fils des fils jusqu'à la troisième et jusqu'à la quatrième). Le v. 7, qui a pour fond un équilibre entre les deux faces de la justice divine, se trouve déséquilibré par son rattachement à la *Gnadenformel*, de sorte que le côté miséricordieux de Yhwh passe au premier plan.

Gnadenrede	1er volet (Ex 34,6) *Gnadenformel*	יהוה וחנון ורב־חסד ואמת:	יהוה אל רחום ארך אפים 6 ויעבר יהוה על־פניו ויקרא
	Mot crochet : חסד	É A	A É
	Mot crochet : חסד 2e volet (Ex 34,7) *Logion deutéronomique*		7 נצר חסד לאלפים נשא עון ופשע וחטאה ונקה לא ינקה פקד עון אבות על־בנים ועל־בני בנים על־שלשים ועל־רבעים:

120 Cf. p. 239.

Deux arguments plaident, selon nous, en faveur de la conclusion qu'Ex 34,6-7 est plus récent que Dt 5,9-10. D'une part, le fait que cette *Gnadenrede* soit la formule la plus développée – amalgamant la *Gnadenformel* et le logion deutéronomique – oriente en ce sens, comme l'avait souligné L. Perlitt il y a longtemps déjà[121]. D'autre part, nous montrerons plus loin dans la suite de ce travail que le chapitre 34 du livre de l'Exode est très probablement un chapitre de composition, dans lequel Ex 34,1-4 est écrit en dépendance de Dt 10,1-5[122]. L'écriture d'Ex 34,6-7 s'appuie par ailleurs sur celle d'Ex 34,1-5. Si donc Ex 34,1-4 présuppose bien Dt 10,1-5, et si Dt 10,1-5 présuppose le décalogue, il est très difficile qu'Ex 34,6-7 soit plus ancien que le décalogue. Il faut même préférer la solution inverse[123].

Cette conclusion permet de déterminer la chaîne généalogique suivante : Dt 5,9-10 (et //) → Ex 34,6-7 → Nb 14,18[124]. La question est maintenant de savoir où s'insère Dt 7,9-10 dans cette chaîne. Ce passage s'oppose clairement à l'idée d'une punition transgénérationnelle. Il ne s'oppose en revanche nullement à l'idée d'une récompense transgénérationnelle, mais seulement à celle d'un châtiment de cette sorte. En cela, ces versets se présentent comme une *révision à volonté réformatrice*. Ils montrent qu'ils connaissent Dt 5,9-10 puisqu'ils en conservent quasiment intact le volet « récompense », en ajoutant cependant l'indication que Yhwh « garde l'alliance » (שמר הברית), ce qui renforce l'idée de cette connaissance[125]. Par l'utilisation de ce qui deviendra la loi de Seidel[126], la construction en chiasme du v. 10[127], l'introduction d'une punition par Yhwh de celui qui le rejette « en sa personne » (אל־פניו) et « sans qu'il ne tarde » (לא יאחר),

---

[121] « Am Anfang steht nicht die reichhaltigste Zusammenstellung, für deren anschließende Aufspaltung und selektiven Gebrauch wenig spricht » (PERLITT, *Bundestheologie*, p. 214).

[122] Cf. p. 389.

[123] Il découle de ce raisonnement que Dt 9,7–10,11 est plus ancien qu'Ex 34,6-7 (*contra* M. Franz).

[124] Pour la relation de dépendance entre Ex 34,6-7 et Nb 14,18, cf. p. 240 n. 102.

[125] Cf. Dt 5,2 (« Yhwh notre Dieu a conclu une alliance [ברית] avec nous à l'Horeb »).

[126] Le phénomène de la citation inversée, caractéristique des réécritures bibliques, est souvent appelée « Loi de Seidel », du nom de Moshe Seidel, qui l'a mise en lumière dans son étude SEIDEL, « Parallèles ». Sur cette technique de citation, cf. LEVINSON, *Deuteronomy*, p. 18 n. 51 qui renvoie aux titres suivants : TALMON, « Textual Study », p. 362-363; BEENTJES, « Quotations » ; BRETTLER, « Jud 1,1–2,10 », p. 434.

[127] Cf. p. 212.

Dt 7,9-10 procède à une révision exégétique du décalogue[128]. Ces versets doivent donc être considérés, au plan généalogique, comme postérieurs à Dt 5,9-10. Sont-ils pour autant plus anciens qu'Ex 34,6-7 ? À cette question délicate, nous ne saurions donner de réponse trop affirmative. On peut remarquer que la séquence d'exposition de la rétribution en Ex 34,6-7 va, comme en Dt 7,9-10, de la récompense vers le châtiment, à l'inverse de Dt 5,9-10. La question de savoir si c'est bien Dt 7,9 qui apparaît sur l'amulette A de Ketef Hinnom[129] est également importante[130]. Si tel était le cas, un *terminus ad quem* de ces versets pourrait être établi[131].

Même si cette dernière question – portant sur l'ancienneté plus grande d'Ex 34,6-7 vis-à-vis de Dt 7,9-10 ou inversement – doit rester ouverte, elle a le mérite d'introduire à l'idée que l'Israël ancien n'a certainement pas connu un développement linéaire de l'idée de rétribution corporative vers celle de rétribution individuelle, mais plutôt leur coexistence en tension[132].

Quelle justice divine décrit Dt 5,9-10 ? On ne peut, nous venons de le voir, la comparer avec celle d'Ex 34,6-7 quant à l'histoire de la rédaction, ces versets étant vraisemblablement postérieurs à ceux du décalogue. La question qui se pose est plutôt celle de l'extention de la clause לשנאי (et de façon symétrique de לאהבי ולשמרי מצותו). Doit-on comprendre que les fils jusqu'à la troisième et à la quatrième génération ne paient la faute de leurs pères que si, eux aussi, ils haïssent (שנא) Yhwh ? Ou la clause לשנאי ne s'applique-t-elle qu'aux pères, ce qui voudrait dire que les fils pourraient payer sans faute de leur part les méfaits de leurs pères. Le fait que la clause לשנאי soit placée en fin de verset fait pencher l'interprétation vers la première

---

128 Pour une analyse de détail des techniques utilisées par les rédacteurs de Dt 7,9-10 pour réviser Dt 5,9-10, cf. LEVINSON, « Paradoxes », p. 36-44.

129 Un complexe de tombes a été fouillé en 1979 sous la direction de l'archéologue G. Barkay dans la vallée de la Géhenne. Dans la tombe n°25, deux amulettes en argent ont été découvertes. La céramique permet de dater la strate de fouille de fin 7ᵉ – début 6ᵉ s. avant notre ère.

130 Cette question est abordée par FRANZ, *Gott*, p. 215.

131 Dans ce sens, cf. JAROŠ, « Fragmente ».

132 Dans ce sens, cf. WEINFELD, *Deuteronomic School*, p. 318 n. 1.

solution. Est-ce pour autant une peine avec sursis, comme le pensent les partisans de la *via antiqua* citée ci-dessus ? Nous avons vu que l'étude de la construction de « A^d→פקד-*qal*→B^r→על→C^h » (avec B^r = עון ou synonymes) et le contexte de l'Israël ancien et de ses voisins en matière de punition corporative ne favorisaient pas cette interprétation. La présence de la clause apparaît néanmoins comme une limite à une punition corporative mécanique : Yhwh ne punit que ceux qui le haïssent, c'est-à-dire ceux qui le rejettent.

À vrai dire, si la présence de cette clause introduit de la conditionnalité, elle ne lève pas complètement l'ambiguïté d'une punition de fils ou petits-fils innocents, puisqu'il n'est pas complètement certain, à la lecture de Dt 5,9, que לשנאי ne renvoie pas aux seuls pères. Aussi est-ce probablement cette ambiguïté qui aura initié la réaction de Dt 7,9-10, laquelle applique au champ de la justice divine le principe de droit énoncé en Dt 24,16[133]. Cette réaction va dans le sens de celle que l'on trouve en Ez 18. Néanmoins, alors que l'idée d'une punition transgénérationnelle (également exprimée en Lm 5,7) n'était pas abordée par Ezéchiel comme émanant du décalogue mais comme véhiculée par un diction populaire, c'est bien ici le décalogue (donc une parole dont le locuteur est Yhwh !) que Dt 7,9 aborde de front et révise, par reformulation lemmatique.

Nous avons donc vu à partir de l'étude des fautes dites « historiographiques » que différentes compréhensions de la justice divine sont à l'œuvre dans le Deutéronome. Le débat entre rétribution corporative et rétribution individuelle réapparaît ici dans les sections parénétiques et législatives. Faut-il pour autant accepter le double standard de justice que M. Fishbane attribue à l'ancien Israël lorsqu'il écrit : « De ce point de vue, on peut conclure que deux niveaux de justice ont prévalu en Israël depuis les temps anciens – un niveau théologique applicable par Dieu seul, qui envisage des effets transgénérationnels pour les actions commises et un niveau humain,

---

133 Ce dernier principe est habituellement considéré par la recherche comme une loi ancienne conservée par CD. Il est également compris comme plus ancien qu'Ez 18. Il est vrai que l'on trouve en Ez 18,20 une reformulation inversée de Dt 24,16 (Cf. LEVINSON, « Paradoxes », p. 34) et qu'il est cité explicitement en 2 R 14,6. Une position différente est soutenue par G. Braulik qui considère Dt 19–25 comme une partie récente du code, post-deutéronomique (BRAULIK, « Ezechiel »).

applicable par la jurisprudence humaine, qui tient que le transgresseur coupable doit être puni pour son propre délit »[134]. Il ne faut certainement pas imaginer, à notre avis, deux sphères de justice – divine et humaine – closes et sans interaction. Notre analyse a plutôt montré comment justice divine et justice humaine ont été comprises l'une à partir de l'autre et en complémentarité l'une avec l'autre. Finalement, la norme ultime que l'une et l'autre véhiculent – dans les textes tant parénétiques que législatifs – est celle de la gravité du rejet de Yhwh (5,9 : לשנאי) et de la nécessité de purger Israël du mal que ce rejet constitue (בערת הרע מקרבך), afin que celui-ci devienne un peuple saint pour Yhwh (26,19 : להיתך עם־קדש ליהוה).

4.2 Le cantique de Moïse, synthèse du fonctionnement de la justice divine dans le Deutéronome

Le cantique de Moïse est à la croisée du passé, du présent et de l'avenir d'Israël. En effet, il rappelle l'histoire passée commune à Yhwh et son peuple comme une histoire de bienfaits de Yhwh vis-à-vis d'un peuple d'Israël ingrat. Il est ancré dans le présent de la seconde génération du désert aux oreilles desquels Moïse le proclame comme un témoignage et un avertissement pour l'avenir. Et comme la descendance de cette génération ne l'aura pas oublié (Dt 31,21) et que ce chant fait partie de toutes les paroles (32,46 : כל־הדברים) transmises par Moïse qu'il faut ordonner aux fils de garder (32,46 : אשר תצום את־בניכם), il retentira régulièrement en Israël et permettra, au sein de la Torah écoutée et mise en pratique, la longue vie dans le pays (Dt 32,47).

Une étude détaillée de ce poème très dense sortirait du cadre de notre recherche et mériterait de faire l'objet d'un travail indépendant[135]. Les questions de critique textuelle[136], la data-

---

134 FISHBANE, *Biblical Interpretation*, p. 336.
135 Pour un point sur la recherche concernant ce chapitre, cf. PREUSS, *Deuteronomium*, p. 165-169 et plus récemment VEIJOLA, « Deuteronomismusforschung », p. 317-319.
136 « [T]he very wording of the Song is a puzzle. It exists in four important, significantly divergent, manuscript traditions (MT, Q, LXX and Sam). Generally, the evidence of the so-called " Dead Sea Scrolls " from Qumran, in conjonction with the Samaritan Pentateuch and the Greek Septuagint (LXX), suggests that the Massoretic text tradition […] probably does not preserve the oldest form of the Song of Moses » (BIDDLE, *Deuteronomy*, p. 469).

tion[137], les relations avec les littératures de sagesse et prophétiques[138], le genre littéraire[139] sont les points les plus discutés par la recherche

---

[137] Pour la datation, il est important de savoir s'il s'agit d'un poème ancien inséré au moyen d'un encadrement récent (présupposant l'exil : Dt 31,16-22.28-30 ; 32,44), ou d'un poème de composition qui, partant, pourrait être récent. Certains chercheurs se sont également intéressés à la mention d'un « peuple qui n'en est pas un » (32,21) en prenant cette indication comme une allusion historique aux Cananéens, Philistins, Assyriens ou Babyloniens. Le vocabulaire et les contacts existant avec les littératures sapientielles et prophétiques sont également à prendre en compte, ainsi que la présence « d'archaïsmes ». Passant en revue les positions de la recherche, Preuss constate, d'une part, que « le spectre des datations est très étendu et part de Moïse lui-même pour aller jusqu'à la période exilique tardive », et d'autre part qu'» à partir de plusieurs arguments, notamment la reconnaissance de son encadrement et de sa proximité (avec l'écriture) dtr, une datation exilique ou exilique tardive du cantique de Moïse est en train de s'imposer avec raison » (PREUSS, *Deuteronomium*, p. 166-167). Pour une présentation des positions de la recherche, cf. PREUSS, *Deuteronomium*, p. 166-167 ; FISCHER, Irmtraud, *Volksklagelied*, p. 249 n. 92 ; THIESSEN, « Form », p. 422 n. 58 ; SANDERS, Paul, *Deuteronomy 32*, p. 1-40.

[138] Mayes (*Deuteronomy*, p. 381-392) relève par exemple les points de contact suivants avec la littérature prophétique :
- v. 2 : la pluie et la rosée fécondant la terre : cf. Is 55,10-11 ; Ps 72,6 ;
- v. 12 : cf. Is 43,12 ;
- v. 13 : על־במתי ארץ : Am 4,13 ; Mi 1,3 ; Is 58,14 ;
- v. 15-18 : ישרון : Is 44,2 ; זרים : Jr 2,25 ; 3,13 ; זבחו לשדים : Ps 106,37 ; des dieux qui ne sont pas Dieu : Is 44,6-20 ; 45,14 ; Jr 5,7 ; Yhwh comme une mère pour Israël : Is 49,15 ; 66,13 ;
- v. 21-22 : הבל est utilisé dans le sens d'idoles par Jr 8,19 ; 10,15 ; 16,19 ; 51,18 ; ותיקד כי־אש קדחה באפי : Jr 15,14 ; 17,4 ;
- v. 26-27 : Yhwh ne détruit pas Israël pour que ses ennemis ne s'y trompent pas : Is 48,9-11 ; Ez 20,9.14.22.44 ; 36,21 ;
- v. 31 : les nations jugent de la supériorité de Yhwh : cf. Is 41,1-4 ;
- v. 39 : parallèles les plus proches de ce verset : Is 41,4 ; 43,10.13 ; 44,6 ; 45,6-7.22 ; 48,12 ;
- v. 41 : Yhwh comme guerrier : cf. Is 34,5-6 ; 63,1-6 ; Jr 46,10
Les points de contact avec la littérature de sagesse sont un peu moins nombreux :
- v. 1 : » Prêtez l'oreille… écoutez » : Prov 7,24
- v. 2 : le nom לקח : Pr 1,5 ; 4,2 ; 7,21
- v. 20 : תהפכה : en dehors de cette occurrence, le mot ne se trouve que dans le livre des Proverbes (9x)
- v. 24 : לחם : hormis le Ps 141,4, ce verbe n'est utilisé que dans les Proverbes
- v. 28-29 : עצה, תבונה, חכם, שכל sont autant de termes classiques de la littérature sapientielle.
Sur les éléments intertextuels entre Dt 32,1-43 et les littératures prophétique et sapientielle, cf. également DRIVER, *Deuteronomy*, ²1896, p. 347-348 ; PREUSS, *Deuteronomium*, p. 167 ; GOSSE, « Deutéronome 32 » ; BERGEY, « Song » ; KIM, « Song », p. 147-171 ; KEISER, « Song ». Weinfeld relève quelques parallèles entre Dt 32 et le livre de Jérémie en WEINFELD, *Deuteronomic School*, p. 361.

concernant Dt 32,1-43[140]. La datation au plus tôt exilique aujourd'hui majoritairement reçue nous semble acceptable. Ci-dessus[141], nous avions en effet considéré les versets qui introduisent ce chant (31,16-22.28-30) comme exiliques ou post-exiliques. L'insertion de Dt 32,1-43 dans le tissu du texte ne peut donc être plus ancienne. Les liens avec la littérature prophétique tardive indiquent également une composition de cette époque.

Notre approche de ce texte a une fois encore pour objectif de déterminer la justice divine véhiculée dans le passage. Cette dernière se situe dans la ligne de la justice divine décrite jusqu'ici dans le Deutéronome et la récapitule même de façon magistrale.

L'introduction (32,1-6), qui commence par une *captatio benevolentiae* convoquant le ciel et la terre comme audience[142], va se transformer en réquisitoire fait à Israël au nom de Yhwh. Les v. 4 et 5-6 mettent en contraste la divinité et son peuple : d'un côté Yhwh est décrit comme le rocher[143], tandis que de l'autre Israël est corrompu (שחת) et composé d'une « génération fourbe et tortueuse » (v. 5). L'image du rocher renvoie à la stabilité, à la sécurité et au salut (v. 15). Le roc est ce sur

---

139 Ce point est moins vigoureusement débattu que la datation et les relations du poème avec la littérature biblique et extrabiblique. Le rattachement de Dt 32 au genre littéraire du « réquisitoire prophétique » est largement reçu par les chercheurs (cf. notamment HARVEY, « Rib-pattern » ; WRIGHT, Ernest, « Lawsuit » ; MORAN, « Remarks », p. 317-327 ; BUIS & LECLERCQ, *Deutéronome*, p. 192 ; MAYES, *Deuteronomy*, p. 380-381). D'autres exemples de ce type de *Rîb* se lisent en Is 1,2-20 ; Mi 6,1-8 ; Ps 50. S.R. Driver souligne également la proximité de Dt 32 avec les Ps 78 ; 105 ; 106, qui relisent eux aussi l'histoire d'Israël, ainsi qu'avec Ez 20 et les allégories d'Ez 16 ; 23 (DRIVER, *Deuteronomy*, ²1896, p. 345). Récemment, M. Thiessen a rappelé le caractère hymnique de ce poème en proposant de caractériser Dt 32 comme « a covenant *Rîb* embedded in a hymn » (THIESSEN, « Form », p. 421).
140 Les études de la poésie de Dt 32 sont plus rares : cf. principalement FOKKELMAN, *Poems*, p. 54-149.
141 Cf. p. 171.
142 Selon la compréhension courante, qui se base sur de semblables appels à témoins dans les traités extrabibliques (cf. p. 175 n. 145), le ciel et la terre sont ici convoqués comme *témoins* (WRIGHT, Ernest, « Lawsuit », p. 43-45 ; MAYES, *Deuteronomy*, p. 382 ; GOSSE, « Deutéronome 32 », p. 110 n. 1). Cependant, le rôle de témoin est ici attribué au cantique lui-même (31,19.21), comme l'a bien remarqué Driver (DRIVER, *Deuteronomy*, ²1896, p. 349).
143 Sur cette image pour désigner Yhwh, cf. KNOWLES, « Rock ». Cet auteur passe en revue les occurrences du terme dans la BH et constate que son usage métaphorique dépasse son usage littéral (quarante quatre occurrences contre trente quatre). Parmi les occurrences métaphoriques, trente trois se réfèrent à Dieu (utilisation parallèle à Yhwh, El, Elohim), tandis que six utilisent le terme négativement pour désigner les divinités étrangères.

quoi on peut bâtir : Israël repose donc sur Yhwh qui l'a créé, engendré (v. 18). Puis en utilisant la métaphore « père-fils » pour décrire la relation entre Yhwh et Israël, l'introduction se termine par l'accusation portée contre le peuple (v. 6) : celui-ci ne rend[144] pas à Yhwh à la mesure de ce qu'il a reçu de lui.

Un rappel historique (v. 7-14), général et allusif, énumère ensuite les actes de bienveillance de Yhwh pour Israël : l'élection (v. 9), l'escorte et la protection au désert (v. 10-12), la sédentarisation dans une terre avec les produits de laquelle il nourrit le peuple (v. 13-14). Mais cette bienveillance débouche sur un rejet (v. 15 : נטש) de Yhwh par le peuple qui tombe dans la pratique du polythéisme (v. 15-18 ; violation du premier commandement du décalogue).

Les signes caractéristiques de l'émotivité divine (v. 16 : יקנאהו ; הם קנאוני [...] כעסוני : v. 21 ; כעס : v. 19 ; בתועבת יכעיסהו ; v. 22 : אש קדחה באפי) accompagnent alors la réaction punitive de Yhwh décrite dans les v. 19-25. Cette réaction est rapportée du point de vue de Yhwh à la première personne du singulier Les sanctions divines répondent au principe du châtiment « mesure pour mesure », déjà rencontré plus haut[145] : הם קנאוני בלא־אל כעסוני בהבליהם ואני אקניאם בלא־עם בגוי נבל אכעיסם (32,21). La théologie du retrait / absence de Yhwh réapparaît également (32,19)[146]. Les sanctions sont en conformité avec les malédictions et prédictions de Dt 28 :

– utilisation d'une autre nation pour punir Israël (32,21 // 28,49-50)
– destruction des produits de la terre (32,22 // 28,38-40.42)
– Israël sera frappé de maux (רעות) (32,23 // cf. les maux et fléaux mentionnés en Dt 28 et l'utilisation de l'adjectif רע en 28,35 et 59)
– le peuple souffrira de la faim (32,24 ; cf. 28,48.54-57),
– il sera victime de la dent des animaux (32,24 ; 28,26)

---

144 Racine גמל, une des grandes racines de la rétribution avec שלם (ici aux v. 35.41) et שוב (ici aux v. 41.43).

145 Cf. p. 177 ; 185 ; 197 ; 212 : les sanctions « mesure pour mesure » que nous avons relevées sont : Dt 1,35 : Alors que l'offense du peuple avait consisté en un refus d'entrer dans le pays, Yhwh l'avait puni en l'en écartant et en le renvoyant au désert ; 28,47-48 : Parce qu'Israël n'aura pas servi Yhwh (לא־עבדת), il servira (ועבדת) son ennemi ; 31,16-17 : Puisque le peuple va abandonner Yhwh (v. 16 : ועזבני), lui l'abandonnera également (v. 17 : ועזבתים) ; 31,29 : Le mal (הרעה) viendra à la rencontre d'Israël parce qu'il a fait ce qui est mal (הרע) aux yeux de Yhwh. Il faut ajouter 7,9 : Yhwh *garde* son alliance (שמר הברית) pour ceux qui *gardent* ses commandements (לשמרי מצותו) : cas de rétribution positive « mesure pour mesure ».

146 Cf. p. 175-177 à propos d'Ex 31,16-18.20-21.29 et p. 229 à propos de Dt 23,13-15.

- l'épée le frappera (32,25 // 28,22)
- nourrisson et vieillard ne seront pas épargnés (32,25 // 28,50)

Dans l'économie narrative du livre, tous ces maux sont énumérés aux oreilles de la seconde génération du désert comme prédiction de ce qui arrivera inévitablement au peuple sédentarisé s'il rompt avec le service exclusif de Yhwh. La datation que nous estimons la plus plausible pour l'insertion de ce poème (cf. p. 247) laisse penser que ces maux n'étaient probablement pas si fictifs ou intemporels pour la génération contemporaine de leur mise par écrit. Mais le genre même du poème et sa fonction prescriptive[147] empêchaient certainement de donner des détails historiques.

Après la description de la réaction punitive de Yhwh qu'encourra un Israël infidèle, les v. 26-27 apparaissent comme un pivot important du chant. Ici commence un second discours de Yhwh (v. 20 [ויאמר] ; v. 26 [אמרתי] ; v. 37 [ואמר]). B. Gosse souligne à juste titre l'articulation qui se joue ici grâce à la racine כעס :

« Au v. 19 la colère (k's) de Yahvé condamnait ses fils et ses filles. Yahvé avait été irrité par son peuple cf. Deut 32,16 : " Ils l'ont rendu jaloux avec des étrangers, ils l'ont irrité (yk'yshw) par des abominations ". Et en Deut 32,21 Yahvé menaçait d'irriter à son tour son peuple : " Ils m'ont rendu jaloux avec un néant de dieu, ils m'ont irrité (k'swny) par leurs êtres de rien ; eh bien ! moi, je les rendrai jaloux avec un néant de peuple, je les irriterai ('k'ysm) au moyen d'une nation stupide ". Mais finalement, aux versets 26-27 l'arrogance (k's) de l'ennemi va provoquer un retournement des intentions divines en faveur de son peuple. L'articulation de la rédaction de Deut 32,1-43 autour de la racine k's et plus spécialement du substantif k's est d'autant plus claire que le substantif ne se retrouve pas par ailleurs dans le Deutéronome pas plus que dans le Pentateuque »[148].

Selon les v. 26-27, Israël est passé tout près de la destruction totale par Yhwh. Mais la crainte que l'ennemi ne s'approprie la destruction d'Israël comme son fait propre – ce qui serait irriter Yhwh (v. 27 : כעס) – produit un retournement de la colère divine contre cet ennemi (v. 35).

La section du chant qui s'ouvre ainsi (v. 26-42) est assez embrouillée. Elle comporte deux discours de Yhwh (v. 26 [אמרתי] ; v. 37 [ואמר]). Par deux fois, des commentaires adoptant un point de

---

147 Cf. THIESSEN, « Form », p. 424 : « The Song of Moses, as a liturgy, functions similarly. It does not describe someone's reaction to historical catastrophe that has been visited upon the people of Yhwh. Instead, the Song was meant to prescribe the people's reaction, both to guard them from acting like the sinful generation of the Song and to lead them in responding to any evil that was brought upon it ».

148 GOSSE, « Deutéronome 32 », p. 110.

vue externe trouvent leur chemin dans le texte (v. 31 ; 36). Yhwh prend à nouveau soin de son peuple (v. 34 ; 36) et défait ses ennemis (v. 37-42), montrant ainsi que lui seul est Dieu (v. 39). Le chant se termine alors en glorifiant la suprématie de Yhwh sur les dieux étrangers des ennemis et en évoquant un peuple d'Israël vengé (v. 43 : נקם). Le vocabulaire de la rétribution contre les adversaires abonde ici :

- v. 35 : לי נקם ושלם[149]
- v. 39 : אני אמית ואחיה מחצתי ואני ארפא ואין מידי מציל
- v. 41 : אשיב נקם לצרי ולמשנאי אשלם (cf. 5,9 : [...] פקד עון ; 7,10 : ומשלם לשנאיו לשנאי)
- v. 43 : כי דם־עבדיו יקום ונקם ישיב לצריו

La dernière stique du poème précise que Yhwh « purifiera » la terre[150] de son peuple (v. 43 : וכפר אדמתו עמו)[151]. Le cantique se termine donc sur une remise sur pied intégrale du peuple. Il lui était demandé dans CD de se purger du mal (בערת הרע מקרבך), le voici maintenant réintégré par Yhwh dans son état premier, celui précédant sa rébellion (v. 15-18).

La justice divine à l'œuvre dans le cantique se situe donc dans la droite ligne de la présentation qui, par touches successives, s'était esquissée dans les chapitres précédents, et elle en est même une sorte de récapitulation. On y retrouve le châtiment « mesure pour mesure » déjà rencontré à maintes reprises, la théologie du retrait de Yhwh et certaines malédictions-prédictions de Dt 28. Il s'agit en somme d'une théologie de la rétribution où Yhwh est décrit comme l'agent personnel (réactif) de la rétribution, laquelle apparaît comme collective et immédiate. Cependant, selon Driver, « la pensée sous-jacente à l'ensemble est celle d'un sauvetage du peuple par un acte de grâce, au moment où l'annihilation semblait imminente »[152]. Cette présence d'un espoir au-delà de la faute laisse penser à I. Fischer que Dt 32,1-43

---

149 Pour une étude de de la racine נקם, cf. MENDENHALL, *The Tenth Generation*, p. 69-104. Selon cet auteur, le mot signifie : « the executive exercice of power by the highest legitimate political authority for the protection of his own subjects ».

150 Cette « purification » de la terre peut être mise en correspondance avec Dt 21,22-23 et 24,1-4, lois qui se terminaient par ולא תטמא את־אדמתך אשר יהוה אלהיך נתן לך נחלה (21,23) et ולא תחטיא את־הארץ אשר יהוה אלהיך נתן לך נחלה (24,4).

151 Il y a à cet endroit un problème de critique textuelle. Le texte de la BHS (וכפר אדמתו עמו) se traduit littéralement par : « Il purifiera sa terre son peuple ». La solution la plus logique est de penser qu'il faut supprimer le *waw* de אדמתו, comme le Pentateuque samaritain, la LXX, Qumrân et la Vulgate l'attestent.

152 DRIVER, *Deuteronomy*, ²1896, p. 344.

pourrait, comme Preuss l'avait évoqué avant elle[153], être plus récent qu'Is 63,7–64,11 :

> « Lorsque Preuss présume que Dt 32 présuppose Is 63,7–64,11, il peut être possible de le suivre dans la mesure où notre chant [n.d.r. : Is 63,7–64,11] ne laisse pressentir aucune lueur d'espoir dans son évocation du passé et des détresses du présent, tandis que le chant de Moïse connaît déjà l'expression définitive du salut. Au plan chronologique, Dt 32 est à dater en entier de la fin de l'exil »[154].

Finalement, étant donné la place du cantique dans le Deutéronome et sa forme didactique – il doit mettre à disposition de chaque génération les leçons de l'histoire religieuse du peuple –, la théologie sur laquelle reste le lecteur du Deutéronome est celle du cantique, à savoir une bienveillance première de Yhwh suivie d'une sévérité inesquivable en cas de faute grave, mais sans annihilation totale du peuple. Le rappel de la faute de Moïse (32,48-52), suivi de sa mort et de l'entrée en fonction de Josué (34,1-12) illustre bien cette théologie : il y a un avenir pour le peuple malgré la faute.

4.3 La justice divine en Dt 9,1–10,11 sur l'arrière-fond des autres fautes du livre

Au terme de notre lecture thématique, Dt 9,1–10,11 reste la seule faute majeure contre Yhwh dans le Deutéronome que nous n'ayons étudiée. Nous n'allons pas aborder ici cette péricope du point de vue de son histoire rédactionnelle – ce que nous ferons aux chapitres suivants – mais du point de vue de la thématique qui a été notre fil directeur jusqu'ici, à savoir le fonctionnement de la justice divine. Nous allons, dans un premier temps, procéder à une synthèse du fonctionnement de la justice de Yhwh dans le Deutéronome (4.3.1) pour, dans un second temps (4.3.2), caractériser son exercice en Dt 9,1–10,11.

4.3.1 La justice divine dans le Deutéronome. Essai de synthèse

Après avoir étudié tour à tour, en les regroupant, les fautes contre Yhwh et leurs conséquences (sect. 3.1– 3.3 et 4.1 – 4.2), nous sommes maintenant en mesure d'esquisser un portrait global de la justice divine

---

153 PREUSS, *Deuteronomium*, p. 167.
154 FISCHER, Irmtraud, « Volksklagelied », p. 249-250.

dans ce livre. Il peut être utile pour cela de rappeler les deux questions principales portées par la recherche, que nous avions dégagées au chapitre 2[155]. Il y avait d'abord la question, formulée schématiquement à dessein par G. Braulik et L. Perlitt, de savoir si le Deutéronome est structuré d'abord selon la catégorie de rétribution ou selon celle de grâce. La seconde question s'insérait dans la suite du débat initié par K. Koch sur la rétribution dans la BH. Pour les auteurs qui considéraient le Deutéronome comme porteur d'une théologie de la rétribution (Plöger, Gammie), la question était celle de sa description, et plus précisément de son degré de mécanicité.

Le passage en revue que nous avons effectué des fautes contre Yhwh et de leurs conséquences nous permet d'esquisser une réponse à ces deux questions. Nous avons vu qu'au plan théorique (cf. la section 4.1 sur les « fautes pour dire la norme »), *les textes parénétiques et législatifs ne prévoient pas qu'une faute puisse être levée sans sanction*. Les parénèses mettent en avant l'équilibre rétributeur de la justice divine par une liste impressionnante de biens promis en récompense ([longue] vie, bonheur, bénédiction, possession de la terre, multiplication des enfants, long règne pour le roi, force et pluie saisonnière)[156], et par les menaces de privation de ces biens en cas de désobéissance ou de rejet de Yhwh. Les bénédictions–malédictions, qui s'ouvrent par des versets conditionnels (28,1-2.15), fonctionnent sur le même schéma, les malédictions étant comprises comme une inversion des bénédictions. Le corpus législatif consolide cette idée des liens obéissance–bénédiction et désobéissance–malédictions en rapprochant les sphères des justices divine et humaine. Pour le peuple, « ôter le mal de son sein » et rejeter toute « abomination » aux yeux de Yhwh revient à marcher dans les voies de Yhwh, écouter sa voix, pratiquer ses commandements, etc. La justice humaine devient alors un moyen d'entrer en possession des biens promis par Yhwh (« Tu rechercheras la justice, rien que la justice, afin de vivre et de prendre possession du pays que Yhwh ton Dieu te donne » [Dt 16,20]). Un autre rapprochement entre justice humaine et justice divine se lit encore ailleurs, puisque le principe de rétribution individuelle, qui a trouvé place au sein de la justice humaine (24,16), semble avoir fait son chemin dans la révision en Dt 7,9-10 du principe énoncé en Dt 5,9-10.

Au plan pratique, c'est-à-dire en ce qui concerne les fautes concrètes qui parcourent le livre et que nous avons qualifiées de « fautes historiographiques », nous arrivons à une conclusion semblable à celle

---

155 Cf. p. 115-124.
156 Pour les occurrences dans le livre de chacun de ces biens, cf. p. 211.

déjà énoncée plus haut : *dans ces récits, toute faute entraîne une sanction.* La rétribution mise en œuvre peut varier au fil des textes : la faute de Cades Barnea entraîne une rétribution collective générationnelle à laquelle Caleb échappe, en raison de mérites personnels qui rejailliront sur ses descendants (rétribution corporative transgénérationnelle). Le cas de Moïse a fait l'objet d'un débat, l'interprétation de sa mort en Transjordanie, d'abord comprise comme résultat d'une rétribution corporative, étant finalement réévaluée en rétribution individuelle. Un débat semblable a, semble-t-il, trouvé sa place en Dt 29,28, en réaction à la juxtaposition d'une section sur la rétribution individuelle (21,15-20) et d'une autre sur la rétribution collective (29,21-27). Ce dernier texte, qui renvoie vraisemblablement aux événements de 597 / 587 avant notre ère, est apparenté à d'autres textes où ces événements semblent également trouver des échos (Dt 4,23-31 ; 28,47-57.62-68 ; 31,16-18.20-22.29). Les textes de cette série prédisent que l'abandon de Yhwh par le peuple – violation du premier commandement – qui aura lieu l'avenir entraînera des conséquences de la plus haute gravité, extermination et exil. Certains de ces textes se prolongent cependant par l'évocation d'un retour du peuple à Yhwh (4,29-31 ; 30,1-10) et décrivent un avenir au-delà de la sanction.

Si l'Israël passé (la première génération du désert) et l'Israël futur (les générations de Canaan) ont été ou seront l'objet d'une rétribution divine positive ou négative, la seconde génération du désert à laquelle les discours de Moïse sont adressés n'y échappe pas pour autant. Celle-ci est décrite comme foncièrement rebelle à Yhwh, et Moïse s'adresse à elle par l'expression « peuple à la nuque raide » (9,6 ; 31,27). Cette description d'Israël comme peuple corporativement infidèle, quelles que soient les générations, sous-tend le Deutéronome. Elle se retrouve dans le cantique de Moïse (Dt 32,1-43) qui vise à prévenir et à soigner cette infidélité chronique. Ce même cantique décrit par le détail les conséquences de la violation du premier commandement. Il s'inscrit dans la suite de la description de la rétribution divine apparue plus tôt dans le livre, en faisant référence au châtiment « mesure pour mesure », en envisageant un retrait de Yhwh vis-à-vis de son peuple et en décrivant la sanction encourue par le peuple en lien avec Dt 28. Comme Dt 4,29-31 et 30,1-10, le cantique esquisse un au-delà de la sanction, non par un retour du peuple cependant mais par un retournement divin (32,26-27). Ce poème à visées didactiques, placé à un endroit stratégique du livre, se présente donc comme une synthèse du fonctionnement de la justice divine dans le Deutéronome.

Avant la lecture de Dt 9,1–10,11 – péricope sur laquelle nous allons nous pencher maintenant –, la justice divine dans le livre du

Deutéronome fonctionne donc, à notre avis, d'abord et avant tout selon le modèle de la rétribution divine. S'il y a des débats concernant ce modèle, ceux-ci restent à l'intérieur du système de la rétribution mais ne le mettent pas en crise. Ce modèle connaît des variations au fil des circonstances. Il fonctionne massivement selon le mode de la rétribution collective ou corporative. En quelques endroits assez rares, la rétribution individuelle prend le pas sur le mode précédent. Cette rétribution est toujours strictement terrestre ; elle peut être immédiate ou différée. Son agent est personnel et réactif. Sa mécanicité n'est en conséquence pas absolue. Dans les textes étudiés, *toute faute entraîne sanction*. Un grand principe qui « corrige » en quelque sorte la systématicité de la sanction est le fait que la relation de Yhwh avec Israël ne se limite pas à une seule génération et que, partant, un avenir est toujours possible, même lorsque le châtiment élimine une grande partie du peuple.

La structuration de fond du Deutéronome, en ce qui concerne les fautes contre Yhwh, nous semble donc être celle de la rétribution divine. Le pardon gratuit, c'est-à-dire la levée d'une faute sans aucune sanction, est un fait inédit dans les textes étudiés. Cependant, nous l'avons vu, Dt 9,1–10,11 fait exception à cette conclusion. Aucune sanction n'est mentionnée. Comment expliquer cette absence qui, sur l'arrière-fond des textes que nous venons d'étudier (particulièrement de ceux où la faute mentionnée était commise contre le premier commandement du décalogue), paraît particulièrement étonnante ?

4.3.2 La justice divine en Dt 9,1–10,11 et l'absence de sanction dans cette péricope

Après le parcours que nous avons effectué, nous reprenons maintenant l'hypothèse de départ que nous avons formulée au début du chap. 2[157] et que nous voulions éprouver : nous proposions de considérer l'absence de sanction en Dt 9,1–10,11 comme un *hapax* dans le Deutéronome, qui soulignerait la volonté des rédacteurs de cette péricope de s'affranchir de la théologie de la rétribution, majoritaire dans le reste du livre. Dans le même temps, cette hypothèse ne s'accordait pas avec les conclusions de M. Franz, pour qui Dt 9,1–10,11 devait plutôt être interprétée comme une péricope esquivant la théologie de la miséricorde exprimée dans le récit parallèle en Ex 34,6-7.

---

157 Cf. p. 75.

Nous sommes maintenant en mesure d'évaluer notre hypothèse de départ et d'esquisser des réponses à la question touchant l'absence de sanction en Dt 9,1–10,11. Après étude du fonctionnement de la justice divine dans le reste du Deutéronome, nous avons la confirmation que l'absence de sanction en Dt 9,1–10,11 est bel et bien un *hapax* dans ce livre où, partout ailleurs, *toute faute – normative ou historiographique – appelle une sanction.*

Comment expliquer cet *hapax* ? Nous voudrions maintenant passer en revue différentes réponses que la lecture du texte et de la littérature secondaire nous a suggérée. Nous allons aborder ces réponses potentielles en allant de celles qui nous semblent les moins convaincantes à celles qui nous semblent les plus solides.

Une première explication nous a été suggérée par la lecture d'un essai de N. Lohfink[158]. Cet auteur montre les liens existant entre Dt 9 et le jugement porté contre les souverains du royaume du Nord dans les livres des Rois. Ces souverains sont principalement accusés de perpétuer le « péché de Jéroboam », c'est-à-dire le culte de veaux à Béthel et à Dan. Selon Lohfink, ce péché du royaume d'Israël possède une correspondance narrative dans le péché premier (*Ursünde*) d'Israël à l'Horeb (Dt 9). Les jugements successifs des souverains du royaume du Nord s'accumulent jusqu'au jugement final que constituent la prise de Samarie et la déportation des Israélites par les Assyriens. Selon cette optique, il est possible de considérer que la sanction du « péché de Jéroboam », perpétué par les différents rois d'Israël, a trouvé sa sanction dans la chute de Samarie. En faisant un pas de plus (non franchi par Lohfink), on pourrait considérer que la chute de Samarie constitue une sanction non seulement de tous les « péchés de Jéroboam » commis par la lignée des rois d'Israël, mais également de la *Ursünde* de Dt 9.

Une grille de lecture de ce type semble être appliquée à propos de la destruction de Jérusalem en 2 R 21,15. Ce verset, qui annonce la dévastation de la capitale du royaume du Sud, en donne la cause : « [...] parce qu'ils ont fait ce qui est mal à mes yeux et qu'ils m'ont irrité, *depuis le jour où leurs pères sont sortis d'Égypte jusqu'à ce jour-ci* »[159]. Il semble donc que la fin des livres de Rois comprenne la destruction de Jérusalem comme la conséquence des péchés d'Israël depuis la sortie d'Égypte, c'est-à-dire ceux du désert – et donc l'affaire du veau – inclus.

Selon cette première explication, la sanction consécutive à l'affaire du veau n'est pas à chercher en Dt 9,1–10,11 mais se trouve racontée à

---

158 LOHFINK, « Zorn Gottes », p. 144-145.
159 Les italiques sont nôtres.

la fin des livres des Rois : il s'agit de la chute de Samarie et de celle de Jérusalem. Cette explication reste cependant, à notre avis, limitée. Elle ne vaut que si l'on peut dégager des liens textuels entre Dt 9,1–10,11 d'un côté et 2 R 17 ; 21 de l'autre. Or, pour 2 R 17, il semble que le péché premier soit celui de Jéroboam (1 R 12) plutôt que celui du désert (Dt 9). Quant à 2 R 21, hormis le v. 15, rien ne renvoie à l'épisode du veau si ce n'est, indirectement, l'idolâtrie de Manassé.

Une deuxième explication de l'absence de sanction en Dt 9,1–10,11 pourrait se déduire de l'ordre de la narration de Dt 1–11. Dans le rappel des événements du Tétrateuque, le discours de Moïse insiste d'abord sur la faute des explorateurs (Dt 1,19-46) et ses conséquences funestes sur la première génération du désert, qui est aussi la génération qui avait fabriqué le veau. Dès le début du livre, cette génération apparaît comme mauvaise et disparaît. On peut dès lors se demander si la faute par excellence en Dt 1–11 n'est pas celle que rapporte le récit de Dt 1,19-46 et si la volonté de souligner cette faute ne pourrait pas être à l'origine de l'absence de récit de sanction en Dt 9,1–10,11. Autrement dit, le récit de la sanction de Dt 1,19-46 – la faute par excellence – aurait en quelque sorte permis de faire l'économie de la sanction en Dt 9,1–10,11 – faute subsidiaire.

Cette solution, vraisemblable au niveau d'une lecture synchronique du Deutéronome, ne le demeure au niveau diachronique qu'à la condition que l'écriture de Dt 9,1–10,11 soit postérieure à celle de Dt 1,9-46. Il nous faudra approfondir ce point par la suite.

Une troisième réponse potentielle que nous pouvons avancer face à la question de l'absence de sanction en Dt 9,1–10,11 est celle d'une mise en avant de la figure de Moïse comme intercesseur. Dans ce texte, cette absence équivaudrait implicitement à un pardon divin et soulignerait la puissance d'intercession de Moïse.

Là encore, cette réponse n'est pas entièrement satsifaisante. En Ex 32, Moïse était déjà décrit comme intercesseur ; néanmoins, le peuple était quand même sanctionné. Cette piste reste cependant à explorer car, nous l'avons vu, certains passages du Deutéronome valorisent Moïse comme prophète et intercesseur (cf. 31,27.29 ; 34,10). Ces versets décrivent le temps de Moïse comme un temps où Israël est rebelle mais où il a un médiateur. Nous l'avons déjà souligné[160], un parallèle est possible avec Jg 2,11-19 et sa lecture théologique de l'histoire. Le temps de Moïse est décrit comme un *Urzeit*, un temps extraordinaire où la puissance du prophète assurait à Israël de subsister malgré la colère de Yhwh. La possibilité d'une absence de sanction en

---

160 Cf. p. 200-201.

Dt 9,1–10,11 destinée à mettre en valeur Moïse comme prophète et intercesseur doit donc être prise en compte.

Une quatrième réponse possible à la question de l'absence de sanction est suggérée par E. Otto[161]. Elle est à dimension historique. Selon cet auteur, la première version de Dt 9,1–10,11 reflète le point de vue de DtrD et ne contient pas de sanction, car ces rédacteurs dtr entendent montrer aux Israélites de la période exilique qu'il y a un avenir après la faute. Cette explication fait donc du récit de l'épisode du veau une parabole de l'idolâtrie qui a mené à la fin du royaume de Juda au 6ᵉ s. avant notre ère. Cependant, « la rupture d'alliance de la part du peuple, laquelle a provoqué l'exil, n'aura pas mené à une rupture de la relation d'alliance de la part de Dieu »[162]. Pour évaluer cette réponse, il faut étudier l'histoire de la rédaction de Dt 9,1–10,11, afin de vérifier si un lien peut être établi entre cette première version de Dt 9,1–10,11 et un « milieu de vie » de ses rédacteurs au 6ᵉ s. Nous procéderons à ce type de travail par la suite et en conséquence, nous ne prenons pas position, pour le moment, vis-à-vis de l'explication d'E. Otto.

Enfin, la cinquième et dernière réponse potentielle que nous avançons s'appuie sur la rhétorique du texte. À ce stade de notre étude, elle nous semble une solution prometteuse. Un examen du contenu de Dt 9,1–10,11 et de sa rhétorique la sous-tend. Procédons maintenant à cet examen.

Nous avons relevé plus haut[163] plusieurs occurrences (9,6 ; 31,27 ; 32,5) où s'exprimait l'idée que le peuple était marqué par un état d'infidélité permanente. Or cette idée est au cœur de Dt 9,1–10,11, où le verset 9,6 forme la charnière entre Dt 9,1-6 (qu'il parachève) et Dt 9,7–10,11 (qu'il introduit). L'idée qu'il exprime constitue la thèse centrale qui unifie 9,1–10,11.

Dt 9,6 résume en lui-même la théologie qui se déploie en 9,1-6. L'action divine décrite dans ces versets fait écho à d'autres sections du livre. Yhwh va passer devant Israël et, comme un feu dévorant (אכלה אש), détruire (שמד-hiphil) et soumettre (כנע-hiphil) les peuples cananéens de façon à ce qu'Israël prenne possession (ירש : v. 3.4.5.6) de leur pays. L'association de Yhwh à un feu qui accompagne Israël se trouvait déjà en 1,33 où son action était différente : il guidait et éclairait la route du peuple (לראתכם), tandis qu'en 9,3, il détruit et soumet. La raison de cette destruction des peuples cananéens devant Israël n'est

---

161 Otto, *Pentateuch und Hexateuch*, p. 118-125, sp. p. 121-122.
162 Otto, *Pentateuch und Hexateuch*, p. 122.
163 Cf. p. 199-202.

pas donnée avant le v. 4 : c'est à cause de la perversité (רִשְׁעָה) de ces peuples que Yhwh va les traiter de la sorte. Une exhortation suit cette affirmation : qu'Israël n'aille donc pas imaginer que c'est en raison de sa propre justice (צְדָקָה) que ces peuples vont être vaincus.

N. Lohfink comprend Dt 9,1-6 comme étant fondamentalement un passage de type juridique. Les termes רִשְׁעָה et צְדָקָה appartiennent selon lui au vocabulaire juridique, ici au service d'une idéologie de la justification par la guerre[164]. Dans l'Israël ancien, indique-t-il, l'idée que la guerre est une dispute judiciaire était courante. Dans la victoire ou la défaite s'exprime la décision de justice de la divinité déterminant qui avait raison et qui avait tort. En 9,1-3, il serait donc fait mention de la conquête de Canaan comme guerre menée par Yhwh, dont la conséquence se trouve exprimée dans la citation de 9,4 : Israël va estimer être justifié. Lohfink pense donc que 9,4-5 formulent un jugement inverse, peut-être également en réaction à 6,17-19[165].

La prise de possession du territoire d'un peuple par un autre est évoquée à plusieurs reprises en Dt 2. À propos des montagnes de Séïr, Israël ne doit rien revendiquer, car Yhwh les a données en possession à Esaü (2,5 : כִּי־יְרֻשָּׁה לְעֵשָׂו נָתַתִּי אֶת־הַר שֵׂעִיר). Selon Dt 2,5, la prise de possession de la terre des Horites et l'extermination de ces premiers habitants de Séïr (cf. 2,12) par les fils d'Ésaü était donc un don (cf. נָתַתִּי) fait par Yhwh à ces derniers. En Dt 2,22, le texte est plus explicite encore : Yhwh *a exterminé* les Horites (הִשְׁמִיד אֶת־הַחֹרִי) devant Ésaü pour que celui-ci puisse prendre possession du pays (וַיִּירָשֻׁם) et s'y installer (וַיֵּשְׁבוּ). Le texte relie cette action à une extermination (וַיַּשְׁמִידֵם יְהוָה) semblable, par Yhwh, des anciens habitants du pays d'Ammon pour laisser place à la prise de possession (וַיִּירָשֻׁם) et à l'installation (וַיֵּשְׁבוּ) des Ammonites (v. 21). Plus étonnant encore, le v. 23 relate l'extermination (הִשְׁמִידֻם) des Avvites par les Kaphtorim – c'est-à-dire des Philistins – qui sont installés (וַיֵּשְׁבוּ) sur la côte. Ce dernier verset n'attribue pas cette dépossession des Avvites à Yhwh, mais le contexte laisse entendre un intérêt de Yhwh pour les Philistins eux-mêmes[166]. En outre, on trouve entre ces notices de dépossession de différents peuples[167] l'indication que la première génération du désert a

---

164 LOHFINK, *Hauptgebot*, p. 201-203.
165 LOHFINK, *Hauptgebot*, p. 206.
166 BIDDLE, *Deuteronomy*, p. 48.
167 Il est très probable que les v. 2.5.9.12.21-22.23 ne soient pas tous à attribuer à un même niveau d'écriture, en dépit de l'homogénéité de leur théologie. Dt 2,10-12 et 20-23 sont probablement des gloses explicitatives, interrompant le discours divin qui reprend de la même façon en 2,13 et 2,24.

péri tout entière (2,14-16). Comment ne pas faire dès lors la relation entre les peuples qui ont été exterminés et la première génération du désert, sur qui la main de Yhwh s'est abattue (2,15) ?

La théologie de 9,1-6 manifeste des connexions avec celle de Dt 2. Dans ce dernier chapitre, Yhwh règne sur l'histoire des peuples et est bienveillant non seulement pour Israël mais aussi pour Édom, Moab et Ammon[168]. Il peut déposséder des peuples pour donner leurs terres en possession à d'autres. En 9,1-6, l'extermination des peuples cananéens à laquelle Yhwh va procéder (9,3) est lue selon cette optique. Elle est interprétée théologiquement. La raison de l'extermination des peuples de Canaan devant Israël est la colère (cf. אש אכלה[169]) de Yhwh à leur égard en raison de leur perversité / culpabibilté[170] (רשעה)[171]. La justice divine à l'arrière-fond de ces versets est donc celle d'un châtiment de nations coupables, cette culpabilité n'étant cependant pas détaillée.

En toute logique, puisque les peuples cananéens « coupables » vont être exterminés et qu'Israël va entrer en possession de leur pays, le lecteur / auditeur de 9,1-6 en déduit qu'Israël est un peuple צדיק. Mais les v. 4-6 soulèvent immédiatement l'étonnement. Israël n'est pas צדיק. Il est décrit comme un « peuple à la nuque raide ». Ne devrait-on pas voir dans cette description (« nuque raide ») les symptômes de la רשעה ? Cet étonnement croît lorsqu'on constate qu'en 9,27, Moïse plaide la cause du peuple devant Yhwh en disant : « Ne fais pas attention à l'obstination de ce peuple, à sa malice (רשע) et à son péché ». Entre la רשעה des peuples que Yhwh va exterminer et la רשע qu'Israël a manifesté lors de la fabrication du veau, y a-t-il grande différence ?

La lecture de Dt 9,1–10,11 sur l'arrière-fond de Dt 2 laisse donc percevoir la fonction de l'affaire du veau (9,7–10,11) : elle semble convoquée pour souligner la capacité du peuple de tomber dans la רשעה. Si Israël va bénéficier de l'installation en Canaan, il n'en reste pas moins capable de sombrer dans les mêmes travers que les peuples

---

168 On peut mettre en contraste cette bienveillance avec Dt 23,4.8.
169 Le contexte de la colère divine est manifeste dans toutes les occurrences de cette expression (Dt 4,24 ; 9,3 ; Is 29,6 ; 30,27-33 [sp. v. 27.30] ; 33,14 ; Jl 2,5), sauf une (Ex 24,17).
170 Le mot רשעה en 25,2 renvoie davantage à l'idée de « culpabilité » qu'à celle de « perversité », cette dernière traduction se basant pour sa part sur la racine רשע.
171 Nous verrons dans le chapitre suivant que l'autre raison avancée pour l'extermination des peuples cananéens, à savoir la promesse faite aux patriarches (9,5bb), est probablement un ajout en 9,1-6 (cf. p. 279).

qui vont être dépossédés à son profit. La mise en garde est on ne peut plus claire. Elle prolonge d'ailleurs 8,19-20 :

> « Et si jamais tu en viens à oublier Yhwh ton Dieu, si tu suis d'autres dieux, si tu les sers et te prosternes devant eux, je l'atteste contre vous aujourd'hui : vous disparaîtrez totalement ; comme les nations que Yhwh fait disparaître devant vous, ainsi vous disparaîtrez, pour n'avoir pas écouté la voix de Yhwh votre Dieu ».

La justice divine exprimée en 9,1–10,11 apparaît donc sur l'arrière-fond d'une théologie de la rétribution : Yhwh va punir la רשעה des peuples cananéens en les dépossédant et Israël doit prendre garde de ne pas suivre les travers de ces peuples en désobéissant à Yhwh, sans quoi il subira également le même sort, c'est-à-dire la destruction et la dépossession de sa terre.

Pour illustrer combien l'entrée dans le pays est imméritée par Israël, le récit de 9,7–10,11 intervient pour prolonger la thèse de 9,6. Cette thèse est la suivante : Israël reçoit ce pays en raison de la culpabilité des habitants précédents, mais est enclin aux mêmes travers. Le but de ces versets est donc d'abord et avant tout celui d'une mise en garde contre l'infidélité.

Une lecture synchronique du Deutéronome semble montrer que cette exhortation s'adresse à la seconde génération du désert (cf. 9,1 : שמע ישראל אתה עבר היום את־הירדן). En l'accusant d'être « un peuple à la nuque raide », Moïse impute à cette seconde génération la faute de ses pères (la première génération) et fait mémoire du passé comme si la seconde génération était coupable (9,7 : « Souviens toi... À l'Horeb, vous avez irrité Yhwh »), comme si elle avait elle-même fabriqué la statue de fonte. Selon Moïse, la faute des pères (première génération) est donc partagée corporativement par les fils (seconde génération), et non seulement par ceux-ci mais aussi par l'Israël futur. Il ne dit pas en effet « Tu es *une génération* à la nuque raide » mais « Tu es *un peuple* à la nuque raide ».

Il faut lier, nous semble-t-il, l'absence de sanction en Dt 9,1–10,11 à la rhétorique d'identification des deux générations du désert. Dans cette péricope, Moïse, dans une sorte de court-circuit, attribue la faute des pères (= première génération) à leurs fils (= seconde génération). La pointe de l'argumentation réside dans le fait que cette seconde génération ne vaut pas plus que ses pères et est foncièrement rétive. K. Schmid avait bien noté ce jugement négatif des deutéronomistes sur les différentes générations, lorsqu'il écrivait que ces auteurs « interprètent l'histoire d'Israël comme une histoire fautive continue touchant toutes les générations à partir de l'exode : Israël a eu la loi de Moïse depuis ce temps mais l'a sans cesse transgressée depuis lors, en particulier le premier commandement »[172]. S'adressant à la seconde génération en lui imputant la faute de ses pères, les rédacteurs de Dt 9,1–10,11 n'ont dès lors pas besoin de raconter la punition des pères. Rapporter cette punition serait en effet rhétoriquement contre-productif, car cela reviendrait, tout en affirmant l'équation entre les deux générations en ce qui concerne leur infidélité envers Yhwh, à laisser entendre que cette infidélité a déjà été punie (ce qui est vrai pour la première génération mais pas pour la seconde). Or, pour bien signifier que les fils (= seconde génération) portent la faute des pères et forment une génération coupable, il est rhétoriquement efficace que le texte ne mentionne pas que les pères ont été punis pour leur faute, car s'il y avait une telle mention, les fils n'auraient plus, dès lors, le même degré de solidarité dans la faute de leurs pères, celle-ci ayant été sanctionnée !

La cinquième explication que nous avançons pour expliquer l'absence de sanction en Dt 9,1–10,11 est donc une réponse ancrée dans la rhétorique de ce texte. Elle s'appuie en premier lieu sur le fait que la théologie qui se lit à l'arrière-plan de Dt 9,1-6 est une théologie de la rétribution et en second lieu sur l'existence d'une stratégie d'implication de la seconde génération du désert dans la faute de ses pères. L'absence de sanction viserait à renforcer l'identification des deux générations du désert dans la faute. Dans cette optique, cette absence serait liée à une théologie de la rétribution plutôt qu'à une théologie de la miséricorde, ce qui infirmerait notre hypothèse de départ, laquelle envisageait cette absence comme une tentative de s'affranchir de la théologie de la rétribution majoritaire dans le reste du livre. Au contraire, c'est même la pensée de la rétribution présente à l'arrière-fond de cette péricope qui justifierait l'absence de sanction en Dt 9,1–10,11, car pour inclure la seconde génération dans la faute de ses pères, il aurait été rhétoriquement peu opérant que ces derniers aient été punis.

À l'issue de notre étude thématique, nous pouvons maintenant synthétiser le parcours effectué. L'hypothèse de départ que nous avions formulée se trouve en partie confirmée. L'étude globale des fautes contre Yhwh montre bien que la théodicée est foncièrement rétributive dans le Deutéronome. Cette rétribution divine s'applique en général à Israël conçu comme une entité corporative. Des variations concernant l'exercice de cette justice divine sont notables mais ne sortent pas du cadre d'une théologie de la rétribution. L'absence de sanction à la suite d'une faute contre Yhwh n'apparaît qu'une seule fois dans le livre, en

---

[172] SCHMID, Konrad, « Kollektivschuld », p. 216.

Dt 9,1–10,11. À première vue, il est possible d'esquisser quelques explications concernant le défaut de sanction dans cette péricope, bien qu'aucune d'entre elles ne s'impose absolument. Plus encore, la dernière réponse exposée prend le contre-pied de notre hypothèse de départ, puisqu'elle considère l'absence de sanction en Dt 9,1–10,11 comme une stratégie rhétorique visant à créer une solidarité dans la faute entre la première génération du désert (qui a fabriqué la statue de fonte) et la seconde génération à qui Moïse impute cette faute (cf. 9,6-8).

5. Étude diachronique de Dt 9,1–10,11. Essai de contextualisation historique de la rédaction de cette péricope au sein des cadres du livre

Grâce à une étude des fautes contre Yhwh, nous avons pu préciser comment la justice divine est envisagée dans le Deutéronome. Deux voies s'offrent à la seconde génération du désert et à toutes celles qui la suivront : si elles marchent sur les chemins de Yhwh, écoutent sa voix et mettent en pratique ses commandements (la Torah), alors elles possèderont la terre et recevront les bénédictions de Yhwh. Dans le cas contraire, Israël sera exterminé, déporté et atteint par les malédictions.

En Dt 9,1–10,11, l'absence de punition à la suite de la violation du premier commandement par le peuple contredit ce portrait de la justice divine. Plusieurs explications sont possibles. Cette absence pourrait :
- être due au fait que Dt 1,19-46 présente déjà une faute grave entraînant la mort de la première génération du désert : il n'y avait peut-être plus nécessité, dès lors, d'insérer de sanction en Dt 9,1–10,11
- souligner la volonté des rédacteurs de ce passage de mettre en avant la figure de Moïse comme prophète et intercesseur
- servir à redonner espoir aux Israélites durant l'exil
- viser à solidariser la seconde génération dans la faute de ses pères[1]

À ce stade de notre travail, il devient nécessaire de nous pencher sur Dt 9,1–10,11 en prenant en compte l'histoire de sa rédaction. À ce prix seulement pourrons-nous éprouver les explications avancées et éventuellement en faire surgir d'autres. Nous en tenir à une étude thématique et/ou synchronique de cette péricope nous priverait de données et de résultats que nous pourrions obtenir par la *Redaktionsgeschichte*. La dernière explication proposée ci-dessus, par exemple, ne vaut peut-être que dans le cadre d'une lecture

---

1   Nous laissons de côté la première piste explicative décrite p. 256-257, car elle nous semble peu plausible, comme nous l'avions souligné en la présentant.

synchronique du Deutéronome. En effet, dans la reconstruction par Otto de l'histoire rédactionnelle de Dt 9,1–10,11, la première strate de ce récit (DtrD) ne connaissait pas encore la partition du peuple en deux générations du désert, laquelle partition aurait été introduite ultérieurement par DtrL. Dès lors, dans l'optique de cet auteur, l'absence de sanction ne peut pas être expliquée, pour ce qui est de cette première strate, comme issue d'une volonté des rédacteurs DtrD de solidariser dans la faute les deux générations du désert.

De même, la troisième solution ci-dessus postule une écriture exilique de notre péricope, ce qui nous invite à situer cette dernière dans l'histoire d'Israël. Enfin, nous l'avons déjà souligné[2], considérer que le défaut de sanction en Dt 9,1–10,11 s'explique par le rôle interprétatif prépondérant joué par Dt 1,19-46 n'est valable, au niveau diachronique, qu'à la condition de montrer que l'écriture de Dt 9,1–10,11 présuppose celle de Dt 1,9-46. On le voit donc, la prise en compte de l'histoire rédactionnelle du texte est importante pour répondre à la problématique au cœur de notre recherche. Il est en effet possible que l'absence de punition ait pu recevoir des significations variables au cours de l'histoire littéraire de cette péricope.

Notre enquête sur l'histoire de la rédaction de Dt 9,1–10,11 se fera en deux temps, qui correspondront aux deux chapitres à venir. Dans le chapitre 5, nous tenterons de distinguer les différentes strates rédactionnelles de Dt 9,1–10,11 et de les situer dans l'histoire de la composition du Deutéronome. Le chapitre 6 traitera pour sa part de la relation de Dt 9,1–10,11 à ses sources et de sa place dans la composition du Pentateuque. Nous garderons toujours à l'esprit le but de ce travail : comprendre les raisons de l'absence de punition dans ces versets.

5.1   Enquête littéraire et histoire de la rédaction

La section historique Dt 9,7–10,11 pose problème à la recherche[3]. Sa délimitation n'est pas aisée. La compréhension de sa structure est rendue difficile par un fil narratif heurté, des redondances et des doublets. L'histoire de sa rédaction pose la question de la relation de dépendance de ce passage avec des textes parallèles du Tétrateuque et de HD, par exemple Ex 32–34, Nb 14 et 1 R 12[4].

---

2   Cf. p. 257.
3   Ce constat se lit chez par exemple chez RÖMER, *Väter*, p. 206 ; BLUM, « Montagne », p. 285-286.
4   Cette question sera abordée au chapitre 6.

Notre objectif dans cette section consiste à essayer de retracer l'histoire de la rédaction de cette péricope par le biais de la critique littéraire. Quatre étapes jalonneront cette tentative : la réflexion sur les questions de délimitation (5.1.1) ; la discussion autour de la « fable » et de la façon dont le texte est structuré (5.1.2) ; la critique littéraire et rédactionnelle de détail (5.1.3) ; enfin, nous terminerons en présentant notre hypothèse concernant l'histoire de la rédaction de ce passage (5.1.4).

5.1.1   Délimitation de la péricope

En réalité, la délimitation que nous avons jusqu'ici utilisée comme acquise (9,1–10,11) ne va pas de soi[5], aussi devons-nous la justifier. Nous nous plaçons ici à un niveau synchronique et cherchons à déterminer l'unité qui fait sens pour la lecture de l'épisode de la fabrication du veau de fonte à l'Horeb.

En 9,1–10,11, une section parénétique (9,1-6) est suivie d'une section dite « historique » (9,9–10,11), deux versets (9,7-8) formant leur articulation. La différence de nature entre ces sections (parénétique et « historique ») est renforcée par un *Numeruswechsel* au passage de l'une à l'autre (la section parénétique est en « tu », tandis que la section « historique » est en « vous »). Le changement de nombre s'opère entre 9,7b*a* et 9,7b*b*. En Dt 10,12, le nombre change à nouveau en faveur de la deuxième personne du singulier et le style est à nouveau parénétique. Le récit historique (Dt 9,9–10,11) est donc situé entre deux discours parénétiques (Dt 9,1-6 ; 10,12-22).

Tout comme le début de Dt 9, la fin de Dt 8 est également de style parénétique et des liens forts unissent les deux sections :
- le motif du cœur (8,17 : ואמרת בלבבך ; 9,4 : אל־תאמר בלבבך)
- la mise en garde contre une certaine présomption : Dt 8,17-18 ; Dt 9,4-5
- l'indication que Yhwh va tenir sa promesse envers les pères (8,18 : למען הקים את־בריתו אשר־נשבע לאבתיך ; 9,5 : ולמען הקים את־הדבר אשר נשבע יהוה לאבתיך)
- le thème de l'extermination des peuples cananéens par Yhwh devant Israël (8,20 : כגוים אשר יהוה מאביד מפניכם ; 9,3 : הוא ישמידם והוא יכניעם לפניך)

---

5   Cf. déjà p. 4 n. 11.

- le thème de l'idolâtrie (8,19 : אִם־שָׁכֹחַ תִּשְׁכַּח אֶת־יְהוָה אֱלֹהֶיךָ וְהָלַכְתָּ אַחֲרֵי אֱלֹהִים אֲחֵרִים וַעֲבַדְתָּם וְהִשְׁתַּחֲוִיתָ לָהֶם ; cf. 9,12)
- l'exhortation à se souvenir et à ne pas oublier (Dt 8,18 : וְזָכַרְתָּ אֶת־יְהוָה ; 8,19 : וְהָיָה אִם־שָׁכֹחַ תִּשְׁכַּח אֶת־יְהוָה ; 9,7a : זְכֹר אַל־תִּשְׁכַּח)

En Dt 9,1, pourtant, prend place une césure forte[6]. La précision אַתָּה עֹבֵר הַיּוֹם אֶת־הַיַּרְדֵּן לָבֹא situe le récit dans le futur proche du passage du Jourdain et de l'entrée dans le pays. Cette notation de l'entrée imminente dans le pays intervient à intervalles réguliers dans le livre où elle sert à introduire de nouveaux discours ou de nouvelles lois[7]. La combinaison de cette notation spatio-temporelle avec l'impératif שְׁמַע יִשְׂרָאֵל a pour effet une *captatio benevolentiae* redoublée et crée une rupture avec ce qui précède, malgré l'appui que prend l'injonction de Dt 9,1 sur la non écoute décrite dans le verset précédent. Les versets 9,1 et suivants sont étroitement reliés à ce qui précède et peuvent éventuellement faire partie d'un même niveau d'écriture avec 8,17-18.19-20. Cependant, ils inaugurent un développement nouveau de l'argumentation et marquent le commencement d'une unité de lecture qui peut se lire pour elle-même.

L'impératif שְׁמַע יִשְׂרָאֵל est, de l'avis de Lohfink, un des quatre marqueurs structurant les parénèses de Dt 5–11[8]. Cet auteur trouve le dernier de ces marqueurs en Dt 10,12, et voit là une césure forte. Il est pourtant possible de faire jouer deux rôles au marqueur וְעַתָּה יִשְׂרָאֵל en Dt 10,12. Il peut lui être assigné une fonction plus spécialement conjonctive[9] et alors la chaîne d'argumentation se laisse dégager comme suit : [Dt 9,1] שְׁמַע יִשְׂרָאֵל + *exhortation pour Israël à ne pas considérer l'entrée dans la terre comme issue de sa justice* → [Dt 9,7] זְכֹר אַל־תִּשְׁכַּח + *rappel historique* → [Dt 10,12] וְעַתָּה יִשְׂרָאֵל + *exhortation à s'attacher à Yhwh*. L'autre possibilité est d'assigner à וְעַתָּה יִשְׂרָאֵל une

---

6 Contre von Rad, qui met Dt 9,1-6 en relation avec ce qui précède (VON RAD, *Das Fünfte Buch*, p. 50-53).
7 Cf. 1,8 ; 6,10 ; 7,1 ; 11,29 ; 17,14 ; 18,9 ; 19,1 ; 26,1 ; 27,2.
8 LOHFINK, « Endtextstruktur », p. 43 :

I	Récit débouchant sur une parénèse	שְׁמַע יִשְׂרָאֵל	5,1
II	Parénèse	שְׁמַע יִשְׂרָאֵל	6,4
III	Parénèse débouchant sur un récit	שְׁמַע יִשְׂרָאֵל	9,1
IV	Parénèse	וְעַתָּה יִשְׂרָאֵל	10,12

On peut s'étonner de la différence existant entre le dernier marqueur (וְעַתָּה) et les trois premiers (שְׁמַע). Le marqueur וְעַתָּה יִשְׂרָאֵל se trouve également en 4,1.
9 Ainsi TALSTRA, « Deuteronomy 9 and 10 », p. 196.

fonction plus spécialement disjonctive et d'en faire le début d'une section autonome[10].

Comme le note F. García López, « l'expression ועתה est souvent utilisée dans l'Ancien Testament pour passer du récit à la parénèse, du passé au présent, du souvenir à l'action »[11]. Le mot ועתה est une notation temporelle visant à tirer les conséquences de ce qui précède en commençant un nouveau discours. Au plan temporel, ועתה est complété par la notation היום (« aujourd'hui ») du v. 13. Moïse ramène ainsi ses auditeurs à l'aujourd'hui de la proclamation de la Torah au pays de Moab, après avoir évoqué le passé du peuple. Entre 10,11 et 10,12-13, le discours de Moïse est donc marqué par un saut temporel.

Au niveau thématique, la parénèse qui commence en Dt 10,12 n'a pas de liens très solides avec Dt 9,1–10,11 (hormis le v. 16). Dt 10,12-22 est un discours parénétique très général dont le placement à la suite de Dt 9,1–10,11 n'a rien de spécifique. On aurait pu s'attendre, par exemple, à ce que le v. 13 exhorte à respecter les « (dix) paroles » (10,2 : הדברים ; 10,4 : את עשרת הדברים) ou « l'alliance » (9,9 : הברית) plutôt que « les commandements » (10,13 : את־מצות) et « les lois » (10,13 : את־חקת). En effet, les commandements et les lois ne sont pas spécialement connectés à Dt 9,1–10,11. Tout cela montre que Dt 10,12-22 aurait pu, sans aucun dommage, prendre place ailleurs plutôt qu'à la suite de 9,1–10,11. Hormis le v. 16, sa thématique ne fait d'ailleurs pas explicitement allusion au récit qui précède. En effet, à partir du v. 12, la thématique concerne :
- l'obéissance et le respect de Yhwh et de ses commandements (10,12-13)
- la souveraineté de Yhwh sur le ciel et la terre (10,14)
- l'élection d'Israël (10,15)
- la justice de Yhwh et son souci des pauvres (10,17-19)

Nous en concluons donc que nous pouvons, sans dommage pour la lecture de la péricope qui commence en Dt 9,1, en poser la limite aval en Dt 10,11. La question qui surgit ensuite est celle de la solidarité entre

---

10 Ainsi LOHFINK, *Hauptgebot*, p. 219-236 qui fait de Dt 10,12-11,32 une section à part possédant la structure d'un traité : préambule (10,14.17.18), stipulation (10,20), rappel historique (10,21a ; 11,3ab.4a.6), description de la terre (11,10-12), bénédictions (11,14-15). A. Mayes argumente la nature disjonctive de Dt 10,12 d'une autre manière. Il souligne la ressemblance forte existant entre Dt 4,1-40 et 10,12–11,32 touchant la grammaire, l'usage mixte des deuxièmes personnes du singulier et du pluriel, et le lexique. Il montre ainsi que Dt 4,1 et 10,12, les deux seules occurrences de ועתה ישראל dans le Deutéronome, sont des transitions de même nature (MAYES, *Story*, p. 34-35).

11 GARCÍA LÓPEZ, *Comment lire*, p. 294.

Dt 9,1-6(ou 7a) et Dt 9,7(ou 7b)–10,11. À ce stade, le constat de Hayes selon lequel les critiques, en isolant Dt 9,7–10,11 de son contexte immédiat afin de procéder à la comparaison avec Ex 32, perdent parfois le fil du discours dans lequel la tradition est insérée, nous semble une mise en garde importante[12]. En effet, le récit de l'affaire du veau ne se laisse pas détacher facilement de sa parénèse introductive, dans la mesure où il apparaît comme une « preuve par l'histoire »[13] de la thèse avancée en Dt 9,6. Littérairement, la continuité est parfaitement marquée par l'expression עם־קשה־ערף, qui se trouve au cœur de la thèse (Dt 9,6) et de la preuve (Dt 9,13)[14]. Au plan synchronique, il nous semble donc difficile de dissocier Dt 9,1-6(7a) et 9,7(7b)–10,11. Au plan diachronique, la question doit pour le moment rester ouverte. Notre enquête littéraire portera donc sur Dt 9,1–10,11.

5.1.2 « Fable » et structuration du récit

Ce n'est pas tant la structure du texte que nous voudrions mettre en avant dans cette section, que la « fable » du récit qui est portée par cette structure. Dans son approche du Deutéronome, N. Lohfink utilise le concept de « fable », catégorie qu'il reprend aux formalistes russes[15]. Ces derniers distinguent la « fable » ou *Ereignisfolge* (ordre chronologique naturel des événements racontés) et le « sujet », ou *Erzählfolge* (ordre d'exposition par le narrateur de ces événements). La fable et le sujet d'un même récit peuvent différer, comme c'est le cas dans les onze premiers chapitres du Deutéronome[16].

En Dt 9,7–10,11, la fable n'apparaît pas clairement. Comme l'écrit E. Blum : « À première vue, la construction de ce texte peut paraître assez déconcertante. Des doublets (Dt 9,18-19 // Dt 9,25-29 // Dt 10,10), des insertions (Dt 9,20.22-24 ; 10,6-7), des retours en arrière (Dt 9,21.25-29 ;

---

12 HAYES, « Golden Calf », p. 72-73.
13 « proof from the history » (DRIVER, *Deuteronomy*, ³1902, p. 112).
14 Nous ne pouvons suivre l'argument donné par Lohfink en faveur de la continuité entre parénèse et récit du veau reposant sur une structure concentrique en Dt 9,1-7 (LOHFINK, *Hauptgebot*, p. 201 ; LOHFINK, « Endtextstruktur », p. 46-47). La correspondance posée par l'auteur entre שמע en 9,1 et זכר אל־תשכח en 9,7 nous paraît forcée. L'impératif du v. 7 n'a pas la valeur conclusive d'une structure concentrique, mais la valeur introductive d'une sous-section.
15 LOHFINK, « Fabel », p. 65 n. 1.
16 Selon la fable de Dt 1–11, le récit de la fabrication du veau précède chronologiquement le récit des explorateurs. Selon le sujet, c'est l'inverse qui est exposé.

Dt 10,8-11) " désagrègent " le texte d'une manière telle que les exégètes ont souvent été tentés, par le biais de la critique littéraire, de " mettre de l'ordre " dans ce fouillis »[17].

N. Lohfink est un des auteurs qui a le plus travaillé la fable du Deutéronome, et nous suivons ici sa reconstruction de Dt 9,9–10,11[18]. Dans ces versets, il distingue trois séjours de Moïse sur l'Horeb, qui correspondent aux trois séjours d'Ex 32–34[19]. En Dt 9,9-10, le premier séjour de Moïse au sommet de la montagne est clairement rapporté ; il prend fin par l'ordre de Yhwh de descendre (v. 12), ordre exécuté en 9,15. En Dt 9,18-20, le deuxième séjour est rapporté sans aucune notation de lieu ou de temps. Certains renvois littéraires relient cependant ce deuxième séjour au premier séjour (Dt 9,9-11) : כראשנה (9,18), ארבעים יום וארבעים לילה (9,18 → 9,9), לחם לא אכלתי (9,18 → 9,9) et וישמע יהוה אלי גם בפעם ההוא ומים לא שתיתי (9,19). Lohfink s'interroge sur cette dernière mention et montre qu'elle ne se comprend que comme une allusion au premier séjour tel qu'il est relaté dans Ex 32,11-14, c'est-à-dire avec une intercession réussie de Moïse. Il en conclut que nous avons là un indice du fait que, sur ce point au moins, l'écriture de Dt 9 présuppose la connaissance d'Ex 32[20].

Notre auteur pense ensuite que Dt 9,25-29 et Dt 10,10-11 sont deux nouvelles descriptions de ce qui s'est passé lors du deuxième séjour. Pour étayer cette hypothèse, il s'appuie sur des reprises (*Wiederaufnahme*) d'éléments de Dt 9,18-20 en Dt 9,25-29 et Dt 10,10-11 :
– « Je me jetai à terre devant Yhwh quarante jours et quarante nuits » : 9,18 → 9,25
– « comme les premiers jours » / « comme la première fois », « quarante jours et quarante nuits » : 9,18 → 10,10
– « Et Yhwh m'écouta cette fois encore » : 9,19 → 10,10

Enfin, il assigne Dt 10,4 au troisième séjour, la montée sur la montagne ayant lieu en 10,3b et la descente en 10,5.

La reconstruction de la fable par Lohfink présente donc un enchaînement des événements (*Ereignisfolge*) assez clair : un premier séjour sur la montagne (9,9-11), qui se rattache à Dt 5,22 (mention de la remise des tables de pierre à Moïse), se termine avec l'annonce du dévoiement du peuple (9,12-14) et la descente de Moïse vers celui-ci (9,15). S'ensuivent la suppression des tables de pierre (9,17) et celle du veau (9,21), puis le deuxième séjour sur la montagne, dont le rapport

---

17   BLUM, « Montagne », p. 285-286.
18   LOHFINK, « Endtextstruktur », p. 43-54, en particulier le tableau p. 51-52.
19   C. Houtman compte lui aussi trois séjours (HOUTMAN, *Exodus 20-40*, p. 607).
20   LOHFINK, « Endtextstruktur », p. 59.

est donné au lecteur en plusieurs fois (9,18-20.25-29 ; 10,10-11). Le fait que l'ordre dans lequel les événements sont racontés (*Erzählfolge*) diffère fortement de la fable (*Ereignisfolge*) n'apparaît pas vraiment problématique pour Lohfink et peut s'expliquer selon lui comme conséquence rhétorique[21].

Sur ce dernier point, il nous semble difficile de continuer à suivre cet auteur. L'éclatement du deuxième séjour en trois morceaux épars crée trop de difficultés quant à la temporalité du récit pour ne s'expliquer que par le recours à la rhétorique du récit et par la supposition que l'ordre des événements était de toute façon bien connu des auditeurs de Moïse. Selon Lohfink, ce dernier n'aurait rappelé que les éléments qu'il aurait jugés les plus nécessaires[22]. Mais comment expliquer que la réponse positive de Yhwh à l'intercession de Moïse en Dt 9,25-29 n'apparaisse qu'en 10,10, c'est-à-dire après la réception des nouvelles tables ? Ou encore que les descriptions de la destruction des tables (9,17) et du veau (9,21) soient séparées par quarante jours et quarante nuits (9,18)[23] ? Nous devons laisser ces questions en l'état pour le moment, car leur résolution dépend, à notre avis, plus d'une étude d'histoire de la rédaction que d'une étude rhétorique. Nous y reviendrons ultérieurement.

La réflexion sur la fable de Dt 9,1–10,11 n'est pas déconnectée de la recherche sur la structure de ce passage, même si cette dernière nous semble porter moins d'enjeux que la première. Menant de front ces deux réflexions, Lohfink distingue dans ces chapitres une structure fondée sur la récurrence de l'expression « quarante jours et quarante

---

21 « Daß die ganze Horebdarstellung keine einlinige, den Faden der Fabel entlanglaufende Erzählung ist, sondern daß Mose sich von Sachgesichtspunkten leiten läßt, daß er dabei zum Beispiel nachholen kann – etwa in 9,21, wo er die Vernichtung des Kalbes nachträgt –, oder daß er auch vorgreifen kann – etwa in 10,3-5, wo er in schnellem Lauf die nach dem 2. Bergaufenthalt geschehene Ausführung der noch ausstehenden Handlungen des Bundesabschlusses berichtet, ehe er in 10,10-11 das letzte, für den Fortgang der Geschichte des Volkes entscheidende Gotteswort aus dem 2. Bergaufenthalt bringt –, all das ist nichts literarisch Ungebührliches, sondern macht aus dem Text die typische erzählerische Einlage eines Rhetors. Die Erzählfolge hält sich an die sachgegebene und rhetorisch wirksame Ordnung der Fakten, die zu vermitteln sind, nicht einfach an den Ablauf der Fabel » (LOHFINK, « Endtextstruktur », p. 49-50).

22 LOHFINK, « Endtextstruktur », p. 49-50.

23 Comme noté par VON RAD, *Das Fünfte Buch*, p. 56. On trouve des listes plus complètes des tensions et autres doublets recelés par Dt 9,7–10,11 entre autres chez SEITZ, *Studien*, p. 79-81 ; PECKHAM, « Deut 9 :1-10 :11 », p. 4 ; AURELIUS, *Fürbitter*, p. 8 ; VAN SETERS, *Life*, p. 302.

nuits »[24]. Cet effort d'organisation de la section nous semble le plus abouti en tant qu'il prend en compte tant les marqueurs formels (récurrence de l'expression « quarante jours et quarante nuits », du mot אִישׁ, attention portée aux *Wiederaufnahme*) que le déroulement de l'intrigue. Nous considérons donc la proposition de N. Lohfink comme la plus apte à nous servir de point de départ dans notre étude de la structuration de cette péricope, beaucoup plus apte en tout cas que les structures concentriques proposées par E. Galbiati[25] et D. Christensen[26] ou en chiasme par K. Finsterbusch[27].

5.1.3   Critique littéraire et rédactionnelle

Nous venons de voir combien la temporalité du récit de Dt 9,9–10,11 fait problème. Cette difficulté pose la question de l'homogénéité de ces chapitres. La critique littéraire peut nous aider à éclaircir ce point.

---

24   Cf. LOHFINK, « Endtextstruktur », p. 51-52.
25   Cf. GALBIATI, *Struttura*, p. 59.
26   Cf. CHRISTENSEN, *Deuteronomy 1 :1-21 :9*, p. 179. Christensen prend la précaution de présenter cette structure comme dégagée « from a prosodic point of view ».
27   K. Finsterbusch propose la structure suivante (FINSTERBUSCH, *Weisung*, p. 211) :
   A.   9,1-6 :   Yhwh va aider Israël à prendre possession du pays en dépit du fait que le peuple n'est pas un peuple juste
      B.   9,7-24 :   Justification de ce jugement par le rappel de faits du passé et de la rupture d'alliance à l'Horeb (destruction des tablettes)
      B'. 9,25–10,10 :   Récit du renouvellement de l'alliance grâce à l'intercession de Moïse (de nouvelles tablettes sont taillées)
   A'. 10,11 :   Renouvellement de l'ordre de Yhwh à Moïse de conduire le peuple pour qu'il aille prendre possession du pays promis aux pères

Finsterbusch considère que les versets 9,25 et 10,10 encadrent une unité qui est à comprendre comme l'inverse de 9,7-24. L'intercession de Moïse et le renouvellement de l'alliance ouvrent une nouvelle histoire du peuple qui remplace l'histoire première de sa faute. Cet auteur met en correspondance 9,15-17 (destruction des tables) avec Dt 10,1-5 (préparation de nouvelles tables), 9,20 (Moïse intercède pour Aaron) avec 10,6-7 (Aaron reste en vie et son fils le remplacera), 9,21 (Moïse détruit le veau de métal fondu) avec 10,8-9 (le culte est régulé par Yhwh). Elle considère aussi que les thèmes de 9,1-6 (prise de possession du pays, serment de Yhwh fait aux pères, don de la terre par Yhwh aux Israélites) se retrouvent en 10,11. La structuration proposée par Finsterbusch est intéressante et souligne bien le mouvement du texte. Elle repose cependant sur des liens plus thématiques que littéraires et fait supporter au verset 10,11 une charge importante en regard de 9,1-6.

Le vocabulaire et la phraséologie de ce passage ont fait l'objet de plusieurs études, dont l'une des plus complètes est sans doute celle de F. García López[28]. Cet auteur conclut à partir de sa critique littéraire que Dt 9,7b–10,11 présente une parenté littéraire avec Dt 5,1-5.22-6,3, ce qui lui permet d'attribuer ces deux textes à une même couche rédactionnelle. Le tableau où García López synthétise ses résultats peut nous servir de point de départ[29]. Ce tableau indique deux autres proximités littéraires : avec Dt 1–3 d'une part, avec HD d'autre part. Ces liens le poussent à considérer Dt 9,7b–10,11 comme une insertion dtr tardive au sein de sections parénétiques.

Prolongeons les informations obtenues chez García López par nos propres observations sur le texte.

Dt 9,1-3
שמע ישראל אתה עבר היום את־הירדן לבא לרשת
גוים גדלים ועצמים ממך ערים גדלת ובצרת בשמים:
2 עם־גדול ורם בני ענקים אשר אתה ידעת ואתה
שמעת מי יתיצב לפני בני ענק: 3 וידעת היום כי
יהוה אלהיך הוא־העבר לפניך אש אכלה הוא
ישמידם והוא יכניעם לפניך והורשתם והאבדתם
מהר כאשר דבר יהוה לך:

Écoute, Israël ! Tu vas aujourd'hui passer le Jourdain pour déposséder des nations plus grandes et plus puissantes que toi, des villes grandes et fortifiées jusqu'au ciel. 2 C'est un peuple grand, de haute taille, que les fils d'Anaqim. Tu le sais, tu l'as entendu dire : qui peut tenir devant les fils d'Anaq ? 3 Mais tu sais aujourd'hui que c'est Yhwh ton Dieu qui va passer le Jourdain devant toi. Il est un feu dévorant. Il les exterminera et c'est lui qui les abattra devant toi. Et tu les déposséderas et tu les feras disparaître aussitôt comme Yhwh te l'a dit.

Comme déjà mentionné plus haut[30], la reprise de l'appel שמע ישראל renvoie à 5,1 et 6,4 et apparaît comme un marqueur structurant les parénèses de Dt 5–11. La combinaison d'un impératif suivi d'un vocatif dans l'appel שמע ישראל n'est probablement pas à concevoir comme un élément renvoyant à une unique rédaction globale du livre du Deutéronome, mais plutôt comme un élément de suture utilisé par des rédacteurs successifs qui ont repris ce signal pour élargir le livre par de

---

28 García López, *RB* 85, p. 18-30. Cf. également Minette de Tillesse, Gaetano, « Sections », p. 56-63 ; Peckham, « Deut 9 :1-10 :11 », p. 10-59 ; Hahn, *Kalb*, p. 217-266 ; Aurelius, *Fürbitter*, p. 8-29 ; Achenbach, *Verheissung*, p. 335-378.

29 García López, *Analyse*, p. 28-29.

30 Cf. p. 267.

nouvelles sections[31]. Les usages non homogènes de cette combinaison, parfois avec objet (4,1 ; 5,1), parfois sans objet (6,4 ; 9,1 ; 27,9), soutiennent cette idée.

La mention spatio-temporelle אתה עבר היום את־הירדן (9,1) exprime l'imminence du passage du Jourdain. Ce genre de mention sert souvent à introduire de nouvelles exhortations ou lois[32] concernant la vie en Canaan et présuppose non seulement le cadre narratif d'une proclamation de la Torah par Moïse dans les plaines de Moab (cf. 1,5), mais aussi le fait que Moïse ne passera pas lui-même dans la terre promise. Cela est particulièrement clair en 3,21, où Moïse donne mandat à Josué qui va traverser le Jourdain avec le peuple (אתה עבר שמה), en 4,22, où Moïse rappelle qu'il va mourir en Transjordanie et ne passera pas le Jourdain (איננו עבר את־הירדן) et en 31,3, où, après le rappel que Moïse n'entrera pas dans le pays (31,2), la façon dont le passage du peuple va s'effectuer est décrite : Yhwh passera devant Josué et le peuple. D'autres mentions du passage du Jourdain (cf. 4,26 ; 11,31 ; 12,10 ; 27,2.4.12 ; 30,18 ; 31,13 ; 32,47) ne font pas explicitement référence à la mort de Moïse, mais elles la présupposent implicitement, étant donné que celui-ci s'adresse au peuple pour l'instruire de ce qu'il devra faire une fois dans le pays, ou encore l'informer sur son avenir là-bas.

Aussi, lorsque le discours de Moïse s'adressant à la seconde génération du désert précise אתה עבר היום את־הירדן, il est très probable que nous ayons ici une adresse à un peuple qui va passer le Jourdain sans lui. Or, dans le Deutéronome, l'incident qui conduit à la mort de Moïse en Transjordanie est rapporté en Dt 1,19-46. Si notre déduction est exacte, cela conduit à la conclusion que Dt 9,1 présuppose l'épisode des explorateurs de Dt 1.

L'analyse du vocabulaire de Dt 9,1-3 confirme cette supposition. Ces versets attestent de contacts littéraires avec l'épisode des espions (Dt 1,19-46 ; Nb 13–14) et plus globalement à Dt 1–3. On relève ainsi la mention des Anaqim (Dt 1,28 ; 2,10.11.21)[33]. Il en va de même pour la clause גוים גדלים ועצמים ממך ערים גדלת ובצרת בשמים (9,1), qui est très proche du rapport des éclaireurs à leur retour de mission (1,28). La description des villes est identique, et la précision qu'elles sont « fortifiées jusqu'au ciel » (בצרת בשמים) n'apparaît qu'en Dt 1,28 et 9,2. La mention גוים גדלים est proche non seulement de la description

---

31 C'est l'avis de ACHENBACH, *Verheissung*, p. 70.
32 Cf. 6,10 ; 7,1 ; 11,29 ; 17,14 ; 18,9 ; 19,1 ; 26,1 ; 27,2.
33 La mention des Anaqim intervient toujours dans l'Ancien Testament dans le contexte des éclaireurs, de Caleb et d'Hébron (RÖMER, *Väter*, p. 166 n. 839).

des peuples du pays de Dt 1,28, mais aussi de celle de 2,10 et 2,21 (עם גדול ורב ורם כענקים). En 9,2, ורם עם־גדול se présente à nouveau comme une reprise littérale de Dt 1,28 ; 2,10.21. Après גדול, LXX Dt 9,2 ajoute même καὶ πολύν (= ורב), ce qui est déjà le cas en LXX Dt 1,28, (avec quelques manuscrits du Pentateuque samaritain) pour harmoniser la description de ces peuples avec celle de Dt 2,10.21.

Dt 9,2 évoque les fils d'Anaqim. Ce verset ne s'insère pas harmonieusement dans son contexte. Il fait suite à la description de nations puissantes (9,1 ; pluriel) en décrivant sans transition un peuple singulier, celui des Anaqim, avant de faire place à nouveau à un pluriel en 9,3 (« c'est lui qui les exterminera [...] les abattra [...] tu les déposséderas et les feras disparaître [...] »). Mayes considère donc le v. 2 comme « une addition, basée sur 1,28, peut-être de la main du deutéronomiste »[34]. Il est vrai qu'un regard sur les occurrences du terme Anaqim / fils d'Anaq dans le livre du Deutéronome[35] laisse apparaître le caractère de gloses de ces versets. La chose est claire pour Dt 2,10-11 et 2,21. Elle est plus discutable pour Dt 1,28[36]. Faut-il alors imaginer que les références aux Anaqim de Dt 1,28 et 9,2 sont l'une et l'autre des additions dans leur contexte ? Nous sommes prêt à l'admettre pour Dt 1,28[37], non pas pour 9,2. En effet, Dt 9,1 reprenant sa source 1,28a et poursuivant en 9,2 par la mention des Anaqim, nous sommes enclin à penser qu'au moment où Dt 9,1 s'appuie sur sa source, celle-ci contient déjà 1,28b. Dès lors, il nous semble logique de considérer Dt 9,2 non comme une glose, mais comme une reprise remaniée de Dt 1,28b.

Ces quelques motifs mentionnés en Dt 9,1-3 se retrouvent également en Jos 14,6-15 et Jos 15,13-19 : les Anaqim (Jos 14,12.15 ; 15,13.14), les villes grandes et fortifiées (Jos 14,12) et la racine ירש

---

34 MAYES, *Deuteronomy*, p. 196.
35 Dt 1,28 ; 2,10.11.21.
36 En Nb 13,22ab ; 13,28bb ; 13,33ab, les trois mentions des Anaqim sont considérées comme des additions par ARTUS, *Études*, p. 108 ; 119. Ces additions viseraient à harmoniser Nb 13 avec le récit parallèle de Dt 1 (ARTUS, *Études*, p. 115 ; 118). Quoi qu'il en soit, ce constat n'empêche en rien que Dt 1,28b puisse déjà être elle-même en Dt 1,28 une addition antérieure à ces harmonisations.
37 En effet, le fait que 1) Dt 2,10.11.21 sont clairement des additions ; 2) que la mention des Anaqim en Dt 1,28 est une mention isolée et sans fonction particulière dans le récit ; 3) qu'elle commence par une conjonction (וגם) qui permet facilement des ajouts nous laisse penser qu'elle pourrait être une addition. Notons également qu'E. Otto fait commencer à cet endroit même (Dt 1,28b) un développement de sa rédaction hexateucale (HexRed) (OTTO, *Pentateuch und Hexateuch*, p. 18).

(Jos 14,12 ; 15,14). Faut-il envisager une influence de ces textes sur Dt 9,1-3 ?

Hormis l'apparition de ces motifs, nous n'observons pas d'expressions ou de constructions littéraires communes entre Jos 14,6-15 ; 15,13-19 d'une part, et Dt 9,1-3 de l'autre. Les textes de Jos 14–15 présupposent la tradition développée en Dt 1,19-46 et Nb 13–14, ce qui se remarque par exemple en Jos 14,7 où le récit concernant les éclaireurs est présupposé, et en Jos 14,9 où la promesse exprimée (cf. Dt 1,36 ; Nb 14,24) est la base de la demande d'une montagne comme héritage (Jos 14,12). E. Otto[38] et R. Achenbach[39] considèrent que Jos 14,6-15 et 15,13-19 ont été rédigés par une rédaction globale tardive (HexRed) pour créer un arc de tension Nb 13–14 → Dt 1 → Jos 14–15. En faveur de cette conclusion, ces auteurs mettent en avant les reprises du vocabulaire de Nb 13–14 et Dt 1,19-46 en Jos 14–15[40], l'expression איש־האלהים (Jos 14,6b) pour désigner Moïse qui semble tardive (Dt 33,1 ; Ps 90,1 ; Esd 3,2 ; 1 Ch 23,14 ; 2 Ch 30,16)[41], le surnom Barnéa ajouté au toponyme Qadesh, typique de HexRed[42], et enfin l'identification d'Hébron avec Qiryat-Arba (Jos 14,15 ; 15,13) qui serait une tentative judéenne de revendication de cette cité devenue pour partie édomite pendant la période perse[43].

Rien d'aussi clair ne se lit en Dt 9,1-3(6) où le propos est général et théologique. Nous ne considérons donc Jos 14,6-15 et 15,13-19 ni comme des textes sources ni comme des textes dépendants de Dt 9,1-3. Nous nous contentons d'enregistrer que ces trois textes (Dt 9,1-3 ; Jos 14,6-15 ; 15,13-19) présupposent un état de la tradition commune portée en Nb 13–14 et Dt 1,19-46, sans que l'on puisse déceler de relations transversales entre eux.

Pour poursuivre l'étude de Dt 9,1-3, notons qu'un certain nombre d'expressions pointent vers les couches réputées les plus tardives du livre. En 9,3, וידעת היום se retrouve en 4,39 et 11,2. La description de Yhwh comme un feu dévorant (אש אכלה) apparaît en 4,24, dans le cadre de la rétribution de Yhwh envers Israël en cas de désobéissance. Dans un tel cas, Israël « disparaîtra aussitôt » (כי־אבד תאבדון מהר ; 4,26), ce qui est précisément le sort que doivent subir les nations du

---

38   Otto, *Pentateuch und Hexateuch*, p. 75-86.
39   Achenbach, « Erzählung », p. 87-93.
40   Cf. la synopse proposée par R. Achenbach en Achenbach, « Erzählung », p. 88-90.
41   Achenbach, « Erzählung », p. 88.
42   Achenbach, « Erzählung », p. 88. Selon R. Achenbach, le surnom Barnea aurait été ajouté au toponyme Cades durant la période post-exilique (cf. p. 312).
43   Achenbach, « Erzählung », p. 91.

pays (מהר האבדתם; 9,3), réputées plus grandes et plus fortes qu'Israël (מכם / ממך ועצמים גדלים גוים : 4,38 ; 9,1 ; 11,23).

Au niveau de la tradition sous-jacente, la métaphore אש אכלה הוא se comprend également comme un renvoi à la théophanie de l'Horeb / Sinaï (que l'on trouve en Dt 5,25 ; Ex 24,17)[44] et présuppose donc la connaissance de cette tradition.

Des liens littéraires et thématiques existent aussi avec Dt 7 : la mention d'entrée dans le pays (7,1a ; 9,1a), de nations plus fortes qu'Israël (ממך עצומים גוים ; 7,1 ; 9,1), l'extermination qualifiée par l'adverbe « rapidement » (מהר ; 7,4 [d'Israël], 9,3 [des nations]), la formule de reconnaissance כי וידעת (7,9 ; 9,3).

En 9,3, la conquête est conçue comme entrée de Yhwh dans le pays en avant-garde destructrice et décisive, permettant au peuple de mener à bien l'extermination rapide des peuples[45]. On retrouve cette même conception en Dt 2[46] et en 31,3[47].

Lohfink considère à juste titre le verbe ירש comme le *Leitwort* de ce passage[48]. Il en caractérise l'usage en Dt 9,1-6.23 ; 10,11 « comme dtr ou au moins comme tardif »[49].

Toutes ces observations invitent à considérer que Dt 9,1-3 connaît Dt 1–3 et 7, au moins en partie, ainsi que la tradition de la théophanie de l'Horeb / Sinaï. Si l'on ajoute à cela la parenté de vocabulaire avec des couches tardives comme Dt 4 et 31, on peut estimer Dt 9,1-3 comme un texte présupposant de nombreuses autres sections du Deutéronome, certaines assez tardives dans l'ordre présumé de la composition du livre.

Dt 9,4-6   אל־תאמר בלבבך בהדף יהוה אלהיך אתם מלפניך
לאמר בצדקתי הביאני יהוה לרשת את־הארץ הזאת
וברשעת הגוים האלה יהוה מורישם מפניך: 5 לא
בצדקתך ובישר לבבך אתה בא לרשת את־ארצם כי

---

44   ACHENBACH, *Verheissung*, p. 339 ; RÖMER, *Väter*, p. 166.
45   Cette description se distingue de celles de Dt 7,22 ou Ex 23,27-30 où il est indiqué que la conquête va s'accomplir progressivement. Pour une analyse sur la relation diachronique qu'entretiennent ces textes, cf. FISHBANE, *Biblical Interpretation*, p. 200-203.
46   Cf. p. 259.
47   Dt 31 est souvent considéré comme un des chapitres tardifs du livre. Otto estime par exemple que Dt 31,1-8 sont des versets provenant de la rédaction hexateucale (HexRed), donc qu'ils sont post-dtr (OTTO, *Pentateuch und Hexateuch*, p. 176-178).
48   LOHFINK, *Hauptgebot*, p. 201.
49   LOHFINK, « Kerygmata », p. 92.

בְּרִשְׁעַת הַגּוֹיִם הָאֵלֶּה יְהוָה אֱלֹהֶיךָ מוֹרִישָׁם מִפָּנֶיךָ
וּלְמַעַן הָקִים אֶת־הַדָּבָר אֲשֶׁר נִשְׁבַּע יְהוָה לַאֲבֹתֶיךָ
לְאַבְרָהָם לְיִצְחָק וּלְיַעֲקֹב: 6 וְיָדַעְתָּ כִּי לֹא בְצִדְקָתְךָ
יְהוָה אֱלֹהֶיךָ נֹתֵן לְךָ אֶת־הָאָרֶץ הַטּוֹבָה הַזֹּאת לְרִשְׁתָּהּ
כִּי עַם־קְשֵׁה־עֹרֶף אָתָּה:

*Ne dis pas en ton cœur lorsque Yhwh ton Dieu les aura repoussés devant toi :
« C'est à cause de ma justice que Yhwh m'a fait entrer pour prendre possession de ce pays ». C'est à cause de la perversité de ces nations que Yhwh les dépossède devant toi. 5 Ce n'est pas à cause de ta justice ou de ta droiture de cœur que tu vas entrer prendre possession de leur pays ; car c'est à cause de la perversité de ces nations que Yhwh ton Dieu les dépossède devant toi, ainsi que pour tenir la parole que Yhwh a jurée à tes pères, Abraham, Isaac et Jacob. 6 Et tu sauras que ce n'est pas à cause de ta justice que Yhwh ton Dieu te donne ce bon pays en possession, car tu es un peuple à la nuque raide.*

Les versets 9,4-6 viennent se greffer sur la description de la conquête annoncée (9,1-3), sans laquelle ils seraient incompréhensibles[50]. L'expression (אמר בלבב) utilisée dans la mise en garde au v. 4 est peu fréquente dans l'Ancien Testament[51] et est plus spécialement proche de Dt 7,17 et 8,17.

Les versets 9,4b et 9,5b apparaissent comme des doublets. Le problème consiste à en évaluer la nature : addition volontaire ou involontaire ? Doublet original, œuvre de l'écrivain biblique ? Un certain nombre de critiques voient dans le v. 4b une addition non indispensable au texte[52]. La reprise de 9,4b en 5b est littérale et le passage de la première à la seconde personne du singulier en 9,4 pose problème (מִפָּנֶיךָ, fin du v. 4b). Lohfink plaide avec vigueur contre ce jugement en proposant de voir en 9,4b la poursuite de la citation commencée au v. 4a et en considérant que מִפָּנֶיךָ devait être originellement מִפְּנֵי, le ךָ maintenant agglutiné étant le résidu d'un כִּי qui aurait primitivement commencé le v. 5 et serait aujourd'hui perdu[53]. En 9,4 s'exprimerait donc sous forme de citation la position d'Israël, dont 9,5 serait le contre-pied. Pour Lohfink, les deux versets 9,4.5 doivent donc être conservés ensemble, sans quoi, à la citation de 9,4 ne peut répondre le jugement inverse formulé exactement dans les mêmes

---

50 Cf. בהדף יהוה אלהיך אתם מלפניך en 9,4, la récurrence de la racine ירש qui structure 9,1-6, la mention des nations גוים (9,1.4.6). Tout cela incline à penser que 9,1-6 est une unité.
51 Dt 7,17 ; 8,17 ; 9,4 ; 18,21 ; Ps 4,5 ; Is 14,13 ; 47,8 ; 49,21 ; Jr 5,24 ; 13,22 ; So 1,12 ; 2,15.
52 L'argumentation de cette position assez classique se trouve par exemple chez ACHENBACH, *Verheissung*, p. 341.
53 LOHFINK, *Hauptgebot*, p. 201.

termes en 9,5. Un élément supplémentaire peut soutenir, à notre sens, cette position : l'extrême répétitivité des versets 9,1-6 dont le message semble avancer, verset après verset, par amalgame entre répétition et apport d'informations nouvelles[54]. Sans écarter tout à fait l'hypothèse que 9,4b soit une addition, nous pouvons légitimement penser que le redoublement de 9,4b en 9,5b est voulu et que l'effet rhétorique recherché par cette répétition littérale pourrait bien être le martèlement d'un point essentiel du propos[55].

Si donc, comme nous le pensons, Dt 9,2 et 9,4b sont originaux, la section peut être homogène. Un dernier point cependant est en débat : la mention des noms des patriarches en Dt 9,5. Dans sa thèse, T. Römer soutient que cette mention (v. 5b*e*) dans ce verset est un ajout post-dtr[56]. Il se base pour cela, de façon convaincante, sur le fait que l'identification des pères aux patriarches est contre-nature en Dt 9,5 dans la mesure où ils sont associés à la promesse divine d'expulser les autres peuples, promesse caractéristique de l'Exode (Ex 23,27-31)[57]. Il est donc vraisemblable que Dt 9,5b*e* soit une addition dans ce verset.

R. Achenbach a défendu une datation dtr tardive de Dt 9,4-6. Il remarque en effet que le terme utilisé pour l'expulsion des nations (הדף, 9,4) est rare et se trouve également en Dt 6,19 et Jos 23,5[58] ; que le binôme צדקה et רשעה a un enracinement dtr tardif (*spät-dtr*), le terme

---

54   9,1 : Tu es sur le point de passer le Jourdain pour aller déposséder des peuples grands et forts ainsi que leurs villes
9,2 : Répétition : c'est un peuple grand et haut ; Information nouvelle : ce sont des Anaqim
9,3 : Information nouvelle : c'est Yhwh qui va lancer la conquête en avant garde ; Répétition : de sorte que tu vas déposséder et détruire ces nations
9,4 : Répétition : lorsque Yhwh va les chasser devant toi ; Information nouvelle : ne pense pas que c'est grâce à ta propre justice que Yhwh te fait entrer dans le pays ; c'est à cause de la méchanceté de ces peuples.
9,5 : Répétition : ce n'est pas grâce à ta propre justice que tu entres déposséder leur pays, car c'est à cause de la méchanceté de ces peuples que Yhwh les dépossède devant toi ; Information nouvelle : pour réaliser sa promesse aux pères, Abraham, Isaac, Jacob.
9,6 : Répétition : Sache que ce n'est pas grâce à ta propre justice que Yhwh te donne ce bon pays en possession ; Information nouvelle : car tu es un peuple à la nuque raide

55   Notre réticence à comprendre la redondance entre Dt 9,4b et 9,5b comme résultant d'une addition provient du fait que les raisons de cette addition supposée, qu'elles soient involontaires (dittographie) ou volontaires (leçon double, c'est-à-dire fusion par un scribe de leçons différentes à sa disposition) ne sont pas vraiment éclairantes.

56   RÖMER, *Väter*, p. 172 ; RÖMER, « Approches », p. 171.

57   RÖMER, *Väter*, p. 161-167 ; RÖMER, « Approches », p. 171.

58   Même constat chez LOHFINK, « Kerygmata », p. 98.

צדקה renvoyant à la réflexion sur les questions de mérites et rétribution tels qu'on en trouve trace en Ez 18 ou Dt 7,9-10 ; enfin que l'expression ישר לבב (9,5) est attestée dans des textes tardifs[59].

Trois autres remarques peuvent prolonger le constat. D'abord, la qualification du pays comme bon (ה[ארץ] [ה]טובה) semble dtr. Elle se trouve en Ex 3,8[60] ; Dt 1,35 ; 3,25 ; 4,21.22 ; 6,18 ; 8,7.10 ; 11,17 ; Jos 23,16 ; Jg 18,19 ; 1 Ch 28,8. En deuxième lieu, le motif de la nuque raide (קשה־ערף) appliqué au peuple ne se trouve dans le Pentateuque que dans les péricopes portant sur le veau de fonte, si l'on excepte Dt 10,16 et 31,27[61]. Weinfeld propose que le prototype de cette expression soit domicilié dans la littérature sapientielle (Pr 29,1)[62]. Il est en tout cas étonnant qu'une image aussi frappante n'ait été que si peu reprise pour décrire le caractère pécheur d'Israël. Cela laisse penser que son application au peuple est probablement tardive, impression que renforce la liste de ses occurrences[63]. Enfin, les occurrences de l'expression « accomplir sa parole » (קום hiphil + את דבר) avec Yhwh comme sujet[64] renvoient principalement à l'alliance avec la dynastie davidique (1 R 2,4 ; 6,12 ; 8,20 ; 2 Ch 6,10) et à un contexte exilique / post-exilique de promesse de retour d'exil (Ne 9,8 ; Is 44,26 ; Jr 28,6 ; 29,10 ; 33,14). Lorsqu'Israël est sujet de l'expression (Dt 27,26 ; 1 S 15,13 ; 2 R 23,3.24 ; Ne 5,13), il s'agit du respect de la Torah dans une atmosphère de rétribution

La datation défendue ci-dessus par R. Achenbach, renforcée par ces dernières remarques et par l'observation de départ que Dt 9,4-6 présuppose les versets 9,1-3 – versets que nous avions considérés comme liés aux couches rédactionnelles les plus tardives de la composition du Deutéronome –, rend donc logique et vraisemblable une datation similaire pour tout le bloc Dt 9,1-6.

---

59 ACHENBACH, *Verheissung*, 1991, p. 340-344.
60 E. Blum considère Ex 3,8 et l'expression « bon et vaste pays » comme dt / dtr : BLUM, *Studien*, p. 32.
61 Ex 32,9 ; 33,3.5 ; 34,9 ; Dt 9,6.13.
62 WEINFELD, *Deuteronomic School*, p. 362.
63 Les occurrences de l'expression « nuque raide » appliquée au peuple dans l'Ancien Testament sont Ex 32,9 ; 33,3.5 ; 34,9 ; Dt 9,6.13 ; 10,16 ; 31,27 ; 2 R 17,14 ; 2 Ch 30,8 ; Ne 9,16.17.29 ; Is 48,4 ; Jr 7,26 ; 17,23 ; 19,15. Comme l'a parfaitement montré E. Aurelius, l'insertion d'Ex 32,9 au sein d'Ex 32 présuppose et recopie Dt 9,13. Pour cet auteur, toutes les occurrences de l'expression que l'on trouve en Ex 32-34 (32,9 ; 33,3.5 ; 34,9) prennent leur source dans Dt 9 (AURELIUS, *Fürbitter*, p. 10-12).
64 Dt 9,5 ; 1 S 1,23 ; 1 R 2,4 ; 6,12 ; 8,20 ; 12,15 ; 2 Ch 6,10 ; 10,15 ; Ne 9,8 ; Is 44,26 ; Jr 28,6 ; 29,10 ; 33,14 ; Dn 9,12.

Dt 9,7-8
זְכֹר אַל־תִּשְׁכַּח אֵת אֲשֶׁר־הִקְצַפְתָּ אֶת־יְהוָה אֱלֹהֶיךָ
בַּמִּדְבָּר לְמִן־הַיּוֹם אֲשֶׁר־יָצָאתָ מֵאֶרֶץ מִצְרַיִם עַד־בֹּאֲכֶם
עַד־הַמָּקוֹם הַזֶּה מַמְרִים הֱיִיתֶם עִם־יְהוָה: 8 וּבְחֹרֵב
הִקְצַפְתֶּם אֶת־יְהוָה וַיִּתְאַנַּף יְהוָה בָּכֶם לְהַשְׁמִיד אֶתְכֶם:

Souviens-toi, n'oublie pas que tu as irrité Yhwh ton Dieu dans le désert. Depuis le jour où tu es sorti du pays d'Égypte jusqu'à votre arrivée en ce lieu, vous avez été en révolte contre Yhwh. 8 Et à l'Horeb, vous avez irrité Yhwh et Yhwh s'est mis en colère contre vous jusqu'à vouloir vous exterminer.

L'étude de ces versets s'avère décisive, dans la mesure où ils sont à la suture entre la section parénétique (9,1-6) et la section dite historique (9,7–10,11). Ils instaurent le passage de la deuxième personne du singulier à la deuxième personne du pluriel, ce qui a amené les critiques à séparer ici parénèse et récit.

Cela nous conduit, avant de poursuivre la critique littéraire, à nous arrêter quelques instants sur la question du critère du *Numeruswechsel*.

<u>Excursus : le critère du *Numeruswechsel*</u>

Le *Numeruswechsel*, c'est-à-dire le changement de nombre, et particulièrement l'alternance à l'intérieur du Deutéronome entre des sections à la deuxième personne du singulier (sections-*Tu*) et des sections à la deuxième personne du pluriel (sections-*Vous*), a été repéré depuis longtemps par la critique[65]. Jusqu'aux années 1960, il fut utilisé assez systématiquement comme critère valide de distinction des différentes couches du livre. Parurent alors coup sur coup deux publications qui prenaient des positions relativement divergentes quant à la validité de son utilisation. Dans un article de 1962, G. Minette de Tillesse prônait l'utilisation prudente du critère du *Numeruswechsel*, qu'il considérait comme un élément majeur de la critique qui pouvait servir de point de départ solide pour l'analyse[66]. Son étude de Dt 5–11 aboutissait alors à l'attribution des sections-*Vous*, de type historique, placées sur les lèvres de Moïse et s'adressant à la génération de l'Horeb, à l'historien dtr responsable de HD[67]. À peine un an plus tard, N. Lohfink argumentait pour sa part dans le sens de la fragilité du critère[68]. Il écrivait : « Nous nous en tenons aux principes que nous avons développé dans notre introduction.

---

65 Les états de la recherche indiquent généralement que W. Staerk et C. Steuernagel ont proposé simultanément, mais indépendamment, le *Numeruswechsel* comme critère d'analyse (Cf. LOHFINK, *Hauptgebot*, p. 30-31, MINETTE DE TILLESSE, « Sections », p. 29).

66 MINETTE DE TILLESSE, « Sections », p. 29-88.

67 Nous développons ci-dessous la position de Minette de Tillesse, p. 346.

68 Dans la préface de son ouvrage, Lohfink reconnaît n'avoir pas pu étudier en détail l'article de Minette de Tillesse, paru dans les derniers moments de la rédaction de son livre.

Là où le *Numeruswechsel* converge avec d'autres indices, il est un argument supplémentaire pour la distinction des couches rédactionnelles. Dans les autres cas, il est inutile pour la différenciation de ces couches »[69], et interprétait le *Numeruswechsel* comme un élément stylistique des auteurs du Deutéronome. Quarante années plus tard, la recherche reste prudente quant à ce critère[70]. Il semble particulièrement non-valide dans les textes de malédictions et bénédictions, où le changement de nombre pourrait être dû à l'influence des traités orientaux. Si bon nombre d'auteurs se sont rangés à l'avis de N. Lohfink, des voix mettent cependant en garde contre un rejet trop massif du critère[71]. Pour notre part, nous estimons que le principe énoncé plus haut par N. Lohfink reste valable, et qu'une utilisation du *Numeruswechsel* comme critère secondaire, c'est-à-dire comme critère d'appoint – en dehors des sections législatives et des sections de « bénédictions / malédictions » – reste possible. Aussi, nous ne ferons appel à ce critère que lorsqu'il viendra appuyer d'autres observations convergentes pouvant aider à séparer des couches rédactionnelles.

Nous revenons maintenant à l'analyse de Dt 9,7-8. Ces versets marquent donc l'ouverture d'un rappel historique rédigé principalement à la deuxième personne du pluriel, tandis que la parénèse des v. 1-6 est rédigée à la deuxième personne du singulier[72]. La ligne de partage du *Numeruswechsel* passe entre 9,7bα et 9,7bβ[73].

---

69 LOHFINK, *Hauptgebot*, p. 240.
70 On peut trouver une description de l'utilisation de ce critère par différents auteurs dans PREUSS, *Deuteronomium*, p. 34-35 et une présentation de sa place dans l'histoire de la recherche chez RÖMER, « Approches », p. 156-157.
71 « [...] il semble hasardeux de se servir du *Numeruswechsel* comme d'un critère automatique pour reconstruire le Deutéronome pré-dtr. Cela, toutefois, ne signifie pas que *toutes* les occurrences du *Numeruswechsel* trouvent une explication sur fond d'arguments stylistiques, comme Lohfink, Braulik et d'autres le soutiennent » (DE PURY, « Historiographie Deutéronomiste », p. 89-90) ; « Die Meinung Lohfinks, daß " alles, was aus dem Numeruswechsel...abgeleitet wurde...uns nicht mehr zu kümmern... " braucht (Hauptgebot, S.208A.9) " erscheint ...doch nicht ganz so sicher." (Plöger, Untersuchungen, S.181A.203) ». (ACHENBACH, *Verheissung*, p. 351 n. 87) ; « In my opinion, it is impossible to take the constant and often surprising change of number in the address only as a literary device. At least in the later textual tradition it was not conceived in this way but attempts were made as far as possible to harmonize the number, as the almost regular variant readings in the early translations most clearly show. [...] They are [...] an eloquent proof of the fact that the problem caused by the different number was already felt in an early stage of the tradition » (VEIJOLA, « Observations », p. 250).
72 En Dt 9,7b, il n'est pas impossible qu'un phénomène d'haplographie du ם final se soit produit pour יצאת, si l'on en croit le témoignage de la LXX, du Pentateuque samaritain et de la version syriaque. Si c'est le cas, cela ne fait qu'anticiper le changement de nombre de quelques mots.
73 Les manuscrits divergent quant au nombre du verbe יצא, en 9,7bβ : M^L porte la 2e personne du singulier, la LXX et le Pentateuque samaritain la 2e personne du pluriel.

Plusieurs interrogations trouvent leur place à cet endroit. D'abord la question des sources utilisées par le rédacteur de Dt 9,1–10,11 pour écrire ce rappel historique. Notre enquête sur ce point viendra plus tard (cf. chapitre 6, p. 383-410) et aboutira à la conclusion que Dt 9,9–10,11 repose sur une version primitive du récit d'Ex 32–34. Cela a des incidences sur la compréhension littéraire de Dt 9,7-8. En effet, l'épisode du veau, tel qu'il est rapporté dans le récit parallèle en Exode, commence à proprement parler en 9,9. Cela signifie que Dt 9,7-8 est le lieu de l'articulation de la parénèse 9,1-6 avec cette tradition.

Le rôle de transition de 9,7-8 entre les versets 9,1-6 et l'insertion remaniée d'une tradition provenant d'Ex 32–34 est donc clair et pose de nouvelles questions. Premièrement, la section historique (9,9ss) est-elle plus ancienne ou plus récente que la section parénétique qui la précède (9,1-6) ? Deuxièmement, et dans le prolongement de la première question, les versets 9,7-8 sont-ils à rattacher à la main responsable de la rédaction de Dt 9,1-6 ou à celle de 9,9 et suivants ? Enfin et troisièmement, n'y a-t-il pas lieu de scinder 9,7-8 (question de l'homogénéité de ces versets) ? Devant ces questions de taille, nous estimons nécessaire, pour l'instant, de laisser ouverte la première et de nous concentrer ici sur une étude du vocabulaire de Dt 9,7-8 qui pourra nous donner successivement quelques pistes de réponse pour la troisième puis la deuxième question. Nous reviendrons ultérieurement sur la première question[74].

L'ouverture de phrase en Dt 9,7 crée une rupture avec ce qui précède. La combinaison d'un impératif suivi directement d'un prohibitif, tournure rare dans la Bible hébraïque, sert à redoubler une exhortation ou une supplication[75]. Elle est unique dans le livre du Deutéronome. Cette exhortation est ici associée à des changements de temps et de lieu dans le discours : de l'aujourd'hui de la parénèse à proximité du Jourdain (אתה עבר את־הירדן היום ; 9,1), le discours se transporte dans le passé du peuple, au désert, c'est-à-dire dans l'intervalle allant de la sortie d'Égypte jusqu'à l'arrivée au lieu du discours (הקצפת את־יהוה אלהיך במדבר למן־היום אשר־יצאת מארץ מצרים עד־באכם עד־המקום הזה ; 9,7).

---

74 Nous traiterons de la question du rapport d'antécédence diachronique entre 9,1-6 et 9,9-10,11 aux p. 359-360 et conclurons, au plan de l'histoire de la rédaction, à l'antériorité de 9,1-6 sur 9,9–10,11. Ceci nous amènera à considérer que les versets 9,7-8 sont à attribuer aux rédacteurs qui ont inséré 9,9–10,11 à la suite de 9,1-6 (cf. p. 360).

75 Dt 9,7 ; Jos 1,9 ; 1 S 20,38 ; 2 R 4,24 ; 1 Ch 22,13 ; 28,20 ; Job 36,21 ; Ps 25,20 ; 44,24 ; Pr 4,15 ; Is 7,4 ; Jr 14,21 ; Dn 9,19.

« Jusqu'à l'arrivée en ce lieu » (עַד־בֹּאֲכֶם עַד־הַמָּקוֹם הַזֶּה ; 9,7b) est une expression déjà utilisée mot pour mot en Dt 1,31 et qui le sera encore en 11,5. Dans le récit des espions, l'expression de Dt 1,31 renvoie à la montagne des Amorites (cf. 1,20). En 9,7, dans la suite logique de la parénèse (9,1), la mention du lieu renvoie « au-delà du Jourdain, au pays de Moab » (1,1.5). En 11,5, le renvoi concerne également Dt 1,1.5. Nous pouvons noter également que dans les trois cas, il est fait mention du désert (בַּמִּדְבָּר). Nous avons donc là les indices d'une même main pour ces trois versets.

Cette dernière remarque peut éclairer un point particulier. Certains auteurs[76] scindent Dt 9,7 au niveau diachronique pour rattacher 9,7a à la parénèse qui précède et 9,7b à la section narrative qui suit. Cependant, la remarque que nous venons de faire sur l'utilisation en 1,31 et 11,5 de l'expression עַד־בֹּאֲכֶם עַד־הַמָּקוֹם הַזֶּה en lien avec la mention du désert va à l'encontre d'une telle scission. En effet, בַּמִּדְבָּר se trouve dans Dt 9,7a, tandis que עַד־בֹּאֲכֶם עַד־הַמָּקוֹם הַזֶּה est en 9,7b. Séparer ces deux termes serait briser le lien logique d'une pensée et d'une écriture qui a pris l'habitude d'associer, dans les exhortations envers Israël à faire mémoire, la notation de lieu « au désert » avec la précision temporelle « jusqu'à votre arrivée en ce lieu ». De ces observations, nous pouvons conclure à l'unité du v. 7. Ajoutons que, de façon intéressante, Dt 1,31 et 11,5 sont deux appels à faire mémoire au sein de sections historiques : Dt 1,31 fait partie de l'épisode des espions ; Dt 11,5 est encadré par le rappel du passage de la mer des Joncs et de la révolte de Datân et Abiram.

Une autre position prise à l'encontre de l'homogénéité de Dt 9,7-8 consiste à opérer une césure entre Dt 9,7 et 9,8. Un chercheur défend cette position sur la base du *Numeruswechsel*[77]. Or, l'utilisation de la deuxième personne du pluriel au v. 8 ayant déjà commencé en 9,7b (עַד־בֹּאֲכֶם עַד־הַמָּקוֹם הַזֶּה מַמְרִים הֱיִיתֶם עִם־יְהוָה), il paraît difficile de séparer ces deux versets, sauf en scindant 9,7, ce que font de nombreux auteurs mais que nous venons d'exclure. L'unité de la fin du v. 7 avec le v. 8 nous semble donc logique (avec la grande majorité des critiques).

---

76 Notamment BERTHOLET, *Deuteronomium*, p. 30 ; MINETTE DE TILLESSE, « Sections », p. 37 ; GARCÍA LÓPEZ, *RB* 85, p. 18 ; MAYES, *Deuteronomy*, p. 197 ; AURELIUS, *Fürbitter*, p. 13 ; ACHENBACH, *Verheissung*, p. 346ss.
77 CHRISTENSEN, *Deuteronomy 1 :1-21 :9*, p. 179 ; 186.

Cette conclusion est renforcée par une observation supplémentaire. Au plan du vocabulaire et de l'organisation de Dt 9,7-8, il existe une proximité forte avec 9,22-24 :
- Le verbe קצף-*hiphil* (« provoquer la colère de ») est très rare. Trois des cinq occurrences[78] de l'Ancien Testament se trouvent en Dt 9,7.8.22.
- Le rappel ממרים היתם עם־יהוה se retrouve seulement en Dt 9,7.24 ; 31,27, avec la préposition עם et dans un ordre des mots anormal selon Joüon[79].
- À la notation temporelle למן־היום אשר־יצאת מארץ מצרים עד־באכם עד־המקום הזה (9,7) correspond מיום דעתי אתכם (9,24)
- À la notation de lieu בחרב (9,8) correspond la liste des lieux et occasions où Israël a irrité Yhwh, également introduite par la particule ב (9,22-23).

Cette proximité de vocabulaire et d'organisation, qui rapproche Dt 9,7-8 d'un style d'écriture « historico-narratif », est cependant équilibrée par l'ouverture du v. 7 (זכר), dont la parenté avec 9,1 est forte (שמע), si bien qu'il est difficile de penser que l'auteur de Dt 9,7-8 n'est pas d'abord guidé, dans son utilisation de l'histoire, par des considérations exhortatives.

Si nous résumons les observations ci-dessus, nous constatons :
- premièrement, que les versets 9,7-8 manifestent l'écriture d'un seul rédacteur qui a pris l'habitude d'associer, dans ses injonctions envers Israël à faire mémoire, la notation de lieu « au désert » avec la précision temporelle « jusqu'à votre arrivée en ce lieu » ;
- deuxièmement, que ce rédacteur opère à l'intersection de la parénèse et du rappel historique et que ceux-ci sont imbriqués chez lui (cf. les situations de 9,7-8 ; 1,31[80] et 11,5[81]) ;
- enfin, que le vocabulaire et l'organisation de 9,7-8 sont proches de ceux de 9,22-24.

Nous ne pouvons guère aller plus loin pour le moment tant que nous n'aurons pas pris position sur la nature de Dt 9,22-24 (addition ? versets de la *Grundschicht* de Dt 9,1–10,11 ?) et nous nous contentons

---

78 Dt 9,7.8.22; Ps 106,32 ; Za 8,1.
79 Joüon, *Grammaire*, p. 340 n. 1 (§121fN) ; Joüon-Muraoka, *Grammar. 3.*, p. 411 n. 1 (§121fN).
80 Dt 1,31 est un rappel historique (1,31) au sein d'un discours parénétique (1,29-31) inséré dans un rappel historique (1,19-46).
81 Dt 11,5 est un rappel historique (11,5) inséré dans un discours parénétique (11,1-9).

d'enregistrer ici le fait que le type d'écriture de Dt 9,7-8 est mixte (mi-parénétique, mi-historique).

La question de l'homogénéité de Dt 9,7-8 et celle du rattachement de Dt 9,7-8 aux rédactions de Dt 9,1-6 ou de 9,9ss ayant été abordées (mais pas complètement résolues), nous élargissons maintenant l'analyse pour essayer d'évaluer l'ancienneté de l'écriture de ces versets.

La mention בחרב (9,8) est dtr[82]. Dans le Deutéronome, le terme ne se trouve pas dans le noyau législatif deutéronomique mais dans les couches dtr du livre[83]. L. Perlitt a montré que les occurrences de ce lieu en Ex 3,1 ; 17,6 ; 33,6 ; 1 R 19,8 étaient à comprendre comme des additions[84]. Plus encore, il pense que les écrivains deutéronomistes ont forgé le terme « Horeb » à dessein pour le substituer à la dénomination « Sinaï » qui se trouvait dans une tradition pré-dtr et pré-P d'Ex 19 que les dtr connaissaient mais voulaient modifier[85]. Par leur réécriture, les dtr auraient fait de la « montagne Sinaï pré-dtr » le lieu de l'origine du peuple, où Yhwh a parlé dans le feu, s'est mis en colère, a conclu une alliance sous forme de décalogue. Ultérieurement, les auteurs P auraient remis en honneur la désignation « montagne du Sinaï » et auraient également forgé l'expression מדבר סיני, conservant ainsi les harmoniques de « lieu désertique » que connotait le mot « Horeb ».

Cette reconstruction par Perlitt est séduisante. Le point qui nous semble le plus sujet à caution est l'affirmation de la présence en Ex 19 d'un récit pré-dtr de la « montagne Sinaï ». Mais là n'est pas l'objet central de notre étude et nous laissons ce point de côté pour enregistrer – ce qui est un consensus de la recherche – le caractère dtr de la notation « Horeb ».

---

82 Traditionnellement, la désignation « Horeb » était considéré comme utilisée par les sources E et D, tandis que la désignation « Sinaï » appartenait à la source J et était considérée comme ayant été reprise ensuite par P (VAUX (DE), *Histoire*, p. 398). M. Noth a été un des premiers à remettre en cause cette compréhension.

83 Dt 1,2.6.19 ; 4,10.15 ; 5,2 ; 9,8 ; 18,16 ; 28,6.

84 PERLITT, « Sinai », p. 37-38.

85 Perlitt avance trois raisons qu'il considère comme possibles d'une telle substitution. 1) Parce que le nom « Sinaï » était proche du nom « Sîn, » nom assyro-babyonien du dieu de la lune, les dtr l'auraient remplacé par « Horeb ». 2) Parce que le nom Sinaï était associé, dans la tradition pré-dtr, à une terre étrangère (Midian), cela aurait été conçu par les dtr comme un culte étranger, célébré à l'étranger, pour un dieu étranger. 3) Enfin, la dernière explication avancée par Perlitt est celle de la haine des Judéens pour Edom en raison de leur réaction lors de la chute de Jérusalem et de l'incorporation par les Edomites du sud de la terre de Juda. Le mot « Horeb » utilisé par les dtr fonctionne selon l'auteur comme un code désignant un « *no man's land* », non plus une montagne mais une région, un espace désolé (PERLITT, « Sinai », p. 39-42).

Le vocabulaire commun à Dt 9,7-8 et 9,22-24 se retrouve dans certains récits de désobéissance du peuple et / ou de notables (Moïse et Aaron compris) au désert. Ainsi, le verbe קצף avec Yhwh pour sujet se trouve en Lv 10,6 ; Nb 16,22 ; Dt 1,34 ; 9,7.8.19.22 ; Jos 22,18, ces références étant toutes considérées comme tardives par la critique (dtr pour Dt 1,34 ; post-P et post-dtr pour les autres)[86], et dans quelques autres textes de la BH, en général récents[87]. Hormis Dt 9,7.23.24, la racine מרה marquant la rébellion du peuple contre Yhwh, apparaît à trois reprises dans le livre des Nombres en relation avec la contestation aux eaux de Mériba (Nb 20,10.24 ; 27,14)[88], dans la péricope des éclaireurs au début du Deutéronome (Dt 1,26.43), en Dt 31,27 (verset à forte réminiscence de l'épisode du veau, cf. l'indication ידעתי [...] את־ערפך הקשה) et en Ez 20 (Ez 20,8.13.21). Quant au terme אנף-hithpael, peu attesté dans l'Ancien Testament[89], il renvoie en Dt 1,37 et 4,21 à l'irritation de Yhwh contre Moïse, qui conduit à ce qu'il n'entrera pas dans le pays. Selon M. Rose, ces versets auraient été introduits dans le Deutéronome par l'éditeur yahwiste, c'est-à-dire un éditeur post-dtr, dans le but d'attribuer à Moïse les traits d'un « juste souffrant »[90]. Nous avons déjà vu plus haut que Dt 1,37-38 était un ajout dans son contexte[91]. Toutes ces mentions de la mort de Moïse en Transjordanie (1,37 et 4,21-22, auxquelles il faut ajouter 3,23-28) introduisent en tous cas l'élément narratif – mort en Moab – nécessaire à la clôture du Deutéronome (et du Pentateuque) en Dt 34.

Le verbe אנף-hithpael introduit une question nouvelle, celle de la relation de dépendance entre Dt 9,8.18 et 2 R 17,17-18. En effet, les

---

86 Lv 10,6 émerge à une révision théocratique selon NIHAN, *Priestly Torah*, p. 603 ; Nb 16,22 émerge à une relecture P tardive selon ARTUS, *Études*, p. 184-186 ; 193-197 ; Dt 1,34 émerge à DtrL selon ACHENBACH, *Vollendung*, p. 635 ; Jos 22,18 fait partie d'un passage post-dtr et post-P selon POLA, *Priesterschrift*, p. 107-108.
87 Ps 106,32 ; Qo 5,5 ; Is 47,6 ; 54,9 ; 57,16 ; 57,17 ; 64,4 ; 64,8 ; Lm 5,22 ; Za 8,14.
88 Texte qu'E. Otto, R. Achenbach et C. Nihan considèrent comme post-P (OTTO, *Pentateuch und Hexateuch*, p. 15-16 ; ACHENBACH, *Vollendung*, p. 302-317 ; NIHAN, *Priestly Torah*, p. 26-30).
89 Dt 1,37 ; 4,21 ; 9,8.20 ; 1 R 11,9 ; 2 R 17,18.
90 ROSE, « Deutéronome », p. 223.
91 Cf. p. 147-149.

correspondances sont indéniables entre Dt 9,8 et 2 R 17,18 d'une part et Dt 9,18 et 2 R 17,17 d'autre part :

Dt 9,8   ובחרב הקצפתם את־יהוה ויתאנף יהוה בכם להשמיד אתכם:

> À l'Horeb, vous avez irrité Yhwh, et <u>Yhwh s'est mis en colère</u> contre vous jusqu'à vouloir vous exterminer.

2 R 17,18   ויתאנף יהוה מאד בישראל ויסרם מעל פניו לא נשאר רק שבט יהודה לבדו:

> <u>Yhwh s'est mis</u> dans une violente <u>colère</u> contre Israël ; il les a écartés loin de sa présence. Seule est restée la tribu de Juda.

Dt 9,18   ואתנפל לפני יהוה כראשנה ארבעים יום וארבעים לילה לחם לא אכלתי ומים לא שתיתי על כל־חטאתכם אשר חטאתם לעשות הרע בעיני יהוה להכעיסו:

> Je me suis prosterné devant Yhwh ; comme la première fois, pendant quarante jours et quarante nuits je n'ai pas mangé de pain, je n'ai pas bu d'eau, à cause de tous les péchés que vous aviez commis <u>en faisant ce qui est mal aux yeux de Yhwh, au point de l'offenser</u>.

2 R 17,17   ויעבירו את־בניהם ואת־בנותיהם באש ויקסמו קסמים וינחשו ויתמכרו לעשות הרע בעיני יהוה להכעיסו:

> Ils ont fait passer par le feu leurs fils et leurs filles ; ils ont consulté les oracles, pratiqué la divination. Ils se sont vendus pour <u>faire ce qui est mal aux yeux de Yhwh au point de l'offenser</u>.

Faut-il compter sur une connaissance de 2 R 17,17-18 par Dt 9,8.18 ou sur l'inverse ? Ou encore les attribuer à une même main ? E. Aurelius prend position en faveur d'une réception de 2 R 17,17-18 dans Dt 9, s'appuyant sur la très probable réception en Dt 9,1–10,11 d'autres éléments de HD[92]. L'examen de ces versets laisse apparaître que les éléments communs sont des stéréotypes dtr[93]. Tant l'expression « faire le mal (עשה הרע) aux yeux (עין) de Yhwh » que la clause qui la complète (« pour l'offenser [כעס] ») sont très fréquentes dans HD et particulièrement dans les livres des Rois[94]. Étant donné l'usage

---

92 AURELIUS, *Fürbitter*, p. 54 n. 50 ; 80 n. 115.
93 Cf. les tables de Weinfeld (WEINFELD, *Deuteronomic School*) : לעשות הרע בעיני יהוה → p. 339 ; התאנף → p. 340 ; הכעיס את יהוה → p. 346.
94 « Faire le mal aux yeux de Yhwh » : Dt 4,25 ; 9,18 ; 17,2 ; 31,29 ; Jg 2,11 ; 3,7.12 ; 4,1 ; 6,1 ; 10,6 ; 13,1 et plus de quarante fois dans les livres des Rois ; « pour l'offenser » : Dt 4,25 ; 9,18 ; 31,29 ; Jr 11,17 ; 32,32 ; 44,3.8 ; Ez 8,17 ; 16,26 et dix fois dans les livres des Rois.

généralisé de ces expressions dans ces corpus et leur absence dans le noyau deutéronomique (Dt 12–26), il semble effectivement probable que nous soyons ici devant un cas de reprise du vocabulaire dtr typique des livres des Rois.

L'étude du vocabulaire de Dt 9,7-8 nous oriente donc vers l'évaluation de ces versets comme proches de la liste de révoltes dans le désert (Dt 9,22-24), dont les récits en Exode, Nombres et Deutéronome recèlent des traditions peut-être anciennes mais revêtant des mises en forme finales récentes, l'une au moins d'entre elles étant post-exilique[95]. Le jugement porté sur la période du désert en 9,7-8 et 9,22-24 tranche singulièrement avec celui qui affleure en Dt 2,7 ; 8,2-4.14b-16 ; 29,4-5[96]. Dans ces textes, la période du désert n'est pas décrite comme un temps de révolte du peuple, mais comme un temps fondateur où Yhwh soigne son peuple et lui apprend à être en relation avec lui. Il semble donc que nous soyons devant deux interprétations divergentes de la période du désert, phénomène que l'on retrouve ailleurs dans la BH. Comme le remarque T. Römer :

> « [s]elon Os 9,10, Yhwh a " trouvé " Israël dans le désert, comme des fruits sur un figuier, ce qui évoque une image d'harmonie. Les problèmes ne commencent qu'à Baal-Péor (cf. aussi Nb 25), c'est-à-dire après l'arrivée en Transjordanie. De même, le texte plus récent d'Os 2,16-17, qui contient un oracle de restauration, annonce un retour du peuple dans le désert ; cette prophétie correspond à la promesse d'un nouveau commencement de la relation entre Yhwh et Israël, le désert symbolisant ici les origines positives de cette relation. La même vision est attestée en Jr 2. En 2,4-9, le prophète reproche aux anciens de ne pas avoir rappelé les hauts faits de Yhwh, qui a guidé et protégé Israël dans le désert. L'oracle de Jr 2,1-3, qui introduit la collection des chapitres 2–6, décrit le séjour dans le désert comme l'époque de la lune de miel du jeune couple formé par Yhwh et Israël : " Ainsi parle Yhwh : je te rappelle ton attachement, du temps de ta jeunesse, ton amour de jeune mariée, tu me suivais dans le désert dans une terre inculte " (2,2). [...] Ces textes montrent clairement que la tradition primitive du séjour d'Israël dans le désert était une tradition positive »[97].

---

95 Comme indiqué plus haut, E. Otto, R. Achenbach et C. Nihan ont montré l'origine post-P de Nb 20,1-13 (cf. p. 287 n. 88).

96 Nous avons déjà mentionné ces textes qui décrivent le temps du désert comme un temps fondateur où Yhwh s'est occupé d'Israël pédagogiquement (cf. p. 138-138).

97 RÖMER, « Jugement », p. 65-66. Cet auteur repère un processus de révision des traditions sur le séjour d'Israël au désert en Nb 11–20, en sorte que cette période devient un temps de désobéissance et de révolte du peuple contre Yhwh. Il situe cette révision durant la période perse. Il émet l'hypothèse que cette interprétation négative de la sortie d'Égypte et de l'exode « reflète la position d'une partie de la

Si la conception primitive du séjour au désert est bien positive, alors la conclusion s'impose que 9,7-8.22-24, et plus globalement 9,7–10,11, sont des versets chronologiquement postérieurs à 8,2-4.14b-16. D'où la proposition de T. Römer de voir en 9,7–10,11*[98] une tentative de correction de Dt 8[99]. Nous reviendrons plus tard sur cette question[100].

Dt 9,9-11
בעלתי ההרה לקחת לוחת האבנים לוחת הברית
אשר־כרת יהוה עמכם ואשב בהר ארבעים יום
וארבעים לילה לחם לא אכלתי ומים לא שתיתי:
10 ויתן יהוה אלי את־שני לוחת האבנים כתבים
באצבע אלהים ועליהם ככל־הדברים אשר דבר יהוה
עמכם בהר מתוך האש ביום הקהל: 11 ויהי מקץ
ארבעים יום וארבעים לילה נתן יהוה אלי את־שני
לחת האבנים לחות הברית:

Monté sur la montagne pour recevoir les tables de pierre, les tables de l'alliance que Yhwh avait conclue avec vous, je suis resté sur la montagne quarante jours et quarante nuits, sans manger de pain ni boire d'eau. 10 Et Yhwh m'a donné les deux tables de pierre, écrites du doigt de Dieu, et sur elles se trouvaint toutes les paroles que Yhwh avait prononcées pour vous sur la montagne, du milieu du feu, au jour de l'assemblée. 11 C'est au bout de quarante jours et de quarante nuits que Yhwh m'a donné les deux tables de pierre, les tables de l'alliance.

À partir de Dt 9,9, il est possible de comparer l'épisode du veau dans le Deutéronome avec celui qui lui est parallèle dans l'Exode. Pour 9,9-11, nous observons les correspondances suivantes :

Verset	Contenu du verset	Correspondance dans Ex
Dt 9,9	Moïse sur la montagne pour recevoir les tables de pierre	Ex 24,12.15a
	l'alliance que Yhwh avait conclue avec vous	Ex 24,8b
	Je suis resté sur la montagne quarante jours et quarante nuits	Ex 24,18b
	sans manger de pain ni boire d'eau	Ex 34,28

Golah, qui n'avait pas envie, à l'époque perse, de faire un nouvel exode en direction de la Palestine » (p. 80).
98 T. Römer considère 9,22-24 ; 9,27a ; 10,6-11 comme des interpolations tardives.
99 RÖMER, *So-Called*, p. 171 n. 13.
100 Cf. p.430-431.

9,10	M'a donné les deux tables de pierre, écrites du doigt de Dieu	Ex 31,18
9,11	quarante jours et quarante nuits	Ex 24,18b
	Yhwh m'a donné les deux tables de pierre	Ex 31,18

À première vue, Dt 9,9-11 a fait usage d'éléments dispersés dans l'Exode (Ex 24,8b.12.15a.18b ; 31,18 ; 34,28). Cependant, on peut reconstituer un fil narratif en Exode exactement dans le même ordre qu'en Dt 9,9-10 : Moïse monte sur la montagne pour recevoir les tables (Ex 24,12.15a → Dt 9,9a), il demeure sur la montagne quarante jours et quarante nuits (Ex 24,18b → Dt 9,9b), il reçoit les deux tables de pierre écrites du doigt de Yhwh (Ex 31,18 → Dt 9,10). Si l'on considère que des suppléments, pour la plupart issus de P ou de rédactions postérieures (Ex 24,15b-18a ; Ex 25,1–31,17), ont été insérés entre ces éléments du fil narratif, alors le récit qui court en Ex 24,12.15a.18b ; 31,18 peut tout à fait avoir servi de *Vorlage* à Dt 9,9-10[101].

La répétition en Dt 9,11 d'informations déjà données en Dt 9,9-10 fait doublet. Ainsi, certains critiques séparent 9,10 et 9,11 comme provenant de mains différentes[102]. Cependant, dans le récit, le v. 11 commence une nouvelle section, rebondit logiquement sur 9,9-10 et insiste sur le don des tables à Moïse[103]. Nous ne voyons pas d'argument suffisamment contraignant pour voir dans ce versert une addition à la suite de 9,10.

La mention הברית אשר־כרת יהוה עמכם (v. 9) se retrouve littéralement en Ex 24,8b pour qualifier le « sang de l'alliance… » (דם־הברית אשר כרת יהוה עמכם). Une connection peut également être établie entre Dt 9,9 et Dt 5,2-3 où Moïse précise à la seconde génération du désert : « Yhwh notre Dieu a conclu une alliance avec nous à l'Horeb » (יהוה אלהינו כרת עמנו ברית בחרב). Ces connections entre Ex 24,8 ; Dt 5,2-3 et 9,9 pourraient s'expliquer par un même enracinement dtr. Nous nous appuyons ici sur la proposition faite par L. Perlitt de considérer la présentation de l'alliance à l'Horeb / Sinaï comme issue des cercles deutéronomico-deutéronomistes, lesquels auraient « démocratisé » cette réalité de

---

101 À la suite d'E. Zenger (cf. p. 295 n. 125), nous considérons qu'Ex 31,18 n'est pas d'une seule venue et recèle des ajouts de facture P. En dehors de ces surcharges, le reste du verset correspond à Dt 9,10-11, dont il pourrait avoir constitué la *Vorlage*.
102 Cf. le tableau des auteurs, p. 341-346.
103 V. 10 : « Et Yhwh me donna les deux tablettes… » (ויתן יהוה אלי את־שני לוחת) →
v. 11 : « Et quand Yhwh m'eut donné les deux tablettes… » (ויהי [...] נתן יהוה אלי את־שני לחת). Nous sommes ici en accord avec MAYES, *Deuteronomy*, p. 198-199.

l'alliance présente dans l'idéologie royale pour l'élargir à tout le peuple[104]. Albertz se range à cette position lorsqu'il écrit : « En fin de compte, les événements du Sinaï furent regardés traditionnellement comme une alliance fondamentale entre Yhwh et Israël. Mais alors que les chercheurs tendaient souvent autrefois à considérer " l'alliance au Sinaï " comme le fondement de la tradition et en faisaient le point de départ de développements historiques successifs, il est devenu de plus en plus clair récemment que cette alliance est en fait une présentation tardive qui n'est incluse dans la péricope du Sinaï que de façon lâche et ne remonte pas plus haut que les théologiens dtq / dtr. [...] Les événements du Sinaï n'ont été élaborés par K^D pour prendre la forme d'une alliance rituelle selon la conception dtq / dtr (Dt 5,2ss, etc.) qu'au début de la période post-exilique (Ex.19,3b-8 ; 24,3-8 ; Ex 34*) »[105]. La notion d'alliance développée en Dt 5,2-3 ; 9,9 est donc très probablement dtr[106].

La parenté forte entre Dt 5,2-3 et 9,8-9 invite à attribuer ces versets à une même couche rédactionnelle. En Dt 5,2-3, nous sommes dans l'encadrement amont du décalogue (encadrement aval : 5,23-31). Deux éléments se retrouvent en 5,2-3 et 9,8-9 : l'indication de lieu בחרב et l'insistance sur « l'alliance que Yhwh concluait » avec les auditeurs de Moïse (« nous » : 5,2 ; « vous » : 9,9a). Ce parallélisme invite à considérer Dt 9,8-9 comme des versets à tenir ensemble, car ensemble seulement ils forment un renvoi explicite à Dt 5,2-3.

Un élément supplémentaire peut être tiré de Dt 5,3 (« Ce n'est pas avec nos pères que Yhwh a conclu cette alliance, c'est avec nous, nous qui sommes là aujourd'hui, tous vivants »). Ce verset présuppose la connaissance de la mort de la génération précédente, c'est-à-dire la tradition rapportée en Dt 1,19-35 (// Nb 14,21-35). Les auditeurs sont donc les mêmes en Dt 9,9 (בחרב ; עמכם) ; 5,2-3 (עמנו ; בחרב) ; 1,6 (אלינו ; בחרב).

Le motif des « quarante jours et quarante nuits »[107] (9,9.11) se lit également en Ex 24,18b et en Ex 34,28. Dt 9,9 présente plus de contacts littéraires avec Ex 34,28 (« quarante jours et quarante nuits », « sans manger de pain ni boire d'eau », « les paroles de l'alliance ») qu'avec Ex 24,18b (« quarante jours et quarante nuits »). Cette seule observation ne permet pas de décider de la relation de dépendance entre ces

---

104 PERLITT, *Bundestheologie*, p. 55ss ; 156ss.
105 ALBERTZ, *Religionsgeschichte I* ; p. 103.
106 Achenbach considère, avec Otto, ces versets comme provenant de leur DtrD (ACHENBACH, « Story », p. 130 ; 136).
107 Dans la BH : Gn 7,4.12 ; Ex 24,18 ; 34,28 ; Dt 9,9.11.18.25 ; 10,10 ; 1 R 19,8.

versets. On peut légitimement penser, étant donné que le phénomène d'écriture est souvent additionnel, qu'Ex 24,18b est, parmi les trois occurrences, le verset le plus ancien. D'autre part, en Ex 34,28, la mention des tables comme contenant עשרת הדברים peut être vue comme une harmonisation avec le récit de Dt 9,7–10,11[108].

La clause לחם לא אכלתי ומים לא שתיתי, absente d'Ex 24,18b, peut se comprendre comme une addition. Elle est interprétée diversement selon les auteurs, surtout en terme de rupture avec la sphère terrestre pour se tenir en présence de la divinité[109]. Dans la BH, un motif semblable ne se retrouve qu'en 1 R 13,8.9.16.17.22, c'est-à-dire, curieusement, dans un récit situé dans le contexte du schisme de Jéroboam, qui condamne le sanctuaire de Bethel – sanctuaire traditionnellement associé au sacerdoce aaronide[110] – et l'idolâtrie

---

108 E. Zenger présente une vue alternative. Selon lui, Ex 34,28 est un verset dtr qui renvoie à Ex 20,2-17 (ZENGER, « Psalm 87,6 », p. 101). Cependant, il n'est pas question des tables ni d'un séjour de quarante jours et quarante nuits avant Ex 24.

109 Ce motif est expliqué comme séparation / purification de la sphère terrestre et des besoins humains pour celui qui entre dans l'intimité de Dieu par R. Achenbach : « Moses refrained from any nourishment (Dtn 9,9b) in order to keep himself perfectly pure in the presence of God » (ACHENBACH, « Story », p. 138 ; D. Christensen : ce motif « indicates that while he was in intimate contact with God he [n.d.r. : Moïse] was beyond the sphere of human needs and concerns » (CHRISTENSEN, *Deuteronomy 1 :1-21 :9*, p. 187). Christensen souligne que cette description de Moïse jeûnant en présence de Dieu porte en germe les commentaires midrashiques ultérieurs décrivant Moïse élevé au statut des anges. B. Peckham propose une explication alternative : le jeûne sert à montrer la soumission de Moïse envers Yhwh, par contraste avec les récriminations du peuple dans le désert dès le moindre manque d'eau et de nourriture (PECKHAM, « Deut 9 :1-10 :11 », p. 23).

110 ALBERTZ, *Religionsgeschichte I* ; p. 345. En Jg 20,27-28, la glose (tardive et théocratique selon NIHAN, *Priestly Torah*, p. 607 n. 117) « et là (était) l'arche de l'alliance de Dieu en ces jours-là et Pinhas, fils d'Eléazar, fils d'Aaron, se tenait devant elle en ces jours-là » identifie Pinhas petit-fils d'Aaron comme prêtre de Béthel, officiant devant l'arche. Selon HOUTMAN, *Exodus 20-40*, p. 619-620, « A conception that has gained a greater following is that [Exod.] 32 :1-6 betrays the contours of a positive tradition concerning Aaron ; presumably it contains the etiology of the cult of the shrine of Bethel, with which the Aaronic priesthood there traced the bull worship to the central happenings in Israel's national existence, the exodus out Egypt and the encounter with Yhwh at Mount Sinai, attributing the establishment of it to its patriarch. [...] Points of contact between Exod. 32 and 1 Kgs. 12 :25-32, the story of the institution by Jeroboam I of the bull cult at Bethel and Dan, have an important place in the argument for the thesis that 32 :1-6 embodies the cult etiology of the sanctuary at Bethel. [...] In both chapters the bull image stands central ; the formula " Here is your God… " occurs in both (32 :4, 8 ; 1 Kgs. 12 :28) ; a festival is being held (32 :5 ; 1 Kgs. 12 :32) ; sacrifices to the image are offered on the altar (32 :5f. ; 1 Kgs. 12 :32f.). [...] Worthy of note, too, is that Jeroboam's sons, Nadab and Abijah (1 Kgs. 14 :1 ; 15 :25), bear the same names as Aaron's apostate sons, Nadab and

(1 R 13,2, avec mention proleptique de ce qu'accomplira Josias en 2 R 23,15-18)[111]. Fait également frappant, le prophète doit intercéder pour le roi idolâtre (פלל-*hiphil* ; 1 R 13,6), verbe qui est également utilisé en Dt 9,20.26. Pour une majorité de chercheurs, 1 R 13 est un chapitre d'une facture rédactionnelle homogène[112] et l'affirmation de la volonté du prophète « ne pas manger de pain et de ne pas boire d'eau » est conçue comme dtr. Précisant encore cette vue, E. Würthwein propose de voir en ce chapitre deux récits articulés l'un à l'autre (1 R 13,1-10 ; 13,11-34), le motif du jeûne servant d'accroche rédactionnelle. En conséquence, cet auteur situe ce motif comme un élément secondaire, dtr tardif[113].

L'ancrage de ce motif est cependant plus ferme et cohérent en 1 R 13 qu'en Ex 34,28 et Dt 9,9, car il possède en 1 R 13 un véritable rôle narratif, au contraire des textes du Pentateuque où il apparaît comme un motif ornemental. On peut dès lors se demander si l'on n'a pas en Dt 9,9.18 un phénomène semblable à celui repérable en Dt 9,21 où, s'appuyant sur HD, les rédacteurs de Dt 9,1–10,11 font de Moïse un prototype de Josias[114]. En Dt 9,9.18, les rédacteurs attribueraient cette fois à Moïse les traits d'un prophète opposé à l'idolâtrie. Cette possibilité nous semble assez probable[115].

Abihu (Lev. 10 :1, 2 […]), and that the destruction of the bull image exhibits similarities with the destruction of the altar and high place of the sanctuary at Bethel by king Josiah (2 Kgs. 23 :15) ». Notons par ailleurs que Gn 28,10-22 (cf. 35,1-15) est aussi un passage compris comme une étiologie de ce sanctuaire, qui était donc mis en relation non seulement avec Aaron, mais aussi avec le patriarche Jacob.

111 Cette anticipation littéraire de la figure de Josias est frappante, comme le souligne R.E. Friedman à la suite de F.M. Cross. Elle montre combien HD a été composée dans une perspective josianique (FRIEDMAN, *Exile*, p. 7).
112 EYNIKEL, « Prophecy », p. 227.
113 WÜRTHWEIN, *Bücher*, p. 170.
114 Nous anticipons ici, pour les besoins de l'argumentation, sur une conclusion à venir : cf. p. 309-311.
115 Il est déjà possible, en ce qui concerne une des sources du récit de base de Dt 9,1–10,11, à savoir une première version d'Ex 32, de supposer la connaissance de l'histoire de Jéroboam, comme le pense M. Noth : « It is to be assumed that the basic narrative of Ex 32 on its part presupposes the prophetic narrative of 1 Kings 12.(13).14 in at least an already stereotyped oral form if not fixed in writing » (NOTH, *Exodus*, p. 246). Si ces chapitres de 1 Rois sont connus d'Ex 32, source du récit de base de Dt 9,1–10,11, on peut admettre, a fortiori, qu'ils puissent l'être du rédacteur du récit de base Dt 9,1–10,11.

Les tables reçues par Moïse sont appelées en Dt 9,9 « tables de pierre » (לוחת האבנים)[116], « tables de l'alliance » (לוחת הברית)[117]. Elles sont nommées ailleurs « tables du témoignage » (לחת העדת)[118]. Cette dernière désignation est un motif sacerdotal[119]. La dénomination לוחת הברית est pour sa part dtr[120]. Un relevé rapide du motif des tables, qu'elles soient décrites comme « de pierre », « de l'alliance », « du témoignage », ou « les deux tables »[121], laisse apparaître l'ancrage de ce motif dans la théophanie de l'Horeb / Sinaï. En dehors de ce contexte, elles ne se trouvent qu'en 1 R 8,9[122] (// 2 Ch 5,10). La question de l'ancienneté de ce motif se pose donc. Nous pensons avec F. Crüsemann qu'il n'y a pas lieu de douter de l'arrière-fond historique d'un tel motif. Cet auteur, qui englobe la statuette du veau, l'arche, les tables et le serpent d'airain dans sa réflexion en constatant que le culte de veaux était une réalité en Israël, conclut à l'historicité et à l'ancienneté de ce motif des tables tel qu'il apparaît en Ex 32–34 : « Au plan historique, le medium ne fait pas problème. Nous trouvons des exemples analogues, du calendrier de Gezer à la stèle de Moab. Les documents légaux étaient publiés de cette façon, ainsi que les calendriers, comme le montre le calendrier de Gezer. Des restes d'inscriptions sur pierre ont été trouvés en Samarie et à Jérusalem. Il n'y a donc pas de raison forte de douter que de telles tablettes aient existé dans le royaume du Nord et que leur contenu ait été constitué de règles cultuelles de base »[123].

E. Zenger argumente en faveur de l'ancienneté de ce motif des tables et de son identification avec le « livre de vie » auquel Moïse fait

---

116 Dans la BH, trois expressions sont utilisées pour décrire les « tables de pierre » : לחת האבנים : Dt 9,9.10.11 ; 1 R 8,9 ; לחת אבנים, Ex 34,1.4 ; Dt 4,13 ; 5,22 ; 10,1.3 ; לחת אבן, Ex 24,12 ; 31,1.
117 Dans la BH : Dt 9,9.11.15.
118 Dans la BH : Ex 31,18; 32,15; 34,29.
119 Blum, *Studien*, p. 70.
120 Peckham, « Deut 9 :1-10 :11 », p. 22.
121 Cette désignation de *deux* tables a occupé la recherche qui s'est demandé comment diviser le décalogue en deux parties égales (Crüsemann, *Tora*, p. 72). Une proposition intéressante a été avancée il y a quelques années par J. Derby, reliant la coutume de faire deux copies lors des traités suzerain-vassaux à l'idée qu'une tablette pourrait être la copie d'Israël et l'autre de Yhwh (Derby, « Tablets »).
122 Verset qui est dépendant du complexe Dt 9,8–10,11 (Perlitt, « Sinaï », p. 37 ; Nihan, *Priestly Torah*, p. 50).
123 Crüsemann, *Tora*, p. 73. F. Crüsemann prend donc sur ce point le contre-pied de L. Perlitt qui considère les tables d'Ex 32–34 comme une construction théorique (Perlitt, *Bundestheologie*, p. 210-211).

allusion en Ex 32,32[124]. Il montre avec clarté que des ajouts sont venus surcharger Ex 24,12 et Ex 31,18[125]. Selon lui, la désignation originelle des tables était simplement « de pierre » (לחֹת אבן). Si l'on met de côté Ex 32,15-16, qui est une addition, il n'est donc jamais fait mention du contenu des tables avant Ex 32,19, moment de leur destruction. Que contenaient-elles ? À partir de parallèles bibliques et extrabibliques, Zenger avance qu'elles contenaient probablement une liste des fidèles de Yhwh[126]. Faisant référence à L. Perlitt, il propose ensuite de voir une transformation de cette conception des tables avec la théologie dtq / dtr qui en aurait fait les tables d'un traité (les tables du décalogue) et leur aurait associé l'arche.

Le lien entre les tables et l'arche constitue en effet une question importante. La double désignation לוחת הברית (dtr) et לחת העדת (P) rappelle la désignation parallèle de l'arche comme ארון [ה]ברית[127] et ארון העדת[128]. L'arche est mentionnée en Dt 10,1 (ארון עץ), 10,3 (ארון עצי שטים), 10,8 (ארון ברית־יהוה), et sert de réceptacle aux tables[129]. Les qualificatifs עץ et עצי שטים se retrouvent dans les notices de construction de la demeure[130] et notamment en Ex 25,10 ; 37,1. Ce point de contact entre Dt 10,1-5 et ces textes P en ce qui concerne la description de l'arche, a incité R. Achenbach à considérer l'arche en

---

124 ZENGER, « Psalm 87,6 », p. 97-103.
125 שני לחת et ככלתו לדבר אתו בהר סיני pour Ex 24,12 ; להורתם et והתורה והמצוה העדת pour Ex 31,18. Les ajouts d'Ex 31,18 sont d'une facture P, reconnaissable à l'expression הר סיני et לחת העדת. B. Renaud partage ce constat d'E. Zenger : RENAUD, *L'alliance*, p. 31-32.
126 והמה בכתבים, en Nb 11,26, fait peut-être référence à une situation semblable. Pour des positions alternatives concernant le contenu des tables, cf. CRÜSEMANN, *Tora*, p. 71.
127 Dans la BH : Nb 10,33 ; 14,44 ; Dt 10,8 ; 31,9.25.26 ; Jos 3,3.6.8.11.14.17 ; 4,7.9.18 ; 6,6.8 ; 8,33 ; Jg 20,27 ; 1 S 4,3.4.5 ; 2 S 15,24 ; 1 R 3,15 ; 6,19 ; 8,1.6 ; 1 Ch 15,25.26.28.29 ; 16,6.37 ; 17,1 ; 22,19 ; 28,2.18 ; 2 Ch 5,2.7 ; Jr 3,16.
128 Dans la BH : Ex 25,22 ; 26,33.34 ; 30,6.26 ; 31,7 ; 39,35 ; 40,3.5.21 ; Nb 4,5 ; 7,89 ; Jos 4,16.
129 Dt 10,8-9 est une insertion dans le récit, ce qui entraîne que cette dernière référence doive être traitée à part.
130 La structure et un bon nombre d'objets de la demeure sont en bois de שטים : Ex 25,10 : arche en bois de שטים ; Ex 25,13.28 : barres en bois de שטים ; Ex 25,23 : table en bois de שטים ; Ex 26,15 : cadres de la demeure en bois de שטים ; Ex 26,26 : traverses de la demeure en bois de שטים ; Ex 27,1 : autel en bois de שטים ; Ex 27,6 : barres pour l'autel en bois de שטים ; Ex 30,1 : autel des parfums en bois de שטים ; Ex 30,5 : barres pour l'autel des parfums en bois de שטים.

Dt 10,1-5 comme un motif post-P et post-dtr, qu'il attribue à son rédacteur hexateucal[131].

Contrairement au motif des tables, celui de l'arche se trouve très largement attesté dans HD[132] où, en Samuel–Rois, elle semble avoir la fonction, non pas de receptacle des tables, mais de *palladium* d'Israël[133]. Cette fonction ancienne de l'arche – avant qu'elle ne devienne réceptacle des tables (dtr) ou lieu de la présence divine (עדות) et support du כפרת (P) –, déconnectée des tables, invite à considérer le fait que les deux motifs ont sans doute eu une existence séparée avant d'être reliés, le motif des tables, particulièrement lorsqu'elles sont dites « de l'alliance », étant à notre sens dtr.

L'écriture sur les tables באצבע אלהים n'est attestée qu'en Dt 9,10 et en Ex 31,18b. En Ex 24,12, verset dont nous avons écrit plus haut qu'il était probablement plus ancien que Dt 9,10, l'écriture sur les tables était déjà l'action de Yhwh. Cependant, cet état de fait est maintenant exprimé en une tournure anthropomorphique qu'E. Zenger considère comme primitive dans Ex 31,18[134].

Sur les tables sont consignées les הדברים אשר דבר יהוה עמכם בהר מתוך האש ביום הקהל (9,10). Ce verset est très proche de Dt 10,4[135] et renvoie clairement à 5,22. Le contexte est celui de Dt (4–)5[136]. L'expression יום הקהל est une référence renvoyant à Dt 5,22. Nous avons ici l'étiologie de la קהל יהוה[137], l'Israël assemblé pour écouter la loi[138], ce qui renvoie au plus tôt à la période exilique.

---

131 ACHENBACH, *Vollendung*, p. 189-196, sp. p. 190-191. Nous reviendrons sur cette question, p. 321.
132 La mention en Jr 3,16 est à comprendre comme un ajout post-dtr et post-exilique (RÖMER, *Väter*, p. 470-473).
133 MORGENSTERN, « Ark », p. 153-157 ; 229-265 ; VAUX (DE), *Institutions*, p. 129 ; MAYES, *Deuteronomy*, p. 204.
134 ZENGER, « Psalm 87,6 », p. 99.
135 C'est ainsi par exemple que le Pentateuque samaritain corrige עמכם en אליכם, de façon à aligner les deux versets.
136 מתוך האש dans le Deutéronome : 4,12.15.33.36 ; 5,4.22.24.26 ; 9,10 ; 10,4.
137 Selon C. Nihan, l'expression קהל יהוה n'est jamais trouvée en P mais seulement en Dt 23 et Nb 16, ce dernier passage présupposant la conception dtr d'Israël comme nation sainte attestée en Dt 7,6 ; 14,2.21 ; 26,19 et 28,9 (NIHAN, *Priestly Torah*, p. 28 n. 43).
138 Selon Dt 31,10, la loi doit être lue tous les 7 ans, en une assemblée (קהל) semblable à celle de la fête des tentes. Les participants décrits en Dt 31,12 sont proches de ceux de Dt 16,13-15. Il s'agit de l'année de la Remise. Le but est d'actualiser l'acte fondateur de l'Horeb, c'est-à-dire le jour du don de la Loi, appelé « Jour de l'Assemblée » (Dt 4,10 ; 5,22 ; 9,10 ; 10,4, 18,16) (SONNET, *The Book*, p. 142-143).

De toutes ces observations ressort une mise en relation très claire de Dt 9,9-10 à Dt 5,2-3, cette dernière référence présupposant la connaissance de la mort de la génération précédente, c'est-à-dire la connaissance de Dt 1,6 ; 1,19-46. Par conséquent, nous pouvons également supposer que les rédacteurs de Dt 9,9-10 avaient connaissance de la sanction subie par la génération incrédule de l'épisode des espions. Les liens de Dt 9,9-10 avec Dt 5 existent aussi au niveau de l'encadrement « aval » du décalogue, notamment avec Dt 5,22. L'antériorité d'Ex 24,12.15.18b ; 31,18 ; 34,28 sur Dt 9,9-10 semble assez probable, en prenant le soin de délester les versets 24,12 et 31,18 de leurs ajouts post-dtr.

Dt 9,12-14

ויאמר יהוה אלי קום רד מהר מזה כי שחת עמך
אשר הוצאת ממצרים סרו מהר מן־הדרך אשר צויתם
עשו להם מסכה: 13 ויאמר יהוה אלי לאמר ראיתי
את־העם הזה והנה עם־קשה־ערף הוא: 14 הרף ממני
ואשמידם ואמחה את־שמם מתחת השמים ואעשה אותך
לגוי־עצום ורב ממנו:

Alors Yhwh m'a dit : « Lève-toi, descends vite d'ici, car ton peuple s'est corrompu, ce peuple que tu as fait sortir d'Égypte ; ils se sont écartés rapidement du chemin que je leur avais prescrit : ils se sont fabriqué une statue de métal fondu ! ». 13 Et Yhwh m'a dit : « Je vois ce peuple : eh bien ! c'est un peuple à la nuque raide ! 14 Laisse-moi faire, je vais les exterminer, je vais effacer leur nom de sous le ciel ; mais je ferai de toi une nation plus puissante et plus nombreuse qu'eux ».

Verset dans Dt	Verset dans Ex	Contenu du verset Barré : absent de l'autre version ; Petites maj. : différent de l'autre version
9,12a		Alors Yhwh m'a dit : « LEVE-TOI, descends VITE d'ici, car ton peuple s'est corrompu, ce peuple que tu as fait SORTIR d'Égypte ;
	Ex 32,7	Yhwh adressa la parole à Moïse : « Descends donc, car ton peuple s'est corrompu, ce peuple que tu as fait MONTER du pays d'Égypte.
9,12b		ils se sont écartés rapidement du chemin que je leur avais prescrit : ils se sont fabriqué une statue de METAL FONDU! »
	Ex 32,8	Ils se sont écartés rapidement du chemin que je leur avais prescrit ; ils se sont fait une statue de VEAU, ils se sont prosternés devant elle, ils lui ont sacrifié et ils ont dit : Voici tes dieux, Israël, ceux qui t'ont fait monter du pays d'Égypte. »

9,13		Et Yhwh m'a dit : « Je vois ce peuple : eh bien! c'est un peuple à la nuque raide !
	Ex 32,9	Et Yhwh dit à Moïse : « Je vois ce peuple : eh bien! C'est un peuple à la nuque raide !
9,14		Laisse-moi faire (הרף ממני), je vais les exterminer, je vais effacer leur nom de sous le ciel ; mais je ferai de toi une nation plus puissante et plus nombreuse qu'eux. »
	Ex 32,10	Et maintenant, LAISSE-MOI FAIRE (הניחה לי) : QUE MA COLERE S'ENFLAMME CONTRE EUX, JE VAIS LES SUPPRIMER et je ferai de toi une GRANDE nation. »

Ces versets sont ceux qui présentent la plus grande proximité entre les deux textes. À ce titre, ils attestent que le contact entre eux se situe bien au niveau de l'écrit, non pas seulement au niveau d'une tradition orale commune.

Comment faut-il comprendre la relation entre ces textes ? Comme relation de dépendance de l'un sur l'autre, ou comme écriture à attribuer à une même main ? Une vue claire de l'histoire compositionnelle d'Ex 32–34 est nécessaire pour comprendre celle de Dt 9,1–10,11. Nous ne pouvons nous livrer ici même à la critique littéraire d'Ex 32–34, mais nous mènerons une étude de détail sur ce point au chapitre 6[139]. Aussi pouvons-nous simplement énoncer ici par avance quelques conclusions auxquelles nous arriverons : un certain nombre de versets de Dt 9 présupposent des éléments contenus en Ex 32 (Dt 9,12.16 → Ex 32,1-6 ; Dt 9,17 → Ex 32,19 ; Dt 9,20 → Ex 32,1-6.21-24.35 ; Dt 9,21 → Ex 32,20)[140]. Il s'ensuit que les premiers rédacteurs de Dt 9 ont probablement connu, repris et remanié une première forme d'Ex 32, mais il faut également, sans doute, compter sur des harmonisations rapprochant, de part et d'autre, les deux textes.

Cela étant posé, quels enseignements nous apporte l'observation de Dt 9,12-14 en ce qui concerne le contact éventuel avec une première forme d'Ex 32 ?

Ces versets ne présentent que peu de différences avec Ex 32,7-10. Les principales divergences résident dans l'ordre donné par Yhwh, קום רד (9,12) au lieu de לך־רד (Ex 32,7) ; la présence de l'adverbe מהר (9,12) ; l'utilisation du verbe יצא dans l'expression אשר הוצאת ממצרים (9,12) au lieu de עלה en Ex 32,7 ; la tournure הרף ממני (9,14) là où Ex 32,10 utilise הניחה לי ; la proposition de Yhwh à Moïse de

---

139 Cf. p. 386-413.
140 Cf. p. 387-388.

faire de lui un גוי־עצום ורב ממנו (9,14) et non pas simplement un גוי גדול (Ex 32,10).

Dans l'étude de la relation de dépendance entre Dt 9,12 et Ex 32,7-8, peu d'observations sont à elles seules décisives. La présence de l'indication מהר מזה en Dt 9,12 et son absence en Ex 32,7 peuvent s'expliquer tout autant comme une suppression opérée par les rédacteurs d'Ex 32,7[141] que comme une addition effectuée par ceux de Dt 9,12[142]. De même, la mention עגל מסכה en Ex 32,8, là où Dt 9,12 n'a que מסכה, peut se comprendre soit comme une volonté de précision des rédacteurs d'Ex 32, soit comme une volonté d'abstraction de ceux de Dt 9 (pour faire de cette faute un paradigme). Le verbe יצא (9,12) – au lieu de עלה en Ex 32,7 – est, selon J.C. Gertz, une variante qui témoignerait d'une reprise d'Ex 32,7 en Dt 9,12, puisque l'expression de la sortie d'Égypte est presque toujours bâtie avec la racine יצא dans le Deutéronome[143]. Cependant, les occurrences de l'expression avec יצא ou עלה[144] ne permettent pas de conclure, car les deux verbes semblent interchangeables. Enfin, la présence de l'impératif קום (9,12) peut éventuellement se comprendre en référence au verbe ישב du v. 9,9b. Elle est dans la même veine d'écriture que Dt 10,11 (קום לך) mais se retrouve également en Ex 32,1 (קום עשה־לנו אלהים).

Tout compte fait, deux arguments principaux, contradictoires, peuvent être avancés. En faveur de la primauté et de l'influence de Dt 9,12 sur Ex 32,7-8, nous notons que dans la BH, l'expression « s'écarter (סור) du chemin (דרך) prescrit (צוה) » ne se trouve qu'en Ex 32,8 ; Dt 9,12.16 ; 11,28 ; 31,29, ce qui indique clairement son

---

141 Son absence en Ex 32,7 pourrait s'expliquer par la volonté du rédacteur de ce verset de supprimer une redondance, le double impératif לך־רד présentant déjà un caractère d'urgence qui aurait fait double emploi avec cet adverbe. De même, la précision מזה n'est pas indispensable au propos et a pu être supprimée dans le but d'améliorer le style.

142 En effet, l'adverbe מהר est assez rare dans la BH (Ex 32,8 ; Dt 4,26 ; 7,4 ; 7,22 ; 9,3 ; 9,12 ; 9,16 ; 28,20 ; Jos 2,5 ; Jg 2,17 ; 2,23 ; Pr 25,8 ; So 1,14) et il est domicilié dans le Deutéronome plutôt que dans l'Exode. Son insertion pourrait donc se comprendre comme étant de style dtr.

143 GERTZ, « Beobachtungen », p. 99.

144 יצא-hiphil ממצרים dans la BH : Ex 12,39.42 ; 13,9.14.16 ; 14,11 ; 16,6.32 ; 20,2 ; 29,46 ; 32,11 ; Lv 19,36 ; 22,33 ; 23,43 ; 25,38.42.55 ; 26,13.45 ; Nb 15,41 ; 20,16 ; 23,22 ; 24,8 ; Dt 1,27 ; 5,6 ; 6,12.21 ; 8,14 ; 9,12.26 ; 13,6.11 ; 16,1 ; 26,8 ; 29,24 ; Jos 24,6 ; Jg 2,12 ; 1 S 12,8 ; 1 R 8,21.51.53 ; 2 Ch 1,17 ; 7,22 ; 9,28 ; Jr 7,22 ; 11,4 ; 26,23 ; 31,32 ; 34,13 ; Ez 20,6.9.10.

עלה-hiphil ממצרים dans la BH : Ex 3,17 ; 17,3 ; 32,1.4.7.8.23 ; 33,1 ; Lv 11,45 ; Nb 20,5 ; 21,5 ; Dt 20,1 ; Jos. 24,32 ; Jg 2,1 ; 6,8 ; 1 S 8,8 ; 10,18 ; 1 R 12,28 ; 2 R 17,7.36 ; 2 Ch 1,17 ; Ne 9,18 ; Ps 81,11 ; Jr 2,6 ; 11,7 ; Am 2,10 ; 3,1 ; 9,7 ; Mi 6,4.

enracinement dtr[145]. En faveur de la primauté et de l'influence d'Ex 32,7-8 sur Dt 9,12, nous relevons l'indication que *Moïse* a fait sortir le peuple d'Égypte, indication unique dans le Deutéronome, où la sortie / montée du pays d'Égypte est toujours attribuée à Yhwh. En revanche, dans le livre de l'Exode, l'attribution de cette sortie / montée à Moïse est fréquente[146]. Plus encore, en Ex 32, elle se trouve dans son « milieu naturel », puisqu'elle participe au développement d'une réflexion qui porte sur les questions suivantes : « Le peuple est-il celui de Yhwh ou de Moïse ? », « Qui, de Yhwh ou de Moïse, a fait monter Israël d'Égypte ? »[147].

Ces arguments se neutralisent, car ils sont à nos yeux de poids équivalent. Cependant, deux observations secondaires font pencher la balance en faveur d'une dépendance d'Ex 32,7-8 vis-à-vis de Dt 9,12. D'une part, dans le Pentateuque, l'utilisation du verbe שחת pour parler, à propos du peuple, de perversion et de corruption idolâtrique, se retrouve en Dt 4,16.25 ; 9,12 ; 31,29 seulement. Ainsi, en Dt 9,12, l'expression עמך אשר הוצאת ממצרים, qui a probablement un enracinement dans le livre de l'Exode, est encadrée de deux tournures qui, elles, s'enracinent dans le Deutéronome (שחת כי עמך et סרו מהר מן־הדרך אשר צויתם). D'autre part, l'adverbe מהר semble dtr[148].

---

145 Dans la BH, il n'est question de chemin prescrit par Yhwh (éventuellement par l'intermédiaire de Moïse) qu'en Ex 32,8 ; 5,33 ; 9,12 ; 9,16 ; 11,28 ; Dt 13,6 ; 30,16 ; 31,29 ; 1 R 8,58 ; Jr 7,23, ce qui fait d'Ex 32,8 un cas unique, toutes les autres occurrences étant dtr.

146 AURELIUS, *Fürbitter*, p. 13 n. 23 ; GERTZ, « Beobachtungen », p. 99.

147 En Ex 32,7, Yhwh dit à Moïse : « *Ton* peuple que *tu* as fait monter d'Égypte s'est perverti ». En 32,11, Moïse essaie de rétablir la situation en implorant Yhwh : « Pourquoi, Yhwh, ta colère s'enflammerait-elle contre *ton* peuple que *tu* as fait sortir d'Égypte ? », requête qui aboutit puisque, nous dit le narrateur, « Yhwh renonça au mal qu'il avait dit vouloir faire à *son* peuple » (Ex 32,14).
Ce jeu portant sur la possession du peuple commence en réalité en Ex 34,4b, lorsque le peuple dit à propos du veau de fonte : « Voici tes dieux, Israël, qui t'ont fait monter de la terre d'Égypte » ; la réponse de Yhwh à un tel affront se trouve en Ex 32,7 : Yhwh ne considère plus Israël comme son peuple. Cette désignation d'Israël comme peuple de Moïse est unique dans le Pentateuque et se trouve seulement dans Ex 32,7 et en son parallèle Dt 9,12.

148 Hormis Ex 32,8, on ne trouve une utilisation de l'adverbe מהר en référence au fourvoiement d'Israël ou des peuples d'alentour et à la sanction qui en découle qu'en Dt 4,26 (« vous disparaîtrez aussitôt ») ; Dt 7,4 (« il t'exterminerait aussitôt ») ; Dt 7,22 (« tu ne pourras pas les [les nations cananéennes] achever aussitôt ») ; Dt 9,3 (« tu les [les nations cananéennes] feras disparaître aussitôt ») ; Dt 9,12 (« ils se sont aussitôt écartés du chemin que je leur avait prescrit ») ; Dt 9,16 (« vous vous êtes aussitôt écartés du chemin que Yhwh vous avait prescrit ») ; Dt 28,20 (« jusqu'à ce que tu disparaisses rapidement ») ; Jg 2,17 (« ils s'écartèrent rapidement du chemin

Tout cela nous amène à penser – même si nous savons que ce point est discutable – que la priorité et l'influence première sont plutôt à attribuer à Dt 9,12. Comme le prouvent les manuscrits, il y a probablement eu des harmonisations entre les deux récits et il n'est pas impossible que l'indication עמך אשר הוצאת ממצרים puisse être de cette nature.

Au début du verset 9,13, de nombreux observateurs notent que la prise de parole de Yhwh fait doublet avec 9,12. Cette observation, correcte à notre sens, est le point de départ d'E. Aurelius pour sa critique littéraire de ces chapitres. Ces deux versets présentent une proximité forte avec Dt 9,1-6. L'expression הנה עם־קשה־ערף הוא (9,13) est directement liée à 9,6. L'approximation la plus proche de la mention גוי־עצום ורב ממנו (9,14) se trouve en Dt 7,1 (גוים רבים ועצומים ממך) et renvoie également à Dt 9,1. Nous pouvons déduire de cette parenté entre 9,13-14 et 9,1-6 que 9,13-14 sont des versets à attribuer aux rédacteurs responsables du début du chapitre. Ces derniers entendaient probablement appuyer par ces versets la thèse annoncée en 9,6. D'ailleurs, l'indication אמחה את־שמם מתחת השמים (9,14) est typiquement dtr[149]. L'absence du verset 32,9 dans la LXX invite à penser que ce dernier verset a ensuite été repris en TM Ex 32,9 à partir de Dt 9,13.

Nous pouvons, à ce stade de notre étude, faire le point sur la rédaction de Dt 9 :
- La section 9,1-6 est homogène dans sa rédaction, hormis la mention des noms des patriarches « Abraham, Isaac et Jacob » en 9,5.
- Les versets 7-14 sont eux aussi homogènes dans leur rédaction.
- Il ne nous semble pas possible de désolidariser Dt 9,7-14 de Dt 9,1-6. Nous avons vu que la jonction entre 9,6 (présentation de la thèse) et 9,9 (début de l'utilisation du texte source en Exode), c'est-à-dire Dt 9,7-8, est une unité de style mixte. De plus, en dépit de la différence de nature (parénétique / historique) entre ces sections, des indices laissent deviner une même rédaction : ouverture par un impératif (9,1.7),

---

qu'avaient suivi leurs pères ») ; Jg 2,23 (« Yhwh laissa subsister ces nations [cananéennes] sans les déposséder trop vite »).

149 Cf. l'appendice A de Weinfeld qui enregistre l'expression comme dtr (WEINFELD, *Deuteronomic School*, p. 347). L'expression se retrouve en Ex 17,14 ; Dt 25,19 (en référence à Amaleq), Dt 29,19 ; 2 R 14,27 (en référence à Israël). Le texte d'Ex 17,8-16 contient du matériel non-P qui a été mis en forme par K[D], selon BLUM, *Studien*, p. 152-153. Une expression proche sans le verbe מחה apparaît en Dt 7,24 ; 12,3.

désignation du peuple comme עַם־קְשֵׁה־עֹרֶף (9,6.13), גוי־עצום ממנו / גוים ועצמים ממך (9,1.14).

Dt 9,15-17

ואפן וארד מן־ההר וההר בער באש ושני לחת הברית על שתי ידי: 16 וארא והנה חטאתם ליהוה אלהיכם עשיתם לכם עגל מסכה סרתם מהר מן־הדרך אשר־צוה יהוה אתכם: 17 ואתפש בשני הלחת ואשלכם מעל שתי ידי ואשברם לעיניכם:

Je me suis tourné pour descendre de la montagne, et la montagne était toute embrasée, et les deux tables de l'alliance étaient dans mes deux mains. 16 Et j'ai vu : vous aviez péché contre Yhwh votre Dieu. Vous vous étiez fabriqué un veau de métal fondu ; vous vous étiez vite écartés du chemin que Yhwh vous avait prescrit. 17 Alors, j'ai saisi les deux tables, je les ai jetées de mes deux mains, et je les ai brisées sous vos yeux.

Verset dans Dt	Verset dans Ex	Contenu du verset Barré : absent de l'autre version ; Petites maj. : différent de l'autre version
9,15		Je me suis tourné pour descendre de la montagne, ~~et la montagne était toute embrasée~~, et les deux tables DE L'ALLIANCE étaient dans mes deux mains.
	32,15	Moïse s'en retourna et descendit de la montagne, les deux tables DE LA CHARTE en main, ~~tables écrites des deux côtés, écrites de part et d'autre~~ ;
9,16		Et j'ai vu : vous aviez péché contre Yhwh votre Dieu. Vous vous étiez fabriqué un veau de métal fondu ; vous vous étiez vite écartés du chemin que Yhwh vous avait prescrit.
	32,19a	Or, comme il s'approchait du camp, il vit le veau et des danses ;
9,17		Alors, j'ai saisi les deux tables, je les ai jetées de mes deux mains, et je les ai brisées SOUS VOS YEUX.
	32,19b	MOÏSE S'ENFLAMMA DE COLERE : de ses mains, il jeta les tables et les brisa au bas de la montagne.

Dans ces versets, la comparaison synoptique montre que les rédacteurs de Dt 9 suivent de nouveau leur source d'Ex 32, tout en s'autorisant une certaine liberté d'écriture. L'insertion de la clause « vous n'aviez pas tardé à vous écarter du chemin que Yhwh vous avait prescrit », absente d'Ex 32,19, pourrait s'expliquer par la relation qu'entretiennent les versets 9,12 et 9,16. En 9,12, Yhwh annonce à Moïse la défaillance du peuple. En 9,16, Moïse la constate de ses yeux. La même description revient donc, en ordre inverse[150], comme le remarque R. Nelson[151] :

9,12b סרו מהר מן־הדרך אשר צויתם עשו להם מסכה:
Ils n'ont pas tardé à s'écarter du chemin que je leur avais prescrit : <u>ils se sont fabriqué une statue de métal fondu</u> !

9,16ab.b עשיתם לכם עגל מסכה סרתם מהר מן־הדרך אשר־צוה יהוה אתכם:
Vous vous étiez fait un veau de métal fondu : <u>vous n'aviez pas tardé à vous écarter de la voie que Yahvé vous avait prescrite</u>

Pour la première fois dans le récit de Dt 9, l'idole de métal fondu est désignée comme étant un veau (עגל מסכה), mot qu'il faut comprendre comme désignant un jeune taureau, un taurillon[152]. La question est débattue de savoir ce que recouvrait exactement cet objet de culte (piédestal de la divinité[153], symbole de fertilité associé à Baal[154], statue en bois ou en métal[155], étendart[156] ?)[157]. Nous la laissons ici de côté, car elle déborde le cadre de la critique littéraire de ces versets, en enregistrant que c'est le caractère idolâtrique de la statue de veau en fonte qui intéresse les auteurs de Dt 9.

Au v. 16 apparaît le verbe חטא pour qualifier l'acte de fabrication du veau par le peuple. Il sera complété aux v. 18 et 21 par les substantifs חטא et חטאת. Nous notons avec G. Minette de Tillesse[158] l'emploi caractérisé de ces termes par les rédacteurs dtr. Tant le verbe חטא que les substantifs חטא et חטאת servent à désigner massivement le péché de Jéroboam, c'est-à-dire l'érection de statues de veau à Dan et à Bethel[159].

---

150 Nous pouvons voir là l'application de la « Loi de Seidel ». Cf. p. 243 n. 126.
151 NELSON, *Deuteronomy*, p. 124.
152 Cf. HAHN, *Kalb*, p. 12-19. C'est également la traduction adoptée par NOCQUET, « Aaron ».
153 Cf. NOTH, *Exodus*, p. 247 ; ALBERTZ, *Religionsgeschichte I*, p. 102.
154 MAYES, *Deuteronomy*, p. 200.
155 MINETTE DE TILLESSE, « Sections », p. 59.
156 EISSFELDT, « Lade », p. 190-219.
157 Cf. l'état de la recherche dans HOUTMAN, *Exodus 20-40*, p. 624-627.
158 MINETTE DE TILLESSE, « Sections », p. 58.
159 חטא-*verbe* : 1 R 14,16 ; 15,30 ; 16,19 ;
חטאת : 1 R 12,30 ; 13,34 ; 14,16.22 ; 15,26.30.34 ; 16,2.19.26.31 ; 2 R 3,3 ; 10,31 ; 13,2.6.11 ; 14,24 ; 15,9.18.24.28 ; 17,22 ;

L'indication, a priori anodine, que Moïse a brisé la statue « sous les yeux » des Israélites (לעיניכם ; 9,17) fait pendant au fait que Moïse la brise en Ex 32,19 « au pied de la montagne ». En Ex 32, cette indication est redondante, puisqu'il paraît évident que Moïse est descendu du Sinaï. Cette redondance, qui alourdit le texte, s'explique peut-être par la volonté des auteurs d'Ex 32 de montrer que la scène de destruction des tables (c'est-à-dire de rupture de l'alliance) se passe au même endroit que la scène d'Ex 24 (scène d'engagement dans l'alliance). En effet, l'indication תחת ההר d'Ex 32,19 institue un renvoi littéraire clair à Ex 24,4.

Pour autant, les rédacteurs de Dt 9,17 indiquent que Moïse a brisé la statue « sous les yeux » des Israélites et non plus « au pied de la montagne » (Ex 32,19). Il est probable que nous ayons en Dt 9,17 une suppression de la redondance manifeste en Ex 32,19, l'indication de la destruction de l'idôle « au pied de la montagne » étant interprétée comme signifiant « aux yeux » du peuple. Cette observation plaide en faveur du fait que Dt 9,17 présuppose la connaissance d'Ex 32,19 dont il « améliore » le style.

Un dernier élément est digne d'être mentionné : l'absence de Josué dans la version de Dt 9, alors qu'il est présent en Ex 32,17-18. Faut-il penser avec E. Blum[160] ou R. Achenbach[161] que la mention de Josué en Ex 32,17-18 au sommet de la montagne est une addition secondaire, dans le but d'épargner à Josué, successeur de Moïse, d'être compté au rang des idolâtres ? Cette hypothèse est séduisante. Elle est appuyée par le fait que la figure de Josué apparaît dans le Pentateuque dans des textes peu nombreux et probablement tardifs[162].

חטא-*substantif* : 1 R 14,16 ; 15,26.30.34 ; 16,2.19.26 ; 21,22 ; 22,53 ; 2 R 3,3 ; 10,29.31 ; 13,2.6.11 ; 14,24 ; 15,9.18.24.28 ; 17,21 ; 23,15.

160 BLUM, *Studien*, p. 81.
161 ACHENBACH, « Story », p. 144.
162 Ex 17,9.10.13.14 ; 24,13 ; 32,17 ; 33,11 ; Nb 11,28 ; 13,16 ; 14,6.30.38 ; 26,65 ; 27,18.22 ; 32,12.28 ; 34,17 ; Dt 1,38 ; 3,21.28 ; 31,3.7.14.23 ; 34,9. Selon E. Blum, la figure de Josué comme serviteur (משרת) de Moïse n'apparaît qu'en Ex 24,13 ; 33,11 ; Nb 11,28 et Jos 1,1 et il a un rôle auprès de Moïse en Ex 32,17. La désignation de Josué par le terme משרת serait selon lui réccurrente dans K^D (BLUM, *Studien*, p. 80 ; 89). B. Renaud estime que la mention « et Josué son auxiliaire » est une surcharge en Ex 24,13, et que les versets 17-18 d'Ex 32 font partie de compléments dtr insérés dans Ex 32–34 (RENAUD, *L'alliance*, p. 31 ; 58-60). H.-C. Schmitt pense également que la présence de Josué dans ces versets montre leur caractère tardif. Il rapproche Ex 32,17-18 d'Ex 17,8-16. Concernant ce dernier texte, cet auteur a montré dans un article qu'il serait exilique – post-exilique (SCHMITT, « Ex 17,8-16 »). Achenbach attribue cette addition au rédacteur post-dtr HexRed (ACHENBACH, « Story », p. 144).

Dt 9,18-20

וָאֶתְנַפַּל לִפְנֵי יְהוָה כָּרִאשֹׁנָה אַרְבָּעִים יוֹם וְאַרְבָּעִים
לַיְלָה לֶחֶם לֹא אָכַלְתִּי וּמַיִם לֹא שָׁתִיתִי עַל
כָּל־חַטַּאתְכֶם אֲשֶׁר חֲטָאתֶם לַעֲשׂוֹת הָרַע בְּעֵינֵי יְהוָה
לְהַכְעִיסוֹ: 19 כִּי יָגֹרְתִּי מִפְּנֵי הָאַף וְהַחֵמָה אֲשֶׁר קָצַף
יְהוָה עֲלֵיכֶם לְהַשְׁמִיד אֶתְכֶם וַיִּשְׁמַע יְהוָה אֵלַי גַּם
בַּפַּעַם הַהִוא: 20 וּבְאַהֲרֹן הִתְאַנַּף יְהוָה מְאֹד לְהַשְׁמִידוֹ
וָאֶתְפַּלֵּל גַּם־בְּעַד אַהֲרֹן בָּעֵת הַהִוא:

Je me suis prosterné devant Yhwh ; comme la première fois, pendant quarante jours et quarante nuits je n'ai pas mangé de pain, je n'ai pas bu d'eau, à cause de tous les péchés que vous aviez commis en faisant ce qui est mal aux yeux de Yhwh, au point de l'offenser. 19 Je redoutais la colère et la fureur de Yhwh, irrité contre vous jusqu'à vouloir vous exterminer ; mais Yhwh, cette fois encore, m'a écouté. 20 Contre Aaron aussi, Yhwh s'est mis dans une violente colère jusqu'à vouloir l'exterminer, alors j'ai prié aussi pour Aaron.

Si jusqu'ici, nous avons considéré le texte comme rédactionnellement homogène (excepté l'insertion du nom des patriarches en Dt 9,5) – les quelques tensions rencontrées s'expliquant par l'intégration imparfaite de leurs sources par les rédacteurs – les choses changent nettement avec les v. 18-20. Ces versets constituent à notre sens une insertion postérieure à la rédaction de base de Dt 9,1–10,11. Trois observations plaident en ce sens.

Premièrement, les deux destructions des tables et du veau se succèdent en Ex 32,19-20, alors qu'elles sont séparées par les intercessions de Moïse pour le peuple et pour Aaron dans le Deutéronome. Deuxièmement, le vocabulaire et les expressions employé dans ces versets se retrouvent de façon très concentrée en Dt 9,25 et 10,10 :

- וָאֶתְנַפַּל לִפְנֵי יְהוָה (9,18.25)
- כִּימִים הָרִאשֹׁנִים (10,10) / כָּרִאשֹׁנָה (9,18)
- אַרְבָּעִים יוֹם וְאַרְבָּעִים לַיְלָה (10,10 ; 9,18.25)
- הִתְאַנַּף יְהוָה (9,19), קָצַף יְהוָה עֲלֵיכֶם לְהַשְׁמִיד אֶתְכֶם (9,19), כִּי־אָמַר יְהוָה לְהַשְׁמִיד אֶתְכֶם (9,25), מְאֹד לְהַשְׁמִידוֹ (9,20), לֹא־אָבָה יְהוָה הַשְׁחִיתֶךָ (10,10)
- וַיִּשְׁמַע יְהוָה אֵלַי גַּם בַּפַּעַם הַהִוא (9,19 ; 10,10)

Ce vocabulaire se retrouve bien sûr en d'autres endroits du récit (par ex. : לְהַשְׁמִיד אֶתְכֶם [9,8] ; אַרְבָּעִים יוֹם וְאַרְבָּעִים לַיְלָה [9,9] ; רִאשֹׁן / רִאשֹׁנִים [10,1.2.3.4]). Mais sa concentration en 9,18-20 ; 9,25 et 10,10 est telle, avec surtout la volonté de renvoyer à un événement commun, que ces versets trahissent, selon nous, des interventions rédactionnelles secondaires d'une même main. Nous avancerons plus loin une hypothèse explicative de ce phénomène. Enfin, le fait que la présence de Dt 9,18-20 à cet endroit crée un certain nombre de problèmes nous semble un indice supplémentaire de son caractère d'insertion. D'une part, comme le note G. von Rad[163], les intercessions de ces versets instaurent un laps de temps incompréhensible entre la destruction des tables et celle du veau, d'autant plus que de telles intercessions restent fragiles tant que « l'objet du délit » est toujours en fonction. D'autre part, les mentions כראשנה (9,18) et גם בפעם ההוא (9,19) sont difficilement compréhensibles. Le comparatif כראשנה porte-t-il sur le jeûne et la durée du séjour ou sur l'intercession ? Étant donné le lien créé entre le jeûne et le péché du peuple (על כל־חטאתכם) d'une part, et d'autre part l'indication de la fin du v. 19 (וישמע יהוה אלי גם בפעם ההוא), le lecteur peut supposer qu'une première intercession réussie de Moïse – non mentionnée entre les v. 14 et 15 – a eu lieu lors de son premier séjour sur la montagne.

À l'intérieur de l'addition 9,18-20, faut-il considérer 9,20 comme un ajout ? Le caractère secondaire de Dt 9,20 a été souligné par de nombreux auteurs, par ex. M. Noth[164] (au contraire de B. Childs[165]). La mention בעת ההוא plaide en ce sens. Nous pensons que ce caractère intrusif du verset se justifie, au même titre que celui de 9,18-19, mais nous ne voyons pas la nécessité, en l'état, de le considérer comme une insertion dans l'insertion.

Dans ces versets, le vocabulaire et les expressions sont typiquement dtr, voire dtr tardives. Ainsi, les occurrences de l'expression לעשות הרע בעיני יהוה (9,18) renvoient clairement à HD et aux strates tardives du Deutéronome[166]. Il en est de même de כעס–hiphil (9,18)[167], האף והחמה אשר קצף יהוה עליכם (9,19)[168], שמד–hiphil (9,19)[169],

---

163 VON RAD, *Das Fünfte Buch*, p. 56.
164 NOTH, *Exodus*, p. 244-245. Même position chez VAN SETERS, *Life*, p. 351 n. 102 ; ACHENBACH, *Verheissung*, p. 360. Cf. aussi la remarque de D. Nocquet, « Dt 9,20 n'est pas indispensable au récit du Deutéronome et ne fait aucune mention du geste de fabrication d'Aaron. C'est la seule mention où il est question de la volonté de Yhwh d'exterminer Aaron. La raison de la colère de Yhwh n'est pas établie dans le récit du Deutéronome, Dt 9,20 présuppose et répond à Ex 32 » (NOCQUET, « Aaron », p. 243).
165 CHILDS, *Exodus*, p. 561-562.
166 Dans la BH : Nb 32,13 ; Dt 4,25 ; 9,18 ; 17,2 ; 31,29 ; Jg 3,12 ; 4,1 ; 6,1 ; 10,6 ; 13,1 ; 1 S 15,19 ; 1 R 11,6 ; 14,22 ; 15,26.34 ; 16,19.25 ; 21,20.25 ; 22,53 ; 2 R 3,2 ; 8,18.27 ; 13,2.11 ; 14,24 ; 15,9.18.24.28 ; 17,2.17 ; 21,2.6.16.20 ; 23,32.37 ; 24,9.19 ; 2 Ch 21,6 ; 22,4 ; 29,6 ; 33,2.6.22 ; 36,5.9.12 ; Jr 52,2 ; Ml 2,17.
167 Dans la BH : Dt 4,25 ; 9,18 ; 31,29 ; 32,16.21 ; Jg 2,12 ; 1 S 1,7 ; 1 R 14,9.15 ; 15,30 ; 16,2.7.13.26.33 ; 21,22 ; 22,54 ; 2 R 17,11.17 ; 21,6.15 ; 22,17 ; 23,19.26 ; 2 Ch 28,25 ; 33,6 ; 34,25 ; Ne 3,37 ; Ps 78,58 ; 106,29 ; Is 65,3 ; Jr 7,18.19 ; 8,19 ; 11,17 ; 25,6.7 ; 32,29.30.32 ; 44,3.8 ; Ez 8,17 ; 16,26 ; 32,9 ; Os 12,15.
168 Cf. les tables de WEINFELD, *Deuteronomic School*, p. 348.
169 Cf. les tables de WEINFELD, *Deuteronomic School*, p. 346-347.

אנף-hithpael (9,20)¹⁷⁰. L'expression de l'intercession (פלל-hithpael [9,20]) a un rayon plus vaste mais est bien attestée dans la littérature dtr¹⁷¹. Deux occurrences pointent vers un contexte dtr tardif¹⁷² : נפל-hithpael, au sens de « se prosterner »¹⁷³ devant une divinité, n'est attesté en dehors de Dt 9,18.25 qu'en Esd 10,1, tandis que יגר (9,19) n'apparaît que rarement et dans des textes post-exiliques¹⁷⁴.

Dt 9,21   ואת־חטאתכם אשר־עשיתם את־העגל לקחתי ואשרף
אתו באש ואכת אתו טחון היטב עד אשר־דק לעפר
ואשלך את־עפרו אל־הנחל הירד מן־ההר:

Et le péché que vous aviez fait : le veau, je l'ai pris, je l'ai brûlé, mis en morceaux, écrasé tout fin, réduit en poussière, et j'en ai jeté la poussière dans le torrent qui descend de la montagne.

Le v. 21 reprend très probablement le fil interrompu par l'insertion de Dt 9,18-20, si l'on en croit la *Vorlage* d'Ex 32,19-20. Nous avons déjà signalé que C. Begg, qui a étudié ce verset à plusieurs reprises¹⁷⁵, a conclu qu'il est dtr et dépend d'Ex 32,20. J. Van Seters a argumenté la relation de dépendance inverse¹⁷⁶ et, comme il pense que Dt 9,7–10,11 est la source du récit yahwiste d'Ex 32, il considère Ex 32,20 comme post-dtr¹⁷⁷.

---

170 Cf. les tables de WEINFELD, *Deuteronomic School*, p. 346.
171 Dans la BH : Gn 20,7.17 ; Nb 11,2 ; 21,7 ; Dt 9,20 ; 9,26 ; 1 S 1,10.12.26.27 ; 2,1.25 ; 7,5 ; 8,6 ; 12,19.23 ; 2 S 7,27 ; 1 R 8,28.29.30.33.35.42.44.48.54 ; 13,6 ; 2 R 4,33 ; 6,17.18 ; 19,15.20 ; 20,2 ; 1 Ch 17,25 ; 2 Ch 6,19.20.21.24.26.32.34.38 ; 7,1.14 ; 30,18 ; 32,20.24 ; 33,13 ; Esd 10,1 ; Ne 1,4.6 ; 2,4 ; 4,3 ; Job 42,8.10 ; Ps 5,3 ; 32,6 ; 72,15 ; Is 16,12 ; 37,15.21 ; 38,2 ; 44,17 ; 45,14.20 ; Jr 7,16 ; 11,14 ; 14,11 ; 29,7.12 ; 32,16 ; 37,3 ; 42,2.4.20 ; Dn 9,4.20 ; Jon 2,2 ; 4,2
172 ACHENBACH, *Verheissung*, p. 359-360.
173 L'interprétation de ce verbe « se jeter par terre » au sens de « se prosterner » avec la connotation d'imploration, de supplication, est lisible dans la LXX (« je fis une demande devant le Seigneur » [ἐδεήθην ἐναντίον κυρίου]) et dans le Targum (« je tombai en prière ») (HARL, *Bible d'Alexandrie 5.*, p. 178).
174 Dt 9,19; 28,60 ; Job 3,25 ; 9,28 ; Ps 119,39.
175 BEGG, « Pseudo-Philo » ; BEGG, « Destruction ».
176 VAN SETERS, *Life*, p. 304-307.
177 J. Van Seters pense que le récit d'Ex 32–34 est tributaire de deux sources : Dt 9,8–10,11 et 1 R 12,26-32 (VAN SETERS, *Life*, p. 290-318). 1 R 12 serait le texte le plus ancien : l'histoire de Jéroboam et des veaux serait une fiction anachronique et propagandiste faisant partie de HD. Ex 32 en trahit la connaissance, Ex 32,4 reprenant 1 R 12,28 en conservant le pluriel (« voici *tes* dieux ») alors que celui-ci n'est pas approprié en Ex 32. Ce dernier texte est l'œuvre du yahwiste (post-dtr). Dt 9–10 est à situer chronologiquement entre 1 R 12 et Ex 32. Il se comprend comme

Dt 9,21

ואת־חטאתכם *אשר־עש*יתם את־העגל לקחתי ואשרף אתו
באש ואכת אתו טחון היטב עד אשר־דק לעפר ואשלך
את־עפרו אל־הנחל הירד מן־ההר:

Et le péché *que vous aviez fait* : le veau, je l'ai pris, je l'ai brûlé au feu, mis en morceaux, écrasé tout fin jusqu'à ce qu'il soit réduit en poussière, et j'en ai jeté la poussière dans le torrent qui descend de la montagne.

Ex 32,20

ויקח את־העגל *אשר* עשו וישרף באש ויטחן עד אשר־דק
ויזר על־פני המים וישק את־בני ישראל:

Il prit le veau *qu'ils avaient fait*, le brûla au feu, l'écrasa tout fin jusqu'à ce qu'il soit réduit en poussière, le répandit à la surface de l'eau et il fit boire les fils d'Israël.

On peut se demander, à première vue, pourquoi Dt 9,21 commence par le complément d'objet, là où Ex 32,20 présente une syntaxe plus ordonnée. Cette organisation de la phrase trahit, à notre avis, une volonté de mettre en avant la qualification de péché pour l'acte de fabrication du veau, ce qui est nouveau par rapport au récit parallèle d'Exode, où la racine חטא n'intervient pas avant Ex 32,30[178]. Nous avons là le signe d'une interprétation théologique d'Ex 32,20 par les rédacteurs de Dt 9,21.

D'autres éléments propres à Dt 9,21 s'expliquent par une intention rédactionnelle. Ainsi, C. Begg montre que[179] :

- כתת préfigure la destruction par Ézéchias du serpent de bronze de Moïse (2 R 18,4)
- היטב renvoie à 2 R 11,18, où après le renversement d'Athalie, le peuple de Jérusalem se rendit à la maison du Baal, démolit, brisa complètement (היטב) ses autels et ses statues et, devant les autels, tua Mattân, le prêtre du Baal.
- La référence à la poussière (עפר) intervient en 2 R 23,6.15 lorsque Josias élimine les poteaux sacrés de Jérusalem et de Béthel.

---

un récit dtr qui véhicule le message de réforme cultuelle de cette tradition. Pour affirmer l'antériorité de Dt 9–10 sur Ex 32–34, Van Seters avance que les traits présents en Ex 32 et passés sous silence dans le texte du Deutéronome se comprennent mieux si l'on suppose que Dt 9–10 ne connaissait pas encore Ex 32. Il applique en quelque sorte le principe de critique textuelle qu'il faut préférer le leçon la plus courte. Il avance ici un parallèle avec les évangiles synoptiques (p. 306), que réfute fortement C. Begg (BEGG, « Destruction », p. 477).

178 Racine חטא dans Ex 32-34 : Ex 32,30 ; ;32,31.32.33.34 ; 34,9.
179 BEGG, « Destruction », p. 474ss.

- La tournure « il jeta la poussière[cendre] » (שלך-*hiphil* + את־עפר) est attestée deux fois en 2 R 23,6.12, toujours lors de la réforme cultuelle de Josias.

Il semble donc que chaque élément du verset présente une contrepartie dans le Deutéronome ou le contexte large de HD[180].

La différence la plus cruciale concerne la suite directe de la destruction de la statue. Dans un cas, elle est ingérée par les Israélites. Dans l'autre, ses restes sont jetés dans le lit du torrent. Là encore, cette référence est proprement en rapport avec HD. En effet, le « ravin / torrent » (נחל) du Cédron est le lieu où les réformateurs jettent ou font disparaître les objets des cultes idolâtriques (2 R 23,12 [אל־הנחל] ; 1 R 15,13[בנחל] ; 2 R 23,6 [בנחל]). Ajoutons que cette référence aux restes du veau que Moïse jette dans le torrent qui descend (אל־הנחל הירד) rappelle également l'action d'Élie avec les faux-prophètes de Baal, lorsqu'il les fait descendre dans le torrent (ויורדם אליהו אל־נחל) pour les éliminer en 1 R 18,40[181].

Tout cela conduit à conclure que la grande majorité des éléments d'Ex 32,20 ont été réorganisés et remaniés par les rédacteurs de Dt 9,21 dans leur perspective propre, pour attribuer à Moïse des actions anti-idolâtriques – broyer, réduire en cendres ; toutes actions compréhensibles pour un poteau sacré mais plus difficilement applicables à une statue de fonte ! – qui interviendront plus tard[182].

---

180 Cette position est également développée par Minette de Tillesse, « Sections », p. 58-59. L'utilisation de ces éléments dans HD et dans le Deutéronome est à relier au *topos* classique de l'anéantissement des objets de culte dans le Proche Orient ancien. On trouve en effet des parallèles dans des textes hittites et ougaritiques (cf. Renaud, *L'alliance*, p. 35-37).

181 À la lumière de cette observation, on peut légitimement se demander si l'auteur du texte de base de Dt 9,7–10,11 ne connaissait pas le récit de 1 R 19 sur Élie à l'Horeb. En effet, en 1 R 19,8, Élie marche « quarante jours et quarante nuits jusqu'à la montagne de Dieu, l'Horeb ». La présence de ces deux motifs en Dt 9,7–10,11, alliée à l'allusion à la descente dans le torrent (1 R 18,40 // Dt 9,21), suggère un lien entre 1 R 18–19 et Dt 9. Par ailleurs, le torrent comme véhicule d'élimination se retrouve également en Dt 21,6.

182 Moïse se voit ainsi conférer les traits du roi Josias. R.E. Friedman a dégagé de façon convaincante une série d'associations, à la fois thématiques et littéraires, entre la notice sur le règne de Josias (1 R 22–23) et les premières portions de HD, notamment le livre du Deutéronome. Ces associations servent, selon lui, à donner à HD une perspective josianique. Une des plus frappantes est la description de Josias en 2 R 23,25, qui associe Dt 34,10 et Dt 6,5 (Friedman, *Exile*, p. 7). Sur ce sujet, voir ce que nous avions avancé p. 294 n. 111.

Pourquoi, pourtant, l'absorption du veau (Ex 32,20) a-t-elle été éliminée et remplacée ? C. Begg[183] propose deux solutions : d'une part, ce motif a pu ne pas être familier aux auteurs dtr, d'autant plus qu'il ne présente pas de contrepartie dans HD. D'autre part, si les rédacteurs de Dt 9,21 ont compris l'absorption du veau en Ex 32,20 comme une ordalie[184] ou une punition du peuple, ils ont pu vouloir éliminer ce motif placé juste à la suite d'une intercession réussie de Moïse. H.-D. Hoffmann[185] pense pour sa part que c'est le désir de montrer littérairement Moïse comme prototype des réformateurs ultérieurs, qui a guidé les rédacteurs.

Pour notre part, nous ne pouvons souscrire à la seconde solution de C. Begg, dans la mesure où nous considérons que Dt 9,18-20 est une addition postérieure à Dt 9,21. Nous pencherions plus volontiers pour l'explication de H.-D. Hoffmann, qui se conjugue bien avec la première solution de Begg. Nous avions déjà laissé entendre un peu plus haut que le motif du jeûne (לחם לא אכלתי ומים לא שתיתי) en Dt 9,9 pouvait se comprendre comme une reprise du récit en 1 R 13. Les remarques ci-dessus concernant Dt 9,21 vont dans le même sens et indiquent que notre texte présuppose vraisemblablement HD.

Dt 9,22-24
ובתבערה ובמסה ובקברת התאוה מקצפים הייתם את־יהוה: 23 ובשלח יהוה אתכם מקדש ברנע לאמר עלו ורשו את־הארץ אשר נתתי לכם ותמרו את־פי יהוה אלהיכם ולא האמנתם לו ולא שמעתם בקלו: 24 ממרים הייתם עם־יהוה מיום דעתי אתכם:

À Taveéra, à Massa, à Qivroth-Taava, vous avez irrité Yhwh. 23 Et lorsque Yhwh vous a envoyés de Cadès Barnea en disant : « Montez prendre possession du pays que je vous donne », vous vous êtes révoltés contre les ordres de Yhwh votre Dieu, vous n'avez pas mis votre foi en lui, vous n'avez pas écouté sa voix. 24 Vous avez été en révolte contre Yhwh depuis le jour où je[186] vous ai connus.

La section 9,22-24, comme 9,18-20, se présente sans contrepartie dans Ex 32. Nous avons déjà relevé certaines de ses caractéristiques lors de

---

183 BEGG, « Destruction », p. 476.
184 Nous abordons la question de savoir si Ex 32,20 doit être interprété comme une ordalie p. 404-405.
185 HOFFMANN, *Reform*, p. 312.
186 Le Pentateuque samaritain a דעתו et non דעתי comme le TM. La LXX traduit par ἀπὸ τῆς ἡμέρας ἧς ἐγνώσθη ὑμῖν et reflète ainsi la leçon du Pentateuque samaritain. Il serait en effet étrange que Moïse parle du jour où il a connu le peuple (דעתי) : le sujet est certainement Yhwh.

l'étude de 9,7-8, versets avec lesquels nous avions montré qu'elle présente une parenté évidente au plan du vocabulaire et de l'organisation (קצף-hiphil ; ממרים היתם עם־יהוה ; la notation temporelle למן־היום אשר־יצאת מארץ מצרים עד־באכם עד־המקום הזה [9,7] qui correspond à מיום דעתי אתכם [9,23] ; la notation de lieu בחרב [9,8] qui correspond à la liste des lieux et occasions où Israël a irrité Yhwh).

Nous avions également montré (cf. p. 286) que le vocabulaire commun à Dt 9,7-8 et Dt 9,22-24 se retrouve dans certains récits de désobéissance du peuple et / ou de notables (Moïse et Aaron compris) au désert[187]. Nous pouvons maintenant, en complétant par les expressions et le vocabulaire propres à la section Dt 9,22-24, regarder si celle-ci présente des contacts littéraires avec d'autres récits de révolte dans le Pentateuque :

L'épisode des éclaireurs en Dt 1,19-46 :
- « se révolter contre les ordres de Yhwh » (מרה את־פי יהוה- hiphil) : Dt 1,26.43 ; 9,23.
- « ne pas avoir mis sa foi en Yhwh » (אמן -hiphil) : Dt 1,32 ; 9,23.
- קצף avec Yhwh comme sujet (Dt 1,34)
- La racine מרה (Dt 1,26.43)
- אנף-hithpael : Dt 1,37

L'épisode des éclaireurs en Nb 13–14 :
- אמן -hiphil (Nb 14,11)

La révolte de Coré, Datan et Abiram et des 250 (Nb 16) :
- קצף avec Yhwh comme sujet (Nb 16,22)

La révolte de Cadès (Nb 20,1-13) :
- La racine מרה (Nb 20,10)

Révolte de Nadab et Abihu (Lv 10) :
- קצף avec Yhwh comme sujet (Lv 10,6)

Le constat est clair : les versets Dt 9,22-24 n'utilisent pas le même vocabulaire que les autres livres du Pentateuque pour dire le murmure, la révolte, la rébellion du peuple, mais un vocabulaire spécifique qu'ils partagent avec Dt 1,19-46. Pourtant, les traditions de révoltes dans le désert sont connues des rédacteurs :
- Taveéra : Nb 11,1-3
- Massa : Ex 17,1-7, mentionné également en Dt 6,16

---

187 קצף avec Yhwh comme sujet : Lv 10,6 ; Nb 16,22 ; Dt 1,34 ; 9,7.8.19.22 ; Jos 22,18. La racine מרה : Nb 20,10.24 ; 27,14 ; Dt 1,26.43 ; 31,27 ; Ez 20,8.13.21. אנף-hithpael : Dt 1,37 ; 4,21.

- Qivroth-Taava : Nb 11,4-35
- Cades Barnea : Nb 13–14 ; Dt 1,19-46

L'indication topographique קדש ברנע est rare. Dans la BH, on la trouve en Nb 32,8 ; 34,4 ; Dt 1,2.19 ; 2,14 ; 9,23 ; Jos 10,41 ; 14,6.7 ; 15,3. Selon R. Achenbach, le surnom Barnea aurait été ajouté au toponyme Cades durant la période post-exilique[188].

Le motif de la foi (אמן-*hiphil*) est caractérisé par E. Blum comme un motif qui parcourt K^D et serait dtr[189]. Cet auteur en constate notamment l'utilisation stratégique en Ex 1–15[190], qui se retrouve aussi dans des textes considérés comme tardifs (Gn 15,6 ; Nb 14,11 ; 20,12 ; 2 R 17,14). Selon C. Nihan – qui s'appuie sur J.C. Gertz[191] – « l'utilisation de אמן-*hiphil* [...] ne se trouve pas en P ; c'est au contraire le *leitmotiv* de la rédaction Pentateucale »[192]. D'autres tournures de la section Dt 9,22-24 pointent également vers une qualification dtr, voire dtr tardives. Il en est ainsi de l'ordre de Yhwh עלו ורשו את־הארץ אשר נתתי לכם[193] et de l'expression שמע בקל יהוה[194], qui s'entend au sens métaphorique[195], celui d' « obéir à Yhwh », ou, plus précisément encore, celui de « garder ses commandements », les deux clauses (écouter la voix et garder les commandements) étant d'ailleurs souvent associées[196].

À partir de là, comment évaluer Dt 9,22-24 ? Ce passage doit-il être rattaché au récit homogène que nous avons dégagé pour l'instant (Dt 9,1-17.21), ou en être distingué ? Plusieurs possibilités se présentent. En raison du constat de liens de vocabulaire et d'organisation que nous avons diagnostiqués entre Dt 9,7-8 et 9,22-24, nous pourrions comprendre Dt 9,7-8 et 9,22-24 comme des additions simultanées dans un récit de base en Dt 9 pour former une encadrement (9,7-8 servant d'introduction et 9,22-24, de conclusion). Une deuxième solution serait

---

188 ACHENBACH, « Erzählung », p. 62 n. 33.
189 BLUM, *Studien*, p. 104.
190 Ex 4,1.5.8.9.31 ; 14,31.
191 GERTZ, *Tradition*, p. 223-228 et 311-312.
192 NIHAN, *Priestly Torah*, p. 25 ; 30.
193 Dans la BH : Gn 28,4 ; Nb 33,53 ; Dt 3,20 ; 4,1 ; 9,23 ; 10,11 ; 11,31 ; 16,20 ; Jos 1,11.15 ; 18,3 ; Ne 9,15.
194 Cf. l'appendice A de WEINFELD, *Deuteronomic School*, p. 337.
195 Notons qu'en elle-même, cette injonction d'» écouter la voix de Yhwh » est paradoxale, dans la mesure où en Dt 5,23-30, le peuple avait demandé de ne plus avoir à « écouter la voix de Yhwh » et où sa demande avait été agréée.
196 Cf. 13,19 ; 15,5 ; 26,14.17 ; 27,10 ; 28,1.2 ; 28,15 ; 28,45 ; 30,2.8.10.20. En Jr 7,22-23, le commandement « d'écouter la voix de Yhwh » est mis en avant comme le seul commandement donné par Yhwh lors de la libération d'Égypte, par contraste avec les commandements portant sur les sacrifices (rituels P ?). *Idem* en Jr 11,3-4.7.

de considérer ces versets comme faisant partie d'une récit de base parénétique de ces chapitres. Cela reviendrait à estimer que Dt 9,7-8.22-24 auraient constitué une liste primitive de rébellions d'Israël dans la continuité de 9,6, avant qu'un rédacteur ne développe l'une de ces rébellions, celle de l'Horeb, entre les v. 8 et 22. Une troisième possibilité serait de voir dans les seuls v. 22-24 une addition au sein d'un récit du veau comprenant déjà 9,7-8.

Nous privilégions cette troisième possibilité. Les deux passages (9,7-8 ; 9,22-24) ne sont pas, selon nous, de même nature. On ne peut retirer Dt 9,7-8 du récit sans de graves dommages, tandis que l'inverse est non seulement possible, mais améliore même le flux de la narration. Si les deux passages étaient de même main, il serait difficile de comprendre comment cette main aurait aussi bien intégré son matériel d'un côté, et de façon aussi peu fluide dans l'autre. Nous avons vu combien Dt 9,7-8 est intégré dans son environnement (cf. p. 283). Au contraire, Dt 9,22-24 rompt le rythme du récit et sépare la destruction du veau de l'intercession de Moïse. Le caractère de *Wiederaufnahme* de 9,25, qui fait la jonction avec 9,18-20 (cf. ci-dessous), plaide également pour cette conclusion. Aussi avançons-nous l'hypothèse que 9,22-24 est à considérer comme une insertion dont l'effet peut être lu comme double. Étant donné le caractère de climax du v. 21, l'addition peut avoir une fonction intensive : elle souligne la culpabilité (chronique) du peuple. Elle possède également une seconde fonction : celle de garder la mémoire des traditions du désert par cette liste déjà longue et donc de créer un lien avec les livres de l'Exode et des Nombres.

Dt 9,25-29

ואתנפל לפני יהוה את ארבעים היום ואת־ארבעים הלילה אשר התנפלתי כי־אמר יהוה להשמיד אתכם: 26 ואתפלל אל־יהוה ואמר אדני יהוה אל־תשחת עמך ונחלתך אשר פדית בגדלך אשר־הוצאת ממצרים ביד חזקה: 27 זכר לעבדיך לאברהם ליצחק וליעקב אל־תפן אל־קשי העם הזה ואל־רשעו ואל־חטאתו: 28 פן־יאמרו הארץ אשר הוצאתנו משם מבלי יכלת יהוה להביאם אל־הארץ אשר־דבר להם ומשנאתו אותם הוציאם להמתם במדבר: 29 והם עמך ונחלתך אשר הוצאת בכחך הגדל ובזרעך הנטויה: פ

Et je me suis prosterné devant Yhwh les quarante jours et quarante nuits où j'étais prosterné, car Yhwh avait parlé de vous exterminer. 26 J'ai prié Yhwh et j'ai dit : « Seigneur Yhwh, ne détruis pas ton peuple et ton patrimoine que tu as racheté dans ta grandeur et que tu as fait sortir d'Égypte à main forte. 27 Souviens-toi de tes serviteurs Abraham, Isaac et Jacob ; ne fais pas attention à l'obstination de ce peuple, à sa perversité et à son péché. 28 De peur qu'on ne dise dans le pays d'où tu nous as fait sortir que c'est parce que Yhwh n'était pas capable de les faire entrer dans le pays dont il leur avait parlé et qu'il les haïssait qu'il les a fait sortir pour les faire mourir au désert. 29 Mais eux, ils sont ton peuple et ton patrimoine, que tu as fait sortir par ta grande force et ton bras étendu ! ».

Nous avons déjà constaté la très grande proximité de Dt 9,18-20 ; 9,25 et 10,10. Le vocabulaire de 9,25 a donc déjà été analysé largement. Ce verset n'apparaît solidaire ni de ce qui le précède ni de ce qui le suit. En effet, par-delà Dt 9,21.22-24, il semble être un renvoi à Dt 9,18-20. Cela se lit clairement dans le double emploi de la particule את devant l'adjectif ארבעים, particule rendue généralement dans les traductions (TOB, BJ) par des démonstratifs : « Je me suis donc prosterné […] durant *ces* quarante jours et *ces* quarante nuits ». La volonté de renvoi à Dt 9,18-20 est à nouveau explicite dans la redondance concernant la prosternation : « Je me suis donc prosterné […] durant ces quarante jours et ces quarante nuits *où j'étais prosterné devant lui* ». La seconde mention de la prosternation, qui qualifie les quarante jours et quarante nuits, pointe clairement vers Dt 9,18-20 plutôt que vers Dt 9,9 puisque cette dernière référence ne mentionne aucune prosternation. Une claire volonté de faire la jonction avec Dt 9,18-20 caractérise donc les rédacteurs de Dt 9,25. Ils cherchent ainsi à éviter toute ambiguïté.

Le lien avec ce qui suit (Dt 9,26-29) est tout aussi lâche. Un simple regard sur une synopse de l'intercession introduite dans l'état final de notre texte par Dt 9,25 montre qu'en Ex 32,11-14 comme en Nb 14,13-19, notre verset est absent. Il est donc très certainement rédactionnel et postérieur à cette intercession.

Pour la première fois en Dt 9, nous prenons connaissance du contenu de l'intercession de Moïse (Dt 9,26-29). Une mise en synopse des intercessions parallèles en Ex 32 et Nb 14 peut permettre de se faire une idée sur les spécificités de la rédaction de Dt 9.

Légende de la synopse :
– Semblable Ex-Dt-Nb : <u>double souligné</u>
– Semblable Ex-Dt : <u>souligné</u>
– Semblable Dt-Nb : pointillés

Ex 32,11-14	Dt 9,26-29	Nb 14,13-19
11 ויחל משה את־פני <u>יהוה</u> אלהיו	26 ואתפלל <u>אל־יהוה</u>	
ויאמר	ויאמר	13 <u>ויאמר משה אל־יהוה</u>
למה יהוה יחרה אפך <u>בעמך</u>	אדני יהוה אל־תשחת <u>עמך</u> ונחלתך	ושמעו מצרים
<u>אשר הוצאת מארץ מצרים</u>	אשר פדית בגדלך אשר־הוצאת ממצרים	כי־העלית
בכח גדול וביד חזקה:	ביד חזקה:	<u>בכחך את־העם הזה מקרבו</u>
		14 ואמרו אל־יושב הארץ הזאת

Enquête littéraire   315

			שמעו כי־אתה יהוה בקרב העם הזה אשר־עין בעין נראה אתה יהוה ועננך עמד עלהם ובעמד ענן אתה הלך לפניהם יומם ובעמוד אש לילה:
12 למה יאמרו מצרים לאמר ברעה הוציאם להרג אתם בהרים ולכלתם מעל פני האדמה שוב מחרון אפך והנחם על־הרעה לעמך:	Cf. Dt 9,28	Cf. Nb 14,16	
13 זכר לאברהם ליצחק ולישראל עבדיך אשר נשבעת להם בך ותדבר אלהם ארבה את־זרעכם ככוכבי השמים וכל־הארץ הזאת אשר אמרתי אתן לזרעכם ונחלו לעלם:	27 זכר לעבדיך לאברהם ליצחק וליעקב		
	אל־תפן אל־קשי העם הזה ואל־רשעו ואל־חטאתו:	15 והמתה את־העם הזה כאיש אחד ואמרו הגוים אשר־שמעו את־שמעך לאמר:	
Cf. Ex 32,12	28 פן־יאמרו הארץ אשר הוצאתנו משם מבלי יכלת יהוה להביאם אל־הארץ אשר־דבר להם ומשנאתו אותם הוציאם להמתם במדבר:	16 מבלתי יכלת יהוה להביא את־העם הזה אל־הארץ אשר־נשבע להם וישחטם במדבר:	
	29 והם עמך ונחלתך אשר הוצאת בכחך הגדל ובזרעך הנטויה:		
		17 ועתה יגדל־נא כח אדני כאשר דברת לאמר:	
		18 יהוה ארך אפים ורב־חסד נשא עון ופשע ונקה לא ינקה פקד עון אבות על־בנים על־שלשים ועל־רבעים:	
		19 סלח־נא לעון העם הזה כגדל חסדך וכאשר נשאתה לעם הזה ממצרים ועד־הנה:	
14 וינחם יהוה על־הרעה אשר דבר לעשות לעמו:			

Les contacts littéraires entre ces textes ont été expliqués de diverses façons par la recherche. Comme le note T. Römer, « cette situation a longtemps été expliquée en considérant Ex 32,9-14 et Nb 14,11ss comme des " ajouts dtr ". Par la suite, il est devenu très populaire d'attribuer ces textes à une couche " jéhoviste " ou " dtq ancienne ", de laquelle Dt 9,26ss serait dépendante littérairement »[197].

Les rédacteurs de Dt 9,26-29 avaient-ils à leur disposition une(des) source(s) (Ex 32, Nb 14 ?) pour écrire le contenu de l'intercession de Moïse, et cette intercession faisait-elle partie du texte de base originel ou doit-on lui attribuer un caractère d'addition ?

L'étude des relations de dépendance entre Ex 32,11-14 ; Dt 9,26-29 et Nb 14,13-19 est ici essentielle pour répondre à ces questions. Nous présenterons cette étude dans le chapitre suivant[198], mais ses conclusions sont ici présupposées et doivent être exprimées : Nb 14,13-19 est selon nous le texte le plus récent ; Dt 9,26-29 est le plus ancien et Ex 32,11-14 est en position intermédiaire. Des trois, Dt 9,26-29 est l'intercession la mieux intégrée dans son contexte et la plus autonome quant à son contenu. Elle révèle une écriture propre, *sui generis*, dans un style dtr.

Au-delà de ces conclusions, la question du niveau d'écriture de Dt 9,26-29 reste posée : à quelle couche rédactionnelle de Dt 9,1–10,11 appartiennent ces versets ? Une première remarque est d'importance : la place de la supplique de Moïse en Dt 9,26-29 correspond à celle d'Ex 32,31-32 (seconde intercession d'Ex 32), tandis que son contenu correspond à celle d'Ex 32,11-13 (première intercession d'Ex 32). La chronologie est donc brouillée. Les renvois mis en place par Dt 9,25 font comprendre au lecteur que nous avons en Dt 9,26-29 le contenu de l'intercession mentionnée en 9,18-20. De ce fait, Dt 9,26-29 est postérieur à la destruction du veau en ce qui concerne l'*Erzählfolge* mais lui est antérieur quant à l'*Ereignisfolge*.

Si, comme nous l'avons proposé, tant Dt 9,22-24 que Dt 9,25 sont des ajouts postérieurs au texte de base repéré en Dt 9,1-17.21, le fil interrompu en 9,21 peut reprendre harmonieusement en 9,26-29.

Il semble clair que le vocabulaire de Dt 9,26-29 soit de style dtr. R. Achenbach le qualifie de *spät-dtr*. Il s'appuie pour cela sur l'adresse de Moïse à Yhwh avec le titre אדני יהוה (9,26), l'utilisation du verbe שחת avec Yhwh comme sujet (9,26), l'exaltation de la puissance divine par la référence à sa grandeur (בגדלך ; 9,26), la mention de la רשע d'Israël (9,27), qu'il considère comme étant tous des motifs dtr

---

197 RÖMER, *Väter*, p. 259. L'auteur donne en note les tenants de chacune de ces positions.
198 Cf. chapitre 6, p. 366-385.

tardifs[199]. Il conclut alors que Dt 9,26-29 n'est en rien la reprise d'une *Vorlage* qui se trouverait en Ex 32, mais une mise en forme propre dans un style dtr, de la même école qu'Ex 32,11-14[200].

Minette de Tillesse considère פלל-*hithpael* et עמך ונחלתך comme des tournures dtr[201], ce qui vient consolider le diagnostic d'Achenbach. Dt 9,26-29 possède donc vraisemblablement un style dtr propre et, plus encore, le passage est fortement lié au texte de base que nous avons dégagé.

En effet, au v. 26, la demande faite par Moïse à Yhwh (אל־תשחת עמך [...] אשר־הוצאת ממצרים) est clairement la reprise du constat de Yhwh au v. 12 : כי שחת עמך אשר הוצאת ממצרים. En 9,29, la même mention revient à nouveau (והם עמך [...] אשר־הוצאת). Le verset 27b présente également un vocabulaire déjà rencontré plus tôt dans le récit : אל־תפן אל־קשי העם הזה renvoie aux mentions du peuple comme étant קשה־ערף (9,6.13) ; sa perversité (רשע) renvoie à la perversité (רשעה) des peuples en 9,4.5 ; le péché (חטאת) est celui auquel il est fait allusion en 9,16.21. Tous ces contacts littéraires nous invitent à rattacher l'intercession de Dt 9,26-29 au texte de base[202].

Dt 10,1-5

בעת ההוא אמר יהוה אלי פסל־לך שני־לוחת אבנים כראשנים ועלה אלי ההרה ועשית לך ארון עץ: 2 ואכתב על־הלחת את־הדברים אשר היו על־הלחת הראשנים אשר שברת ושמתם בארון: 3 ואעש ארון עצי שטים ואפסל שני־לחת אבנים כראשנים ואעל ההרה ושני הלחת בידי: 4 ויכתב על־הלחת כמכתב הראשון את עשרת הדברים אשר דבר יהוה אליכם בהר מתוך האש ביום הקהל ויתנם יהוה אלי: 5 ואפן וארד מן־ההר ואשם את־הלחת בארון אשר עשיתי ויהיו שם כאשר צוני יהוה:

À ce moment, Yhwh m'a dit : « Taille deux tables de pierre comme les premières et monte vers moi sur la montagne. Tu te feras aussi une arche de bois. 2 J'écrirai sur les tables les paroles qui étaient sur les premières tables que tu as brisées ; puis tu mettras les tables dans l'arche ». 3 Et j'ai fait une arche en bois d'acacia, j'ai taillé deux tables de pierre comme les premières et je suis monté sur la montagne, les deux tables à la main. 4 Et il a écrit sur les tables, de la même écriture que la première fois, les dix paroles que Yhwh avait proclamées pour vous sur la montagne, du milieu du feu, au jour de l'assemblée. Et Yhwh

---

199 ACHENBACH, *Verheissung*, p. 366-368.
200 ACHENBACH, *Verheissung*, p. 365 ; 368.
201 MINETTE DE TILLESSE, « Sections », p. 60-61.
202 Une position contraire est tenue par Achenbach, qui considère Dt 9,25-29 comme une addition dtr tardive au texte de base (ACHENBACH, *Verheissung*, p. 368).

m'a donné les tables. 5 Puis je me suis tourné pour descendre de la montagne ; je les ai mises dans l'arche que j'avais faite, et elles y sont restées, comme Yhwh me l'avait ordonné.

Verset dans Dt	Verset dans Ex	Contenu du verset Barré : absent de l'autre version ; Petites maj. : différent de l'autre version
10,1		À CE MOMENT (בעת ההוא), Yhwh m'a dit : « Taille deux tables de pierre comme les premières ~~et monte vers moi sur la montagne. Tu te feras aussi une arche de bois.~~
	34,1a	Yhwh dit à Moïse : « Taille-toi deux tables de pierre, comme les premières.
10,2		J'écrirai sur les tables les paroles qui étaient sur les premières tables que tu as brisées ; ~~puis tu mettras les tables dans l'arche.~~ »
	34,1b	J'écrirai sur ces tables les mêmes paroles que sur les premières tables que tu as brisées.
10,3		~~Et j'ai fait une arche en bois d'acacia~~, j'ai taillé deux tables de pierre comme les premières et je suis monté sur LA MONTAGNE, les deux tables à la main.
	34,4	Moïse tailla des tables de pierre comme les premières, ~~se leva de bon matin et, comme Yhwh le lui avait ordonné~~, monta sur le MONT SINAÏ, ayant pris à la main les deux tables de pierre.
10,4		Et il a écrit sur les tables, ~~de la même écriture que la première fois~~, les dix paroles ~~que Yhwh avait proclamées pour vous sur la montagne, du milieu du feu, au jour de l'assemblée. Et Yhwh m'a donné les tables.~~
	34,28	~~Il fut donc là avec Yhwh, quarante jours et quarante nuits. Il ne mangea pas de pain, il ne but pas d'eau.~~ Et il écrivit sur les tables les paroles de l'alliance, les dix paroles.
10,5		Puis je me suis tourné pour descendre de LA MONTAGNE ; ~~je les ai mises dans l'arche que j'avais faite, et elles y sont restées, comme Yhwh me l'avait ordonné.~~
	34,29	Or, quand Moïse descendit du MONT SINAÏ, ~~ayant à la main les deux tables de la charte, quand il descendit de la montagne, il ne savait pas, lui, Moïse, que la peau de son visage était devenue rayonnante en parlant avec Yhwh.~~

Plusieurs questions importantes se posent à propos de ces versets :
- étant donné qu'ils ne sont reliés que de façon lâche à ce qui précède (בעת ההוא), ne seraient-ils pas un ajout à cet endroit ?
- l'arche de Dt 10,1.3 est faite en bois d'acacia comme celle de P en Ex 25,10 ; 37,1. Faut-il supposer que Dt 10,1.3 est pré-P ou post-P ?
- quelle est la relation de dépendance de Dt 10,1-5 vis-à-vis d'Ex 34,1-4.28 ?

Nous abordons ces questions de la dernière vers la première. Nous étudierons la relation de dépendance entre Dt 10,1-5 et Ex 34,1-4.28 plus longuement dans le chapitre suivant[203] et établirons que les premiers versets d'Ex 34 présupposent ceux de Dt 10. La désignation des tables comme לחת אבנים en Ex 34,1.4 dénote en effet un enracinement dans le Deutéronome. De plus, ces tables ont un véritable rôle dans HD puisque leur histoire se prolonge jusqu'en 1 R 8, tandis qu'elles n'ont pas de postérité dans l'Exode[204].

Nous avons déjà commencé à discuter la question de l'arche de Dt 10,1-5 et son rapport à Ex 25,10 ; 37,1 en décrivant la position de R. Achenbach. (cf. p. 295). Pour cet auteur, les versets qui mentionnent l'arche en Dt 10,1-5 sont post-P et post-dtr et présupposent donc Ex 25,10 et 37,1. Il prend ainsi le contre-pied de la position traditionnelle qui considère le motif de l'arche dans ces versets comme dtr[205]. Les arguments de R. Achenbach sont les suivants. Il avance que la référence au bois de *šiṭṭîm* en Ex 25,10 ; 37,1 est en cohérence avec le reste de l'Écrit sacerdotal où ce type de bois[206] sert non seulement à la construction de l'arche, mais encore à celle de la demeure (משכן) et de ses piliers, tables et autels[207]. Il ajoute un deuxième argument[208] que l'on retrouve ailleurs, chez Fretheim par exemple[209], à savoir que l'accent n'est pas mis sur l'arche dans le Deutéronome : elle n'est pas

---

203 Cf. p. 389.
204 Certains auteurs pensent que P a supprimé la mention de l'arche en Ex 34, sa fabrication ne devant intervenir qu'en Ex 37,1. Nous reviendrons sur cette hypothèse plus loin, p. 328 n. 231.
205 Cf. WEINFELD, *Deuteronomic School*, p. 208-209 ; PERLITT, *Bundestheologie*, p. 111-112 ; ALBERTZ, *Religionsgeschichte II*, p. 517 n. 94.
206 En dehors de P, ce type de bois n'est que très rarement cité dans la BH, où ses occurrences sont les suivantes : Ex 25,5.10.13.23.28 ; 26,15.26.32.37 ; 27,1.6 ; 30,1.5 ; 35,7.24 ; 36,20.31.36 ; 37,1.4.10.15.25.28 ; 38,1.6 ; Dt 10,3 ; Is 41,19.
207 ACHENBACH, *Vollendung*, p. 192.
208 ACHENBACH, *Vollendung*, p. 192.
209 FRETHEIM, « Ark », p. 6.

mentionnée dans les lois sur la guerre[210], ni en Dt 1,42 (au contraire de Nb 14,44). Comme l'écrit Fretheim, « l'arche était présente dans la tradition et le Deutéronome avait d'une manière ou d'une autre à en faire quelque chose mais sa place dans cette tradition a été réduite à la portion congrue »[211].

Nous voudrions maintenant évaluer cette position de R. Achenbach. Pour cela, il nous faut nous attarder quelque peu sur les différentes descriptions de l'arche que donne la BH. Elles sont à placer dans le tableau plus général des différentes conceptions du système cultuel.

La constatation que le Pentateuque recèle deux conceptions distinctes de la tente de la rencontre (אהל מועד) et deux, voire trois, conceptions distinctes de l'arche n'est pas une nouveauté dans la recherche[212]. La distinction entre une אהל מועד P (Ex 25–31.35.40 ; Lv ; Nb 1–8[213]) et non-P (Ex 33,7-11 ; Nb 11,16-17.24-30 ; 12,4-10 ; Dt 31,14-15.23) se fait sur la base des caractéristiques de chacune[214]. La tente non-P est en dehors du camp d'Israël ; Moïse et Josué y entrent mais aucun personnel cultuel n'y est affecté ; Yhwh y descend dans une colonne de nuée et parle avec Moïse sur le seuil. Cette tente sert à consulter Yhwh et à recevoir ses instructions. La tente P, en revanche, connaît le service de prêtres dans la tente elle-même et de lévites sur le parvis ; elle est située au centre du camp et les douze tribus l'entourent, placées aux points cardinaux, et la protègent ; elle est le lieu de sacrifices. Nous le voyons, la tente non-P a une fonction oraculaire et sert à recevoir les décisions divines dans le cadre de révélations prophétiques, tandis que la tente P a les traits d'un sanctuaire, d'un temple où la divinité réside et où un service sacrificiel est pratiqué. Elle n'est d'ailleurs pour P qu'un élément du sanctuaire (מקדש) : à l'intérieur du parvis (חצר), elle recouvre la demeure (משכן, cf. Ex 26,7-13 ; 36,14) dans laquelle se trouve l'autel des parfums (מזבח הקטרת), le candélabre (מנורה), la table des pains d'oblation (שלחן לחם פנים) et, derrière le rideau (פרכת), l'arche, la *kappōret* et les k^erub̲îm. La demeure et la tente sont donc liées dans le sanctuaire P et semblent protéger le même espace, à

---

210 Ce point est également souligné par WEINFELD, *Deuteronomic School*, p. 209 ; SONNET, *The Book*, p. 61 n. 57.
211 FRETHEIM, « Ark », p. 6.
212 On trouvera des résumés de l'histoire de la recherche sur la tente et / ou sur l'arche (les deux sujets étant souvent traités ensemble) entre autres dans CHILDS, *Exodus*, p. 530-537, HARAN, *Temples*, p. 246 ; KOCH, Art. « אהל » (avec bibliographie) ; ZOBEL, « ארון ».
213 Selon les auteurs, toutes ces références ne sont pas labellisées P.
214 Cf. par exemple ROFE, *Introduction*, p. 22.

tel point qu'il est même fait référence à la « demeure de la tente du rendez-vous » (Ex 39,32 ; 40,2.6.29).

Deux voire trois conceptions différentes de l'arche sont repérables. La reconstitution classique de son histoire[215] à partir des occurrences bibliques se résume comme suit. D'abord, l'arche semble avoir été un objet de culte qui garantissait la présence de Dieu dans la bataille (Nb 10,35-36 ; 14,44 ; 1 S 4,3 ; 2 S 11,11 ; 15,25)[216]. Elle aurait d'abord été préservée à Silo avant d'être installée, plus tard, dans le temple de Jérusalem, dans le Saint des Saints, où elle aurait été vue comme un élément du trône de Yhwh (1 S 6 ; 1 R 8 ; Ps 99,5 ; 132,7). Plus tard encore, les théologiens dtr lui auraient donné, en la « démythologisant », la nouvelle fonction de réceptacle du décalogue (Dt 10,1-5 ; 1 R 8,9). Enfin, dans la littérature P (Ex 25,10-22 ; 37,1-9), l'arche aurait pris les traits, d'une part, de support de la *kappōret*, lieu sur lequel se manifeste la divinité (cf. Ex 25,22), et d'autre part, de réceptacle de la charte (עדות ; désignation P de la loi).

Cette distinction entre plusieurs strates d'écriture concernant l'arche dans la BH nous semble justifiée. L'étude des occurrences du terme dans la BH donne une première idée des distinctions à opérer et permet de poser les observations suivantes :
- En Exode–Nombres (hormis deux exceptions notables : Nb 10,33 ; 14,44), la désignation habituelle de l'arche est ארון העדות ou plus simplement הארון
- En Deutéronome–2 Rois, la désignation courante de l'arche est ארון ברית־יהוה. Cette désignation peut se décliner en ארון ברית אדני, ארון ברית (ה)אלהים, ארון יהוה, ברית.
- Les livres de Samuel sont les seuls livres de l'Ennéateuque à utiliser la désignation ארון (ה)אלהים, souvent à proximité des désignations ארון יהוה et ארון ברית־יהוה.
- En dehors de l'Ennéateuque, l'arche est peu mentionnée. 1–2 Ch reprennent les désignations de leurs sources, c'est-à-dire celles de HD. La seule référence à l'arche dans les prophètes postérieurs se trouve en Jr 3,16 dans une formulation conforme à celle que l'on trouve dans HD.
- Enfin, tous les corpus partagent la désignation la plus simple : הארון.

---

215 HARAN, *Temples*, p. 246-259 ; ALBERTZ, *Religionsgeschichte I*, p. 91-92.
216 Certains auteurs parlent de l'arche comme *palladium* pour la guerre : MORGENSTERN, « Ark », p. 153-157 ; 229-265 ; VAUX (DE), *Institutions*, p. 129 ; MAYES, *Deuteronomy*, p. 204.

On voit donc que l'écriture sacerdotale du Pentateuque use de la désignation אֲרוֹן הָעֵדוּת, tandis que dans HD, les désignations habituelles sont אֲרוֹן בְּרִית־יְהוָה/(ה)אֱלֹהִים ou אֲרוֹן בְּרִית. La question de savoir si la désignation אֲרוֹן (ה)אֱלֹהִים – dont les occurrences sont circonscrites aux seuls livres de Samuel – renvoie à une conception de l'arche différente de celle qui a cours dans le reste de HD vaut d'être posée. Nous y reviendrons un peu plus loin.

Au plan de la terminologie, il est donc possible de distinguer au moins deux désignations de l'arche, celle de P (אֲרוֹן הָעֵדוּת) et celle de HD (אֲרוֹן בְּרִית־יְהוָה, אֲרוֹן בְּרִית (ה)אֱלֹהִים, אֲרוֹן יְהוָה, אֲרוֹן בְּרִית, אֲרוֹן בְּרִית אֲדֹנָי). La comparaison de leurs caractéristiques respectives confirme cette distinction. L'arche du lieu saint de la tente du désert et celle du Saint des Saints (*dᵉbîr*) du temple de Salomon présentent une parenté et des différences manifestes. Dans les deux cas, l'arche est le réceptacle d'un document important (la charte [Ex 25,16.21b ; 40,20] ; les tables de pierre [1 R 8,9]) et est accompagnée de *kᵉrubîm*[217]. Cependant, on peut aussi noter des différences importantes. Premièrement, il y a en Ex 25 ; 37 un élément absent de 1 R 6, la *kappōret*. Deuxièmement, étant donné les dimensions de l'arche P (2 ½ coudées de long, 1 ½ de large, c'est-à-dire environ 1,12 m x 0,67 m), les *kᵉrubîm* dont la *kappōret* est le socle sont nécessairement à envisager comme plus petits en taille que ceux de 1 R 6[218]. Troisièmement, au lieu de faire face au visiteur comme en 1 R[219], ils se font face l'un à l'autre (Ex 25,20 ; 37,9). Quatrièmement, les *kᵉrubîm* de 1 R 6 sont en bois d'olivier sauvage, tandis que ceux d'Ex 25 ; 37 sont en or.

L'arche de 1 R 8 est textuellement reliée à celle de Dt 10,1-5 (cf. 1 R 8,9). Nous pouvons continuer la comparaison et opérer une distinction, cette fois, entre l'arche de Dt 10,1-5 et celle d'Ex 25,10 ; 37,1. Un point commun important réside dans le fait que, dans les deux cas, l'arche est en bois de *šiṭṭîm*. Cependant, cela ne masque pas des divergences. En Ex 37, l'arche est fabriquée par un artisan, Beçalel, tandis que Moïse la fabrique lui-même en Dt 10,3. En Ex 37,1-9, elle fait système comme nous venons de le voir avec d'autres éléments, formant un ensemble « arche–*kappōret*–*kᵉrubîm* », tandis qu'en Dt 10,1-5, elle est

---

[217] « It is likewise clear that the two cherubim of Salomon's inner sanctum are the exact counterpart of the two cherubim of the tabernacle's *kappōret* » (HARAN, *Temples*, p. 249).

[218] Les *kᵉrubîm* de 1 R 6,23-30 ont dix coudées de haut (4,5 mètres !), des ailes de 2,5 coudées chacune (1,12 m).

[219] Selon 1 R 6,27, les *kᵉrubîm* sont installés ailes déployées de sorte qu'ils touchent les murs latéraux du lieu saint.

un réceptacle[220] qui n'est relié ni au sanctuaire, ni à la *kappōret* ni aux *kᵉrubîm*. Enfin, au plan de leurs fonctions respectives, l'arche décrite en Ex 25,10-22 ; 37,1-9 sert simultanément de réceptacle pour la charte et de piédestal / trône de la divinité, laquelle s'adresse à Moïse du dessus de la כפרת (25,21-22). En comparaison, l'arche ne possède en Dt 10,1-5 que la seule fonction de réceptacle des tables de pierre sur lesquelles sont inscrites les dix paroles (10,4-5).

On peut donc dire que, de la même façon que nous avons dans le Pentateuque deux tentes de la rencontre (אהל מועד), nous avons également au moins deux arches qui diffèrent sur le plan de la fabrication, de la présentation et de la fonction. Nous écrivons « au moins deux », car nous nous demandions, quelques lignes plus haut[221], s'il n'y avait pas, au plan de la terminologie, une troisième désignation de l'arche pouvant avoir été originellement indépendante : ארון (ה)אלהים. Il est également classique dans la recherche de considérer qu'avant de prendre les traits du réceptacle des tables de pierre, l'arche a été un objet de culte garantissant la présence de Dieu dans la bataille (Nb 14,44 ; 1 S 4,3 ; 2 S 11,11 ; 15,25)[222]. Cependant, l'étude de la désignation ארון (ה)אלהים montre que celle-ci alterne souvent avec la désignation ארון יהוה en 1 S 4–6 et 2 S 6 dont elle semble être une

---

220 Cette fonction de réceptacle de l'arche est attestée ailleurs. R. de Vaux a repéré dans certains textes du Proche Orient ancien la coutume de placer des documents importants « sous les pieds des dieux ». R. de Vaux fait ici référence à des traités hittites, des écrits médicaux égyptiens et un traité de Ramsès II avec le roi hittite Hattousil (VAUX (DE), « Chérubins », p. 121-122). Cet usage de l'arche comme caisse d'archive dans l'antiquité est également notée par OTTO, *Pentateuch und Hexateuch*, p. 249 n. 42). J.-P. Sonnet indique dans le même sens qu'il est fait mention, dans deux textes accadiens et dans l'épopée de Gilgamesh, de tablettes placées dans des caisses et stockées dans des temples (SONNET, *The Book*, p. 65)[220]. La BH garde probablement des traces d'une telle pratique en 1 S 10,25 où, lors de la désignation de Saül comme roi à *Miśpâh*, il est précisé que les droits et devoirs de la royauté sont écrits sur un document qui est déposé לפני יהוה. Le fait que les tablettes soient protégées par une caisse n'est pas en soi étonnant, mais la nouveauté en Dt 10,1-5 réside dans le fait que ce conteneur soit mentionné, et donc valorisé, de surcroît en des termes identiques aux textes sacerdotaux (עץ et עצי שטים [Ex 25,10.16 ; 37,1]).
221 Cf. p. 323.
222 Cf. p. 322. Quelles auraient pu être les caractéristiques de cette arche primitive ? Selon M. Haran (HARAN, *Temples*, p. 246-259), une des possibilités envisagées par la recherche est qu'avant de devenir le réceptacle des tables, elle ait pu être considérée comme un conteneur d'objets sacrés. Il souligne qu'une arche contenant des tables de pierre pose problème. D'ordinaire, des documents gravés sur la pierre sont faits pour être exposés publiquement. Il est donc souvent mis en avant que l'arche aurait pu contenir non pas les tables de la loi mais une statuette, ou une pierre-fétiche, ou encore une météorite du Mont Sinaï.

expression parallèle. Il nous faut donc abandonner l'idée que אֲרוֹן (הָ)אֱלֹהִים ait été une désignation autonome véhiculant une conception de l'arche différente de celles véhiculées par les dtr et P. En revanche, l'arche de Nb 14,44 ; Jos 3–4 ; 6 ; 1 S 4,3 ; 2 S 11,11 ; 15,25 possède bel et bien une fonction qui ne s'accorde pas avec celle que lui assignent Dt 10,1-5 et 1 R 8,9. Faut-il parler avec G. von Rad d'une « démythologisation »[223] de l'arche en Dt 10,1-5 (par rapport à Nb 14,44 ; Jos 3–4 ; 6 ; 1 S 4,3 ; 2 S 11,11 ; 15,25) ou au contraire d'une « mythologisation » de celle-ci en Nb 14,44 ; Jos 3–4 ; 6 ; 1 S 4,3 ; 2 S 11,11 ; 15,25 ?

L'arche qui apparaît en Josué–2 Samuel[224] est, par certains côtés, proche de celle de Dt 10 puisqu'elle est mobile et ne fait pas partie d'un sanctuaire complexe comprenant demeure, parvis, autels, etc[225]. Par d'autres cependant, elle se rapproche de l'arche P. Elle est par exemple le lieu de la gloire (כָּבוֹד) de Yhwh (cf. 1 S 4,21-22) qui siège sur les *k^erubîm* (1 S 4,4 ; 2 S 6,2). La description de l'arche en Jos-2 S se distingue donc et de celle de P et de celle de Dt 10.

---

223 Pour cet auteur, le Deutéronome a « démythologisé » et rationalisé une conception pré-deutéronomiste de l'arche (VON RAD, « Zelt », p. 27). Les chercheurs qui suivent cette position expliquent généralement cette « démythologisation » de l'arche par D en invoquant des conceptions théologiques ou politiques divergeantes. Selon Fretheim, l'arche aurait ainsi été démyhologisée dans le Deutéronome, d'une part parce qu'elle était liée à la monarchie et que sa procession annuelle permettait de soutenir la revendication davidique d'une élection divine, d'autre part parce qu'elle aurait été liée à des pratiques idolâtriques en connection avec la fête des tentes (FRETHEIM, « Ark », p. 11-14).

224 Nous laissons de côté la description de l'arche en 1 R 8, car il semble que des insertions P ou post-P aient été effectuées dans ce chapitre, en 1 R 8,4.10-11 particulièrement. Cf. à ce sujet VAN SETERS, *Pentateuch*, p. 177.

225 Lorsque Israël décide d'aller chercher l'arche à Silo pour combattre les Phislistins (1 S 4,4-5), celle-ci paraît très mobile en comparaison de l'arche P, cette dernière étant un élément central de tout un système cultuel et rituel. Ce fait est également perceptible dans les récits où l'arche est centrale comme ceux du passage du Jourdain (Jos 3–4) et de son transfert dans la cité de David (2 S 6). Dans ces récits, on note que la tente de la rencontre (אֹהֶל מוֹעֵד) n'est pas mentionnée et que l'arche trouve différents abris : en 1 S 7,1, elle est entreposée dans la maison d'Abinadab ; en 2 S 6,17, David fait dresser une tente pour elle. Il semble donc que l'arche en HD n'ai pas été attachée spécifiquement à une tente, comme c'est le cas pour l'arche P qui est fortement liée au sanctuaire P. On peut ajouter à cela l'observation que les livres de Samuel et des Rois ne gardent aucun souvenir explicite de la demeure P du désert (hormis la glose de 1 R 8,4), au contraire des Chroniques, où cette tente reparaît, plantée à Gabaôn (cf. 1 Ch 16,39-40 ; 21,29 ; 2 Ch 1,3.6.13). Sa présence à cet endroit en 2 Ch 1,3-13 permet que Salomon ne sacrifie pas sur un haut lieu quelconque – comme c'est le cas dans le récit parallèle en 1 R 3,4– mais sur l'autel de bronze fabriqué par Beçalel (1 Ch 1,5 ; cf. Ex 38,1-2).

Pour faire un pas de plus dans cette comparaison, il semble que l'arche P cumule les traits de l'arche de Dt 10,1-5 (réceptacle ; en bois de *šiṭṭîm*) et de celle de Josué–2 Samuel (lieu de la présence de Dieu). À deux reprises, il est en effet précisé dans l'Écrit sacerdotal que Moïse devra mettre la charte (העדות[226]) dans l'arche (Ex 25,16.21). À partir de là, l'arche P est désignée comme « arche de la charte » (ארון העדות)[227]. Moïse dépose finalement la charte dans l'arche en Ex 40,20. L'arche P a donc manifestement une fonction de réceptacle. Simultanément, si pour P le lieu de la כבוד de Yhwh n'est pas l'arche mais la demeure (משכן, cf. Ex 40,34-35), c'est cependant bien au-dessus de l'arche, sur la *kappōret*, entre les deux k⁽e⁾*rubîm*, que Yhwh rencontre Moïse et lui donne ses instructions (Ex 25,22).

Après nous être arrêté assez longuement sur les différentes descriptions de l'arche présentes dans la BH, nous pouvons aborder maintenant la position de R. Achenbach évoquée auparavant[228]. Faut-il, avec cet auteur, considérer que la mention de l'arche en bois de *šiṭṭîm* de Dt 10,3 est plus récente que celles d'Ex 25,10 et 37,1, dont elle s'inspirerait ? Ou faut-il supposer l'inverse ? Ou encore une même main pour ces occurrences ?

Sur ce point, nous nous rangeons du côté des auteurs[229] qui pensent que la mention de l'arche en Ex 25 ; 37 est postérieure à celle de Dt 10,1-5 et qu'elle présuppose cette dernière. Plusieurs arguments plaident, selon nous, en ce sens.

---

226 Ce qu'il faut entendre par עדות, c'est probablement un document issu du Sinaï. Comme l'écrit J. Maier, « [d]ieses Sinaigesetz ist aber für P nicht mehr wie für Dt das Recht des zwischen Gott und Volk abgeschlossenen Bundes, mit dem König als seinem Wächter und dem Kult als einer seiner Verpflichtungen. Für P war das Gesetz in erster Linie Kultgesetz, Reglement des rituell geordneten Lebens, das sich in einem konzentrisch sich verdichtenden heiligen Bereich abspielt, wo jeder je nach seinem rituellem Stand (Laie, Levit, Priester, Hohepriester) seinen bestimmten Ort hat » (MAIER, *Ladeheiligtum*, p. 81). Sur cette question, cf. aussi OWCZAREK, *Wohnen Gottes*, p. 165-171 ; OTTO, *Pentateuch und Hexateuch*, p. 117 n. 40 ; NIHAN, *Priestly Torah*, p. 48-50.

227 Cf. Ex 25,22 ; 26,33.34 ; 30,6.26 ; 31,7 ; 39,35 ; 40,3.5.21 ; Nb 4,5 ; 7,89 ; Jos 4,16.

228 Cf. p. 321.

229 VON RAD, « Zelt », p. 125-126 ; JEREMIAS, « Lade », p. 197-198 ; FRITZ, *Tempel*, p. 137 ; JANOWSKI, *Sühne*, p. 293-294. Pour von Rad, la combinaison des traditions sur la tente de la rencontre et sur l'arche, initialement indépendantes, a été l'œuvre de P. La question de savoir pourquoi P ne reprend pas la désignation dtr de l'arche (ארון הברית ; ברית־יהוה / אלהים ארון), alors que selon toute vraisemblance il l'a connaît, est posée par Janowski. Cet auteur pense que P évite cette désignation parce qu'il veut garder le terme ברית pour les alliances avec Noé et les patriarches. C'est pourquoi il aurait utilisé, pour l'événement du Sinaï, le terme עדות.

Premièrement, comme nous venons de le voir, l'arche P fusionne la fonction de l'arche de Dt 10,1-5 (réceptacle des tables) avec celle de l'arche de Josué–2 Samuel (lieu de la présence divine). Cette intégration de deux conceptions ou traditions concernant l'arche plaide en faveur d'une datation de l'arche P (Ex 25 ; 37) comme plus tardive que l'arche de Dt 10,1-5.

Deuxièmement, dans la suite de ce premier argument, on peut avancer qu'une transformation de l'arche d'Ex 25 ; 37 en celle de Dt 10,1-5 pose plus de problèmes que l'inverse. C'est ce que G. von Rad avait bien vu lorsqu'il écrivait : « Si le deutéronomiste regarde l'arche comme un réceptacle, personne ne croira pour autant que c'est lui qui a changé sa fonction de celle d'un trône en celle d'une boîte, particulièrement alors que le trône avait déjà pris le nom suspect d'" arche ". Nous avons ici une indication que la présentation de l'arche ne s'est pas développée selon une unique ligne, claire et évidente. Si le deutéronomiste regarde l'arche comme un coffre, c'est qu'il n'a certainement pas l'intention de perpétuer l'idée que c'est un trône. Il se rattache plutôt à une tradition, sans doute ancienne, qui voyait dans l'arche, comme son nom l'indique, une boîte »[230]. Il est en effet difficile de penser que l'arche, objet central chez P parce que support de la *kappōret*, ait pu être désacralisée pour devenir une simple boîte. Il faudrait pour cela imaginer des visées polémiques fortes visant à discréditer le sanctuaire P. Cela semble difficile à concevoir alors même que l'arche, si elle a d'abord une fonction de réceptable dans le Deutéronome, n'est pas pour autant dévalorisée dans ce livre (cf. Dt 10,3.5 ; 31,26).

Troisièmement, si l'on fait l'hypothèse que les rédacteurs de Dt 10,1-5 connaissaient Ex 25,1-10 ; 37,1-9 – c'est-à-dire la fabrication de l'arche par Beçalel sur ordre de Moïse –, on peut se demander pourquoi ils auraient introduit une tension dans le Pentateuque en attribuant cette fabrication à Moïse en Dt 10,3. L'opération inverse (insertion d'Ex 25,1-10 ; 37,1-9 postérieure à Dt 10,1-5) s'explique plus facilement, surtout si cette insertion s'est effectuée – comme nous le pensons – en supprimant une mention préexistante de l'arche en Ex 32–34[231].

---

230 VON RAD, « Zelt », p. 118.

231 Nous argumenterons dans le chapitre suivant l'idée que les chapitres 32–34 de l'Exode sont plus anciens que ceux qui les entourent (Ex 25–31.35–40), ces derniers ayant probablement été insérés en rompant un fil narratif Ex 19–24.32–34 préexistant (cf. p. 397-400). Dès lors, l'explication la plus plausible de l'absence de l'arche en Ex 34 est celle d'une suppression de ce motif dans ce chapitre au profit de la fabrication de l'arche effectuée par Beçalel en Ex 37,1-9. Cette hypothèse n'est pas nouvelle. V. Fritz donne la liste et les références bibliographiques des tenants les

Tous ces éléments pointent vers une antériorité de la description de l'arche en Dt 10,1-5 par rapport à celle qui apparaît en Ex 25 ; 37. Pour autant, un point reste à expliquer : le fait que l'arche de Dt 10,1-5 soit en bois de *šiṭṭîm*. R. Achenbach montre avec raison que ce type de bois est bien à sa place dans le récit sacerdotal de construction de la demeure. Nous ne voyons que deux explications possibles : ou ce détail est originel en Dt 10,1-5 et il a été ensuite reçu dans Ex 25,10 ; 37,1 ; ou il s'agit d'une harmonisation P ou post-P dans le récit déjà existant de Dt 10,1-5[232]. Dans le second cas, cela indiquerait une volonté de rapprocher ces deux arches. En l'absence d'indices textuels montrant que עץ ou עצי שטים sont des additions apposées après ארון, nous nous en tenons à la première branche de l'alternative énoncée ci-dessus.

Après avoir abordé la question de la relation de dépendance de Dt 10,1-5 vis-à-vis d'Ex 34,1-4.28, puis celle de l'arche en Ex 25 ; 37 et en Dt 10,1-5, nous nous tournons maintenant vers la première question que nous posions[233] : puisque Dt 10,1-5 ne semble relié que de façon lâche à ce qui précède (בעת ההוא), ces versets ne seraient-ils pas un ajout à cet endroit ?

Au plan du vocabulaire, Dt 10,1-5 apparaît en continuité avec le récit de base qui précède. Les v. 1 et 3 font par exemple référence à « la montagne » (celle-ci est nommée « mont Sinaï » en Ex 34,2.4). En cela, Dt 10,1.3 est fidèle à la pratique de Dt 9,9.10.15.21, c'est-à-dire au texte de base. Dt 10,4 mentionne « les dix paroles que Yhwh avait proclamées pour vous sur la montagne, du milieu du feu, au jour de l'assemblée ». Cette phraséologie est reprise de 5,22 et 9,10 et surcharge le verset, qui présente une syntaxe heurtée[234]. Le souci de souligner l'identité de contenu entre les anciennes et les nouvelles tables en est la cause. La conception de la montagne en feu est également présente en 9,15 et 18,16. Le verset 10,5 commence *verbatim* comme celui de

---

plus anciens de cette position (A. Dillmann, J. Wellhausen, B. Baentsch, H. Greßmann, W. Rudolph…) dans FRITZ, *Israel*. On peut y ajouter DRIVER, *Deuteronomy*, ³1902, p. 118. Récemment, cette hypothèse a été reprise par MAYES, *Deuteronomy*, p. 203 ; BLUM, *Studien*, p. 137-138 ; WEINFELD, *Deuteronomy 1-11*, p. 417 ; ALBERTZ, *Religionsgeschichte II*, p. 517 n. 94 ; ACHENBACH, *Verheissung*, p. 369 et ACHENBACH, *Vollendung*, p. 190.

232 Les désignations de l'arche en Dt 10,1-5 sont en effet : « arche » (v. 2.5) ; « arche en bois » (v. 1) ; « arche en bois d'acacia » (v. 3). Il n'y a donc qu'une seule mention de l'arche comme étant en bois d'acacia.

233 Cf. p. 320.

234 Cf. notamment la réexpression du sujet : ויכתב על־הלחת כמכתב הראשון את עשרת הדברים אשר דבר יהוה אליכם בהר מתוך האש ביום הקהל ויתנם יהוה אלי.

9,15 : ואפן וארד מן־ההר. Il y a ainsi une mise en parallèle des première et seconde descentes. Nous constatons donc qu'il existe des correspondances littéraires entre Dt 10,1-5 et le texte de base que nous avons jusqu'ici dégagé en Dt 9. Ces correspondances invitent à voir en Dt 10,1-5 le prolongement du texte de base[235], en dépit d'une transition lâche (בעת ההוא) mais usuelle en Dt 1–11 (1,9.16.18 ; 2,34 ; 3,4.8.12.18.21.23 ; 4,14 ; 5,5 ; 9,20 ; 10,1.8).

Dt 10,6-7 ובני ישראל נסעו מבארת בני־יעקן מוסרה שם מת
אהרן ויקבר שם ויכהן אלעזר בנו תחתיו: 7 משם
נסעו הגדגדה ומן־הגדגדה יטבתה ארץ נחלי מים:

Les fils d'Israël sont partis des puits de Bené-Yaaqân vers Mosséra - c'est là qu'Aaron est mort et a été enseveli ; son fils Eléazar est devenu prêtre à sa place. 7 De là, ils sont partis vers la Goudgoda, et de la Goudgoda vers Yotvata, qui est un pays de torrents.

Ce passage est généralement considéré comme un ajout[236]. Il s'agit d'une notice d'itinéraire qui interrompt le discours de Moïse, les Israélites étant désignés à la troisième personne du pluriel et non plus à la deuxième personne du pluriel. Par l'insertion de ces versets, la géographie et la chronologie de l'exode sont perturbées. Dans le Tétrateuque, la mort d'Aaron intervient longtemps après l'événement du Sinaï (Nb 20,22-29), à Hor-la-Montagne. Ici, cette mort est mentionnée juste après la réception des nouvelles tables à l'Horeb, et elle intervient à Mosséra (Dt 10,6). Ces versets perturbent également la lecture, puisqu'en 10,6 est mentionné un départ des Israélites alors que l'ordre de quitter l'Horeb n'intervient qu'en 10,11.

P. Buis et J. Leclercq constatent qu'il s'agit d'un ajout dont on ne peut déterminer ni l'origine ni la raison de l'insertion à cet endroit[237]. L'indication qu'Éléazar est introduit comme successeur d'Aaron en tant que prêtre (ויכהן אלעזר בנו תחתיו) d'une part, et la mention

---

235 Dans le même sens, VEIJOLA, *Das Fünfte Buch*, p. 229.
236 BERTHOLET, *Deuteronomium*, p. 32-33 ; DRIVER, *Deuteronomy*, ³1902, p. 118-121 [ajout E] ; BUIS & LECLERCQ, *Deutéronome*, p. 92 ; PECKHAM, « Deut 9 :1-10 :11 », p. 51 [ajout Pˢ] ; GARCÍA LÓPEZ, *RB* 85, p. 25 ; MAYES, *Deuteronomy*, p. 205 ; HOSSFELD, *Dekalog*, p. 155 ; BRAULIK, *Deuteronomium I*, p. 83 ; AURELIUS, *Fürbitter*, p. 16 [l'ajout le plus tardif de Dt 9,7–10,11] ; RÖMER, *Väter*, p. 207 n. 1062 ; ACHENBACH, *Verheissung*, p. 371 ; CHRISTENSEN, *Deuteronomy 1 :1-21 :9*, p. 193 ; NELSON, *Deuteronomy*, p. 128.
237 BUIS & LECLERCQ, *Deutéronome*, p. 92.

de Bené-Yaaqân, Moséra, Goudgoda et Yotbata, lieux cités (dans un autre ordre) en Nb 33,1-38, d'autre part, invitent à considérer cette notice comme très tardive et certainement comme le passage le plus récent de Dt 9,1–10,11.

Plusieurs possibilités existent concernant les raisons de son insertion. C. Hayes pense que ces versets visent à lever le doute, portant sur la culpabilité d'Aaron, qui persistait à l'issue de la lecture d'Ex 32–34. Dans le Deutéronome, la notice de la mort d'Aaron servirait à montrer qu'une rétribution a eu lieu et donc qu'Aaron était bien fautif[238]. La sanction étant tombée, la voie est à nouveau ouverte pour se diriger vers le « bon pays, riche en cours d'eau » (Dt 8,7 ; 10,7). Si tel est le cas, cette main tardive aurait donc tenté d'aller à l'encontre de Dt 9,20, qui assurait Aaron de l'intercession de Moïse, mais ce faisant, elle crée une tension avec Nb 20,12-13.22-29, où la mort d'Aaron est consécutive à l'épisode des eaux de Mériba.

Une seconde proposition concernant l'insertion de ces versets à cet endroit provient de R. Achenbach. Il constate que cette insertion intervient juste avant une notice sur le sacerdoce lévitique. Dt 10,6-7 servirait alors à rattacher le sacerdoce aaronide à l'Horeb et à en souligner la dignité[239]. Le sens de ces versets serait donc positif, au contraire de l'interprétation de C. Hayes.

La seconde interprétation (R. Achenbach) nous semble plus probable que la première (C. Hayes), dans la mesure où la notice se contente d'enregistrer la mort d'Aaron sans aucun jugement sur ses causes, et que le sacerdoce passe harmonieusement à son fils Éléazar. La présence de la notice lévitique de Dt 10,8-9 a probablement appelé l'insertion de la notice aaronide qui la précède.

Dt 10,8-9 בעת ההוא הבדיל יהוה את־שבט הלוי לשאת את־ארון
ברית־יהוה לעמד לפני יהוה לשרתו ולברך בשמו עד
היום הזה: 9 על־כן לא־היה ללוי חלק ונחלה עם־אחיו
עם־אחיו יהוה הוא נחלתו כאשר דבר יהוה אלהיך לו:

Alors, Yhwh a mis à part la tribu de Lévi pour porter l'arche de l'alliance de Yhwh, se tenir devant Yhwh, officier pour lui et bénir en son nom, comme elle le fait encore aujourd'hui. 9 C'est pourquoi Lévi ne possède pas de patrimoine ni de part comme ses frères ; c'est Yhwh qui est son patrimoine, comme Yhwh ton Dieu le lui a promis.

---

238 HAYES, « Golden Calf », p. 81.
239 ACHENBACH, *Verheissung*, p. 371-372.

Cette notice portant sur le sacerdoce lévitique pourrait éventuellement se rattacher à Dt 10,5. Cependant, plusieurs éléments militent pour en faire une addition. Premièrement, le narrateur ne semble plus être Moïse mais le narrateur général, ce qui incite R. Polzin à compter cette notice parmi les *frame breaks*[240] du livre. Deuxièmement, les notations de temps font de ces versets un bloc quasi autonome : « Yhwh mit alors (בעת ההוא) à part la tribu de Lévi, pour porter l'arche de l'alliance de Yhwh, se tenir en présence de Yhwh, le servir et bénir en son nom jusqu'à ce jour (עד היום הזה) ». Enfin, le sujet des versets n'est plus directement lié à l'affaire du veau liée à l'Horeb[241].

Une observation supplémentaire peut soutenir l'affirmation que Dt 10,8 est une interpolation. L'arche est désignée en Dt 10,8 comme « arche d'alliance », alors qu'elle est désignée comme « arche en bois », « arche en bois d'acacia » ou simplement « arche » en Dt 10,1-5. L'expression ארון ברית־יהוה et la mention des lévites créent un rapprochement fort entre ces versets et Dt 31,9-13.24-27, ce qui pousse à les considérer comme issus de la même main. R. Achenbach attribue ces versets à une rédaction post-dtr (HexRed)[242] et pense qu'ils sont plus anciens que Nb 1–10 et Nb 18[243].

Le verbe בדל-*hiphil* (Dt 10,8) sert à séparer le pur et l'impur, le sacré et le profane dans la littérature sacerdotale. Cependant, il n'est pas absent du Deutéronome puisqu'en 4,41 et 19,2.7, il est utilisé dans les passages sur les villes de refuge. D'autres correspondances entre ce verset 10,8 et le reste du livre existent. Ainsi, la charge de porter l'arche d'alliance qui incombe aux lévites est également mentionnée en Dt 31,9.25, et le rappel que Yhwh sera leur part d'héritage et qu'ils ne posséderont rien au milieu de leurs frères intervient en Dt 18,1-2.

---

240 R. Polzin désigne ainsi des commentaires du narrateur du livre, insérés dans le récit sous forme de parenthèses (POLZIN, *Moses*, p. 30-31). La notation temporelle עד היום הזה est utilisée dans deux autres *frame breaks* : Dt 2,22 et 3,14.
241 Une argumentation et une conclusion semblables se trouvent dans DAHMEN, *Leviten*, p. 23-25.
242 ACHENBACH, *Vollendung*, p. 66.
243 ACHENBACH, *Vollendung*, p. 192 n. 67. Si nous avions, comme le pense M. Fishbane, une allusion à Nb 6,23-27 en Dt 10,8 (לברך), cela irait effectivement dans le sens d'une datation tardive du passage (FISHBANE, *Biblical Interpretation*, p. 330). Mais l'allusion est extrêmement ténue.

La raison de l'insertion des versets 8-9 semble plus facile à déterminer que celle de l'insertion de Dt 10,6-7. Ils ont très probablement été ajoutés ici pour résoudre la question formelle du transport de l'arche[244]. C. Hayes fait un pas supplémentaire en mettant en lien cette addition avec son pendant en Ex 32,25-29. Elle pense alors que l'objectif de ces versets est de répondre à la question : « Quelle est la nature de la consécration des lévites et de leur bénédiction en Ex 32 ? »[245]. Nous aurions donc ici une description de l'origine des fonctions lévitiques (cf. Dt 21,5 ; 31,9-13.24-27), probablement à lire, comme le pense R. Achenbach, dans le cadre d'une polémique avec l'Écrit sacerdotal, dans lequel la figure d'Aaron est centrale (Ex 29 ; Lv 8–9)[246]. Cet ajout crée, au minimum, un arc avec Dt 31,9.25 et est probablement à comprendre dans le cadre de rédactions globales, comme le proposent Achenbach (Hexateuque) ou encore Dahmen (Ennéateuque)[247].

Dt 10,10-11

ואנכי עמדתי בהר כימים הראשנים ארבעים יום וארבעים לילה וישמע יהוה אלי גם בפעם ההוא לא־אבה יהוה השחיתך׃ 11 ויאמר יהוה אלי קום לך למסע לפני העם ויבאו וירשו את־הארץ אשר־נשבעתי לאבתם לתת להם׃ פ

Ainsi, je m'étais tenu sur la montagne comme auparavant pendant quarante jours et quarante nuits, et Yhwh m'avait encore écouté cette fois-là : Yhwh n'a pas voulu te détruire. 11 Et Yhwh m'a dit : « Lève-toi ! Va devant le peuple donner le signe du départ ; ils entreront prendre possession de la terre que j'ai juré à leurs pères de leur donner. »

Ces deux versets ne sont pas homogènes. Nous avons déjà mis au jour les liens qui unissent Dt 10,10 avec 9,18-20 et 9,25 (cf. p. 305). Certains

---

244 ACHENBACH, *Vollendung*, p. 192 n. 67.
245 HAYES, « Golden Calf », p. 83-85.
246 ACHENBACH, *Vollendung*, p. 66 n. 110. À la suite de cette polémique entre P et HexRed, la rédaction pentateucale (PentRed) aurait résolument distingué les compétences sacerdotales du grand-prêtre et de sa famille de celles, réduites, des lévites comme *clerus minor*. En cela, la position de PentRed s'accordait avec la ligne formulée en Ez 44.
247 Pour cet auteur, Dt 10,8-9 est un ajout qui s'inscrit dans l'horizon d'écriture Gn 2,4b–2 R 25 et qui vise à légitimer le sacerdoce lévitique comme responsable de la Torah et de son contenu (DAHMEN, *Leviten*, p. 46-48 ; 72).

auteurs font de ce verset la suite directe de Dt 9,29[248] mais nous avons vu que le texte de base du chapitre 9 (Dt 9,1-17.21.26-29) se poursuit en Dt 10,1-5. Les renvois temporels de Dt 10,10 soulignent la centralité du rôle de Moïse et de sa seconde intercession (9,18-20). Ce verset a pour objectif de servir de synthèse conclusive à l'ensemble de l'épisode du veau. Son insertion à cette place explicite ce qui est implicite dans le verset suivant (10,11), à savoir que la faute du peuple n'a pas débouché sur sa destruction et que le projet divin de faire entrer le peuple dans la terre reste valide.

Dt 10,11 apparaît comme la conclusion primitive de la section. Il s'agit d'un ordre de Yhwh d'entrer et de prendre possession du pays, qui est clairement similaire à Dt 1,6-8[249] et comprend un vocabulaire commun avec 9,1.4.5 (בוא ; ירש), 9,5 (שבע לאבת-*niphal*), et 9,6 (נתן את־ארץ). L'ordre de Yhwh commence comme en Dt 9,12 par l'impératif קום. Selon R. Achenbach, nous avons dans ce verset une forme ancienne de l'ordre de monter dans la terre promise, plus ancienne encore que Dt 1,6-8[250], à attribuer à une rédaction dtr[251]. Pour cet auteur, c'est sur ce verset que s'appuie DtrL quand il rédige Dt 1,6-8[252]. En cela, R. Achenbach reprend la position de N. Lohfink. Pour ce dernier, il faut voir en Dt 10,11 la fin du second flash-back de DtrL (le second est Dt 9,9–10,11 ; le premier était Dt 5). Ce second flash-back se termine exactement sur le motif qui avait commencé la structure générale de DtrL : un ordre de Yhwh de monter conquérir la terre (1,6-8)[253].

À la lecture de Dt 10,11, un constat s'impose : ce verset présuppose le fait que Moïse n'entrera pas dans le pays puisqu'il lui est dit : « Lève-toi ! Va devant le peuple pour lever le camp ; *ils entreront* (ויבאו) et *prendront possession* (ויršו) de la terre que j'ai juré à *leurs* pères (לאבתם) de leur donner ». Le verset indique bien *ils entreront* et non pas *vous entrerez*, comme c'était encore le cas lors du départ de l'Horeb en 1,8 (« *Entrez* [באו] et *prenez possession* [ורשו] du

---

248 VON RAD, *Das Fünfte Buch*, p. 57 ; LOHFINK, *Hauptgebot*, p. 290 ; BUIS & LECLERCQ, *Deutéronome*, p. 89 ; SEITZ, *Studien*, p. 56-69 ; MAYES, *Deuteronomy*, p. 207 ; HOSSFELD, *Dekalog*, p. 155.
249 Cf. le schéma proposé par RÖMER, *Väter*, p. 207 n. 1066.
250 ACHENBACH, « Erzählung », p. 62.
251 ACHENBACH, *Vollendung*, p. 177.
252 ACHENBACH, *Vollendung*, p. 177.
253 LOHFINK, « Kerygmata », p. 93-94.

pays que j'ai[254] juré à *vos* pères [לאבתיכם] [...] de leur donner »). En Dt 10,11, Moïse est donc exclu de l'entrée dans la terre, ce qui montre que le rédacteur de ce verset connaît la tradition de la non-entrée de Moïse dans le pays. Cette tradition se lit de façon polymorphe en Nb 20,12-13 ; 27,12-23 ; Dt 1,37-38 ; 3,23-28 ; 4,21-22 ; 31,1-3 ; 32,48-52 ; 34,1-9. Parmi ces occurrences, il est plus probable que celle sur laquelle repose Dt 10,11 soit Dt 1,37 (où seul Moïse est sanctionné) plutôt que Nb 20,12-13 (où Moïse et Aaron le sont tous les deux).

Trouve-t-on ailleurs dans le Pentateuque des ordres d'entrer / monter dans la terre semblables à celui de Dt 10,11 ? Dans le récit parallèle d'Ex 32–34, il y a d'abord Ex 32,34a*a* et Ex 33,1. Au niveau du contenu, Ex 33,1 décrit la terre comme ayant été promise aux pères, ce qui n'est pas le cas en Ex 32,34a*a* :

Dt 10,11

ויאמר יהוה אלי קום לך למסע לפני העם ויבאו
ויירשו את־הארץ אשר־נשבעתי לאבתם לתת להם:

Et Yhwh m'a dit : « Lève-toi! <u>Va</u> devant <u>le peuple</u> donner le signe du départ ; ils entreront et prendront possession de <u>la terre que j'ai promise</u> à <u>leurs pères</u> de leur donner. »

Ex 32,33a.34a*a*

ויאמר יהוה אל־משה [...] ועתה לך
נחה את־העם אל אשר־דברתי לך

Yhwh dit à Moïse : « [...] Et maintenant, <u>va !</u> Conduis <u>le peuple</u> où je t'ai dit [...] »

Ex 33,1

וידבר יהוה אל־משה לך עלה מזה אתה והעם
אשר העלית מארץ מצרים אל־הארץ אשר
נשבעתי לאברהם ליצחק וליעקב לאמר לזרעך
אתננה:

Yhwh adressa la parole à Moïse : « <u>Va</u>, monte d'ici toi et <u>le peuple</u> que tu as fait monter du pays d'Égypte, et monte vers <u>la terre que j'ai promise à Abraham, à Isaac et à Jacob</u> en leur disant : ‹C'est à ta descendance que je la donne.› »

Cependant, en Ex 32,33a.34a*a*, Moïse doit monter à la tête du peuple comme en Dt 10,11, ce qui tranche avec Ex 33,1 où Moïse monte avec le peuple (אתה והעם).

D'autre part, Dt 10,11 présente également une parenté terminologique manifeste avec d'autres ordres de prise de possession du pays que l'on trouve dans le livre du Deutéronome (Dt 1,8.21 ;

---

254 La leçon נשבעת du Pentateuque samaritain et des recensions grecques de Lucien et d'Origène doit ici être préférée à celle du TM (נשבע יהוה) qui ne s'accorde pas avec le locuteur qui est Yhwh.

2,24.31 ; 9,23). Parmi ceux-ci, la proximité avec Dt 1,8, déjà mentionnée plus haut, est immanquable :

Dt 10,11

ויאמר יהוה אלי קום לך למסע לפני העם ויבאו
וירשו את־הארץ אשר־נשבעתי לאבתם לתת להם:

Et Yhwh m'a dit : « Lève-toi ! Va devant le peuple donner le signe du départ ; ils entreront et prendront possession de la terre que j'ai promis à leurs pères de leur donner. »

Dt 1,8

ראה נתתי לפניכם את־הארץ באו ורשו את־הארץ
אשר נשבע יהוה לאבתיכם לאברהם ליצחק וליעקב
לתת להם ולזרעם אחריהם:

« Voyez : je vous remets le pays : <u>entrez et prenez possession du pays que Yhwh a promis de donner à vos pères</u> Abraham, Isaac et Jacob, et à leur descendance après eux. »

Dt 10,11 développe donc, dans un vocabulaire bien enraciné dans le Deutéronome, une idée exprimée de façon plus archaïque en Ex 32,34a*a* : Moïse doit monter à la tête du peuple. Que Dt 10,11 soit plus tardif se repère dans l'utilisation rare du substantif מסע[255], qui présuppose une organisation narrative de l'exode par étapes.

Si l'on compare l'ordre donné en Ex 32,34a*a* avec celui de Dt 10,11, une autre question surgit : où l'ordre de Dt 10,11 est-il accompli dans la suite du récit ? L'ordre similaire donné en Dt 1,6-8 est accompli en Dt 1,19. On peut considérer que celui d'Ex 32,34a*a* est exécuté en Nb 10,12 et / ou 10,33. Mais celui de Dt 10,11 reste sans suite narrative. Ce constat invite à voir en Dt 10,11 un verset dont la fonction première est conclusive : il met un terme au récit de Dt 9,1–10,11 en signifiant que la destruction du peuple n'a pas eu lieu et que la promesse d'entrer dans la terre persiste. En ce sens, les rédacteurs du récit de base de Dt 9,1–10,11, en posant Dt 10,11 comme conclusion, se sont probablement inspirés d'Ex 32,34a*a* qui semble avoir eu une fonction conclusive similaire, avant que les *Fortschreibungen* des chapitres 33–34 n'aient prolongé le récit premier d'Ex 32[256].

---

255 Dans l'Ennéateuque : Gn 13,3 ; Ex 17,1 ; 40,36 ; 40,38 ; Nb 10,2 ; 10,6 ; 10,12 ; 10,28 ; 33,1 ; 33,2 ; Dt 10,11 ; 1 R 6,7.
256 Nous reviendrons longuement sur ces questions au chapitre suivant : cf. p. 388-396.

5.1.4 Essai de reconstitution de l'histoire de la rédaction

Ayant passé Dt 9,1–10,11 au crible de la critique littéraire, il devient possible de proposer une reconstruction de l'histoire de sa rédaction.

Nous avons dégagé, au fil de notre analyse, un texte de base lisible en Dt 9,1-17[257].21.26.27b-29 ; 10,1-5.11. Après une introduction parénétique spécifique (Dt 9,1-6) et deux versets de transition (Dt 9,7-8), ce texte suit sa source (Ex 32) d'assez près, tout en insérant, par moment, un vocabulaire et des motifs propres. Ainsi en est-il du motif de l'arche qui appartient, selon nous, à ce texte de base. Repris par P en Ex 25,10 ; 37,1, ce motif nous fournit le *terminus ad quem* de sa rédaction : l'Écrit sacerdotal. Parmi les sources du récit de base de Dt 9,1–10,11, nous avons découvert un récit ancien d'Ex 32 ainsi que HD. Nous reviendrons par la suite sur les sources du récit de base de Dt 9,1–10,11[258], mais il importe de noter, à ce stade de notre étude, que le moment d'écriture de ce récit semble être situé entre ceux de HD et de P.

Le rappel historique développé par le texte de base, assez factuel, est centré sur l'épisode du veau à l'Horeb. Il comprend une seule intercession (9,26.27b-29) qui intervient logiquement après la destruction des tables et du veau. La supplication de Moïse est axée sur les thèmes généraux déjà présents en Dt 9,1-6 : Yhwh est maître d'Israël qu'il a fait sortir d'Égypte ; l'obstination (קְשִׁי), la perversité (רֶשַׁע) et le péché (חַטָּאת) du peuple ; la capacité de Yhwh à faire entrer son peuple dans le pays.

En dehors de ce texte de base, nous avons découvert des additions : Dt 9,18-20 ; 9,22-24 ; 9,25 ; 10,6-7 ; 10,8-9 ; 10,10. Nous avons décrit Dt 10,6-7 comme la plus tardive d'entre elles. Dans quel ordre et pour quelles raisons ces additions sont-elles venues s'intercaler dans le texte de base ?

L'une de ces interpolations en explique d'autres : Dt 9,22-24. Ce passage, qui présuppose une ample connaissance des traditions du Tétrateuque, visait probablement à souligner la chronicité de la culpabilité du peuple tout en gardant la mémoire des fautes du désert. Son introduction à cet endroit, après le climax constitué par la destruction de la statue de métal fondu, a eu pour effet de faire de l'intercession en 9,26.27b-29 une supplique non plus seulement pour

---

257 Sans le nom des patriarches en Dt 9,5 (לאברהם ליצחק וליעקב).
258 Cf. p. 386-430.

l'affaire du veau mais pour toutes les fautes du désert, celle de l'Horeb comprise[259].

Les insertions de Dt 9,18-20.25 et 10,10 se lisent en réaction à ce dérangement. De façon maladroite, une première interpolation (9,18-20) a brisé la séquence « destruction des tables → destruction du veau », rétablissant une intercession spécifique pour l'affaire du veau. Cet ajout présuppose la connaissance d'une intercession réussie par Moïse lors de son premier séjour sur la montagne (Ex 32,11-14). Puis grâce à l'ajout du v. 25, le contenu de l'intercession primitive (9,26.27b-29) a été rattaché, par delà les v. 22-24, à la supplication des v. 18-20. Enfin, pour bien souligner ce qui a probablement été considéré par la main responsable de ces trois ajouts comme la pointe du passage, celle-ci a inséré Dt 10,10 pour servir de synthèse conclusive à l'ensemble du récit de l'affaire du veau.

Dans cette réaction en chaîne, il est difficile de voir quand Dt 10,8-9 fut inséré. Cette interpolation a-t-elle eu lieu avant ou après celles que nous venons de décrire ? Nous n'avons pas d'éléments suffisamment probants pour trancher cette question. Cette interpolation est peut-être intervenue comme étiologie du sacerdoce lévitique, en remplacement d'Ex 32,25-29. Cependant, il paraît clair qu'elle devait suivre originellement la référence à l'arche du v. 5 et qu'elle a dû en être séparée par l'insertion de Dt 10,6-7. Par l'ajout de ces versets, Dt 9,1–10,11 entrait en possession de tous ses éléments actuels.

Nos résultats en terme d'histoire de la rédaction de Dt 9,1–10,11 sont donc les suivants :

– texte de base :	9,1-17[260].21.26.27b-29 ; 10,1-5.11
– insertion d'une liste des fautes du désert :	9,22-24
– additions « corrigeant » les perturbations issues de l'insertion de 9,22-24 :	9,18-20.25 ; 10,10
– étiologie du sacerdoce lévitique :	10,8-9
– notice sur la mort d'Aaron :	10,6-7

Si l'on accepte cette reconstruction, des incidences concernant la question centrale de notre recherche se font sentir.

---

259 TALSTRA, « Deuteronomy 9 and 10 », p. 199 ; 205.
260 Sans la mention des patriarches en Dt 9,5 (לאברהם ליצחק וליעקב).

Premièrement, le récit de base que nous avons dégagé comprend l'intercession de 9,26-29, laquelle n'apparaît donc pas comme une insertion postérieure à ce récit mais comme un de ses constituants premiers. Étonnamment, dans notre modèle, les versets qui rendent explicite le succès de cette intercession (9,18-20.25 et 10,10) n'appartiennent pas au texte de base. Le résultat de l'intercession de Moïse demeure ambiguë et implicite en 10,1-5.11, et l'absence de sanction devient une façon de souligner, en creux, le succès de cette intercession.

Deuxièmement, nous avions avancé l'hypothèse que le défaut de sanction en Dt 9,1–10,11 pouvait s'expliquer par la place prépondérante de Dt 1,19-46 qui, dès l'ouverture du livre, présente la rébellion et la mort de la première génération du désert. Nous l'avons en effet montré au chapitre 2, la faute de Cades Barnea est une péricope qui possède une place spéciale et un rôle narratif majeur[261]. Dans l'analyse diachronique de ce chapitre 5, nous avons vu que l'écriture de Dt 9,1–10,11 présuppose celle de Dt 1,9-46. Cela est particulièrement clair en certains passages (9,1-3 ; 10,11). La lecture de 9,1–10,11 est conditionnée par les informations fournies en Dt 1,19-46 sur le jeu des générations et la mort de Moïse en Transjordanie. Ainsi le lecteur sait-il que Moïse donne ses instructions au peuple en 9,1 parce qu'il ne traversera pas le Jourdain avec lui. Il sait également que la génération à laquelle Moïse s'adresse en 9,1–10,11 est la seconde génération du désert et que celle-ci, ayant été irresponsable lors la rébellion de Cades Barnea (cf. 1,39), l'était a fortiori lors de l'affaire du veau.

Notre étude diachronique a donc confirmé le rôle narratif majeur de Dt 1,19-46 pour la lecture du Deutéronome en général et pour Dt 9,1–10,11 en particulier. Par le défaut de sanction qu'elle présente, la péricope de l'idolâtrie à l'Horeb viendrait-elle compléter, nuancer ou corriger théologiquement celle de la faute de Cades Barnea ? En fait, Dt 9,1–10,11 éclaire le récit de Cades Barnea restrospectivement puisque l'épisode du veau montre que la rébellion de Dt 1 ne constituait en rien la première incartade d'Israël. Dans cette optique, les rédacteurs de Dt 9,1–10,11, sachant que leurs lecteurs disposaient de l'information de la mort au désert des fautifs de Cades Barnea, ont effectivement pu faire l' « économie » narrative de la sanction lors de

---

261 Cf. p. 134-137. En effet, elle est l'objet d'un long récit (28 versets) ; elle est un des ressorts narratifs essentiels du livre puisqu'elle introduit le jeu des deux générations ; elle est l'unique faute qualifiée par un manque de foi envers Yhwh (racine אמן) ; elle fait l'objet de « réverbérations » dans le reste du livre ; enfin, la sanction qu'elle entraîne est d'une ampleur inégalée depuis le récit du déluge.

l'affaire du veau. Nos résultats donnent une certaine plausibilité à cette hypothèse.

Troisièmement, le fait que le récit de base présuppose la connaissance de Dt 1,19-46 et la non entrée de Moïse dans le pays renforce également l'explication rhétorique que nous avancions à la fin du chap. 4[262] – à savoir que l'absence de punition pour la fabrication du veau pourrait viser à solidariser dans la faute les deux générations du désert. C'est en effet grâce à la lecture de Dt 1,19-46 que le lecteur peut prendre conscience en Dt 9 que Moïse impute la faute de ses pères à la seconde génération du désert. Mais comme son message vise à l'obéissance et non à la désespérance, il souligne la solidarisation dans la faute mais pas dans la sanction.

Enfin, au contraire de celle d'E. Otto, notre reconstruction n'aboutit pas à faire de la couche de base du récit du veau un texte prédatant la rédaction qui introduit la division de l'Israël du désert en deux générations (DtrL chez Otto). Rappelons que l'on ne peut isoler facilement la couche de base de Dt 9,9–10,11 de ce qui la précède (9,1-6). Le verset 10,11 laisse entendre que Moïse n'entrera pas dans la terre, et présuppose donc la faute de Cades Barnea. Ce résultat nous invite maintenant à voir à quels moments de la composition du Deutéronome émargent cette couche de base et les différents ajouts qui lui ont été faits. Il semble en tout cas que l'absence de sanction soit, en Dt 9,1–10,11, une originalité voulue dès le récit de base de ce texte.

5.2 Situer la rédaction de Dt 9,1–10,11 au sein de celle de Deutéronome.

Le message théologique porté par la couche de base de 9,1–10,11 est résumé et concentré en 9,6 : ce n'est pas parce qu'Israël est un peuple juste que Yhwh lui donne d'entrer dans le pays ; au contraire, il est un peuple rétif. Ce message est d'abord de nature parénétique. Il se situe dans le prolongement direct de Dt 8,19-20 : Si Israël n'écoute pas Yhwh, il subira le sort des peuples que Yhwh chasse devant lui (cf. 8,20).

Dans cette section (5.2), nous voudrions situer le texte de base de 9,1–10,11 et son message au sein de l'histoire rédactionnelle du Deutéronome et plus spécialement de Dt 1–11. Il est nécessaire, pour y parvenir, de faire d'abord le point sur la recherche concernant la rédaction de Dt 5–11 (section 5.2.1). Ayant récapitulé les points sur

---

262 Cf. p. 262.

lesquels il convient de prendre position pour reconstruire l'histoire rédactionnelle de Dt 1–11, nous nous risquerons, à partir d'observations sur le texte et à l'aide de résultats obtenus par quelques chercheurs, à présenter notre hypothèse en la matière (section 5.2.2). Nous pourrons alors, en conclusion de ce chapitre (5.3), nous efforcer de tirer les conséquences des résultats obtenus dans les sections 5.1 et 5.2 touchant la question qui est au cœur de ce travail.

5.2.1 Point synthétique sur la recherche concernant Dt 5–11

Nous avons fait état de quelques consensus concernant l'histoire rédactionnelle du Deutéronome (cf. ch 1). Parmi eux, relevons que le noyau du Deutéronome ancien (*Urdeuteronomium*) est à chercher dans CD (et probablement même dans sa première partie Dt 12,2–16,17)[263] et que Dt 6,4-5 a probablement constitué l'introduction ancienne de ce code, avant d'en être séparé par l'insertion de parénèses[264]. L'affirmation que la constitution d'un code de lois (CD primitif) a précédé son historicisation est également une constante chez les chercheurs.

Le matériel littéraire que nous étudions se trouve entre CD et son introduction primitive présumée (6,4-5). Il appartient donc aux couches supposées responsables de l'historicisation du code. Dans ces strates se trouve du matériel narratif et parénétique. Mais lequel de ces matériels a précédé l'autre ? Faut-il penser que le CD primitif a d'abord été historicisé (comme révélation attachée à l'Horeb) avant de recevoir des commentaires parénétiques ? Ou, à l'inverse, qu'il a été commenté (insertion de parénèses) avant d'être historicisé ? Ou encore que commentaires parénétiques et historicisation du code ont été menés de pair ?

Ces questions ont profondément orienté la recherche sur l'histoire rédactionnelle de Dt 5–11. Nous ne retracerons celle-ci que dans ses grandes lignes[265].

---

263 Cf. p. 52.
264 Cf. p. 53.
265 Il ne nous paraît pas nécessaire de dresser en détail l'histoire de la recherche sur les éditions et strates de Dt 5–11 dans la mesure où une telle histoire est présentée ailleurs : Cf. LOHFINK, *Hauptgebot*, p. 10-47 ; ACHENBACH, *Verheissung*, p. 1-27. Un résumé de l'histoire de la recherche sur la rédaction du Deutéronome, qui fait une large place à l'histoire des strates de Dt 5–11, est également présenté dans GARCÍA LÓPEZ, *Comment lire*, p. 274-279.

Dans sa thèse publiée en 1991, R. Achenbach[266] divisait en deux groupes les auteurs de la recherche passée sur Dt 5–11[267] : ceux qui avaient travaillé dans le cadre de l'hypothèse des documents (C. Steuernagel[268], A. F. Puukko[269], G. Hölscher[270]), et les auteurs postérieurs qu'il classait dans le camp des « nouvelles recherches sur Dt 5–11 » (N. Lohfink[271], G. Seitz[272], F. García López [273]). Outre la recherche d'Achenbach, nous ajoutons à cette liste les travaux de B. Peckham[274], J. Vermeylen[275] et T. Veijola[276].

Voici les résultats obtenus par ces auteurs[277] :

Auteur	Description de la couche	Versets
Steuernagel (1894 ; 1896)	Couche au singulier	4,44 ; 6,4.5?.10-13.15 ; 7 ;1-4.6.8.12b-16a*a*.17-21.23-24 ; 8,7-11a.12-18 ; 9,1-4a.5-7a ; 10,12a.14-15.21-22 ; 11,10a*a*.b.11-12.14b-15.(18-20?).(6,20-25?)
	Couche au pluriel	4,45 ; 5,1-4…23a*a**.b*a*.24a.25*.26-28(ancienne numérotation) ; 9,8-10.12-17.21.25-29 ; 10,1-3.5.10-11.16-17a.b*a* ; 11,2-5.7.8a*a*.b.9-10a*b*.11*.13-14a*.16-17.22-28
	Strate rédactionnelle	5,6-21*.29-30. ; 6,1.6-9.14.16.17-18.20-25 ; 7,5.7-8.11-12a.16b-22*.25-26 ; 8,1.2-5.6.12b.19-20 ; 9,7.18-20.22-24 ; 10,12b…
	+ une série de compléments tardifs	

---

266 ACHENBACH, *Verheissung*.
267 Cf. les tableaux donnant les couches distinguées par chaque auteur dans Dt 5–11 (tableau de « l'ancienne » recherche p. 8 ; tableau de la « nouvelle » recherche p. 16).
268 STEUERNAGEL, *Deuteronomium*.
269 PUUKKO, *Deuteronomium*.
270 HÖLSCHER, « Komposition ».
271 LOHFINK, *Hauptgebot*.
272 SEITZ, *Studien*, p. 45-91.
273 GARCÍA LÓPEZ, *RB* 84, p. 481-522 et GARCÍA LÓPEZ, *RB* 85, p. 5-49. Ces deux articles ont également été publiés en un volume : GARCÍA LÓPEZ, *Analyse*.
274 PECKHAM, « Deuteronomy 5-11 ».
275 VERMEYLEN, « Sections », p. 174-207.
276 VEIJOLA, *Das Fünfte Buch*.
277 Ce tableau est en grande partie une reprise des tables que l'on trouve dans ACHENBACH, *Verheissung*, p. 8 ; 16, à l'exception des résultats de Peckham, Vermeylen, Achenbach et Veijola. Sur les astérisques dans ce tableau, cf. p. 3 n. 8.

Puukko (1910)	Couche au singulier (introduction de l'*Urdeuteronomium*)	4,44…6,4-5.6(sauf la relative אשר→היום).7-9.10-13.15 ; 7,1-3.6.8b.9-11.12b-16a.17-21.23-24 ; 8,2-14.17-18 ; 9,1-4a.5-7a ; 10,12-13
	Couche au pluriel	4,45 ; 5,1-4 + (v.5).(6-21, emprunt).20*.21-28(ancienne numérotation) ; 9,9.11-12.15-17.21-25*.26-29 ; 10,1-5.11 ; 11,2-29*
	Strate rédactionnelle	5,29-30 ; 6,1 (ensuite, Puukko est en accord avec Steuernagel)
Hölscher (1922)	Couche de base	1,1a*? ; 6,4-13.15.20-24 ; 7,1*.2.6.9.11.12b-16a.17-19.21.23-24 ; 8,2*.3-14.17-18 ; 9,1-4a.5-7a.9a*.11.13-14 ; 10,10-13
	Compléments	5,1-6,1* ; 9,7b.9.9b.10.12.15-17(18-20.)21(22-24)25-29 ; 10,1-5(6-7)(8-9)14–11,1*.2-32(10,14–11,32 appartiennent à différentes couches).
Steuernagel (1923)[278]	Couche au singulier (D2c)	4,44 ; 6,4-13.15 ; 7,1-4a.6.9.12b-16a*a*.17-21.23-24 ; 8,2a.3-5.7-11a.12-14b*a*.17-18 ; 9,1-4a.5-7a.9a*a*.13-14 ; 10,10-12.13?.14.21 ; 11,1
	Couche au pluriel (D2b)	4,45 ; 5,1-4.20*.21-28 ; 9,9b.10a.12.15-19 ; 10,1-3.4*.5.16-17 ; 11,2-5.7.16-17.22-23?.24-28 ; 12,1
	Strate rédactionnelle (D2a)	1,1a.5…5,5?...9,11?.21?.26-29 etc.
Lohfink (1963)	Sources	Le décalogue, un texte d'alliance de Gilgal (retravaillé en 7,1-5*.13-16*.20*.22-24*), un premier stade de 10,12–11,17 ; une partie du $š^ema^‘$ (6,4b.5)
	Texte de base pré-dtq	5,1-6.25 ; 9,9-19.21.25-29 ; 10,1-5.10-18.20-22 ; 11,1-17 ; (11,26-32?)

---

278 Achenbach distingue deux périodes chez Steuernagel puisque cet auteur a modifié ses positions dans l'édition de 1923 en fonction des réactions à son premier modèle de 1894. La liste que nous donnons ici ne provient pas des tables d'Achenbach mais de STEUERNAGEL, *Deuteronomium*, p. 9.

	Remaniements[279]	7,1-24(25-26?) ; 8,1-20 ; 9,1-8.22-24 ; 11,18-25 ; (11,26-32?)
	Strates rédactionnelles	11,26-32?
	Gloses	9,20? ; 10,8-9.19 ; 7,25?
	Ajouts	10,6-7 ; 11,30
Seitz (1971)	Pré-dtq	5,6-21 ; le récit de l'Horeb : 5,22-31 ; 9,9.11-12.15-17.21.(18-19.) ; 10,1-5.11 ; allocutions guerrières : 7,1-3.7-26* ; parénèse : 8,7-11a.12-18*
	Dtq	6,4-9.20-24* ; 9,1-6.7a.13-14.26-29
	Remaniements dtq	4,45 ; 5,1…32-33 ; 6,1-3.10-18(19). ; 7,6-16 ; 8,2-6.11b ; 10,10.12-13 ; 11,1 ; 12,1
	Remaniements dtr ou dtr tardifs	Le reste des passages, notamment 10,12–11,32
García López (1977-78)	Unités pré-dtq	6,4-9* ; 7,1-3*.5-6 ; 8,7-8.10ba.14bb-16aa ; 9,1-3 ; 10,14.17ab-18.21-22
	Texte pré-dtq	6,10-13 ; 7,17-19.21 ; 8,9-10a.bb.11a.12-14ba.17-18a ; 9,4a.5.7a ; 10,20 ; 11,10-12
	Remaniement dtq	4,45 ; 6,20-24 ; 7,8b-11.12b ; 8,2-6 ; 10,12-13 ; 11,1
	Second remaniement dtq	6,14-15.17-19 ; 7,4.12a.13-16.20.22-23 ; 8,1.19-20 ; 11,13-15.16-17
	Remaniement dtr	4,46-49 ; 5,1–6,3 ; 9,7b–10,11 ; 11,2-9.18-32
Peckham (1983)[280]	Rédaction Dtr I	1,1a.4-8.19-30.31b-35aa.b..36.40-46 ; 2,1–3,17.21-22 ; 4,44 ; 5,1a.2-4.6-7.9b-11.17-21.23-25.27.28 ; 6,4-13.20-21.23b-24 ; 7,1-3.5.17-18.21.23-24 ; 8,1.7-12.14b-16aa ; 9,1-3.7.8a.9.11-12.15-17.21-24 ; 10,12-14.17-18.20-21 ; 11,4-7.8.10-15.22-25.31-32
	Rédaction Dtr II	1,9-18.31a.35ab.37-39 ; 3,18-20.23-29 ; 4,1-40.41-43.45-49 ; 5,1b.5.8-9a.12-

---

[279] Nous avons complété le tableau de R. Achenbach à cet endroit puisque celui-ci omet 9,1-8.22-24 alors qu'il a signalé plus tôt (ACHENBACH, *Verheissung*, p. 10) que ces versets font bien partie de ces remaniements.

[280] Les listes des versets Dtr I et Dtr II sont données par l'auteur dans PECKHAM, « Deuteronomy 5-11 », p. 221 et 228. Pour cet auteur, Dtr I est composé à l'époque d'Ézéchias et Dtr II est exilique et aurait participé à former un écrit Genèse–2 Rois.

			16.22.26.29-33 ; 6,1-3.14-19.22-23a.25 ; 7,4.6-16.19-20.22.25-26 ; 8,1b*.2-6.13.14a.16ab.b-20 ; 9,4-6.8b.10.13-14.18-20.25-29 ; 10,1-5.8-11.15-16.19.22 ; 11,1-3.9.16-21.26-29
Vermeylen (1985)[281]		Dtr 575	4,44 ; 5,1aa.4.5(seulement לאמר).6-21*.23-24a.25b.27 ; 9,9a.10.12-14a.15-17.21.26.28-29 ; 10,1-5.11 ; 11,6
		Dtr 560	5,2-3.12b.14bb-15.16ab.ba.24b.25a ; 6,2-3.18.25 ; 8,2-6 ; 9,7a.9b.11
		Dtr 525	5,1b.5(sauf לאמר).28-33 ; 6,1 ; 9,7b.8.14b.18-20.22-25.27 ; 10,8-10
		Ajouts sacerdotaux ou apparentés	5,24(seulement את־כבדו).26 ; 10,6-7
Achenbach (1991)[282]	Couche de base (singulier)		6,4-5.10-13 ; 7,1-3a.6.12.13-16a
	Ajout de parénèses (singulier)		7,17-21.23-24 ; 8,2-18*
	Ancrage des couches précédentes dans l'événement de l'Horeb / Sinaï (pluriel)		5,1–6,1*
	Approfondissement des événements de l'Horeb / Sinaï et extension des parénèses		9,7–10,11* ; 8,1.19-20 ; 11,2-9.22-28
	Couches tardives catéchèses sur la Torah (singulier et / ou pluriel)		6,2-3.6-9.15b.18-19.20-25 ; 7,3b-4.8b-11 ; 8,2b.6,11b.15-16* ; 9,1-6.7a ; 10,12-15a.(15b-19.)20-21 ; 11,10-12.13-21.(29-30)

---

281 Cet auteur, dont le point de départ est la comparaison des sections de Dt 5–11 avec leurs parallèles en Ex 19–24 ; 32–34, ne caractérise pas la provenance de chacun des versets de Dt 5–11 mais seulement de ceux qu'il peut comparer avec le livre de l'Exode.

282 Nous présentons ici une synthèse des résultats de R. Achenbach dont le système de couches assez complexe l'a fait classer par A. de Pury et T. Römer au premier rang des élèves de Perlitt qui, « en aidant leur maître à préparer son commentaire du Deutéronome, y ont identifié un tel nombre de strates qu'il devient impossible de les compter ou de leur attribuer un sigle » (DE PURY, « Historiographie Deutéronomiste », p. 80).

Veijola (2004)[283]	Urdeuteronomium	4,45 ; 6,4-9 + CD primitif
	Dtr P	5,1a*a*.2.4.5*.décalogue.22a*.23a.b*a*.24a.25.27-28.30-31 ; 6,1 (ce rédacteur a intégré le décalogue en Dt 5 à partir d'une *Vorlage* provenant d'Ex 20)
	Dtr N	4,44.46 ; 5,22a*b*.b ; 6,10-13* ; 7,1*.2-3.6 ; 9,9-12a.b*b*.15.16a*.17.21a*.b ; 10,1-5 ; 11,31–12,1*
	Dtr B	5,1a*a*.a*b*.b.3.5*.29.32-33 ; 6,2-3.5.14.15b.17a.18.25 ; 7,4-5.12-16.20.22-24 ; 8,1.11b.18b.19-20 ; 9,7a*.8*.12b*a*.13-14.16a*a*.b.18-19.21a*a*; 10,10-11 ; 11,2-5.7-19a.21-28
	Développement sur le *ḥērēm*	7,25-26 (également 13,16b.17a*a**bb.18a)
	Réviseur anti-nomiste	7,7-11 ; 8,2-6 ; 9,1.3-6 (également 1,31a* ; 2,7 ; 4,36-40*)
	Rédacteur post-P qui place le sabbat au centre du décalogue	5,12-15
	Ajouts à propos des lévites revendiquant le pouvoir durant la période post-exilique	10,8-9 (également 12,12b*b*.19 ; 14,27.29a*a**)
	Ajout concernant le Garizim qui présuppose le schisme samaritain (pas avant le 4ᵉ s)	11,29-30

---

283 VEIJOLA, *Das Fünfte Buch*, p. 2-5. Cet auteur divise le texte du Deutéronome en un nombre important de strates. Il considère que le noyau du livre, le proto-Deutéronome, date du temps de Josias et correspondait au programme réformateur de ce roi. Il compte ensuite avec des couches dtr s'étalant de 560 avant notre ère jusqu'à la période post-exilique immédiate (*früh-nachexilisch*) : DtrH, DtrP (il suit en cela W. Dietrich), DtrN (il se réfère à R. Smend), DtrB (l'auteur cite C. Levin). Il décrit enfin un nombre important d'ajouts ou de retouches allant de la période post-exilique immédiate jusqu'à la canonisation du Pentateuque vers 300 avant J.-C. Nous nous en tenons ici aux strates qui composent Dt (4)5–11.

Les résultats des chercheurs varient selon les époques en fonction des hypothèses dans le cadre desquelles ils travaillent et des critères d'analyse littéraire qu'ils privilégient. L'analyse s'appuie habituellement sur le repérage de doublets, de contradictions, de styles ou vocabulaires distincts, de différents genres / formes ou théologies. Il serait évidemment idéal d'utiliser simultanément ces critères. Cependant, les auteurs privilégient souvent l'un ou l'autre. À ce propos, deux grandes tendances se dessinent dans le tableau ci-dessus : nous pouvons distinguer les chercheurs dont les résultats sont plutôt orientés par le critère du *Numeruswechsel* (Steuernagel, Puukko, Achenbach) de ceux dont les résultats le sont plutôt par les critères des formes et de la théologie du texte (Lohfink, García López, Vermeylen, Veijola).

La distinction entre les strates de Dt 5–11 opérée grâce au critère du *Numeruswechsel* correspond approximativement à la différenciation entre les éléments narratifs à la deuxième personne du pluriel (Dt 5 ; 9,7–10,11) et les discours parénétiques à la deuxième personne du singulier. La question qui s'est posée aux chercheurs, à partir de là, a été de savoir comment se sont articulées, dans l'histoire de la rédaction, ces différentes sections-*Tu* et sections-*Vous*[284].

Pour Steuernagel et les auteurs regardant le *Numeruswechsel* comme un critère décisif, les sections-*Tu* sont plus anciennes que les sections-*Vous*. L'article de Minette de Tillesse (1962) défend cette position. Pour cet auteur, qui accepte l'hypothèse de M. Noth concernant HD, les sections-*Vous* présentent une cohérence interne et sont en continuité avec l'introduction historique de Dt 1–3. Elles présentent les mêmes préoccupations que l'auteur de HD[285] : le Deutéronome est la charte de la terre promise ; l'observation de ses lois est la condition de la possession du pays et il y a menace d'exil en cas de violation[286]. L'auteur dtr responsable de HD est donc également responsable des sections-*Vous* du Deutéronome. Pour Minette de Tillesse, cet auteur n'a pas agi comme un glossateur, insérant de-ci de-là quelques ajouts en « Vous », mais comme un auteur qui a intégré les sections-*Tu* qu'il avait à sa disposition comme sources[287]. Le *Numeruswechsel* au sein des

---

284 Selon la terminologie de MINETTE DE TILLESSE, « Sections », p. 29-88.
285 Au sens de Noth, c'est-à-dire un historien méridional exilique.
286 MINETTE DE TILLESSE, « Sections », p. 42.
287 Minette de Tillesse s'appuie sur les résultats de J.H. Hospers pour considérer les sections-*Tu* comme plus anciennes que les sections-*Vous*. Hospers proposait le schéma suivant pour la composition du Deutéronome :

parénèses, qui étaient initialement en « Tu », s'explique donc par l'intégration de ces passages par l'auteur dtr : « Aucun endroit des sections-*Tu* intéressant la théologie Dtr n'est resté sans addition-*Vous* »[288], selon Minette de Tillesse.

La position soutenant l'antériorité des sections-*Tu* sur les sections-*Vous* s'appuie sur les arguments suivants. Premièrement, on pourrait s'attendre à ce que les sections parénétiques (au singulier) fassent grand cas des sections historiques (au pluriel). Or la parénèse-*Tu* ignore généralement ces récits et n'y fait pas allusion. Cela ne s'explique que si elle est plus ancienne. Deuxièmement, les passages en « vous » des chapitres 5, 9, 10 sont centrés presque exclusivement sur la transmission du décalogue. Ils sont en conséquence moins appropriés pour constituer une première introduction à CD que les sections-*Tu* parénétiques qui se réfèrent aux מצות, חקות / חקים et משפטים, c'est-à-dire possiblement aux lois du code. D'autre part, les lois du code sont principalement formulées à la deuxième personne du singulier, comme ces parénèses[289].

L'antériorité des sections au singulier par rapport à celles au pluriel a été nuancée et mise en question par Lohfink[290], qui s'élève contre un usage trop rigide du *Numeruswechsel*. Pour lui, la distinction entre les genres « parénèse » et « récit historique » établie par le critère du changement de nombre doit être réévaluée. Il y voit l'expression d'une recherche exagérée de la pureté des genres littéraires. Le *Bundesformular*, par exemple, combine les genres différents de l'histoire et de la loi. De la même façon, il pense qu'il existe une perméabilité entre parénèse et histoire dans l'écriture de Dt 5-11. Steuernagel avait mis en avant le fait que les auditeurs de Moïse étaient décrits différemment selon les strates du livre (sections-*Tu* : génération postérieure à l'événement de Horeb ; sections-*Vous* : génération de l'Horeb). Lohfink considère que ces présentations différentes

---

- *Deutéronome primitif* ; sections-*Tu* : 5,6-21 (décalogue) ; 6,4–9,7a ; 12–26 ; 28 ; 30,11–31,6
- Les sections-*Vous* sont postérieures : 1,6–6,1 ; 9,7b–10,11 ; 28,69–29,28, ainsi que toutes les petites additions-*Vous* à l'intérieur du texte-*Tu*. Toutes ces sections proviennent d'un même auteur.
- Enfin, les additions-*Tu* de la première introduction (1–4) et 30,1-10 sont encore postérieures aux sections-*Vous*. Elles ne forment pas un fil continu mais sont secondaires par rapport au texte-*Vous*. Elles proviennent néanmoins d'un même auteur ou au moins d'une même école (MINETTE DE TILLESSE, « Sections », p. 30).

288 MINETTE DE TILLESSE, « Sections », p. 72.
289 PUUKKO, *Deuteronomium*, p. 172.
290 Nous nous référons ici à LOHFINK, *Hauptgebot*, p. 27-36.

s'expliquent plutôt par les conditions du discours : les sections cultuelles concernent naturellement la génération postérieure à l'Horeb, tandis que les sections historiques concernent celle de l'Horeb. Il pense que dans un bon nombre de passages, le *Numeruswechsel* est un artifice littéraire qui vise à maintenir l'attention du lecteur / auditeur[291].

Ces nuances ont ouvert la voie à des approches de Dt 5–11 moins immédiatement centrées sur le changement de nombre. Pour autant, la description par Lohfink de formes et structures de discours (compositions concentriques ou chiastiques, schéma d'introduction de la preuve, schéma parénétique, etc.) qui auraient été amalgamées en blocs d'abord indépendants ne fait peut-être pas assez droit au phénomène de la *Fortschreibung* et de l'écriture en expansion dans Dt 5–11. Ces blocs présumés indépendants ont en commun, par exemple, de connaître la fiction mosaïque[292].

En s'attachant lui aussi à l'étude des formes et structures de discours dans Dt 5–11[293], García López est parvenu à des résultats assez différents de ceux de Lohfink et plutôt en accord avec Minette de Tillesse. Il pense que Dt 5,1–6,3 et 9,7b–10,11 sont deux blocs distincts, postérieurs à Dt 6,4–9,7a et 10,12-11,1.10-12[294]. Il reprend cependant le « schéma d'introduction de la preuve » de Lohfink et admet que les dénominations « sections parénétiques » et « sections historiques » sont insuffisantes. La parénèse, selon lui, n'est pas d'une seule venue et cache une variété de genres et de formes : des unités « catéchétiques », « hymniques », « homilétiques », des « monologues », des « promesses de bénédictions » et des « menaces de châtiment ». Pour notre part, il nous semble que l'on peut s'interroger, d'un côté, sur le fait que ces unités, monologues, promesses et menaces puissent être qualifiés de « formes littéraires » et, d'un autre côté, sur leur indépendance originelle.

---

291 LOHFINK, *Hauptgebot*, p. 30-34.
292 Pour une critique plus complète du modèle de Lohfink, cf. ACHENBACH, *Verheissung*, p. 9-12.
293 García López procède selon la méthodologie de la *Formgeschichte*. Il repère les affinités formelles, stylistiques et thématiques de passages qu'il déclare éventuellement apparentés, après critique littéraire. Parmi les formes qu'il décrit, il en est une qui concerne particulièrement Dt 9,1–10,11. Partant de la proximité qui existe entre Dt 9,4 et 17,7 ; 18,7, il dégage une forme littéraire qu'il décrit comme celle du monologue (Dt 7,17-19.21 ; Dt 8,17-18a ; 9,4-7a). Il voit en Dt 7,17-19.21 un « monologue de la modestie ou de la timidité », tandis qu'il classe Dt 8,17-18a ; 9,4-7a dans la catégorie « monologue de l'arrogance ou de l'orgueil » (GARCÍA LÓPEZ, *RB* 84, p. 483-486 ; 498-501 ; 520.).
294 GARCÍA LÓPEZ, *RB* 84, p. 506.

Les deux derniers auteurs apparaissant dans le tableau ci-dessus ont proposé des reconstructions de plus en plus complexes de Dt 5–11. Veijola procède en quelque sorte à une synthèse des positions de la recherche, notamment de l'école de Göttingen, puisqu'il intègre dans son modèle des strates DtrP (Dietrich), DtrN (Smend), DtrB (sigle qui lui est propre bien qu'il fasse référence à Levin[295]) et DtrÜ (Lohfink ; cet auteur ne fait pas partie de l'école dite de Göttingen). Achenbach travaille à partir de deux critères principaux : le *Numeruswechsel* et la présence ou l'absence de présuppositions « nomistes » dans un passage donné. Les couches dégagées par cet auteur sont exiliques ou postexiliques et présupposent HD – qui n'aurait pas encore contenu CD. Achenbach pense que le socle théologique des strates les plus anciennes de Dt 5–11, à savoir la vénération exclusive de Yhwh et l'élection du peuple, aurait été reformulé à nouveau frais pendant l'exil, en rétroprojetant sa formulation dans le temps de Moïse. Un approfondissement des exigences « mosaïques » aurait suivi, puis une liste de commandements fondamentaux (décalogue) aurait été élaborée, dont le récit ancien de la théophanie du Sinaï serait devenu l'étiologie. L'introduction de Dt 5 aurait marqué la construction de l'étiologie non seulement du décalogue mais également de CD. Ce stade aurait également été celui du rattachement à HD. Dans une phase ultérieure, les événements du Sinaï auraient été approfondis en Dt 9,7-10,11 – qui se présente comme un *midrash* d'Ex 32–34 – ainsi que dans des commentaires parénétiques. Enfin, un grand nombre de couches catéchétiques tardives auraient élaboré une piété liée à la Torah mosaïque.

On le voit, la trajectoire de la recherche sur l'histoire littéraire de Dt 5–11 a fluctué en fonction de l'attention accordée successivement au *Numeruswechsel*, aux formes et structures de discours (*Formgeschichte*) ainsi qu'au développement des idées théologiques. Les derniers modèles proposés (Achenbach, Veijola) proposent des reconstructions complexes en raison de leur prise en compte maximale des critères d'analyse littéraire. Ayant fait une synthèse des méthodes et résultats des chercheurs, nous aimerions maintenant essayer de situer, de notre point de vue, la place de Dt 9,7–10,11 dans l'histoire rédactionnelle de ces chapitres.

---

295 Cf. p. 64 n. 306.

5.2.2 La place de Dt 9,1–10,11 dans l'histoire rédactionnelle de Dt 1–11

Notre critique littéraire de Dt 9,1–10,11 a mis en lumière la difficulté de dissocier rédactionnellement Dt 9,1-6, Dt 9,7-8 et Dt 9,9–10,11[296]. Ce constat plaide en faveur d'une certaine unité d'écriture de cette section. Le récit de base que nous avons dégagé s'étend en effet de 9,1 à 10,11 et est caractérisé par une relation de symbiose entre la parénèse et le récit historique.

Les différences de nature (parénèse / récit) et de nombre (deuxième personne du singulier / deuxième personne du pluriel) entre les deux parties de la péricope demeurent cependant frappantes. La plupart des auteurs[297] attribuent ces parties à des mains différentes.

Il existe plusieurs façons d'envisager l'histoire littéraire de Dt 9,1–10,11. Nous comptons trois possibilités. La première consiste à voir en Dt 9,1-6/8 comme un passage inséré devant 9,7/9–10,11 pour lui servir de clé herméneutique. Dans ce cas, les sections-*Vous* peuvent être envisagées comme ayant d'abord formé un texte continu où – par exemple – Dt 9,9ss aurait été la suite de 5,22. La deuxième possibilité consiste à envisager Dt 9,7/9–10,11 comme un passage inséré après 9,1-6/8 pour lui servir d'illustration. À l'inverse du premier cas, les sections-*Tu* seraient ici plus anciennes que les sections-*Vous*. La parénèse aurait ainsi pu simplement faire mention des fautes du désert, dans un fil discursif comprenant par exemple 9,1-8.22-24 ; 10,12-13, avant que les versets 9,9-21.25-29 ; 10,1-11 n'aient été insérés. Enfin, la dernière possibilité est de considérer que les deux parties de 9,1–10,11 ont été écrites par la même main.

Nous avons plaidé en faveur de cette dernière possibilité. Pour autant, nous prenons acte des différences de nature et de nombre entre les deux parties de cette péricope et il nous faut les expliquer.

Ayant en tête, d'une part, les modèles des chercheurs sur l'histoire rédactionnelle du Deutéronome – notamment des chapitres 5–11 –, et d'autre part les grandes caractéristiques du texte qui demandent à être expliquées, nous nous proposons, dans les lignes suivantes, de situer Dt 9,1–10,11 dans cette histoire.

Pour cela, il est nécessaire d'énoncer les grandes données du problème. Pour procéder à la reconstruction de l'histoire rédactionnelle de la première partie du Deutéronome, où est située notre péricope, il va falloir mettre en ordre un matériel littéraire varié : des sections en

---

296 Cf. p. 284.
297 Cf. tableau ci-dessus p. 341-346.

« Tu » principalement parénétiques, d'autres en « Vous » principalement « historiques », des versets isolés à l'un ou l'autre nombre, des discours directs de Yhwh sans introduction, des passages avec ou sans fiction mosaïque, des passages évoquant la conquête avec ou sans Josué. Il faudra également évaluer le rôle de la scission du peuple en deux générations du désert, l'enracinement narratif du matériel législatif (décalogue et CD), la relation avec le Tétrateuque qu'entretiennent les textes du Deutéronome qui y présentent des parallèles et, enfin, les relations créées entre le Deutéronome et HD.

Notre reconstruction de l'environnement rédactionnel de Dt 9,1–10,11 vise surtout à placer cette péricope au sein de Dt 1–11. Dans sa présentation, elle ne pourra prétendre à la même exhaustivité que les études des chercheurs évoqués plus haut[298] et s'appuiera d'ailleurs, pour certains points, sur leurs résultats, notamment sur ceux de G. Minette de Tillesse et de R. Achenbach.

Nous partons de l'hypothèse, largement reçue[299], qu'un proto-Deutéronome (*Urdeuteronomium*) a effectivement existé et que ce document est à relier au récit de 2 R 22–23. Nous laissons de côté la question de l'identification exacte de ce proto-Deutéronome, qui n'est pas du ressort direct de notre travail. Si l'on en croit 2 R 22–23, le message de ce Deutéronome primitif a dû concerner la vénération exclusive de Yhwh et la lutte contre le culte de dieux étrangers.

Il nous semble assez probable que ce proto-Deutéronome ait eu d'emblée ou ait pris rapidement la forme d'un discours direct de Yhwh. Certains versets soutiennent cette position. Ils portent en effet la marque résiduelle d'un discours direct de Yhwh :

7,4a כי־יסיר את־בנך מ<u>אחרי</u> ועבדו אלהים אחרים
...car cela détournerait ton fils de <u>me</u> suivre et il servirait d'autres dieux...

11,13-15 והיה אם־שמע תשמעו אל־<u>מצותי</u> אשר <u>אנכי</u> מצוה
אתכם היום לאהבה את־יהוה אלהיכם ולעבדו
בכל־לבבכם ובכל־נפשכם: 14 <u>ונתתי</u> מטר־ארצכם
בעתו יורה ומלקוש ואספת דגנך ותירשך ויצהרך:
15 <u>ונתתי</u> עשב בשדך לבהמתך ואכלת ושבעת:

Et si vous écoutez vraiment <u>mes</u> commandements, ceux que <u>je</u> vous donne aujourd'hui pour aimer Yhwh votre Dieu et le servir de tout votre cœur, de tout votre être, 14 alors <u>je</u> donnerai en son temps la pluie qu'il

---

[298] La reconstitution de l'histoire rédactionnelle de Dt 1–11 ou Dt 5–11 n'est pas le premier objet de notre recherche, comme ce pouvait l'être pour les études de N. Lohfink, F. García López ou encore R. Achenbach.
[299] Cf. p. 53.

faut à votre terre, celle de l'automne et celle du printemps : tu récolteras ton blé, ton vin nouveau et ton huile ; 15 je donnerai de l'herbe à tes bêtes dans tes prés, et tu mangeras à satiété.

11,18 וְשַׂמְתֶּם אֶת־דְּבָרַי אֵלֶּה עַל־לְבַבְכֶם וְעַל־נַפְשְׁכֶם וּקְשַׁרְתֶּם אֹתָם לְאוֹת עַל־יֶדְכֶם וְהָיוּ לְטוֹטָפֹת בֵּין עֵינֵיכֶם:

Vous mettrez mes paroles que voici dans votre cœur et dans votre être, vous en ferez un signe attaché à votre main, une marque placée entre vos yeux.

17,3 וַיֵּלֶךְ וַיַּעֲבֹד אֱלֹהִים אֲחֵרִים וַיִּשְׁתַּחוּ לָהֶם וְלַשֶּׁמֶשׁ אוֹ לַיָּרֵחַ אוֹ לְכָל־צְבָא הַשָּׁמַיִם אֲשֶׁר לֹא־צִוִּיתִי:

...et il ira servir d'autres dieux et se prosterner devant eux, devant le soleil, la lune ou toute l'armée des cieux, ce que je n'ai pas ordonné...

28,20 יְשַׁלַּח יְהוָה בְּךָ אֶת־הַמְּאֵרָה אֶת־הַמְּהוּמָה וְאֶת־הַמִּגְעֶרֶת בְּכָל־מִשְׁלַח יָדְךָ אֲשֶׁר תַּעֲשֶׂה עַד־הִשָּׁמֶדְךָ וְעַד־אֲבָדְךָ מַהֵר מִפְּנֵי רֹעַ מַעֲלָלֶיךָ אֲשֶׁר עֲזַבְתָּנִי:

Yhwh t'enverra disgrâce, panique et menaces dans tout ce que tu entreprendras de faire, jusqu'à ce que tu sois exterminé, et jusqu'à ce que tu disparaisses promptement, à cause du mal que tu auras fait en m'abandonnant.

Il est à noter que ces versets concernent eux aussi la monolâtrie de Yhwh et la relation d'exclusivité entre Israël et son Dieu, lequel peut bénir en cas de fidélité (cf. 11,13-15) ou punir en cas d'infidélité (cf. 28,20).

Il est également intéressant que 11,18 garde la trace d'un discours direct de Yhwh. C'est en tout cas ainsi que les massorètes ont interprété דברי en vocalisant ce mot en דְּבָרַי (nom masculin du pluriel état construit avec suffixe de la première personne du singulier) et non pas en דִּבְרֵי (nom masculin du pluriel état construit). Cette interprétation paraît d'autant plus plausible que ce verset est placé dans la suite de 11,13-15, où nous avons également un discours direct de Yhwh (il est en effet peu vraisemblable que Moïse puisse dire qu'il donnera la pluie [v. 14] et l'herbe des champs [v. 15]). Dt 11,18 et 11,13-15 utilisent d'ailleurs un vocabulaire commun : בְּכָל־לְבַבְכֶם וּבְכָל־נַפְשְׁכֶם (v. 13) et עַל־לְבַבְכֶם וְעַל־נַפְשְׁכֶם (v. 18).

Dt 11,18 introduit 11,18-21, c'est-à-dire une section très semblable à 6,6-9 au plan du contenu. Certains auteurs (Puukko, Hölscher, Steuernagel[1923], García López, Veijola) considèrent Dt 6,4-9 comme faisant partie de l'introduction la plus ancienne de CD[300]. On peut cependant se demander qui est antérieur de 6,6-9 et 11,18-21. Ces

---

300 Depuis ALT, « Heimat », p. 253 n. 3, la recherche situe en effet cette introduction ancienne en 6,4-5. Il n'y a cependant pas consensus pour faire de 6,4-9 un bloc homogène.

derniers versets sont principalement à la deuxième personne du pluriel. Ceux de Dt 6,6-9 sont à la deuxième personne du singulier. Étant donné que 11,18-21 (deuxième personne du pluriel) connaît un changement de nombre en 11,19b-20 (deuxième personne du singulier) où l'on reconnaît une reprise mot pour mot de précisions qui proviennent de 6,7b.9, il semble que nous soyons ici devant une harmonisation. Cela laisse penser que les versets à la deuxième personne du pluriel en 11,18-21 précédaient chronologiquement l'écriture de 6,6-9. La marque résiduelle d'un discours direct de Yhwh en 11,18 renforce cette hypothèse.

Après ce premier stade d'un proto-Deutéronome formulé sous la forme d'un discours direct de Yhwh à Israël, il faut probablement compter avec un élargissement de ce premier document par des commentaires parénétiques à la deuxième personne du singulier. Nous nous appuyons ici sur les analyses de G. Minette de Tillesse. Celui-ci a plaidé pour l'antériorité des sections-*Tu* sur les sections-*Vous* du Deutéronome. Il relève par exemple que la parénèse en « Tu » de Dt 6–8 ; 9,1–6 ; 10,12–11,1 ignore le récit de l'Horeb alors que l'on aurait pu s'attendre à ce qu'elle y fasse référence[301]. Il montre que la plupart des versets en « Vous » (6,14.16-17a ; 7,4.5.7-8a.12a.25a ; 8,1.19b-20 ; 10,15c-19 ; 11,10a*c*.11a*a*.13-14a.16-17.18-32) sont des additions secondaires. Il est vrai que les sections parénétiques les plus anciennes font référence aux מצות, חקת, חקים, עדרות, משפטים de Yhwh plutôt qu'à sa ברית, sa קול ou ses דברים, ces derniers termes intervenant plus tard pour désigner l'alliance à l'Horeb. Il souligne que nous n'avons de sections en « Vous » dans le Deutéronome qu'en des endroits circonstanciés où le rédacteur dtr pouvait trouver matière à interpréter l'histoire. Ce dernier fait intervenir massivement la figure de Moïse dans les sections narratives alors qu'elle n'intervient que peu dans les sections parénétiques.

Si nous n'acceptons pas toutes les conclusions de G. Minette de Tillesse[302], nous recevons cependant sa démonstration d'une antécédence de certaines sections-*Tu* sur les grandes sections-*Vous*. Il nous semble tout à fait possible que l'habillage parénétique en « Tu » du proto-Deutéronome ait pu commencer en 6,4-9, cette section étant

---

301 MINETTE DE TILLESSE, « Sections », p. 35.
302 Nous ne pouvons suivre cet auteur, par exemple, sur le caractère secondaire de tous les versets en « Vous » listés au paragraphe précédent. Il nous semble douteux que ceux qu'il avance comme des surcharges en Dt 11 le soient vraiment. Dans ce chapitre, l'écriture en « Vous » est nettement majoritaire, contrairement à ce qui se passe en Dt 6–8 ; 10.

posée en vis-à-vis de 11,18-21. Les versets 7,1-5, dont le v. 4a garde la trace d'un discours divin direct, pouvaient suivre. D'autres passages en « Tu » faisaient peut-être partie de ce document. Il est difficile d'être plus précis, tant la prise de position sur ces questions est hypothétique, mais l'étude de Minette de Tillesse montre bien que les sections-*Vous* ont une cohérence d'écriture qui se comprend en réaction aux sections-*Tu* antécédentes et dans le cadre d'une reprise et d'un remaniement de celles-ci.

Le troisième moment que nous percevons dans la croissance rédactionnelle des chapitres en amont de CD est celui de l'insertion du décalogue et de l'ancrage narratif de CD dans l'événement de l'Horeb. Sur ce point, nous suivons les conclusions de R. Achenbach et les développements d'E. Otto[303] à partir du travail de son collègue. Achenbach souligne que l'insertion de Dt 5 sert non seulement à introduire le décalogue mais également à créer une étiologie de CD. En effet, alors que le décalogue est directement transmis au peuple dans une auto-révélation, il est également indiqué que CD sera transmis par l'entremise de Moïse à la demande du peuple (Dt 5,22-31). Cette théorie d'un double standard de communication du décalogue et de CD instaure une hiérarchie entre les deux textes législatifs. Elle fonde la position de Moïse comme médiateur entre Yhwh et le peuple. C'est le moment de l'introduction de la « fiction mosaïque ».

L'introduction de ce Deutéronome ancré à l'Horeb est probablement à situer en 4,45[304]. Les עדות, חקים et משפטים dont la proclamation est évoquée dans ce verset renvoient à CD. Cette proclamation est localisée dans le désert (בצאתם ממצרים). Les עדות, חקים et משפטים sont juxtaposés aux דברים de l'Horeb (cf. 5,5.22), c'est-à-dire au décalogue. Ce stade de développement du Deutéronome correspond en grande partie à l'étape DtrD d'E. Otto. Une différence majeure réside dans le fait que nous ne considérons pas que Dt 9,9–10,11 a été inséré à ce moment-là, mais ultérieurement.

Une fois le Deutéronome inscrit dans un récit de théophanie à l'Horeb, il nous semble que l'étape rédactionnelle suivante (quatrième étape) a dû être l'élargissement de ce récit par l'introduction d'une

---

303 ACHENBACH, *Verheissung*, p. 32 ; 396 ; OTTO, *Pentateuch und Hexateuch*, p. 115-118.
304 Sur ce point, cf. OTTO, *Pentateuch und Hexateuch*, p. 117. Des deux titres superposés en 4,44 et 4,45, la recherche regarde quasi unanimement le second comme le plus ancien. Il est en effet logique que le titre de 4,44, pour supplanter celui de 4,45, ait été inséré devant ce dernier. Otto mentionne également la Torah de Moïse, référence plus récente et plus englobante que celles à העדת והחקים והמשפטים du v. 45. Dans la suite, nous avancerons l'idée que 4,44 a été inséré à cet endroit lors de la quatrième étape de croissance littéraire de Dt 1–11 que nous distinguerons.

partie du matériel littéraire compris en Dt 1–3, au minimum Dt 1,19-46 et les récits de victoire sur les rois amorites Sihon et Og (récits en « Nous »). La nouveauté introduite à ce stade est celle de la scission du peuple en deux générations : l'une n'entrera pas dans le pays, tandis que l'autre, innocente, y entrera. Cette scission a des conséquences importantes. D'une part, elle entraîne le récit de la mort de Moïse hors du pays, celui-ci étant considéré comme solidaire du peuple dans la faute. D'autre part, cette scission est le ressort narratif qui fonde le Deutéronome comme discours testamentaire et récapitulation des événements du Tétrateuque.

Le système d'accrochage de ce matériel de Dt 1–3 avec le récit de la théophanie à l'Horeb – récit étiologique de la communication du décalogue et de CD –, est encore bien visible en 4,44-49. Ces versets forment un cadre avec le début du livre (1,1-5) :

1,1-5	4,44-49
אלה הדברים אשר דבר משה אל־כל־ישראל בעבר הירדן במדבר בערבה מול סוף בין־פארן ובין־תפל ולבן וחצרת ודי זהב:	וזאת התורה אשר־שם משה לפני בני ישראל: 45 אלה העדת והחקים והמשפטים אשר דבר משה אל־בני ישראל בצאתם ממצרים: 46 בעבר הירדן בגיא מול בית פעור
2 אחד עשר יום מחרב דרך הר־שעיר עד קדש ברנע: 3 ויהי בארבעים שנה בעשתי־עשר חדש באחד לחדש דבר משה אל־בני ישראל ככל אשר צוה יהוה אתו אלהם:	
4 אחרי הכתו את סיחן מלך האמרי אשר יושב בחשבון	בארץ סיחן מלך האמרי אשר יושב בחשבון אשר הכה משה ובני ישראל בצאתם ממצרים: 47 ויירשו את־ארצו
ואת עוג מלך הבשן אשר־יושב בעשתרת באדרעי:	ואת־ארץ עוג מלך הבשן שני מלכי האמרי אשר בעבר הירדן מזרח שמש: 48 מערער אשר על־שפת־נחל ארנן ועד־הר שיאן הוא חרמון: 49 וכל־הערבה עבר הירדן מזרחה ועד ים הערבה תחת אשדת הפסגה:
5 בעבר הירדן בארץ מואב הואיל משה באר את־התורה הזאת לאמר:	

À ce stade, les versets 4,45-49 devaient suivre directement 3,29. La mention de lieu מול בית פעור (3,29 et 4,46) et le récit en « Nous », qui s'arrête en 3,29 pour reprendre au début de Dt 5, plaident en ce sens. Dt 4,46-49 apparaît simultanément comme la suture entre 3,29 et Dt 5 d'une part, et comme l'encadrement aval de cette première mouture de Dt 1–3 d'autre part.

C'est également à ce stade qu'a dû être inséré 5,3-5 (sauf לאמר au v. 5). Le verset 3 présuppose en effet Dt 1,19-46 ; 2,14-16, c'est-à-dire la mort de la première génération du désert (cf. אנחנו אלה פה היום כלנו חיים). L'insertion de ces versets a eu pour conséquence de déconnecter l'indicateur de discours de la fin du v. 5 (לאמר) de son locuteur véritable, Yhwh, mentionné au v. 2.

Les relations entre ce Deutéronome qui a pris la forme d'un discours testamentaire et le Tétrateuque en voie de formation sont difficiles à déterminer. Cela dit, la forme récapitulative du discours de Moïse présuppose la connaissance d'un récit antécédent, c'est-à-dire un matériel traditionnel ou littéraire. Cela laisse penser que, bien qu'étant un rouleau séparé, le Deutéronome qui a intégré Dt 1–3 n'a pas été écrit en isolation des traditions du Tétrateuque.

La cinquième étape de l'histoire rédactionnelle de Dt 1–11 que nous allons décrire maintenant concerne la péricope qui est au cœur de notre travail. Nous pensons en effet que c'est à ce stade que Dt 9,1-6 a été inséré. Notre raisonnement s'appuie sur une observation : la figure de Josué a souvent été insérée de façon secondaire dans des textes où Yhwh seul faisait entrer le peuple en Canaan[305].

Un premier exemple de ce phénomène est repérable en 31,1-6. Ce texte commence par un discours de Moïse où celui-ci explique qu'il a cent vingt ans, qu'il ne peut plus conduire le peuple à la guerre et que Yhwh lui a certifié qu'il ne passera pas le Jourdain. S'ensuit la description du passage du peuple dans le pays avec l'emploi répété du pronom personnel הוא pour qualifier l'action de Yhwh :

- יהוה אלהיך הוא עבר לפניך (v. 3)
- הוא־ישמיד את־הגוים האלה (v. 3)
- הוא ההלך עמך (v. 6)

C'est Yhwh qui va passer devant le peuple, marcher avec lui et combattre pour lui. L'action de Yhwh est également décrite en relation avec ce qu'il a fait à Sihon et Og (v. 4) : ועשה יהוה להם כאשר עשה לסיחון ולעוג מלכי האמרי ולארצם אשר השמיד אתם.

---

[305] En nous appuyant sur E. Blum, H.-C. Schmitt et R. Achenbach, nous avons supposé que la mention de Josué accompagnant Moïse au sommet du Sinaï en Ex 32,17-18 était un ajout secondaire (cf. p. 305-305).

Ce texte décrit donc l'entrée d'Israël dans la terre, Yhwh lui ouvrant le passage et exterminant les peuples de Canaan. En 31,3b, nous avons cependant l'indication suivante : יהושע הוא עבר לפניך כאשר דבר יהוה. Celle-ci n'est étonnamment reliée par aucune conjonction à ce qui précède. De plus, si ce n'est la différence de sujet du verbe participial, nous avons un quasi doublet avec le début du verset : יהוה אלהיך הוא עבר לפניך. Cela laisse fortement penser que la clause יהושע הוא עבר לפניך כאשר דבר יהוה pourrait être une addition dans ce verset.

Nous avons déjà vu plus haut[306] que les versets 1,37-38 présentent le caractère d'une insertion au sein du récit des explorateurs. Il semble donc que l'idée selon laquelle Moïse n'a pas pu entrer dans le pays ne soit pas apparue immédiatement mais qu'elle a découlé du récit de la mort de la première génération du désert. Par réaction en chaîne, cette idée d'une mort de Moïse en Transjordanie a probablement entraîné celle que Josué allait prendre sa suite et faire entrer le peuple en Canaan. Cela explique que les péricopes qui abordent le sujet de la mort de Moïse en Transjordanie sont reliées de façon lâche à leur environnement (1,37-38 ; 3,23-28 ; 4,21-22). Il s'agit d'une réflexion qui a trouvé place secondairement dans le tissu du texte.

L'association de Josué à Moïse est encore plus tardive. Ce fait est visible en certains passages. En 32,44, la fin du verset est clairement un ajout (nous le signalons ci-dessous grâce aux parenthèses) :

32,44   ויבא משה וידבר את־כל־דברי השירה־הזאת באזני העם
(הוא והושע בן־נון):

Moïse vint donc prononcer toutes les paroles de ce cantique aux oreilles du peuple (lui et Josué, fils de Noun).

Cet ajout vise à associer Josué à Moïse dans son acte de proclamation des paroles du cantique. L'association d'un second sujet en fin de phrase à un premier sujet qui se trouve en début n'est pas naturelle. De plus, le fait que Josué ait proclamé les paroles du cantique avec Moïse est contredit par 31,30. Enfin, Dt 32,45-46, c'est-à-dire les versets qui suivent l'association secondaire de Josué avec Moïse au v. 44, reprennent le fil du récit comme si rien ne s'était passé et poursuivent avec Moïse pour seul sujet. Si l'on passe en revue les autres mentions de Josué dans le Deutéronome[307], on se rend compte qu'il s'agit pour la

---

306 Cf. p. 147-149.
307 Dt 1,38 ; 3,21.28 ; 31,3.7.14.23 ; 32,44 ; 34,9.

plupart d'insertions ou de textes tardifs qui possèdent un horizon d'écriture pentateucal (31,14.23 ; 34,9).

En Dt 31,1-6, l'association de Josué à l'entrée conquérante dans le pays est donc très certainement secondaire. Une fois l'addition du v. 3b retirée, nous nous trouvons en face d'un texte où Yhwh seul fait entrer le peuple en Canaan et en chasse les premiers habitants, comme en 9,3 ou 12,29. Nous pouvons donc établir une distinction entre les textes qui évoquent l'entrée en Canaan comme fruit de l'action principale de Yhwh et ceux qui envisagent cette entrée sous la direction de Josué (bien que subordonné à Yhwh). Dt 9,1-6 entre dans la première catégorie. Étant donné que les mentions de Josué sont secondaires ou tardives (horizon au minimum pentateucal) dans le Deutéronome, nous en déduisons que Dt 9,1-6 fait partie d'un Deutéronome qui ne se poursuit pas encore dans le livre de Josué. Cependant, puisque 9,1-6 connaît Dt 1,19-46[308] – auquel il emprunte la description de la population et des villes du pays – et présente des affinités fortes avec la théologie de Dt 2[309], nous devons considérer ce texte comme postérieur à l'insertion de Dt 1–3 dans le Deutéronome. Nous le considérons par le fait même comme postérieur à Dt 5, ce qui s'accorde avec le constat que nous avions fait plus haut[310], que la métaphore אש אכלה הוא en 9,3 se comprend comme un renvoi à la théophanie de l'Horeb / Sinaï (cf. Dt 5,25 ; Ex 24,17)[311] et présuppose donc la connaissance de cette tradition.

À la suite de l'insertion de Dt 9,1-6, nous pouvons décrire une sixième étape de croissance de Dt 1–11 marquée par l'insertion de Dt 9,7–10,11 et de certaines des sections-*Vous* décrites par Minette de Tillesse[312]. Cet auteur souligne la cohérence d'écriture des sections-*Vous* qui traitent de quatre thèmes principaux : l'idolâtrie, le Deutéronome comme charte de la terre promise, l'observation des lois comme condition de la possession du pays et la menace d'exil en cas de violation[313]. Selon la théorie de cet auteur, sur lequel nous nous appuyons ici, l'écriture de ces sections-*Vous* aurait marqué le rattachement du Deutéronome à HD.

Le récit de base que nous avons dégagé dans la première partie de ce chapitre de notre travail comprenait les versets suivants : 9,1-

---

308 Cf. p. 274-277.
309 Cf. p. 259-260.
310 Cf. p. 277.
311 ACHENBACH, *Verheissung*, p. 339 ; RÖMER, *Väter*, p. 166.
312 MINETTE DE TILLESSE, « Sections », p. 35-47.
313 MINETTE DE TILLESSE, « Sections », p. 42.

17³¹⁴.21.26.27b-29 ; 10,1-5.11. Nous avions pris en compte dans un même texte de base la section parénétique en « Tu » et le récit en « Vous ». Ce résultat était dû, d'une part, aux liens qui existent entre 9,1-6 et 9,9–10,11³¹⁵ et, d'autre part, à l'homogénéité de 9,7-8. Ces deux versets, écrits en « Tu » et en « Vous », sont le lieu de l'articulation des deux parties qui forment 9,1–10,11. Ils ne se laissaient pas scinder.

Nous avions conclu – et cette conclusion demeure valable – à une unité d'écriture forte du texte de base de Dt 9,1–10,11. Notre analyse plus large de Dt 9,1–10,11 au sein de Dt 1–11 fait apparaître des éléments nouveaux qui invitent à atténuer et nuancer notre conclusion précédente. D'une part, nous sommes parvenus ci-dessus – par déduction – au fait que 9,1-6, lors de son insertion, faisait partie d'un Deutéronome qui ne se poursuivait pas encore dans le livre de Josué³¹⁶. D'autre part, notre critique littéraire de 9,9–10,11 a fait apparaître que certains versets de cette péricope étaient écrits sur l'horizon de HD et visaient à faire de Moïse un précurseur de Josias. Ce dernier résultat est en accord avec les vues de Minette de Tillesse, pour qui la section-*Vous* de Dt 9,7–10,11 est écrite selon l'optique de HD et vise à rattacher le Deutéronome à la grande histoire dtr. Cependant, ces conclusions ne permettent plus de considérer les sections 9,1-6 et 9,9–10,11 comme ayant été écrites au même moment, car il est difficile que la section-*Vous* ait eu pour horizon HD, tandis que la section-*Tu* ne connaissait pas encore le livre de Josué.

Il nous faut donc revenir sur notre constat de l'existence d'une unité d'écriture entre 9,1-6 et 9,9–10,11. Cette unité d'écriture n'est probablement pas originelle mais est à attribuer à la main qui a intégré ces deux parties de notre péricope, c'est-à-dire la main la plus récente, celle des rédacteurs de 9,9–10,11 (section-*Vous*). C'est également à cette main qu'émarge 9,7-8, un passage homogène qui ménage la transitition de la deuxième personne du singulier à la deuxième personne du pluriel. Ces rédacteurs ont pris appui sur 9,1-6 pour insérer un développement soulignant la menace de destruction qu'entraîne l'idolâtrie³¹⁷. Leur souci n'a probablement pas été seulement d'amarrer

---

314 Sans la mention des patriarches en Dt 9,5 (לאברהם ליצחק וליעקב).
315 Cf. la mention de la nuque raide (9,6.13), du peuple grand et puissant (9,1.14), de la רשעה (9,4.5) des nations et de la רשע (9,27) d'Israël.
316 Cf. p. 357-359.
317 M. Franz avait bien vu ce point lorsqu'il écrivait, à propos des relations d'antériorité entre Dt 9,1-6 et 9,7–10,11 : « Problematisch ist hieran, daß die Horeberzählung begründet, was die Predigt behauptet. Es ist schwer vorstellbar, daß die Begründung älter ist als die These » (FRANZ, *Gott*, p. 199).

le Deutéronome à HD mais peut-être aussi de créer une attache avec le Tétrateuque[318].

Cette place de Dt 9,9–10,11 dans notre chronologie relative de Dt 1–11 est confortée par plusieurs observations. D'une part, cette péricope présuppose Dt 5. Elle ne peut donc lui être chronologiquement antérieure. D'autre part, nous l'avons vu[319], Dt 10,11 présuppose que Moïse n'entrera pas dans le pays et connaît donc le récit de Dt 1,19-46 et ses conséquences. Dt 9,9–10,11 ne peut donc pas être antérieur à la quatrième étape de développement de Dt 1–11 décrite ci-dessus[320]. Plus encore, l'horizon d'écriture des versets 9,9–10,11 étant HD, tandis que celui de 9,1-6 ne comprend pas encore le livre de Josué, nous en avons conclu que le récit de la fabrication du veau était postérieur à sa parénèse introductive. La séquence de croissance littéraire que nous avons dégagée est donc la suivante :

- Un proto-Deutéronome contenant le noyau de CD et basé sur la vénération exclusive de Yhwh, peut-être écrit sous forme de discours direct de Yhwh
- Des sections-*Tu* introduisant ce proto-Deutéronome et comprenant un encadrement de 7,1-5 par 6,4-9 et 11,18-21.
- L'insertion de Dt 5 qui crée une étiologie du décalogue et de CD. Cette étape correspond à l'introduction de la fiction mosaïque.
- L'introduction d'une partie du matériel littéraire de Dt 1–3, au minimum Dt 1,19-46 et les récits de victoire sur les rois amorites, en avant de Dt 5. La scission du peuple en deux générations dont l'une meurt au désert et la mort programmée de Moïse en Transjordanie entraînent la mise en forme du Deutéronome comme discours testamentaire.
- Dt 9,1-6 prend place à ce stade puisqu'il évoque une entrée en Canaan sous la direction de Yhwh seul et présuppose le récit de Dt 1,19-46.
- L'insertion de Dt 9,9–10,11 (avec écriture de la charnière 9,7-8) et d'autres sections-*Vous* (décrites par Minette de Tillesse) qui amarrent le Deutéronome à HD et crée un lien avec le Tétrateuque.

Cette reconstruction partielle visait surtout à situer Dt 9,1–10,11 – dont nous venons de remettre en cause l'unité de départ – dans une chronologie relative des passages clés de l'histoire rédactionnelle de

---

318 Nous reviendrons sur ce point au chapitre suivant.
319 Cf. p. 334.
320 Cf. p. 355.

Dt 1–11. Elle nous a permis de préciser que Dt 9,1-6 et 9,7–10,11 n'interviennent pas dans les premières étapes de la formation de Dt 1–11 mais plutôt dans les étapes les plus récentes. Ces péricopes ne sont pas pour autant à classer dans les derniers ajouts qu'ont connus ces chapitres. Le chapitre 4 du Deutéronome contient des passages qui portent la marque d'un vocabulaire sacerdotal (cf. 4,16-18) et sont donc postérieurs à Dt 9,1-6 et 9,7–10,11. Il en est de même, par exemple, pour Dt 10,22, qui présuppose les versets de suture des livres de la Genèse (Gn 46,8-27) et de l'Exode (Ex 1,1-5) ou encore pour Dt 11,29.30, qui sont des additions dont le meilleur cadre de compréhension est probablement la polémique samaritaine[321].

5.3 L'absence de sanction en Dt 9,1–10,11 à la lumière des résultats obtenus dans ce chapitre

Au terme de ce chapitre, il nous faut maintenant regarder les conséquences, pour la question au cœur de notre recherche, de l'effort mené pour reconstruire l'histoire rédactionnelle de Dt 9,1–10,11 et celle de son environnement immédiat (Dt 1–11). Nous avons commencé le chap. 5 de notre travail en avançant quatre explications de l'absence de punition à la suite de la violation du premier commandement par le peuple en Dt 9,1–10,11. Nous avions signalé que ces explications comptaient parmi celles que nous tenions pour les plus plausibles. Cette absence, avions-nous écrit, pourrait :
- être due au fait que Dt 1,19-46 présente déjà une faute grave entraînant la mort de la première génération du désert : il n'y avait peut-être plus nécessité, dès lors, d'insérer de sanction en Dt 9,1–10,11
- souligner la volonté des rédacteurs de ce passage de mettre en avant la figure de Moïse comme prophète et intercesseur
- servir à redonner espoir aux Israélites durant l'exil
- viser à solidariser la seconde génération dans la faute de ses pères

Ce chapitre a clarifié la relation diachronique de Dt 9,1–10,11 à Dt 1,19-46. Il a montré que l'affaire du veau devait se lire sur l'arrière-fond de la péricope de la faute de Cadès Barnéa. Le discours de 9,1–10,11 est un discours à une nouvelle génération qui exhorte celle-ci à un comportement en rupture avec celui, rebelle, de ses pères, tout en lui

---

321 Cf. VEIJOLA, *Das Fünfte Buch*, p. 258-259.

imputant la même attitude de fond : être un peuple à la nuque raide. Il y a là un paradoxe dont le défaut de sanction est un indicateur. L'absence de sanction dans le récit n'est en rien gênante puisque ce n'est pas l'exactitude narrative qui est recherchée, mais l'efficacité exhortative : le discours s'adresse à une génération qui est comme ses pères et l'exhorte à ne plus se comporter comme eux. Elle est donc une génération capable de fabriquer des idoles de fonte mais, rompant avec cette attitude, elle échappera à la sanction.

La figure de Moïse comme prophète et intercesseur a été évoquée plusieurs fois dans ce chapitre. Notre analyse situe Dt 9,7–10,11 comme un texte écrit en relation avec HD. Nous allons revenir sur ce point en détail dans le chapitre suivant en nous intéressant aux sources de Dt 9,1-6 et 9,7–10,11. Il est intéressant de constater que Dt 9,7–10,11 comporte des liens avec le texte de la mise en œuvre de la réforme cultuelle de Josias (2 R 23,4-14) d'une part et le récit de la dénonciation de l'idolâtrie de Jéroboam Ier par un « homme de Dieu » devant l'autel de Béthel (1 R 13) d'autre part. Il est d'ailleurs question de l'autel de Béthel et de la tombe de cet « homme de Dieu » à nouveau en 2 R 23,15-18. Si Moïse prend les traits de Josias lorsqu'il détruit le veau[322], il prend également, lorsqu'il intercède, les traits de l'homme de Dieu (cf. פלל-hiphil en 1 R 13,6 et Dt 9,20.26 ainsi que le motif du jeûne qui se trouve en 1 R 13,8.9.16.17.22 et Dt 9,9.18). Enfin, la mention des « quarante jours et quarante nuits » passés à l' » Horeb » est peut-être une allusion au récit d'Élie à l'Horeb (cf. 1 R 19,8)[323].

La présence du motif de l'intercession et, partant, l'absence de sanction dans l'épisode du veau trouvent un éclairage nouveau avec la mise en évidence du fait que ce texte a sans doute été écrit en relation à HD. Les résultats de ce chapitre renforcent donc la deuxième des quatre solutions énoncées ci-dessus. Nous approfondirons encore cette piste explicative au chapitre suivant.

Concernant la troisième explication avancée, les résultats de notre chapitre n'apportent pas d'éclairage particulier puisque nous n'avons travaillé jusqu'ici qu'en chronologie relative (positionnement chronologique des textes les uns par rapport aux autres) et pas encore en chronologie absolue (positionnement chronologique des textes dans l'histoire d'Israël). Nous ne sommes pas encore en mesure de nous prononcer sur le fait que 9,7–10,11 a été ou non écrit durant la période de l'exil babylonien, comme l'avance E. Otto.

---

322 Cf. p. 309-310.
323 Cf. p. 310 n. 181.

La quatrième hypothèse n'a pas été fragilisée par nos analyses. Elle avait été formulée à la suite d'une étude de la rhétorique de Dt 9,1–10,11. Il s'agissait donc d'abord d'une explication issue d'une lecture synchronique du texte qui reposait sur le fait que Moïse s'adresse en Dt 9,1–10,11 à la seconde génération du désert. Ce point pouvait être mis en doute. Il n'était en effet pas évident que Dt 9,1–10,11 ait été écrit dans un Deutéronome connaissant déjà la forme d'un discours testamentaire de Moïse à la seconde génération du désert. Nous avions vu qu'E. Otto, en attribuant ce texte à DtrD, allait à l'encontre d'une telle position.

Nos conclusions ne sont pas en accord avec celles d'E. Otto. Nous avons montré que tant Dt 9,1-6 que Dt 9,7–10,11 présupposent un Deutéronome sous forme de discours mosaïque adressé à la nouvelle génération. La parénèse « Tu » de Dt 9 s'appuie en effet sur Dt 1,19-46. L'épisode du veau se termine quant à lui par un verset qui connaît le fait que Moïse va mourir en Transjordanie.

Au moment où Dt 9,7–10,11 a été inséré à la suite de 9,1-6 pour lui servir d'illustration, les scribes responsables de cette insertion connaissaient donc très probablement les caractéristiques narratives du document dans lequel ils inséraient ce rappel historique. Notre analyse diachronique ne fragilise donc pas cette hypothèse, fruit d'une lecture synchronique, comme on aurait pu éventuellement s'y attendre.

Dans le chapitre suivant, nous allons continuer d'éprouver ces hypothèses. Après nous être penché sur l'histoire rédactionnelle de Dt 9,1-6.7–10,11 puis l'avoir située au sein du Deutéronome, nous allons maintenant tenter de comprendre plus profondément le rôle de cette péricope au sein de la composition du Pentateuque.

6. Dt 9,7–10,11 et la composition du Pentateuque

Notre étude thématique (chap. 2 à 4) avait abouti au constat qu'en matière de contenu théologique, Dt 9,1–10,11 se présente comme un *hapax* dans le Deutéronome : une faute grave d'Israël contre Yhwh est racontée sans sanction subséquente et sans expression explicite du pardon divin.

L'enquête littéraire et la reconstruction – certes hypothétique – de l'histoire de la rédaction de Dt 9,1–10,11 au chapitre 5 a ensuite permis de situer cette originalité dans une couche précise de la rédaction. Dans un premier temps, notre analyse avait conclu que Dt 9,1–10,11 se présentait d'un seul tenant au plan rhétorique et que les deux parties de la péricope étaient parfaitement articulées et en relation de symbiose. L'impression d'unité d'écriture de Dt 9,1–10,11 était favorisée par les liens lexicaux qui unissent les deux sections, leur articulation homogène (9,7-8) et la cohérence rhétorique de l'ensemble. Dans un second temps, en nous efforçant de situer Dt 9,1–10,11 dans un environnement rédactionnel plus large (Dt 1–11), nous nous sommes aperçu que ces deux parties n'avaient vraisemblablement pas été écrites par les mêmes rédacteurs. L'impression d'unité d'écriture était due non à un unique rédacteur qui aurait été responsable de l'ensemble de la péricope mais plutôt au scribe qui a inséré secondairement Dt 9,7–10,11. Celui-ci, en illustrant Dt 9,1-6 par le récit de la faute à l'Horeb, a fait bien plus qu'une œuvre de compilateur. D'où l'impression d'unité d'écriture entre Dt 9,1-6 et 9,9–10,11.

Dans ce chapitre, nous serons guidé par deux objectifs principaux. Ceux-ci sont complémentaires. Nous voudrions, d'une part, dégager l'intention théologique qui a présidé à l'écriture de Dt 9,7–10,11 et, d'autre part, préciser le moment de l'histoire d'Israël où cela a été rédigé. C'est uniquement à ce prix que nous pourrons nous positionner par rapport à l'hypothèse d'Otto, selon laquelle Dt 9,7–10,11 a été rédigé pour redonner espoir aux Israélites durant l'exil, et comprendre si le jeu des générations du désert reflète effectivement la situation exilique.

Pour dégager l'intention théologique et le moment historique qui sont à l'arrière-plan de cette péricope, nous allons avant tout nous intéresser à ses sources et l'horizon de sa rédaction. Cela reviendra, en particulier, à étudier les relations littéraires de notre péricope avec Ex 32–34, Nb 14 et 1 R 12. Nous le ferons en deux temps, en procédant d'abord à l'étude des relations de dépendance entre Dt 9,12-14.26-29 ; Ex 32,7-14 et Nb 14,11-25 (sect. 6.1), puis aux rapports qu'entretient le texte de base de Dt 9,7–10,11 avec sa source principale Ex 32 et avec ses autres sources (sect. 6.2). Cette dernière section se terminera par une tentative de situer Dt 9,7–10,11 dans l'histoire d'Israël et dans celle de la composition du Pentateuque (6.2.3). Il deviendra alors possible de synthétiser nos résultats à propos de l'absence de sanction en Dt 9,7–10,11 (sect. 6.3).

6.1 Étude des relations de dépendance entre Ex 32,7-14 ; Dt 9,12-14.26-29 et Nb 14,11-25

Dans cette section, nous allons tenter de percevoir si les rédacteurs de Dt 9,26-29 avaient à leur disposition une ou plusieurs sources pour écrire le texte de cette intercession ou s'ils l'ont écrite *ex nihilo*[1]. Cela revient notamment à déterminer s'il existe des relations de dépendance entre Ex 32,11-14 ; Dt 9,26-29 et Nb 14,13-19.

Trois étapes jalonneront cette section. Nous nous proposons de passer en revue la position des chercheurs (6.1.1), de regarder l'intégration des trois intercessions dans leurs contextes (6.1.2), avant de comparer les contenus et ainsi de déterminer l'horizon d'écriture de ces intercessions (6.1.3).

6.1.1 Positions récentes de la recherche

Comme c'était déjà le cas au chapitre 1, nous commençons cette revue de la recherche récente au tournant des années 1980-1990, pour retracer les positions de la critique pendant une quinzaine d'années.

E. Aurelius (1988) comprend l'intercession de Dt 9,26a*a*.27-28, laquelle fait partie du récit de base qu'il a dégagé dans ce chapitre[2], comme la plus ancienne des trois intercessions. Celle d'Ex 32,7-8.10-14 est selon lui un ajout dans la trame d'Ex 32, qui a l'intercession de Dt 9

---

1 Nous avons déjà vu au chapitre 5 que, selon nous, cette intercession fait partie du récit de base de Dt 9,1–10,11.
2 Dt 9,1-7a.13-14.26a*a*.27(28) ; 10,11.

comme *Vorlage* et qui suppose Jr 26,19 ; Gn 22,15-18 ; Ex 19,3b-8 ; Ex 24,3 ; Ex 20,23 et peut-être Am 7,3.6. Autrement dit, Ex 32,7-8.10-14 présuppose comme arrière-plan Gn et Ex dans une forme dtr, avec les promesses patriarcales et le Sinaï comme lieu du don de la loi et – si שוב מחרון אפך en Ex 32,12 est bien une allusion à 2 R 23,26 – cette intercession d'Ex 32 présupposerait peut-être même une œuvre allant de Gn à 2 R[3]. Enfin, Nb 14,11-19 est selon l'auteur le plus récent des trois textes. Il reprend, modifie et développe les deux autres[4].

L'argumentation de la position de cet auteur présente à notre avis une faiblesse importante. Lorsqu'il compare les intercessions d'Ex 32 et de Dt 9[5], trois des quatre arguments donnés par E. Aurelius reposent sur la comparaison de Dt 9,27 avec Ex 32,13, c'est-à-dire sur la mémoire de la promesse faite aux patriarches. Même si la conclusion à laquelle il parvient nous semble correcte, il nous faudra essayer d'élargir la base de sa démonstration.

La position de S. Boorer (1992) prend le contre-pied de celle d'E. Aurelius. Dt 9,12-14.26-29 devient chez elle le plus récent des trois textes, Ex 32,7-14 le plus ancien et Nb 14,11b-23a est en position intermédiaire[6]. Selon elle, Nb 14,11b-23a connaît et utilise dans son écriture non seulement Ex 32,7-14 mais également Ex 32–34. Son argument principal réside dans l'observation qu'en Dt 9,28, ce texte combine la motivation utilisée par Moïse en Ex 32,12 (les peuples vont croire que c'est par méchanceté [ברעה] que Yhwh ne fait pas entrer le peuple[7]) et celle utilisée en Nb 14,16 (les peuples vont croire que Yhwh n'a pas pu faire entrer le peuple). Ainsi, puisque Dt 9,28 combine ces deux motivations qui se trouvent isolées dans leurs textes respectifs d'Ex 32,12 et de Nb 14,16, S. Boorer en conclut que Dt 9,26-29 présuppose ces deux textes[8].

J. Van Seters (1994) pense lui aussi, comme E. Aurelius, que Dt 9,26-29 a servi de *Vorlage* à Ex 32,11-14, excepté Dt 9,27a qui serait une addition provenant d'Ex 32,13. Il attribue Dt 9,12-14.26-29 au deutéronomiste, tandis qu'Ex 32,7-14 et Nb 14,11-25 sont attribués à son yahwiste post-dtr[9].

---

3   AURELIUS, *Fürbitter*, p. 91-100.
4   AURELIUS, *Fürbitter*, p. 130.
5   AURELIUS, *Fürbitter*, p. 42-43.
6   BOORER, *Promise*, p. 363.
7   Equivalent de משנאה en Dt 9,28.
8   BOORER, *Promise*, p. 366.
9   VAN SETERS, *Life*, p. 308-310 ; 369.

B. Renaud (1998) affirme que l'intercession de Dt 9,25-29 est mieux intégrée dans son contexte que celle d'Ex 32. Elle lui paraît plus simple et plus « primitive » que cette dernière[10]. Le rédacteur dtr responsable de l'écriture d'Ex 32–34 aurait déplacé la prière de Moïse en Dt 9,26-29 pour créer un parallèle contrasté entre le récit du péché dans la plaine et celui de l'intercession sur la montagne[11].

Selon H.-C. Schmitt (2000), il faut plutôt compter avec un même niveau rédactionnel entre ces trois textes. Il propose que Dt 9,7-29.10,1-5.11 ; Ex 32,7-14 et Nb 14,11b-25a soient attribués à un même auteur dtr tardif post-P, qui serait responsable d'une rédaction unifiant le Pentateuque et HD[12].

Dans le système d'E. Otto[13] (2000), tant Ex 32,10-14 que Nb 14,11-25 sont à attribuer à PentRed[14], tandis que Dt 9,26-27 est plus ancien (DtrD)[15] et a servi de *Vorlage* à Ex 32,10-14.

R. Achenbach (2005) modifie légèrement les vues d'E. Otto. Il attribue Dt 9,25-29 à DtrD[16], Ex 32,11-14 à HexRed[17] et Nb 14,11b-23a à PentRed[18]. L'intercession de Moïse en Dt 9 est selon lui une création dtr propre[19].

Il résulte de cette rapide revue que les positions des chercheurs sur les relations de dépendance entre Ex 32,11-14 ; Dt 9,26-29 et Nb 14,13-19 sont loin d'être consensuelles. Une tendance se dégage cependant, qui fait de Dt 9,26-29 le texte le plus ancien.

6.1.2 Intégration des trois intercessions dans leurs contextes

Tout essai d'évaluation de l'intégration des intercessions en question dans leurs contextes respectifs se heurte d'abord au problème de leur délimitation. Pour chacun de ces textes, l'intercession fait système avec la menace divine qui la précède et le verdict qui lui succède. Aussi traiterons-nous ici de l'intégration dans leurs contextes non seulement

---

10 RENAUD, *L'alliance*, p. 29.
11 RENAUD, *L'alliance*, p. 57.
12 SCHMITT, « Kalb », sp. p. 244-246.
13 Cf. chapitre 1.
14 OTTO, *Pentateuch und Hexateuch*, p. 41-45.
15 OTTO, *Pentateuch und Hexateuch*, p. 86-87.
16 ACHENBACH, « Story », p. 147.
17 ACHENBACH, « Story », p. 147.
18 ACHENBACH, « Erzählung », p. 113-118.
19 ACHENBACH, *Verheissung*, p. 365.

des intercessions (Ex 32,11-13 ; Nb 14,13-19 ; Dt 9,26-29) mais aussi des menaces divines (Ex 32,7-10 ; Nb 14,11-12 ; Dt 9,12-14) et des réponses éventuelles (Ex 32,14 ; Nb 14,20-25).

Regardons tour à tour la situation de chaque intercession. En Ex 32,7-14, Moïse est averti par Yhwh de la faute du peuple, pour lequel il intercède avec succès. Ces versets sont en tension avec le fait que Moïse semble découvrir le veau (Ex 32,19)[20], avec la mise au courant de Yhwh par Moïse de ce péché (Ex 32,31), avec le refus de Yhwh de pardonner (Ex 32,33) et avec la punition du peuple (Ex 32,35)[21]. La comparaison de la succession des événements en Ex 32,7-15 et Dt 9,12-15 permet un pas de plus. La différence majeure entre les deux textes réside dans la présence de l'intercession d'Ex 32,11-14, ce qui plaide, avec les tensions relevées ci-dessus, pour son caractère d'insertion à cet endroit[22].

L'homogénéité d'Ex 32,7-14 est discutée. Un premier discours divin avertit Moïse de la faute des fils d'Israël (v. 7-8) et un second menace de les détruire (v. 9-10). L'intercession des v. 11-14 suppose au minimum l'existence de ce second discours qui lui-même est très probablement secondaire par rapport à Ex 32,7-8[23]. Quoi qu'il en soit de son histoire

---

20 Ainsi CHILDS, *Exodus*, p. 558 ; BOORER, *Promise*, p. 206 ; SCHMITT, « Kalb », p. 237. B. Renaud propose d'atténuer cette tension et plaide en faveur du fait que « ce n'est pas la même chose de " savoir " et de " voir " » (RENAUD, *L'alliance*, p. 56). Cependant, l'ignorance de Moïse et de Josué vis-à-vis de ce qui se passe dans le camp est largement développée durant le temps de la descente, et la colère soudaine de Moïse (v. 19) s'explique difficilement s'il « savait » déjà ce qu'avait fait le peuple.
21 BOORER, *Promise*, p. 205.
22 En Dt 9 :
 - annonce par Yhwh de la faute du peuple et ordre donné à Moïse de descendre (9,12)
 - caractérisation du peuple comme peuple endurci (9,13)
 - menace de Yhwh d'exterminer le peuple et promesse à Moïse de faire de lui une nouvelle nation (9,14)
 - descente de Moïse (9,15 : ואפן וארד מן־ההר)
 En Ex 32 :
 - annonce par Yhwh de la faute du peuple et ordre donné à Moïse de descendre (32,7-8b)
 - caractérisation du peuple comme peuple endurci (32,9)
 - menace de Yhwh d'exterminer le peuple et promesse à Moïse de faire de lui une nouvelle nation (32,10)
 - <u>*intercession de Moïse (32,11-14)*</u>
 - descente de Moïse (32,15 : ויפן וירד משה מן־ההר)
23 En effet, Ex 32,9 apparaît comme un ajout très tardif au sein d'Ex 32,7-10 (cf. *infra*) et la connection – qui aurait été celle d'un fil narratif initial– entre Ex 32,6 et Ex 32,10, paraît cahotique.

rédactionnelle, la présence d'Ex 32,7-14 crée des tensions avec le reste du chapitre et on peut en conclure que l'intégration de ces versets – intercession de Moïse comprise – dans leur contexte n'est pas parfaite.

L'intercession de Nb 14,11b-23a est pour sa part absente de Dt 1,19-46 et l'on trouve en Nb 14,26-38 des versets parallèles à Nb 14,11-25. Ces passages sont des doublets[24]. Par ailleurs, certains indices plaident en faveur du caractère additionnel de Nb 14,11a-23b : les redondances existant entre Nb 14,11a et 14,11b d'une part, et entre 14,23a et 14,23b d'autre part ; les correspondances existant entre Nb 14,11a et 14,23b (le peuple est décrit comme méprisant [נאץ] Yhwh) ; le fait que la continuité de lecture entre Nb 14,11a et 14,23b est tout à fait cohérente[25]. C'est pourquoi l'hypothèse considérant Nb 14,11b-23a comme une addition à cet endroit obtient, à juste titre selon nous, le soutien d'un bon nombre d'auteurs[26].

Pour ce qui concerne l'intégration de Dt 9,26-29 dans son contexte, cette intercession apparaît bien en place. Cela est attesté par le vocabulaire – qui est dtr comme le reste de Dt 9,7–10,11 –, les liens avec le reste du chapitre et sa place dans le récit.

Nous avons déjà relevé plus haut que le vocabulaire de Dt 9,26-29 est dtr comme le texte unifié[27] de Dt 9,1–10,11 (cf. p. 317). Cela nous avait conduit à la conclusion de l'appartenance de Dt 9,26-29 à ce texte, comme faisant suite à 9,21.

---

24   Ces passages sont en effet très proches quant au contenu (une accusation du peuple par Yhwh est suivie d'une menace de destruction partielle et du commencement de sa mise à exécution). Si on supprime l'un ou l'autre, le récit, quoique altéré, conserve une cohérence narrative. Dans l'écriture, il existe un parallélisme de leurs introductions :
Nb 14,11   ויאמר יהוה אל־משה עד־אנה...
Nb 14,26-27   וידבר יהוה אל־משה ואל־אהרן לאמר: 27 עד־מתי...
Enfin, on note pour chacune de ces péricopes l'utilisation d'un vocabulaire propre (par exemple, la racine לון manque en Nb 14,11-25 alors qu'elle apparaît trois fois en 14,27.29.36) et des divergences à propos de certains détails (« excepté Caleb » [v. 24] ≠ « excepté Caleb et Josué » [v. 30] ; dans la première péricope, Yhwh s'adresse à Moïse seul ; dans la seconde, il s'adresse à Moïse et Aaron).

25   ARTUS, Études, p. 135 ; BOORER, Promise, p. 334-335.

26   ARTUS, Études, p. 145 ; BOORER, Promise, p. 335 ; MC EVENUE, Narrative Style, p. 97 ; NOTH, Numeri, p. 96-97 ; COATS, Rebellion, p. 138-139.

27   Le texte que nous entendons sous ce qualificatif est Dt 9,1-17(excepté לאברהם ליצחק וליעקב au v. 5).21.26.27b-29 ; 10,1-5.11. Il s'agit du texte que nous avions dégagé, dans un premier temps, comme couche de base de Dt 9,1–10,11, en raison de son homogénéité. Nous étant aperçu que 9,1-6 est, en fait, plus ancien que 9,7–10,11, nous ne pouvons plus user à son égard des appellations « texte de base », « couche de base », etc. Aussi le désignons-nous désormais par « texte unifié » de Dt 9,1–10,11.

L'intercession est également bien ancrée dans son contexte et contient des renvois à d'autres parties de Dt 9. En effet, au v. 26, la demande faite par Moïse à Yhwh ([...] אל־תשחת עמך ונחלתך אשר־הוצאת ממצרים) est clairement la reprise du constat de Yhwh au v. 12 : כי שחת עמך אשר הוצאת ממצרים. En 9,29, la même mention revient à nouveau (והם עמך [...] אשר הוצאת). Le v. 27b présente également un vocabulaire déjà rencontré plus tôt dans le récit : אל־תפן אל־קשי העם הזה renvoie aux mentions du peuple comme étant קשה־ערף (9,6.13) ; sa perversité (רשע) renvoie à la perversité (רשעה) des peuples en 9,4.5 ; le péché (חטאת) est celui auquel il est fait allusion en 9,16.21. Tous ces contacts littéraires ancrent Dt 9,26-29 dans le reste du chapitre.

Cet ancrage est encore renforcé par une particularité notable. Même si l'intercession de Dt 9,26-29 est détachée de l'annonce de la faute du peuple et de la menace divine (Dt 9,12-14), cela ne l'empêche pas d'entretenir un rapport étroit avec ces versets. En effet, l'intercession reprend et désamorce point par point les reproches et la menace de Dt 9,12-14 : aux v. 12.13.14 répondent respectivement les v. 26.27.29.

Dt 9,12 ויאמר יהוה אלי קום רד מהר מזה כי שחת עמך אשר הוצאת ממצרים סרו מהר מן־הדרך אשר צויתם עשו להם מסכה:	Dt 9,26 ואתפלל אל־יהוה ואמר אדני יהוה אל־תשחת עמך ונחלתך אשר פדית בגדלך אשר־הוצאת ממצרים ביד חזקה:
Alors Yhwh m'a dit : « Lève-toi, descends tout de suite d'ici, car <u>ton peuple s'est corrompu, ce peuple que tu as fait sortir d'Égypte</u> ; ils n'ont pas tardé à s'écarter du chemin que je leur avais prescrit : ils se sont fabriqué une statue de métal fondu ! »	J'ai prié Yhwh et j'ai dit : « Seigneur Yhwh, <u>ne détruis pas ton peuple</u>, ton patrimoine, que tu as racheté dans ta grandeur et <u>que tu as fait sortir d'Égypte</u> par la force de ta main.
Dt 9,13 ויאמר יהוה אלי לאמר ראיתי את־העם הזה והנה עם־קשה־ערף הוא:	Dt 9,27 זכר לעבדיך לאברהם ליצחק וליעקב אל־תפן אל־קשי העם הזה ואל־רשעו ואל־חטאתו:
Et Yhwh m'a dit : « Je vois ce peuple : <u>eh bien ! c'est un peuple à la nuque raide !</u>	Souviens-toi de tes serviteurs Abraham, Isaac et Jacob ; <u>ne fais pas attention à l'obstination de ce peuple</u>, à son impiété, à son péché.

Dt 9,14 הרף ממני ואשמידם ואמחה את־שמם	
מתחת השמים	
ואעשה אותך לגוי־עצום ורב ממנו:	Dt 9,29 והם עמך ונחלתך אשר הוצאת
	בכחך הגדל ובזרעך הנטויה:
Laisse-moi faire, je vais les exterminer, je vais effacer leur nom de sous le ciel ; mais je ferai de toi une nation plus puissante et plus nombreuse qu'eux. »	C'est pourtant ton peuple, ton patrimoine, que tu as fait sortir par ta grande force et ton bras étendu ! »

Enfin, la place de l'intercession semble assez logique, comme le relève W. Johnstone : « Moïse ne peut confesser le péché du peuple et intercéder pour lui tant qu'il n'a pas vu le péché qu'ils ont commis »[28]. C'est le cas en Dt 9, au contraire d'Ex 32. De même, il paraît naturel que la menace de destruction du peuple par Yhwh prenne place après la mise au courant de Moïse du péché du peuple, c'est-à-dire au sommet de la montagne (Dt 9,12-14).

Toutes ces observations, sans être à elles seules décisives, démontrent que la séquence « menace divine → intercession → (réponse divine) » qui présente l'intégration la plus harmonieuse à son contexte est celle de Dt 9,12-14.26-29. Pour autant, cela ne suffit pas à en faire l'intercession la plus ancienne des trois. Seule la comparaison des contenus et des horizons d'écriture de ces intercessions permettra de se prononcer sur ce point.

6.1.3 Comparaison du contenu et de l'horizon d'écriture des trois intercessions

La mise en synopse de nos trois textes laisse percevoir clairement que les affinités entre eux ne sont pas accidentelles. Nous allons devoir tenter d'expliquer ces contacts littéraires.

Il existe également des différences sensibles entre les trois textes. Si l'enchaînement des arguments de Moïse est dans le même ordre en Dt 9,26-29 et Nb 14,13-20, il y a néanmoins une légère perturbation de cet ordre en Ex 32,11-14 où l'appel à la mémoire des patriarches (Ex 32,13 // Dt 9,27) intervient après la mention de ce que pourraient dire les Égyptiens (Ex 32,12 // Dt 9,28). Chaque texte possède également des indications qui lui sont propres. Dans l'analyse qui suit, nous regarderons le contenu des trois textes en suivant l'ordre de celui de Dt 9, notre texte de référence.

---

28 JOHNSTONE, « Mountain », p. 457.

Ex 32,7-14[29]	Dt 9,12-14.26-29	Nb 14,11-25
7 וידבר יהוה אל־משה לך־רד כי שחת עמך אשר העלית מארץ מצרים: 8 סרו מהר מן־הדרך אשר צויתם עשו להם עגל מסכה וישתחוו־לו ויזבחו־לו ויאמרו אלה אלהיך ישראל אשר העלוך מארץ מצרים:	12 ויאמר יהוה אלי קום רד מהר מזה כי שחת עמך אשר הוצאת ממצרים סרו מהר מן־הדרך אשר צויתם עשו להם מסכה:	11 ויאמר יהוה אל־משה
9 ויאמר יהוה אל־משה ראיתי את־העם הזה והנה עם־קשה־ערף הוא:	13 ויאמר יהוה אלי לאמר ראיתי את־העם הזה והנה עם־קשה־ערף הוא:	
10 ועתה הניחה לי	14 הרף ממני	עד־אנה ינאצני העם הזה ועד־אנה לא־יאמינו בי בכל האתות אשר עשיתי בקרבו:
ויחר־אפי בהם ואכלם ואעשה אותך לגוי גדול:	ואשמידם ואמחה את־שמם מתחת השמים ואעשה אותך לגוי־עצום ורב ממנו:	12 אכנו בדבר ואורשנו ואעשה אתך לגוי־גדול ועצום ממנו:
11 ויחל משה את־פני יהוה אלהיו ויאמר למה יהוה יחרה אפך בעמך אשר הוצאת מארץ מצרים בכח גדול וביד חזקה:	26 ואתפלל אל־יהוה ואמר אדני יהוה אל־תשחת עמך ונחלתך אשר פדית בגדלך אשר־הוצאת ממצרים ביד חזקה:	13 ויאמר משה אל־יהוה ושמעו מצרים כי־העלית בכחך את־העם הזה מקרבו: 14 ואמרו אל־יושב הארץ הזאת שמעו כי־אתה יהוה בקרב העם הזה אשר־עין בעין נראה אתה יהוה

---

29   Rappel de la légende de la synopse :
    - Semblable Ex-Dt-Nb : <u>double souligné</u>
    - Semblable Ex-Dt : <u>souligné</u>
    - Semblable Dt-Nb : <u>pointillés</u>
    - Semblable Ex-Nb : <u>souligné épais</u>

		וענגך עמד עלהם ובעמוד ענן אתה הלך לפניהם יומם ובעמוד אש לילה:
12 למה יאמרו מצרים לאמר ברעה הוציאם להרג אתם בהרים ולכלתם מעל פני האדמה שוב מחרון אפך והנחם על־הרעה לעמך:	Cf. Dt 9,28	Cf. Nb 14,16
13 זכר לאברהם ליצחק ולישראל עבדיך	27 זכר לעבדיך לאברהם ליצחק וליעקב	
אשר נשבעת להם ותדבר אלהם ארבה את־זרעכם ככוכבי השמים וכל־הארץ הזאת אשר אמרתי אתן לזרעכם ונחלו לעלם:		
	אל־תפן אל־קשי העם הזה ואל־רשעו ואל־חטאתו: 28 פן־יאמרו הארץ אשר הוצאתנו משם	15 והמתה את־העם הזה כאיש אחד ואמרו הגוים אשר־שמעו את־שמעך לאמר:
Cf. Ex 32,12	מבלי יכלת יהוה להביאם אל־הארץ אשר־דבר להם ומשנאתו אותם הוציאם להמתם במדבר:	16 מבלתי יכלת יהוה להביא את־העם הזה אל־הארץ אשר־נשבע להם וישחטם במדבר:
	29 והם עמך ונחלתך אשר הוצאת בכחך הגדל ובזרעך הנטויה:	17 ועתה יגדל־נא כח אדני כאשר דברת לאמר:
		18 יהוה ארך אפים ורב־חסד נשא עון ופשע ונקה לא ינקה פקד עון אבות על־בנים על־שלשים ועל־רבעים:
		19 סלח־נא לעון העם הזה כגדל חסדך וכאשר נשאתה

		לעם הזה ממצרים ועד־הנה:
14 וינחם יהוה על־הרעה אשר דבר לעשות לעמו:		20 ויאמר יהוה סלחתי כדברך:
		21 ואולם חי־אני וימלא כבוד־יהוה את־כל־הארץ:
		22 כי כל־האנשים הראים את־כבדי ואת־אתתי אשר־עשיתי במצרים ובמדבר וינסו אתי זה עשר פעמים ולא שמעו בקולי:
		23 אם־יראו את־הארץ אשר נשבעתי לאבתם וכל־מנאצי לא יראוה:
		24 ועבדי כלב עקב היתה רוח אחרת עמו וימלא אחרי והביאתיו אל־הארץ אשר־בא שמה וזרעו יורשנה:
		25 והעמלקי והכנעני יושב בעמק מחר פנו וסעו לכם המדבר דרך ים־סוף:

Comparaison des menaces divines
(Ex 32,7-10 ; Nb 14,11-12 ; Dt 9,12-14)

Dès le premier regard sur la synopse ci-dessus, la proximité entre Ex 32,7-10 et Dt 9,12-14 est frappante, alors que les points de contact avec Nb 14,11-12 sont plus restreints. Cependant, la direction de dépendance entre Dt 9,12-14 et Ex 32,7-10 n'est pas facile à établir. Comme il a été indiqué plus haut[30], Ex 32,7-10 est probablement composite. Nous avons déjà mentionné que l'idée qu'Ex 32,9 soit un ajout dans Ex 32,7-10 est largement acceptée dans la recherche[31]. En effet, l'absence du verset dans la LXX est un argument fort qui plaide

---

30   Cf. p. 369.
31   Cf. p. 302.

en ce sens. Dt 9,13 est souvent indiqué comme source de cet ajout, ce qu'étaient plusieurs éléments :
- le fait que les deux versets soient quasi identiques, Dt 9,13 étant mieux attesté par la critique textuelle.
- l'introduction ויאמר יהוה אל־משה (32,9) qui fait doublet avec celle d'Ex 32,7 (וידבר יהוה אל־משה) mais en utilisant non pas le verbe דבר (Ex 32,7) mais le verbe אמר comme en Dt 9,13.
- la désignation du peuple comme ayant la « nuque raide », ce qui s'accorde bien avec le contexte de Dt 9,6 mais semble étranger à Ex 32.

Cette dernière expression קשה־ערף est d'ailleurs généralement considérée comme dtr[32] et E. Aurelius pense, à raison selon nous, que toutes les occurrences de l'expression que l'on trouve en Ex 32–34 (32,9 ; 33,3.5 ; 34,9) prennent leur source dans Dt 9[33]. Tout cela converge vers la compréhension d'Ex 32,9 comme insertion tardive dans Ex 32 à partir de Dt 9,13, probablement dans le cadre d'une harmonisation interne au Pentateuque après sa traduction grecque.

Si Ex 32,9 est secondaire, il s'ensuit qu'Ex 32,10 se rattache nécessairement à Ex 32,7-8, car on ne peut imaginer que la narration ait pu commencer abruptement en Ex 32,10, ni qu'un fil narratif ait pu courir d'Ex 32,6 à Ex 32,10 sans Ex 32,7-8. Dès lors, si d'aventure Ex 32,7-8 et Ex 32,10 n'appartenaient pas à la même main, il faudrait conclure que les v. 32,7-8 sont plus anciens que 32,10.

En Dt 9,12.13, nous observons par deux fois la présence d'une introduction discursive (ויאמר יהוה אלי), phénomène semblable à Ex 32,7.9. Ces prises de parole ont pour fonction, en deux temps, d'informer Moïse de la situation du peuple et de prononcer le jugement. Nous avons plaidé au chapitre précédent pour une dépendance d'Ex 32,7-8a par rapport à Dt 9,12[34]. Le caractère tardif d'Ex 32,8 a d'ailleurs été mis en évidence par E. Otto, qui montre que ce verset collige les interdictions de fabriquer et vénérer des dieux

---

32 ALBERTZ, *Religionsgeschichte II*, p. 510 ; SCHMITT, « Kalb », p. 246 ; RENAUD, *L'alliance*, p. 84. Cf. également *supra* p. 280.
33 AURELIUS, *Fürbitter*, p. 10-12.
34 Cf. p. 299-301.

étrangers et des images (Ex 20,4-5 ; cf. Ex 23,24) et l'interdiction de leur offrir des sacrifices (Ex 22,19)[35] :

Ex 32,8

סרו מהר מן־הדרך אשר צויתם עשו להם עגל מסכה וישתחוו־לו ויזבחו־לו ויאמרו אלה אלהיך ישראל אשר העלוך מארץ מצרים:

Ils n'ont pas tardé à s'écarter du chemin que je leur avais prescrit ; <u>ils se sont fait</u> une statue de veau, <u>ils se sont prosternés</u> devant elle, <u>ils lui ont sacrifié</u> et ils ont dit : Voici tes dieux, Israël, ceux qui t'ont fait monter du pays d'Égypte. »

Ex 20,4

לא תעשה־לך פסל...

Tu ne te <u>feras</u> aucune image sculptée...

Ex 20,5

לא־תשתחוה להם...

Tu ne te <u>prosterneras</u> pas...

Ex 22,19

זבח לאלהים יחרם בלתי ליהוה לבדו:

Qui <u>sacrifie</u> aux dieux sera voué à l'interdit, sauf si c'est à Yhwh et à lui seul.

De plus, la constatation « ils n'ont pas tardé à s'écarter du chemin que je leur avais prescrit » se rapporte à l'ouverture de CA en Ex 20,23[36]. Cela signifie donc qu'Ex 32,8 présuppose vraisemblablement CA (cf. Ex 22,19), son encadrement (cf. Ex 20,23) et le décalogue (cf. Ex 20,3-4), ce qui pointe vers un stade tardif de la composition de la péricope du Sinaï (PentRed pour E. Otto[37]).

La menace divine assortie de la promesse de créer un peuple à partir de Moïse (Ex 32,10 ; Dt 9,14 ; Nb 14,12) mérite l'attention. Un point nous semble clair : Nb 14,11-25 est certainement le plus récent des trois textes, puisqu'il combine les descriptions du peuple d'Ex 32,10 et Dt 9,14[38] :

Ex 32,10

...ואעשה אותך לגוי <u>גדול</u>

... et je ferai de toi une grande nation.

Dt 9,14

...ואעשה אותך לגוי־<u>עצום ורב ממנו</u>

... et je ferai de toi une nation plus puissante et plus nombreuse qu'eux.

Nb 14,12

ואעשה אותך לגוי־<u>גדול ועצום ממנו</u>

... et je ferai de toi un peuple plus grand et plus puissant que lui.

---

35 OTTO, Eckart, « Pentateuchredaktion », p. 88.
36 OTTO, « Pentateuchredaktion », p. 83 n. 101 ; DOHMEN, *Bilderverbot*, p. 66-67 ; AURELIUS, *Fürbitter*, p. 93.
37 OTTO, « Pentateuchredaktion », p. 87-88.
38 OTTO, *Pentateuch und Hexateuch*, p. 41-42.

Dt 9,14 développe un vocabulaire et des tournures familiers au Deutéronome. Nous avions remarqué en faisant la critique littéraire du verset que l'approximation la plus proche de la mention גוי־עצום ורב ממנו (9,14) se trouvait en Dt 7,1 (גוים רבים ועצומים ממך) et renvoyait également à Dt 9,1. La tournure מחה את־שמם מתחת השמים (9,14) avait été considérée comme typiquement dtr[39] et nous en avions conclu que Dt 9,13-14 est un passage rédactionnel émargeant au récit de base de Dt 9.

En Ex 32,10, l'affirmation ואעשה אותך לגוי גדול crée un arc avec Gn 12,2. Certains auteurs[40] pensent que nous avons ici une reprise du verset de la Genèse. Cela nous semble plausible, puisque l'on observe également dans la suite du chapitre (v. 13) des renvois à ce livre[41].

Tous ces éléments confortent donc l'hypothèse d'une antériorité de Dt 9,12-14 vis-à-vis d'Ex 32,7-10. L'examen de Nb 14,12, qui emprunte à Ex 32,10 et à Dt 9,14, laisse entendre un tel rapport allant de Dt 9,12-14 à Nb 14,11-12, avec Ex 32,7-10 comme texte intermédiaire.

Comparaison des intercessions (Ex 32,11-13 ; Nb 14,13-19 ; Dt 9,26-29) et des réponses de Yhwh (Ex 32,14 ; Nb 14,20-25)

Comme nous l'avons indiqué plus haut, l'intercession de Dt 9,26-29 est bien ancrée dans son contexte. Cela est révélé par le vocabulaire, les liens avec le reste du chapitre et sa place dans le récit. L'intercession de Dt 9,26-29 reprend point par point les différents contentieux de 9,12-14. Son vocabulaire ne porte pas la marque d'emprunts extérieurs à l'écriture dtr, au contraire d'Ex 32,11-14 et de Nb 14,13-25.

E. Aurelius[42] a en effet montré de manière convaincante qu'Ex 32,11-14 a été composé à partir d'une série de textes. Jr 26,19 fournit l'encadrement, rétrojetant sur Moïse les traits d'Ezéchias :

Jr 26,19   ההמת המתהו חזקיהו מלך־יהודה וכל־יהודה הלא
ירא את־יהוה ויחל את־פני יהוה וינחם יהוה
אל־הרעה אשר־דבר עליהם ואנחנו עשים רעה גדולה
על־נפשותינו:

Le roi de Juda Ezékias et son peuple l'ont-ils mis à mort? N'a-t-on pas plutôt montré du respect pour Yhwh et la face de Yhwh s'est apaisée ? Et

---

39 Cf. p. 302.
40 AURELIUS, *Fürbitter*, p. 14 n. 30 ; WHYBRAY, « Immorality », p. 113.
41 Cf. p. 380.
42 AURELIUS, *Fürbitter*, p. 92-100.

Yhwh a renoncé au mal qu'il avait décrété (litt. : dit) contre eux. Mais nous, nous allions nous mettre en très mauvaise posture.

Ex 32,11
ויחל משה את־פני יהוה אלהיו ויאמר למה יהוה
יחרה אפך בעמך אשר הוצאת מארץ מצרים בכח
גדול וביד חזקה:

Mais Moïse apaisa la face de Yhwh, son Dieu, en disant : « Pourquoi, Yhwh, ta colère veut-elle s'enflammer contre ton peuple que tu as fait sortir du pays d'Égypte, à grande puissance et à main forte ? »

Ex 32,14
וינחם יהוה על־הרעה אשר דבר לעשות לעמו:

Et Yhwh renonça au mal qu'il avait dit vouloir faire à son peuple.

Le verbe נחם–*niphal* en Ex 32,14 est peut-être repris d'Am 7,3.6[43]. Les termes de la demande שוב מחרון אפך (Ex 32,12) trouvent leur contact le plus direct en 2 R 23,26, peut-être dans le but de montrer que l'intercession de Moïse a réussi à éviter la catastrophe pour le royaume de Juda jusqu'en 587 seulement. Les occurrences de l'expression חלה את־פני יהוה dans la BH montrent que celle-ci est utilisée surtout dans deux contextes : celui du péché de Jéroboam et celui de la chute de Jérusalem au début du 6e s. avant J.-C[44]. Ex 32,13 reprend des textes de promesses patriarcales que l'on trouve en Gn 15,5 ; 22,17 ; 26,4[45].

Tout cela fait d'Ex 32,11-14 un texte présupposant un horizon d'écriture assez vaste – de Genèse à 2 Rois – et une connaissance de l'histoire d'Israël approfondie. Le v. 13, avec l'impératif זכר qui ouvre

---

[43] Selon Gertz, qui suit J. Jeremias sur ce point, la réponse de Yhwh formée avec le verbe נחם reflète une tournure de l'Israël exilique – post-exilique qui peut servir de *terminus technicus* pour dater le texte. Il renvoie notamment à Jon 3,9 (GERTZ, « Beobachtungen », p. 100).

[44] Les occurrences de l'expression dans la BH sont Ex 32,11 ; 1 R 13,6 ; 2 R 13,4 ; 2 Ch 33,12 ; Jr 26,19 ; Dn 9,13 ; Za 7,2 ; 8,21.22 ; Ml 1,9. Elle apparaît alors que Jéroboam Ier (1 R 13,6) ou l'un de ses successeurs (Joachaz ; 2 R 13,4) pèchent et en subissent les conséquences ; l'un et l'autre cherchent alors à se concilier Yhwh. Il est spécifié que Joachaz « imita le péché de Jéroboam fils de Nebat » (2 R 13,2). L'expression apparaît surtout en Dn 9,13 ; Za 7,2 ; 8,21.22 en lien avec la destruction de Jérusalem et du temple en 587 et avec sa commémoration. En Za 7,2, au lendemain de l'exil, la question est posée aux autorités de Jérusalem de savoir s'il faut continuer de pratiquer un jour de jeûne et de repentance en mémoire de la destruction du temple. Une des réponses, qui conclut le chapitre 8, fait de Jérusalem et Juda le centre eschatologique de peuples qui diront : « Allons donc implorer la face de Yhwh et chercher Yhwh *Ṣebā'ôt* pour ma part, j'y vais » (v. 21). Il semble donc qu'une cérémonie de repentance commémorant le chute de Jérusalem en 587, cérémonie d'apaisement de Yhwh, ait eu lieu régulièrement après 587.

[45] AURELIUS, *Fürbitter*, p. 97 ; SCHMITT, « Kalb », p. 244.

la demande de Moïse, a probablement son lieu d'origine dans le Deutéronome en 9,27[46] où le verbe est fréquent.

En Nb 14,13-25, tant le récit (14,[11a.]23b-24.25b) que l'intercession de Moïse et la réponse de Yhwh insérées en son sein (14,11b-23a) ont, comme Ex 32,11-14, un horizon d'écriture vaste qui intègre d'autres textes. La présentation de Yhwh marchant avec le peuple dans une colonne de feu ou de nuée (Nb 14,14), idée qui se trouve déjà en Dt 1,33, est exprimée avec des termes repris d'Ex 13,21-22[47] :

Dt 1,33

ההלך לפניכם בדרך לתור לכם מקום לחנתכם
באש לילה לראתכם בדרך אשר תלכו־בה
ובענן יומם:

<u>lui qui marchait devant vous</u> sur la route pour vous chercher un lieu de camp, <u>dans le feu pendant la nuit</u> pour vous éclairer sur la route où vous marchiez, et <u>dans la nuée pendant le jour</u>.

Ex 13,21-22

ויהוה <u>הלך לפניהם יומם בעמוד ענן</u> לנחתם הדרך
<u>ולילה בעמוד אש</u> להאיר להם ללכת יומם ולילה:
22 לא־ימיש <u>עמוד הענן יומם ועמוד האש לילה</u>
לפני העם:

Yhwh <u>lui-même marchait devant eux</u> : <u>colonne de nuée le jour</u>, pour leur ouvrir la route - <u>colonne de feu la nuit</u>, pour les éclairer ; ils pouvaient ainsi marcher jour et nuit. 22 <u>Le jour, la colonne de nuée</u> ne quittait pas la tête du peuple ; ni, <u>la nuit, la colonne de feu</u>.

Nb 14,14

ואמרו אל־יושב הארץ הזאת שמעו כי־אתה יהוה
בקרב העם הזה אשר־עין בעין נראה אתה יהוה
ועננך עמד עלהם ובעמד ענן אתה <u>הלך לפניהם</u>
<u>יומם ובעמוד אש לילה</u>:

et ils l'ont dit aux habitants de ce pays ; ceux-ci ont appris que toi, Yhwh, tu es au milieu de ce peuple ; que c'est toi, Yhwh, qui te montres à eux les yeux dans les yeux ; ta nuée se tient au-dessus d'eux ; toi-même, <u>tu marches devant eux le jour dans une colonne de nuée, la nuit dans une colonne de feu</u>.

L'argument de l'honneur de Yhwh, qui reposait en Dt 9,28 (// Ex 32,12) sur les moqueries possibles des Égyptiens, les anciens « maîtres », est transformé en Nb 14,15-16. En effet, les moqueries ne proviennent plus dans ces versets des Égyptiens mais des habitants du pays, informés par ces derniers. Ce faisant, Moïse argumente en Nb 14,15-16 en reprenant un des ressorts de la prière de Josué en Jos 7,8-9, à la suite de

---

46 AURELIUS, *Fürbitter*, p. 43.
47 OTTO, *Pentateuch und Hexateuch*, p. 43-44.

l'échec militaire devant Aï[48]. Les auteurs de Nb 14,15-16 ont donc habilement réécrit Dt 9,28 en le modifiant grâce à leur connaissance de Jos 7,8-9.

La formulation des attributs divins en Nb 14,18 est une citation synthétique d'Ex 34,6-7[49]. Nous avions déjà évoqué cela plus haut[50] et nous reprenons brièvement les arguments qui le légitime. Tout d'abord, cette formule est introduite en Nb 14,17 par l'indication כאשר דברת לאמר, clause qui sous-entend la reprise d'une occurrence préalable. Deux lieux seulement sont susceptibles de constituer cette occurrence préalable, à savoir Ex 20,5-6 et Ex 34,6-7 :

Nb 14,18 יהוה ארך אפים ורב־חסד נשא עון ופשע ונקה לא ינקה
פקד עון אבות על־בנים על־שלשים ועל־רבעים:

Yhwh est lent à la colère et plein de fidélité, qui supporte la faute et la révolte, mais sans rien laisser passer, et qui poursuis la faute des pères chez les fils sur trois et quatre générations.

Ex 20,5-6
לא־תשתחוה להם ולא תעבדם
כי אנכי יהוה אלהיך אל קנא
פקד עון אבת על־בנים על־שלשים ועל־רבעים לשנאי:
6 ועשה חסד לאלפים לאהבי ולשמרי מצותי:

Tu ne te prosterneras pas devant ces dieux et tu ne les serviras pas, car c'est moi Yhwh, ton Dieu, un Dieu jaloux, poursuivant la faute des pères chez les fils sur trois et quatre générations - s'ils me haïssent - 6 mais prouvant sa fidélité à des milliers de générations - si elles m'aiment et gardent mes commandements.

Ex 34,6-7
ויעבר יהוה על־פניו ויקרא
יהוה יהוה אל רחום וחנון ארך אפים ורב־חסד ואמת:
7 נצר חסד לאלפים נשא עון ופשע וחטאה ונקה לא ינקה
פקד עון אבות על־בנים ועל־בני בנים על־שלשים ועל־רבעים:

Yhwh passa devant lui et proclama : « Yhwh, Yhwh, Dieu miséricordieux et bienveillant, lent à la colère, plein de fidélité et de loyauté, 7 qui reste fidèle à des milliers de générations, qui supporte la faute, la révolte et le péché, mais sans rien laisser passer, qui poursuit la faute des pères sur les fils et les petits-fils sur trois et quatre générations. »

---

48 OTTO, *Pentateuch und Hexateuch*, p. 47. L'indication que les peuples du pays ont eu connaissance des actions de Yhwh pour Israël se trouve aussi en Jos 2,10 ; 9,9-10.

49 S. Boorer fait remarquer de façon intéressante que cette formule de Nb 14,18 articulant miséricorde et sanction rend compte de la succession Nb 14,20 → 14,21-23 (pardon puis sanction) (BOORER, *Promise*, p. 350-351).

50 Cf. p. 240 n. 102.

Il est très improbable que l'occurrence à laquelle fait allusion l'indication כאשר דברת לאמר en Nb 14,17 soit Ex 20,5-6, puisque la *Gnadenformel* (cf. le tableau p. 239) est absente de ces versets du décalogue. Cette *Gnadenformel* est par contre bien présente en Ex 34,6-7.

Dans la suite de cette reprise d'Ex 34,6-7, il semble également vraisemblable que le verbe סלח–*qal*, employé en Nb 14,19.20, provienne d'Ex 34,9[51], Nb 14,20 occupant par ailleurs une place similaire à celle d'Ex 32,14.

Nb 14,21-23a suppose la présentation P de la כבוד־יהוה[52]. On a ici la même conception de la כבוד־יהוה qu'en Ex 16,7, où elle est également déconnectée de la tente de la rencontre[53].

Avec R. Achenbach[54], il semble raisonnable de penser que la mention d'Israël mettant dix fois Yhwh à l'épreuve (14,22) suppose la connaissance d'une liste étendue de textes (Ex 5,19-23 ; Ex 14,10-12 ; Ex 15,24 ; Ex 16 ; Ex 17,1-7 ; Ex 32–34 ; Nb 11,1-3 ; Nb 11,4-35 ; Nb 12 ; Nb 13). Selon cet auteur, il faut compter avec la connaissance de PentRed en entier.

Le motif de l'obéissance ou de la non obéissance à la voix de Yhwh (ולא שמעו בקולי ; v. 22) est fréquent dans la littérature dtr[55] et pointe ici vers une écriture non seulement post-P mais également post-dtr de Nb 14,22.

Ces différents constats montrent combien l'intercession de Moïse et la réponse de Yhwh en Nb 14,13-23a ont été tissées à partir de la connaissance de divers textes comprenant Ex 5,19-23 ; Ex 13,21-22 ; Ex 14,10-12 ; Ex 15,24 ; Ex 16 ; Ex 17,1-7 ; Ex 32–34 (Ex 32,11-14 ; Ex 34,6-7 ; Ex 34,9) ; Nb 11,1-3 ; Nb 11,4-35 ; Nb 12 ; Nb 13 ; Dt 9,26-29 ; Jos 7,8-9. Cette intercession a donc pour horizon d'écriture un écrit allant du livre de l'Exode à celui de Josué. Tout cela tend donc à montrer que nous avons en Nb 14,11b-23a une insertion post-P et post-dtr.

Ex 32,7-14 et Nb 14,11-25 sont donc manifestement des textes élaborés, contenant des références externes et des emprunts nombreux, ce qui dessine pour chacun d'eux un vaste horizon d'écriture. Si l'on compare ces textes avec Dt 9,13-14.26-29, il apparaît que l'horizon d'écriture de ce dernier texte est beaucoup plus restreint, puisque nous n'observons pas de renvois qui ne soient dtq-dtr[56]. Rappelons que le

---

51 AURELIUS, *Fürbitter*, 1988, p. 130.
52 OTTO, *Pentateuch und Hexateuch*, p. 41.
53 OTTO, *Pentateuch und Hexateuch*, p. 42.
54 ACHENBACH, « Erzählung », p. 116.
55 Cf. l'appendice A de WEINFELD, *Deuteronomic School*, p. 337.
56 Cf. p. 318.

titre אדני־יהוה (9,26), l'utilisation du verbe שחת avec Yhwh comme sujet (9,26), l'exaltation de la puissance divine par la référence à sa grandeur (בגדלך ; 9,26), la mention de la רשׁע d'Israël (9,27), la tournure עמך ונחלתך sont autant de motifs dtr[57].

L'appel à la mémoire des pères Abraham, Isaac et Jacob (Israël) semble plus primitif et mieux enraciné en Dt 9,27 qu'en Ex 32,13, où le développement de ce motif par reprise des promesses de la Genèse (Gn 15,5 ; 22,17 ; 26,4) suggère une écriture plus tardive[58].

L'absence de réponse divine indiquant que Yhwh pardonne (Nb 14,20) ou renonce à sa menace (Ex 32,14) joue également, selon nous, en faveur de l'ancienneté de Dt 9,26-29. On a peine en effet à voir les raisons qui auraient pu présider à la suppression d'une telle réponse, et ce d'autant que ce qui fait suite est l'ordre de tailler de nouvelles tablettes (Dt 10,1), qui signifie implicitement que l'intercession a été agréée.

Tout cela conduit donc à voir la relation de dépendance suivante entre les trois textes étudiés, du plus ancien au plus récent : Dt 9,12-14.26-29 ; Ex 32,7-14 ; Nb 14,11b-23a. Un constat étrange s'élève toutefois contre cette conclusion. Comme l'observe S. Boorer[59], Dt 9,28 semble combiner la motivation utilisée par Moïse en Ex 32,12 (les peuples vont croire que c'est par méchanceté [ברעה] que Yhwh ne fait pas entrer le peuple[60]) et celle utilisée en Nb 14,16 (les peuples vont croire que Yhwh n'a pas pu faire entrer le peuple) :

Ex 32,12   למה יאמרו מצרים לאמר ברעה הוציאם להרג
אתם בהרים ולכלתם מעל פני האדמה

> Pourquoi les Égyptiens diraient-ils : « C'est par méchanceté qu'il les a fait sortir ! pour les tuer dans les montagnes ! pour les supprimer de la surface de la terre ! » Reviens de l'ardeur de ta colère et renonce à faire du mal à ton peuple.

Nb 14,15b-16   ואמרו הגוים אשר־שמעו את־שמעך לאמר מבלתי
יכלת יהוה להביא את־העם הזה אל־הארץ
אשר־נשבע להם וישחטם במדבר

> Alors les peuples qui ont appris ta renommée diraient : « C'est parce que Yhwh n'était pas capable de faire entrer ce peuple dans le pays qu'il leur

---

57 Cf. n. 199 et 201 p. 317.
58 AURELIUS, *Fürbitter*, p. 43. Certains auteurs considèrent que le verset 32,13 est une addition, car il sépare, sans apport vraiment utile, la demande de Moïse (32,12) de la réponse divine (32,14). Ainsi VERMEYLEN, « L'affaire », p. 16 n. 40 ; RÖMER, *Väter*, p. 260-261.
59 BOORER, *Promise*, p. 366.
60 Equivalent de משנאה en Dt 9,28.

Dt 9,28 avait promis qu'il les a massacrés dans le désert. »

פֶּן־יֹאמְרוּ הָאָרֶץ אֲשֶׁר הוֹצֵאתָנוּ מִשָּׁם מִבְּלִי יְכֹלֶת
יְהוָה לַהֲבִיאָם אֶל־הָאָרֶץ אֲשֶׁר־דִּבֶּר לָהֶם וּמִשִּׂנְאָתוֹ
אוֹתָם הוֹצִיאָם לַהֲמִתָם בַּמִּדְבָּר:

Qu'on ne dise pas dans le pays d'où tu nous as fait sortir : « C'est parce que Yhwh n'était pas capable de les faire entrer dans le pays qu'il leur avait promis et qu'il les haïssait qu'il les a fait sortir pour les faire mourir au désert. »

Comment expliquer ce phénomène ? N'attesterait-il pas que Dt 9,26-29 est le plus récent des trois textes ? Nous ne le pensons pas. La précision מִשִּׂנְאָתוֹ en Dt 9,28 n'est pas, à notre avis, la reprise de l'indication בְּרָעָה en Ex 32,12, mais plutôt celle de la mention בְּשִׂנְאַת en Dt 1,27[61]. Le texte unifié de Dt 9,1–10,11 possède en effet des points de contact avec Dt 1,19-46 et présuppose ce texte en certains endroits[62]. Il n'apparaît donc pas anormal de faire découler la mention מִשִּׂנְאָתוֹ de celle, plus littérale, qui se trouve en Dt 1,27, plutôt que de בְּרָעָה en Ex 32,12. Dès lors, il nous semble que c'est Ex 32,12 qui se présente comme une reformulation de Dt 9,28 plutôt que l'inverse.

L'examen du contenu et des horizons d'écriture de chacune des intercessions de Dt 9,12-14.26-29 ; Ex 32,7-14 et Nb 14,11-25 va donc dans le même sens que le constat de l'intégration de ces intercessions dans leurs contextes : Dt 9,12-14.26-29 est l'intercession la mieux intégrée dans son contexte et la plus autonome quant à son contenu. Cela nous amène donc à conclure qu'elle n'est en rien la reprise d'une *Vorlage* qui se serait trouvée en Ex 32 ou Nb 14, mais révèle plutôt une écriture propre, *sui generis*, dans un style dtr, et plus ancienne que ces deux textes[63].

---

61 Dans le même sens : AURELIUS, *Fürbitter*, p. 16, avec une différence de taille cependant puisque l'auteur pense que Dt 9,28 résulte de la combinaison de Nb 14,16 et Dt 1,27.

62 Cf. Dt 9,1-3 ; 9,14 mais aussi 10,11. Comme nous l'avons déjà mentionné, ce dernier verset présuppose que Moïse n'entrera pas dans le pays (cf. p. 334-336). Cela indique que le rédacteur de Dt 10,11 connaît la tradition de la non-entrée de Moïse dans le pays. Cette tradition se lit de façon polymorphe en Nb 20,12-13 ; 27,12-23 ; Dt 1,37-38 ; 3,23-28 ; 4,21-22 ; 31,1-3 ; 32,48-52 ; 34,1-9. Parmi ces occurrences, il est plus probable que celle sur laquelle repose Dt 10,11 soit Dt 1,37 (où seul Moïse est sanctionné) plutôt que Nb 20,12-13 (où Moïse et Aaron sont sanctionnés).

63 C'est également la position d'ACHENBACH, *Verheissung*, p. 365 ; 368.

6.2 Dt 9,7–10,11 face à ses sources et dans l'histoire de la composition du Pentateuque

Nous avons déjà fait allusion, par avance, à certaines conclusions de cette section (cf. p. 282 et 298). Nous allons traiter maintenant des sources utilisées par les rédacteurs de Dt 9,7–10,11, ainsi que du rapport existant entre Dt 9,7–10,11 et Ex 32–34.

Pour déterminer les relations entre ces textes, il est nécessaire d'étudier en détail la diachronie d'Ex 32–34. Nous sommes conscient de nous attaquer ici à un problème difficile[64] et d'aborder un champ sur lequel se focalise actuellement la recherche[65].

Dans cette section, nous nous intéresserons d'abord à la source principale de Dt 9,7–10,11 (6.2.1) en donnant les indices qui nous font penser que la couche de base de Dt 9,7–10,11 en dépend, en montrant qu'elle n'est circonscrite qu'à Ex 32 et en proposant une reconstruction du récit ancien d'Ex 32. Nous nous tournerons ensuite vers les autres sources utilisées par Dt 9,7–10,11 (6.2.2), avant de nous prononcer sur la place de Dt 9,7–10,11 dans l'histoire de la composition du Pentateuque (6.2.3).

6.2.1 La source principale : le récit ancien d'Ex 32

Indices laissant penser que le récit de base de Dt 9,7–10,11 repose sur un récit ancien en Ex 32–34.

Les contacts littéraires entre Ex 32–34 et Dt 9,9–10,11 attestent d'un point de contact écrit minimum entre ces deux textes, soit qu'ils aient eu une source commune, soit que l'un ait repris l'autre, ou encore qu'une influence croisée se soit produite.

L'examen de la couche de base de Dt 9,7–10,11[66] et les publications des chercheurs nous ont laissé penser à plusieurs reprises que cette

---

64 Cf. la remarque de L. Perlitt : « [I]n der Sinaiperikope ist [der Boden] schwankend : von Satz zu Satz, von Forscher zu Forscher. Zeitbestimmungen unterscheiden sich hier oft um ein halbes Jahrtausend oder mehr » (PERLITT, *Bundestheologie*, p. 156).

65 K. Schmid : « In Ex 32-34 konzentrieren sich wesentliche Fragen, die momentan *en vogue* sind » (SCHMID, Konrad, « Israel am Sinai », p. 11).

66 La couche de base à laquelle nous faisons référence ici est 9,7-17.21.26.27b-29 ; 10,1-5.11, c'est-à-dire le texte de base dégagé plus haut (cf. p. 336), mais limité à 9,7–10,11. Nous pensons maintenant que 9,7–10,11 est un passage qui a été écrit pour

couche de base reposait probablement sur un récit ancien présent en Ex 32. Le simple fait que Dt 9,7–10,11 se comprend lui-même comme un récit secondaire et Ex 32(–34) comme un récit indépendant oriente dans ce sens. Voici les indices relevés qui soutiennent cette position :
- En Dt 9,12.16, le constat עשׂו להם [עשׂיתם לכם עגל] מסכה, qui fait l'économie de la description de la fabrication du veau, présuppose selon certains auteurs (C. Begg[67], R. Achenbach[68]) la connaissance d'Ex 32,1-6. Selon nous, cette observation à elle seule ne prouve rien mais prend du poids une fois intégrée dans le faisceau d'indices qui suit.
- En Dt 9,17, comme nous l'avons déjà montré en détail (cf. p. 304) il est probable qu'une redondance d'Ex 32,19 a été supprimée, l'indication de la destruction de l'idole « au pied de la montagne » (Ex 32,19) étant interprétée comme signifiant « aux yeux du peuple » (Dt 9,17). Cette observation plaide en faveur du fait que Dt 9,17 présuppose la connaissance d'Ex 32,19.
- De façon similaire, Dt 9,20 décrit l'irritation divine contre Aaron, alors qu'aucun élément préalable du récit n'indique la part prise par Aaron dans l'égarement du peuple. Cette notice, comme le remarquent C. Begg ou M. Zipor[69], n'est donc compréhensible que dans la mesure d'une connaissance par l'écrivain biblique comme par son lecteur du récit parallèle d'Ex 32,1-6.21-24.35.
- En Dt 9,21, C. Begg[70] a montré de façon satisfaisante à notre avis (*contra* J. Van Seters[71]) que la description de la destruction du veau est basée sur celle d'Ex 32,20, qu'elle remanie et élargit, de sorte que l'élimination du veau soit en accord avec les standards des réformes anti-idolâtriques des livres des Rois, notamment celle de Josias.

---

prolonger et illustrer 9,1-6 (cf. p. 359-360). Cela ne remet pas en cause le caractère additionnel de 9,18-20 ; 9,22-24 ; 9,25 ; 9,27a ; 10,6-7 ; 10,8-9 et 10,10.
67 BEGG, « Destruction », p. 478 n. 30.
68 « Dtn 9 does not tell us how the Israelites made the idol. This is a clear hint to the fact that Dtn 9 is already referring to a broader story. This may well be contained in Ex 32,1-6* except for the fact that the person of Aaron had not been mentioned by the Deuteronomist in Dtn 9,13-19 but - possibly due to the ideas of the Priestly Code - is drawn into consideration in Ex 32,1-6 » (ACHENBACH, « Story », p. 134-135).
69 ZIPOR, « Golden Calf », p. 22 n. 6 ; BEGG, « Destruction », p. 478 n. 30.
70 BEGG, « Destruction », p. 469-479.
71 VAN SETERS, *Life*, p. 304-307.

Ces remarques nous semblent attester que les versets suivants de Dt 9 présupposent ceux d'Ex 32 ci-dessous :
- 9,12.16 → Ex 32,1-6
- 9,17 → Ex 32,19
- 9,20 → Ex 32,1-6.21-24.35
- 9,21 → Ex 32,20

À ce stade de notre travail, toutes ces remarques nous invitent à compter sur le fait que les premiers rédacteurs de Dt 9 ont probablement connu, repris et remanié une première forme d'Ex 32, sans que l'on puisse exclure qu'il y ait ensuite eu des harmonisations rapprochant, de part et d'autre, les deux textes[72].

Plausibilité de l'existence d'un récit ancien en Ex 32 seulement

Les indices relevés ci-dessus ne pointant que vers Ex 32, nous voudrions montrer maintenant que ni Ex 33, ni Ex 34 ne sont présupposés par la couche de base de Dt 9,7–10,11.

Une bonne porte d'entrée pour montrer cela réside en Ex 32,34a*a*. Dans ce verset, Yhwh donne à Moïse l'ordre de conduire le peuple à l'endroit que lui, Yhwh, a indiqué. Cet ordre de départ, qui intervient directement après une tentative de Moïse d'obtenir de Yhwh le pardon du péché du peuple, apparaît comme une conclusion, provisoire peut-être[73], de l'incident. Au chapitre précédent, nous avons considéré Ex 32,34a*a* comme *Vorlage* de Dt 10,11[74]. Or les deux chapitres suivants semblent ignorer purement et simplement cet ordre de départ. Le chapitre 33 se préoccupe en plusieurs péricopes hétérogènes de l'accompagnement du peuple par Yhwh et de son mode de présence. Le chapitre 34, loin de sceller le départ de la montagne, organise une nouvelle montée de Moïse à son sommet pour recevoir de nouveaux commandements divins.

La présence de l'ordre de départ en Ex 32,34a*a* s'explique donc mal, sauf à y voir la conclusion d'une forme ancienne du récit, ce que nous estimons être l'explication la plus probable. Contre cette hypothèse, certains auteurs plaident en faveur de l'existence en Ex 34 de traces du

---

72 Un fragment de l'Exode (4QEx[a]) a ainsi été à trouvé Qumrân qui comprend un passage d'Ex 32,10-30 où le verset Dt 9,20 est inséré à la suite d'Ex 32,10. Cela montre combien les deux textes d'Ex 32 et de Dt 9,7–10,11 ont été harmonisés par les copistes et éditeurs, l'un servant à compléter l'autre et vice versa (TAL, « Pentateuque samaritain », p. 94-95).
73 Puisque Yhwh fait mention d'un jour où il va visiter le peuple pour le punir de son péché (Ex 32,34b).
74 Cf. p. 334-336.

récit elles-aussi très anciennes. Ainsi pour M. Noth, c'est en Ex 34 que se trouve la suite d'Ex 24,12a.13b, avec l'écriture des tables par Moïse[75]. Selon cet auteur, cette tradition ancienne est yahwiste[76]. D'autres auteurs[77] pensent effectivement que le matériel législatif d'Ex 34 est le plus ancien d'Ex 32–34.

Notre analyse de ce chapitre nous laisse penser, au contraire, qu'Ex 34 est un chapitre de composition entièrement postérieur au récit de base d'Ex 32. Nous voudrions le montrer en examinant les différentes sections du chapitre : Ex 34,1-4 (préparation de nouvelles tablettes) ; Ex 34,5-9 (théophanie) ; Ex 34,10[11]-26 (nouvelle législation d'alliance) ; Ex 34,27-28 (consignation par écrit de cette législation) ; Ex 34,29-35 (descente de Moïse vers le peuple et proclamation des paroles de Yhwh).

Une première observation concerne Ex 34,1-4. La comparaison avec Dt 10,1-3 montre que le texte d'Exode dépend de celui du Deutéronome. Un indice fort allant en ce sens est la nomination des tables que taille Moïse sur l'ordre de Yhwh : לחת אבנים. Jusqu'ici, en Exode, ces tables avaient été appelées לחת האבן (Ex 24,12), לחת אבן (Ex 31,18) ou לחת העדת (Ex 31,18 ; 32,15). Or elles sont appelées ici à trois reprises לחת אבנים (Ex 34,1.4), une des façons que privilégie le Deutéronome pour les désigner : Dt 4,13 ; 5,22 ; 10,1.3 (לחת אבנים) ; Dt 9,9.10.11 (ל[ו]חת האבנים). Ce changement soudain entre Ex 32 et Ex 34 doit s'expliquer d'une manière ou d'une autre. Nous faisons l'hypothèse qu'Ex 34 emprunte cette désignation à Dt 10.

Cette hypothèse est renforcée par un argument avancé par L. Perlitt[78]. Celui-ci souligne que les nouvelles tablettes ne sont pas d'une utilité avérée dans le livre de l'Exode. Après que les premières ont été brisées, le projecteur a été tourné vers la préparation des nouvelles tables qui une fois gravées (Ex 34,27-29), ne sont plus mentionnées. En revanche, en Dt 10, ces nouvelles tables semblent nettement plus dans leur contexte puisqu'elles sont prises en charge

---

75 NOTH, *Exodus*, p. 247. Cf. également p. 260 : « [...] the story of the golden calf and of the breaking of the tables is manifestly a later addition to the J narrative. In J as it was originally written, the preparations for the theophany on mount Sinai and the theophany itself were first reported in ch. 19, and then the original J probably had some part of 24.12-15a according to which Moses was summoned up the mountain. Ch. 34 was at first attached directly to this point. The references to the first, broken tables at the beginning of ch. 34 are inserted only loosely into the basic material of the text and can easily be recognized and excised ».

76 NOTH, *Exodus*, p. 255.

77 Citons comme chefs de file de cette position HALBE, *Privilegrecht* et OTTO, *Mazzotfest*.

78 PERLITT, *Bundestheologie*, p. 210.

par les lévites (Dt 10,8) et terminent leur parcours dans le temple de Salomon en 1 R 8.

Si y on ajoute qu'Ex 34,1-4 possède en propre des éléments absents de Dt 10,1-3 se comprennant comme des ajouts (les v. 2-3 sont de la même main qu'Ex 19,12-13a ; l'indication וישכם משה בבקר [34,4] renvoie à Ex 24,4 ; כאשר צוה יהוה אתו [34,4] renvoie à un ordre de 34,2), et que l'absence de mention de l'arche en Ex 34 s'explique par le fait que celle-ci ne sera construite pour P qu'en Ex 37, nous sommes amené à conclure qu'Ex 34,1-4 est tributaire de Dt 10,1-3 dans son écriture et non pas l'inverse[79]. Or, comme nous allons le montrer, le récit de base de Dt 9,7–10,11 (dont fait partie Dt 10,1-3) est lui-même dépendant du récit ancien d'Ex 32.

La partie d'Ex 34 dont l'ancienneté par rapport à Ex 32 est la plus controversée est celle d'Ex 34,11-26, appelée parfois décalogue cultuel, décalogue yahwiste[80] ou *Privilegrecht*[81]. L'histoire de la recherche livre un éventail des positions des auteurs très ouvert. J. Wellhausen[82] voyait dans ce chapitre un texte yahwiste de l'époque prémonarchique ; à sa suite, M. Noth[83] l'attribuait également au yahwiste ; E. Zenger[84] voit dans Ex 34,10-28 la main de l'auteur de ce qu'il appelle l'*histoire hiérosolymitaine* (histoire d'Israël composée à Jérusalem après 700 avant notre ère, c'est-à-dire après la chute de Samarie et l'échec de la conquête de Jérusalem par Sennachérib [701 avant notre ère], et sous l'influence des prophètes Amos, Osée et Isaïe) ; d'autres comptent avec un *Privilegrechtsdokument* de la période préétatique (ainsi J. Halbe[85]), ou du 9e s. comme F. Crüsemann[86] ; il y a aussi la tentative d'E. Otto[87] de voir en Ex 34,18-23 la *Vorlage* d'Ex 23,14-19 et de l'attribuer à un récit du

---

79 Même conclusion chez Aurelius : « Das deutet darauf hin, daß nicht derselbe Bearbeiter, sondern ein anderer, späterer die neuen Tafeln in Ex 34 eingeführt hat » (AURELIUS, *Fürbitter*, p. 52).

80 Par contraste avec Ex 20 considéré comme un décalogue éthique à attribuer à la source Élohiste.

81 Appelé ainsi par la critique allemande car ces lois demandent la vénération exclusive de Yhwh.

82 J. Wellhausen comprenait le décalogue yahwiste comme un corpus remisé au second plan parce qu'il n'aurait pas été possible d'harmoniser ce matériel avec le décalogue éthique de E (WELLHAUSEN, *Composition*, p. 334).

83 NOTH, *Exodus*, p. 260.

84 ZENGER, *Einleitung*, 52004, p. 102.

85 HALBE, *Privilegrecht*, 1975.

86 CRÜSEMANN, *Tora*, p. 138-170.

87 OTTO, *Mazzotfest*.

Sinaï pré-exilique ; E. Blum[88] tient Ex 34,11-27 pour une insertion secondaire due à ce qu'il appelle « l'adaptation-*mal'ak* » dans sa K^D post-exilique [*frühnachexilische D-Komposition*] ; dans cette même ligne, S. Bar On[89] et W. Johnstone[90] considèrent qu'Ex 34,11-26 est un texte de composition ayant Ex 23 comme source ; H.-C. Schmitt[91] qualifie ce passage de « composition de la rédaction finale, deutéronomiste tardive, du Pentateuque » (*Komposition der spätdeuteronomistischen Endredaktion des Pentateuch*).

Une étude détaillée de la relation de dépendance entre Ex 34,11-26 et ses parallèles, très pointue quant à la méthode de comparaison, a été récemment menée par D. Carr[92]. L'auteur y présente dans un premier temps les arguments avancés par les critiques en faveur de l'antiquité d'Ex 34 par rapport à ses parallèles[93], puis les arguments qui soutiennent la position inverse[94]. Il procède alors, à partir de textes parallèles plus récents[95], à un effort de mise au point des critères généraux permettant de déterminer la direction de la dépendance littéraire dans le cas de textes parallèles. Dans la dernière étape de son essai, il applique ces critères à Ex 34,11-26 pour conclure : « Exode 34 se présente comme une compilation de nombreux textes. Ce chapitre ne comprend que peu de passages de composition libre, et même dans ces passages on trouve des expressions provenant d'autres textes bibliques »[96].

Selon D. Carr, la liste des textes repris par les auteurs d'Ex 34,11-26 est longue : matériel législatif d'Ex 23 ; Ex 13,12-13 ; Lv 19,4 ; fragments de Dt 16 ; parties de Dt 5,9 (Ex 20,5) ; 7,1-5 ; 12,29-30 ; Jg 2,2-3[97].

Au vu de cette étude, il ne paraît pas nécessaire de reproduire la démonstration très détaillée de D. Carr. Nous nous contentons, dans les lignes qui suivent, de développer quatre de ses arguments qui nous semblent les plus solides pour justifier le caractère de composition tardive d'Ex 34,11-26.

---

88   BLUM, « Privilegrecht ».
89   BAR ON, « Festival Calendars ».
90   JOHNSTONE, « Mountain », p. 459.
91   SCHMITT, « Ex 34,10-28 ».
92   CARR, « Method ».
93   CARR, « Method », p. 109-110.
94   CARR, « Method », p. 110-111.
95   Ces textes sont : le Rouleau du Temple [11QTemple], le « Pentateuque retravaillé » [4QRP ou 4Q365], et le texte « proto-Samaritain » [4QpaleoExod^m].
96   CARR, « Method », p. 129.
97   Cf. l'appendice IX que donne l'auteur, p. 137-139.

D'abord, le corpus d'Ex 34,11-26 mérite son appellation de *Privilegrecht*. Le fil conducteur est bien celui du culte exclusif de Yhwh, et la présence d'un calendrier des fêtes d'Israël se comprend dans cette optique[98]. À cet égard, il est important de constater qu'Ex 34 est tout à fait en lien avec l'épisode de la faute du peuple, puisque sa législation porte sur le véritable culte de Yhwh, en contraste avec le culte du veau développé en Ex 32. Il apparaît donc que la composition d'Ex 34 semble avoir été pensée en réaction à Ex 32.

Deuxièmement, Ex 34,11-26 reprend des éléments et du décalogue d'Ex 20, et de CA. L'ouverture du décalogue est citée largement dans la première partie 34,11-17 : Ex 34,14 fait référence à Ex 20,5 ; Ex 34,17 reprend Ex 20,4 en l'adaptant, en substituant מסכה à פסל, probablement pour adapter l'interdiction au récit du veau d'or.

Ex 34,14   כי לא תשתחוה לאל אחר כי יהוה קנא שמו אל קנא הוא:

Ainsi, <u>tu ne te prosterneras pas devant</u> un autre dieu, car le nom de Yhwh est « Jaloux », il est un Dieu jaloux.

Ex 20,5   לא־תשתחוה להם ולא תעבדם כי אנכי יהוה אלהיך אל קנא פקד עון אבת על־בנים על־שלשים ועל־רבעים לשנאי:

<u>Tu ne te prosterneras pas devant</u> ces dieux et tu ne les serviras pas, <u>car c'est moi Yhwh, ton Dieu, un Dieu jaloux</u>, poursuivant la faute des pères chez les fils sur trois et quatre générations - s'ils me haïssent -

Ex 34,17   אלהי מסכה לא תעשה־לך:

<u>Tu ne te feras pas de dieux en forme de statue.</u>

Ex 20,4   לא תעשה־לך פסל וכל־תמונה אשר בשמים ממעל ואשר בארץ מתחת ואשר במים מתחת לארץ:

<u>Tu ne te feras pas d'idole</u>, ni rien qui ait la forme de ce qui se trouve au ciel là-haut, sur terre ici-bas ou dans les eaux sous la terre.

La seconde partie, Ex 34,18-26, reprend pour sa part la fin de CA, puisqu'elle utilise largement des éléments d'Ex 23,12-19. Ainsi, la législation d'Ex 34,11-26 entend se présenter par son contenu comme

---

98 En dehors de ce chapitre, on trouve dans le Pentateuque la description des fêtes d'Israël en quatre autres endroits : Ex 23,14-17 (fêtes des azymes, de la moisson et de la récolte) ; Lv 23 (sabbat, Pâque, azymes, première gerbe, semaines, nouvel An, expiations [Yom Kippour], tentes) ; Nb 28–29 (sabbat, nouvelle lune, Pâque, azymes, semaines, nouvel An, expiations, tentes) ; Dt 16,1-17 (Pâque, azymes, semaines, tentes). En Ex 34,18-23, sont mentionnées la fête des azymes, le sabbat, la fête des semaines et de la récolte.

une synthèse qui réactive le décalogue et CA, dont elle reprend le début et la fin[99].

Troisièmement, la clause d'Ex 34,24 (« personne n'aura de visées sur ta terre au moment où tu monteras pour voir la face de Yhwh, ton Dieu, trois fois par an ») laisse supposer la centralisation du culte à Jérusalem, donc la réforme josianique.

Enfin, la présence d'un vocabulaire mixte joue en faveur du caractère récent d'Ex 34,11-26. On y trouve en effet du vocabulaire dtq-dtr (Ex 34,11-16.24) et un terme distinctement sacerdotal (שחט) en Ex 34,25[100].

Tous ces éléments soutiennent donc l'appréciation du corpus législatif d'Ex 34,11-26 comme compilation de textes épars dont l'écriture semble postérieure à celle du décalogue d'Ex 20 et de CA.

À première vue, la mise par écrit de cette législation sur les tables (Ex 34,27-28) pourrait contredire la conclusion précédente. En effet, il y a ambiguïté sur le sujet du verbe כתב en Ex 34,28. Si l'on s'en tient à Ex 34,27, le sujet pourrait être Moïse. Si l'on se réfère à Ex 34,1, il pourrait être Yhwh. Ce constat ne légitime-t-il pas l'idée qu'Ex 34,27 et 34,28 sont à considérer comme des doublets, le v. 28 – se rattachant à la même écriture qu'en Ex 34,1-4 – étant le plus tardif, tandis que le v. 27 serait le témoin d'une tradition ancienne d'écriture sur les tables par Moïse ?

Telle est l'hypothèse avancée par E. Otto. Selon cet auteur, nous avons en Ex 34,27 une ancienne tradition dite de l'*Exodus Erzählung*

---

99 Dans le même sens : JOHNSTONE, « Mountain », p. 459 et de nouveau en JOHNSTONE, « Reminiscences », p. 254 : « But, if Ex 34,17-26 does not contain a "ritual decalogue", what does it contain ? It seems to me to be clear that these verses are nothing but the resumption of the conclusion of the Book of the Covenant in Ex 23,12-19 : there is a more than 75% overlap of material between the two blocks (though there is some variation in sequence). Furthermore, the preceding verses, Ex 34,5-7.10-16, are an exposition of the opening of the Decalogue of Ex 20,1-7 : the meaning of the name, " Yahweh ", expounded in 34,6-7 echoes 20,5-6 ; the demand for exclusive loyalty to Yahweh in 34,10-16 is focussed on marriage within the nation, thereby avoiding taking oaths in the name of any other gods and giving status to them (a preoccupation of Deuteronomy, cf. Deut 7,3). The reason for this resumption in Exodus 34 of two strategically placed passages, the beginning of the Decalogue in Exodus 20 and the end of the Book of the Covenant in Exodus 23, is surely plain : it is a shorthand means of declaring that the covenant is remade in Exodus 34 on precisely the same terms as it was originally made in Exodus 20–23 : on the conjoint basis of Decalogue and Book of the Covenant ».

100 S. Bar On montre bien qu'en P, זבח est utilisé exclusivement avec שלמים. Dans tous les autres cas, P utilise שחט. Il en déduit que l'introduction de שחט (Ex 34,25) à la place de זבח (Ex 23,18) est la marque d'une écriture P (BAR ON, « Festival Calendars », p. 175-176).

(7ᵉ siècle avant notre ère) prolongée en Ex 34,28 par une écriture PentRed[101]. Les rédacteurs PentRed auraient trouvé à leur disposition deux conceptions différentes d'écriture sur les tables. Selon la première (conception DtrD), Yhwh avait mis le décalogue par écrit (Dt 5,22 ; 9,10 ; 10,2.4). Selon la seconde, lisible en Ex 34,27 (*Exodus Erzählung*), c'est Moïse qui était responsable de l'écriture des commandements cultuels d'Ex 34,18-23.25-26. Selon Otto, PentRed aurait accueilli ces deux conceptions en répartissant les tâches : à Yhwh revient l'écriture du décalogue (Ex 24,12 ; 31,18 ; 32,15-19 ; 34,1.28 ; Dt 4,13) ; à Moïse celle de CA (Ex 24,4.7 ; Dt 31,9)[102].

La tension entre les indications d'Ex 34,1 et 34,27 est telle qu'il nous semble impossible de ne pas y voir deux couches rédactionnelles distinctes. Cependant, est-il si sûr que l'écriture d'Ex 34,27 soit plus ancienne que celle d'Ex 34,28 ?

Pour E. Blum[103], la formulation d'Ex 34,27 se calque sur celle d'Ex 24,3-8, où Moïse écrit les דברי יהוה (CA, selon l'auteur), c'est-à-dire les paroles sur la base desquelles Yhwh a conclu une ברית. Blum voit un parallèle dans les versets suivants :

Ex 24,8b ...הברית אשר כרת יהוה עמכם על כל־הדברים האלה:
...l'alliance que Yhwh a conclue avec vous, sur la base de toutes ces paroles.

Ex 34,27b כי על־פי הדברים האלה כרתי אתך ברית ואת־ישראל:
...car c'est sur la base de ces paroles que je conclus avec toi une alliance, ainsi qu'avec Israël.

Il pense dès lors que le v. 27 a été inséré à cet endroit[104] dans l'intention de montrer qu'Ex 34,11-26 vaut pour l'ensemble des commandements sinaïtiques précédents. Ainsi, ce qui a été réinstauré en tant que דברי הברית (v.28b) est non seulement le décalogue mais aussi CA d'Ex 24,3-8.

Cette proposition d'E. Blum rejoint nos propres observations sur Ex 34,1-4 (// Dt 10,1-3). Nous avons conclu que l'écriture de ces versets

---

101 Otto, *Pentateuch und Hexateuch*, p. 182.
102 Otto, *Pentateuch und Hexateuch*, p. 181-182.
103 Blum, *Studien*, p. 69-70.
104 Lors de l'insertion du bloc 34,11-27.

dépend probablement de celle de Dt 10,1-3. Nous pouvons prolonger ce constat pour Ex 34,28 // Dt 10,4 :

Ex 34,28

ויהי־שם עם־יהוה ארבעים יום וארבעים לילה לחם לא
אכל ומים לא שתה ויכתב על־הלחת את דברי הברית
עשרת הדברים:

Il fut donc là avec Yhwh, quarante jours et quarante nuits. Il ne mangea pas de pain, il ne but pas d'eau. <u>Et il écrivit sur les tables</u> les paroles de l'alliance, <u>les dix paroles</u>.

Dt 10,4

ויכתב על־הלחת כמכתב הראשון את עשרת הדברים
אשר דבר יהוה אליכם בהר מתוך האש ביום הקהל
ויתנם יהוה אלי:

<u>Et il a écrit sur les tables</u>, de la même écriture que la première fois, <u>les dix paroles</u> que Yhwh avait proclamées pour vous sur la montagne, du milieu du feu, au jour de l'assemblée. Et Yhwh m'a remis les tables.

Ainsi, il devient possible de penser qu'originellement Ex 34,28 ait été la suite directe d'Ex 34,1-4, dans une écriture parallèle à Dt 10,1-4. Si tel a été le cas, l'insertion d'Ex 34,27 – peu importe que ce verset soit solidaire d'Ex 34,11(18)-26 ou qu'il ait été inséré seul – inspirée par la connaissance d'Ex 24,8b comme l'a montré E. Blum, a pu avoir pour but d'harmoniser la péricope du Sinaï avec la présentation dtq-dtr de la loi, marquée par la coexistence d'une écriture divine du décalogue et d'une écriture mosaïque de CD (// CA). L'insertion d'Ex 34,27 a pu avoir pour but de reconstituer cette dualité.

On le voit, avec la mise en cause de l'antiquité supposée d'Ex 34,11-26(27) et le constat que les v. 34,1.4.28 ont probablement pour *Vorlage* Dt 10,1-4, le caractère de composition du chapitre 34 émerge. C'est sur ce donné que se greffent les v. 29-35, qui utilisent pour les tables la désignation P (לחת העדת) et supposent implicitement la tente d'Ex 33,7-11 (cf. les verbes בוא et יצא, l'indication que Moïse parle directement avec Yhwh [33,11a ; 34,34a]). De même, la théophanie d'Ex 34,5-9 joue le rôle assuré par Ex 19,1–20,21[105] en Ex 19–24 et comprend pour le v. 9 des éléments qui se rattachent à Ex 32,9-14 et Ex 33[106]. Tout cela conduit à penser qu'Ex 34 est une composition postérieure à la conclusion d'un récit ancien que nous avons repérée en Ex 32,34aα.

---

105 Cf. JOHNSTONE, « Mountain », p. 459.
106 בעיניך חן מצאתי : Ex 33,12.13.16.17 ; בקרבנו : Ex 33,3.5 ; הוא עם־קשה־ערף : Ex 32,9 ; 33,3.5.

De nombreux auteurs ont montré avec raison le caractère tardif des péricopes d'Ex 33 par rapport à Ex 32[107], dont la préoccupation de fond est la présence de Yhwh au milieu de son peuple.

Il ressort donc de tout cela que Dt 9,7–10,11, tant dans sa couche de base que pour ses additions, ne livre aucun indice laissant penser que ces chapitres présupposeraient Ex 33–34. C'est d'ailleurs plutôt l'inverse que l'on constate. Dt 10,1-5 a certainement inspiré l'écriture d'Ex 34,1-4. Le texte de base du livre de l'Exode sur lequel s'est appuyé Dt 9,7–10,11 dans sa première version ne se prolongeait donc probablement pas au-delà du chapitre 32. Une objection majeure surgit alors : si le motif des tables en Ex 34,1-4 est repris à partir de Dt 10,1-5, comment expliquer que nous trouvons déjà ce motif en Ex 24,12 ; 31,18 et 32,19 ? Les tables d'Ex 24,12 ; 31,18 et 32,19 ont-elles la même fonction et le même contenu que celles d'Ex 34,1-4.28 ? Nous proposerons une réponse à cette question dans la suite de notre étude[108].

Recherche du récit ancien

Ayant listé les indices nous laissant penser que le récit de base de Dt 9,7–10,11 repose sur un récit ancien en Ex 32–34, et montré qu'il est plausible que ce récit se trouve en Ex 32 seulement, nous voulons maintenant essayer de le dégager. La critique littéraire que nous présentons ci-après sera succincte et menée dans le but d'éclairer autant que possible l'histoire rédactionnelle de Dt 9,7–10,11.

Ex 32 se laisse décomposer en sections plus ou moins homogènes : Ex 32,1-6 ; 32,7-14 ; 32,15-20 ; 32,21-24 ; 32,25-29 ; 32,30-35. Indubitablement, cet ensemble n'est pas d'une seule venue. Nous avons déjà montré qu'Ex 32,7-14 est une interpolation dans son contexte[109].

---

107 R. Achenbach attribue ce chapitre à des phases tardives de la composition du Pentateuque : Ex 33,1-6.12-17 à HexRed ; Ex 33,7-11 ; 34,29-35 à PentRed ; Ex 33,18-23 est selon lui un complément tardif (ACHENBACH, *Vollendung*, p. 179.202) ; pour E. Blum, « une étude attentive d'Ex 33–34 révèle que ces chapitres, dans leur forme actuelle, ont été entièrement élaborés par K^D » (BLUM, « Montagne », p. 281) ; selon M. Noth, Ex 33 est composé d'ajouts qui se présentent comme des discussions secondaires d'Ex 32 (NOTH, *Pentateuch*, p. 159 n. 414).
108 Cf. p. 409-410.
109 Cf. p. 369.

Ex 32,1-6

וירא העם כי־בשש משה לרדת מן־ההר ויקהל העם
על־אהרן ויאמרו אליו קום עשה־לנו אלהים אשר
ילכו לפנינו כי־זה משה האיש אשר העלנו מארץ
מצרים לא ידענו מה־היה לו: 2 ויאמר אלהם אהרן
פרקו נזמי הזהב אשר באזני נשיכם בניכם ובנתיכם
והביאו אלי: 3 ויתפרקו כל־העם את־נזמי הזהב
אשר באזניהם ויביאו אל־אהרן: 4 ויקח מידם ויצר
אתו בחרט ויעשהו עגל מסכה ויאמרו אלה אלהיך
ישראל אשר העלוך מארץ מצרים: 5 וירא אהרן
ויבן מזבח לפניו ויקרא אהרן ויאמר חג ליהוה מחר:
6 וישכימו ממחרת ויעלו עלת ויגשו שלמים וישב העם
לאכל ושתו ויקמו לצחק:

> Le peuple vit que Moïse tardait à descendre de la montagne ; le peuple s'assembla près d'Aaron et lui dit : « Debout! Fais-nous des dieux qui marchent à notre tête, car ce Moïse, l'homme qui nous a fait monter du pays d'Égypte, nous ne savons pas ce qui lui est arrivé ». 2 Aaron leur dit : « Arrachez les boucles d'or qui sont aux oreilles de vos femmes, de vos fils et de vos filles, et apportez-les-moi ». 3 Tout le peuple arracha les boucles d'or qu'ils avaient aux oreilles, et on les apporta à Aaron. 4 Ayant pris l'or de leurs mains, il le façonna au burin pour en faire une statue de veau. Ils dirent alors : « Voici tes dieux, Israël, ceux qui t'ont fait monter du pays d'Égypte! ». 5 Aaron le vit et il bâtit un autel en face de la statue ; puis Aaron proclama ceci : « Demain, fête pour Yhwh ! ». 6 Le lendemain, dès leur lever, ils offrirent des holocaustes et amenèrent des sacrifices de paix ; le peuple s'assit pour manger et boire, il se leva pour se divertir.

La critique littéraire d'Ex 32,1-6 est un lieu stratégique. Au point où nous en sommes, nous pensons :
- qu'Ex 32,7-14 est une péricope postérieure à Dt 9,12-14.26-29 dans son écriture[110] ;
- que la couche de base à laquelle appartient Dt 9,12-14.26-29 présuppose un premier récit qui se terminait en Ex 32,34aα [111];
- que ce récit ancien d'Ex 32 ne peut pas commencer directement en Ex 32,15 sans préciser au lecteur la fabrication d'un veau d'or par le peuple, sans quoi la particule את du v. 32,19 (וירא את־העגל) serait incompréhensible.

Étant donné que les deux seules mentions de la faute du peuple avant Ex 32,15 sont celles d'Ex 32,1-6 et 32,7-8, et que la seconde est

---

110 Cf. p. 366.
111 Cf. p. 388.

postérieure à la couche de base de Dt 9,7–10,11, nous arrivons par déduction à la nécessité qu'Ex 32,1-6 soit un élément du récit ancien d'Ex 32.

Les critiques posent également la question de l'antiquité d'Ex 32,1-6 sous un angle complémentaire. Ils désirent savoir si ces versets présupposent ou non Ex 25–31 ; 35–40, ce qui revient à poser la question de l'emboîtement des différentes pièces qui composent Ex 19–40. À cet égard, l'analyse d'Ex 32,1-6 est essentielle : ces versets présupposent-ils Ex 25–31.35–40, chapitres dans lesquels Ex 32–34 aurait pu être inséré comme un coin ? Ou au contraire sont-ils plus anciens que les chapitres qui les entourent (Ex 25–31.35–40), lesquels auraient été insérés en rompant un fil narratif Ex 19–24.32–34 préexistant ? En bref, les derniers rédacteurs à être intervenus en Ex 32–34 sont-ils ceux d'Ex 25–31.35–40 ou ceux d'Ex 32–34 ?

Pour répondre à ces questions et évaluer l'antiquité d'Ex 32,1-6, il nous faut regarder le contenu de ces versets. Nous relevons d'abord qu'un certain nombre d'éléments de cette section peuvent induire que son écriture présuppose P.

E. Otto relève en ce sens les correspondances suivantes[112] :

- Ex 32,1 (ויקהל העם על־אהרן) → Ex 35,1 (ויקהל משה את־כל־עדת בני ישראל)
- Ex 32,1 (קום עשה־לנו אלהים) → Ex 25,8 (ועשו לי מקדש) qui est exécuté en Ex 35
- Ex 32,2-3 (פרקו נזמי הזהב ; בוא-Hiphil) → Ex 35,22 (בוא-Hiphil ; נזם ; כל־כלי זהב)
- Ex 32,5 (חג ליהוה) → Lv 23,6.34
- Ex 32,6 (נגש-hiphil) → Lv 2,8 ; 8,14

Ce même auteur liste également des correspondances qui mettent selon lui Ex 32,1-6 en liaison avec sa rédaction pentateucale post-sacerdotale (PentRed) en Ex 20,23-24 ; 24,4.5.11[113].

- Ex 32,4 (ויעשהו עגל מסכה) → Ex 20,23 (לא תעשון אתי אלהי כסף ואלהי זהב לא תעשו לכם)
- Ex 32,5 (ויבן מזבח) → Ex 20,24 (מזבח אדמה תעשה־לי)
- Ex 32,5 (ויבן מזבח) → Ex 24,4 (ויבן מזבח)
- Ex 32,6 (ויעלו עלת) → Ex 20,24 (וזבחת עליו את־עלתיך)

---

112 OTTO, *Pentateuch und Hexateuch*, p. 84-86. Dans le même sens, cf. UTZCHNEIDER, *Heiligtum*, p. 86-87 ; SCHMITT, « Kalb », p. 239.
113 OTTO, *Pentateuch und Hexateuch*, p. 87.

- Ex 32,6 (ויעלו עלת) → Ex 24,5 (ויעלו עלת)
- Ex 32,6 (ויגשו שלמים) → Ex 20,24 (את־שלמיך...עליו וזבחת)
- Ex 32,6 (ויזבחו זבחים שלמים) → Ex 24,5 (ויגשו שלמים)
- Ex 32,6 (ויאכלו וישתו) → Ex 24,11 (וישב העם לאכל ושתו)

Il conclut alors que les versets 32,1-6 doivent être attribués à PentRed.

J. Gertz[114] prend le contre-pied d'E. Otto en ce qui concerne la relation de dépendance d'Ex 32,1-6 vis-à-vis de P. S'il concède que les v. 32,5-6 sont bien conçus en contraste avec Ex 20,24, il pense au contraire d'E. Otto qu'Ex 32,1-6 ne présuppose pas P mais seulement HD. Selon lui, le verbe « עשה + objets cultuels » se retrouve massivement en 1 R 12,26-32[115] et il ne fait guère de doute que la tournure עשה־לנו אלהים (Ex 32,1) provient de la présentation dtr et non pas d'Ex 25,8 comme le propose E. Otto. Il pense que le motif des anneaux d'or (32,2-3) est un renvoi à Ex 3,22 ; 11,2 ; 12,35-36 et que rien n'oblige à le considérer comme dépendant d'Ex 35,22. Cependant, puisqu'en Ex 3,22 ; 11,2 ; 12,35-36 il ne s'agit pas d'anneaux (נזם) mais d'objets (כלי)[116], il émet l'hypothèse que la fabrication du veau se rattache à Jg 8,24-27 où le terme נזם est utilisé et où un processus similaire est décrit[117]. J. Gertz relie également – ce qui est classique dans la recherche – la proclamation אלה אלהיך ישראל אשר העלוך מארץ מצרים (Ex 32,4) à 1 R 12,28 et il s'appuie sur R. Rendtorff[118] pour conclure que la tournure נגש-hiphil (Ex 32,6) ne reflète pas la terminologie habituelle de P.

Pour cet auteur, la proximité de la formulation קרא חג ליהוה (32,5) avec P est réelle. L'utilisation du verbe קרא pour la convocation d'une fête se trouve en Lv 23,2.4.21.37 et, avec חג ליהוה, en Lv 23,6.34. On trouve également cette tournure dans des occurrences tardives comme Ex 12,14 ; 13,6 ; Nb 29,12. Cependant, la mention d'une fête est aussi présente en 1 R 12,32 (עשה חג). Finalement, J. Gertz conclut après examen que cet appel d'Aaron (ויקרא אהרן ויאמר חג ליהוה מחר), tout comme la clause ויקהל העם על־אהרן (Ex 32,1), est un ajout proaaronide en Ex 32,1-6. Il se fonde pour cela sur l'observation de la

---

114 GERTZ, « Beobachtungen », p. 91-95.
115 1 R 12,28.31(2x).32(3x).33(2x).
116 Comme en Ex 35,22 d'ailleurs.
117 Même processus : collecte d'anneaux d'or puis fabrication par un chef [Aaron ; Gédéon] d'un objet de culte qui devient un piège pour Israël. Dans le même sens, B. Renaud note la parenté des deux récits (RENAUD, L'alliance, p. 83).
118 RENDTORFF, Leviticus 2,1-5,26, p. 106.

répétition, superflue à son sens, des sujets en Ex 32,1 (העם) et Ex 32,5 (אהרן)[119] :

Ex 32,1
וירא העם כי־בשש משה לרדת מן־ההר ויקהל העם
על־אהרן ויאמרו אליו קום עשה־לנו אלהים אשר ילכו
לפנינו כי־זה משה האיש אשר העלנו מארץ מצרים
לא ידענו מה־היה לו:

Le peuple vit que Moïse tardait à descendre de la montagne ; le peuple s'assembla près d'Aaron et lui dit : « Debout ! Fais-nous des dieux qui marchent à notre tête, car ce Moïse, l'homme qui nous a fait monter du pays d'Égypte, nous ne savons pas ce qui lui est arrivé. »

Ex 32,5
וירא אהרן ויבן מזבח לפניו ויקרא אהרן ויאמר חג
ליהוה מחר:

Aaron le vit et il bâtit un autel en face de la statue ; puis Aaron proclama ceci : « Demain, fête pour Yhwh ! »

Chacun de ces ajouts aurait visé selon J. Gertz à disculper Aaron en montrant qu'il a agi sous la pression du peuple (v. 1) et reste attaché à Yhwh (v. 4).

Hormis ce qui concerne les ajouts proaaronides indiqués ci-dessus, l'argumentation de J. Gertz nous semble convaincante. Nos réserves concernant ces ajouts portent sur le fait que la redondance provoquée par la répétition des sujets n'est pas si évidente, dans un cas comme dans l'autre. La fin d'Ex 32,1 et le verset suivant Ex 32,2 supposent implicitement le rassemblement décrit par l'ajout présumé proaaronide du v. 32,1 (ויקהל העם על־אהרן)[120]. De même, les v. 5a et 5b sont complémentaires et correspondent à ce qui se passe en 1 R 12,32-33 où fête (חג) et autel (מזבח) sont liés.

Néanmoins, le reste des remarques de J. Gertz se justifie. Nous ne voyons pas d'argument indiscutable soutenant le fait qu'Ex 32,1-6 présupposerait P, alors que la présence sous-jacente du récit de 1 R 12 nous semble incontournable. Finalement, si nous faisons le relevé de ce que présuppose Ex 32,1-6, nous trouvons le récit d'1 R 12, une tradition de la sortie d'Égypte réussie (cf. Ex 32,1.4)[121], un long séjour de Moïse sur la montagne (Ex 32,1), c'est-à-dire probablement la mention des « quarante jours et quarante nuits » (Ex 24,18b) et peut-être Jg 8,24-27.

---

119 Cette observation est également avancée par NOTH, *Exodus*, p. 245 ; HAHN, *Kalb*, p. 105. ; DOHMEN, *Bilderverbot*, p. 67 ; 90-91 ; 101 ; 105-106.
120 ZENGER, *Sinaitheophanie*, p. 79.
121 GERTZ, « Beobachtungen », p. 89.

Cela étant dit, Ex 32,1-6 appartient-il au récit ancien dont nous avons repéré une trace en Ex 32,34a*a* ? Nous pouvons repartir de la remarque souvent citée de L. Perlitt : « La fabrication et la destruction de la עגל מסכה est le point central du récit, duquel tous les autres traits du récit tirent leur existence »[122]. Autrement dit, sans la mention de la fabrication et de la destruction du veau, le récit ne tient pas. Selon cette optique et étant donné qu'Ex 32,7-8 fait partie d'un ensemble (32,7-14) inséré tardivement à cet endroit[123], qu'Ex 32,1-6 ne comprend pas d'indices qui en feraient un récit post-P et que la suite du récit présuppose la fabrication du veau, il nous semble que rien ne s'oppose à attribuer Ex 32,1-6 au fil narratif le plus ancien du chapitre.

L'absence de tout indice renvoyant à Ex 32,1-6 dans le récit de base de Dt 9,7–10,11 pourrait être invoquée comme objection à cette attribution[124]. Cependant, nous l'avons vu[125], des auteurs comme C. Begg et R. Achenbach pensent que les indications עשו להם מסכה [עשיתם לכם עגל] en Dt 9,12.16, qui introduisent pour le lecteur la statue de fonte en faisant l'économie du récit de sa fabrication, présupposent impliciterment la connaissance d'Ex 32,1-6. Les tendances synthétiques de la rédaction responsable du récit de base de Dt 9,7–10,11, qui vise à faire de la fabrication du veau un paradigme des fautes d'Israël, pourraient expliquer que sont passés sous silence en Dt 9,7–10,11 les événements rapportés en Ex 32,1-6.8b. Les désignations sobres de l'idole en Dt 9,12 (מסכה) et 9,16 (עגל מסכה) s'inscrivent probablement dans la même logique. Nous maintenons donc notre attribution d'Ex 32,1-6 au récit de base d'Ex 32.

Ex 32,7-14

וידבר יהוה אל־משה לך־רד כי שחת עמך אשר
העלית מארץ מצרים: 8 סרו מהר מן־הדרך אשר
צויתם עשו להם עגל מסכה וישתחוו־לו ויזבחו־לו
ויאמרו אלה אלהיך ישראל אשר העלוך מארץ
מצרים: 9 ויאמר יהוה אל־משה ראיתי את־העם הזה
והנה עם־קשה־ערף הוא: 10 ועתה הניחה לי ויחר־אפי
בהם ואכלם ואעשה אותך לגוי גדול: 11 ויחל משה
את־פני יהוה אלהיו ויאמר למה יהוה יחרה אפך
בעמך אשר הוצאת מארץ מצרים בכח גדול וביד

---

122 Perlitt, *Bundestheologie*, p. 207.
123 Cf. p. 369.
124 C'est ainsi qu'un auteur comme B. Renaud exclut Ex 32,1-6 du récit de base d'Ex 32 et attribue ces versets à une composition dtr venue compléter ce récit, en s'inspirant de 1 R 12 et de Jg 8,24s (Renaud, *L'alliance*, p. 82-83).
125 Cf. p. 387.

חִזְקָה: 12 לְמָה יֹאמְרוּ מִצְרַיִם לֵאמֹר בְּרָעָה הוֹצִיאָם
לַהֲרֹג אֹתָם בֶּהָרִים וּלְכַלֹּתָם מֵעַל פְּנֵי הָאֲדָמָה שׁוּב
מֵחֲרוֹן אַפֶּךָ וְהִנָּחֵם עַל־הָרָעָה לְעַמֶּךָ: 13 זְכֹר לְאַבְרָהָם
לְיִצְחָק וּלְיִשְׂרָאֵל עֲבָדֶיךָ אֲשֶׁר נִשְׁבַּעְתָּ לָהֶם בָּךְ וַתְּדַבֵּר
אֲלֵהֶם אַרְבֶּה אֶת־זַרְעֲכֶם כְּכוֹכְבֵי הַשָּׁמַיִם וְכָל־הָאָרֶץ
הַזֹּאת אֲשֶׁר אָמַרְתִּי אֶתֵּן לְזַרְעֲכֶם וְנָחֲלוּ לְעֹלָם:
14 וַיִּנָּחֶם יְהוָה עַל־הָרָעָה אֲשֶׁר דִּבֶּר לַעֲשׂוֹת לְעַמּוֹ:

Yhwh adressa la parole à Moïse : « Descends donc, car ton peuple s'est corrompu, ce peuple que tu as fait monter du pays d'Égypte. 8 Ils n'ont pas tardé à s'écarter du chemin que je leur avais prescrit ; ils se sont fait une statue de veau, ils se sont prosternés devant elle, ils lui ont sacrifié et ils ont dit : Voici tes dieux, Israël, ceux qui t'ont fait monter du pays d'Égypte ». 9 Et Yhwh dit à Moïse : « Je vois ce peuple : eh bien ! c'est un peuple à la nuque raide ! 10 Et maintenant, laisse-moi faire : que ma colère s'enflamme contre eux, je vais les supprimer et je ferai de toi une grande nation ». 11 Mais Moïse apaisa la face de Yhwh, son Dieu, en disant : « Pourquoi, Yhwh, ta colère veut-elle s'enflammer contre ton peuple que tu as fait sortir du pays d'Égypte, à grande puissance et à main forte ? 12 Pourquoi les Égyptiens diraient-ils : " C'est par méchanceté qu'il les a fait sortir ! Pour les tuer dans les montagnes ! Pour les supprimer de la surface de la terre ! ". Reviens de l'ardeur de ta colère et renonce à faire du mal à ton peuple. 13 Souviens-toi d'Abraham, d'Isaac et d'Israël, tes serviteurs, auxquels tu as juré par toi-même, auxquels tu as adressé cette parole : Je multiplierai votre descendance comme les étoiles du ciel, et tout ce pays que j'ai dit, je le donnerai à votre descendance, et ils le recevront comme patrimoine pour toujours ». 14 Et Yhwh renonça au mal qu'il avait dit vouloir faire à son peuple.

Nous avons déjà analysé cette section et il nous suffit ici de resaisir nos conclusions :
- Ex 32,7-14 se présente comme une interpolation composée à partir de textes tardifs[126]
- Son horizon d'écriture est vaste, allant de Gn à 2 R[127]
- Ex 32,7-8a dépend probablement de Dt 9,12 et non l'inverse[128]
- Ex 32,9 est une insertion tardive dans Ex 32 à partir de Dt 9,13, certainement dans le cadre d'une harmonisation interne au Pentateuque après sa traduction grecque[129]

---

126 Cf. p. 369 et 379.
127 Cf. p. 379.
128 Cf. p. 299-301.
129 Cf. p. 376.

Ajoutons qu'Ex 32,7 présuppose Ex 32,1-6 puisque l'indication « ce peuple que tu as fait monter du pays d'Égypte » suppose Ex 32,1b[130], mais constitue aussi une réaction à ce qu'a dit le peuple en Ex 32,4b.

Ces versets sont souvent mis en lien avec la période exilique ou le début de la période post-exilique, l'intercession d'Ex 32,11-14 étant comprise comme influencée par la pratique de prière postérieure à la chute de Juda. Elle est ainsi analysée par E. Aurelius comme un paradigme de la prière de lamentation de ces périodes[131], et J. Gertz considère que l'utilisation du verbe נחם (Ex 32,14) reflète une tournure de l'Israël exilique – post-exilique qui peut servir de *terminus technicus*[132].

Ex 32,15-20

ויפן וירד משה מן־ההר ושני לחת העדת בידו
לחת כתבים משני עבריהם מזה ומזה הם כתבים:
16 והלחת מעשה אלהים המה והמכתב מכתב
אלהים הוא חרות על־הלחת: 17 וישמע יהושע
את־קול העם ברעה ויאמר אל־משה קול מלחמה
במחנה: 18 ויאמר אין קול ענות גבורה ואין קול
ענות חלושה קול ענות אנכי שמע: 19 ויהי כאשר
קרב אל־המחנה וירא את־העגל ומחלת ויחר־אף
משה וישלך מידו את־הלחת וישבר אתם תחת ההר:
20 ויקח את־העגל אשר עשו וישרף באש ויטחן עד
אשר־דק ויזר על־פני המים וישק את־בני ישראל:
21 ויאמר משה אל־אהרן מה־עשה לך העם הזה
כי־הבאת עליו חטאה גדלה:

Moïse s'en retourna et descendit de la montagne, les deux tables de la charte en main, tables écrites des deux côtés, écrites de part et d'autre ; 16 les tables, c'était l'œuvre de Dieu, l'écriture, c'était l'écriture de Dieu, gravée sur les tables. 17 Josué entendit le bruit des acclamations du peuple et il dit à Moïse : « Bruit de guerre dans le camp ! ». 18 Mais celui-ci dit : « Ni le bruit des chants de victoire, ni le bruit des chants de défaite, ce que j'entends, c'est un bruit de cantiques ! ». 19 Or, comme il s'approchait du camp, il vit le veau et des danses ; Moïse s'enflamma de colère : de ses mains, il jeta les tables et les brisa au bas de la montagne. 20 Il prit le veau qu'ils avaient fait, le brûla, l'écrasa tout fin, le répandit à la surface de l'eau et il fit boire les fils d'Israël.

---

130 GERTZ, « Beobachtungen », p. 99.
131 AURELIUS, *Fürbitter*, p. 96-97.
132 GERTZ, « Beobachtungen », p. 100.

Les v. 15-16 contiennent une terminologie P (לחת העדת) et sont proches d'Ex 31,18 et 34,29 :

Ex 32,15-16

ויפן וירד משה מן־ההר ושני לחת העדת בידו
לחת כתבים משני עבריהם מזה ומזה הם כתבים:
16 והלחת מעשה אלהים המה והמכתב מכתב
אלהים הוא חרות על־הלחת:

Moïse s'en retourna et descendit de la <u>montagne, les deux tables de la charte en main</u>, tables écrites des deux côtés, écrites de part et d'autre ; 16 les tables, <u>c'était l'oeuvre de Dieu, l'écriture, c'était l'écriture de Dieu</u>, gravée sur les tables.

Ex 31,18

ויתן אל־משה ככלתו לדבר אתו בהר סיני שני לחת
העדת לחת אבן כתבים באצבע אלהים:

Puis, ayant achevé de parler avec Moïse sur la <u>montagne Sinaï</u>, il lui donna <u>les deux tables de la charte</u>, tables de pierre, <u>écrites du doigt de Dieu</u>.

Ex 34,29

ויהי ברדת משה מהר סיני ושני לחת העדת
ביד־משה...

Or, quand Moïse descendit de <u>la montagne Sinaï</u>, ayant <u>à la main les deux tables de la charte</u>, quand il descendit de la montagne, il ne savait pas, lui, Moïse, que la peau de son visage était devenue rayonnante en parlant avec Yhwh.

Comme Ex 31,18 et 34,29-35, qui servent à connecter les sections Ex 25–31 et Ex 35–40 avec le récit non-P d'Ex 32–34, on peut légitimement penser que l'usage de la désignation P pour les tablettes et l'insistance sur le caractère divin de leur écriture en 32,15-16 sont le fait de l'auteur de ces versets. Nous avons donc assez probablement en Ex 32,15-16 une des amarres du récit ancien d'Ex 32 avec son environnement P.

Les v. 17-18 sont marqués par la présence soudaine de Josué aux côtés de Moïse. Nous avons déjà fait souligné leur caractère d'addition, en nous appuyant sur R. Achenbach, E. Blum et H.-C. Schmitt[133]. Cet ajout aurait eu pour fonction de dédouaner Josué de toute compromission dans la fabrication du veau et de lui préparer la place d'auxiliaire puis de successeur de Moïse : « Comme accompagnateur de Moïse sur la montagne (Ex 24 ; 32) […] Josué reste innocent de la transgression du peuple (Ex 32) ; il peut par conséquent servir dans la *Ohel Mo'ed* et finalement être désigné par *Yhwh* lui-même comme successeur de Moïse et mener le peuple à la conquête du pays (Dt 31,14-15.23) »[134].

---

133 Cf. p. 305-305.
134 BLUM, *Studien*, p. 80-81.

Avec Ex 32,19 reprend le récit ancien, interrompu en Ex 32,15* (ויפן וירד משה מן־ההר). L'indication ומחלת peut présupposer Ex 32,17-18 et/ou Ex 32,6 (ויקמו לצחק), si bien qu'il n'est pas forcément nécessaire de l'exclure du récit de base d'Ex 32. Le reste du verset 19, tout comme le verset suivant, appartient au centre de gravité du chapitre. La précision תחת ההר (Ex 32,19), note inutile puisque Moïse est descendu de la montagne (32,15) et est parvenu au camp (32,19), est certainement un renvoi délibéré à Ex 24,4 (תחת ההר)[135]. Ce lien permet de mettre en opposition la scène d'alliance (Ex 24) et la scène de rupture d'alliance (Ex 32), ou, dans les termes d'E. Aurelius[136], le culte authentique de Yhwh et le culte déviant.

Comme nous l'avons déjà mentionné[137], Ex 32,20 est selon nous (*pace* C. Begg) la *Vorlage* de Dt 9,21[138]. Une autre question concerne ce verset. Une interprétation ancienne fait de l'ingestion des restes du veau en Ex 32,20 une ordalie dont Ex 32,35 serait le résultat[139]. Cette interprétation repose généralement sur l'établissement d'une parenté entre Ex 32,20 et Nb 5,11-31[140]. Cependant, ce point est en débat, car *tout* le peuple était impliqué dans la fabrication du veau (cf. Ex 32,3), si bien qu'il n'y a de doute ni sur la nature de la faute ni sur l'identité des coupables[141] et donc pas nécessité d'une ordalie pour révéler ceux-ci. De plus, aucun serment imprécatoire n'apparaît en Ex 32,20. En dépit des doutes sur le fait que l'ingestion de l'idole soit ou non une ordalie, le caractère de sanction de l'acte est assuré et sa mise en relation avec Ex 32,35 permet une compréhension de ce verset difficile.

En résumé, à ce stade de la critique littéraire, le récit de base d'Ex 32 qui se dégage de notre analyse comprend les v. 1-6.15*(ויפן וירד משה מן־ההר).19-20.

Ex 32,21-24
21 ויאמר משה אל־אהרן מה־עשה לך העם הזה כי־הבאת עליו חטאה גדלה: 22 ויאמר אהרן אל־יחר

---

135 GERTZ, « Beobachtungen », p. 89.
136 « Der Gottesdienst vor dem Stierbild... den ersten wahren Gottesdienst konterkariert » (AURELIUS, *Fürbitter*, p. 70).
137 Cf. p. 387.
138 Dans le même sens, SCHMITT, « Kalb », p. 242.
139 HOUTMAN, *Exodus 20-40*, p. 659 décrit cette position comme soutenue par Rashi, Ibn Ezra, Nachmanides, Keil, Dillmann, Strack et Baentsch.
140 Outre les auteurs mentionnés dans la note précédente, le rapprochement entre Ex 32,20 et Nb 5,11-31 est aussi effectué, notamment, par DRIVER, *Exodus*, p. 353 ; NOTH, *Exodus*, p. 249-250 et AURELIUS, *Fürbitter*, p. 49 n. 28.
141 Cf. HOUTMAN, *Exodus 20-40*, p. 659.

אַף אֲדֹנִי אַתָּה יָדַעְתָּ אֶת־הָעָם כִּי בְרָע הוּא:
23 וַיֹּאמְרוּ לִי עֲשֵׂה־לָנוּ אֱלֹהִים אֲשֶׁר יֵלְכוּ לְפָנֵינוּ
כִּי־זֶה מֹשֶׁה הָאִישׁ אֲשֶׁר הֶעֱלָנוּ מֵאֶרֶץ מִצְרַיִם לֹא יָדַעְנוּ
מֶה־הָיָה לוֹ: 24 וָאֹמַר לָהֶם לְמִי זָהָב הִתְפָּרָקוּ
וַיִּתְּנוּ־לִי וָאַשְׁלִכֵהוּ בָאֵשׁ וַיֵּצֵא הָעֵגֶל הַזֶּה:

> Moïse dit à Aaron : « Que t'a fait ce peuple pour que tu amènes sur lui un grand péché ? ». 22 Aaron dit : « Que la colère de mon seigneur ne s'enflamme pas ! Tu sais toi-même que le peuple est dans le malheur. 23 Ils m'ont dit : " Fais-nous des dieux qui marchent à notre tête, car ce Moïse, l'homme qui nous a fait monter du pays d'Égypte, nous ne savons pas ce qui lui est arrivé ". 24 Je leur ai donc dit : " Qui a de l'or ? ". Ils l'ont arraché de leurs oreilles et ils me l'ont donné. Je l'ai jeté au feu, et il en est sorti ce veau ».

Pour M. Noth, ces versets présentent un caractère d'addition évident, puisque la conversation qu'ils rapportent arrive trop tard, après la destruction de la statue du veau. En bonne logique, dit l'auteur, Moïse aurait dû interroger Aaron avant d'agir. De plus, cet interrogatoire n'a pas de conséquence pour la personne d'Aaron et ce dernier se réfère à la fabrication de l'idole de manière très imprécise. Tout cela conduit M. Noth à comprendre ces versets comme une tentative de disculpation d'Aaron par le rédacteur de ce passage[142].

Cependant, s'il s'agit là d'une tentative de disculpation, celle-ci est fort maladroite et, à notre avis, n'atteint pas son but, puisque le lecteur qui connaît Ex 32,1-6 se rend immanquablement compte que la parole d'Aaron n'est pas fiable.

Le vocabulaire utilisé dans ces versets ne présente pas de spécificité particulière – il s'agit pour l'essentiel d'une reprise de celui d'Ex 32,1-4 –, si bien que l'on ne peut en faire un corps étranger au récit de base. Le passage n'est pas non plus indispensable.

Finalement, seule la qualification de la faute comme חטאה גדלה (Ex 32,21.30-31) présente un certain relief[143]. On la trouve en 2 R 17,21

---

142 Noth, *Exodus*, p. 244.
143 Dans un court article (RABINOWITZ, « Great Sin », p. 73) J. Rabinowitz fait état de quatre contrats de mariage égyptiens du 9e siècle avant notre ère où l'on trouve le qualificatif de « grand péché » comme cause possible du renvoi d'une épouse. Parmi les cinq occurrences bibliques de cette expression (Gn 20,9 ; Ex 32,21.30.31 ; 2 R 17,21) seule Gn 20,9 applique le qualificatif de « grand péché » a l'adultère. Selon J. Rabinowitz, c'est également le sens qu'il faut donner à l'expression dans les contrats de mariage égyptiens. Dans les autres parallèles bibliques, l'expression renvoie à l'idolâtrie des Israélites, qui est souvent considérée dans la Bible comme une infidélité maritale (le verbe זנה est par exemple utilisé pour désigner le fait de commettre l'adultère et de s'engager dans l'idolâtrie). Peu après, W.L. Moran a

mais surtout en Ex 32,30.31, versets dont nous verrons par la suite qu'ils appartiennent à la couche de base du chapitre. Les liens entre Ex 32,21-23 et Ex 32,1-4.30-31 nous invitent donc à inclure ces versets dans le récit ancien d'Ex 32. La reprise au v. 22 de la formulation du v. 19 (« que la colère de mon seigneur ne s'enflamme pas ») va dans le même sens.

Ex 32,25-29

וירא משה את־העם כי פרע הוא כי־פרעה אהרן
לשמצה בקמיהם: 26 ויעמד משה בשער המחנה
ויאמר מי ליהוה אלי ויאספו אליו כל־בני לוי:
27 ויאמר להם כה־אמר יהוה אלהי ישראל שימו
איש־חרבו על־ירכו עברו ושובו משער לשער במחנה
והרגו איש־את־אחיו ואיש את־רעהו ואיש את־קרבו:
28 ויעשו בני־לוי כדבר משה ויפל מן־העם ביום
ההוא כשלשת אלפי איש: 29 ויאמר משה מלאו ידכם
היום ליהוה כי איש בבנו ובאחיו ולתת עליכם
היום ברכה:

Moïse vit que le peuple était à l'abandon, qu'Aaron l'avait abandonné, l'exposant à la dérision de ses adversaires. 26 Alors Moïse se tint à la porte du camp et il dit : « Les partisans de Yhwh, à moi ! ». Tous les fils de Lévi s'assemblèrent autour de lui. 27 Il leur dit : « Ainsi parle Yhwh, Dieu d'Israël : Mettez chacun l'épée au côté, passez et repassez de porte en porte dans le camp et tuez qui son frère, qui son ami, qui son proche ! ». 28 Les fils de Lévi exécutèrent la parole de Moïse et, dans le peuple, il tomba environ trois mille hommes. 29 Moïse dit : « Recevez aujourd'hui l'investiture de par Yhwh, chacun au prix même de son fils et de son frère, et qu'il vous accorde aujourd'hui bénédiction ».

Ce passage est probablement secondaire. Il n'est en rien présupposé en Ex 32,30 et entre en concurrence avec l'annonce d'une punition en Ex 32,34[144]. Il est possible que son insertion à cet endroit ait occasionné la notice d'Ex 32,35.

L'expression בני לוי[145] anticipe l'organisation du peuple et la place spécifique des lévites en son sein (Nb 3,15-37). Par ailleurs, Moïse précise qu'ils se sont conféré l'investiture (מלא ; 32,29), utilisant là un vocabulaire (מלא [את] יד) attesté pour le sacerdoce aaronide en

---

ajouté un exemple supplémentaire pris dans un document akkadien d'Ougarit où l'expression a aussi le sens d'adultère (MORAN, « Scandal », p. 280-281).
144 SCHMITT, « Kalb », p. 237 ; GERTZ, « Beobachtungen », p. 97.
145 Dans la BH : Gn 46,11 ; Ex 6,16 ; 32,26.28 ; Nb 3,15.17 ; 4,2 ; 16,1.7.8 ; 16,10 ; 18,21 ; Dt 21,5 ; 31,9 ; Jos 21,10 ; 1 R 12,31 ; 1 Ch 5,27 ; 6,1.23.28.32 ; 9,18 ; 23,6.24.27 ; 24,20 ; Esd 8,15.18 ; Ne 12,23 ; Ez 40,46 ;Mal 3,3.

Ex 28,41 ; 29,9.29.33.35 ; Lv 8,33 ; 16,32 ; 21,10 ; Nb 3,3. On peut donc légitimement penser que l'insertion de ces versets a eu pour objectif de justifier la fonction sacerdotale des lévites sur le mode de textes comme Gn 34,25-30 ; Nb 25[146]. On trouve des traces de cette étiologie lévitique en Gn 49,5-7 et Dt 33,9.

Ex 32,30-35

ויהי ממחרת ויאמר משה אל־העם אתם חטאתם
חטאה גדלה ועתה אעלה אל־יהוה אולי אכפרה
בעד חטאתכם: 31 וישב משה אל־יהוה ויאמר אנא
חטא העם הזה חטאה גדלה ויעשו להם אלהי זהב:
32 ועתה אם־תשא חטאתם ואם־אין מחני נא מספרך
אשר כתבת: 33 ויאמר יהוה אל־משה מי אשר
חטא־לי אמחנו מספרי: 34 ועתה לך נחה את־העם
אל אשר־דברתי לך הנה מלאכי ילך לפניך וביום
פקדי ופקדתי עליהם חטאתם: 35 ויגף יהוה
את־העם על אשר עשו את־העגל אשר עשה אהרן:

Or, le lendemain, Moïse dit au peuple : « Vous avez commis un grand péché, mais maintenant je vais monter vers Yhwh : peut-être obtiendrai-je l'absolution de votre péché ». 31 Moïse revint vers Yhwh et dit : « Hélas ! Ce peuple a commis un grand péché ; ils se sont fait des dieux d'or. 32 Mais maintenant, si tu voulais enlever leur péché... Sinon, efface-moi donc du livre que tu as écrit ». 33 Yhwh dit à Moïse : « C'est celui qui a péché contre moi que j'effacerai de mon livre. 34 Et maintenant, va ! Conduis le peuple où je t'ai dit, et c'est mon ange qui marchera devant toi. Mais le jour où, moi, j'interviendrai, je les punirai pour leur péché ». 35 Et Yhwh frappa le peuple pour avoir fabriqué le veau, celui qu'Aaron avait fait.

Ex 32,30 ignore Ex 32,25-29 et commence par une indication chronologique (ממחרת) identique à celle d'Ex 32,6, verset que nous avons attribué au récit de base. En Ex 32,30-34, nous constatons une multiplication des mots dérivés de la racine חטא. E. Aurelius[147] remarque que huit des dix-huit occurrences de la racine חטא dans l'Exode se trouvent dans ces versets. Selon lui, cette concentration n'a de correspondance qu'en 1-2 Rois où la racine חטא est utilisée pour porter un jugement contre les rois d'Israël. Cet auteur pense que

---

146 Pour E. Blum, l'insertion de cet épisode permet de prendre acte des conséquences de la faute du peuple. Suite à l'alliance d'Ex 24, tout le peuple était considéré comme sacerdotal et était donc un peuple de prêtres, un peuple saint (Ex 19,5-6). Cependant, avec la faute d'Ex 32,1-6, nous assistons à une « chute » au sens de Gn 3. Israël a ainsi perdu son innocence, d'où l'installation d'un sacerdoce restreint, le sacerdoce lévitique (BLUM, *Studien*, p. 52-53 ; 56).

147 AURELIUS, *Fürbitter*, p. 79.

l'emploi de cette racine en Ex 32 et le lien créé avec 2 R 17,21-23 (חטאה גדלה) montrent clairement qu'il s'agit dans ce chapitre du péché de Jéroboam. Il nous semble que les correspondances avec 1 R 12 déjà relevées en Ex 32,1-6 rendent cette conclusion probable.

L'expression כפר בעד, rare dans la BH, se trouve seulement en Ex 32,30 ; Lv 9,7 ; 16,6.11.17.24 ; 2 Ch 30,18 ; Ez 45,17. Hormis Ex 32,30 et 2 Ch 30,18, toutes les autres occurrences utilisent l'expression en lien avec le sanctuaire et la performance d'un rite d'absolution en faveur d'un individu ou d'un groupe. Comme l'écrit B. Renaud, « si le syntagme *kpr b'd* [...] ne se retrouve ailleurs que dans les textes sacerdotaux, la manière particulière dont elle est construite parle plutôt contre cette attribution : en effet, en P, l'expression s'applique aux personnes, ici elle a pour objet l'action (*ht'h*). Le reste de la péricope ne porte aucune trace d'une quelconque rédaction sacerdotale »[148]. Ce diagnostic nous semble correct : l'expression כפר בעד en Ex 32,30 est non-P[149]. La tournure כפר בעד חטאת est absolument unique dans la BH. Elle témoigne même à notre avis d'un stade pré-P, car elle n'a pas encore été reliée au sanctuaire et au rituel de Lv 16.

L'analyse d'Ex 32,31-32 montre l'existence de points communs entre cette intercession et d'autres demandes ou intercessions de Genèse–2 Rois. Ainsi, quatre éléments de ces versets se retrouvent en Gn 50,17 (חטאת ; נשׂא ; ועתה ; אנא) et trois en Ex 10,17 ; 1 S 15,25 (חטאת ; נשׂא ; ועתה), mais il est difficile de déterminer l'influence que ces textes ont pu avoir les uns sur les autres.

Le motif du livre (v. 32-33) intervient soudainement dans le récit. Selon W. Johnstone, ce motif est *late post-exilic* puisqu'il apparaît également dans des textes tardifs (Ml 3,16 ; Dn 12,1 ; Ps 56,9 ; 69,29 ; 139,16)[150]. Cet auteur pense également que le motif de l'effacement du livre (מחני נא מספרך ; Ex 32,32) est inséré ici à partir de Dt 9,14[151].

Cependant, E. Zenger[152] a avancé une hypothèse qui prend le contre-pied de cette estimation et argumente l'antiquité de ce motif. Selon Zenger, la réponse à la question « Qu'était-il écrit sur les tables de pierre dont parlent Ex 24,12 ; 31,18 ; 32,19 ? » se trouve en Ex 32,32. Il pense que le contenu des tablettes était une liste de citoyens célestes, c'est-à-dire une liste des élus de Yhwh. Il s'agirait donc d'une

---

148 RENAUD, *L'alliance*, p. 66.
149 *Contra* JOHNSTONE, « Mountain », p. 457.
150 Cf. également p. 296 n. 126, où nous avions mentionné Nb 11,26 comme une occurrence apparentée.
151 JOHNSTONE, « Mountain », p. 457.
152 ZENGER, « Psalm 87,6 », p. 97-103.

transposition sur le plan céleste de listes généalogiques semblables à celles dont Jr 22,30 et plus tard Esd 2,62 conservent la trace. L'auteur argumente cette position à partir de Ps 87,6 ; Ez 13,8-9 ; Ps 69,29 ; Dn 12,1, et date l'écriture d'Ex 32,32-33 au temps du roi Ezéchias. Il indique que ce motif d'une liste céleste est également attesté dans l'espace assyro-babylonien dont l'influence sur Juda a été forte aux 8e-7e s. avant J.-C.[153].

Cette hypothèse d'E. Zenger et les parallèles extra-bibliques qui la soutiennent montrent que le motif de l'inscription sur un livre divin est certainement ancien et que rien n'oblige à le cantonner à la période post-exilique. D'autre part, cette hypothèse a également l'avantage de résoudre des questions que nous avions laissées en suspens[154] : si le motif des tables d'Ex 34,1-4 est repris de Dt 10,1-5, pourquoi ce motif se trouve-t-il déjà en Ex 24,12 ; 31,18 et 32,19 ? Les tables d'Ex 24,12 ; 31,18 et 32,19 ont-elles la même fonction et le même contenu que celles d'Ex 34,1-4.28 ? E. Aurelius avait déjà donné une réponse à cette question en avançant que les tablettes n'avaient originellement en Ex 24,12 ; 31,18 et 32,19 ni la fonction ni la signification qu'elles ont acquises en devenant en Ex 34 des tables de l'alliance sur le modèle dtr[155]. Il citait L. Perlitt : « Les tables n'ont ici aucune autre signification et aucune autre fonction que celle d'être brisées »[156]. L'hypothèse d'E. Zenger donne donc une piste de réponse qui nous semble valable pour répondre à la double question du contenu des tables et de la signification de la demande de Moïse d'être effacé du livre écrit par Yhwh. Les tables du récit ancien d'Ex 32 diffèrent de celles d'Ex 34 non seulement dans leur appellation mais aussi probablement dans leur fonction et leur contenu. Ce motif d'Ex 32 est certainement plus ancien que le motif semblable qui apparaît en Ex 34.

Le v. 34 est important. Nous avons montré que la présence du v. 34a*a* s'explique comme trace d'une ancienne conclusion du récit de base d'Ex 32. Il s'agit d'un ordre donné à Moïse de conduire le peuple, immédiatement prolongé par l'indication qu'un ange ira devant lui. Moïse doit donc être le guide du peuple et l'ange le guide de Moïse. La

---

153 E. Zenger cite une correspondance néo-assyrienne de Nabušumiddina à Esarhaddon : « Puisse Nabû inscrire Monseigneur le roi et les enfants de Monseigneur sur sa tablette de vie pour les temps éternels » et une prière néo-babylonienne de Nebukadnezar Nabú : « Sur tes tablettes sûres, qui fixent les limites de la durée du ciel et de la terre, édicte que mes jours durent longtemps, inscris une descendance pour moi » (ZENGER, « Psalm 87,6 », p. 100).
154 Cf. p. 396.
155 AURELIUS, *Fürbitter*, p. 70-71.
156 PERLITT, *Bundestheologie*, p. 210.

critique estime habituellement que la mention הנה מלאכי ילך לפניך est un ajout qui explique ce doublet à propos du guide d'Israël[157]. Selon E. Blum, Ex 32,34a*b* appartient à une couche tardive (couche *mal'ak*) que cet auteur découvre en Ex 14,19 ; 23,20-33 ; 32,34ab ; 33,2.3b.4 ; 34,11-27 ; Jg 2,1-5[158]. J.-L. Ska tient à notre sens une explication convaincante expliquant le sens de cet ajout lorsqu'il avance que « cet ange qui prend la place de Yhwh et ne s'identifie plus avec lui, reflète une théologie plus consciente de la transcendance et plus réticente à user d'anthropomorphismes »[159].

Le fait que cet ajout soit plus récent que l'indication d'Ex 32,34a*a* se déduit de l'observation suivante. Dans le livre de l'Exode, plusieurs conceptions de la montée vers la terre promise se côtoient. Une première montre Yhwh guidant (נחה) lui-même son peuple vers la terre sous la forme d'une colonne de nuée ou d'une colonne de feu (Ex 13,21 ; Ex 15,13). Une autre, celle d'Ex 32,34a*a*, indique que c'est Moïse qui doit guider le peuple et le faire monter vers le pays. Une dernière conception, celle d'Ex 32,34a*b*, parfois articulée avec la première, montre un ange de Yhwh[160] conduisant le peuple (Ex 14,19 ; 23,20.23 ; 32,34a*b* ; 33,2). Lequel de ces motifs faut-il considérer comme le plus ancien ? À notre avis, l'addition du motif de l'ange en Ex 32,34a*b* vise non seulement à préserver la transcendance de Yhwh (cf. *supra*), mais également à corriger l'indication que Moïse ferait monter « humainement » Israël vers la terre. Or, en Nb 10,29-32, Moïse semble pourtant être seul pour faire monter Israël, sans l'assistance ni de Yhwh ni de son ange, puisqu'il ne connaît pas les lieux où camper (Nb 10,31). Cependant, un ajout (Nb 10,33b-36)[161] fait de cette montée un chemin divinement guidé, sur le même modèle que celle décrite en Ex 13,21. Dès lors, on peut penser que puisque la description de Nb 10,29-32 est « corrigée » par celle de Nb 10,33-36, le motif de la montée « humaine » dans la terre est le plus ancien. Cela fait sens également en Ex 32,34 et explique l'insertion du motif de l'ange accompagnateur comme une correction. Nous en déduisons donc qu'Ex 32,34a*a* contient une tradition plus ancienne qu'Ex 32,34a*b*.

---

157 AURELIUS, *Fürbitter*, p. 67 ; NOTH, *Exodus*, p. 251 ; ZENGER, *Sinaitheophanie*, p. 86-87.
158 BLUM, *Studien*, p. 365.
159 SKA, *Introduction*, p. 276.
160 J.-L. Ska distingue à juste titre cet ange qui prend la place de Yhwh et ne s'identifie pas avec lui (cf. la citation à laquelle renvoie la n. 159, p. 410) de l'ange de Gn 16,7-14 ; Ex 3,2 ; Jg 6,11-12.21-22 ; 13,3-18 qui est identifié à Yhwh au cours du récit (SKA, *Introduction*, p. 276 n. 17).
161 Sur le caractère d'addition de ces versets, cf. AURELIUS, *Fürbitter*, p. 143.

La fin du verset (v. 34b) évoque une punition différée, qui aura lieu ביום פקדי. Nous l'avons vu plus haut[162], le sens du verbe פקד est délicat à déterminer. Il signifie « visiter », « inspecter », « passer en revue ». L'expression פקד על a le sens de « faire rendre des comptes à », « sévir contre », « intervenir contre », la notion de punition étant comprise, comme lorsqu'en français est utilisé l'euphémisme : « s'occuper du cas de quelqu'un ». ביום פקדי peut donc être traduit par « au jour de mon inspection ». Dans la BH, ביום פקדי n'a que deux occurrences : Ex 32,34 et Am 3,14[163] :

Am 3,14   כי ביום פקדי פשעי־ישראל עליו ופקדתי על־מזבחות
בית־אל ונגדעו קרנות המזבח ונפלו לארץ:
C'est qu'<u>au jour de mon inspection</u> contre Israël à cause de ses forfaits, <u>je sévirai contre</u> les autels de Béthel, on cassera les cornes de l'autel et elles tomberont à terre.

Ex 32,34   ועתה לך נחה את־העם אל אשר־דברתי לך הנה
מלאכי ילך לפניך וביום פקדי ופקדתי עליהם חטאתם:
Et maintenant, va ! Conduis le peuple où je t'ai dit, et c'est mon ange qui marchera devant toi. Mais <u>le jour de mon inspection</u>, <u>je sévirai contre</u> eux à cause de leur péché.

Ce contact entre les deux textes n'est probablement pas fortuit. Selon E. Aurelius, deux traits présents dans le livre d'Amos sont repris par Ex 32,30-34 qui s'en inspire : l'image de la ruine du peuple comme « jour de l'inspection » et celle de l'intercession en faveur de « Jacob » qui n'est pas couronnée de succès[164]. Il y a un consensus assez large dans la recherche pour interpréter ce « jour de l'inspection » comme un renvoi à l'expérience du royaume du Nord et au désastre de 722 avant J.-C.[165].

Immédiatement après cette annonce d'un désastre à venir, la précision que Yhwh « frappa le peuple pour avoir fabriqué le veau, celui qu'Aaron avait fait » surprend, d'autant plus que le fil du récit semble s'interrompre soudainement. Avec E. Blum[166], il semble

---

162 Cf. p. 232-236.
163 Cf. également Jr 27,22 (יום פקדי) qui désigne le jour de la visite de Yhwh marquant la fin de l'exil. Dans le livre de Jérémie, on trouve généralement l'expression בעת פקדתם (Jr 8,12 ; 10,15 ; 46,21 ; 49,8 ; 50,27.31) qui renvoie à la visite de Yhwh pour livrer au châtiment.
164 AURELIUS, *Fürbitter*, p. 83.
165 AURELIUS, *Fürbitter*, p. 75-76 ; GERTZ, « Beobachtungen », p. 97 ; PERLITT, *Bundestheologie*, p. 207-208 ; VAN SETERS, *Life*, p. 300.
166 BLUM, *Studien*, p. 57.

raisonnable de considérer ce verset comme un commentaire du narrateur à l'intention du lecteur. On peut dès lors y voir une addition[167]. Dans cette perspective, même si cela reste un peu conjectural, il n'est pas à exclure qu'il ait été inséré en même temps qu'Ex 32,26-29.

Au terme de notre critique littéraire d'Ex 32, nous dégageons le récit ancien suivant : Ex 32,1-6.15a*a*.19-24.30-34a*a*.34b. À cette première strate se sont ajoutés le dialogue entre Yhwh et Moïse (Ex 32,7-14) en provenance de Dt 9,12-14.26-29, une addition arrimant Ex 32–34 avec son environnement P (Ex 32,15a*b*-16), une autre dont l'horizon d'écriture est hexateucal (32,17-18 ; cf. la figure de Josué), une autre encore donnant les fondements de la fonction sacerdotale des lévites (Ex 32,25-29), et enfin un commentaire à l'intention du lecteur (Ex 32,35), peut-être à mettre en lien avec les v. 25-29.

6.2.2 Les autres sources

Si le récit ancien d'Ex 32 est la source première et principale des rédacteurs du texte de base de Dt 9,7–10,11, il n'en reste pas moins que ceux-ci ont pris appui sur d'autres textes, principalement dtr. La critique littéraire du texte unifié de Dt 9,1–10,11, que nous avons menée au chapitre 5[168], a mis au jour diverses sources sur lesquelles nous allons maintenant revenir. Étant donné que nous sommes parvenu à la conclusion que Dt 9,1-6 est un passage plus ancien que 9,7–10,11, nous allons également porter notre regard sur les sources de ces versets en « Tu » puisque la section en « Vous » (9,7–10,11) les présuppose.

Tout d'abord, nous avons vu que le texte unifié de Dt 9,1–10,11 présuppose la tradition portée par le récit de Dt 1,19-46[169]. Deux grandes constatations l'attestent. En premier lieu, le motif des Anaqim et celui des nations grandes et fortes dont les villes sont fortifiées sont

---

167 Ex 32,35 peut être compris soit comme un ajout anti-aaronide, soit, si on considère avec C. Dohmen et J. Gertz que « אשר עשו » est une interpolation dans ce verset, comme un verset primitif dans lequel il y aurait eu un ajout (אשר עשו) pro-aaronide – la figure d'Aaron aurait été améliorée par élargissement de la fabrication du veau à tout Israël (DOHMEN, *Bilderverbot*, p. 89 ; GERTZ, « Beobachtungen », p. 94 n. 33). Il nous est difficile de suivre la proposition de C. Dohmen et de J. Gertz, car dans cette optique on ne s'explique pas pourquoi les rédacteurs de ce verset n'ont pas purement et simplement éliminé la responsabilité d'Aaron de ce verset plutôt que d'insérer une clause accablant le peuple (אשר עשו).

168 Cf. p. 272-337.

169 Cf. p. 274.

en effet repris en Dt 9,1-2.14. En second lieu, le fait que Moïse n'entrera pas dans le pays est présupposé en Dt 10,11[170], alors que la forme la plus primitive de cette tradition se trouve très probablement en Dt 1,37-38[171].

Nous avons également constaté que, tant Dt 9,1-6 que 9,7–10,11, ne pouvaient être des sections chronologiquement antérieures à Dt 5. La métaphore אש אכלה הוא en 9,3 se comprend comme un renvoi à la théophanie de l'Horeb / Sinaï[172]. Une connection existe également entre Dt 9,9 (יהוה אלהינו לוחת הברית אשר־כרת יהוה עמכם) et Dt 5,2-3 (כרת עמנו ברית בחרב), qui montre que les premiers événements de l'Horeb (Dt 5) sont supposés être connus en 9,9. Cela est confirmé par la référence au « jour de l'assemblée » (5,22 ; 9,10). L'écriture de 9,7–10,11 s'appuie donc sur celle de Dt 5 qu'elle prolonge.

Certains contacts littéraires et thématiques ont été relevés entre Dt 9,1-3 et Dt 7[173]. D'autres contacts existent avec 9,7–10,11. Dans cette péricope, la réaction de Yhwh à la suite de la fabrication de la statue de fonte est exactement celle de 7,4b (ויחר אף־יהוה בכם והשמידך מהר) : la colère (אף) de Yhwh est mentionnée en 9,19 ; la menace de destruction (שמד-hiphil) apparaît en 9,8.14.19.20.25 ; la rapidité (מהר) de la corruption / destruction du peuple est soulignée en 9,12.16. Le verbe utilisé pour qualifier la conduite du peuple est le verbe סור (9,12.16), comme en 7,4a. La gravité du comportement idolâtrique d'Israël est donc soulignée à partir des règles énoncées en Dt 7,1-5.

En dehors du texte ancien d'Ex 32, de Dt 5 et de certaines sections de Dt 1–3 ; 7, tous les autres textes que nous avons repérés comme étant sous-jacents à l'écriture de Dt 9,7–10,11 se trouvent dans HD. S'agissant de Dt 9,8 (ויתאנף יהוה ב) et 9,18 (לעשות הרע בעיני יהוה להכעיסו), qui utilisent des expressions que l'on trouve amalgamées en 2 R 17,17-18, il s'agit, avons-nous conclu[174], d'un cas de reprise du vocabulaire dtr typique des livres des Rois. Les motifs des « quarante jours sans manger et sans boire » et de l'intercession (פלל-hiphil) nous orientent vers 1 R 13,1-10, texte de condamnation de l'idolâtrie et du sanctuaire de Béthel, dont la connaissance est présupposée en 2 R 23,15-20.

---

170 Cf. p. 334.
171 En Nb 20,12 et Dt 32,48-52, la prohibition divine d'entrer dans le pays a été élargie à Aaron, ce qui est aussi implicite en Nb 27,12-14. Les mentions d'une prohibition frappant Moïse seul en Dt 3,23-28 ; 4,21-22 semblent dépendantes de Dt 1,37-38.
172 Cf. p. 277.
173 Nous y avons fait allusion plus haut. Cf. p. 277.
174 Cf. p. 288-288.

Ce chapitre 23 du second livre des Rois est d'ailleurs un des endroits majeurs de HD sur lesquels Dt 9,21 prend appui. Comme l'a montré C. Begg[175], Moïse agit, dans sa façon de détruire le veau de fonte, exactement comme les réformateurs qui combattent l'idolâtrie et le culte des autres dieux dans HD. Il le *brûle* (שרף באש : expression consacrée pour détruire les objets idolâtriques, utilisée en 2 R 23,11 lors de la réforme de Josias), puis le *broie* (כתת : comme Ezéchias le fera pour le serpent de bronze de Moïse [2 R 18,4]) en l'écrasant *parfaitement* (היטב : comme en 2 R 11,18, où après le renversement d'Athalie, le peuple de Jérusalem se rendit à la maison du Baal, démolit, brisa parfaitement (היטב) ses autels et ses statues et, devant les autels, tua Mattân, le prêtre du Baal), de sorte qu'il soit réduit en *poussière* (עפר : comme en 2 R 23,6.15 lorsque Josias élimine les poteaux sacrés de Jérusalem et de Béthel). Ensuite, il *jette la poussière* (שלך-*hiphil* + את-עפר : comme Josias en 2 R 23,6.12) dans le *torrent* (נחל : lieu où l'on se débarrasse et dissémine les restes des objets idolâtriques [cf. Asa en 1 R 15,13 ; Josias en 2 R 23,6.12] ou même des hommes idolâtres [cf. Élie en 1 R 18,40]). Enfin, les « quarante jours et quarante nuits » passés à l' » Horeb » renvoient peut-être au récit d'Élie à l'Horeb en 1 R 19 (cf. le verset 8)[176].

À l'issue du relevé des divers textes que nous avons repérés comme ayant eu une influence sur l'écriture de Dt 9,1-6.7–10,11, il ressort que ceux-ci peuvent être classées en trois groupes : 1) le récit ancien d'Ex 32 ; 2) certains textes de l'encadrement amont de CD (Dt 1,19-46 ; 5 ; 7,1-5) ; 3) certains textes de HD en rapport avec la lutte contre l'idolâtrie et le culte des dieux étrangers (au minimum 1 R 13,1-10, 15,9-15 ; 2 R 11 ; 18,1-4 ; 23,4-20). Nous pouvons ajouter à ces textes de HD le récit de 1 R 12. Étant donné que le récit ancien d'Ex 32 le présuppose (cf. Ex 32,4 → 1 R 12,28), ce texte fait partie – indirectement – des sources de Dt 9,7–10,11.

Si nous nous sommes efforcé de déterminer, avec autant de précision que possible, les textes présupposés par l'écriture de Dt 9,1-6.7–10,11, nous sommes également parvenu ci-dessus à deux conclusions concernant l'Écrit sacerdotal : selon notre analyse, celui-ci n'est présupposé ni par l'écriture d'Ex 32,1-6[177] ni par la mention de l'arche en Dt 10,1-5[178]. Fort de ces résultats, nous pouvons maintenant

---

175 BEGG, « Destruction », p. 474ss.
176 Cf. p. 310 n. 181.
177 Cf. p. 397-400.
178 Cf. p. 327-329.

tenter de préciser la place Dt 9,7–10,11 dans l'histoire de la composition du Pentateuque.

6.2.3 Dt 9,7–10,11 dans l'histoire d'Israël et de la composition du Pentateuque

En synthétisant maintenant nos conclusions à propos de la place de Dt 9,7–10,11 dans l'histoire littéraire du Pentateuque, nous allons également situer l'écriture de cette péricope dans l'histoire plus générale d'Israël. Il n'est pas indifférent, en effet, de pouvoir déterminer – même hypothétiquement – à quel moment de l'histoire cette péricope a pu être insérée.

Trois moments jalonneront cette quête. Nous fixerons d'abord une première datation du texte de base de notre péricope, en reprenant certains résultats des analyses de nos deux derniers chapitres (chapitres 5 et 6). Puis nous nous intéresserons au phénomène de l'intercession en regardant dans quelle mesure ce phénomène peut nous aider dans cette quête de contextualisation historique et rédactionnelle de 9,7–10,11. Enfin, nous essaierons de situer au mieux l'épisode du veau en Deutéronome par rapport aux récits de rébellion que l'on trouve en Exode–Nombres.

Première datation du texte de base de Dt 9,7–10,11

L'horizon d'écriture de Dt 9,7–10,11, telle que nous avons pu le déterminer, s'étend d'Ex 32 d'un côté à 2 R 23 de l'autre. Cela signifie que Dt 9,7–10,11 est à penser comme un texte charnière qui permet de relier des ensembles assez vastes. L'histoire deutéronomiste que Dt 9,7–10,11 présuppose est au minimum constituée de celle des rois d'Israël et de Juda (1 Rois 12–2 Rois 25). Les deux sources principales sous-jacentes à l'écriture de cette histoire sont régulièrement mentionnées : il s'agit du « livre des annales des rois d'Israël » (ספר דברי הימים למלכי ישראל ; cf. 1 R 14,19 ; 15,31 ; 16,5.14.20.27 ; 22,39 ; 2 R 1,18 ; 10,34 ; 13,8.12 ; 14,28 ; 15,11.15.21.26.31) et du « livre des annales des rois de Juda » (ספר דברי הימים למלכי יהודה ; cf. 1 R 14,29 ; 15,7.23 ; 22,46 ; 2 R 8,23 ; 12,20 ; 14,15.18 ; 15,6.36 ; 16,9 ; 20,20 ; 21,17.25 ; 23,28 ; 24,5). La dernière référence à l'une de ces sources apparaît en 2 R 24,5. Puisque ces sources ne sont plus mentionnées dans la suite, alors que la fin du second livre des Rois relate le règne de Joïakîn (2 R 24,8-17), celui de Sédécias (2 R 24,18–25,21), le gouvernement de Godolias (2 R 25,22-26) et la grâce du roi Joïakîn (2 R 25,27-30), on peut en déduire que 2 R 24,8–25,30 est probablement à attribuer au(x) scribe(s) qui a(ont) compilé – au minimum – 1 Rois 12–2 Rois 25. Le *terminus a quo* de cette compilation est 562 avant J.-C. (cf. 2 R 25,27). Nous obtenons par là même un *terminus a quo* de l'écriture de Dt 9,7–10,11.

Pour ce qui est de la recherche d'un *terminus ad quem*, nous pouvons partir du constat – établi plus haut – que le texte de base de Dt 9,7–10,11 ignore l'écrit sacerdotal. La datation de cet écrit est débattue, la tendance actuelle étant d'abaisser de plus en plus sa date. Trois datations principales sont proposées : 1) la période pré-éxilique (Y. Kaufmann et son école[179]) ; 2) celle de la fin de l'exil (Pola[180], Otto[181], Frevel[182]) et 3) celle des premières décennies qui ont suivi le retour d'exil (Blum[183], Schmidt[184], Knauf[185], Nihan[186]). Comme le souligne J.-L. Ska, cette dernière datation est défendue par un nombre croissant de chercheurs[187]. Les arguments qui la soutiennent nous paraissent convaincants : P se présente comme un écrit qui justifie et légitime la « hiérocratie » du second temple ; il reflète l'organisation de Juda au retour de l'exil avec deux leaders complémentaires (Moïse / Aaron ; Zorobabel / Josué) ; la référence à l'autel des parfums et à l'offrande quotidienne d'encens aromatique (Ex 30,1-10) présuppose une situation où le temple de Jérusalem est redevenu un centre de stockage pour des

---

179 Sur les positions de Y. Kaufmann et des auteurs qui l'ont suivi (M. Haran, I. Knohl, A. Hurvitz), cf. KRAPF, *Priesterschrift*.
180 POLA, *Priesterschrift*, p. 342-343.
181 OTTO, « Priesterschrift », p. 24 ; OTTO, « Synchronical », p. 28. À vrai dire, E. Otto désigne la fin de l'exil, voire le retour immédiat après l'exil (avant 515) comme datation lorsqu'il écrit : « Die Konzeption von DtrD zu Offenbarung und Promulgation des Deuteronomiums am Gottesberg Horeb tritt in Konkurrenz zu der ebenfalls exilisch bzw. frühnachexilisch vor 515 v. Chr. zu datierenden Konzeption der Priesterschrift (P^G) und ihren frühnachexilischen Erweiterungen (P^S) nach der Restitution des Jerusalemer Tempels, enfaltet doch die Priesterschrift die Theorie der Einrichtung des Opferkultes und der damit verbundenen aaronodischen Priesterschaft am Sinai, auf die die mit der Schöpfung anhebende Geschichte zulaufe » (OTTO, *Pentateuch und Hexateuch* ; p. 127).
182 FREVEL, *Blick*, p. 382-387, sp. p. 383.
183 BLUM, *Studien*, p. 357 ; BLUM, « Montagne », p. 300. Cf. p. 11 n. 23.
184 SCHMIDT, *Studien*, p. 259.
185 Selon Knauf, la date de P, qui édite les traditions concurrentes sur Abraham, Moïse, Jacob, Josué, est à situer entre 538 et 515 avant notre ère, et plus particulièrement entre 520 et 515 (KNAUF, « Archeology », p. 293).
186 Pour Nihan, P date des premières décennies du 5ᵉ s. (NIHAN, *Priestly Torah*, p. 383-394 ; 614).
187 SKA, *Introduction*, p. 226-227.

biens précieux[188] ; P développe une politique de séparation ethnique qui peut être vue comme une tentative de préservation d'identité judéenne dans le contexte de l'empire perse[189].

Un élément qui rend complexe la datation de l'écrit sacerdotal comme *terminus ad quem* de l'écriture de Dt 9,7–10,11 est la difficulté de préciser si la description de l'arche en Ex 25,10-22 ; 37,1-9 appartient à P^G, P^S ou à des strates sacerdotales plus tardives encore. Pour T. Pola[190], ni Ex 25,10-22 ni Ex 37,1-9 n'appartiennent à P^G. Pour K. Elliger[191], Ex 25,10-22 et Ex 37,1-9 font au contraire partie de P^G. Ayant conscience de cette difficulté, et la prudence nous imposant de prendre pour notre datation de Dt 9,7–10,11 une fourchette large plutôt qu'étroite, nous retenons comme *terminus ad quem* une datation basse de l'écrit sacerdotal, c'est-à-dire située dans les premières décennies du 5e s. avant J.-C.

Selon nos conclusions, les rédacteurs de Dt 9,7–10,11 ont probablement écrit ce passage entre 562 avant notre ère et le début du

---

188 Selon C. Nihan, cette situation n'est pas attestée avant le gouvernorat de Néhémie, vers 450 avant J.-C. (NIHAN, *Priestly Torah*, p. 614).

189 Pour C. Nihan, cette situation n'est pas attestée avant le gouvernorat de Néhémie, vers 450 avant J.-C. (NIHAN, *Priestly Torah*, p. 384-385 ; 614). Selon cet auteur (p. 384-385) : « [I]t is indeed possible to systematically interpret P's account of the Patriarchs Abraham, Isaac, and Jacob as a political program for the בני ישראל at the time of the return from the exile. Under the shield of the empire, peaceful cohabitation with the people living in the land is recommended (see Abraham's negociation with the " Sons of Ḥet " in Gen 23), but intermarriage with them is explicitly condemned (Gen 26 :34-35 ; 27 :46). Jacob must marry the daughter(s) of his mother's father (Gen 28 :1-2), and thus remain inside the clan, whereas Edomites should similarly marry among themselves (Gen 28 :8-9). In P as elsewhere, the function of such a policy was not only to preserve and reinforce the clan's cohesion and solidarity, but also to guarantee that the clan's lands were not lost to another clan. P thus responds to the confusing situation prevailing during the return from exile, caused by the forced cohabitation of the non-exiled population with other, non-Judean clans during the Neo-Babylonian period, especially in the Neguev as the epigraphic evidence appears to imply, by promoting a strict ethnic separation from all non-Judeans inhabiting the land. [...] Although Abraham is presented as the common ancestor of both Edomites and " Israelites ", and is thus an " ecumenical " ancestor of sorts for the three groups living in Hebron, namely, Edomites, Arabs and Judeans, the line inheriting the ancestral cave of Hebron is not the line *Abraham–Isaac–Edom* but the line *Abraham–Isaac–Jacob* (Gen 50 :13). One can hardly escape the conclusion that, for the Priestly writer, the place of Edomites is within the traditional boundaries of Edom, as described in Gen 36, that is, in Mt Seir and its immediate vicinity ».

190 Cf. POLA, *Priesterschrift*, p. 343 n. 144 où l'auteur liste les versets qui entrent dans sa reconstruction de P^G en Genèse–Exode.

191 ELLIGER, « Sinn », p. 121-122.

5ᵉ siècle. Le contexte dans lequel ils l'ont fait est donc soit celui de l'exil babylonien, soit celui du retour de cet exil. Au plan littéraire, l'interprétation des catastrophes de 722 et de 597 / 587 avant J.-C. comme résultats de l'idolâtrie d'Israël leur était vraisemblablement familière. On peut dès lors supposer qu'en reprenant le motif de la fabrication du veau pour illustrer l'état de rébellion avec lequel ils invitaient Israël à rompre, ces rédacteurs s'adressaient à la génération de l'exil ou à celle du retour d'exil par le biais de la fiction mosaïque.

Le motif de l'intercession dans l'histoire d'Israël et dans la composition du Pentateuque

Pour avancer encore sur ce sujet, nous pouvons travailler sur la question de l'ancrage historique du motif de l'intercession. Une enquête sur ce motif et son histoire dans l'Israël ancien pourrait nous éclairer sur l'écriture de l'épisode du veau. Nous avons évoqué plus haut la possibilité que l'absence de sanction en Dt 9,7–10,11 puisse provenir d'une volonté des rédacteurs de cette péricope de mettre en valeur Moïse comme prophète et intercesseur. Cela correspondrait-il à une époque précise de l'histoire d'Israël ?

Les études sur l'intercession dans l'Ancien Testament se concentrent principalement sur des questions méthodologiques (définition, terminologie, forme littéraire, occurrences dans la BH) et historiques (origine, développement diachronique). À l'intersection de ces domaines, une autre question importante concerne les rapports entre l'intercession et la prophétie.

Les questions méthodologiques sont liées les unes aux autres. De nombreux auteurs décrivent le champ lexical de l'intercession[192]. Trois verbes principaux signifient « intercéder » : עתר-*hiphil* ; פגע-*qal* et surtout פלל-*hitpael*. Cependant, chacun de ces verbes peut prendre d'autres significations : פלל-*hitpael* peut simplement vouloir dire « prier » ; פגע-*qal* peut prendre le sens de « rencontrer », « frapper » ou « atteindre » ; quant à עתר-*hiphil*, il signifie bien « intercéder » dans six de ses huit occurrences dans la BH mais elles sont circonscrites aux demandes qu'adresse Pharaon à Moïse en Ex 8,4–10,17[193]. Comme bon nombre de textes habituellement considérés comme des intercessions ne possèdent pas ces verbes, on ne peut, à partir d'eux seuls, identifier les intercessions présentes dans la BH. D'autres verbes, expressions et

---

[192] DE BOER, *Voorbede*, p. 121-136 ; SCHARBERT, « Fürbitte », 1960, p. 322-324 ; ROSSIER, *L'intercession*, p. 7-8 ; O'KENNEDY, « Prophets », p. 331-333.

[193] ROSSIER, *Intercession*, p. 8.

tournures peuvent s'y substituer, par exemple : דבר אל יהוה על; פרש את־כפי; נגש; עמד לפני יהוה; שוב אל יהוה; קרא אל יהוה; צעק; דרש־נא בעדנו את־יהוה; נשא בעדם רנה ותפלה; אל־יהוה כנגד; עמד / עלה בפרץ; צעק אל־יהוה. Les modes volitifs – l'optatif (particules נא, לוא, לו) et le jussif – peuvent également être des indicateurs de la présence d'une intercession.

L'étude du vocabulaire aboutit à la conclusion qu'il n'existe pas de termes techniques exclusivement réservés à l'intercession. D'où la difficulté de sélectionner les péricopes qui y ont trait et d'en donner une définition. Les chercheurs adoptent généralement les définitions des dictionnaires, fondées sur l'étymologie, qui font dériver le verbe du latin *intercedere*, « venir, aller entre, intervenir pour, s'interposer »[194]. En prenant acte des insuffisances du vocabulaire pour définir l'intercession, F. Rossier propose une définition narrative qui, si elle perd en concision, gagne en précision. Pour cet auteur, pour qu'il y ait intercession, il faut compter avec une situation initiale défavorable à un personnage B et l'intervention d'un personnage A auprès d'un personnage C, ce dernier étant seul compétent pour transformer la situation initiale défavorable en une situation finale favorable à B. Selon Rossier, il y a donc intercession lorsque :

> « A intervient en faveur de B auprès de C, librement (que ce soit de sa propre initiative ou non), en paroles (directement ou par personnes interposées), avec A, B et C non confondus les uns avec les autres et A non supérieur à C »[195].

Avec cette définition en tête, il devient possible de prendre la longue liste des intercessions dans la BH établie par P. de Boer[196] et de l'affiner

---

[194] Cf. le rapide résumé des débats à propos de la définition de l'intercession dans O'KENNEDY, « Prophets », p. 330-331. Cet auteur propose la définition suivante : « prayer for or on behalf of someone else » (p. 331).
[195] ROSSIER, *Intercession*, p. 12.
[196] Gn 17,18 ; Gn 18,22-33 ; Gn 19,27-29 ; Gn 20,3-7.17-18 ; Gn 24,12 ; Gn 25,21 ; Ex 5,22-23 ; Ex 8,4-9 ; Ex 8,24-27 ; Ex 9,27-29.33 ; Ex 10,16-19 ; Ex 15,25 ; Ex 17,8-13 ; Ex 32,11-14 ; Ex 32,30-35 ; Ex 34,9 ; Nb 11,2 ; Nb 12,11-14 ; Nb 14,13-20 ; Nb 16,22 ; Nb 21,7-8 ; Nb 27,15-19 ; Dt 9,18-19 ; Dt 9,20 ; Dt 9,25-29 ; Dt 10,10 ; Jos 7,6-9 ; 1 S 1,17 ; 1 S 2,25 ; 1 S 7,5-10 ; 1 S 12,19-25 ; 1 S 15,11.35 ; 2 S 12,16-17 ; 2 S 24,17.25 ; 1 R 8,22-53 ; 1 R 13,6 ; 1 R 17,20-21 ; 1 R 18,42b ; 2 R 4,33-35 ; 2 R 6,17 ; 2 R 19,4 ; 2 R 19,15-19 ; 2 R 22,13 ; Is 6,5.11 ; Is 51,9-10 ; Is 53,12 ; Is 59,16 ; Is 63,5 ; Jr 7,16 ; Jr 10,23-25 ; Jr 11,14 ; Jr 14,11-12 ; Jr 14,7-9.13.19-22 ; Jr 15,1 ; Jr 16,19-21 ; Jr 18,20b ; Jr 21,2 ; Jr 27,18 ; Jr 29,7 ; Jr 37,3 ; Jr 42,1-4 ; Ez 9,8 ; Ez 11,13 ; Ez 13,5 ; Ez 22,28a.30 ; Joel 2,17 ; Am 7,2b.5b ; Jon 1,6 ; Za 1,12 ; Za 3,1-7 ; Ml 1,9a ; Ps 56,8 ; Ps 72,1.15b ; Ps 84,10 ; Ps 88,2.11-13 ; Ps 91,2.9a ; Ps 99,6 ; Ps 106,23 ; Ps 122,6a ; Ps 132,9-10 ; Job 5,1 ; Job 16,19-21 ; Job 17,3 ; Job 19,25 ; Job 33,23-24.26 ; Job 42,8 ; Dn 9,3-19 ; Esd 6,10 ; Esd 9,5-15 ; Ne 1,4-11 ; 1 Ch 21,17 ; 1 Ch 29,18-19 ; 2 Ch 6,12-20 ; 2 Ch 20,5-12 ; 2 Ch 30,18-20.

en fonction de cette définition, notamment en retirant les textes où il s'agit d'interventions en faveur non pas d'autrui mais de soi-même. Il n'entre pas dans l'optique de notre travail de procéder à un tel relevé.

En ce qui concerne la forme ou le genre littéraire des intercessions, nous arrivons à la conclusion qu'il n'existe pas de structure commune pour la prière d'intercession dans la BH[197]. Certaines intercessions sacrées[198] présentent un long argumentaire point par point pour emporter la décision de la divinité (par ex. Nb 14,13-19) ; d'autres peuvent prendre la forme d'une simple demande (Nb 12,13) ; parfois, le texte décrit simplement de l'extérieur ce qui s'est passé.

Si l'on regarde Dt 9,26-29 en ayant en tête les précisions méthodologiques sur l'intercession que nous venons de présenter, on se rend compte que ce texte présente indubitablement une intercession : Moïse intervient en faveur du peuple auprès de Yhwh, librement et en paroles ; le peuple, Yhwh et Moïse ne sont pas confondus ; ce dernier n'est pas supérieur à Yhwh.

Pour avancer sur la question de l'ancrage historique de Dt 9,7–10,11, il nous faut maintenant répondre aux questions historiques sur l'intercession. Deux de ces questions nous semblent essentielles[199]. D'abord, il y a celle du développement diachronique de l'intercession dans l'histoire d'Israël : un tel développement est-il perceptible ? Peut-on situer Dt 9,26-29 dans une période précise de cette histoire ? Ensuite, vient la question du rapport de Dt 9,26-29 avec la prophétie : l'intercession de Dt 9,26-29 induit-elle que Moïse soit considéré comme un prophète en Dt 9,7–10,11 ? Peut-on attribuer ce texte, comme le fait

---

[197] Conclusion que l'on trouve également en O'KENNEDY, « Prophets », p. 330 ; WIDMER, *Moses*, p. 52.

[198] F. Rossier distingue les intercessions *sacrées*, où le personnage C est divin, des intercessions *profanes*, où il est humain (ROSSIER, *Intercession*, p. 5).

[199] Nous laissons de côté la question de l'origine de l'intercession. Le débat sur cette question a été relancé récemment par la monographie de F. Rossier (ROSSIER, *Intercession*). Cet auteur revient sur la position de F. Hesse (HESSE, *Fürbitte*) et de P. Boer (DE BOER, *Voorbede*), pour lesquels l'intercession était à l'origine une sorte de « *religiöse Magie* », l'acte d'un homme d'exception ayant une influence sur la divinité et pouvant, par des paroles et des actes propres, changer les décisions de celle-ci. F. Hesse reconnaissait ce genre d'intercession primitive dans les interventions semi-magiques de Moïse dans le récit des plaies (par exemple Ex 8,5-8) ou encore dans le récit de la victoire d'Israël sur Amaleq (Ex 17,8-16) (HESSE, *Fürbitte*, p. 15-17). Rossier postule une origine différente pour l'intercession. Pour cet auteur, quand une personne implore Yhwh en faveur d'une autre dans la BH, il n'y a pas à la base une relation magique à Yhwh mais la transposition dans le rapport à la divinité de pratiques anthropologiques et sociales. La pratique de l'intercession profane (entre humains) est selon lui le modèle sur lequel est calquée l'intercession sacrée.

par exemple H.-C. Schmitt, à une rédaction pentateucale à orientation prophétique ?

Peu de chercheurs ont tenté de classer chronologiquement les intercessions de la BH. La difficulté tient à la critériologie à établir pour procéder à ce classement. Au milieu du siècle dernier, F. Hesse[200] a décrit le développement suivant : d'une conception primitive magique marquée par les paroles ou les gestes pleins d'autorité d'un homme de Dieu (cf. Ex 8,5-8 ; Ex 17,8-16), l'intercession est devenue un dialogue de plus en plus développé et argumenté avec Yhwh, l'autorité de l'homme de Dieu n'étant plus considérée comme suffisante (Ex 32,11-14 ; 33,13 ; 34,9 ; Nb 14,13-20 ; Jos 7,6-9). À ce stade, la confession des péchés et la repentance ne sont cependant qu'à peine mentionnées. À l'étape de développement suivante, la reconnaissance de la faute et sa confession par le ou les fautifs devient un élément important de la réussite de l'intercession (1 S 12,19-25). Puis Hesse avance que l'accompagnement de sacrifices ou d'autres actes cultuels a marqué un nouveau développement (cf. 1 S 7,5-10). Par la suite encore, d'autres actes de piété tels que le jeûne et la prostration sont apparus. En Za 3,1-7, Hesse repère encore un tournant : un ange intercède pour le grand-prêtre Josué. Il relie cette description à un déclin de l'intercession prophétique et à un transfert progressif de cette charge non seulement à des êtres angéliques, comme en Za 3, mais aussi à la classe sacerdotale (cf. Joël 2,12-13) et même plus largement à des dirigeants (Ne 1,6-11). En passant en revue les différents textes d'intercession de la BH, Hesse décrit donc un développement historique qui part d'une intervention prophétique quasi-magique à une prière humaine ou angélique longue et argumentée, accompagnées d'actes de repentance de plus en plus marqués.

J. Scharbert[201] propose lui aussi une reconstruction de l'histoire de l'intercession dans la BH en insistant sur un critère particulier : selon lui, il y a eu passage d'intercessions exclusives (l'intercesseur ne s'inclut pas lui-même dans la demande) dans la période pré-exilique à des intercessions inclusives (l'intercesseur s'inclut dans la demande) dans les périodes exilique et post-exilique. Il attribue les intercessions d'Ex 32 et Nb 14 à un écrivain prédeutéronomique[202]. Celle de Dt 9,14-29, qui comprend une pénitence (jeûne et prostation devant Yhwh pendant quarante jours et quarante nuits), est selon lui plus récente. En Ex 34,9, Moïse est inclus dans la confession des péchés, ce qui est la marque

---

200 HESSE, *Fürbitte*, p. 15-145.
201 SCHARBERT, « Fürbitte », 1960 ; SCHARBERT, « Fürbitte », 1984.
202 SCHARBERT, « Fürbitte », 1984, p. 94.

d'un rédacteur plus récent encore, qui harmonise la prière de Moïse avec des pratiques cultuelles communautaires[203].

L'étude d'E. Aurelius[204], à laquelle nous avons déjà largement fait référence, opère également un classement entre les intercessions de Moïse en Ex 32,7-8.10-14 ; 32,30-34 ; Nb 14,11-25 et Dt 9,26a*a*.27-28[205]. L'auteur procède à un travail de critique rédactionnelle très détaillé. L'intercession d'Ex 32,30-34 est selon lui pré-exilique et constitue la plus ancienne référence à une intercession de Moïse. Aurelius la fait dépendre d'Am 7,1-6. Elle serait postérieure à 722 avant notre ère et aurait servi non seulement à mettre en avant le « non » de Yhwh au royaume du Nord, mais aussi à prévenir le royaume du Sud des conséquences de la désobéissance à Yhwh. Après la chute de Jérusalem en 587, les traits de Moïse comme intercesseur auraient été repris en Dt 9 à partir d'Ex 32,30-34. Cette intercession (Dt 9,26a*a*.27-28) aurait fait partie d'une introduction à CD composée de Dt 6,4-9.(20-24?) ; 7,1-6 ; 7,17-19.21.23-24 ; 8,7-11a.12-18a ; 9,1-7a.13-14.26a.27-28 ; 10,11[206], dont le message, selon Aurelius, aurait été celui d'une « bonne nouvelle » (*Evangelium*[207]) pour Israël. En effet, cette introduction aurait indiqué au peuple la permanence, malgré son infidélité, de la promesse de Yhwh (9,5.27 ; 10,11) basée non pas sur la justice d'Israël, mais sur l'intercession de Moïse. Postérieurement à Dt 9, Ex 32 aurait été modifié en recevant une addition : Ex 32,7-8.10-14 serait une transposition dtr de l'intercession de Dt 9 dans la péricope du Sinaï. L'écriture de cette addition aurait emprunté à Amos (Am 7,3.6) et Jérémie (Jr 26,19) le thème de la repentance de Yhwh. Puis, Ex 34 aurait intégré, à partir de Dt 9,7–10,11, du Deutéro-Isaïe et de Jr 31, l'idée d'une nouvelle alliance. Enfin, Aurelius décrit Nb 14,11-25 comme post-exilique. Ce passage

---

203 SCHARBERT, « Fürbitte », 1960, p. 326-327.
204 AURELIUS, *Fürbitter*.
205 Cf. déjà p. 366-367. En Dt 9,1–10,11, l'intercession fait partie, selon Aurelius, de la *Grundschicht* de ce passage. L'auteur établit la stratigraphie suivante pour cette péricope (AURELIUS, *Fürbitter*, p. 8-29) :

- Une couche de base ayant pour centre une tradition d'intercession (l' » évangile » de Moïse) : 9,1-7a.13-14.26a*a*.27(28) ; 10,11
- Une couche « Horeb » (*Bearbeitung* 1) : 9,(8).9.11-12.15-17.21.26b.(28).29
- Une couche en lien avec le décalogue (*Bearbeitung* 2) : 9,10.18-19.25 ; 10,1-5.10
- Une couche « rébellions » (*Sündenschicht*) : 9,7b.(8).22-24
- Des ajouts tardifs : 10,6-7

206 AURELIUS, *Fürbitter*, p. 32.
207 AURELIUS, *Fürbitter*, p. 28-33 ; 55-56.

présuppose Ex 34,6-7. Pour cet auteur, le trait de l'intercession chez Moïse est typiquement dtr. En comparaison, il relève que la figure de Moïse comme intercesseur est absente de l'écrit sacerdotal. Pour P, écrit-il, « la relation d'Israël à Dieu ne repose pas sur l'intercession mais sur le service sacrificiel continu et sur Moïse comme médiateur de la Loi, lesquels rendent possible le service divin »[208].

Que retirer des études de Hesse, Scharbert et Aurelius ? Nous pouvons d'abord remarquer que notre datation exilique de la première mouture de Dt 9,7–10,11 s'accorde avec les conclusions de Scharbert et Aurelius. Cette convergence vaut d'être relevée. Cependant, il apparaît surtout que le développement diachronique des intercessions bibliques est difficile à établir avec précision et ne peut constituer, à notre avis, un critère premier de datation de Dt 9,7–10,11[209].

L'autre question historique (et littéraire) que nous posions plus haut[210] peut être abordée maintenant : l'intercession de Dt 9,7–10,11 fait-elle de Moïse un prophète et doit-elle être rapprochée, au plan rédactionnel, des strates du Pentateuque qui font de Moïse un prophète ?

À ces questions, H.-C. Schmitt répond positivement. Nous pouvons résumer le modèle de croissance littéraire du Pentateuque de cet auteur de la façon suivante[211] : après la chute de Samarie, une étiologie nationale d'Israël, élohiste, aurait vu le jour (comprenant du matériel littéraire allant de Gn 12 à Nb 23). Cette étiologie aurait été élargie pendant l'exil pour donner un écrit yahwiste, allant de Gn 2 à Nb 24. Puis deux élargissements sacerdotaux auraient eu lieu : les ajouts et retouches successives de P^G et P^S auraient abouti à un écrit P^S hexateucal allant de Gn 1 à Jos 22. Enfin, une rédaction dtr tardive (*eine spätdeuteronomistische Redaktion*) aurait relié le Pentateuque et HD, créant ainsi un Ennéateuque.

Schmitt soutient qu'Ex 32,7-14 ; Dt 9,7-29.10,1-5.11 et Nb 14,11b-25a expriment les mêmes idées théologiques et sont trois passages qui émargent à cette rédaction dtr Pentateucale, responsable de la jonction entre le Pentateuque et HD. Il considère qu'Ex 20,20-33 ; 32,34ab ; 33,1-6 ;

---

208 AURELIUS, *Fürbitter*, p. 207-208.
209 En effet, comme cela a été souligné plus haut, les formes et la terminologie de l'intercession dans la BH sont variables et se laissent difficilement classer chronologiquement. Le fait que les intercessions sont pour la plupart des prières intemporelles, ne contenant que de rares allusions à des événements permettant de les situer chronologiquement, ajoute à la difficulté.
210 Cf. p. 421.
211 L'auteur décrit succinctement son modèle dans SCHMITT, « Kalb », p. 239-240 ; 249.

34,9 ; Jg 2,1-5 ; 1 R 8,30-51 ; 2 R 24,4 appartiennent également à cette rédaction[212], qui met notamment au premier plan une théologie de la pénitence (*Buß-Theologie*) et du « regret » (*Reue* ; racine נחם) de Yhwh. Selon le titre d'un article ancien où il s'attachait à argumenter cette idée, Schmitt pense que cette rédaction a inséré dans le Pentateuque « l'esprit de la prophétie »[213]. Nb 14,11b et Dt 9,23 font partie, selon lui, d'une « certaine structure théologique mettant en avant la foi » (*eine Glaubensvorstellung bestimmte theologische Struktur*)[214] qui est caractérisée par la récurrence de la racine אמן au *hiphil* (cf. Gn 15,6 ; Ex 4,1-9 ; 14,31 ; 19,9, Nb 20,12 ; Dt 1,32 ; 2 R 17,14)[215]. Il considère que les chapitres 1 à 4 de l'Exode sont unifiés par les thèmes de la détresse, de la promesse et de la foi. La compréhension de la foi dans ces chapitres correspond à celle que l'on trouve en Is 7,1-17 (cf. 7,9b) où, là aussi, un signe sert à légitimer l'appel à croire aux promesses lancé aux auditeurs[216]. Tout comme en Ex 14,31 ou 19,9, Moïse est le porte-parole de Yhwh et la confiance en lui est également une marque de confiance en Yhwh. En Gn 15, le motif de la foi apparaît dans un passage où la parole de Yhwh est adressée à Abraham dans une vision (v. 1 : במחזה), ce qui est un trait prophétique. En Nb 14,22, les signes jouent un rôle majeur, comme en Ex 4,1-9. Pour Schmitt, la *Grundschicht* de Dt 9,7–10,11, c'est-à-dire pour lui 9,7-29 ; 10,1-5.11, est donc un passage important de la rédaction dtr tardive qui, « dans l'esprit de la prophétie », a agi sur le Pentateuque pour le rattacher à HD.

Dans sa démonstration, H.-C. Schmitt fait souvent référence à E. Blum et J. Van Seters. La K^D de Blum est en effet une composition

---

212 Schmitt (« Erzählung », p. 246-247) inclut dans cette rédaction des textes auquel Blum s'est intéressé et dont il a montré qu'ils participaient à relier le Pentateuque et HD : la liste des peuples cananéens que l'on trouve en Ex 33,2 mais aussi les passages où est mentionné un ange conduisant Israël dans la terre promise (Ex 23,20-33 ; 32,34*ab* ; Jg 2,1-5). Cf. également SCHMITT, « Genesis I–2 Regum XXV », p. 266-270.

213 SCHMITT, « Geiste ».

214 SCHMITT, « Geiste », p. 176-181 (l'expression se trouve p. 176).

215 À vrai dire, dans son article de 1982 (SCHMITT, « Geiste »), l'auteur renonce à analyser les liens de Dt 1,32 ; 9,23 avec sa « rédaction pentateucale dans l'esprit de la prophétie ». Il avance simplement que « Dtn. 1,32 ; 9,23 und 2 R 17,14 […] [können] möglicherweise Anhaltspunkte für das Verhältnis von Pentateuch und deuteronomistischem Geschichtswerk [geben] » (p. 181). Par la suite, il sera plus explicite sur l'appartenance de Dt 9,23 à la structure théologique mettant en avant la foi (*Glaubensvorstellung theologische Struktur*) qu'il dégage (cf. par exemple SCHMITT, « Genesis I–2 Regum XXV », p. 272).

216 SCHMITT, « Geiste », p. 176.

« ouverte » à la prophétie[217]. Albertz, qui adopte les vues de Blum, écrit ainsi à propos de K[D] :

> « Il existe un troisième sujet de controverse auquel les théologiens laïcs [n.d.r. : les rédacteurs de K[D]] se sont confrontés en travaillant à la fondation de l'histoire d'Israël. Au contraire de leurs partenaires sacerdotaux, ils étaient bien disposés et compréhensifs vis-à-vis de la prophétie. Non seulement ils ont utilisé les motifs du discours prophétique dans leurs travaux, mais ils ont également été inspirés par les promesses de la prophétie de salut du début de la période post-exilique. Ainsi, la définition idéale d'Israël comme " royaume de prêtres " rappelle des notions qui avaient été développées dans les parties anciennes de la prophétie eschatologique du trito-Isaïe (Is 61,6 ; cf. 62,12 ; 66,20), et le désir du don de prophétie à tout le peuple (Nb 11,29) rappelle Joël 3,1-2. Cependant, c'est par-dessus tout dans l'image de Moïse que les auteurs du Pentateuque présacerdotal montrent la volonté qu'ils ont eue de faire une place au phénomène prophétique dans la religion officielle de Yhwh. Selon leur écrit, Moïse a été appelé prophète (Ex 3,1-4.12.16), était porteur d'un esprit prophétique (Nb 11,17ss) et, comme les prophètes, intercédait pour le peuple (Ex 32,7-13 ; Nb 14,13-19, etc.). Enfin, ils présentèrent explicitement ses conversations directes avec Dieu comme des formes prophétiques de révélation (Nb 12,6-8 ; Dt 34,10-12) »[218].

Pour Blum, Ex 32,7-14 et Dt 9,26-29 sont deux péricopes qui ont été arrangés en réciprocité par K[D][219]. L'intercession est donc chez lui un des traits prophétiques de la figure de Moïse que K[D] promeut.

Van Seters met lui aussi en relation intercession et prophétie. Il estime que Moïse est dépeint comme un prophète dans le Deutéronome et qu'un des « rôles prophétiques tenus par Moïse est celui d'*intercesseur*, représentant le peuple devant la divinité, spécialement lorsque ce dernier a péché et est menacé par la colère divine (9,7-29) »[220]. Comme nous l'avons déjà signalé[221], cet auteur attribue Dt 9,12-14.26-29 au deutéronomiste, tandis qu'Ex 32,7-14 et Nb 14,11-25 sont attribués à son yahwiste post-dtr. L'intercession et la description de Moïse comme prophète n'est donc pas, selon lui, l'apanage des seuls deutéronomistes mais a également été repris par le yahwiste.

Cependant, une différence de taille existe, selon Van Seters, entre les deutéronomistes et le yahwiste dans leur approche respective de l'intercession : le yahwiste insiste sur la miséricorde (cf. Ex 34,6-7 ;

---

217 BLUM, *Studien*, p. 33-34 ; 88 ; 194-197.
218 ALBERTZ, *Religionsgeschichte II*, p. 513-514.
219 BLUM, *Studien*, p. 185-187.
220 VAN SETERS, *Pentateuch*, p. 108-110, la citation est tirée de la p. 109.
221 Cf. p. 367.

Nb 14,18), tandis que les deutéronomistes demeurent dans le cadre de la rétribution, de la même façon que le Deutéro-Isaïe, avec un type de prophétie axé sur la miséricorde et l'espoir, marque une rupture avec la prophétie de jugement du livre de Jérémie. Cette différence est notable, indique-t-il, lorsqu'on compare Dt 1,19-46 et Nb 14,17-20. Dans le premier cas, avance cet auteur, il n'y a pas de pardon, tandis qu'il est accordé dans le second[222].

Comment évaluer, à l'aune des résultats de notre étude, les positions de ces auteurs et le rôle littéraire et théologique qu'ils font jouer à l'intercession de Dt 9,26-29 ? La position de Schmitt (et dans une certaine mesure également celle de Blum) a été contestée par F. Crüsemann[223], s'appuyant sur J. Blenkinsopp[224]. Pour Crüsemann, il faut nuancer le jugement de Schmitt selon lequel les derniers rédacteurs du Pentateuque auraient été très positifs vis-à-vis de la prophétie, car le fait qu'ils fassent de Moïse un « super-prophète » est en soi une critique vis-à-vis des autres prophètes. Crüsemann analyse plutôt le Pentateuque dans sa forme finale comme étant « non prophétique, non eschatologique et même anti-prophétique »[225]. L'appréciation historique et théologique que nous pouvons porter sur Dt 9,7–10,11 – notamment sur l'intercession de Moïse – se situe donc dans un débat large sur le caractère prophétique du Pentateuque et de ses rédactions finales.

Au vu de nos résultats, plusieurs points doivent être mis en avant. Le premier concerne le caractère prophétique de Moïse en 9,7–10,11. À propos des rapports entre la prophétie et l'intercession, les chercheurs demandent habituellement : « Les prophètes étaient-ils des intercesseurs et était-ce leur fonction première ? »[226]. Dans le cas de notre péricope, nous posons la question inverse : « En Dt 9,7–10,11,

---

222 VAN SETERS, *Pentateuch*, p. 155-156.
223 CRÜSEMANN, *Tora*, p. 401-402.
224 BLENKINSOPP, *Prophecy*, p. 80-95.
225 CRÜSEMANN, *Tora*, p. 402.
226 Cette question est, par exemple, au centre des essais et articles suivants : HERTZBERG, « Fürbitter » ; JACOB, « Prophètes » ; BALENTINE, « Prophet » ; O'KENNEDY, « Prophets ». Selon O'KENNEDY, « Prophets », p. 329-330, les chercheurs sont divisés sur cette question. Pour une majorité d'entre eux, l'intercession était une activité typiquement prophétique et une des fonctions principales des prophètes en Israël (ainsi von Rad, Hesse, Scharbert, Johnson, Rhodes, Albertz, Reventlow, Miller), tandis que pour d'autres, elle ne peut être considérée comme une fonction officielle des prophètes classiques et reste un trait marginal (ainsi Hertzberg, Jeremias, Balentine). O'Kennedy se classe dans le second groupe.

Moïse est un intercesseur : cela indique-t-il pour autant qu'il soit décrit comme un prophète ? ».

La réponse nous semble positive. Nous remarquons d'abord qu'en Dt 18,15-18, dans une allusion aux événements de l'Horeb, la médiation des paroles divines entre Yhwh et le peuple est décrite comme une activité prophétique. Ce passage invite donc à comprendre l'activité de Moïse à l'Horeb en Dt 5 et en 9,7–10,11 comme un exercice de la charge prophétique, intercession de 9,26-29 comprise. D'ailleurs, selon Dt 34,10-12 (mais aussi Nb 12,6-8), ce qui fait la qualité de Moïse comme « super-prophète » réside dans le fait que Yhwh lui parle directement (פה אל־פה ; פנים אל־פנים). C'est effectivement ce qui se passe en Dt 9,7–10,11. De plus, le motif de Moïse se tenant sur la montagne « quarante jours et quarante nuits sans manger ni boire » peut, nous l'avons vu, être mis en lien, d'une part, avec le prophète qui intervient contre Jéroboam Ier en 1 R 13[227] et, d'autre part, avec le prophète Élie à l'Horeb[228]. Tout cela nous conduit à considérer qu'en Dt 9,7–10,11, la figure de Moïse possède bien des traits prophétiques, tout en ayant simultanément les traits du médiateur de la loi. En effet, au plan narratif, l'intercession permet le don des nouvelles tables : il n'y a donc pas opposition entre loi et prophétie en 9,7–10,11.

Néanmoins, les traits prophétiques de Moïse en Dt 9,7–10,11 se distinguent quelque peu de ceux mis en avant dans les récits de la sortie d'Égypte et en Dt 34,10-12, puisqu'il est question dans ces textes de signes (אתות) et prodiges (מופתים) accomplis par Moïse sur l'ordre de Yhwh, en terre d'Égypte. Rien de cela en 9,7–10,11 où les traits prophétiques de Moïse s'approchent davantage de ceux décrits dans la loi sur les prophètes en 18,15-18 que de ceux de 34,10-12, ces derniers versets venant vraisemblablement corriger 18,15.18[229].

Le deuxième point concerne la question d'une rédaction finale « dans l'esprit de la prophétie ». Selon nous, Dt 9,7–10,11 ne fait pas partie d'une des dernières rédactions unifiantes du Pentateuque au sens où l'entend H.-C. Schmitt, pour deux raisons. D'abord, le texte de

---

227 Cf. p. 293-294.
228 Cf. p. 310 n. 181.
229 BLENKINSOPP, *Prophecy*, p. 80-95 ; RÖMER, « Deuteronomium 34 », p. 172 ; OTTO, *Pentateuch und Hexateuch*, p. 229 ; ACHENBACH, *Vollendung*, p. 334. Notons en outre que si l'hypothèse de Gunneweg était avérée (GUNNEWEG, « Gesetz »), si donc Ex 33,7-11 ; Nb 11,14-17.24-25 ; Nb 12,1-8 ; Dt 31,14-15.23 et Dt 34,10-12 étaient tous des textes insérés tardivement dans leurs contextes et présentaient des parentés littéraires et théologiques, cela impliquerait que nous pourrions distinguer au plan idéologique et rédactionnel Dt 9,7–10,11 ; 18,15-18 – voire 31,27-28 – d'un côté et Dt 34,10-12 ; 31,14-15.23 de l'autre.

base que nous avons dégagé (9,1-17²³⁰.21.26.27b-29 ; 10,1-5.11) ne comprend aucune des racines hébraïques (אמן, נחם, סלח) caractéristiques de la « rédaction tardive dtr » décrite par cet auteur. Schmitt se fonde sur l'appartenance de 9,22-24 au premier niveau rédactionnel qu'il reconstruit : puisque 9,23 utilise la racine אמן-*hiphil*, il classe ce verset dans la liste des textes qui mettent en avant le motif de la foi (Gn 15,6 ; Ex 4,1-9 ; 14,31 ; 19,9, Nb 20,12 ; Dt 1,32 ; 2 R 17,14), lesquels font partie de sa rédaction dans « l'esprit de la prophétie ». Notre analyse nous a cependant conduit à considérer 9,22-24 comme une addition secondaire en 9,7–10,11²³¹.

Ensuite, Schmitt voit en Ex 32,7-14 ; Nb 14,11b-25a et Dt 9,7-29.10,1-5.11 trois textes qui appartiennent au même niveau d'écriture ; c'est pourquoi il emploie le terme de « rédaction ». Pour soutenir cette affirmation, il s'appuie sur les points de contact littéraires et théologiques entre les trois intercessions, ainsi que sur la racine אמן-*hiphil* en 9,23, qui fait le pont selon lui avec Nb 14,11.22. La question de savoir si 9,7–10,11 fait partie d'une rédaction globale ou si elle a la nature d'une *Bearbeitungsschicht* est une véritable question. Deux modèles de compréhension des rapports entre Ex 32,7-14 ; Nb 14,11b-25a et Dt 9,26-29 sont possibles : le modèle « rédactionnel » et le modèle « exégèse intrabiblique »²³². Nos résultats favorisent le second. Nous avons en effet vu plus haut²³³ que, des intercessions Nb 14,11-25, Ex 34,7-14 et Dt 9,26-29, cette dernière est probablement la plus ancienne. Les deux autres aboutissent à un octroi explicite du pardon divin (סלח : Nb 14,20 ; נחם : Ex 32,11), ce qui n'est pas le cas dans le texte de base de 9,7–10,11. L'intercession de Nb 14 intègre au v. 18 la formule d'Ex 34,6-7, encore inconnue du texte de base de Dt 9,7–10,11, puisque celui-ci s'appuie sur le seul récit ancien d'Ex 32 et ne connaît pas encore Ex 34. Tout cela nous invite à ne pas attribuer Ex 32,7-14 ; Nb 14,11b-25a et Dt 9,7-29.10,1-5.11 à un même niveau de rédaction, mais au contraire à voir en Ex 34,7-14 et Nb 14,11-25 des reprises harmonisantes ou innovantes de Dt 9,26-29.

Si Dt 9,7–10,11 ne fait pas partie d'une rédaction globale, comment envisageons-nous cette péricope ? Sur ce (troisième) point, nous avons montré que Dt 9,26-29 révèle une écriture propre, *sui generis*, dans un style dtr²³⁴, qu'elle se substitue à l'intercession d'Ex 32,30-34a*a*.34b et

---

230 Sans la mention des patriarches en Dt 9,5 (לאברהם ליצחק וליעקב).
231 Cf. p. 311-314.
232 À propos de l'exégèse intrabiblique, cf. p. 55 n. 259.
233 Cf. p. 366-385.
234 Cf. p. 385.

débouche, comme elle, sur un ordre de mise en marche vers la terre promise (Ex 32,34a*a* ; Dt 10,11). Dt 9,7–10,11 se présente donc, selon nos analyses, comme une paraphrase et une interprétation du récit ancien d'Ex 32. Par la suite, les péricopes Ex 34,7-14 et Nb 14,11-25 seront, elles aussi, dans leurs milieux respectifs, des reprises harmonisantes et innovantes s'inspirant de Dt 9,26-29.

Le texte de base de Dt 9,7–10,11 reflète donc, selon nous, un moment donné dans une chaîne de réécritures harmonisantes et innovantes. Puisque cette péricope est située en deuxième position dans cette chaîne, elle crée un pont avec le livre de l'Exode. Cependant, sa visée première nous semble d'abord avoir été locale[235], à savoir l'illustration de Dt 9,6. Par un effet second, elle a cependant contribué à mettre en avant la figure de Moïse comme médiateur et prophète, mais elle ignore la présentation de Moïse comme « super-prophète » qui n'est pas encore à l'ordre du jour en 9,7–10,11 et n'apparaîtra que plus tard (Ex 33,7-11 ; Nb 12,1-8 ; Dt 34,10-12).

En résumé, nous considérons donc que le texte de base de 9,7–10,11 a été écrit entre 562 et le début du 5e siècle avant notre ère, non pas dans le cadre d'une rédaction globale qui s'apparenterait à une rédaction pentateucale ou à l'une des rédactions de HD, mais dans un objectif d'abord restreint au Deutéronome : pour souligner l'infidélité chronique du peuple. Par la suite, la reprise de l'intercession dtr de Moïse en Ex 32,7-14 et Nb 14,11-25 permettra d'amplifier la figure de Moïse comme intercesseur et contribuera à sa présentation progressive comme « super-prophète ».

Le texte de base de Dt 9,7–10,11
et les récits de rébellion au désert

Nous avons évoqué ci-dessus[236] la proposition de T. Römer de voir en 9,7–10,11*[237] une tentative de correction de Dt 8,2-4.14b-16. Cet auteur s'appuie sur la différence d'appréciation existant entre ces péricopes concernant la période du désert. Nous avions également souligné la différence existant entre 2,7 ; 8,2-4.14b-16 et 29,4-5, où Yhwh est décrit aux côtés du peuple pendant quarante années, s'occupant de lui avec pédagogie, et 2,14-16, où la main de Yhwh s'abat sur la première génération du désert pour la faire disparaître[238]. Cette distinction entre

---

235 Ce qui est moins le cas pour Ex 34,7-14 et Nb 14,11-25.
236 Cf. p. 289-290.
237 Cf. p. 98.
238 Cf. p. 138-138.

deux appréciations de la période du désert nous semble donc recevable. Peut-on, dès lors, préciser les relations entre Dt 9,7–10,11 et les récits de rébellion tels qu'ils apparaissent, en majorité, dans le livre des Nombres ?

Nous venons de le voir, Dt 9,7–10,11 présente Moïse comme prophète selon l'optique de Dt 18,15-18 mais pas encore comme un « super-prophète » selon celle d'Ex 33,7-11 ; de Nb 12,1-8 et de Dt 34,10-12. Il semble donc que Nb 12,1-8, un des textes de rébellion les plus récents, ne soit pas présupposé par Dt 9,7–10,11. Cependant, les versets 9,7-8 connaissent des traditions concernant la rébellion d'Israël durant cette période : אל־תשכח את אשר־הקצפת את־יהוה אלהיך במדבר למן־היום אשר־יצאת מארץ מצרים עד־באכם עד־המקום הזה ממרים הייתם עם־יהוה. Nous ne pouvons cependant pas savoir avec précision quels récits sont ici présupposés, au contraire de l'interpolation ultérieure en 9,22-24, qui donne une liste précise de ces rébellions, ou encore de Nb 14,22, qui en fixe le nombre à dix[239]. On peut donc supposer que 9,7–10,11 a été écrit alors que les traditions de révolte d'Israël au désert étaient en cours de réception dans la BH, Nb 12,1-8 n'étant pas encore inclus.

Longtemps, le livre des Nombres a été considéré comme « une juxtaposition non systématisée d'innombrables fragments de traditions variées en terme de contenu, d'âge et de genre »[240]. Ces dernières décennies, la cohérence de la composition de ce livre a été davantage soulignée[241] et le livre de plus en plus étudié puisque, un consensus se dessinant pour fixer la fin de P^G avant ce livre (en Exode ou en Lévitique), celui-ci devenait un des lieux les plus récents du Pentateuque, autrement dit une sorte de charnière entre Genèse–Lévitique et Deutéronome, mise en forme durant la période perse. C'est ce que montre de façon détaillée, par exemple, la récente *Habilitationschrift* de R. Achenbach[242].

Puisque Dt 9,7–10,11 trahit la connaissance du séjour au désert vu comme un temps de révoltes chroniques contre Yhwh et que la mise en forme de ces récits de rébellion est probablement à situer durant la

---

239 Selon R. Achenbach, la mention d'Israël mettant Yhwh à l'épreuve dix fois (Nb 14,22) suppose la connaissance de : Ex 5,19-23 ; Ex 14,10-12 ; Ex 15,24 ; Ex 16 ; Ex 17,1-7 ; Ex 32–34 ; Nb 11,1-3 ; Nb 11,4-35 ; Nb 12 ; Nb 13 (ACHENBACH, « Erzählung », p. 116). Il en déduit que ce verset compte avec la connaissance de PentRed en entier.

240 Selon le constat devenu classique de NOTH, *Numeri*, p. 8.

241 Cf. ARTUS, *Études* ; OLSON, *Death of the Old* ; LEE, *Punishment*.

242 ACHENBACH, *Vollendung*.

période perse[243], il devient nécessaire d'abaisser quelque peu notre datation en la rapprochant de cette période. Dans ce contexte, le message de 9,7–10,11 paraît une mise en garde contre l'idolâtrie adressée à des exilés qui s'apprêtent à rentrer en Juda. Pour reprendre possession du pays sans s'en faire expulser à nouveau (risque souligné en 9,1-6), il est nécessaire d'éviter et l'idolâtrie ambiante et toute révolte contre Yhwh. Pour autant, l'absence de sanction dans une telle mise en garde reste intrigante.

6.3 Conclusions à propos de l'absence de sanction en Dt 9,7–10,11

Au terme de ce chapitre final, nous sommes maintenant en mesure de rassembler nos conclusions en ce qui concerne la question centrale de notre étude, à savoir l'absence de sanction en 9,7–10,11. Nous avions dégagé, au fil de notre travail, quatre explications principales de cette absence, qui pouvait :
- être due au fait que Dt 1,19-46 présente déjà une faute grave entraînant la mort de la première génération du désert : il n'y avait peut-être plus nécessité, dès lors, d'insérer de sanction en Dt 9,1–10,11
- souligner la volonté des rédacteurs de ce passage de mettre en avant la figure de Moïse comme prophète et intercesseur
- servir à redonner espoir aux Israélites durant l'exil
- viser à solidariser la seconde génération dans la faute de ses pères

Avant de passer en revue chacune de ces explications, nous constatons d'abord qu'un fait nouveau a surgi dans ce chapitre 6. En reconstituant l'histoire rédactionnelle de Dt 9,7–10,11, nous nous sommes intéressé à sa source principale, un récit ancien d'Ex 32, dont nous avons délimité les contours : Ex 32,1-6.15a*a*.19-24.30-34a*a*.34b[244]. Or, il apparaît que ce récit ancien ne contient pas lui-même de sanction ! En effet, les deux sanctions que l'on trouve en Ex 32[245] en sont absentes. Cela ne suffit pas, pourtant, à expliquer pourquoi il n'y a pas non plus de sanction en Dt 9,7–10,11, puisque les rédacteurs de ce dernier passage n'étaient en

---

243 Cf. RÖMER, « Jugement », p. 63-80.
244 Cf. p. 412.
245 Sur ces sanctions, cf. p. 2 n. 7.

rien astreints à recopier le récit ancien, qu'ils modifièrent sur bien des points. Cependant, ce résultat montre que l'on ne peut probablement pas invoquer une suppression des sanctions d'Ex 32 par les écrivains dtr puisque celles-ci sont vraisemblablement secondaires en Ex 32.

Cela étant souligné, comment évaluer, au terme de notre travail, les explications avancées ci-dessus et quelles raisons évoquer pour expliquer l'absence de sanction en 9,7–10,11 ? À nouveau, nous abordons ces solutions selon un ordre que nous estimons croissant quant à leur plausibilité[246].

Nous ne sommes que partiellement d'accord avec E. Otto lorsqu'il avance que ce passage a été écrit pour indiquer aux Israélites de la période exilique que la rupture d'alliance de leur part n'avait pas provoqué de rupture du côté de Yhwh. Notre datation de la péricope concorde en partie avec celle d'Otto. Nous proposons en effet de dater l'écriture de Dt 9,7–10,11 entre 562 et le début du 5e siècle avant notre ère, avec une préférence pour le début de la période perse. Cependant, des problèmes subsistent. Si l'affaire du veau illustre le péché d'idolâtrie qui a conduit à la catastrophe de 597 / 587 comme le propose Otto, pourquoi les rédacteurs de 9,7–10,11 présentent-ils une intercession de Moïse qui vise à éviter la sanction de ce péché, c'est-à-dire les événements de 597 / 587, alors que ceux-ci ont bel et bien eu lieu ? En toute rigueur, si l'intention de ces rédacteurs avait été de faire de ce récit une allégorie de la situation qui a conduit Israël à l'exil et de son dépassement, la sanction (la prise de Jérusalem et l'exil) aurait dû être évoquée, ainsi que la possibilité d'un retour (cf. Dt 4,27-31 ; 30,1-5).

L'idée que 9,7–10,11 soit une allégorie de la situation exilique ne cadre pas complètement avec cette situation. Peut-être faut-il plutôt envisager ce texte comme une mise en garde générale contre une faute paradigmatique et fréquente du peuple. Avant de comprendre 9,7–10,11 comme un récit orienté vers une faute historique particulière, nous le comprenons comme une exhortation générale orientée plutôt vers l'avenir des auditeurs / lecteurs que vers leur passé[247].

D'autre part, le message du texte de base de 9,7–10,11 vise-t-il vraiment à susciter l'espérance ? La promesse divine selon laquelle le

---

246 Comme nous l'avions déjà fait plus haut : cf. p. 256.
247 Autrement dit, le message n'est pas tant : « Vous avez péché en enfreignant le premier commandement ; cela a engendré la catastrophe de la prise de Jérusalem et de l'exil, mais Yhwh reste fidèle à son alliance » que : « Quand vous allez revenir en Juda / Transeuphratène, n'enfreignez pas le premier commandement, sans quoi vous perdrez le pays dans lequel vous retournez. Dans le passé, vos pères sont tombés dans l'idolâtrie. La présence de Moïse leur a évité le pire. Aussi, vous qui n'avez plus Moïse, n'enfreignez pas le premier commandement ».

peuple pourra (re)prendre possession du pays malgré sa faute s'y lit bien (cf. 10,11), mais on n'y trouve pas pour autant d'expression explicite d'un pardon. Dans le récit ancien d'Ex 32, l'ordre de monter dans le pays (v. 34a*a*) était assorti d'un jugement avec sursis (v. 34b). En Dt 9,7–10,11, le récit se termine sur une indétermination semblable : le peuple est autorisé à poursuivre sa route, mais aucun pardon divin n'est exprimé. Si Dt 9,19b et 10,10b avaient appartenu au premier niveau d'écriture de 9,7–10,11, l'indétermination aurait été levée. Ce n'est cependant pas le cas. Après l'insertion du texte de base de 9,7–10,11, le centre de gravité du message de 9,1–10,11 nous semble d'abord et avant tout porter sur l'infidélité permanente du peuple et l'incitation à l'obéissance à Yhwh. Si ce texte s'était voulu parole d'espérance avant tout, plus qu'une absence de sanction, c'est une expression explicite du pardon qui aurait été nécessaire.

La deuxième explication consistait à voir dans l'absence de punition une volonté de mise en avant de la figure prophétique de Moïse et de sa puissance d'intercession. Dans la section précédente (6.2.3), nous avons effectivement conclu à l'existence de traits prophétiques de Moïse en 9,7–10,11[248]. L'intercession en fait partie. Bien que la coexistence d'une intercession réussie et d'une sanction de Yhwh soit possible dans un même texte (cf. Ex 32 ; Nb 14), on peut penser que le défaut de punition dans le texte de base de 9,7–10,11 est une façon de souligner, en creux, le succès de cette intercession rendu explicite par les additions de 9,18-20 et 10,10. Cependant, le fait que l'intercession soit mise en relief sans que son résultat soit clairement formulé lui retire un peu de cette mise en valeur : la souveraineté de Yhwh vis-à-vis de cette demande de Moïse reste première.

Comme pour la première avancée par Otto, cette deuxième explication ne semble pas complètement satisfaisante. Il y a bien une mise en valeur de l'intercession mais, dans le même mouvement, celle-ci est minimisée par l'absence de réponse de Yhwh. Le défaut de sanction laisse pourtant comprendre implicitement que l'intercession a été agréée. Ainsi se dessine une rhétorique jouant sur l'indétermination et le non-dit, et l'espoir est donné au lecteur (l'intercession), est atténué dans le même mouvement (pas de réponse explicite à cette intercession). Rhétoriquement, le message de 9,7–10,11 est véhiculé autant par le « dit » que par le « non-dit ».

En fait, les première et quatrième pistes explicatives nous paraissent les plus solides. Elles sont complémentaires, et s'appuient sur la précédence tant diachronique que synchronique de Dt 1,19-46

---

248 Cf. p. 427-428.

vis-à-vis de Dt 9,7–10,11. Comme nous l'avons souligné à plusieurs reprises[249], le sort de la première génération du désert est décrit dès l'ouverture du livre (Dt 1–2). C'est pourtant à nouveau sur une révolte de cette génération que revient Dt 9,7–10,11 pour illustrer le caractère foncièrement mauvais d'Israël, toutes générations confondues. Ce discours présuppose donc la connaissance par le lecteur des conséquences funestes de la rébellion de Dt 1 et met en garde celui-ci contre tout syncrétisme religieux à venir en lui racontant une faute du passé. Il y a là un jeu sur la temporalité (raconter le passé pour mettre en garde contre des fautes à venir éventuelles) et sur les générations (imputation aux fils de la faute des pères). L'absence de punition en 9,7–10,11 s'explique en partie par ce jeu sur la temporalité et sur les générations. Le lecteur au courant de la péricope de Cades Barnea connaît les conséquences de la faute de Dt 1 et le fonctionnement de la justice divine : les rédacteurs de 9,7–10,11 peuvent donc se dispenser d'aller jusqu'au bout de leur récit (première piste explicative). Et en racontant à des fils l'histoire passée de leurs pères, ces mêmes rédacteurs transposent et adaptent cette histoire de sorte que leur auditoire puisse s'identifier à ses pères. Ils ne racontent pas « l'histoire des pères », mais « l'histoire des fils à travers celle, passée, des pères ». Affirmer que les fils ont été punis de la faute que le texte leur impute serait une manière de les en dédouaner. Peut-être est-ce la raison du défaut de sanction (quatrième piste explicative).

Dt 9,7–10,11 propose donc une *exégèse actualisante* du récit ancien d'Ex 32. Il s'agit d'une *actualisation* puisqu'il y a transposition et adaptation d'une histoire passée à un auditoire extérieur à cette histoire, de sorte à faire de celui-ci un acteur de cette histoire. Nous pouvons également parler d'*exégèse* dans la mesure où la nouvelle histoire racontée en Dt 9,7–10,11 se présente comme une interprétation innovante du récit ancien d'Ex 32. L'innovation est d'abord perceptible dans l'insertion d'une intercession développée (9,26-29), qui donne au récit une tournure nouvelle. La transposition de l'histoire à une nouvelle génération est également une innovation importante. Enfin, la transformation du récit ancien d'Ex 32 en un récit d'alliance, avec désignation de l'événement de l'Horeb comme « jour de l'assemblée » et conservation des tables de l'alliance dans une arche, est une nouveauté de poids.

Finalement, notre étude souligne la rhétorique complexe de ce passage : l'intercession est mise en valeur mais son résultat gardé sous silence ; il est proposé au lecteur un texte qui, paradoxalement, expose

---

249 Cf. p. 338 ; 362.

un pardon sans expression du pardon ; ce passage applique à la seconde génération l'histoire, passée, de ses devanciers. L'absence de sanction s'inscrit dans ce contexte. Si le texte de base de Dt 9,7–10,11 n'est pas à proprement parler un texte qui se pose en rupture avec la théologie de la rétribution portée par le Deutéronome, il semble cependant l'avoir permis, en tant que point d'appui d'Ex 32,7-14, de Nb 14,11-25 et des additions de Dt 9,18-20.25 ; 10,10. Pour le dire autrement, *l'épisode du veau raconté dans le Deutéronome n'est pas une fracture dans l'édifice de la rétribution, mais il y constitue une première brèche*. Les indéterminations qu'il recèle – et notamment l'absence de sanction – ont été la base de clarifications ultérieures en Ex 32,7-14 et Nb 14,11-25.

Conclusion générale

Nous voudrions maintenant ressaisir le parcours que nous avons effectué sur le plan tant méthodologique que théologique. La question que nous avons mise au cœur de notre recherche trahit l'intérêt que nous portons à la manière dont s'élabore la théologie à l'intérieur d'un texte biblique, ici le Deutéronome. Ce point de départ est important, car de la question posée au texte dépend souvent la méthode utilisée pour y répondre. Or notre intérêt portait depuis longtemps sur la catégorie théologique de justice divine. Nous avions en effet remarqué que le texte biblique véhicule plusieurs compréhensions de la justice de Yhwh. Il suffit par exemple de voir comment Jos 24,19-20 prend le contre-pied d'Ex 34,6-7 pour s'en rendre compte :

Ex 34,6-7 ויעבר יהוה על־פניו ויקרא יהוה יהוה אל רחום וחנון ארך אפים ורב־חסד ואמת: 7 נצר חסד לאלפים נשא עון ופשע וחטאה ונקה לא ינקה פקד עון אבות על־בנים ועל־בני בנים על־שלשים ועל־רבעים:

Yhwh passa devant lui et proclama : « Yhwh, Yhwh, Dieu miséricordieux et bienveillant, lent à la colère, plein de fidélité et de loyauté, 7 qui reste fidèle à des milliers de générations, <u>qui supporte la faute, la révolte et le péché</u>, mais sans rien laisser passer, qui poursuit la faute des pères chez les fils et les petits-fils sur trois et quatre générations. »

Jos 24,19-20 ויאמר יהושע אל־העם לא תוכלו לעבד את־יהוה כי־אלהים קדשים הוא אל־קנוא הוא לא־ישא לפשעכם ולחטאותיכם: 20 כי תעזבו את־יהוה ועבדתם אלהי נכר ושב והרע לכם וכלה אתכם אחרי אשר־היטיב לכם:

Josué dit au peuple : « Vous ne pourrez pas servir Yhwh, car c'est un Dieu saint, c'est un Dieu jaloux <u>qui ne supportera pas vos révoltes et vos péchés</u>. 20 Lorsque vous abandonnerez Yhwh et servirez les dieux étrangers, il se tournera contre vous pour vous faire du mal, il vous achèvera après vous avoir fait du bien. »

Ailleurs, il existe visiblement un débat dans la Bible hébraïque pour savoir si Yhwh peut changer d'avis et revenir sur une décision. Un commentaire inséré secondairement en 1 S 15,29 en témoigne : « Et encore l'Éternel d'Israël n'agit pas faussement (לֹא יְשַׁקֵּר) et ne se repent pas (וְלֹא יִנָּחֵם), car il n'est pas homme, lui, pour se repentir (לְהִנָּחֵם) »[1]. Ce commentaire – dont l'idée maîtresse se trouve également en Nb 23,19 – vise à affirmer qu'il n'y a pas de contradiction en Yhwh et que le fait que celui-ci rejette désormais Saül n'est pas en tension avec le choix qu'il en a fait comme roi quelque temps auparavant. Cependant, ce verset crée une dysharmonie avec 1 S 15,11 et 15,35. Il ne s'accorde pas non plus avec l'agir de Yhwh décrit en Gn 6,6.7 ; Ex 34,11 ; Dt 32,36 ; Jg 2,18 ; 2 S 24,16 (// 1 Ch 21,15) ; Ps 106,45 ; 135,14 ; Jr 18,8.10 ; 26,3.13.19 ; 42,10 ; Jl 2,13-14 ; Am 7,3.6 ; Jon 3,9-10 ; 4,2.

En regardant les tensions qui traversent l'Ancien Testament à propos de la justice divine, notre intérêt s'est donc développé pour les points de fractures, c'est-à-dire pour les textes et les moments de l'histoire d'Israël où la théologie de la rétribution a été mise en crise et questionnée. Les livres de Job et Qohélet sont généralement associés à cette remise en cause. Notre lecture du Deutéronome et le constat que, dans ce livre où les idées rétributrices semblaient dominantes, l'affaire du veau n'entraînait pas la sanction attendue nous interrogea : n'étions-nous pas devant un de ces lieux de fracture et de rupture avec la théologie de la rétribution ? Voilà pourquoi et comment nous sommes venu à ce texte et au Deutéronome : par un intérêt pour la catégorie théologique de justice divine.

De la question posée au texte dépend souvent la méthode employée pour y répondre. La méthodologie que nous avons mise en œuvre s'est donc voulue avant tout pragmatique et adaptée à la question (« comment interpréter l'absence de sanction en Dt 9,7–10,11 ? ») et à l'hypothèse de départ (« Dt 9,7–10,11, caractérisé par l'intercession de Moïse et l'absence de sanction, semble avoir été écrit pour réagir à la théologie de la rétribution divine, dominante dans le reste du livre ») que nous avons formulées. Pour éprouver cette hypothèse, il nous fallait d'abord vérifier que l'exercice de la justice divine dans le Deutéronome émargeait bien à une théologie de la rétribution. Ce fut l'objet des chapitres 2, 3 et 4. En sélectionnant, regroupant et passant en revue les principales fautes contre Yhwh, nous vérifiâmes que l'absence de sanction en 9,7–10,11 était bien un *hapax* dans le livre. La lecture ainsi mise en œuvre n'était ni synchronique ni diachronique, mais thématique. Pour chaque texte ou groupe de textes sélectionnés, nous avons cherché à repérer quel type de justice divine était à l'œuvre et

---

1   Dans la BH, נחם peut signifier « avoir pitié, être saisi de compassion » (c'est le sens le plus courant) mais aussi « se repentir, changer d'avis » (cf. par exemple Ex 13,17).

quelles sanctions étaient appliquées. La lecture thématique opérée nous révéla également certains ressorts de la narration, notamment la fonction centrale de Dt 1,19-46, l'importance du remplacement des générations du désert ou encore la temporalité subtile de l'ensemble. Ce travail sur le texte, soutenu par la lecture de la littérature secondaire, fit émerger plusieurs pistes expliquant l'absence de sanction en Dt 9,7–10,11.

Cependant, ces explications potentielles du défaut de sanction pouvaient *tenir* ou *tomber* suivant l'histoire rédactionnelle de Dt 9,7–10,11. Par exemple, l'explication selon laquelle il n'était pas nécessaire de raconter la sanction en Dt 9,7–10,11 parce que Dt 1,19-46 avait déjà fait état de la fin de la première génération du désert, ne tenait que dans la mesure où l'épisode du veau avait été écrit dans un Deutéronome *contenant déjà l'épisode des espions*. De même, l'explication selon laquelle l'absence de sanction pouvait viser à solidariser la seconde génération dans la faute de ses pères, nécessitait la même condition d'écriture.

Nous le voyons, pour comprendre les raisons du défaut de sanction en Dt 9,7–10,11, nous ne pouvions faire l'économie d'un travail de reconstitution de l'histoire rédactionnelle de ce passage ainsi que de sa place dans le Deutéronome et dans le Pentateuque. Notre étude illustre donc le fait que l'élucidation de l'histoire de la composition et de l'enracinement historique des textes bibliques constitue une clef nécessaire à leur interprétation. Cependant, l'analyse diachronique à laquelle nous avons procédé n'a jamais été poursuivie pour elle-même seulement, mais toujours en vue d'objectifs concrets : vérifier que certaines pistes explicatives dégagées lors de la lecture thématique avaient une pertinence diachronique, et comprendre, autant que possible, les motivations d'écriture de Dt 9,7–10,11. La méthode historico-critique utilisée à cet effet était donc adaptée au questionnement surgi à ce stade de notre étude.

Finalement, tant l'étude thématique que celle de l'histoire de la rédaction ont été au service d'une seule et unique quête : comprendre la présentation de la justice divine de Dt 9,1–10,11. Notre étude souligne que, par rapport au reste du livre, la présentation de Dt 9,1–10,11 apporte du nouveau. Si cette péricope n'est pas elle-même le lieu de la rupture avec la théologie de la rétribution portée par le Deutéronome, elle semble cependant avoir rendu possible cette rupture et constitue une première brèche dans l'édifice de cette théologie. En effet, nous l'avons vu, c'est très probablement à partir de Dt 9,12-14.26-29 qu'Ex 32,7-14 et Nb 14,11-25 ont été écrits. Par le procédé d'une exégèse intrabiblique, l'intercession de Dt 9 a été reprise et développée en Ex 32 et Nb 14, le pardon divin étant explicite dans les deux cas.

Nous avons également montré que Dt 9,7–10,11, dans sa reprise du récit ancien d'Ex 32, mettait en œuvre une exégèse actualisante[2]. Reformulé dans un discours de Moïse, l'épisode du veau devient un péché dont *tout Israël* est coupable, la première comme la seconde génération du désert. Il y a là un acte semblable à celui que l'on trouve en Dt 5,2-3, où l'histoire de l'alliance était relue et actualisée : « Yhwh notre Dieu a conclu une alliance avec nous à l'Horeb. Ce n'est pas avec nos pères que Yhwh a conclu cette alliance, c'est avec nous, nous qui sommes là aujourd'hui, tous vivants ». En Dt 5 comme en Dt 9,1–10,11, ce n'est pas tant l'exactitude de l'histoire passée qui est en jeu, mais la valeur de cette histoire pour des auditeurs / destinataires nouveaux auxquels elle est attribuée comme leur histoire.

Que ce soit dans la reprise du récit ancien d'Ex 32 par Dt 9,7–10,11 ou dans l'écriture en chaîne de Dt 9,12-14.26-29, Ex 32,7-14 et Nb 14,11-25, l'écriture biblique se révèle être en ces endroits une réécriture innovante. Autrement dit, le commentaire et l'interprétation, en bref la tradition, sont internes à l'Écriture elle-même. Ce phénomène d'une écriture interprétative en expansion a été particulièrement mis en évidence durant les dernières décennies, qu'il ait été appelé *exégèse intrabiblique* par M. Fishbane[3] ou *exégèse canonique* par J. Sanders[4]. Les rédacteurs qui ont inséré Dt 9,7–10,11 ont créé du neuf à partir de traditions héritées. Ils ont fait d'une faute concernant une seule génération un paradigme pour tout Israël. Ils ont accentué les traits de Moïse comme réformateur anti-idolâtrie et intercesseur puissant auprès de Yhwh. En composant Dt 9,26.27b-29, ils ont posé les prémices d'une théologie de la miséricorde divine post-dtr (cf. Ex 32,7-14 ; Nb 14,11-25).

En Dt 9,7–10,11, nous assistons donc à une certaine transformation de la présentation habituelle des rapports entre Israël et Yhwh, réglés par la loi et débouchant sur la sanction en cas de désobéissance. Le texte de base de cette péricope contenait vraisemblablement des lacunes (ni réponse explicite à l'intercession ni sanction) qu'Ex 32,7-14 et Nb 14,11-25 ont comblées. Cela nous montre que la présentation de la justice divine est une réalité mouvante dans le corpus biblique. Chaque nouvelle présentation reflète la quête de vérité sur les rapports entre Yhwh et son peuple d'une époque donnée à laquelle correspond une situation particulière. Il en résulte que chacune des présentations

---

2   Cf. p. 435-435.
3   Cf. p. 55 n. 259.
4   Cf. SANDERS, James, *Torah*.

de la justice divine du corpus doit être située dans la chaîne canonique formée par les exégèses intrabibliques qui ont apporté leur touche à ce sujet. L'exégète qui se penche sur le texte biblique en vue de comprendre ce que celui-ci dit de la justice divine prolonge donc cette chaîne des interprétations déjà présente dans le corpus.

En conclusion, Dt 9,1–10,11 se présente comme une relecture de la faute du Sinaï/Horeb qui correspond à un moment particulier de l'histoire d'Israël, probablement à celui où des exilés s'apprêtaient à rentrer en Juda, au début de la période perse[5]. Les dimensions théologique et politique de cette relecture sont perceptibles. Ce texte s'adressant à un peuple d'Israël s'apprêtant à passer en Canaan (cf. 9,1) – c'est-à-dire à rentrer d'exil –, sa fonction politique fut sans doute de préparer des générations d'exilés à rejoindre leur patrie. Et son message théologique peut être résumé ainsi : Yhwh lui-même n'était pas étranger à ce retour, signe de la permanence de la promesse, malgré la faute.

---

5   Cf. p. 431.

Annexes

Annexe 1 : E. Blum et les principales questions sur le Deutéronome

Quelle relation d'origine et de dépendance littéraire entretiennent CA, CD et LS ?

Pour Blum, l'ordre d'ancienneté des codes législatifs est l'ordre classique de l'École d'Heidelberg, c'est-à-dire, du plus ancien au plus récent : CA, CD, LS. Ce dernier code émerge à K^P selon l'auteur.

Quelle est la nature des relations littéraires de dépendance entre les récits du cadre du Deutéronome (Dt 1–11.27–34) et les récits du Tétrateuque ?

Entre Exode–Nombres et le Deutéronome se joue une écriture en réciprocité. Il y aurait eu à la base des traditions anciennes communes que le Deutéronome a pu travailler *librement* pour leur donner une nouvelle forme, tandis que K^D était plus *liée* par ces traditions anciennes.

Quelle est la corrélation entre le travail de rédaction et de remaniement que l'on trouve dans le Deutéronome et le travail semblable que l'on trouve dans les cycles historiques de Josué, Juges, Samuel et Rois ?

Blum se place dans le cadre de HD au sens de Noth et considère donc que CD a été habillé de son cadre par le rédacteur dtr durant l'exil. La corrélation Deutéronome–« Prophètes premiers » provient donc de HD. L'intervention plus tardive de K^D (dans les premiers temps de la période post-exilique) est restreinte et n'est visible que dans Gn 12–Dt 34. Certains traits spécifiques à un Hexateuque (ossements de Joseph en Jos 24,32 par exemple) s'expliquent par la tentative post-K^P d'imposer un Hexateuque par le biais de la *Jos 24-Bearbeitung*, tentative qui a finalement échoué.

> *Pourquoi y a-t-il désordre chronologique dans la succession des événements présentés dans le cadre du Deutéronome ?*

L'auteur n'aborde pas cette question.

> *Pourquoi n'y a-t-il quasiment pas de trace d'écriture sacerdotale (P) dans le Deutéronome ?*

Pour Blum, les traces de K^P dans le Deutéronome sont réduites. Elles sont visibles en Dt 1,3 ; 32,48-52 et 34,1.7-9 seulement. Il ne donne pas d'explication sur la quasi absence de P dans le Deutéronome.

> *Comment expliquer que la Torah s'arrête après le Deutéronome et que la suite logique du récit ait été mise à part pour recevoir une autorité moindre (prophètes antérieurs) ?*

Blum explique que le processus commence par le travail de hiérarchisation et de séparation effectué par K^D entre Torah et prophétie, séparation renforcée ensuite par K^P lorsqu'elle aurait œuvrée dans le cadre de l'autorisation impériale perse.

Annexe 2 : J. Van Seters et les principales questions sur le Deutéronome

Quelle relation d'origine et de dépendance littéraire entretiennent CA, CD et LS ?

Le code le plus ancien est CD. LS se présente comme une révision de ce code. Le CA est le code le plus récent. Il présuppose les deux autres codes.

Quelle est la nature des relations littéraires de dépendance entre les récits du cadre du Deutéronome (Dt 1–11.27–34) et les récits du Tétrateuque ?

Les récits du Deutéronome sont les plus anciens. Ils sont présupposés, repris et développés par le Yahwiste. Celui-ci dispose d'un Deutéronome quasi complet, y compris dans ses couches les plus récentes, par exemple Dt 4. Van Seters ne concède qu'en quelques endroits du Deutéronome des retouches ciblées présupposant le Yahwiste : en Dt 9,27, en Dt 31,14-15.23 ; 34,1b-3.4.6b.7b-8.10-12.

Quelle est la corrélation entre le travail de rédaction et de remaniement que l'on trouve dans le Deutéronome et le travail semblable que l'on trouve dans les cycles historiques de Josué, Juges, Samuel et Rois ?

Van Seters accepte l'hypothèse de HD au sens de Noth. À partir de là, HD s'étant développée à partir d'un noyau deutéronomique, son écriture dtr en est issue et les connections existant entre le Deutéronome et HD s'expliquent facilement.

Pourquoi y a-t-il désordre chronologique dans la succession des événements présentés dans le cadre du Deutéronome ?

L'auteur ne s'explique par sur cette question.

Pourquoi n'y a-t-il quasiment pas de trace d'écriture sacerdotale (P) dans le Deutéronome ?

Van Seters voit des traces d'écriture P en Dt 32,48-52 ; 34,1.5.9 et la poursuite de ce type d'écriture en Josué. Les écrivains sacerdotaux auraient accepté sans contestation la théologie deutéronomico-deutéronomiste.

Comment expliquer que la Torah s'arrête après le Deutéronome et que la suite logique du récit ait été mise à part pour recevoir une autorité moindre (prophètes antérieurs) ?

C'est un point de la théorie de l'auteur qui nous semble obscur. D'un côté il pense que le Yahwiste a repris HD pour lui donner un prologue (histoire des origines + histoire patriarcales + vie de Moïse) ; de l'autre, il avance que ce même Yahwiste aurait écrit Jos 24. Pour lui, c'est P qui est à l'origine de cette séparation.

Annexe 3 : E. Otto et les principales questions sur le Deutéronome

Quelle relation d'origine et de dépendance littéraire entretiennent CA, CD et LS ?

Le CA est plus ancien que CD, qui s'en inspire et le corrige. L'intégration de CA et la formation de LS dans un récit continu sont le fait de PentRed, tandis que CD, déjà intégré dans DtrD, DtrL et HexRed, est repris sans retouches par PentRed. L'ordre d'ancienneté est donc : CA, CD, LS.

Quelle est la nature des relations littéraires de dépendance entre les récits du cadre du Deutéronome (Dt 1–11.27–34) et les récits du Tétrateuque ?

Pour Otto, ces relations sont complexes. Pour Dt 1,19-46 et Nb 13–14 comme pour Ex 32–34 et Dt 9,9–10,5, il pense qu'une tradition ancienne a été reçue des deux côtés. Il décrit ensuite une activité rédactionnelle post-dtr (HexRed, PentRed) croisée, faite de retouches et d'influences réciproques entre Tétrateuque et les cadres du Deutéronome,

Quelle est la corrélation entre le travail de rédaction et de remaniement que l'on trouve dans le Deutéronome et le travail semblable que l'on trouve dans les cycles historiques de Josué, Juges, Samuel et Rois ?

En ce qui concerne le livre de Josué et le début du livre des Juges, cette corrélation s'explique principalement comme provenant de DtrL, d'HexRed et de PentRed. Ce sont ces trois moments rédactionnels qui sont responsables, selon Otto, des couches dtr et post-dtr dans ces livres. Otto reste silencieux sur les liens du Deutéronome avec les livres de Samuel et des Rois.

Pourquoi y a-t-il désordre chronologique dans la succession des événements présentés dans le cadre du Deutéronome ?

Dt 1–3 furent présentés avant et non après l'alliance à l'Horeb (Dt 5 ; 9,9–10,5) pour montrer au lecteur le déplacement à opérer vis-à-vis de cette alliance (Dt 5) dans une perspective de dépassement par l'alliance en Moab (Dt 29–30) qui est liée à Dt 1–3, c'est-à-dire à la nouvelle génération (la génération ancienne, celle de l'alliance à l'Horeb étant morte). Il y a donc eu un phénomène d'encadrement de DtrD (Dt 4,45–28,68) par DtrL (Dt 1–3 ; 29–30), pour déplacer l'accent de l'alliance à l'Horeb sur celle en Moab.

Pourquoi n'y a-t-il quasiment pas de trace d'écriture sacerdotale (P) dans le Deutéronome ?

Parce que les traditions P se sont développées complètement à part de celles du Deutéronome. Elles émargent à des cercles aaronides, tandis que les différents états du texte (DtrD, DtrL, HexRed et PentRed) sont l'œuvre de cercles sadocides, dtr et post-dtr, donc éloignés d'une écriture P.

Comment expliquer que la Torah s'arrête après le Deutéronome et que la suite logique du récit ait été mise à part pour recevoir une autorité moindre (prophètes antérieurs) ?

La séparation entre le Pentateuque et les « Prophètes premiers » est située par Otto comme étant l'œuvre de la rédaction pentateucale, pour laquelle le bien suprême est la Torah. Le Pentateuque, séparé du livre de Josué grâce aux remaniements des auteurs sadocides de PentRed en Dt 31–34 devient ainsi le fondement du canon de la Bible hébraïque sur lequel les autres parties du canon peuvent s'appuyer. L'histoire d'un échec historique (Josué–2 Rois) aurait été ainsi mise à part de l'âge d'or de la révélation (Genèse–Deutéronome), faisant de la Torah le lieu suprême du salut.

Annexe 4 : R.G. Kratz et les principales questions sur le Deutéronome

Quelle relation d'origine et de dépendance littéraire entretiennent CA, CD et LS ?

CA est le code de loi le plus ancien du Pentateuque. Il a été repris et révisé sous un angle de centralisation en Deutéronome dont le résultat est CD. LS est postérieure à ces deux premiers codes. Elle émarge à P^S, c'est-à-dire aux couches secondaires de l'écrit sacerdotal.

Quelle est la nature des relations littéraires de dépendance entre les récits du cadre du Deutéronome (Dt 1–11.27–34) et les récits du Tétrateuque ?

Les cadres du Deutéronome, tant internes qu'externes présupposent les récits du Tétrateuque auxquels ils renvoient. Ils font donc allusion aux traditions du Tétrateuque à des fins parénétiques et / ou historiques, comme en Dt 1–3 où la récapitulation historique possède simultanément une dimension exhortative.

Quelle est la corrélation entre le travail de rédaction et de remaniement que l'on trouve dans le Deutéronome et le travail semblable que l'on trouve dans les cycles historiques de Josué, Juges, Samuel et Rois ?

La loi deutéronomique de centralisation (*Urdeuteronomium*) puis le Deutéronome au fil de sa composition a fourni la règle d'écriture et de jugement théologique de Dtr^G, Dtr^R et Dtr^S sous la forme de critères d'interprétation de l'histoire (critère de l'unité du royaume et du culte ; critère du premier commandement du décalogue et de l'alliance avec Yhwh). Les points de contacts entre le Deutéronome et Josué–2 Rois sont donc réels et se comprennent dans le cadre d'écritures dtr, les principes d'interprétation théologique de l'histoire étant contenus dans le Deutéronome.

> *Pourquoi y a-t-il désordre chronologique dans la succession des événements présentés dans le cadre du Deutéronome ?*

Le désordre des cadres s'explique pour Kratz avant tout de façon diachronique : il est dû à la croissance du Deutéronome de l'intérieur vers l'extérieur, c'est-à-dire d'un noyau central (*Urdeuteronomium*) vers ses cadres, parénétiques puis historiques. Cette croissance s'appuie sur des versets clé (Dt 6,4-5 ; Dt 26,16 ; Dt 34,1a.5-6) et sur des principes de rédaction (le premier commandement, l'alliance, l'autonomisation du livre dans un processus de séparation). En bordure du livre, les cadres historiques ont dû également recevoir des doublets avec la fin de Nb et le début de Jos au moment de l'autonomisation du rouleau du Deutéronome vis-à-vis de Nb et de Jos.

> *Pourquoi n'y a-t-il quasiment pas de trace d'écriture sacerdotale (P) dans le Deutéronome ?*

Cette question n'est pas abordée.

> *Comment expliquer que la Torah s'arrête après le Deutéronome et que la suite logique du récit ait été mise à part pour recevoir une autorité moindre (prophètes antérieurs) ?*

Kratz pense l'incorporation de P dans l'Ennéateuque a mis l'accent sur le Tétrateuque et isolé Deutéronome–2 Rois. Le Deutéronome aurait cependant été finalement intégré moyennant un aménagement de ses cadres historiques. La situation historique sous-jacente à ce phénomène littéraire de canonisation est celle l'autorisation impériale perse, même si Kratz reste assez prudent en avançant cette hypothèse.

Abréviations

Les abréviations suivantes font référence aux périodiques et collections spécialisés dans les études sur l'Ancien Testament et le Proche-Orient ancien, ainsi qu'à certaines abréviations générales utilisées dans ce livre.

ABC :	Anchor Bible Commentaries
AnBib :	Analecta Biblica
ATANT :	Abhandlungen zur Theologie des alten und Neuen Testaments
ATD :	Das Alte Testament Deutsch
ATM :	Altes Testament und Moderne
BA :	Biblical Archeologist
BAY :	La Bible, Bayard, 2001
BBB :	Bonner Biblische Beiträge
BETL :	Bibliotheca Ephemeridum Theologicarum Lovaniensium
BH :	Bible hébraïque, reproduit selon le texte de la BHS
BHS :	Biblia Hebraica Stuttgartensia, ^{5}1997
BiberOr :	Biblica et Orientalia
BJ :	La Bible de Jérusalem, 1973
BKUG :	Beiträge zur Kultur- und Universalgeschichte
BN :	Biblische Notizen
BWANT :	Beiträge zur Wissenschaft vom Alten und Neuen Testament
BWAT :	Beiträge zur Wissenschaft vom Alten Testament
BZ :	Biblische Zeitschrift
BZAR :	Beihefte zur Zeitschrift für Altorientalische und Biblische Rechtsgeschichte
BZAW :	Beihefte zur Zeitschrift für die alttestamentliche Wissenschaft
CA :	Code de l'alliance
CBOTS :	Coniectanea Biblica, Old Testament Series
CBQ :	Catholic Biblical Quaterly
CD :	Code deutéronomique
CJT :	Canadian Journal of Theology
Crmp. :	La Bible, trad. A. Crampon, 1960.
Dt :	Livre du Deutéronome
Dtq :	« deutéronomique » ; renvoie au noyau ancien du livre du Deutéronome
Dtr :	« deutéronomiste » ; désigne les strates dues aux rédacteurs ayant composé l'ensemble Josué–2 Rois et le cadre du Deutéronome, c'est-à-dire HD
EB :	Études Bibliques
EdF :	Erträge der Forschung
Est Bib :	Estudios Biblicos
ETL :	Ephemerides Theologicae Lovanienses

ETR :	Études Théologiques et Religieuses
EURHS :	Europäische Hochschulschriften
FAT :	Forschungen zum Alten Testament
FAT II :	Forschungen zum Alten Testament 2. Reihe
FRLANT :	Forschungen zur Religion und Literatur des Alten und Neuen Testaments
HBS :	Herders Biblische Studien
HAT :	Handbuch zum Alten Testament
HD :	Histoire deutéronomiste (au sens de M. Noth)
HSM	Harvard Semitic Monographs
HTR :	Harvard Theological Review
HUCA :	Hebrew Union College Annual
ICC :	International Critical Commentary
JBL :	Journal of Biblical Literature
JNES :	Journal of Near Eastern Studies
JNWSL :	Journal of Northwest Semitic Languages
JSOT :	Journal for the Study of the Old Testament
JSOTSS :	Journal for the Study of the Old Testament Supplements Series
LA :	Liber Annuus
LBS / OTS :	Library of Hebrew Bible / Old Testament Studies (auparavant : JSOTSS)
LD :	Lectio Divina
LR :	Le livre et le rouleau
LS :	Loi de sainteté
LXX :	Septante
MDB :	Le Monde de la Bible
NBS :	La nouvelle Bible Segond
n.d.r. :	Note du rédacteur (V. Sénéchal)
OBO :	Orbis Biblicus et Orientalis
O-T :	La Bible, trad. par E. Osty et J. Trinquet, 1970.
OTE :	Old Testament Essays
OTS :	Oudtestamentische Studiën
RB :	Revue Biblique
RGG :	Religion in Geschichte und Gegenwart. Handwörterbuch für Theologie und Religionswissenschaft
RHPR :	Revue d'Histoire et de Philosophie Religieuses
RTP :	Revue de Théologie et de Philosophie
SBAB :	Stuttgarter biblische Aufsatzbände
SBLSCSS :	Society for Biblical Literature, Septuagint and Cognate Series
SBS :	Stutgater Bibelstudien
SBTS :	Sources for Biblical and Theological Study
SC :	Sources Chrétiennes
SDB :	Suppléments au Dictionnaire de la Bible
SJOT :	Scandinavian Journal of the Old Testament
SKKAT :	Stuttgarter Kleiner Kommentar Altes Testament
TBü :	Theologische Bücherei
TDOT :	Theological Dictionary of the Old Testament
ThR :	Theologische Rundschau

Abréviations

TWAT :	Theologisches Wörterbuch zum Alten Testament
TM :	Texte massorétique, reproduit selon le texte de la BHS
TOB :	Traduction œcuménique de la Bible, 1988.
TRE :	Theologische Realenzyklopädie
Vg. :	Vulgate
VT :	Vetus Testamentum
VTSup :	Vetus Testamentum, Supplements
VWGT :	Veröffentlichungen der Wissenschaftlichen Gesellschaft für Theologie
WBC :	Word Biblical Commentary
WMANT :	Wissenschaftliche Monographien zum Alten und Neuen Testament
ZAR :	Zeitschrift für Altorientalische und Biblische Rechtsgeschichte
ZAW :	Zeitschrift für die Altestestamentliche Wissenschaft
ZTK :	Zeitschrift für Theologie und Kirche

Bibliographie

ACHENBACH, Reinhard, *Israel zwischen Verheissung und Gebot : Literarkritische Untersuchungen zu Deuteronomium 5-11*, Frankfurt am Main / Bern / New York / Paris : Peter Lang, 1991.

ACHENBACH, Reinhard, *Die Vollendung der Tora. Studien zur Redaktionsgeschichte des Numeribuches im Kontext von Hexateuch und Pentateuch* (BZAR, 3), Wiesbaden : Harrassowitz Verlag, 2003.

ACHENBACH, Reinhard, « Die Erzählung von der gescheiterten Landnahme von Kadesch Barnea (Numeri 13-14) als Schlüsseltext der Redaktionsgeschichte des Pentateuchs », *ZAR* 9 (2003), p. 56-123.

ACHENBACH, Reinhard & OTTO, Eckart (Éds), *Das Deuteronomium zwischen Pentateuch und Deuteronomistischem Geschichtswerk*, Göttingen : Vandenhoeck & Ruprecht, 2004.

ACHENBACH, Reinhard, « Pentateuch, Hexateuch und Enneateuch. Eine Verhältnisbestimmung », *ZAR* 11 (2005), p. 122-154.

ACHENBACH, Reinhard, « The Story of the Revelation at the Mountain of God and the Redactional Editions of the Hexateuch and the Pentateuch », in OTTO, Eckart & LEROUX, Jurie (Éds), *A Critical Study of the Pentateuch. An Encounter Between Europe and Africa*, Münster : LIT Verlag, 2005, Altes Testament und Moderne 11, p. 126-151.

ALBERTZ, Rainer, *Religionsgeschichte Israels in alttestamentlicher Zeit : Teil 1. Von den Anfängen bis zum Ende der Königszeit*, Göttingen : Vandenhoeck & Ruprecht, 1992.

ALBERTZ, Rainer, *Religionsgeschichte Israels in alttestamentlicher Zeit : Teil 2. Vom Exil bis zu den Makkabäern*, Göttingen : Vandenhoeck & Ruprecht, 1992.

ALBERTZ, Rainer, « An End to the Confusion ? Why the Old Testament Cannot Be a Hellenistic Book ! », in GRABBE, Lester, L. (Éd.), *Did Moses Speak Attic ? Jewish Historiography and Scripture in the Hellenistic Period* (JSOTSS, 317), Sheffield : Sheffield Academic Press, 2001, p. 30-46.

ALMIÑANA LLORET, Vincente, J., « El pecado en el Deuteronomio », *Est Bib* 29 (1970), p. 267-285.

ALT, Albrecht, « Die Heimat des Deuteronomiums », in ALT, Albrecht, *Kleine Schriften zur Geschichte des Volkes Israel I*, München : C.H. Beck, 1953, p. 278-332.

ANDRÉ, Gunnel, *Determining the Destiny. PQD in the Old Testament* (CBOTS, 16), Uppsala (Sweden) : Almqvist & Wiksell, 1980.

ARTUS, Olivier, *Études sur le livre des Nombres. Récits, Histoire et Loi en Nb 13,1-20,13* (OBO, 157), Fribourg (Suisse) : Éditions universitaires, Göttingen : Vandenhoeck & Ruprecht, 1997.

ARTUS, Olivier, *Les lois du Pentateuque* (LD, 200), Paris : Cerf, 2005.

ARTUS, Olivier, Art. » Talion », in *SDB* XIII, Paris : Letouzey et Ané, 2005, col. 881-907.

ARTUS, Olivier, « *Dei Verbum*. L'exégèse catholique entre critique historique et renouveau des sciences bibliques », *Gregorianum* 2005 (86/1), p. 76-91.

ASURMENDI, Jesus, BURNET, Régis, COMBET GALLAND, Corina, & FLICHY, Odile (Éds), *Regards croisés sur la Bible. Études sur le point de vue*, Paris : Cerf, 2007.

AURELIUS, Erik, *Der Fürbitter Israels : eine Studie zum Mosebild im Alten Testament*, Stockholm : Almqvist & Wiksell, 1988.

AURELIUS, Erik, *Zukunft jenseits des Gerichts. Eine redaktionsgeschichtliche Studie zum Enneateuch* (BZAW, 319), Berlin / New York : Walter de Gruyter, 2003.

AUSLOOS, Hans, « Deuteronomi(sti)c Elements in Exod 23,20-33 ? Some Methodological Remarks », in VERVENNE, Marc (Éd.), *Studies in the Book of Exodus*, Leuven : Peeters, 1996, p. 481-500.

AUSLOOS, Hans, « The Septuagint Version of Exod 23 :20-33 : a " Deuteronomist " at Work ?, *JNWSL* 22/2 (1996), p. 89-106.

AUSLOOS, Hans, « Les extrêmes se touchent... : Proto-Deuteronomic and Simili-Deuteronomistic Elements in Genesis-Numbers », in *Deuteronomy and Deuteronomic Literature : Festschrift C.H.W. Brekelmans*, Leuven : Peeters, 1997, p. 341-366.

AUSLOOS, Hans, « The Need for Linguistic Criteria in Characterising Biblical Pericopes as Deuteronomistic : A Critical Note to Erhard Blum's Methodology », *JNWSL* 23/2 (1997), p. 47-56.

AUSLOOS, Hans, « The Need for a " Controlling Framework " in Determining the Relationship Between Genesis-Numbers and the So-called Deuteronomistic Literature », *JNWSL* 24/2 (1998), p. 77-89.

AUSLOOS, Hans, « The Risks of Rash Textual Criticism Illustrated on the Basis of the Numeruswechsel in Exod 23,20-33 », *BN* 97 (1999), p. 5-12.

AUSLOOS, Hans, « LXX Num 14 :23 : Once More a " Deuteronomist " at Work ? », in TAYLOR, Bernard, A. (Éd.), *X Congress of the International Organization for Septuagint and Cognate Studies* (SBLSCSS, 51), Atlanta : Society of Biblical Literature, 2001, p. 415-427.

AUWERS, Jean-Marie, « Le Pentateuque d'Alexandrie et le texte massorétique : enjeux d'une confrontation », in HARL, Marguerite & DOGNIEZ, Cécile (Dir.), *Le Pentateuque. LXX. La Bible d'Alexandrie*, Paris : Cerf, 2001, p. 59-75.

BALENTINE, Samuel, E., *The Hidden God. The Hiding of the Face of God in the Old Testament*, Oxford : Oxford University Press, 1983.

BALENTINE, Samuel, E., « The Prophet as Intercessor : A Reassessment », *JBL* 103/2 (1984), p. 161-173.

BALTZER, Klaus, *Das Bundesformular* (WMANT, 4), Neukirchen-Vluyn : Neukirchener Verlag, ²1964.

BAR ON, Shimon, « On the Festival Calendars in Exodus xxiii 14-19 and xxxiv 18-26 », *VT* 48 (1998), p. 161-195.

BARTHELEMY, Dominique, *Découvrir l'écriture*, Paris : Cerf, 2000.

BEAUCAMP, Évode, Art. » Péché », in *SDB* VII, Paris : Letouzey et Ané, 1966, col. 407-471

BEENTJES, Pancratius, C., « Inverted Quotations in the Bible : A Neglected Stylistic Pattern », *Biblica* 63 (1982), p. 506-523.

BEGG, Christopher, « The Literary Criticism of Deut 4,1-40. Contributions to a Continuing Discussion », *ETL* 56 (1980), p. 10-55.

BEGG, Christopher, T., « The Golden Calf Episode According to Pseudo-Philo », in VERVENNE, Marc (Éd.), *Studies in the Book of Exodus*, Leuven : Peeters, 1996, p. 578-594.

BEGG, Christopher, T., « The Destruction of the Golden Calf Revisited (Exod 32,20 / Deut 9,21) », in VERVENNE, Marc and LUST, Johan (Éds), *Deuteronomy and Deuteronomic Literature* (BETL, 133), Leuven : Leuven University Press, 1997, p. 469-479.

BERGEY, Ronald, « The Song of Moses (Deuteronomy 32.1-43) and Isaianic Prophecies : A Case of Early Intertextuality ? », *JSOT* 28/1 (2003), p. 33-54.

BERTHOLET, Alfred, *Deuteronomium*, Freiburg i.B. / Leipzig / Tübingen : J.C.B. Mohr - P. Siebeck, 1899.

BEYERLIN, Walter, « Die Paränese im Bundesbuch und ihre Herkunft », in REVENTLOW, Henning, G. (Éd.), *Gottes Wort und Gottes Land. Festschrift für H.W. Hertzberg zum 70. Geburtstag*, Göttingen : Vandenhoeck & Ruprecht, 1965, p. 9-29.

BIBERGER, Bernd, *Unsere Väter und wir. Unterteilung von Geschichtsdarstellungen in Generationen und das Verhältnis der Generationen im Alten Testament* (BBB, 145), Berlin / Wien : Philo, 2003.

BIDDLE, Mark, E., *Deuteronomy* (Smyth &Helwys Bible Commentary, 4), Macon (Georgia, USA) : Smyth &Helwys, 2003.

BLENKINSOPP, Joseph, *Prophecy and Canon. A Contribution to the Study of Jewish Origins*, Notre Dame : University of Notre Dame Press, 1977.

BLENKINSOPP, Joseph, *The Pentateuch : An Introduction to the First Five Books of the Bible*, New York / London / Toronto : Doubleday, 1992.

BLOCH, Renée, Art. » Midrash », in *SDB* IV, Paris : Letouzey et Ané, 1957, col. 1263-1281.

BLUM, Erhard, *Die Komposition der Vätergeschichte*, Neukirchen-Vluyn : Neukirchener Verlag, 1984.

BLUM, Erhard, « Israël à la montagne de Dieu. Remarques sur Ex 19–24 ; 32–34 et sur le contexte littéraire et historique de sa composition », in DE PURY, Albert & RÖMER, Thomas (Éds), *Le Pentateuque en question* (MDB, 19), Genève : Labor et Fides, 1989, p. 271-295.

BLUM, Erhard, *Studien zur Komposition des Pentateuch* (BZAW, 189), Berlin / New York : W. de Gruyter, 1990.

BLUM, Erhard, « Gibt es die Endgestalt des Pentateuch ? », in EMERTON, John, A. (Éd.), *Congress Volume : Leuven 1989*, Leiden : Brill, 1991, p. 46-57.

BLUM, Erhard, « Das sog. " Privilegrecht " in Exodus 34,11-16 : Ein Fixpunkt der Komposition des Exodusbuches ? », in VERVENNE, Marc (Éd.), *Studies in the Book of Exodus* (BETL, 126), Leuven : Leuven University Press / Peeters, 1996, p. 347-366.

BLUM, Erhard, « Die literarische Verbindung von Erzvätern und Exodus », in GERTZ, J. Christian, SCHMID, Konrad & WITTE, Markus (Éds), *Abschied vom Jahwisten*, Berlin / New York : W. de Gruyter, 2002, p. 119-156.

BLUM, Erhard, « Pentateuch-Hexateuch-Enneateuch ? Oder Woran erkennt man ein literarisches Werk in der hebräischen Bibel ? », in RÖMER, Thomas & SCHMID, Konrad (Éds), *Les dernières rédactions du Pentateuque, de l'Hexateuque et de l'Ennéateuque* (BETL, 203), Leuven : University Press / Peeters, 2007, p. 67-97.

BOORER, Suzanne, *The Promise of the Land As Oath* (BZAW, 205), Berlin / New York : W. de Gruyter, 1992.

BOVATI, Pietro, *Re-Establishing Justice : Legal Terms, Concepts and Procedures in the Hebrew Bible*, Sheffield : Sheffield Academic Press, 1994.

BRAULIK, Georg, *Das Testament des Mose. Das Buch Deuteronomium* (SKKAT, 4), Stuttgart : Katholisches Bibelwerk, 1976.

BRAULIK, Georg, *Die Mittel deuteronomischer Rhetorik. Erhoben aus Deuteronomium 4,1-40* (AnBib 68), Rome : Biblical Insitute Press, 1978.

BRAULIK, Georg, « Gesetz als Evangelium : Rechtfertigung und Begnadigung nach der deuteronomischen Tora », *ZTK* 79 (1982), p. 127-160.

BRAULIK, Georg, « Law as Gospel : Justification and Pardon According to the Deuteronomic Torah », *Interpretation* 38 (1984), p. 5-14.

BRAULIK, Georg, « Die Abfolge der Gesetze in Deuteronomium 12-26 und der Dekalog », in LOHFINK, Norbert (Éd.), *Deuteronomium : Entstehung, Gestalt und Botschaft*, Leuven : Leuven University Press / Peeters, 1985, p. 252-272.

BRAULIK, Georg, *Deuteronomium I : 1-16,17*, Würzburg : Echter Verlag, 1986.

BRAULIK, Georg, *Die deuteronomischen Gesetze und der Dekalog* (SBS, 145), Stuttgart : Verlag Katholisches Bibelwerk, 1991.

BRAULIK, Georg, « The Development of the Doctrine of Justification in the Redactional Strata of the Book of Deuteronomy », in BRAULIK, Georg, *The Theology of Deuteronomy*, N. Richland Hills (Texas) : Bibal Press, 1994, p. 151-164.

BRAULIK, Georg, « Ezechiel und Deuteronomium : Die " Sippenhaftung " in Ezechiel 18,20 und Deuteronomium 24,16 unter Berücksichtigung von Jeremia 31,29-30 und 2 Kön 14,6 », in BRAULIK, Georg (Éd.), *Studien zum Deuteronomium und seiner Nachgeschichte* (SBAB, 33), Stuttgart : Katholisches Bibelwerk, 2001, p. 171-201.

BRAULIK, Georg, « Das Deuteronomium », in ZENGER, Erich (Éd.), *Einleitung in das Alte Testament*, Stuttgart : Kohlhammer, [5]2004, p. 136-155 (cf. aussi [3]1998, [4]2001).

BRETTLER, Marc, Z., « Jud 1,1–2,10 : From Appendix to Prologue », *ZAW* 101 (1989), p. 433-435.

BRETTLER, Marc, Zvi, « Predestination in Deuteronomy 30.1-10 », in MCKENZIE, Steven, L. & SCHEARING, Linda, S. (Éds), *Those Elusive Deuteronomists. The Phenomenon of Pan-Deuteronomism* (JSOTSS, 268), Sheffield (U.K.) : Sheffield Academic Press, 1999, p. 171-188.

BRIEND, Jacques, « La crise du Pentateuque », *Transversalités* 29 (1989), p. 49-62.

BROWN, Raymond, *The Book of Deuteronomy*, Collegeville (Minnesota) : The Liturgical Press, 1965.

BUIS, Pierre & LECLERCQ, Jacques, *Le Deutéronome*, Paris : Gabalda, 1963.

BUIS, Pierre, *Le Deutéronome* (Verbum Salutis Ancien Testament, 4), Paris : Beauchesne, 1969.

CARR, David, « Method in Determination of Direction of Dependence : An Empirical Test of Criteria Applied to Exodus 34,11–26 and its Parallels », in KÖCKERT, Matthias & BLUM, Erhard (Éds), *Gottes Volk am Sinai. Untersuchungen zu Ex 32-34 und Dtn 9-10* (VWGT, 18), Gütersloh : Gütersloher Verlag, 2001, p. 107-140.

CARRIERE, Jean-Marie, *Théorie du politique dans le Deutéronome : analyse des unités, des structures et des concepts de Dt 16,18-18,22*, Frankfurt am Main / Berlin / Bern : P. Lang, 2001

CAZELLES, Henri, *Le Deutéronome*, Paris : Cerf, 1950.

CHILDS, Brevard, S., *Exodus. A Commentary*, London : SCM Press, 1974.

CHILDS, Brevard, S., *Introduction to the Old Testament as Scripture*, London : SCM Press Ltd, 1979.

CHRISTENSEN, Duane, L., *Deuteronomy 1-11* (WBC, 6A), Dallas (Texas, USA) : Word Books, 1991.

CHRISTENSEN, Duane, L. (Éd.), *A Song of Power and the Power of Song. Essays on the Bool of Deuteronomy* (SBTS, 3), Winona Lake : Eisenbrauns, 1993.

CHRISTENSEN, Duane, L., *Deuteronomy 1 :1-21 :9* (WBC, 6A), Nashville : Thomas Nelson Publishers, 2001.

CLEMENTS, Ronald, E., *God's Chosen People. A Theological Interpretation of the Book of Deuteronomy*, London : SCM Press, 1968.

CLEMENTS, Ronald, E., *Deuteronomy*, Sheffield : JSOT Press, 1989.

COATS, George, W., *Rebellion in the Wilderness : The Murmuring Motif in the Wilderness Traditions of the Old Testament*, Nashville ; New York : Abingdon press, 1968.

COGGINS, Richard, « Prophecy–True and False », in MC KAY, Heather, A. & CLINES, David, J.A. (Éds), *Of Prophets' Visions and the Wisdom of Sages. Festschrift for R.N. Whybray* (JSOTSS, 162), Sheffield (U.K.) : Sheffield Academic Press, 1993, p. 80-94

COGGINS, Richard, « What Does " Deuteronomistic " mean ? », in MCKENZIE, Steven, L. & SCHEARING, Linda, S. (Éds), *Those Elusive Deuteronomists. The Phenomenon of Pan-Deuteronomism* (JSOTSS, 268), Sheffield (U.K.) : Sheffield Academic Press, 1999, p. 22-35.

CRAIGIE, Peter, C., *The Book of Deuteronomy*, Grand Rapids : Eerdmans, 1976.

CROSS, Frank, M., *Canaanite Myth and Hebrew Epic. Essays in the History of the Religion of Israel*, Cambridge : Harvard University Press, 1973.

CRÜSEMANN, Frank, « Le Pentateuque, une Tora. Prolégomènes à l'interprétation de sa forme finale », in DE PURY, Albert & RÖMER, Thomas (Éds), *Le Pentateuque en question* (MDB, 19), Genève : Labor et Fides, 1989, p. 339-360.

CRÜSEMANN, Frank, *Die Tora : Theologie und Sozialgeschichte des alttestamentlichen Gesetzes*, München : Kaiser, 1992.

DAHMEN, Ulrich, *Leviten und Priester im Deuteronomium*, Bodenheim : Philo, 1996.

DAUBE, David, *Studies in Biblical Law*, Cambridge : Cambridge University Press, 1947.

DAVID, Robert, « Le Pentateuque. Tendances actuelles concernant les traditions littéraires », in GOURGES, Michel & LABERGE, Léo, « *De bien des manières ». La recherche biblique aux abords du XXIe siècle*, Montréal : Fides ; Paris : Cerf, 1995, p. 17-46.

DE BOER, Pieter, H., A., *De Voorbede in het Oude Testament. Oudtestamentische Studiën III*, Leiden : Brill, 1943.
DE PURY, Albert & RÖMER, Thomas (Éds), *Le Pentateuque en question* (MDB, 19), Genève : Labor et Fides, 1989 (³2002).
DE PURY, Albert, MACCHI, Jean-Daniel & RÖMER, Thomas, *Israël construit son histoire. L'historiographie deutéronomiste à la lumière des recherches récentes* (MDB, 34), Genève : Labor et Fides, 1996.
DE PURY, Albert & RÖMER, Thomas, « L'historiographie Deutéronomiste (HD). Histoire de la recherche et enjeux du débat », in DE PURY, Albert, MACCHI, Jean-Daniel & RÖMER, Thomas, *Israël construit son histoire. L'historiographie deutéronomiste à la lumière des recherches récentes* (MDB, 34), Genève : Labor et Fides, 1996, p. 11-120.
DE WETTE, Wilhelm, M., *Dissertatio critica qua Deuteronomium diversum a prioribus Pentateuchi libris, alius cuiusdam recentiori opus esse demonstratur*, Iéna, 1805.
DERBY, Josiah, « The Two Tablets of the Covenant », *Jewish Bible Quarterly* 21 (1993), p. 73-79.
DIETRICH, Walter, *Prophetie und Geschichte : eine redaktionsgeschichtliche Untersuchung zur deuteronomistischen Geschichtswerk* (FRLANT, 108), Göttingen : Vandenhoeck & Ruprecht, 1972.
DIETRICH, Walter, « Deuteronomistisches Geschichtswerk », in *RGG*⁴ 2 (1999), col. 689.
DIETRICH, Walter, « Prophetie im deuteronomistischen Geschichtswerk », in RÖMER, Thomas (Éd.), *The Future of the Deuteronomistic History* (BETL, 147), Leuven : Leuven University Press / Peeters, 2000, p. 47-65.
DILLMANN, August, *Die Bücher Numeri, Deuteronomium und Josua*, Leipzig : Verlag von S. Hirzel, ²1886.
DOHMEN, Christoph, *Das Bilderverbot : seine Entstehung und seine Entwicklung im Alten Testament* (BBB, 62), Bonn : P. Hanstein, 1985.
DOHMEN, Christoph, « Wenn die Argumente ausgehen... : Anmerkungen zur Krisenstimmung in der Pentateuchforschung », *Bibel und Kirche* 53 (1998), p. 113-117.
DRIVER, Samuel, R., *A Critical and Exegetical Commentary on Deuteronomy*, Edinburgh : T&T Clark, ²1896 (³1902).
DRIVER, Samuel, R., *The Book of Exodus*, Cambridge : University Press, 1911.
DRIVER, Samuel, R., *An Introduction to the Literature of the Old Testament*, Edinburgh : T&T Clark, ⁹1913.

EISSFELDT, Otto, « Lade und Stierbild », *ZAW* 58 (1940), p. 190-219.
EISSFELDT, Otto, *Einleitung in das Alte Testament unter Einschluss der Apokryphen und Pseudepigraphen : Entstehungsgeschichte des Alten Testaments*, Tübingen : Mohr Siebeck, ³1964.
ELLIGER, Karl, « Sinn und Ursprung der priesterlichen Geschichtserzählung », *ZTK* 49 (1952), p. 121-143.
ELLIGER, Karl & RUDOLPH, Wilhem (Éds), *Biblia Hebraica Stuttgartensia*, Stuttgart : Deutsche Bibelgesellschaft, ⁵1997.
EWALD, Heinrich, *Jesaja mit den übrigen Älteren Propheten*, Göttingen : Vandenhoeck & Ruprecht, 1867.

EYNIKEL, Erik, « Prophecy and Fulfillment in the Deuteronomistic History (1 Kgs 13 ; 2 Kgs 23 :16-18) », in BREKELMANS, Christian & LUST, Johan (Éds), *Pentateuchal and Deuteronomistic Studies : Papers Read at / the XIIIth IOSOT Congress Leuven 1989*, Leuven : Peeters, 1990, p. 227-237.

EYNIKEL, Erik, *The Reform of King Josiah and the Composition of the Deuteronomistic History* (OTS, 33), Leiden : Brill, 1996.

EZRA (IBN), Abraham, *The Commentary of Abraham ibn Ezra on the Pentateuch. Vol. 5 : Deuteronomy*, Hoboken (N.J.) : Ktav Publishing House, 2003.

FABRY, Heinz-Josef, « Der Text und seine Geschichte », in ZENGER, Erich (Éd.), *Einleitung in das Alte Testament*, Stuttgart : Kohlhammer, ⁵2004, p. 34-59.

FINSTERBUSCH, Karin, *Weisung für Israel* (FAT, 44), Tübingen : Mohr Siebeck, 2005.

FISCHER, Georg, « Wege aus dem Nebel ? Ein Beitrag zur Pentateuchkrise », *BN* 99 (1999), p. 5-7.

FISCHER, Irmtraud, *Wo ist Jahwe? Das Volksklagelied Jes 63,7-64,11 als Ausdruck des Ringens um eine gebrochene Beziehung* (Stuttgarter biblische Beiträge 19), Stuttgart : Katholisches Bibelwerk, 1989.

FISHBANE, Michael, *Biblical Interpretation in Ancient Israel*, Oxford, Clarendon Press, 1985.

FITZMYER, Joseph, *The Aramaic Inscriptions of Sefire* (BiberOr, 19A), Roma : Editrice Pontificio Istituto Biblico, ²1995.

FOKKELMAN, Jan, P., *Major Poems of the Hebrew Bible. Vol. 1 : Ex. 15 ; Deut. 32 and Job 3*, Assen : Van Gorcum, 1998.

FRANZ, Matthias, *Der barmherzige und gnädige Gott* (BWANT, 160), Stuttgart : Kohlhammer, 2003.

FREEDMAN, David, N. & LUNDBOM, Jack, Art. « רוח », in *TWAT II*, col. 181-182.

FREI, Peter, « Zentralgewalt und Lokalautonomie in Achämenidenreich », in FREI, Peter & KOCH, Klaus (Éds), *Reichsidee und Reichsorganisation im Perserreich* (OBO, 55), Fribourg (Suisse) : Éditions universitaires, Göttingen : Vandenhoeck & Ruprecht, 1984, p. 7-43.

FRETHEIM, Terence, F., « The Ark in Deuteronomy », *CBQ* 30 (1968), p. 1-14.

FREVEL, Christian, « Deuteronomistisches Geschichtswerk oder Geschichtswerke ? : Die These Martin Noths zwischen Tetrateuch, Hexateuch und Enneateuch », in RÜTERSWORDEN, Udo (Éd.), *Martin Noth - aus der Sicht der heutigen Forschung*, Neukirchen-Vluyn : Neukirchener Verl., 2004, p. 70-91.

FREVEL, Christian, *Mit Blick auf das Land die Schöpfung erinnern* (HBS, 23), Freiburg / Basel / Wien : Herder, 2000.

FRIEDMAN, Richard, Elliott, *The Exile and Biblical Narrative. The Formation of the Deuteronomistic and Priestly Works* (HSM, 22), Chico, Calif. : Scholars Press, 1981.

FRITZ, Volkmar, *Israel in der Wüste : traditionsgeschichtliche Untersuchung der Wüstenüberlieferung des Jahwisten*, Marburg : N. G. Elwert Verlag, 1970.

FRITZ, Volkmar, *Tempel und Zelt. Studien zum Tempelbau in Israel und zu dem Zeltheiligtum der Priesterschrift* (WMANT, 47), Neukirchen-Vluyn : Neukirchener Verl., 1977.

FRYMER-KENSKY, Tikva, « Israel », in WESTBROOK, Raymond (Éd.), *A History of Ancient Near Eastern Law. Vol. 2*, Leiden / Boston : Brill, 2003, p. 975-1046.

GALBIATI, Enrico, *La struttura letteraria dell'Esodo : contributo allo studio dei criteri stilistici dell'A.T. e della composizione del Pentateuco* (Scrinium theologicum, 3), Alba : Éd. Paoline, 1956.
GAMMIE, John, G., « The Theology of Retribution in the Book of Deuteronomy », *CBQ* 32 / 1 (1970), p. 1-12.
GARCÍA LÓPEZ, Felix, « Analyse littéraire de Deutéronome V-XI* », *RB* 84 (1977), p. 481-522
GARCÍA LÓPEZ, Felix, « Analyse littéraire de Deutéronome V-XI* », *RB* 85 (1978), p. 5-49
GARCÍA LÓPEZ, Felix, *Analyse littéraire de Deutéronome, V-XI*, Jerusalem : Franciscan Printing Press, 1978.
GARCÍA LÓPEZ, Felix, *Comment lire le Pentateuque* (MDB, 53), Genève : Labor et Fides, 2005, p. 284.
GARCÍA MARTÍNEZ, Florentino, « Les manuscrits du désert de Juda et le Deutéronome », in GARCÍA MARTÍNEZ, Florentino ; HILHORST, A. ; VAN RUITEN, Jacques, T.A.G.M. ; VAN DER WOUDE, Adam, S., *Studies in Deuteronomy in Honour of C.J. Labuschagne on the Occasion of His 65th Birthday*, Leiden / New York / Köln : Brill, 1994, p. 63-82.
GERTZ, Jan Christian, *Tradition und Redaktion in der Exoduserzählung. Untersuchung zur Endredaktion des Pentateuch* (FRLANT, 186), Göttingen : Vandenhoeck & Ruprecht, 2000.
GERTZ, Jan Christian, « Beobachtungen zu Komposition und Redaktion in Exodus 32-34 », in KÖCKERT, Matthias & BLUM, Erhard (Éds), *Gottes Volk am Sinai. Untersuchungen zu Ex 32-34 und Dtn 9-10* (VWGT, 18), Gütersloh : Gütersloher Verlag, 2001, p. 88-106.
GERTZ, Jan, Christian, SCHMID, Konrad & WITTE, Markus (Éds), *Abschied vom Jahwisten : Die Komposition des Hexateuch in der jüngsten Diskussion*, Berlin / New York : W. de Gruyter, 2002.
GERTZ, Jan, Christian, « Kompositorische Funktion und literarische Ort von Deuteronomium 1-3 », in WITTE, Markus ; SCHMID, Konrad ; PRECHEL, Doris & GERTZ, Jan Christian (Éds), *Die deuteronomistischen Geschichtwerke* (BZAW, 365), Berlin / New York : W. de Gruyter, 2006, p. 103-124.
GEVIRTZ, Stanley, « Jericho and Shechem : A Religio-Literary Aspect of City Destruction », *VT* 13 (1963), p. 52-62.
GOSSE, Bernard, « Deutéronome 32,1-43 et les rédactions des livres d'Ezéchiel et d'Isaïe », *ZAW* 107 (1995), p. 110-117.
GRAY, George, B., *Isaiah I-XXXIX* (ICC), Edinburgh : T&T Clark, 1912.
GUILLAUME, Philippe, « L'historiographie deutéronomiste : no future ! », *RTP* 135 (2003), p. 47-57.
GUNNEWEG, Antonius., H., J., « Das Gesetz und die Propheten », *ZAW* 102 (1990), p. 169-180.

HAHN, Joachim, *Das « Goldene Kalb ». Die Jahwe-Verehrung bei Stierbildern in der Geschichte*, Frankfurt am Main / Bern : P. Lang, 1981.
HALBE, Jörn, *Das Privilegrecht Jahwes, Ex 34,10-26 : Gestalt und Wesen, Herkunft und Wirken in vordeuteronomischer Zeit*, Göttingen : Vandenhoeck und Ruprecht, 1975.
HALLO, William, W. & YOUNGER, K., Lawson (Éd.), *The Context of Scripture*. Vol. 1, Leiden / Boston / Köln : Brill, 1997.

HAMP, Vincenz, Art. » גנב », *TDOT III*, p. 42-43.
HARAN, Menahem, *Temples and Temple-Service in Ancient Israel*, Oxford, Clarendon Press, 1978.
HARAN, Menahem, « On the Diffusion of Literacy and Schools in Ancient Israel », in EMERTON, John, Adney (Éd.), *Congress Volume : Jerusalem 1986*, Leiden : Brill, 1988, p. 81-95.
HARL, Marguerite & DOGNIEZ, Cécile (Éd. et Trad.), *La Bible d'Alexandrie. 5. Le Deutéronome*, Paris : Cerf, 1992.
HARVEY, Julien, « Le " Rib-pattern ", réquisitoire prophétique sur la rupture de l'alliance », *Biblica* 43 (1962), p. 172-196.
HAYES, Christine, E., « Golden Calf Stories : The Relationship of Exodus 32 and Deuteronomy 9-10 », in NAJMAN, Hindy, NEWMAN, Judith, H. (Éds), *The Idea of Biblical Interpretation. Essays in Honor of James L. Kugel*, Leiden / Boston : Brill, 2004, p. 45-93.
HEMPEL, Johannes, *Die Schichten des Deuteronomiums : Ein Beitrag zur israelitischen Literatur- und Rechtsgeschichte* (BKUG, 33), Leipzig : R. Voigtländer, 1914.
HENDEL, Ronald, S., *The Text of Genesis 1-11. Textual Studies and Critical Edition*, New York / Oxford : Oxford University Press, 1998.
HERTZBERG, Hans Wilhelm, « Sind die Propheten Fürbitter ? », in WÜRTHWEIN, Ernst & KAISER, Otto (Éds), *Tradition und Situation. Festschrift A. Weiser*, Göttingen : Vandenhoeck & Ruprecht, 1963, p. 63-74
HESSE, Franz, *Die Fürbitte im Alten Testament*, Hamburg, 1951.
HILLERS, Delbert, R., *Treaty Curses and the O.T. Prophets* (BiberOr, 16), Rome : Pontifical Biblical Institute, 1964.
HIMBAZA, Innocent, « La conscience des problèmes textuels de l'Ancien Testament. État de la question hier et aujourd'hui », in SCHENKER, Adrian & HUGO, Philippe (Éds), *L'enfance de la Bible* (MDB, 52), Genève : Labor et Fides, 2005, p. 34-61.
HOFFMANN, Hans-Detlev, *Reform und Reformen. Untersuchungen zu einem Grundthema der deuteronomistischen Gesichtsschreibung* (ATANT, 66), Zürich : Theologischer Verlag Zürich, 1980.
HÖLSCHER, Gustav, « Komposition und Ursprung des Deuteronomiums », *ZAW* 40 (1922), p. 161-225.
HOLZINGER, Heinrich, *Einleitung in den Hexateuch*, Freiburg i. B. & Leipzig : J.C.B. Mohr, 1893.
HOSSFELD, Frank-Lothar, *Der Dekalog : seine späten Fassungen, die originale Komposition und seine Vorstufen*, Freiburg (Schweiz) : Universitätsverlag ; Göttingen : Vandenhoeck & Ruprecht, 1982.
HOUTMAN, Cornelis, *Exodus 20-40. Historical Commentary of the Old Testament*, Leuven : Peeters Publishers, 1999.
HUFFMON, Herbert, « The Covenant Lawsuit in the Prophets », *JBL* 78 (1959), p. 285-295.

JACOB, Edmond, « Prophètes et intercesseurs », in CARREZ, Maurice, DORE, Joseph & GRELOT, Pierre (Éds), *De la Torah au messie. Mélanges Cazelles*, Paris : Desclée, 1981, p. 205-217

JAMIESON-DRAKE, David, W., *Scribes and Schools in Monarchic Judah : A Socio-Archeological Approach* (The Social World of Biblical Antiquity, 9), Sheffield : Almond, 1991.

JANOWSKI, Bernd, *Sühne und Heilsgeschehen. Studien zur Sühnetheologie der Priesterschrift und zur Wurzel KPR im Alten Orient und im Alten Testament* (WMANT, 55), Neukirchen-Vluyn : Neukirchener-Verl., 1982.

JAROŠ, Karl, « Die ältesten Fragmente eines biblischen Textes. Zu den Silberamuletten von Jerusalem », *Antike Welt* 28/6 (1997), p. 475-477.

JAUSSEN, Antonin, *Coutumes des arabes au pays de Moab* (EB, 7), Paris : Gabalda, 1908.

JEREMIAS, Jörg, « Lade und Zion », in WOLFF, Hans Walter (Éd.), *Probleme biblischer Theologie. Gerhard von Rad zum 70. Geburtstag*, Müncher : Kaiser, 1971, p. 183-198.

JOHNSTONE, William, « From the Mountain to Kadesh With Special Reference to Exodus 32,30-34,29 », in VERVENNE, Marc & LUST, Johan (Éds), *Deuteronomy and Deuteronomic Literature* (BETL, 133), Leuven : Leuven University Press, 1997, p. 449-467.

JOHNSTONE, William, « The Use of the Reminiscences in Deuteronomy in Recovering the Two Main Literary Phases in the Production of the Pentateuch », in GERTZ, Jan, Christian, SCHMID, Konrad & WITTE, Markus (Éds), *Abschied vom Jahwisten*, Berlin / New York : W. de Gruyter, 2002, p. 247-273.

JOÜON, Paul, *Grammaire de l'hébreu biblique*, Rome : Institut biblique pontifical, ²1947.

JOÜON, Paul & MURAOKA, Takamitsu, *A Grammar of Biblical Hebrew. Part Three*, Rome : Editrice Pontificio Istituto Biblico, 1991.

JUNKER, Hubert, *Das Buch Deuteronomium*, Bonn : Peter Hanstein, 1933.

KAISER, Otto, *Grundriß der Einleitung in die kanonischen und deuterokanonischen Schriften des Alten Testaments. 1. Die erzählenden Werke*, Gütersloh : Gütersloher Verl.-Haus, 1992.

KAISER, Otto, *Studien zur Literaturgeschichte des Alten Testamentes*, Würzburg : Echter, 2000.

KAUFMAN, Stephen, A., « The Structure of the Deuteronomic Law », *Maarav* 1 (1979), p. 105-158.

KEISER, Thomas A., « The Song of Moses. A Basis for Isaiah's Prophecy » , *VT* 55/4 (2005), p. 486-500.

KIM, Hyun Chul Paul, « The Song of Moses (Deuteronomy 32.1-43) in Isaiah 40-55 », in ELLENS, J. Harold, ELLENS, Deborah L., KNIERIM, Rolf P. & KALIMI, Isaac (Éds), *God's Word for Our World. Volume I. Theological and Cultural Studies in Honor of Simon John De Vries* (JSOTSS, 388), London / New York : T & T Clark, 2004, p. 147-171.

KLEINERT, Paul, *Das Deuteronomium und der Deuteronomiker : Untersuchungen zur alttestamentlichen Rechts- und Literaturgeschichte*, Bielefeld und Leipzig : Velhagen & Klasing, 1872.

KNAPP, Dietrich, *Deuteronomium 4 : literarische Analyse und theologische Interpretation*, Göttingen : Vandenhoeck & Ruprecht , 1987.

KNAUF, Ernst, Axel, « L'" historiographie deutéronomiste " (DtrG) existe-t-elle ? », in DE PURY, Albert, MACCHI, Jean-Daniel & RÖMER, Thomas, *Israël construit son histoire. L'historiographie deutéronomiste à la lumière des recherches récentes* (MDB, 34), Genève : Labor et Fides, 1996, p. 409-418.

KNAUF, Ernst, Axel, « Towards an Archeology of the Hexateuch », in GERTZ, Jan, Christian, SCHMID, Konrad & WITTE, Markus (Éds), *Abschied vom Jahwisten : Die Komposition des Hexateuch in der jüngsten Diskussion*, Berlin / New York : W. de Gruyter, 2002, p. 275-294.

KNIERIM, Rolf, *Die Hauptbegriffe für Sünde im Alten Testament*, Gütersloh : Gütersloher Verlaghaus Gerd Mohn, 1965.

KNOHL, Israel, *The Sanctuary of Silence : The Priestly Torah and the Holiness School*, Minneapolis : Fortress Press, 1995.

KNOPPERS, Gary, N., « Is There a Future for the Deuteronomistic History ? », in RÖMER, Thomas (Éd.), *The Future of the Deuteronomistic History* (BETL, 147), Leuven : Leuven University Press / Peeters, 2000, p. 119-134.

KNOWLES, Michael P., « " The Rock, his Work is Perfect " : Unusual Imagery for God in Deuteronomy XXXII », *VT* 39 (1989), p. 307-322.

KOCH, Klaus, « Gibt es ein Vergeltungsdogma im Alten Testament ? », *ZTK* 52 (1955), p. 1-42.

KOCH, Klaus, Art. « אהל », *TWAT I*, col. 134-141.

KOCH, Klaus, Art. « עון », *TWAT V*, col. 1160-1177.

KOCH, Klaus, Art. « חטא », *TWAT II*, col. 864-865.

KÖNIG, Eduard, *Das Deuteronomium*, Leipzig : A. Deichertsche Verlagsbuchhandlung Werner Scholl, 1917.

KRÄMER, Karl, Friedrich, *Die Heilige Schrift für das Leben erklärt. Numeri und Deuteronomium*, Freiburg : Herder, 1955.

KRAPF, Thomas, M., *Die Priesterschrift und die vorexilische Zeit* (OBO, 119), Fribourg (Suisse) : Éditions universitaires, Göttingen : Vandenhoeck & Ruprecht, 1992.

KRAŠOVEC, Jože, « Is There a Doctrine of " Collective Retribution " in the Hebrew Bible ? », *HUCA* 65 (1994), p. 35-89.

KRAŠOVEC, Jože, *Reward, Punishment, and Forgiveness. The Thinking and Beliefs of Ancien Israel in the Light of Greek and Modern Views* (VTSup, 78), Leiden / Boston / Köln : Brill, 1999.

KRATZ, Reinhard, G., « Der Dekalog im Exodusbuch », *VT* 44/2 (1994), p. 205-238.

KRATZ, Reinhard, G., *Die Komposition der erzählenden Bücher des Alten Testaments*, Göttingen : Vandenhoeck & Ruprecht, 2000.

KRATZ, Reinhard, G., « Der literarische Ort des Deuteronomiums », in KRATZ, Reinhard Gregor & SPIECKERMANN, Hermann (Éds), *Liebe und Gebot* (FRLANT, 190), Göttingen : Vandenhoeck & Ruprecht, 2000, p. 101-120.

KRATZ, Reinhard, G., « Der vor- und nachpriesterschriftliche Hexateuch », in GERTZ, Jan, Christian, SCHMID, Konrad & WITTE, Markus (Éds), *Abschied vom Jahwisten*, Berlin / New York : W. de Gruyter, 2002, p. 295-323.

KRATZ, Reinhard, G., *Das Judentum im Zeitalter des Zweiten Tempels* (FAT, 42), Tübingen : Mohr Siebeck, 2004.

L'HOUR, Jean, « L'alliance de Sichem », *RB* 69 (1962), p. 161-184

L'HOUR, Jean, « Forme littéraire, structure et unité de Deutéronome 5-11 », *Biblica* 45 (1964), p. 551-555.

LABUSCHAGNE, Casper, J., « The Song of Moses : Its Framework and Structure », in EYBERS, Ian, H. et al. (Éds), *De Fructu Oris Sui : Essays in Honor of Adrianus van Selms*, Leiden : Brill, 1971, p. 85-98.

LANG, Bernhard, « Väter Israels », *NBL* 14/15 (2000), col. 989-993.

LE DEAUT, Roger, « À propos d'une définition du midrash », *Biblica* 50 (1969), p. 395-413.

LE DEAUT, Roger, *Targum du Pentateuque. IV Deutéronome* (SC, 271), Paris : Cerf, 1980.

LEE, Won, W., *Punishment and Forgiveness in Israel's Migratory Campaign*, Grand Rapids / Cambridge : Eerdmans, 2003.

LEMAIRE, André, *Les écoles et la formation de la Bible dans l'ancien Israël* (OBO, 39), Fribourg (Suisse) : Universitätsverlag ; Göttingen : Vandenhoeck & Ruprecht, 1981.

LEMCHE, Niels, Peter, « The Old Testament. A Hellenistic Book ? », *SJOT* 7 (1993), p. 163-193.

LEVIN, Christoph, *Die Verheissung des neuen Bundes in ihrem theologiegeschichtlichen Zusammenhang ausgelegt* (FRLANT, 137), Göttingen : Vandenhoech & Ruprecht, 1985.

LEVIN, Christoph, *Der Jahwist* (FRLANT, 157), Göttingen : Vandenhoeck & Ruprecht, 1993.

LEVINSON, Bernard, M., *Deuteronomy and the Hermeneutics of Legal Innovation*, Oxford / New-York : Oxford University Press, 1997.

LEVINSON, Bernard, M., « " You Must Not Add Anything to What I Command You " : Paradoxes of Canon and Authorship in Ancient Israel », *Numen* 50 (2003), p. 1-51.

LEVINSON, Bernard, M. & DANCE, Douglas, « The Metamorphosis of Law into Gospel : Gerhard von Rad's Attempt to Reclaim the Old Testament for the Church », in LEVINSON, Bernard, M. & OTTO, Eckart (Eds), *Recht und Ethik im Alten Testament* (ATM, 13), Münster : Lit-Verlag, 2004, p. 83-110.

LEVINSON, Bernard, M., « Deuteronomy's Conception of Law as an " Ideal Type " : A Missing Chapter in the History of Constitutional Law », *Maarav* 12/1-2 (2005), p. 83-119.

LEVINSON, Bernard, M., *L'herméneutique de l'innovation. Canon et exégèse dans l'Israël biblique* (LR, 24), Bruxelles : Lessius, 2005.

LEVINSON, Bernard, M., « " Du sollst nichts hinzufügen und nichts wegnehmen " (Dtn 13,1) : Rechtsreform und Hermeneutik in der Hebräischen Bibel », *ZTK* 103 (2006), p. 157-183.

LOHFINK, Norbert, Art. » Deuteronomy », in BUTTRICK, George, A. (Éd.), *The Interpreter's Dictionary of the Bible : An Illustrated Encyclopedia*, New York / Nashville : Abingdon Press, 1962, p. 229-232.

LOHFINK, Norbert, « Der Bundesschluß im Land Moab. Redaktionsgeschichtliches zu Dt 28,69-32,47 », *BZ* 6 (1963), p. 32-56.

LOHFINK, Norbert, *Das Hauptgebot : Eine Untersuchung literarischer Einleitungsfragen zu Dtn 5-11* (AnBib, 20), Rome : Pontifical Biblical Institute, 1963.

LOHFINK, Norbert, *Höre, Israel ! Auslegung von Texten aus dem Buch Deuteronomium*, Düsseldorf : Patmos-Verlag, 1965.

LOHFINK, Norbert, « Kerygmata des Deuteronomistischen Geschichtswerks », in JEREMIAS, Jörg & PERLITT, Lothar (Éds), *Die Botschaft und die Boten. FS H. W. Wolff*, Neukirchen-Vluyn : Neukirchener Verlag, 1981, p. 87-100.

LOHFINK, Norbert, *Die Väter Israels in Deuteronomium, mit einer Stellungnahme von Thomas Römer* (OBO, 111), Friburg (Suisse) : Universitätsverlag ; Göttingen : Vandenhoeck & Ruprecht, 1991.

LOHFINK, Norbert, « Deutéronome et Pentateuque. État de la recherche », in HAUDEBERT, Pierre (Éd.), *Le Pentateuque : Débats et Recherches* (LD, 151), Paris : Cerf, 1992, p. 35-64.

LOHFINK, Norbert, « Die Stimmen in Deuteronomium 2 », *BZ* 37/2 (1993), p. 209-235.

LOHFINK, Norbert, « Bund als Vertrag im Deuteronomium », *ZAW* 107 / 2 (1995), p. 215-239.

LOHFINK, Norbert, « Gab es eine deuteronomistische Bewegung ? », in GROSS, W. (Éd.), *Jeremia und die deuteronomistische Bewegung*, Weinheim : Beltz Athenäum Verlag, 1995, p. 313-373.

LOHFINK, Norbert, « Zur Fabel des Deuteronomiums », in BRAULIK, Georg (Éd), *Bundesdokument und Gesetz : Studien zum Deuteronomium*, Freiburg / Basel / Wien : Herder, 1995, p. 65-78.

LOHFINK, Norbert, « Geschichstypologisch orientierte Text Strukturen in den Büchern Deuteronomium und Josua », in VERVENNE, Marc & LUST, Johan, *Deuteronomy and Deuteronomistic Literature. Festschrift C.H.W. Brekelmans* (BETL, 133), Leuven : Leuven University Press / Peeters, 1997, p. 133-160.

LOHFINK, Norbert, « Der Zorn Gottes und das Exil : Beobachtungen am deuteronomistischen Geschichtswerk », in KRATZ, Reinhard Gregor & SPIECKERMANN, Hermann (Éds), *Liebe und Gebot* (FRLANT, 190), Göttingen : Vandenhoeck & Ruprecht, 2000, p. 137-155.

LOHFINK, Norbert, « Narrative Analyse von Dtn 1,6–3,29 », in BLUM, Erhard (Éd.), *Mincha : Festgabe für Rolf Rendtorff zum 75. Geburtstag*, Neukirchen-Vluyn, 2000, p. 121-176.

LOHFINK, Norbert, « Deuteronomium 9,1–10,11 und Exodus 32-34. Zu Endtextstruktur, Intertextualität, Schichtung, und Abhängigkeiten », in KÖCKERT, Matthias & BLUM, Erhard (Éds), *Gottes Volk am Sinai. Untersuchungen zu Ex 32-34 und Dtn 9-10* (VWGT, 18), Gütersloh : Gütersloher Verlag, 2001, p. 41-87.

LOHFINK, Norbert, « Reading Deuteronomy 5 as narrative », in STRAWN, Brent, A. ; BOWEN, Nancy, R. (Éds), *A God So Near*, Winona Lake : Eisenbrauns, 2003, p. 261-281.

MAIER, Johann, *Das altisraelitische Ladeheiligtum* (BZAW, 93), Berlin : A. Töpelmann, 1965.

MAYES, Andrew, D., H., *Deuteronomy*, Grand Rapids : Eerdmans ; London : Marshall, Morgan & Scott, 1981.

MAYES, Andrew, D., H., *The Story of Israel Between Settlement and Exile : A Redactional Study of the Deuteronomistic History*, London : SCM Press, 1983.

MAYES, Andrew, D., H., « De l'idéologie deutéronomiste à la théologie de l'Ancien Testament », in DE PURY, Albert, MACCHI, Jean-Daniel & RÖMER, Thomas, *Israël construit son histoire. L'historiographie deutéronomiste à la lumière des recherches récentes* (MDB, 34), Genève : Labor et Fides, 1996, p. 477-508.

MC BRIDE, S., Dean, Art. « Deuteronomium », in *TRE* 8 (1981), p. 530-543.

Mc Carthy, Carmel, « Samaritan Pentateuch Readings in Deuteronomy », in Mc Carthy, Carmel & Healey, John, F. (Éds), *Biblical and Near Eastern Essays. Studies in Honour of Kevin J. Cathcart* (JSOTSS, 375), London / New York : T&T Clark International, 2004, p. 118-130.

Mc Carthy, Dennis, J., *Treaty and Covenant* (AnBib, 21), Rome : Biblical Institute Press, 1963.

Mc Carthy, Dennis, J., *Old Testament Covenant*, Oxford : Basil Blackwell, 1972.

Mc Carthy, Dennis, J., « The Wrath of Yahweh and the Structural Unity of the Deuteronomistic History », in Crenshaw, James, L. & Willis, John, T. (Éds), *Essays in Old Testament Ethics*, New York : Ktav Publishing House, 1974, p. 97-110.

Mc Conville, J., Gordon, *Law and Theology in Deuteronomy* (JSOTSS, 33), Sheffield : JSOT Press, 1985.

Mc Conville, J., Gordon, *Grace in the End : A Study in Deuteronomic Theology*, Grand Rapids : Zondervan Publishing House, 1993.

Mc Conville, J., Gordon & Millar, J., Gary, *Time and Space in Deuteronomy* (JSOTSS, 179), Sheffield : Sheffield Academic Press, 1994.

Mc Evenue, Sean, E., *The Narrative Style of the Priestly Writer* (AnBib, 50), Rome : Biblical Institute Press, 1971.

Mc Kenzie, Steven, L. & Graham, M., Patrick (Éds), *The History of Israel's Traditions. The Heritage of Martin Noth* (JSOTSS, 182), Sheffield : Sheffield Academic Press, 1994.

Mc Kenzie, Steven, L. & Schearing, Linda, S. (Éds), *Those Elusive Deuteronomists. The Phenomenon of Pan-Deuteronomism* (JSOTSS, 268), Sheffield (U.K.) : Sheffield Academic Press, 1999.

Mc Kenzie, Steven, L., « The Divided Kingdom in Deuteronomistic History and in Scholarship on It », in Römer, Thomas (Éd.), *The Future of the Deuteronomistic History* (BETL, 147), Leuven : Leuven University Press / Peeters, 2000, p. 135-145.

Mendenhall, George, E., « Ancient Oriental and Biblical Law », *BA* 17/2 (1954), p. 26-46.

Mendenhall, George, E., « Covenant Forms in Israelite Tradition », *BA* 17/3 (1954), p. 50-76.

Mendenhall, George, E., *The Tenth Generation. The Origins of the Biblical Tradition*, London / Baltimore : Johns Hopkins University Press, 1973.

Michaeli, Frank, *Le livre de l'Exode*, Neuchâtel : Delachaux et Niestlé, 1974.

Michaud, Robert, *Débat actuel sur les sources et l'âge du Pentateuque*, Montréal / Paris : Médiaspaul, 1994.

Milgrom, Jacob, *Leviticus 1-16* (ABC, 3), New York : Doubleday, 1991.

Milgrom, Jacob, *Leviticus 17-22* (ABC, 3A), New York : Doubleday , 2000.

Minette de Tillesse, Gaetano, « La crise du Pentateuque », *ZAW* 111 (1999), p. 1-9.

Minette de Tillesse, Gaetano, « Sections " tu " et sections " vous " dans le Deutéronome », *VT* 12 (1962), p. 29-88.

Mittmann, Siegfried, *Deuteronomium 1,1-6,3 : Literarkritisch und traditionsgeschichtlich untersucht* (BZAW, 139), Berlin ; New York : W. de Gruyter, 1975.

Moran, William L., « The Scandal of the " Great Sin " at Ugarit », *JNES* 18 (1959), p. 280-281.

MORAN, William L., « The Ancient Near Eastern Background of the Love of God in Deuteronomy », *CBQ* 25 (1963), p. 77-87.
MORAN, William, L., « Some Remarks on the Song of Moses », *Biblica* 44 (1963), p. 317-327.
MORGENSTERN, Julian, « The Ark, the Ephod and the " Tent " », *HUCA* 17 (1942-1943), p. 153-265, *HUCA* 18 (1943-1944), p. 1-52.
MÜLLER, Hans-Peter, Art. » המה », *TWAT II*, col. 450-451.

NELSON, Richard, D., *Deuteronomy : A Commentary*, Louisville / London : Westminster John Knox Press, 2002.
NENTEL, Jochen, *Trägerschaft und Intentionen des deuteronomistischen Geschichtswerks. Untersuchungen zu den Reflexionsreden Jos 1 ; 23 ; 24 ; 1 Sam 12 und 1 Kön 8* (BZAW, 297), Berlin / New-York : W. de Gruyter, 2000.
NEUDECKER, Reinhard, « Does God Visit the Iniquity of the Fathers upon their Children ? Rabbinic Commentaries on Exod 20,5b (Deut 5,9b)* », *Gregorianum* 81 (2000), p. 5-24.
NICHOLSON, Ernest, W., *Deuteronomy and Tradition*, Oxford : Blackwell, 1967.
NICHOLSON, Ernest, *The Pentateuch in the Twentieth Century*, Oxford : Clarendon Press, 1998.
NIELSEN, Eduard, *Deuteronomium*, Tübingen : J. C. B. Mohr, 1995.
NIHAN, Christophe & RÖMER, Thomas, « Le débat actuel sur la formation du Pentateuque », in RÖMER, Thomas, MACCHI, Jean-Daniel & NIHAN, Christophe (Éds), *Introduction à l'Ancien Testament*, Genève : Labor et Fides, 2004, p. 85-113.
NIHAN, Christophe, « The Holiness Code between P and D. Some Comments on the Function and Significance of Leviticus 17–26 in the Composition of the Torah », in ACHENBACH, Reinhard & OTTO, Eckart (Éds), *Das Deuteronomium zwischen Pentateuch und Deuteronomistischem Geschichte*, Göttingen : Vandenhoeck & Ruprecht, 2004, p. 81-122.
NIHAN, Christophe, *From Priestly Torah to Pentateuch. A Study in the Composition of the Book of Leviticus* (FAT II, 25), Tübingen : Mohr Siebeck, 2007.
NOCQUET, Dany, « Pourquoi Aaron n'a-t-il pas été châtié après la fabrication du taurillon d'or ? Essai sur les mentions d'Aaron en Exode 32,1-33,6 », *ETR* 81/2 (2006), p. 229-254.
NOTH, Martin, *Überlieferungsgeschichtliche Studien*, Halle : Max Niemeyer Verlag, 1943.
NOTH, Martin, *Überlieferungsgeschichte des Pentateuch*, Stuttgart : W. Kohlhammer, 1948.
NOTH, Martin, *Exodus. A Commentary*, Philadelphia : Westminster Press, 1962.
NOTH, Martin, *Das vierte Buch Mose : Numeri*, Göttingen : Vandenhoeck & Ruprecht, 1966

O'BRIEN, Mark, A., « The Book of Deuteronomy », *Currents in Research : Biblical Studies* 3 (1995), p. 95-128
O'KENNEDY, Danie, F., « Were the Prophets Really Intercessors ? », *OTE* 13/3 (2000), p. 329-347.
OLSON, Dennis, T., *The Death of the Old and the Birth of the New*, Chico : Scholars Press, 1985.

OLSON, Dennis, T., *Deuteronomy and the Death of Moses. A Theological Reading*, Minneapolis : Fortress Press, 1994.
OTTO, Eckart, *Das Mazzotfest in Gilgal*, Stuttgart, Berlin, Köln : W. Kohlhammer, 1975.
OTTO, Eckart, « Die nachpriesterschriftliche Pentateuchredaktion im Buch Exodus », in VERVENNE, Marc (Éd.), *Studies in the Book of Exodus* (BETL, 126), Leuven : Leuven University Press / Peeters, 1996, p. 61-111.
OTTO, Eckart, « Forschungen zur Priesterschrift », *ThR* 67 (1997), p. 1-50.
OTTO, Eckart, « Innerbiblische Exegese im Heiligkeitsgesetz Levitikus 17–26 », in FABRY, Heinz-Josef & JÜNGLING, Hans-Winfried (Éds), *Levitikus als Buch* (BBB, 119), Berlin : Philo, 1999, p. 125-196.
OTTO, Eckart, « Rechtshermeneutik in der Hebräischen Bibel. Die innerbiblischen Ursprünge halachischer Bibelauslegung », *ZAR* 5 (1999), p. 75-98.
OTTO, Eckart, « Woher weiß der Mensch um Gut und Böse ? », in BEYERLE, Stefan, MAYER, Günter & STRAUSS, Hans (Éds), *Recht und Ethos im Alten Testament - Gestalt und Wirkung : Festschrift für Horst Seebass zum 65. Geburtstag*, Neukirchen-Vluyn : Neukirchener Verlag, 1999, p. 207-231.
OTTO, Eckart, Art. » Deuteronomium », in *RGG*[4] 2 (1999), col. 693-696.
OTTO, Eckart, *Das Deuteronomium : Politische Theologie und Rechtsreform in Juda und Assyrien* (BZAW 284), Berlin / New York : W. de Gruyter, 1999.
OTTO, Eckart, « Deuteronomium und Pentateuch : Aspekte der gegenwärtigen Debatten », *ZAR* 6 (2000), p. 222-284.
OTTO, Eckart, « Mose der Schreiber : Zu 'poetics' und 'genetics' in der Deuteronomiumsanalyse anhand eines Buches von Jean-Pierre Sonnet », *ZAR* 6, 2000, p. 320-329.
OTTO, Eckart, *Das Deuteronomium im Pentateuch und Hexateuch : Studien zur Literaturgeschichte von Pentateuch und Hexateuch im Lichte des Deuteronomiumrahmens* (FAT, 30), Tübingen : Mohr Siebeck, 2000.
OTTO, Eckart, *Die Tora des Mose : Die Geschichte der literarischen Vermitteilung von Recht, Religion, und Politik durch die Mosegestalt* (Berichte aus den Sitzungen der Joachim Jungius-Gesellschaft der Wissenschaften E. V. Hamburg 19.2), Göttingen : Vandenhoeck & Ruprecht, 2001.
OTTO, Eckart, *Gottes Recht als Menschenrecht. Rechts- und literaturhistorische Studien zum Deuteronomium*, Wiesbaden : Harrassowitz, 2002.
OTTO, Eckart, « The Pentateuch in Synchronical and Diachronical Perspectives », in ACHENBACH, Reinhard & OTTO, Eckart (Éds), *Das Deuteronomium zwischen Pentateuch und Deuteronomistischem Geschichte*, Göttingen : Vandenhoeck & Ruprecht, 2004, p. 14-35.
OWCZAREK, Susanne, *Die Vorstellung vom « Wohnen Gottes inmitten seines Volkes » in der Priesterschrift. Zur Heiligtumstheologie der priesterlichen Grundschrift*, Frankfurt am Main : Lang, 1998.

PAUL, Shalom, M., « Psalm 72 :5, a Traditional Blessing for the Long Life of the King », *JNES* 31 (1972), p. 351-355.
PAX, Elpidius, « Studien zum Vergeltungsproblem der Psalmen », *LA* 11 (1960/61), p. 56-112.
PECKHAM, Brian, « The Composition of Deut 9 :1-10 :11 », in PLEVNIK, Joseph (Éd), *Word and Spirit : Essays in Honor of David Michael Stanley on his 60th Birthday*, Willowdale : Regis College Press, 1975, p. 3-59.

PECKHAM, Brian, « The Composition of Deuteronomy 5-11 », in MEYERS, Carol, L. & O'CONNOR, Michael, *The World of the Lord Shall Go Forth : Essays in Honor of David Noel Freedman in Celebration of His Sixtieth Birthday*, Winona Lake : Eisenbrauns, 1983, p. 217-240.

PERLITT, Lothar, *Bundestheologie im Alten Testament*, Neukirchen-Vluyn : Neukirchener Verlag, 1969.

PERLITT, Lothar, « Priesterschrift im Deuteronomium ? », *ZAW* (Suppl.) 100 (1988), p. 65-88.

PERLITT, Lothar, « Deuteronomium 1-3 im Streit der exegetischen Methoden », in PERLITT, Lothar, *Deuteronomium-Studien*, Tübingen : J.C.B. Mohr, 1994, p. 149-163.

PERLITT, Lothar, « Sinai und Horeb », in PERLITT, Lothar, *Deuteronomium-Studien*, Tübingen : J.C.B. Mohr, 1994, p. 32-49.

PERLITT, Lothar, « " Evangelium " und Gesetz im Deuteronomium », in PERLITT, Lothar, *Deuteronomium-Studien*, Tübingen : J.C.B. Mohr, 1994, p. 172-183.

PERSON, Raymond, F., *The Deuteronomic School : History, Social Setting, and Literature* (Studies in Biblical Literature, 2), Atlanta : Society of Biblical Literature, 2001.

PHILLIPS, Anthony, *Deuteronomy*, Cambridge (U.K.) : Cambridge University Press, 1973.

PLÖGER, Josef, G., *Literarkritische, formgeschichtliche und stilkritische Untersuchungen zum Deuteronomium* (BBB, 26), Bonn : P. Hanstein, 1967.

POLA, Thomas, *Die ursprüngliche Priesterschrift. Beobachtungen zur Literarkritik und Traditionsgeschichte von P^g* (WMANT, 70), Neukirchen-Vluyn : Neukirchener, 1995.

POLZIN, Robert, M., *Moses and the Deuteronomist. A Literary Study of the Deuteronomic History : Part One : Deuteronomy, Joshua, Judges*, New York : The Seabury Press, 1980.

POLZIN, Robert, M., « Deuteronomy », in ALTER, Robert, KERMODE, Frank (Éds), *The Literary Guide to the Bible*, Cambridge (U.S.A.) : Harvard University Press, 1987, p. 92-101.

POLZIN, Robert, M., *Samuel and the Deuteronomist. A Literary Study of the Deuteronomic History : Part Two : 1 Samuel*, San Francisco : Harper & Row, 1989.

POLZIN, Robert, M., *David and the Deuteronomist : A Literary Study of the Deuteronomic History : Part Three : 2 Samuel*, Indianapolis : Indiana University Press, 1993.

PORÚBČAN, Štefan, *Sin in the Old Testament. A Soteriological Study*, Roma : Herder, 1963.

PREUSS, Horst, D., *Deuteronomium* (EdF, 164), Darmstadt : Wissenschaftliche Buchgesellschaft, 1982.

PRITCHARD, James Bennett, *Ancient Near Eastern Texts relating to the Old Testament*, Princeton University Press, 1950 (= *ANET*)

PROVAN, Iain, W., *Hezekiah and the Books of Kings* (BZAW, 172), Berlin / New York : W. de Gruyter, 1988.

PUUKKO, Antti, F., *Das Deuteronomium : Eine literarkritische Untersuchung* (BWAT, 5), Leipzig : J.C. Hinrichs, 1910.

RABINOWITZ, Jacob « The " Great Sin " in Ancient Egyptian Marriage Contracts », *JNES* 18 (1959), p. 73.

RASHI (Rabbi Chlomo ben Yts'hak), *Pentateuch with Targum Onkelos, Haphtaroth and Rashi's Commentary. Deuteronomy*, Jerusalem : Silbermann, 5733 (1973), trad. angl. par M. Rosenbaum et A.M. Silbermann.

RENAUD, Bernard, *L'alliance, un mystère de miséricorde. Une lecture d'Exode 32-34* (Lectio Divina, 169), Paris, Cerf, 1998.

RENDTORFF, Rolf, *Das überlieferungsgeschichtliche Problem des Pentateuch* (BZAW, 147), Berlin / New York : W. de Gruyter, 1977.

RENDTORFF, Rolf, *Leviticus 2,1–5,26*, Neukirchen-Vluyn : Neukirchener Verlag, 1990.

ROBINSON, H., Wheeler, « The Hebrew Conception of Corporate Personality », in VOLZ, Paul, STUMMER, Friedrich & HEMPEL, Johannes (Éds), *Werden und Wesen des Alten Testaments : Vorträge gehalten auf der internationalen Tagung Alttestamentlicher Forscher zu Göttingen vom 4-10 September 1935* (BZAW, 66), Berlin : Alfred Töpelmann, 1936, p. 49-62 (reproduit dans ROBINSON, H., Wheeler, *Corporate Personality in Ancient Israel*, Minneapolis : Fortress Press, ³1980, p. 25-44).

ROFÉ, Alexander, « The Covenant in the Land of Moab, Deuteronomy 28,69–30,20 : Historico-Literary, Comparative and Form Critical Considerations », in LOHFINK, Norbert (Éd.), *Deuteronomium : Entstehung, Gestalt und Botschaft*, Leuven : Leuven University Press / Peeters, 1985, p. 310-320.

ROFÉ, Alexander, *Introduction to the Composition of the Pentateuch*, Sheffield (U.K.) : Sheffield Academic Press, 1999.

RÖMER, Thomas, *Israels Väter. Untersuchungen zur Väterthematik im Deuteronomium und in der deuteronomistischen Tradition* (OBO, 99), Fribourg (Suisse) : Éditions universitaires, Göttingen : Vandenhoeck & Ruprecht, 1990.

RÖMER, Thomas, « The Book of Deuteronomy », in MC KENZIE, Steven, L. & GRAHAM, M., Patrick (Éds), *The History of Israel's Traditions. The Heritage of Martin Noth* (JSOTSS, 182), Sheffield : Sheffield Academic Press, 1994, p. 178-212.

RÖMER, Thomas, « Approches exégétiques du Deutéronome : Brève histoire de la recherche sur le Deutéronome depuis Martin Noth », *RHPR* 75 (1995), p. 153-175.

RÖMER, Thomas, « Deuteronomium 34 zwischen Pentateuch, Hexateuch und deuteronomistischem Geschichtswerk », *ZAR* 5 (1999), p. 167-178

RÖMER, Thomas, « L'école deutéronomiste et la formation de la Bible hébraïque », in RÖMER, Thomas (Éd.), *The Future of the Deuteronomistic History* (BETL, 147), Leuven : Leuven University Press / Peeters, 2000, p. 179-193.

RÖMER, Thomas, « Brève présentation du débat actuel sur le Pentateuque : Le Pentateuque toujours en question », in DE PURY, Albert & RÖMER, Thomas (Éds), *Le Pentateuque en question* (MDB, 19), Genève : Labor et Fides, ³2002, p. vii-xxxix.

RÖMER, Thomas, « Nouvelles recherches sur le Pentateuque. À propos de quelques ouvrages récents », *ETR* 77 (2002), p. 69-78.

RÖMER, Thomas, « Réponse à l'étude critique de Philippe Guillaume », *RThPh* 135 (2003), p. 59-62.

RÖMER, Thomas, C., « The Form-Critical Problem of the So-Called Deuteronomistic History », in SWEENEY, Marvin, A. & BEN ZVI, Ehud (Éds), *The Changing Face of Form Criticism for the Twenty-First Century*, Grand Rapids, Michigan / Cambridge, U.K. : Eerdmans Publishing Company, 2003, p. 240-252.

RÖMER, Thomas, MACCHI, Jean-Daniel & NIHAN, Christophe (Éds), *Introduction à l'Ancien Testament*, Genève : Labor et Fides, 2004.

RÖMER, Thomas, « La formation du Pentateuque : histoire de la recherche », in RÖMER, Thomas, MACCHI, Jean-Daniel & NIHAN, Christophe (Éds), *Introduction à l'Ancien Testament*, Genève : Labor et Fides, 2004, p. 67-84.

RÖMER, Thomas, « Le jugement de Dieu dans les traditions du séjour d'Israël au désert », in BONS, Eberhard (Éd.), *Le jugement dans l'un et l'autre Testament* (LD, 197), Paris : Cerf, 2004, p. 63-80.

RÖMER, Thomas, C., *The So-Called Deuteronomistic History. A Sociological, Historical and Literary Introduction*, London : T. & T. Clark, 2005.

RÖMER, Thomas, « Les deux " décalogues " et la loi de Moïse », in ABADIE, Philippe (Dir.), *Mémoires d'Écriture* (LR, 25), Bruxelles : Lessius, 2006, p. 47-67.

RÖMER, Thomas & SCHMID, Konrad (Éds), *Les dernières rédactions du Pentateuque, de l'Hexateuque et de l'Ennéateuque* (BETL, 203), Leuven : University Press / Peeters, 2007.

ROSE, Martin, *Deuteronomist und Jahwist : Untersuchungen zu den Berührungspunkten beider Literaturwerke* (ATANT, 67), Zürich : Theologischer Verl., 1981.

ROSE, Martin, « La croissance du corpus historiographique de la Bible – Une proposition », *RTP* 118 (1986), p. 217-326.

ROSE, Martin, « Empoigner le Pentateuque par sa fin ! L'investiture de Josué et la mort de Moïse », in DE PURY, Albert & RÖMER, Thomas (Éds), *Le Pentateuque en question* (MDB, 19), Genève : Labor et Fides, 1989, p. 129-147.

ROSE, Martin, « Deutéronome », in RÖMER, Thomas, MACCHI, Jean-Daniel & NIHAN, Christophe (Éds), *Introduction à l'Ancien Testament*, Genève : Labor et Fides, 2004, p. 211-227.

RÖSEL, Hartmut, « Does a Comprehensive " Leitmotiv " exist in the Deuteronomistic History ? », in RÖMER, Thomas (Éd.), *The Future of the Deuteronomistic History* (BETL, 147), Leuven : Leuven University Press / Peeters, 2000, p. 195-211.

ROSSIER, François, *L'intercession entre les hommes dans la Bible hébraïque : l'intercession entre les hommes aux origines de l'intercession auprès de Dieu*, Fribourg (Suisse) : Éd. universitaires ; Göttingen : Vandenhoeck & Ruprecht, 1996.

ROTH, Wolfgang, Art. « Deuteronomistisches Geschichtswerk / Deuteronomistische Schule », in *TRE* 8, 1981, p. 543-552.

RUDOLPH, Wilhelm, *Chronikbücher* (HAT, 21), Tübingen : Mohr Siebeck, 1955.

SANDERS, James, A., *Torah and Canon*, Philadelphie : Fortress, 1972.

SANDERS, Paul, *The Provenance of Deuteronomy 32* (OTS, 37), Leiden / New York / Köln : Brill, 1996.

SARNA, Nahum M, « Psalm 89 : A Study in Inner Biblical Exegesis », in ALTMANN, Alexander (Éd.), *Biblical and Other Studies* (Brandeis University Studies and Texts, 1), Cambridge : Harvard University Press, 1963, p. 29-34.

SARNA, Nahum, M., *Exodus*, Philadelphia : Jewish Pub. Society, 1991.

SCHARBERT, Josef, « Formgeschichte und Exegese von Ex 34,6f und seiner Parallelen », *Biblica* 38 (1957), p. 130-150.
SCHARBERT, Josef, « Die Fürbitte in der Theologie des Alten Testaments », *Theologie und Glaube* 50 (1960), p. 321-338.
SCHARBERT, Josef, *Heilsmittler im AT und im Alten Orient*, Freiburg im Breisgau : Herder Verlag, 1964.
SCHARBERT, Josef, « Die Fürbitte im Alten Testament », in BEER, August (Éd.), « *Diener in eurer Mitte* ». *FS Bischof A. Hofmann* (Schriften der Universität Passau ; 5), Passau : Passavia-Universitätsverlag, 1984, p. 91-109.
SCHENKER, Adrian, « Unwiderrufliche Umkehr und neuer Bund. Vergleich zwischen der Wiederherstellung Israels in Dt 4,25-31 ; 30,1-14 und dem neuen Bund in Jer 31,31-34 », in SCHENKER, Adrian, *Text und Sinn im Alten Testament* (OBO, 103), Fribourg (Suisse) : Éditions universitaires, Göttingen : Vandenhoeck & Ruprecht, 1991, p. 83-96.
SCHENKER, Adrian, « La plus ancienne formulation de la peine avec sursis dans l'histoire du droit », *ZAR* 6 (2000), p. 113-126.
SCHENKER, Adrian & HUGO, Philippe, « Histoire du texte et critique textuelle de l'Ancien Testament dans la recherche récente », in SCHENKER, Adrian & HUGO, Philippe (Éds), *L'enfance de la Bible* (MDB, 52), Genève : Labor et Fides, 2005, p. 11-33.
SCHMID, Hans-Heinrich, *Der sogennante Jahwist : Beobachtungen und Fragen zur Pentateuchforschung*, Zürich : Theologischer Verl., 1976.
SCHMID, Hans-Heinrich, « In Search of New Approaches in Pentateucal Research », *JSOT* 3 (1977), p. 33-42
SCHMID, Hans-Heinrich, « Vers une théologie du Pentateuque », in DE PURY, Albert & RÖMER, Thomas (Éds), *Le Pentateuque en question* (MDB, 19), Genève : Labor et Fides, ³2002, p. 361-386.
SCHMID, Herbert, *Die Gestalt des Isaak : Ihr Verhältnis zur Abraham- und Jakobtradition* (EdF, 274), Darmstadt : Wissenschaftliche Buchgesellschaft, 1991.
SCHMID, Konrad, *Erzväter und Exodus. Untersuchungen zur doppelten Begründung der Ursprünge Israels innerhalb der Geschichtsbücher des Alten Testaments* (WMANT 81), Neukirchen-Vluyn : Neukirchener Verlag, 1999.
SCHMID, Konrad, « Kollektivschuld ? : der Gedanke übergreifender Schuldzusammenhänge im Alten Testament und im Alten Orient », *ZAR* 5 (1999), p. 193-222.
SCHMID, Konrad, « Ausgelegte Schrift als Schrift. Innerbiblische Schriftauslegung und die Frage nach der theologischen Qualität biblischer Texte », in ANSELM, Reiner, SCHLEISSING, Stephan & TANNER, Klaus (Éds), *Die Kunst des Auslegens. Zur Hermeneutik des Christentums in der Kultur der Gegenwart*, Frankfurt am Main / Berlin / Bern : Lang, 1999, p. 115-129.
SCHMID, Konrad, « Innerbiblische Schriftauslegung. Aspekte der Forschungsgeschichte », in KRATZ, Reinhard, G., KRÜGER, Thomas & SCHMID, Konrad (Éds), *Schriftauslegung in der Schrift – FS O. H. Steck* (BZAW, 300), Berlin / New York : W. de Gruyter, 2000, p. 1-22.
SCHMID, Konrad, « Israel am Sinai. Etappen der Forschungsgeschichte zu Ex 32-34 in seinen Kontexten », in KÖCKERT, Matthias & BLUM, Erhard (Éds), *Gottes Volk am Sinai. Untersuchungen zu Ex 32-34 und Dtn 9-10* (VWGT, 18), Gütersloh : Gütersloher Verlag, 2001, p. 9-40.

SCHMID, Konrad, « Das Deuteronomium innerhalb der "deuteronomistichen Geschichtswerke" in Gen–2 Kön », in ACHENBACH, Reinhard & OTTO, Eckart (Éds), *Das Deuteronomium zwischen Pentateuch und Deuteronomistischem Geschichte*, Göttingen : Vandenhoeck & Ruprecht, 2004, p. 193-211.

SCHMIDT, Ludwig, *Studien zur Priesterschrift* (BZAW, 214), Berlin / New York : W. de Gruyter, 1993.

SCHMITT, Hans-Christoph, « "Priesterlisches" und "prophetisches" Geschichtsverständnis in der Meerwundererzählung Ex 13,17–14,31. Beobachtungen zur Endredaktion des Pentateuch », in GUNNEWEG, Antonius, H., J. & KAISER, Otto (Éds), *Textgemäß. Aufsätze und Beiträge zur Hermeneutik des Alten Testaments, FS. E. Würthwein*, Göttingen : Vandenhoeck & Ruprecht, 1979, p. 138-155.

SCHMITT, Hans-Christoph, *Die nichtpriesterliche Josephsgeschichte* (BZAW, 154), Berlin / New York : W. de Gruyter, 1980.

SCHMITT, Hans-Christoph, « Redaktion des Pentateuch im Geiste der Prophetie : Beobachtungen zur Bedeutung der "Glaubens"-Thematik innerhalb der Theologie des Pentateuch », *VT* 32/2 (1982), p. 170-189.

SCHMITT, Hans-Christoph, « Die Hintergründe der "neuesten Pentateuchkritik" und der literarische Befund der Josefsgeschichte », *ZAW* 97 (1985), p. 161-179.

SCHMITT, Hans-Christoph, « Die Geschichte vom Sieg über die Amalekiter Ex 17,8-16 als theologische Lehrerzählung », *ZAW* 102 (1990), p. 335-344.

SCHMITT, Hans-Christoph, « Das spätdeuteronomistische Geschichtswerk Genesis I–2 Regum XXV und seine theologische Intention », in EMERTON, John, A. (Éd.), *Congress Volume : Cambridge 1995*, Leiden : Brill, 1997, p. 261-279.

SCHMITT, Hans-Christoph, « Die Erzählung vom Goldenen Kalb Ex. 32* und das Deuteronomistische Geschichtswerk », in MC KENZIE, Steven, L. & RÖMER, Thomas (Éds), *Rethinking the Foundations*, Berlin : W. de Gruyter, 2000, p. 235-250.

SCHMITT, Hans-Christoph, « Das sogenannte jahwistische Privilegrecht in Ex 34,10-28 als Komposition der spätdeuteronomistischen Endredaktion des Pentateuch », in GERTZ, Jan, Christian, SCHMID, Konrad & WITTE, Markus (Éds), *Abschied vom Jahwisten*, Berlin / New York : W. de Gruyter, 2002, p. 157-171.

SCHULTZ, Hermann, *Das Todesrecht im Alten Testament* (BZAW, 114), Berlin : Verlag Alfred Töpelmann, 1969.

SCORALICK, Ruth, *Gottes Güte und Gottes Zorn. Die Gottesprädikationen in Ex 34,6f und ihre intertextuellen Beziehungen zum Zwölfprophetenbuch*, Freiburg im Breisgau : Herder, 2002.

SEEBASS, Horst, « Zum Stand der Pentateuchforschung. Das Buch Numeri », in GARCÍA MARTÍNEZ, Florentino & NOORT, Ed (Éds), *Perspectives in the Study of the Old Testament & Early Judaism. A Symposium in Honour of Adam S. van der Woude on the Occasion of His 70th Birthday*, Leiden / Boston / Köln : Brill, 1998, p. 109-121.

SEIDEL, Moshe, « Parallèles en Isaïe et les Psaumes », *Sinai* 38 (1955-56), p. 149-172, 229-240, 272-280, 335-350.

SEITZ, Gottfried, *Redaktionsgeschichtliche Studien zum Deuteronomium* (BWANT, 93), Stuttgart / Berlin / Köln : W. Kohlhammer, 1971.

SHERWOOD, Stephen, K., *Leviticus, Numbers, Deuteronomy*, Collegeville (Minnesota, USA) : The Liturgical Press, 2002.
SITZLER-OSING, Dorothea, Art. » Schuld », in *TRE* XXX, 1999, p. 572-577
SKA, Jean-Louis, « Le Pentateuque : état de la recherche à partir de quelques récentes "Introductions" », *Biblica* 77 (1996), p. 245-265.
SKA, Jean-Louis, *Introduction à la lecture du Pentateuque* (LR, 5), Bruxelles : Lessius, 2000.
SKWERES, Dieter, E., « Das Motiv der Strafgrunderfragung in biblischen und neuassyrischen Texten », *BZ* 14 (1970), p. 181-197.
SMEND, Rudolf, « Das Gesetz und die Völker. Ein Beitrag zur deuteronomistischen Redaktionsgeschichte », in WOLFF, Hans-Walter, (Éd.), *Probleme biblischer Theologie. Festschrift G. von Rad*, München : Kaiser, 1971, p. 494-509.
SMITH, George, A., *The Book of Deuteronomy*, Cambridge : University Press, 1918.
SONNET, Jean-Pierre, *The Book Within the Book. Writing in Deuteronomy*, Leiden / New-York / Köln : Brill, 1997.
SPENCER, John, R., « PQD, the Levites, and Numbers 1-4* », *ZAW* 110 (1998), p. 535-546.
SPEISER, Ephraïm, A., « Census and Ritual Expiation in Mari and Israël », *BASOR* 149 (1958), p. 17-25.
SPIECKERMANN, Hermann, « Barmherzig und gnädig ist der Herr », *ZAW* 102 (1990), p. 1-18.
STECK, Odil, H., *Israel und das gewaltsame Geschick der Propheten. Untersuchungen zur Überlieferung des deuteronomistischen Geschichtsbildes im Alten Testament, Spätjudentum und Urchristentum* (WMANT, 23), Neukirchen-Vluyn : Neukirchener Verl., 1967.
STEUERNAGEL, Carl, *Das Deuteronomium*, Göttingen : Vandenhoeck & Ruprecht, ²1923.
STEYMANS, Hans Ulrich, *Deuteronomium 28 und die adê zur Thronfolgeregelung Asarhaddons. Segen und Fluch im Alten Orient und in Israel* (OBO, 145), Fribourg (Suisse) : Éditions universitaires, Göttingen : Vandenhoeck & Ruprecht, 1995.

TAL, Abraham, « Le Pentateuque samaritain », in SCHENKER, Adrian & HUGO, Philippe (Éds), *L'enfance de la Bible* (MDB, 52), Genève : Labor et Fides, 2005, p. 77-104.
TALMON, Shemarayu, « The Textual Study of the Bible – A New Outlook », in CROSS, Frank, M. & TALMON, Shemarayu (Éds), *Qumran and the History of the Biblical Text*, Cambridge : Harvard University Press, 1975, p. 321-400.
TALSTRA, Eep, « Deuteronomy 9 and 10 : Synchronic and Diachronic Observations », in MOOR (DE), Johannes, C. (Éd.), *Synchronic or diachronic ? A Debate on Method in Old Testament Exegesis*, Leiden : Brill, 1995, p. 187-210.
THIESSEN, Matthew, « The Form and Function of the Song of Moses (Deuteronomy 32 :1-43) », *JBL* 123/3 (2003), p. 401-424.
THOMPSON, John, A., *Deuteronomy. An Introduction and Commentary*, London : Inter-Varsity Press, 1974.
TIGAY, Jeffrey H., *Deuteronomy. The JPS Torah Commentary*, Philadephia / Jerusalem : The Jewish Publication Society, 1996.
TOV, Emmanuel, *Textual Criticism of the Hebrew Bible*, Minneapolis : Fortress Press ; Assen / Maastricht : Van Gorcum, 1992.

Tov, Emmanuel (Éd.), *The Text from the Judaean Desert* (DJD, 39), Oxford : Clarendon Press, 2002

Utzchneider, Helmut, *Das Heiligtum und das Gesetz : Studien zur Bedeutung der sinaitischen Heiligtumstexte, Ex 25-40 ; Lev 8-9* (OBO, 77), Fribourg (Suisse) : Éditions universitaires, Göttingen : Vandenhoeck & Ruprecht, 1988.

van der Toorn, Karel, *Sin and Sanction in Israel and Mesopotamia : A Comparative Study* (Studia Semitica Neerlandica, 22), Assen : Van Gorkum, 1985.

Van Seters, John, « Confessional Reformulation in the Exilic Period », *VT* 22 (1972), p. 448-459.

Van Seters, John, *Abraham in History and Tradition*, New Haven : Yale University Press, 1975.

Van Seters, John, *In Search of History. Historiography in the Ancient World and the Origins of Biblical History*, New Haven : Yale University Press, 1983.

Van Seters, John, *Der Jahwist als Historiker*, Zürich : Theologischer Verlag, 1987.

Van Seters, John, *Prologue to History : The Yahwist as Historian in Genesis*, Louisville, KY : Westminster / John Knox Press ; Zürich : Theologischer Verlag, 1992.

Van Seters, John, *The Life of Moses. The Yahwist as Historian in Exodus-Numbers*, Kampen (The Netherlands) : Kok Pharos Publishing House, 1994.

Van Seters, John, « Cultic Laws in the Covenant Code (Exodus 20,22–23,33) and Their Relationship to Deuteronomy and the Holiness Code », in Vervenne, Marc (Éd.), *Studies in the Book of Exodus* (BETL, 126), Leuven : Leuven University Press / Peeters, 1996, p. 319-345.

Van Seters, John, « The Law of the Hebrew Slave », *ZAW* 108 (1996), p. 534-546.

Van Seters, John, « The Deuteronomistic Redaction of the Pentateuch. The Case against it », in Vervenne, Marc & Lust, Johan (Éds), *Deuteronomy and Deuteronomistic Literature. Festschrift C.H.W. Brekelmans* (BETL, 133), Leuven : Leuven University Press / Peeters, 1997, p. 301-319.

Van Seters, John, « The Pentateuch (Genesis, Exodus, Leviticus, Numbers, Deuteronomy) », in McKenzie, Steven, L. & Graham, M., Patrick (Éds), *The Hebrew Bible Today : An Introduction to Critical Issues*, Louisville (KY) : Westminster John Knox, 1998), p. 3-49.

Van Seters, John, « Some Observations on the Lex Talionis in Exod 21 :23-25 », in Beyerle, Stefan, Mayer, Günter & Strauss, Hans (Éds), *Recht und Ethos im Alten Testament - Gestalt und Wirkung : Festschrift für Horst Seebass zum 65. Geburtstag*, Neukirchen-Vluyn : Neukirchener Verlag, 1999, p. 27-37.

Van Seters, John, *The Pentateuch. A Social Science Commentary*, Sheffield (U.K.) : Sheffield Academic Press, 1999.

Van Seters, John, « The Court History and DtrH : Conflicting Perspectives on the House of David », in de Pury, Albert ; Römer, Thomas (Éds), *Die sogennante Thronfolgeschichte Davids : Neue Einsichten und Anfragen* (OBO, 176), Freibourg : Universitätsverlag ; Göttingen : Vandenhoeck & Ruprecht, 2000, p. 70-93

Van Seters, John, « The Deuteronomistic History : Can It Avoid Death by Redaction? », in Römer, Thomas (Éd.), *The Future of the Deuteronomistic History* (BETL, 147), Leuven : Leuven University Press / Peeters, 2000, p. 213-222.

VAN SETERS, John, *The Edited Bible. The Curious History of the « Editor » in Biblical Criticism*, Winona Lake : Eisenbrauns, 2006.

VAUX (DE), Roland, « Les chérubins et l'arche d'alliance : les sphinx gardiens et les trônes divins dans l'Orient ancien », *Mélanges de l'Université Saint-Joseph* 37 (1961), p. 93-124.

VAUX (DE), Roland, *Histoire ancienne d'Israël. 1. Des origines à l'installation en Canaan*, Paris : J. Gabalda, 1971.

VAUX (DE), Roland, *Les institutions de l'Ancien Testament. 2. Institutions militaires et religieuses*, Paris : Cerf, ⁵1991.

VEIJOLA, Timo, « Principal Observations on the Basic Story in Deuteronomy 1-3 », in AUGUSTIN, Matthias & SCHUNCK, Klaus-Dietrich (Éd.), *Wünschet Jerusalem Frieden*, Frankfurt am Main : Peter Lang, 1988, p. 249-259.

VEIJOLA, Timo, *Das Deuteronomium und seine Querbeziehungen*, Helsinki : Finnische Exegetische Gesellschaft ; Göttingen : Vandenhoeck & Ruprecht, 1996.

VEIJOLA, Timo, « Deuteronomismusforschung zwischen Tradition und Innovation I », *ThR* 67 (2002), p. 273-327.

VEIJOLA, Timo, *Das fünfte Buch Mose. Deuteronomium* (ATD, 8,1), Göttingen : Vandenhoeck & Ruprecht, 2004.

VERMEYLEN, Jacques, « L'affaire du veau d'or (Ex 32-34). Une clé pour la 'question deutéronomiste' ? », *ZAW* 97/1 (1985), p. 1-23.

VERMEYLEN, Jacques, « Les sections narratives de Deut 5–11 et leur relation à Ex 19–34 », in LOHFINK, Norbert (Éd.), *Deuteronomium : Entstehung, Gestalt und Botschaft*, Leuven : Leuven University Press / Peeters, 1985, p. 174-207.

VERMEYLEN, Jacques, *Le Dieu de la promesse et le Dieu de l'alliance* (LD, 126), Paris : Cerf, 1986, p. 123-127

VERMEYLEN, Jacques, « L'école deutéronomiste aurait-elle imaginé un premier canon des écritures ? », in RÖMER, Thomas (Éd.), *The Future of the Deuteronomistic History* (BETL, 147), Leuven : Leuven University Press / Peeters, 2000, p. 233-240.

VON HUMMELAUER, Franz, *Commentarius in Deuteronomium* (Cursus Scripturae sacrae, Commentariarum in Vet. Test. Pars I, in libros historicos. III. 2), Paris : Lethielleux, 1901.

VON RAD, Gerhard, *Das Gottesvolk im Deuteronomium* (BWANT, 11), Stuttgart : Kohlhammer, 1929.

VON RAD, Gerhard, « Die levitische Predigt in den Büchern der Chronik », in ROST, Leonhard (Éd.), *Die Bezeichnungen für das Land und Volk im Alten Testament. Festschrift Otto Procksch*, Leipzig : A. Deichertsche Verlagsbuchhandlung und J. C. Hinrichs'sche Buchhandlung, 1934, p. 113-124.

VON RAD, Gerhard, *Das formgeschichtliche Problem des Hexateuchs* (BWANT, 26), Stuttgart : Kohlhammer, 1938.

VON RAD, Gerhard, *Deuteronomium-Studien* (FRLANT, 58), Göttingen : Vandenhoeck & Ruprecht, 1947 (²1948).

VON RAD, Gerhard, *Der Heilige Krieg im alten Israel* (ATANT, 20), Zürich : Zwingli Verlag, 1951.

VON RAD, Gerhard, *Theologie des Alten Testaments : Bd 1. Die Theologie der geschichtlichen Überlieferungen Israels*, München : Kaiser, 1957.

VON RAD, Gerhard, *Gesammelte Studien zum Alten Testament* (Theologische Bücherei, 8), München : Kaiser, 1958.

VON RAD, Gerhard, « Zelt und Lade », in VON RAD, Gerhard, *Gesammelte Studien zum Alten Testament* (TBü, 8), München : Kaiser, 1958, p. 109-129.

VON RAD, Gerhard, *Theologie des Alten Testaments : Bd 2. Die Theologie der prophetischen Überlieferungen Israels*, München : Kaiser, 1960.

VON RAD, Gerhard, *Das fünfte Buch Mose : Deuteronomium* (ATD, 8), Göttingen : Vandenhoeck & Ruprecht, 1964.

VORLÄNDER, Hermann, *Die Entstehung des jehowistischen Geschichtswerks* (EURHS, XXIII/109), Frankfurt am Main / Las Vegas : P. Lang, 1978.

WARMUTH, Georg, Art. « נקה », in *TWAT* V, p. 591-602.

WAGNER, Norman, E., « Pentateuchal Criticism : No Clear Future », *CJT* 13 (1967), p. 225-232.

WAGNER, Norman, E., « Abraham and David ? », in WEVERS, John, W. & REDFORD, Donald, B. (Éds), *Studies in the Ancient Palestinian World Presented to Professor F.V. Winnett*, Toronto : Toronto University Press, 1972, p. 117-140.

WEINFELD, Moshe, « Deuteronomy : The Present State of Inquiry », *JBL* 86 (1967), p. 249-262.

WEINFELD, Moshe, *Deuteronomy and the Deuteronomic School*, Oxford : Clarendon Press, 1972.

WEINFELD, Moshe, *Deuteronomy 1-11* (ABC, 5), New York : Doubleday, 1991.

WEINFELD, Moshe, « Traces of Hittite Cult in Shiloh, Bethel and in Jerusalem », in JANOWSKI, Bernd, KOCH, Klaus & WILHEM, Gernot (Éds), *Religionsgeschichtliche Beziehungen zwischen Kleinasien, Nordsyrien und dem Alten Testament* (OBO, 129), Fribourg (Suisse) : Éditions universitaires, Göttingen : Vandenhoeck & Ruprecht, 1993, p. 455-472.

WEITZMAN, Steven, « Lessons from the Dying : The Role of Deuteronomy 32 in Its Narrative Setting », *HTR* 87 (1994), p. 377-393.

WELCH, Adam, C., *Deuteronomy : The Framework to the Code*, Oxford : Oxford University Press ; London : H. Milford, 1932.

WELLHAUSEN, Julius, *Prolegomena zur Geschichte Israels*, Berlin : G. Reimer, ³1886.

WELLHAUSEN, Julius, *Die Composition des Hexateuchs und der historischen Bücher des Alten Testaments*, Berlin : G. Reimer , ³1899.

WESTERMANN, Claus, *Die Geschichtsbücher des Alten Testaments : Gab es ein deuteronomistisches Geschichtswerk ?* (TBü, 87), Gütersloh : Kaiser, 1994.

WHYBRAY, Roger, N., *The Making of the Pentateuch. A Methodological Study* (JSOTSS, 53), Sheffield : Sheffield Academic Press, 1987.

WHYBRAY, Roger, N., *Introduction to the Pentateuch*, Grand Rapids : Eerdmans, 1995.

WHYBRAY, Roger, Norman, « The Immorality of God : Reflections on Some Passages in Genesis, Job, Exodus and Numbers », *JSOT* 72 (1996), p. 89-120.

WIDMER, Michael, *Moses, God, and the Dynamics of Intercessory Prayer* (FAT II, 8), Tübingen : Mohr Siebeck, 2004.

WINNETT, Frederick, V., *The Mosaic Tradition*, Toronto : University of Toronto Press, 1949.

WINNETT, Frederick, V., « Re-examining the Foundations », *JBL* 84 (1965), p. 1-19.

WISEMAN, Donald, J., « The Vassal Treaties of Esarhaddon », *Iraq* 20 (1958), p. 1-99.

WITTE, Markus ; SCHMID, Konrad ; PRECHEL, Doris & GERTZ, Jan Christian (Éds), *Die deuteronomistischen Geschichtwerke* (BZAW, 365), Berlin / New York : W. de Gruyter, 2006.
WOLFF, Hans-Walter, « Das Kerygma des deuteronomistichen Geschichtswerkes », *ZAW* 73 (1961), p. 171-186.
WONG, Ka Leung, *The Idea of Retribution in the Book of Ezekiel*, Leiden / Boston / Köln : Brill, 2001.
WRIGHT, G., Ernest, « The Lawsuit of God : A Form-Critical Study of Deuteronomy 32 », in ANDERSON, Bernhard, W. & HARRELSON, Walter (Éds), *Israel's Prophetic Heritage*, New York : Harper, 1962, p. 26-67.
WRIGHT, Richard, M., *Linguistic Evidence for the Pre-exilique Date of the Yahwistic Source* (LBS / OTS, 419), New York / London : T&T Clark, 2005.
WÜRTHWEIN, Ernst, *Die Bücher der Könige. 1. Könige 1-16*, Göttingen : Vandenhoeck & Ruprecht, 1977.
WÜRTHWEIN, Ernst, *Studien zum deuteronomistischen Geschichtswerk* (BZAW, 227), Berlin / New York : W. de Gruyter, 1994.
WYNN-WILLIAMS, Damian, J., *The State of the Pentateuch* (BZAW, 249), Berlin / New York : W. de Gruyter, 1997.

ZENGER, Erich, *Die Sinaitheophanie. Untersuchungen zum jahwistischen und elohistischen Geschichtswerk*, Würzburg : Echter Verlag, 1971.
ZENGER, Erich, « Psalm 87,6 und die Tafeln vom Sinai », in SCHREINER, Josef (Éd.), *Wort, Lied und Gottesspruch. Beiträge zu Psalmen und Propheten*, Würzburg : Echter : Katholisches Bibelwerk, 1972, p. 97-103.
ZENGER, Erich (Éd.), *Einleitung in das Alte Testament*, Stuttgart : Kohlhammer, 1995 (^{3}1998 ; ^{4}2001 ; ^{5}2004).
ZIPOR, Moshe, A., « The Deuteronomic Account of the Golden Calf and its Reverberation in Other Parts of the Book of Deuteronomy », *ZAW* 108 / 1 (1996), p. 20-33.
ZOBEL, Hans-Jürgen, Art. ארון, *TWAT I*, col. 391-404.

Index des références bibliques

Genèse

Gn 1 .... p. , 79
Gn 1,14-27 ... p. 72
Gn 1–11 .... n. 20 p. 10
Gn 2–35 .... p. 30
Gn 2 .... p. 421
Gn 3 .... p. 137 ; n. 146 p. 405
Gn 6,6 .... p. 435
Gn 6,7 .... p. 435
Gn 6–9 .... p. 136
Gn 12 .... n. 19 p. 10
Gn 12,2 .... p. 376
Gn 12,10-20. n. 17 p. 9
Gn 13,14-17. n. 17 p. 9
Gn 15 .... p. 25, 37
Gn 15,5 .... p. 377, 381
Gn 15,6 .... p. 136, 422, 426
Gn 16 .... n. 17 p. 9
Gn 16,7-14 ... n. 160 p. 408
Gn 19 .... p. 160 ; n. 108 p. 161
Gn 20,7 .... p. 59
Gn 20,9 .... n. 143 p. 403
Gn 21,8-21 ... n. 17 p. 9
Gn 22 .... n. 17 p. 9
Gn 22,15-18. p. 365
Gn 22,17 ...... p. 377, 381
Gn 25–33 ..... n. 17 p. 9
Gn 26,4 .... p. 377, 381
Gn 28,10-22. n. 110 p. 293
Gn 28,13-15. n. 17 p. 9
Gn 34,25-30. p. 405
Gn 35,1-7 ..... n. 26 p. 11
Gn 37–45 ...... p. 30
Gn 46,8-27 ... p. 360
Gn 49,5-7 ..... p. 405
Gn 50,17 .... p. 406
Gn 50,24 .... n. 19 p. 10
Gn 50,25 .... n. 26 p. 11
Gn 50,26b .... n. 26 p. 11

Exode

Ex 1,1-5 .... p. 360
Ex 1–14 .... p. 136 ; n. 19 p. 10
Ex 2 .... p. 30, 32
Ex 3,1 .... p. 285
Ex 3,1-4 .... p. 423
Ex 3,2 .... n. 160 p. 408
Ex 3,8 .... p. 279 ; n. 60 p. 279
Ex 3,12 .... p. 423
Ex 3,16 .... p. 423
Ex 3,22 .... p. 396
Ex 4,1ss .... p. 136 ; n. 190 p. 312
Ex 4,1-9 .... p. 422, 426
Ex 4,5 .... n. 190 p. 312
Ex 4,8 .... n. 190 p. 312
Ex 4,9 .... n. 190 p. 312
Ex 4,31 .... p. 136 ; n. 190 p. 312
Ex 5,19-23 .... p. 380 ; n. 239 p. 428
Ex 8,5-8 .... p. 419 ; n. 199 p. 418
Ex 8,4 - 10,17   p. 416
Ex 10,17 .... p. 406
Ex 11,2 .... p. 396

Ex 12,14 .... p. 396
Ex 12,35-36 .. p. 396
Ex 12–14 ...... n. 138 p. 31
Ex 13,6 .... p. 396
Ex 13,12-13 .. p. 388
Ex 13,17 .... n. 1 p. 435
Ex 13,19 .... n. 26 p. 11
Ex 13,21 .... p. 408
Ex 13,21-22 .. p. 378, 380
Ex 14 .... n. 20 p. 10
Ex 14,10-12 .. p. 380 ; n. 239 p. 428
Ex 14,19 .... p. 408 ; n. 27 p. 11
Ex 14,31 .... p. 136, 426 ; n. 190 p. 312
Ex 15,13 .... p. 408
Ex 15,20-21 .. n. 138 p. 31
Ex 15,24 .... p. 380 ; n. 239 p. 428
Ex 16 .... p. 380 ; n. 239 p. 428
Ex 16,1-35 .... p. 20
Ex 16,7 .... p. 380
Ex 17 .... n. 177 p. 38
Ex 17,1-7 ...... p. 156, 311, 380 ; n. 239 p. 428
Ex 17,6 .... p. 285
Ex 17,8-16 .... p. 37 ; n. 149 p. 301, 162 p. 304, 199 p. 418
Ex 17,14 .... n. 149 p. 301
Ex 18 .... p. 20, 36, 135
Ex 19 .... p. 285 ; n. 86 p. 115
Ex 19,3b-8 .... p. 291, 365
Ex 19,5-6 ...... n. 146 p. 405
Ex 19,9 .... p. 136, 426
Ex 19,12-13a p. 387
Ex 19–20 ...... p. 12
Ex 19,1 - 20,21   p. 392
Ex 19–24 ...... p. 34, 116 ; n. 19 p. 10, 231 p. 326, 395

Ex 20 ....p. 32, 390 ; n. 146 p. 32, 31 p. 217, 80 p. 387
Ex 20,1-7 ......n. 99 p. 390
Ex 20,2-3 ......n. 8 p. 2
Ex 20,2-17 ....n. 146 p. 32, 108 p. 292
Ex 20,3-4 ......p. 375
Ex 20,3-6 ......n. 8 p. 3
Ex 20,4 ....p. 375, 389
Ex 20,4-5 ......p. 375
Ex 20,4-6 ......n. 8 p. 2
Ex 20,5 ....p. 230, 232, 238, 375, 388, 389
Ex 20,5-6 ......p. 239, 241, 379, 380 ; n. 102 p. 239
Ex 20,7 ....n. 8 p. 2
Ex 20,8-11 ....n. 8 p. 2
Ex 20,12 ....n. 8 p. 2
Ex 20,13 ....n. 8 p. 2
Ex 20,14 ....n. 8 p. 2
Ex 20,15 ....n. 8 p. 2
Ex 20,16 ....n. 8 p. 2
Ex 20,17 ....n. 8 p. 2
Ex 20,18-21 ..n. 37 p. 13
Ex 20,20-33 ..p. 421
Ex 20,22 ....n. 37 p. 13
Ex 20,23 ....p. 365, 375, 395
Ex 20,23-24 ..p. 395
Ex 20,24 ....p. 395, 396 ; n. 76 p. 20
Ex 20,24-26 ..p. 20 ; n. 61 p. 18, 59 p. 87,
Ex 20–23 ....p. 25 ; n. 152 p. 33
Ex 21,2-11 .....n. 61 p. 18
Ex 21,23b ......n. 72 p. 228
Ex 21–22 ....n. 138 p. 31
Ex 22,15-16 ..n. 61 p. 18
Ex 22,19 ....p. 375
Ex 22,26b ......p. 123
Ex 22,27 ....n. 61 p. 18
Ex 23 ....p. 388
Ex 23,1-3 ....n. 61 p. 18

Ex 23,4-5 ...... n. 61 p. 18
Ex 23,10-11 .. n. 61 p. 18
Ex 23,12-19 .. p. 389 ; n. 99
	p. 390
Ex 23,14-17 .. n. 61 p. 18, 98
	p. 389
Ex 23,14-19 .. p. 387
Ex 23,18 .... n. 100 p. 390
Ex 23,20 .... p. 408
Ex 23,20-33 .. p. 37 ; n. 27 p. 11,
	212 p. 422
Ex 23,21-22 .. n. 59 p. 87
Ex 23,23 .... p. 408
Ex 23,24 .... p. 375
Ex 23,27-30 .. n. 45 p. 276
Ex 23,27-31 .. p. 278
Ex 23,28 .... n. 26 p. 139
Ex 24 .... p. 304, 401, 402 ;
	n. 108 p. 292, 146
	p. 405
Ex 24,3 .... p. 365
Ex 24,3-8 ...... p. 291, 391
Ex 24,4 .... p. 304, 387, 391,
	395, 402
Ex 24,5 .... p. 395, 396
Ex 24,7 .... p. 391
Ex 24,8b .... p. 395, 290, 391,
	392
Ex 24,11 .... p. 395, 396
Ex 24,12 .... p. 289, 290, 295,
	296, 297, 386, 391,
	393, 406, 407 ;
	n. 125 p. 295
Ex 24,13b ..... p. 386 ; n. 162
	p. 304
Ex 24,15a ..... p. 289, 290, 297
Ex 24,15b-18a   p. 290
Ex 24,17 .... p. 276, 357
Ex 24,18b ..... p. 289, 290, 291,
	292, 297, 397
Ex 25 .... p. 322, 325, 326,
	327

Ex 25,1-10 .... p. 326
Ex 25,8 .... p. 395, 396
Ex 25,10 .... p. 295, 319, 322,
	325, 327, 335 ;
	n. 130 p. 295, 220
	p. 323
Ex 25,10-22 .. p. 321, 323, 415
Ex 25,13 .... n. 130 p. 295
Ex 25,16 .... p. 322, 325 ;
	n. 220 p. 323
Ex 25,20 .... p. 322
Ex 25,21b ..... p. 322, 325
Ex 25,22 .... p. 321, 325
Ex 25,23 .... n. 130 p. 295
Ex 25,28 .... n. 130 p. 295
Ex 25–31 ...... p. 70, 395, 401 ;
	n. 231 p. 326
Ex 25,1 - 31,17   p. 290
Ex 25–40 ...... n. 20 p. 10
Ex 26,7-13 .... p. 320
Ex 26,15 .... n. 130 p. 295
Ex 26,26 .... n. 130 p. 295
Ex 27,1 .... n. 130 p. 295
Ex 27,6 .... n. 130 p. 295
Ex 28,41 .... p. 405
Ex 29 .... p. 331
Ex 29,9 .... p. 405
Ex 29,29 .... p. 405
Ex 29,33 .... p. 405
Ex 29,35 .... p. 405
Ex 29,46 .... p. 24
Ex 30 .... p. 24 ; n. 100 p. 24
Ex 30,1 .... n. 130 p. 295
Ex 30,1-10 .... p. 414
Ex 30,5 .... n. 130 p. 295
Ex 31,16-18 .. n. 146 p. 248
Ex 31,18 .... p. 290, 295, 296,
	297, 386, 391, 393,
	401, 406, 407 ;
	n. 101 p. 290, 125
	p. 295
Ex 31,20-21 .. n. 146 p. 248

Ex 31,29 .... n. 146 p. 248
Ex 32 .... p. 27, 150, 268,
298, 299, 300, 302,
304, 307, 310, 314,
316, 317, 331, 334,
335, 364, 365, 366,
370, 374, 382, 383,
384, 385, 386, 387,
389, 392, 393, 394,
395, 398, 399, 401,
402, 404, 406, 407,
408, 410, 411, 412,
413, 419, 420, 421,
426, 427, 429, 431,
432, 437; n. 11
p. 4, 27 p. 11, 63
p. 279, 115 p. 293,
162 p. 304, 164
p. 306, 22 p. 367,
72 p. 385, 107
p. 393, 124 p. 398
Ex 32,1 .... p. 299, 396, 397,
400
Ex 32,1-4 ...... p. 403, 404
Ex 32,1-6 ...... p. 288, 384, 385,
393, 394, 395, 396,
397, 398, 400, 403,
406, 410, 412,
429 ; n. 68 p. 384,
124 p. 398, 146
p. 405
Ex 32,2 .... p. 397
Ex 32,2-3 ...... p. 395
Ex 32,3 .... p. 402
Ex 32,4 .... p. 295, 396, 397,
400, 412 ; n. 177
p. 307
Ex 32,5 .... p. 395, 397
Ex 32,6 .... p. 374, 395, 396,
402, 405 ; n. 23
p. 367

Ex 32,7 .... p. 297, 298, 299,
374, 400 ; n. 147
p. 300
Ex 32,7-8 ...... p. 299, 300, 364,
367, 374, 398, 399,
420
Ex 32,7-10 .... p. 298, 367, 373,
376 ; n. 23 p. 367
Ex 32,7-13 .... p. 423
Ex 32,7-14 .... p. 364, 365, 366,
367, 371, 380, 381,
382, 393, 394, 398,
399, 410, 421, 423,
426, 427, 436, 437
Ex 32,7-15 .... p. 367
Ex 32,8 .... p. 297, 299, 374,
375, 398 ; n. 148
p. 300
Ex 32,9 .... p. 200, 298, 301,
373, 374, 399 ;
n. 61 p. 279, 63
p. 279, 23 p. 367
Ex 32,9-14 .... p. 316, 392
Ex 32,10 .... p. 136, 374, 375,
376 ; n. 23 p. 367,
72 p. 385
Ex 32,10-14 .. p. 364, 366, 420
Ex 32,10-30 .. n. 72 p. 385
Ex 32,11 .... p. 377, 426
Ex 32,11-13 .. p. 316, 367, 376
Ex 32,11-14 .. p. 269, 314, 316,
317, 336, 364, 365,
366, 367, 370, 376,
377, 378, 380, 400,
419
Ex 32,13 .... p. 365, 370, 377,
381
Ex 32,14 .... p. 367, 376, 377,
380, 381, 400 ;
n. 147 p. 300
Ex 32,15 .... p. 386, 394, 402
Ex 32,15-16 .. p. 295, 401
Ex 32,15-19 .. p. 391

Ex 32,15-20.. p. 393, 400
Ex 32,17 .... n. 162 p. 304
Ex 32,17-18.. p. 304, 402 ;
n. 162 p. 304, 305
p. 355
Ex 32,19 .... p. 295, 298, 302,
304, 367, 384, 385,
402, 406
Ex 32,19-20.. p. 305, 307
Ex 32,20 .... p. 298, 307, 308,
309, 310, 384, 385,
402 ; n. 7 p. 2, 184
p. 310, 140 p. 402
Ex 32,21 .... p. 403 ; n. 143
p. 403
Ex 32,21-23.. p. 404
Ex 32,21-24.. p. 298, 384, 385,
393
Ex 32,25-29.. p. 331, 336, 393,
404, 405, 410 ;
n. 7 p. 2
Ex 32,26-29.. p. 410
Ex 32,30 .... p. 308, 404, 405,
406, 426 ; n. 143
p. 403
Ex 32,30-31.. p. 403
Ex 32,30-34.. p. 405, 409, 420
Ex 32,30-35.. p. *405-410* ; n. 7
p. 2
Ex 32,31 .... p. 367, 404 ;
n. 143 p. 403
Ex 32,31-32.. p. 316, 406
Ex 32,32 .... p. 295, 406
Ex 32,32-33.. p. 407
Ex 32,33a ..... p. 333, 367
Ex 32,34 .... p. 233, 404, 408,
409 ; n. 73 p. 385
Ex 32,35 .... p. 367, 384, 385,
402, 404 ; n. 7
p. 2, 167 p. 410

Ex 32–34 .... 2, 3, 12, 20, 29, 34,
37, 269, 282, 294,
298, 326, 329, 333,
348, 364, 365, 374,
380, 383, 393, 395,
401, 443 ; 19
p. 10, 123 p. 294,
177 p. 307, 65
p. 383, 239 p. 428
Ex 33 .... p. 385, 392, 393 ;
n. 19 p. 10
Ex 33,1 .... p. 333
Ex 33,2 .... n. 212 p. 422
Ex 33,3 .... p. 200 ; n. 61
p. 279
Ex 33,5 .... p. 200 ; n. 61
p. 279
Ex 33,6 .... p. 285
Ex 33,7-11 .... p. 320, 392, 427,
428 ; n. 229 p. 425
Ex 33,11 .... p. 59 ; n. 162
p. 304
Ex 33,13 .... p. 419
Ex 33–34 .... p. 176 ; n. 107
p. 393
Ex 34 .... p. 239, 291, 319,
385, 386, 387, 388,
389, 392, 407, 420,
426 ; n. 19 p. 10,
146 p. 32, 204
p. 319, 231 p. 326,
79 p. 387.
Ex 34,1 .... p. 319, 386, 390,
391
Ex 34,1-4 ...... p. 242, 319, 327,
386, 387, 390, 391,
392, 393, 407
Ex 34,1-5 ...... p. 242
Ex 34,2 .... p. 327
Ex 34,4 .... p. 319, 327, 386 ;
n. 147 p. 300
Ex 34,5-7 ...... n. 99 p. 390

Ex 34,5-9 ...... p. 386, 392
Ex 34,6 .... n. 121 p. 122, 100
p. 238, 119 p. 241,
119 p. 241
Ex 34,6-7 ...... p. 3, 75, 122, 123,
240, 241, 242, 243,
254, 379, 380, 421,
423, 426, 434 ;
n. 121 p. 122, 102
p. 239, 106 p. 240,
114 p. 240, 119
p. 241, 123 p. 242,
124 p. 242
Ex 34,7 .... p. 230, 232, 234,
238 ; n. 121
p. 123, 35 p. 218,
119 p. 241
Ex 34,7-14 .... p. 426, 427 ;
n. 235 p. 427
Ex 34,9 .... p. 200, 380, 419 ;
n. 102 p. 239, 61
p. 279
Ex 34,10 .... p. 386
Ex 34,10-16 .. n. 99 p. 390
Ex 34,10-28 .. p. 387
Ex 34,11 .... p. 392, 435
Ex 34,11-16 .. p. 390
Ex 34,11-26 .. p. 387, 388, 389,
390, 391, 392
Ex 34,11-27 .. p. 388
Ex 34,14 .... p. 389
Ex 34,17 .... p. 389
Ex 34,17-26 .. n. 99 p. 390
Ex 34,18-23 .. p. 387, 391 ; n. 98
p. 389
Ex 34,18-26 .. p. 389
Ex 34,24 .... p. 390
Ex 34,25 .... p. 390 ; n. 100
p. 390
Ex 34,25-26 .. p. 391
Ex 34,27 .... p. 390, 391, 392
Ex 34,27-28 .. p. 386, 390
Ex 34,27-29 .. p. 386

Ex 34,28 .... p. 289, 290, 291,
293, 297, 319, 327,
390, 391, 392, 393,
407 ; n. 108 p. 292
Ex 34,29 .... p. 401
Ex 35 .... p. 395
Ex 35,1 .... p. 395
Ex 35,22 .... p. 395, 396 ;
n. 116 p. 396
Ex 35–40 .... p. 70, 395, 401
Ex 36,14 .... p. 320
Ex 37 .... p. 322, 325, 326,
327, 387
Ex 37,1 .... p. 295, 319, 322,
327, 335 ; n. 204
p. 319, 220 p. 323
Ex 37,1-9 ...... p. 321, 322, 326,
415 ; n. 231 p. 326
Ex 37,9 .... p. 322
Ex 38,1-2 ...... n. 225 p. 324
Ex 39,32 .... p. 321
Ex 40 .... p. 31, 38
Ex 40,2 .... p. 321
Ex 40,6 .... p. 321
Ex 40,20 .... p. 322, 325
Ex 40,29 .... p. 321
Ex 40,34-35 .. p. 325

Lévitique

Lv 1–9 .... p. 70 ; n. 20 p. 10
Lv 2,8 .... p. 395
Lv 8,14 .... p. 395
Lv 8,33 .... p. 405
Lv 8–9 .... p. 331
Lv 9 .... p. 21, 24, 28 ;
n. 83 p. 21, 100
p. 24
Lv 9,7 .... p. 406
Lv 10 .... p. 26, 311
Lv 10,6 .... p. 286, 311 ; n. 86
p. 286
Lv 11 .... p. 33 ; n. 20 p. 10

Lv 16............ p. 406 ; n. 333
p. 71
Lv 16,6......... p. 406
Lv 16,11........ p. 406
Lv 16,17........ p. 406
Lv 16,24........ p. 406
Lv 16,32........ p. 405
Lv 17,3-7....... n. 59 p. 87
Lv 17–26....... p. 12, 25
Lv 18,25........ p. 232
Lv 19............ p. 33
Lv 19,4......... p. 388
Lv 20,5......... n. 93 p. 236
Lv 21,10........ p. 405
Lv 23............ n. 98 p. 389
Lv 23,2......... p. 396
Lv 23,4......... p. 396
Lv 23,6......... p. 395, 396
Lv 23,21........ p. 396
Lv 23,34........ p. 395, 396
Lv 23,37........ p. 396
Lv 25,1-7....... n. 61 p. 18
Lv 25,39-46.. n. 61 p. 18
Lv 26............ p. 18 ; n. 59 p. 87
Lv 27............ p. 26

Nombres

Nb 1,3........... p. 143
Nb 1–8.......... p. 320, 70 ; n. 20
p. 10
Nb 3,3........... p. 405
Nb 3,15-37... p. 404
Nb 4,27......... n. 89 p. 234
Nb 5,11-31... p. 402 ; n. 140
p. 402
Nb 6,23-27... n. 243 p. 330
Nb 10............ p. 26
Nb 10,12....... p. 334
Nb 10,29-32. p. 408
Nb 10,31....... p. 408
Nb 10,33....... p. 321
Nb 10,33b-36   p. 408

Nb 10,35-36 .p. 321, 36, 37
Nb 11 ....p. 36, 135 ; n. 19
p. 10
Nb 11,1-3 .....p. 311, 380 ;
n. 239 p. 428
Nb 11,4-35 ...p. 312, 380 ;
n. 239 p. 428
Nb 11,14-17 .n. 229 p. 425
Nb 11,16-17 .p. 320
Nb 11,17ss ...p. 423
Nb 11,24-25 .n. 229 p. 425
Nb 11,24-30 .p. 59, 320
Nb 11,26.......n. 126 p. 295, 150
p. 406
Nb 11,28.......n. 162 p. 304
Nb 11,29.......p. 423
Nb 11–20......p. n. 97 p. 288
Nb 11–25......p. 72
Nb 12 ....p. 91, 110, 380 ;
n. 19 p. 10, 239
p. 428
Nb 12,1-8 .....p. 427, 428 ;
n. 229 p. 425
Nb 12,4-10 ...p. 320
Nb 12,6-8 .....p. 14, 423, 425
Nb 12,8.........p. 59
Nb 12,13.......p. 418
Nb 13 ....p. 156, 380 ;
n. 239 p. 428
Nb 13,2.........n. 90 p. 156
Nb 13,22.......n. 36 p. 274
Nb 13,23.......n. 22 p. 136
Nb 13,28.......n. 36 p. 274
Nb 13,30.......p. 150
Nb 13,33.......p. n. 36 p. 274
Nb 13–14......12, 20, 26, 29, 36,
136, 142, 144, 145,
146, 147, 273, 275,
311, 312, 443
Nb 14 ....p. 136, 145, 264,
314, 316, 364, 382,
419, 426, 431, 437

Nb 14,3 .... p. 142
Nb 14,6-9 ..... p. 150
Nb 14,6-10 ... p. 152
Nb 14,11 ...... p. 311, 312, 316,
   368, 422, 426 ;
   n. 24 p. 368
Nb 14,11-12. p. 367, 373, 376
Nb 14,11-19. p. 365
Nb 14,11b-23a   p. 365, 366,
   368, 380, 381
Nb 14,11-25. p. 364, 365, 366,
   368, 371, 375, 380,
   382, 420, 421, 423,
   426, 427, 436,
   437 ; n. 24 p. 368,
   235 p. 427
Nb 14,12 ...... p. 136, 375, 376
Nb 14,13-19. p. 314, 316, 364,
   366, 367, 376, 418,
   423
Nb 14,13-20. p. 370, 419
Nb 14,13-23a   p. 380
Nb 14,13-25. p. 376, 378
Nb 14,14 ...... p. 378
Nb 14,15-16. p. 378, 381
Nb 14,16 ...... , 365, 372,
   381 n. 61 p. 382
Nb 14,17 ...... p. 379, 380
Nb 14,17-20. p. 424
Nb 14,18 ...... p. 230, 232, 238,
   239, 241, 242, 379,
   424 ; n. 100
   p. 238, 102 p. 239,
   124 p. 242, 49
   p. 379
Nb 14,19 ...... p. 380 ; n. 102
   p. 239
Nb 14,20 ...... p. 380, 381, 426 ;
   n. 102 p. 239, 49
   p. 379
Nb 14,20-25. p. 367, 376
Nb 14,21-23. p. 136, 380
Nb 14,21-35. p. 291

Nb 14,22 .... p. 380, 422, 426,
   428 ; n. 239 p. 428
Nb 14,23 .... p. 142 ; n. 39
   p. 142
Nb 14,24 .... p. 149, 150, 275 ;
   n. 57 p. 149
Nb 14,26-27 .n. 24 p. 368
Nb 14,26-38 .p. 368
Nb 14,28-35 .p. 136
Nb 14,29 .... p. 143, 144
Nb 14,30b .... p. 150, 152
Nb 14,31 .... p. 142 ; n. 22
   p. 136
Nb 14,33 .... p. 154
Nb 14,36-38 .p. 136
Nb 14,38 .... p. 152
Nb 14,39-45 .p. 176
Nb 14,44 .... p. 320, 321, 323
Nb 15 .... p. 26
Nb 16 .... p. 91, 102, 311 ;
   n. 137 p. 296
Nb 16,22 .... p. 286, 311 ; n. 86
   p. 286
Nb 16,31-32b   p. 235
Nb 16–17 ...... p. 26
Nb 18 .... p. 330, 26
Nb 20 .... p. 145, 146 ; n. 61
   p. 150
Nb 20,1 .... p. 156
Nb 20,1-11 ... p. 145, 150, 156 ;
   n. 61 p. 150
Nb 20,1-13 ... p. 156, 157, 311 ;
   n. 60 p. 150, 95
   p. 288
Nb 20,10 .... p. 286, 311
Nb 20,12 .... p. 36, 145, 146,
   312, 422, 426 ;
   n. 171 p. 411
Nb 20,12-13 .p. 329, 333 ; n. 52
   p. 147, 62 p. 382
Nb 20,14-21 .p. 36
Nb 20,22-29 .p. 157, 328, 329
Nb 20,24 .... p. 286

Nb 21,21-25. p. 20
Nb 21,21-27. p. 36
Nb 21,33-35. p. 20, 36
Nb 22–24 ..... n. 138 p. 31
Nb 23 .... p. 421
Nb 23,19 ...... p. 435
Nb 24 .... p. 421
Nb 25 .... p. 288, 405
Nb 25,1a ...... p. 32
Nb 27,12-14. p. 33, 145, 157 ;
    n. 52 p. 147, 97
    p. 157, 171 p. 411
Nb 27,12-22. p. 36
Nb 27,12-23. p. 26, 36, 80, 155,
    333 ; n. 97 p. 157
Nb 27,14 ...... p. 145, 155, 286
Nb 27–36 ..... p. 33, 37
Nb 28–29 ..... n. 98 p. 389
Nb 29,12 ...... p. 396
Nb 32 .... p. 36
Nb 32,6-15... p. 26
Nb 32,8 .... p. 312
Nb 32,11 ...... n. 57 p. 149
Nb 32,12 ...... n. 57 p. 149
Nb 33,1-38... p. 329
Nb 34,4 .... p. 312
Nb 34,13-15. p. 36
Nb 35,9-34... n. 99 p. 237

Deutéronome

Dt 1 .... p. 65, 142, 144,
    147 ; n. 92 p. 23,
    309 p. 65, 19
    p. 80, 36 p. 274
Dt 1,1 .... p. 80, 86, 88, 135,
    283 ; n. 35 p. 83,
    18 p. 135
Dt 1,1-5 .... p. 88
Dt 1,2 .... p. 312 ; n. 83
    p. 285
Dt 1,3 .... p. 13, 14, 82, 440 ;
    n. 32 p. 12

Dt 1,5............p. 206, 283 ; n. 67
    p. 88, 3 p. 206
Dt 1,6............p. 297 ; n. 83
    p. 285
Dt 1,6-8 ....p. 332, 334
Dt 1,8............p. 61, 333, 334
Dt 1,9-18 ......p. 36, 135
Dt 1,9-46 ......p. 256, 264, 337
Dt 1,19..........p. 312, 334 ; n. 83
    p. 285
Dt 1,19-35 .....p. 291
Dt 1,19-45 .....p. 176
Dt 1,19-46 ....p. 12, 26, 96, 132,
    134, 135, 136, 137,
    139, 140, 144, 146,
    153, 168, 198, 203,
    263, 264, 273, 275,
    297, 311, 312, 337,
    338, 355, 357, 359,
    360, 362, 368, 382,
    410, 412, 424, 429,
    431, 436, 443 ;
    n. 129 p. 126, 18
    p. 134
Dt 1,20-46 ....p. 119
Dt 1,21..........p. 333
Dt 1,26..........p. 136, 286, 311
Dt 1,27..........p. 382 ; n. 61
    p. 382
Dt 1,28..........p. 273, 274 ; n. 36
    p. 274, 37 p. 274
Dt 1,29-31 ....p. 144, 155
Dt 1,31..........p. 283 ; n. 80
    p. 284
Dt 1,32..........p. 311, 422, 426 ;
    n. 215 p. 422
Dt 1,33..........p. 378
Dt 1,34..........p. 286, 311 ; n. 86
    p. 286
Dt 1,34-35 ....p. 136

Index des références bibliques

Dt 1,35 .... p. 135, 147, 148, 177, 279 ; n. 31 p. 141, 145 p. 248
Dt 1,35-40 .... p. 147
Dt 1,36 .... p. 149, 275
Dt 1,37 .... p. 145, 146, 152, 157, 286, 311, 333 ; n. 44 p. 145, 60 p. 150, 62 p. 382
Dt 1,37-38 .... p. 46, 80, 136, 145, 286, 333, 411 ; n. 52 p. 147, 54 p. 147, 61 p. 150, 171 p. 411
Dt 1,38 .... p. 148, 152
Dt 1,39 .... p. 136, 141, 142 ; n. 7 p. 130, 31 p. 141, 35 p. 141, 39 p. 142, 40 p. 143, 41 p. 143
Dt 1,41 .... p. 94
Dt 1,41-46 .... p. 229
Dt 1,42 .... p. 320
Dt 1,43 .... p. 136, 286, 311
Dt 1–2 .... p. 61, 16, 29, 36, 37, 38, 69, 83, 88, 135, 272, 276, 345, 354, 355, 359, 411, 443, 445 ; p. n. 10 p. 7, 12 p. 8, 74 p. 20, 150 p. 33, 156 p. 34, 23 p. 81
Dt 1–4 .... 33, 41 ; 37 p. 83
Dt 1,6 - 4,40. n. 186 p. 40
Dt 1,6 - 4,43. p. 88, 131 ; n. 13 p. 132
Dt 1–11 .... p. 7, 18, 20, 44, 256, 328, 338, 349, 350, 355, 357, 358, 359, 360, 363 ; p. n. 271 p. 57, 86 p. 115, 16 p. 268, 298 p. 350, 304 p. 353
Dt 1–30 .... 21, 27 ; , 83 p. 21, 48 p. 85
Dt 2 .... p. 258, 259, 276, 357 ; n. 63 p. 88
Dt 2,4-7 .... p. 40
Dt 2,5 .... p. 258
Dt 2,7 .... p. 136, 138, 139, 288
Dt 2,10 .... p. 273 ; n. 37 p. 274
Dt 2,10-11 .... p. 274
Dt 2,11 .... p. 273 ; n. 37 p. 274
Dt 2,14 .... p. 141, 312 ; n. 34 p. 141
Dt 2,14-15 .... p. 135
Dt 2,14-16 .... p. 136, 138, 355
Dt 2,15 .... p. 139, 140, 176
Dt 2,21 .... p. 273 ; n. 37 p. 274
Dt 2,22 .... p. 258 ; n. 240 p. 330
Dt 2,24 .... p. 333
Dt 2,31 .... p. 333
Dt 2–3 .... p. 27, 36, 135
Dt 3,1-3 .... p. 20
Dt 3,12-20 .... p. 36
Dt 3,21-22 .... p. 36
Dt 3,23-25 .... p. 152
Dt 3,23-28 .... p. 46, 146, 333 ; n. 171 p. 411
Dt 3,25 .... p. 279
Dt 3,26 .... p. 96, 132, 133, 145, 157 ; n. 52 p. 147
Dt 3,26-27 .... n. 44 p. 145
Dt 4 .... p. 18, 36, 82, 186, 276, 441 ; n. 31 p. 82
Dt 4,1 .... n. 10 p. 267

Dt 4,1-40 ...... p. 17, 191, 194, 195 ; n. 10 p. 267
Dt 4,3-4 .... p. 96, 119
Dt 4,6 .... n. 110 p. 163
Dt 4,9-20 ...... n. 31 p. 82
Dt 4,10 .... n. 83 p. 285
Dt 4,10-13 .... n. 37 p. 13
Dt 4,13 .... p. 44, 386, 391
Dt 4,15 .... n. 83 p. 285
Dt 4,15-16 .... p. 97
Dt 4,15-20 .... p. 71
Dt 4,16 .... p. 300
Dt 4,20 .... p. 192
Dt 4,21 .... p. 97, 132, 133, 157, 279 ; n. 44 p. 145, 52 p. 147
Dt 4,21-22 .... p. 46, 145, 146, 152, 192, 333 ; n. 171 p. 411
Dt 4,22 .... p. 279
Dt 4,23 .... p. 41, 210
Dt 4,23-24 .... p. 97, 193
Dt 4,23-26 .... n. 6 p. 2
Dt 4,23-31 .... p. 132, 186, 187, 189, 193, 196, 197, 198, 210, 253
Dt 4,24-31 .... p. 172
Dt 4,25 .... p. 186, 300 ; n. 6 p. 1
Dt 4,25-28 .... p. 119
Dt 4,25-31 .... p. 97, 196, 198 ; n. 73 p. 91, 196 p. 198
Dt 4,26 .... p. 210
Dt 4,27 .... p. 210
Dt 4,27-31 .... p. 430
Dt 4,29-31 .... p. 118, 253
Dt 4,31 .... p. 41
Dt 4,36 .... n. 37 p. 13
Dt 4,41-43 .... p. 36 ; n. 31 p. 82
Dt 4,41-49 .... p. 16

Dt 4,44 .... p. 47, 86, 88 ; n. 35 p. 83, 67 p. 88
Dt 4,45 .... p. 22 ; n. 56 p. 87
Dt 4,46-49 .... p. 355
Dt 4,44–28,68   p. 88, 132, 133
Dt 4,45–28,68   p. 27, 444
Dt 5 .... p. 22, 27, 86, 117, 297, 332, 353, 355, 357, 359, 411, 412, 425, 437, 443 ; n. 12 p. 8, 146 p. 32, 23 p. 81, 31 p. 82, 37 p. 83, 56 p. 87, 31 p. 217
Dt 5,1 .... p. 208 ; n. 67 p. 88
Dt 5,1-5 .... p. 272
Dt 5,2 .... p. 41, 291 ; n. 125 p. 242, 83 p. 285
Dt 5,2-3 .... p. 41, 132, 290, 291, 297, 411, 437
Dt 5,2-31 .... p. 61
Dt 5,3 .... p. 41, 291
Dt 5,4 .... p. 217 ; n. 31 p. 217
Dt 5,5 .... n. 31 p. 217
Dt 5,5-6 .... p. 217
Dt 5,6 .... n. 37 p. 83
Dt 5,6-7 .... n. 8 p. 2, 159 p. 34
Dt 5,6-10 .... p. 219
Dt 5,7 .... p. 98, 212
Dt 5,7-10 .... n. 8 p. 3
Dt 5,8-10 .... p. 98, 212 ; n. 8 p. 2
Dt 5,9 .... p. 227, 231, 232, 238, 244, 388
Dt 5,9b-10 .... p. 122, 212, 218, 229, 230, 238, 239, 241, 242, 243, 252 ; n. 35 p. 218, 102 p. 239, 106

Index des références bibliques 487

     p. 240, 114 p. 240,
     128 p. 243
Dt 5,9-19 ...... p. 123
Dt 5,11 .... p. 98, 119, 213,
     219 ; n. 8 p. 2
Dt 5,12-15 .... n. 8 p. 2
Dt 5,16 .... p. 220 ; n. 8 p. 2
Dt 5,17 .... p. 98, 213, 220 ;
     n. 8 p. 2
Dt 5,18 .... p. 98, 213, 220 ;
     n. 8 p. 2
Dt 5,19 .... p. 98, 213, 220 ;
     n. 8 p. 2
Dt 5,20 .... p. 98, 213 ; n. 8
     p. 2, 39 p. 219
Dt 5,21 .... p. 98, 213, 220 ;
     n. 8 p. 2
Dt 5,22 .... p. 44, 269, 296,
     297, 386, 391
Dt 5,22-31 .... p. 353
Dt 5,23-30 .... n. 195 p. 312
Dt 5,23-31 .... p. 44 ; n. 37 p. 13
Dt 5,25 .... p. 276, 357
Dt 5,27 .... p. 44
Dt 5,29 .... p. 120
Dt 5,31 .... p. 44
Dt 5,32-33 .... p. 99
Dt 5,33 .... p. 120, 36 ; n. 149
     p. 32
Dt 5,1 - 6,3 ... p. 16, 35, 347
Dt 5,22 - 6,3 . p. 272
Dt 5–11 .... p. 33, 36, 65, 266,
     272, 280, 338, 339,
     340, 345, 346, 347,
     348 ; p. n. 10 p. 7,
     300 p. 64, 48
     p. 85, 67 p. 88,
     265 p. 339, 267
     p. 340, 298 p. 350
Dt 5,1b - 28,68 n. 186 p. 40
Dt 5–30 .... p. 34
Dt 6,1 .... p. 44, 86 ; n. 54
     p. 86

Dt 6,2-3 .... p. 120
Dt 6,4 .... p. 34
Dt 6,4-5 .... p. 22, 32, 35, 37,
     53, 339, 446
Dt 6,4-9 .... p. 351, 420
Dt 6,5 .... n. 182 p. 309
Dt 6,6 .... p. 44, 204 ; n. 211
     p. 44
Dt 6,6-9 .... p. 44, 352
Dt 6,10 .... p. 61, 208
Dt 6,12 .... p. 99
Dt 6,13 .... n. 39 p. 219
Dt 6,14 .... p. 210
Dt 6,14-15 .... p. 99, 210 ; n. 6
     p. 2
Dt 6,15 .... p. 119, 210 ; n. 6
     p. 2, 73 p. 91
Dt 6,16 .... p. 99, 311
Dt 6,17-19 .... n. 94 p. 117
Dt 6,18 .... p. 120, 279
Dt 6,19 .... p. 278
Dt 6,20-24 .... p. 116
Dt 6–8 .... p. 352 ; n. 302
     p. 352
Dt 6,4 - 9,6 ... p. 16
Dt 6,4 - 9,7a . p. 347
Dt 6–11 .... p. 32, 35
Dt 7 .... p. 117, 276, 411
Dt 7,1a .... p. 208, 301, 376
Dt 7,1-4 .... p. 99, 210 ; n. 6
     p. 2
Dt 7,1-5 .... p. 411, 412 ; n. 4
     p. 206
Dt 7,1-6 .... p. 208
Dt 7,2-4 .... n. 73 p. 91
Dt 7,3 .... p. 210
Dt 7,4 .... p. 82, 210 ; n. 6
     p. 2
Dt 7,6 .... p. 71 ; n. 204
     p. 202, 137 p. 296
Dt 7,6-8 .... p. 120
Dt 7,7-11 ...... p. 211

Dt 7,9 .... p. 155, 211, 243, 244 ; n. 31 p. 141, 35 p. 218
Dt 7,9-10 .... p. 100, 119, 122, 123, 155, 158, 199, 210, 211, 229, 230, 239, 241, 242, 243, 244, 252, 279 ; n. 6 p. 2, 106 p. 240, 128 p. 243
Dt 7,10 .... p. 122, 154, 155, 212 ; n. 82 p. 154
Dt 7,12 .... p. 119
Dt 7,17 .... p. 277
Dt 7,20 .... n. 26 p. 139
Dt 7,22 .... n. 26 p. 139, 45 p. 276
Dt 7,24 .... n. 149 p. 301
Dt 7,25-26 .... p. 100
Dt 8 .... p. 117, 265, 289
Dt 8,1 .... p. 120 ; n. 94 p. 117
Dt 8,1-6 .... p. 20
Dt 8,2 .... p. 121
Dt 8,2-4 .... p. 136, 138, 139, 288, 427
Dt 8,7 .... p. 279, 329
Dt 8,10 .... p. 279
Dt 8,11-18 .... p. 100
Dt 8,14b-16 .. p. 138, 288, 427
Dt 8,16 .... n. 120 p. 122
Dt 8,17-18 .... p. 265
Dt 8,18 .... p. 266
Dt 8,18-20 .... p. 210 ; n. 6 p. 2
Dt 8,19 .... p. 210 ; n. 73 p. 91
Dt 8,19 20 .... p. 100, 119, 172, 338, 121

Dt 9 p. 27, 29, 255, 256, 265, 269, 274, 278, 287, 298, 299, 301, 302, 303, 304, 308, 312, 314, 328, 338, 362, 364, 365, 369, 370, 374, 376, 385, 420 ; n. 63 p. 279, 181 p. 309, 22 p. 367
Dt 9,1 .... p. 266, 267, 273, 274, 301, 376
Dt 9,1-2 .... p. 411
Dt 9,1-3 .... p. 272, 273, 274, 275, 276, 411 ; n. 62 p. 382
Dt 9,1-6 .... p. 257, 258, 261, 265, 268, 276, 279, 282, 285, 301, 335, 349, 352, 355, 357, 359, 360, 361, 362, 363, 410, 411, 412 ; n. 6 p. 266, 317 p. 358
Dt 9,1-7 .... p. 85 ; n. 14 p. 268, 2 p. 364
Dt 9,1-8 .... p. 65, 117
Dt 9,1-10 ...... p. 264
Dt 9,1-17 ...... p. 312, 316, 332, 335
Dt 9,2 .... p. 274, 278
Dt 9,4b .... n. 55 p. 278
Dt 9,4-5 .... p. 265
Dt 9,4-6 .... p. 276, 278, 279
Dt 9,5 .... p. 61, 278, 305 ; n. 257 p. 335, 260 p. 336, 314 p. 358, 230 p. 426

Dt 9,6 .... p. 101, 199, 201, 257, 268, 374, 427 ; n. 198 p. 199, 61 p. 279
Dt 9,7 .... p. 101, 136, 266, 268, 282, 283, 284, 286, 349 ; n. 72 p. 281, 78 p. 284
Dt 9,7-8 .... p. 421, 281, 282, 283, 284, 285, 286, 288, 301, 311, 312, 313, 335, 349
Dt 9,7-10 .... p. 421
Dt 9,7-14 .... p. 366
Dt 9,7-29 .... p. 366, 421, 426
Dt 9,8 .... p. 284, 286, 287, 411 ; n. 78 p. 284, 83 p. 285
Dt 9,8-9 .... p. 291
Dt 9,8-21 .... p. 101
Dt 9,8-29 .... p. 85
Dt 9,9 .... p. 289, 290, 291, 293, 294, 310, 314, 327, 349, 361, 386, 411
Dt 9,9-10 .... p. 269, 290, 297
Dt 9,9-11 .... p. , 290
Dt 9,9-19 .... n. 86 p. 22
Dt 9,10 .... p. 290, 296, 327, 366, 386, 391, 421, 426
Dt 9,10-11 ..... n. 101 p. 290
Dt 9,11 .... p. 44, 290, 386
Dt 9,12 .... p. 298, 299, 300, 301, 332, 369, 374, 384, 398, 399 ; n. 147 p. 300
Dt 9,12-14 ..... p. , 298, 364, 365, 367, 369, 370, 371, 373, 376, 381, 382, 394, 410, 423, 436, 437
Dt 9,12-15 ..... p. 367

Dt 9,13 .... p. 268, 301, 369, 374, 399 ; n. 61 p. 279, 63 p. 279
Dt 9,13-14 ..... p. 119, 376, 380 ; n. 2 p. 364
Dt 9,14 .... p. 136, 370, 375, 376, 406, 411 ; n. 62 p. 382
Dt 9,14-29 ..... p. 419
Dt 9,15 .... p. 327
Dt 9,16 .... p. 298, 299, 384, 398
Dt 9,17 .... p. 298, 304, 384
Dt 9,18 .... p. 286, 287, 293, 307, 361
Dt 9,18-19 ..... p. 268
Dt 9,18-20 ..... p. 269, 305, 307, 310, 314, 335, 336
Dt 9,19 .... p. 286, 431
Dt 9,20 .... p. 150, 268, 293, 298, 306, 329, 361, 384 ; n. 164 p. 306, 72 p. 385
Dt 9,21 .... p. 268, 293, 298, 308, 309, 310, 312, 314, 316, 327, 332, 384, 402, 412 ; n. 86 p. 22, 181 p. 309
Dt 9,22 .... p. 284, 286 ; n. 78 p. 284
Dt 9,22-24 ..... p. 65, 102, 117, 268, 284, 288, 311, 312, 313, 314, 316, 335
Dt 9,23 .... p. 276, 286, 311, 312, 333, 422 ; n. 215 p. 422
Dt 9,23-24 ..... p. 136
Dt 9,24 .... p. 136, 284, 286
Dt 9,25 .... p. 305, 307, 314, 316, 335, 336

490 Index des références bibliques

Dt 9,25-29 .... p. 101, 268, 269, 270, 366 ; n. 202 p. 317
Dt 9,26 .... p. 293, 316, 361, 369, 437
Dt 9,26-27 .... p. 366
Dt 9,26-29 .... p. 314, 316, 317, 332, 364, 365, 366, 367, 368, 369, 370, 371, 376, 380, 381, 382, 394, 410, 418, 423, 424, 426, 436, 437 ; n. 281 p. 59
Dt 9,27 .... p. 18, 61, 365, 369, 370, 381, 441
Dt 9,27b-29.. p. 437
Dt 9,28 .... n. 7 p. 365, 60 p. 381, 61 p. 382
Dt 9,29 .... p. 332, 370 ; n. 177 p. 307
Dt 9,1–10,11 p. 4, 72, 73, 75, 76, 79, 85, 133, 204, 251, 253, 254, 255, 256, 257, 259, 260, 261, 262, 263, 264, 267, 268, 270, 282, 284, 287, 293, 298, 305, 316, 329, 334, 335, 336, 337, 338, 349, 350, 358, 359, 360, 360, 362, 363, 368, 382, 410, 429, 436, 437, 438 ; n. 11 p. 4, 115 p. 293, 1 p. 364
Dt 9,7–10,10 p. 16

Dt 9,7–10,11 p. 2, 3, 12, 61, 72, 75, 120, 134, 136, 206, 257, 264, 268, 272, 292, 307, 345, 348, 357, 358, 361, 362, 363, 364, 368, 383, 385, 387, 393, 395, 398, 410, 411, 412, 413, 414, 415, 416, 418, 420, 421, 422, 424, 425, 426, 427, 428, 429, 430, 431, 432, 435, 436, 437 ; n. 7 p. 2, 11 p. 4, 12 p. 8, 23 p. 81, 123 p. 242, 23 p. 270, 181 p. 309, 236 p. 328, 72 p. 385, 229 p. 425
Dt 9,8 - 10,11   n. 122 p. 294, 177 p. 307
Dt 9,9–10,5 ... p. 22, 27, 443
Dt 9,9–10,11 . p. 265, 269, 271, 282, 332, 338, 349, 353, 359, 383
Dt 10 .... p. 319, 324, 386 ; n. 302 p. 352
Dt 10,1 .... p. 295, 319, 327, 381, 386
Dt 10,1-3 ...... p. 386, 387, 391, 392 ; n. 86 p. 22
Dt 10,1-4 ...... p. 392
Dt 10,1-5 ...... p. 242, 295, 319, 321, 322, 324, 325, 326, 327, 328, 330, 332, 393, 407, 412 ; n. 27 p. 271, 220 p. 323, 232 p. 327
Dt 10,1-7 ...... p. 85

Dt 10,1-11 .... p. 101
Dt 10,2 .... p. 391
Dt 10,3 .... p. 319, 322, 325,
  326, 327, 386
Dt 10,4 .... p. 44, 269, 296,
  327, 391, 392 ;
  n. 86 p. 22
Dt 10,5 .... p. 326, 330
Dt 10,6 .... p. 328
Dt 10,6-7 ...... p. 268, 329, 331,
  335, 336
Dt 10,7 .... p. 329
Dt 10,8 .... p. 330, 387 ; n. 39
  p. 219, 54 p. 222,
  243 p. 330
Dt 10,8-9a .... p. 329, 335, 336 ;
  n. 129 p. 295, 247
  p. 331
Dt 10,8-11 .... p. 269
Dt 10,10 .... p. 268, 331, 335,
  336
Dt 10,10-11 .. p. 269
Dt 10,11 .... p. 267, 276, 299,
  332, 333, 334, 359,
  385, 411, 427 ;
  n. 62 p. 382
Dt 10,12 .... p. 265, 266, 267 ;
  n. 10 p. 267
Dt 10,12-22 .. p. 265, 267
Dt 10,16 .... p. 279
Dt 10,17 .... n. 76 p. 152
Dt 10,20 .... n. 39 p. 219
Dt 10,22 .... p. 360
Dt 10,12 - 11,1   p. 352
Dt 10,12 - 11,32 p. 17 ; n. 10
  p. 267
Dt 11 .... n. 302 p. 352
Dt 11,2-6 ...... p. 91
Dt 11,4-7 ...... p. 18
Dt 11,5 .... p. 283 ; n. 81
  p. 284
Dt 11,6 .... p. 102, 128, 235

Dt 11,8 .... p. 120 ; n. 94
  p. 117
Dt 11,13-15 .. p. 82, 119
Dt 11,16 .... p. 210
Dt 11,16-17 .. p. 102, 119, 210 ;
  n. 6 p. 2, 73 p. 91
Dt 11,17 .... p. 210, 279 ; n. 6
  p. 2
Dt 11,18 .... p. 351
Dt 11,18-20 .. p. 44
Dt 11,18-21 .. p. 120
Dt 11,21 .... n. 3 p. 129
Dt 11,22-25 .. p. 119 ; n. 94
  p. 117
Dt 11,26-28 .. p. 102, 119
Dt 11,26-30 .. p. 26
Dt 11,28 .... p. 299
Dt 11,29 .... p. 48, 208, 360
Dt 11,30 .... p. 360
Dt 11,32 .... n. 67 p. 88
Dt 12 .... p. 53 ; n. 59 p. 87
Dt 12,1 .... p. 86 ; n. 90 p. 23,
  56 p. 87, 67 p. 88
Dt 12,3 .... p. 225 ; n. 149
  p. 301
Dt 12,5 .... n. 39 p. 219
Dt 12,11 .... n. 39 p. 219
Dt 12,13 .... p. 32, 35
Dt 12,13-14 .. p. 102, 207
Dt 12,13-18 .. p. 34
Dt 12,20 .... p. 208
Dt 12,21 .... n. 39 p. 219
Dt 12,25-28 .. p. 120
Dt 12,29-31 .. p. 103, 207
Dt 12,2 - 13,9   n. 63 p. 88
Dt 12,2 - 16,17   p. 52, 339
Dt 12–25 .... p. 22, 88 ; p. n. 37
  p. 83
Dt 12–26 .... 16, 36, 88, 288 ;
  149 p. 32, 67
  p. 88, 21 p. 208
Dt 12,2 - 26,15   n. 56 p. 87

Dt 13 .... p. 53, 225 ; n. 7 p. 7
Dt 13,1-10 .... p. 22
Dt 13,2-6 ...... p. 103, 207, 213, 225 ; n. 79 p. 94
Dt 13,6 .... p. 94, 225
Dt 13,7-12 .... p. 104, 213, 225
Dt 13,11 .... p. 225
Dt 13,13-19 .. p. 104, 207, 214, 225
Dt 13,15 .... n. 51 p. 221
Dt 13,16 .... p. 225
Dt 13,17 .... p. 225
Dt 13,18 .... p. 120
Dt 14 .... p. 33
Dt 14,2 .... n. 204 p. 202, 137 p. 296
Dt 14,2-21 .... p. 228
Dt 14,3 .... p. 105, 214
Dt 14,21 .... n. 204 p. 202, 137 p. 296
Dt 14,23 .... n. 39 p. 219
Dt 14,24 .... n. 39 p. 219
Dt 14,28-29 .. p. 120
Dt 15,1-6 ...... n. 16 p. 208
Dt 15,1-11 .... n. 61 p. 18, 16 p. 207
Dt 15,7-9 ...... p. 91, 105, 207, 214, 217
Dt 15,7-11 .... n. 16 p. 208
Dt 15,9 .... p. 94, 227
Dt 15,10 .... p. 119
Dt 15,12-18 .. n. 61 p. 18
Dt 16 .... p. 388
Dt 16,1-17 .... n. 61 p. 18, 98 p. 389
Dt 16,2 .... n. 39 p. 219
Dt 16,6 .... n. 39 p. 219
Dt 16,11 .... n. 39 p. 219
Dt 16,13-15 .. n. 138 p. 296
Dt 16,20 .... p. 120, 252
Dt 16,21-22 .. p. 105, 214

Dt 16,18 - 17,13 p. 221
Dt 16,18 - 18,22 n. 59 p. 223
Dt 17,1 .... p. 105, 214, 228
Dt 17,2 .... p. 94
Dt 17,2-7 ...... p. 105, 214, 221, 225 ; n. 79 p. 94
Dt 17,3 .... p. 82
Dt 17,5 .... p. 225
Dt 17,6 .... p. 94
Dt 17,8 .... p. 106, 214
Dt 17,8-13 ..... n. 63 p. 225
Dt 17,14 .... p. 208
Dt 17,14-20 .. p. 44
Dt 18,1-2 ...... p. 330
Dt 18,5 .... n. 39 p. 219, 54 p. 222
Dt 18,7 .... n. 39 p. 219, 54 p. 222
Dt 18,9 .... p. 208
Dt 18,9-12 .... p. 106
Dt 18,12 .... p. 119
Dt 18,15 .... p. 25, 46
Dt 18,15-18 .. p. 46, 425, 428 ; n. 229 p. 425
Dt 18,16 .... n. 83 p. 285
Dt 18,17 .... p. 43, 46
Dt 18,17-19 .. p. 106
Dt 18,17-20 .. p. 106
Dt 18,18 .... p. 25, 59, 201
Dt 18,18-19 .. p. 201
Dt 18,19 .... p. 119 ; n. 39 p. 219
Dt 18,22 .... n. 39 p. 219
Dt 19,1 .... p. 208
Dt 19,1-13 .... n. 99 p. 237
Dt 19,11-13 .. p. 107, 215, 225 ; n. 64 p. 225
Dt 19,14 .... n. 107 p. 119
Dt 19,15-20 .. n. 61 p. 18
Dt 19,16-19 .. p. 107, 215, 225 ; n. 79 p. 94

Dt 19,21 .... n. 72 p. 228, 133
　　　　　　p. 244
Dt 20,3 .... n. 8 p. 130
Dt 20,9 .... p. 232
Dt 20,17-18.. p. 107, 215
Dt 21,1 .... p. 107
Dt 21,1-9 ...... p. 215 ; n. 55
　　　　　　p. 222
Dt 21,5 .... p. 331 ; n. 39
　　　　　　p. 219
Dt 21,6 .... n. 181 p. 309
Dt 21,8-21 .... n. 79 p. 94
Dt 21,9 .... p. 107
Dt 21,18-21.. p. 108, 215, 225 ;
　　　　　　n. 63 p. 225
Dt 21,22 .... p. 108, 215, 226
Dt 21,22-23.. p. 120 ; n. 150
　　　　　　p. 250
Dt 22,1-4 ...... n. 61 p. 18
Dt 22,5 .... p. 108, 215, 228
Dt 22,6-7 ...... p. 120
Dt 22,8 .... p. 120
Dt 22,13-14.. p. 108, 215
Dt 22,13-19.. p. 228
Dt 22,13-21.. n. 79 p. 94
Dt 22,18-21.. p. 108, 215
Dt 22,21 .... n. 68 p. 226
Dt 22,22 .... p. 109, 216, 225 ;
　　　　　　n. 1 p. 128
Dt 22,22-29.. n. 1 p. 128
Dt 22,23-24.. p. 109, 216, 225 ;
　　　　　　n. 1 p. 128
Dt 22,23-27.. n. 79 p. 94
Dt 22,25-27.. n. 1 p. 128
Dt 22,28-29.. n. 61 p. 18, 1
　　　　　　p. 128
Dt 23 .... n. 137 p. 296
Dt 23,10-15.. p. 109, 216, 228
Dt 23,13-15.. n. 146 p. 248
Dt 23,18-19.. p. 109, 216, 228
Dt 23,22 .... p. 109, 216, 227
Dt 23–24 ...... p. 36
Dt 24 .... p. 227

Dt 24,1-4 ...... p. 120
Dt 24,4 .... p. 110, 216
Dt 24,7 .... p. 110, 216, 225 ;
　　　　　　n. 79 p. 94, 45
　　　　　　p. 220
Dt 24,9 .... p. 91, 110, 128
Dt 24,13 .... p. 123
Dt 24,14-15 .. p. 91, 110, 216,
　　　　　　217
Dt 24,15 .... p. 94
Dt 24,16 .... p. 110, 212, 217,
　　　　　　226, 244 ; n. 68
　　　　　　p. 226, 133 p. 244
Dt 25,1-3 ...... p. 228
Dt 25,13-16 .. p. 91, 110, 217
Dt 25,15 .... p. 120
Dt 25,16 .... p. 94
Dt 25,19 .... n. 149 p. 301
Dt 26,1 .... p. 208
Dt 26,1-2 ...... p. 35
Dt 26,2 .... n. 39 p. 219
Dt 26,5-9 ...... p. 116
Dt 26,11 .... p. 35
Dt 26,16 .... p. 32, 35, 37, 446 ;
　　　　　　n. 56 p. 87
Dt 26,16-17 .. p. 32
Dt 26,16-18 .. p. 22 ; n. 90 p. 23
Dt 26,16-19 .. p. 82, 84 ; n. 86
　　　　　　p. 116
Dt 26,17-19 .. p. 35
Dt 26,18-19 .. n. 31 p. 82
Dt 26,19 .... p. 32 ; n. 204
　　　　　　p. 202, 137 p. 296
Dt 26,19-26 .. p. 45
Dt 27 .... p. 82, 87 ; n. 31
　　　　　　p. 82
Dt 27,1 .... p. 87, 206
Dt 27,1-8 ...... p. 45
Dt 27,1-26 .... p. 26, 32, 36
Dt 27,5-7 ...... n. 61 p. 18
Dt 27,9 .... p. 87, 206
Dt 27,11 .... p. 87, 206
Dt 27,15 .... p. 110

Dt 27,26 .... p. 279, 45 ; n. 48
　　　　　p. 85, 59 p. 87, 86
　　　　　p. 116
Dt 27–30 ...... p. 36 ; n. 10 p. 7
Dt 27–34 ...... n. 271 p. 57
Dt 28 .... p. 16, 32, 35, 41,
　　　　　53, 68, 118, 120,
　　　　　161, 162, 173, 175,
　　　　　177, 180, 181, 184,
　　　　　196, 199, 203, 204,
　　　　　248, 250, 253 ;
　　　　　n. 7 p. 7, 149
　　　　　p. 32, 37 p. 83,
　　　　　142 p. 173, 172
　　　　　p. 183
Dt 28,1-2 ...... n. 31 p. 82
Dt 28,6 .... n. 83 p. 285
Dt 28,9 .... n. 204 p. 202
Dt 28,15 .... p. 111, 208
Dt 28,15-46 .. p. 181, 183
Dt 28,15-68 .. p. 177, 189, 190
Dt 28,16-44 .. p. 111
Dt 28,20 .... p. 82
Dt 28,20-44 .. p. 181
Dt 28,25-69 .. n. 15 p. 79
Dt 28,36-37 .. p. 172
Dt 28,37 .... p. 161
Dt 28,45 .... p. 208
Dt 28,45-46 .. p. 181
Dt 28,45-48 .. n. 6 p. 2
Dt 28,47 .... p. 111, 186
Dt 28,47-57 .. p. 253
Dt 28,47-68 .. p. 133, 181 ;
　　　　　n. 170 p. 182
Dt 28,53 .... p. 182
Dt 28,58 .... p. 45, 111, 208
Dt 28,58-61 .. p. 181
Dt 28,59 .... n. 107 p. 161
Dt 28,61 .... n. 107 p. 161
Dt 28,62b ..... p. 111, 187, 208
Dt 28,62-68 .. p. 253
Dt 28,63-68 .. p. 172

Dt 28,68 .... p. 22 ; n. 35 p. 83
Dt 28,69 .... p. 27, 86, 88, 206
Dt 28,69 - 30,20 n. 121 p. 166
Dt 28,69 - 32,52 p. 88, 132
Dt 29 .... p. 32, 45 ; n. 15
　　　　　p. 79
Dt 29,1 .... p. 206
Dt 29,1-8 ...... n. 123 p. 167
Dt 29,1-14 .... n. 25 p. 81
Dt 29,1-20 .... n. 120 p. 166
Dt 29,1-28 .... p. 194
Dt 29,4-5 ...... p. 82, 136, 139,
　　　　　288
Dt 29,9-14 .... n. 123 p. 167
Dt 29,11 .... p. 45
Dt 29,12 .... p. 61
Dt 29,13-14 .. p. 132
Dt 29,14 .... p. 82
Dt 29,15 .... p. 82
Dt 29,15-17 .. p. 111
Dt 29,15-20 .. p. 165, 166, 167,
　　　　　168 ; n. 123 p. 167
Dt 29,15-27 .. p. 167
Dt 29,15-28 .. p. 166
Dt 29,18-20 .. p. 111
Dt 29,19 .... p. 45, 46 ; n. 149
　　　　　p. 301
Dt 29,20 .... p. 45, 46
Dt 29,21-27 .. p. 112, 132, 159,
　　　　　161, 165, 166, 168,
　　　　　172, 173, 175, 176,
　　　　　177, 186, 189 ;
　　　　　n. 116 p. 165, 123
　　　　　p. 167
Dt 29,23-26 .. p. 161, 176
Dt 29,24-27 .. n. 73 p. 91
Dt 29,26 .... p. 45, 46
Dt 29,27 .... p. 159, 169, 172
Dt 29,28 .... p. 168, 253, 23,
　　　　　27, 81, 82, 444 ;
　　　　　n. 25 p. 81, 48
　　　　　p. 85

Dt 29,1–30,10   p. 194
Dt 29,1–30,20   p. 167
Dt 29–31 ...... p. 17
Dt 29,1 - 31,6   n. 186 p. 40
Dt 29–32 .... p. 87
Dt 30,1-5 ...... p. 430
Dt 30,1-10 .... p. 118, 172, 198 ;
         n. 123 p. 167, 184
         p. 191, 196 p. 198
Dt 30,10 .... p. 45, 46
Dt 30,11-14 .. n. 123 p. 167, 203
         p. 202
Dt 30,15-20 .. p. 35, 172 ; n. 149
         p. 32, 123 p. 167
Dt 30,17 .... p. 210
Dt 30,17-18 .. p. 94, 112, 210 ;
         n. 73 p. 91
Dt 30,18 .... p. 210
Dt 30,19 .... n. 37 p. 83
Dt 30,20 .... p. 61
Dt 31 .... p. 45, 46, 47, 82,
         169, 171, 172, 173,
         175, 176, 185, 198,
         229 ; n. 28 p. 82,
         138 p. 172, 47
         p. 276
Dt 31,1 .... p. 206
Dt 31,1-2 ...... p. 87
Dt 31,1-3 ...... p. 333
Dt 31,1-6 ...... p. 357
Dt 31,1-8 ...... p. 36 ; n. 47 p. 276
Dt 31,7 .... p. 87
Dt 31,9 .... p. 46, 47, 330,
         331, 391 ; n. 222
         p. 46, 37 p. 83
Dt 31,9-10 .... p. 206
Dt 31,9-13 .... p. 36, 330, 331
Dt 31,9-15 .... n. 128 p. 28
Dt 31,10 .... n. 138 p. 296
Dt 31,12 .... n. 138 p. 296
Dt 31,14 .... p. 171 ; n. 41 p. 13

Dt 31,14-15 .. p. 13, 18, 36, 320,
         401, 441 ; n. 19
         p. 10, 229 p. 425
Dt 31,14-21 .. p. 46
Dt 31,14-30 .. p. 206
Dt 31,16-17 .. n. 73 p. 91
Dt 31,16-18 .. p. 112, 132, 169,
         171, 172, 173, 189,
         253
Dt 31,16-22 .. p. 36, 171, 172,
         174, 175 ; n. 135
         p. 172, 137 p. 246
Dt 31,17-18 .. p. 173, 175, 184
Dt 31,19 .... p. 174
Dt 31,20-21 .. p. 113, 132, 169,
         172, 173, 189
Dt 31,20-22 .. p. 253
Dt 31,21 .... p. 174, 245
Dt 31,21-22 .. p. 46
Dt 31,22 .... p. 171
Dt 31,23 .... p. 13, 18, 36, 320,
         401, 441 ; n. 19
         p. 10, 41 p. 13,
         128 p. 28, 229
         p. 425
Dt 31,24 .... p. 46, 47 ; n. 223
         p. 46
Dt 31,24-26a p. 36 ; n. 222 p. 46
Dt 31,24-27 .. p. 330, 331
Dt 31,25 .... p. 330, 331
Dt 31,25-26 .. p. 46 ; n. 222 p. 46
Dt 31,26 .... p. 46, 174, 326
Dt 31,27 .... p. 113, 132, 136,
         199, 200, 201, 284,
         286
Dt 31,28-30 .. p. 174, 175 ;
         n. 137 p. 246
Dt 31,29 .... p. 113, 132, 169,
         172, 173, 189, 201,
         253, 299, 300
Dt 31,7 - 33,29   n. 186 p. 40

Dt 31–34 ...... p. 28, 33, 36, 37, 135, 444 ; n. 128 p. 28, 48 p. 85
Dt 32 .... p. 26, 174, 251 ; n. 48 p. 85, 138 p. 246, 139 p. 247, 140 p. 247
Dt 32,1-43 .... p. 133, 247, 250, 253 ; n. 138 p. 246
Dt 32,1-47 .... p. 46
Dt 32,4-5 ...... p. 113
Dt 32,5 .... p. 199 ; n. 198 p. 199
Dt 32,15-22 .. p. 114
Dt 32,36 .... p. 435
Dt 32,44 .... p. 172 ; n. 137 p. 246
Dt 32,45-46 .. p. 356
Dt 32,46-47 .. p. 36
Dt 32,46-52 .. p. 33
Dt 32,47 .... p. 245
Dt 32,48-52 .. p. 13, 14, 17, 36, 114, 132, 133, 144, 145, 146, 155, 156, 157, 199, 333, 440, 442 ; n. 32 p. 12, 52 p. 147, 97 p. 157, 171 p. 411
Dt 32,49 .... n. 90 p. 156
Dt 32,51 .... p. 145, 155
Dt 32,52 .... p. 156 ; n. 90 p. 156
Dt 32,44 - 33,1   p. 206
Dt 32,48 - 34,12 p. 46
Dt 33 .... p. 36 ; n. 128 p. 28, 48 p. 85
Dt 33,1 .... p. 88, 275 ; n. 35 p. 83
Dt 33,1-29 .... p. 88, 132
Dt 33,9 .... p. 405
Dt 33–34 ...... p. 46

Dt 34 .... p. 25, 88, 132, 439 ; n. 333 p. 71, 48 p. 85
Dt 34,1 .... p. 14, 17, 32, 36, 37, 157, 442, 446
Dt 34,1b-3 .... p. 18, 441
Dt 34,1-9 ...... p. 333
Dt 34,1-12 .... p. 206
Dt 34,4 .... p. 18, 61, 157, 441
Dt 34,5 .... p. 17, 442
Dt 34,5-6 ...... p. 32, 37, 446
Dt 34,6b .... p. 18, 441
Dt 34,7 .... n. 128 p. 28
Dt 34,7b-8 .... p. 18, 80, 441
Dt 34,7-9 ...... p. 14
Dt 34,7-12 .... p. 36
Dt 34,9 .... p. 17, 26, 80, 442
Dt 34,10 .... p. 13, 14, 59, 80, 201 ; n. 19 p. 10, 41 p. 13, 182 p. 309
Dt 34,10-12 .. p. 18, 201, 423, 425, 427, 428, 441 ; n. 19 p. 10, 128 p. 28, 229 p. 425

Josué

Jos 1 .... p. 37, 67, 68
Jos 1,1 .... n. 162 p. 304
Jos 1,1-6 .... p. 36
Jos 1,10-18 ... n. 127 p. 28
Jos 1,12-18 ... p. 36, 23 ; p. n. 124 p. 28, 125 p. 28
Jos 1–12 .... p. 70, 21 ; 83 p. 21
Jos 2,1 .... p. 32
Jos 2,10 .... n. 48 p. 379
Jos 3,1 .... p. 32
Jos 3–4 .... p. 324 ; n. 225 p. 324

Index des références bibliques

Jos 4,14 .... n. 19 p. 10
Jos 5 .... p. 37 ; n. 177 p. 38
Jos 6 .... p. 324 ; n. 138 p. 31
Jos 7,6-9 .... p. 419
Jos 7,8-9 .... p. 378, 380
Jos 7,24-25 ... p. 227, 235
Jos 7,30-35 ... p. 48
Jos 8,30-31 ... n. 61 p. 18
Jos 9,9-10 ..... n. 48 p. 379
Jos 10,41 ...... p. 312
Jos 12 .... p. 30, 32 ; n. 127 p. 28
Jos 12–13 ..... p. 36
Jos 13–19 ..... n. 57 p. 17, 125 p. 28
Jos 14,6b ...... p. 275, 312
Jos 14,6-15 ... p. 27, 149, 274, 275
Jos 14,7 .... p. 275, 312
Jos 14,8 .... n. 57 p. 149
Jos 14,9 .... p. 149, 275 ; n. 57 p. 149
Jos 14,12 ...... p. 274, 275
Jos 14,14 ...... n. 57 p. 149
Jos 14,15 ...... p. 274, 275
Jos 15,3 .... p. 312
Jos 15,13 ...... p. 274, 275
Jos 15,13-19 . p. 27, 149, 274, 275
Jos 15,14 ...... p. 274
Jos 18 .... n. 333 p. 71
Jos 20 .... n. 99 p. 237
Jos 21 .... n. 57 p. 17
Jos 22 .... p. 65, 421 ; n. 92 p. 23, 309 p. 65, 19 p. 80, 57 p. 17
Jos 22,18 ...... p. 286 ; n. 86 p. 286
Jos 23 .... p. 23, 24, 68, 84 ; n. 124 p. 28, 127 p. 28
Jos 23,5 .... p. 278

Jos 23,16 .... p. 279 ; n. 156 p. 34
Jos 24 .... p. 11, 25, 26, 29, 37, 439, 442 ; n. 27 p. 11, 125 p. 28
Jos 24,19-20 .. p. 434
Jos 24,28-31 .. p. 29 ; n. 97 p. 157
Jos 24,32 .... p. 439 ; n. 26 p. 11

Juges

Jg 1 .... p. 37, 70 ; n. 97 p. 157
Jg 1,1 - 2,5 .... p. 26, 29 ; n. 126 p. 28
Jg 2,1-5 .... p. 4408, 422 ; n. 27 p. 11, 97 p. 157, 212 p. 422
Jg 2,2-3 .... p. 388
Jg 2,6-9 .... p. 23, 29 ; n. 124 p. 28
Jg 2,6-10 .... n. 97 p. 157
Jg 2,11-19 ..... p. 68, 256 ; n. 127 p. 28
Jg 2,18 .... p. 201, 435
Jg 2,18-19 ..... p. 201
Jg 2,19 .... p. 201
Jg 2–3 .... n. 156 p. 34
Jg 2,6 - 3,6 .... p. 67
Jg 6,11-12 ..... n. 160 p. 408
Jg 6,21-22 ..... n. 160 p. 408
Jg 8,24s .... n. 124 p. 398
Jg 8,24-27 ..... p. 396, 397
Jg 9,45 .... n. 101 p. 160
Jg 11,12-28 ... p. 37
Jg 13,3-18 ..... n. 160 p. 408
Jg 17–21 .... p. 37
Jg 18,19 .... p. 279
Jg 20,27-28 ... n. 110 p. 292

1 Samuel

1 S 1–14 .... p. 30

1 S 2–3 .... p. 37
1 S 4,3 .... p. 321, 323
1 S 4,4 .... p. 324
1 S 4,4-5 .... n. 225 p. 324
1 S 4,21-22 ... p. 324, 323
1 S 5,9-11 ..... p. 139
1 S 6 .... p. 321
1 S 7,1 .... n. 225 p. 324
1 S 7,5-10 ..... p. 419
1 S 7,10-13 ... p. 139
1 S 10,25 ...... n. 220 p. 323
1 S 12 .... p. 37, 67, 68, 84 ;
             n. 127 p. 28, 156
             p. 34
1 S 12,16-18 . n. 19 p. 10
1 S 12,19-25 . p. 419
1 S 15 .... p. 435
1 S 15,13 ...... p. 279
1 S 15,25 ...... p. 406
1 S 15,29 ...... p. 434

2 Samuel

2 S 2,8 - 4,12 n. 69 p. 19
2 S 3,39b ...... p. 177
2 S 6 .... p. 323 ; n. 225
             p. 324
2 S 6,2 .... p. 324
2 S 6,17 .... n. 225 p. 324
2 S 7 .... n. 156 p. 34
2 S 7,15-16 ... p. 234 ; n. 329
             p. 69
2 S 9–20 .... n. 69 p. 19
2 S 11,11 ...... p. 321, 323
2 S 12,10 ...... n. 91 p. 235
2 S 12,13-14 . p. 164, 235
2 S 12,13-19 . p. 126
2 S 12,18 ...... p. 164
2 S 15,25 ...... p. 321, 323
2 S 21–24 ..... p. 37
2 S 24,16 ...... p. 435

1 Rois

1 R 1–2 .... n. 69 p. 19
1 R 2,4 .... p. 279
1 R 3,4 .... n. 225 p. 324
1 R 6 .... p. 322
1 R 6,12 .... p. 279
1 R 6,23-30 ... n. 218 p. 322
1 R 6,27 .... n. 219 p. 322
1 R 7,48-50 ... n. 57 p. 17
1 R 8 .... p. 67, 319, 321,
             322, 387 ; n. 156
             p. 34, 224 p. 324
1 R 8,4 .... n. 57 p. 17, 224
             p. 324, 225 p. 324
1 R 8,9 .... p. 294, 321, 322,
             324
1 R 8,10-11 ... n. 57 p. 17, 224
             p. 324
1 R 8,14-53 ... p. 68 ; n. 127 p. 28
1 R 8,20 .... p. 279
1 R 8,30-51 ... p. 422
1 R 9 .... p. 67, 161
1 R 9,8-9 .... n. 102 p. 160
1 R 10,1 - 13,15 p. 412
1 R 11,6 .... n. 57 p. 149
1 R 12 .... p. 256, 264, 364,
             397, 406, 412 ;
             n. 177 p. 307, 124
             p. 398
1 R 12,26-32 . p. 396 ; n. 177
             p. 307
1 R 12,28 ...... p. 396, 412 ;
             n. 177 p. 307
1 R 12,32 ...... p. 396
1 R 12,32-33 . p. 397
1 R 13 .... p. 293, 310, 361,
             425
1 R 13,1-10 ... p. 293, 411
1 R 13,2 .... p. 293
1 R 13,6 .... p. 293, 361 ; n. 44
             p. 377
1 R 13,8 .... p. 292, 361

1 R 13,9........ p. 292, 361
1 R 13,16...... p. 292, 361
1 R 13,17...... p. 292, 361
1 R 13,22...... p. 292, 361
1 R 14,19...... p. 413
1 R 14,29...... p. 413
1 R 15,7........ p. 413
1 R 15,13...... p. 309, 412
1 R 15,23...... p. 309
1 R 15,31...... p. 309
1 R 16,5........ p. 413
1 R 16,14...... p. 413
1 R 16,20...... p. 413
1 R 16,27...... p. 413
1 R 18,40...... p. 309, 412 ;
    n. 181 p. 309
1 R 18–19..... n. 181 p. 309
1 R 19........... p. 412 ; n. 181
    p. 309
1 R 19,8........ p. 285, 361 ;
    n. 181 p. 309
1 R 21,19...... n. 91 p. 236
1 R 21,19-29. n. 98 p. 237
1 R 21,27-29. p. 164, 235
1 R 22,35-38. n. 91 p. 236
1 R 22,39...... p. 413
1 R 22,46...... p. 413
1 R 22–23..... n. 182 p. 309

2 Rois

2 R 1,18........ p. 413
2 R 8,23........ p. 413
2 R 9,22-26... p. 164
2 R 10,34...... p. 413
2 R 11........... p. 412
2 R 11,18...... p. 308, 412
2 R 12,20...... p. 413
2 R 13,2........ n. 44 p. 377
2 R 13,4........ n. 44 p. 377
2 R 13,8........ p. 413
2 R 13,12...... p. 413
2 R 14,6........ n. 133 p. 244

2 R 14,15 ......p. 413
2 R 14,18 ......p. 413
2 R 14,27 ......n. 149 p. 301
2 R 14,28 ......p. 413
2 R 15,6 ....p. 413
2 R 15,11 ......p. 413
2 R 15,15 ......p. 413
2 R 15,21 ......p. 413
2 R 15,26 ......p. 413
2 R 15,31 ......p. 413
2 R 15,36 ......p. 413
2 R 16,9 ....p. 413
2 R 17 ....p. 67, 256 ; n. 156
    p. 34
2 R 17,7-20 ...p. 68
2 R 17,7-23 ...n. 127 p. 28
2 R 17,14 ......p. 312, 422, 426 ;
    n. 215 p. 422
2 R 17,17 ......p. 287
2 R 17,17-18 .p. 286, 287, 411
2 R 17,18 ......p. 287
2 R 17,21 ......p. 403 ; n. 143
    p. 403
2 R 17,21-23 .p. 406
2 R 18,1-4 .....p. 412
2 R 18,4 ....p. 308, 412
2 R 20,16-19 .p. 235
2 R 20,20 ......p. 413
2 R 21 ....p. 256
2 R 21,15 ......p. 255
2 R 21,17 ......p. 413
2 R 21,25 ......p. 413
2 R 22,8 ....n. 246 p. 52
2 R 22–23 .....p. 6, 52, 68, 174,
    350
2 R 22,3 - 23,25   p. 52
2 R 23 ....p. 413
2 R 23,2 ....n. 246 p. 52
2 R 23,3 ....p. 279
2 R 23,4-14 ...p. 361
2 R 23,4-20 ...p. 412
2 R 23,6 ....p. 308, 309, 412
2 R 23,11 ......p. 412

2 R 23,12 ...... p. 309, 412
2 R 23,15 ...... p. 308, 412
2 R 23,15-18. p. 293, 361
2 R 23,15-20. p. 411
2 R 23,24 ...... p. 279
2 R 23,25 ...... n. 182 p. 309
2 R 23,26 ...... p. 365, 377
2 R 23,26-27. p. 127
2 R 23,28 ...... p. 413
2 R 24,3-4 ..... p. 127, 235
2 R 24,4 .... p. 422
2 R 24,5 .... p. 413
2 R 24,8-17... p. 413
2 R 24,8 - 25,30 p. 414
2 R 24,18 - 25,21 p. 413
2 R 25 .... p. 67, 79 ; n. 156 p. 34, 247 p. 331
2 R 25,22-26. p. 413
2 R 25,27 ...... p. 414
2 R 25,27-30. p. 413

1 Chroniques

1 Ch 1,5 .... n. 225 p. 324
1 Ch 16,39-40   n. 225 p. 324
1 Ch 21,15 ... p. 435
1 Ch 21,29 ... n. 225 p. 324
1 Ch 22–29 .. p. 84
1 Ch 23,14 ... p. 275
1 Ch 28,8 ..... p. 279

2 Chroniques

2 Ch 1,3 .... n. 225 p. 324
2 Ch 1,3-13 .. n. 225 p. 324
2 Ch 1,6 .... n. 225 p. 3244
2 Ch 1,13 ..... n. 225 p. 324
2 Ch 5,10 ..... p. 294
2 Ch 6,10 ..... p. 279
2 Ch 7,21-22 n. 102 p. 160
2 Ch 20,13 ... n. 40 p. 143
2 Ch 30,9 ..... p. 239
2 Ch 30,16 ... p. 275

2 Ch 30,18 .... p. 406
2 Ch 33,11-13   n. 91 p. 236

Esdras

Esd 2,62 .... p. 407
Esd 3,2 .... p. 275
Esd 10,1 .... p. 307

Néhémie

Ne 1,6-11 ...... p. 419
Ne 5,13 .... p. 279
Ne 8–10 .... p. 174
Ne 9,8 .... p. 279
Ne 9,17 .... p. 239, 241
Ne 9,29 .... p. 200
Ne 9,31 .... p. 239

2 Maccabées

2 M 7,9 .... p. 127
2 M 7,27 .... n. 41 p. 143

Psaumes

Ps 28,4 .... p. 177
Ps 50 .... n. 139 p. 247
Ps 56,9 .... p. 406
Ps 69,29 .... p. 406, 407
Ps 72,5 .... n. 3 p. 129
Ps 72,6 .... n. 138 p. 246
Ps 72,17 .... n. 3 p. 129
Ps 77,10-11 ... p. 123
Ps 78 .... n. 139 p. 247
Ps 86,5 .... p. 239
Ps 86,15 .... p. 239, 241
Ps 87,6 .... p. 407
Ps 89 .... n. 259 p. 55
Ps 89,30 .... n. 3 p. 129
Ps 90,1 .... p. 275
Ps 99,5 .... p. 321

Ps 103,8 .... p. 239, 241
Ps 105 .... n. 139 p. 247
Ps 106 .... n. 139 p. 247
Ps 106,32 ..... n. 78 p. 284
Ps 106,37 ..... n. 138 p. 246
Ps 106,45 ..... p. 435
Ps 111,4 .... p. 239
Ps 132,7 .... p. 321
Ps 135,14 ..... p. 435
Ps 139,16 ..... p. 406

Ps 141,4 .... n. 138 p. 246
Ps 145,8 .... p. 239, 241

Proverbes

Pr 1,5............. n. 138 p. 246
Pr 4,2............. n. 138 p. 246
Pr 7,21........... n. 138 p. 246
Pr 25–29....... p. 119
Pr 29,1.......... p. 279

Isaïe

Is 1,2-20 .... n. 139 p. 247
Is 1,9 .... n. 108 p. 161
Is 3,11 .... p. 177
Is 6,11-13 ..... n. 208 p. 203
Is 7,1-17 .... p. 422
Is 7,15-16 ..... n. 41 p. 143
Is 7–8 .... n. 41 p. 143
Is 8,4 .... n. 41 p. 143
Is 8,17 .... p. 175
Is 13,11 .... p. 232, 234
Is 13,19 .... n. 108 p. 161
Is 26,21 .... p. 232
Is 30,8 .... p. 174
Is 34,5-6 .... n. 138 p. 246
Is 41,1-4 .... n. 138 p. 246
Is 41,4 .... n. 138 p. 246
Is 43,10 .... n. 138 p. 246
Is 43,12 .... n. 138 p. 246
Is 43,13 .... n. 138 p. 246
Is 44,2 .... n. 138 p. 246

Is 44,6 .... n. 138 p. 246
Is 44,6-20 ..... n. 138 p. 246
Is 44,26 .... p. 279
Is 45,6-7 .... n. 138 p. 246
Is 45,14 .... n. 138 p. 246
Is 45,22 .... n. 138 p. 246
Is 48,9-11 ..... n. 138 p. 246
Is 48,12 .... n. 138 p. 246
Is 49,15 .... n. 138 p. 246
Is 55,10-11 ... n. 138 p. 246
Is 58,14 .... n. 138 p. 246
Is 61,6 .... p. 423
Is 63,1-6 .... n. 138 p. 246
Is 63,7 - 64,11   p. 251
Is 66,13 .... n. 138 p. 246

Jérémie

Jr 2 .... p. 288
Jr 2,1-3 .... p. 288
Jr 2,25 .... n. 138 p. 246
Jr 3,13 .... n. 138 p. 246
Jr 3,16 .... p. 321 ; n. 132
                    p. 296
Jr 5,7 .... n. 138 p. 246
Jr 5,9 .... p. 234
Jr 5,19 .... n. 102 p. 160
Jr 5,29 .... p. 234
Jr 8,19 .... n. 138 p. 246
Jr 9,8 .... p. 234
Jr 10,15 .... n. 138 p. 246
Jr 11,22 .... p. 234
Jr 13,22 .... n. 102 p. 160
Jr 13,23 .... p. 202
Jr 15,3 .... p. 233, 234
Jr 15,4 .... p. 235
Jr 15,14 .... n. 138 p. 246
Jr 16,10-13 ... n. 102 p. 160
Jr 16,19 .... n. 138 p. 246
Jr 17,4 .... n. 138 p. 246
Jr 17,23 .... p. 200
Jr 18,8 .... p. 435
Jr 18,10 .... p. 435

Jr 19,15......... p. 200
Jr 22,8-9 .... n. 102 p. 160
Jr 22,30.......... p. 407
Jr 23,2b .... p. 233
Jr 24,9........... p. 161
Jr 25,12.......... p. 232, 234
Jr 26,3........... p. 435
Jr 26,13.......... p. 435
Jr 26,19.......... p. 365, 376, 420, 435
Jr 27,22.......... n. 163 p. 409
Jr 28,6........... p. 279
Jr 29,10.......... p. 279
Jr 31.............. p. 420
Jr 31,28.......... p. 236
Jr 31,31-34 ... p. 25, 198 ; n. 196 p. 198
Jr 32,18.......... p. 239, 241
Jr 33,14.......... p. 279
Jr 36,30-31 .... p. 234
Jr 36,31.......... p. 233, 234
Jr 42,10.......... p. 435
Jr 46,10.......... n. 138 p. 246
Jr 51,18.......... n. 138 p. 246

Lamentations

Lm 2,20......... p. 182
Lm 5,7........... p. 236, 244

Ezéchiel

Ez 13,8-9....... p. 407
Ez 16 .... p. 202 ; n. 139 p. 247
Ez 18 .... p. 236, 244, 279 ; n. 133 p. 244
Ez 18,20........ n. 133 p. 244
Ez 20 .... p. 202, 286 ; n. 139 p. 247
Ez 20,8 .... p. 286
Ez 20,9 .... n. 138 p. 246
Ez 20,13 .... p. 286

Ez 20,14........n. 138 p. 246
Ez 20,21........p. 286
Ez 20,22........n. 138 p. 246
Ez 20,44........n. 138 p. 246
Ez 23.............p. 202 ; n. 139 p. 247
Ez 36,21........n. 138 p. 246
Ez 40–48.......p. 23
Ez 44.............n. 246 p. 331
Ez 45,17........p. 406

Daniel

Dn 9,13..........n. 44 p. 377
Dn 12,1..........p. 406, 407

Osée

Os 1,4 ....p. 233
Os 2,15 ....p. 233
Os 2,16-17 ....p. 288
Os 4,9 ....p. 234
Os 8,4b-7......p. 118
Os 9,10 ....p. 288
Os 11,8 ....n. 108 p. 161

Joël

Jl 2,13............p. 239, 241
Jl 2,13-14 ......p. 435

Amos

Am 3,2 ....p. 233
Am 3,14 ....p. 234, 409
Am 4,11 ....n. 108 p. 161
Am 4,13 ....n. 138 p. 246
Am 7,1-6 ......p. 420
Am 7,3 ....p. 365, 377, 420, 435
Am 7,6 ....p. 365, 377, 420, 435

Jonas

Jon 3,9.......... n. 43 p. 377
Jon 3,9-10 .... p. 435
Jon 4,2.......... p. 239, 241, 435

Michée

Mi 1,3........... n. 138 p. 246
Mi 3,4........... p. 175
Mi 6,1-8 .... n. 139 p. 247
Mi 7,18......... p. 239

Nahum

Na 1,3 .... p. 239

Sophonie

So 1,8............p. 234

Zacharie

Za 3 ....p. 419
Za 3,1-7 ....p. 419
Za 7,2 ....n. 44 p. 377
Za 7,11 ....p. 200
Za 8,1 ....n. 78 p. 284
Za 8,21 ....n. 44 p. 377
Za 8,22 ....n. 44 p. 377

Malachie

Ml 3,16 ....p. 406

Index des auteurs

Achenbach, 7, 21, 26, 53, 54, 57, 65, 144, 150, 151, 157, 202, 272, 273, 275, 276, 277, 278, 279, 281, 283, 286, 288, 291, 292, 295, 296, 304, 306, 307, 312, 316, 317, 319, 320, 325, 327, 328, 329, 330, 331, 332, 339, 340, 341, 342, 343, 345, 347, 348, 350, 353, 355, 357, 366, 380, 382, 384, 393, 398, 401, 425, 428, 450, 464, 465, 470
Albertz, 19, 58, 291, 292, 303, 319, 321, 327, 374, 423, 424, 450
Almiñana Lloret, 91, 92, 93, 450
Alt, 53, 220, 351
André, 230, 232
Artus, 52, 145, 156, 217, 218, 227, 228, 274, 286, 368, 428, 450, 451
Aurelius, 39, 54, 139, 239, 240, 270, 272, 279, 283, 287, 300, 301, 328, 364, 365, 374, 375, 376, 377, 378, 380, 381, 382, 387, 400, 402, 405, 407, 408, 409, 420, 421, 451
Ausloos, 63, 71, 142, 451
Auwers, 78, 451
Balentine, 175, 176, 424, 451
Baltzer, 83, 84, 166, 451
Bar On, 388, 390, 451
Barthélemy, 77, 78, 451
Beaucamp, 90, 91, 451
Beentjes, 242, 451
Beer, 230

Begg, 194, 307, 308, 310, 384, 398, 402, 412, 451, 452
Bergey, 246, 452
Bertholet, 87, 141, 148, 283, 328, 452
Beyerlin, 207, 452
Biberger, 61, 452
Biddle, 150, 177, 182, 183, 186, 245, 258, 452
Blenkinsopp, 56, 171, 424, 425, 452
Bloch, 55, 452
Blum, 5, 6, 8, 9–14, 19, 20, 27, 33, 38, 52, 56, 57, 59, 60, 65, 136, 155, 156, 157, 171, 264, 268, 269, 279, 294, 301, 304, 312, 327, 355, 388, 391, 392, 393, 401, 405, 408, 409, 414, 422, 423, 424, 439, 440, 451, 452, 453, 454, 457, 462, 469
Boorer, 5, 365, 367, 368, 379, 381, 453
Bovati, 90, 453
Braulik, 7, 48, 65, 86, 87, 88, 115, 118, 150, 166, 167, 183, 191, 244, 252, 281, 328, 453, 462
Brettler, 71, 198, 242, 453
Briend, 49, 453
Brown, 148, 151, 161, 226, 453
Buis, 87, 150, 151, 160, 168, 183, 202, 227, 247, 328, 332, 453
Carr, 388
Carrière, 39, 223, 454
Cassuto, 230
Cazelles, 81, 85, 87, 187, 189, 454, 458

Index des auteurs

Childs, 80, 230, 306, 320, 367, 454
Christensen, 83, 85, 271, 283, 292, 328, 454
Clements, 58, 81, 86, 454
Coats, 368, 454
Coggins, 63, 66, 454
Craigie, 141, 150, 159, 168, 454
Cross, 19, 28, 33, 34, 64, 69, 172, 293
Crüsemann, 59, 87, 132, 294, 295, 387, 424, 454
Dahmen, 330, 331, 454
Daube, 185, 454
David, R., 49
de Boer, 416, 417, 418, 455
de Pury, 1, 5, 21, 42, 43, 46, 52, 56, 63, 64, 67, 71, 94, 281, 343, 452, 454, 455, 460, 462, 467, 468, 469, 472
de Wette, 6, 7, 52, 455
Derby, 294, 455
Dietrich, 56, 64, 344, 348, 455, 473
Dillmann, 87, 141, 142, 143, 147, 152, 327, 402, 455
Dogniez, 80, 451, 458
Dohmen, 8, 49, 375, 397, 410, 455
Driver, 7, 60, 66, 70, 79, 83, 87, 141, 142, 143, 150, 152, 156, 160, 168, 175, 226, 246, 247, 250, 268, 327, 328, 402, 455
Eissfeldt, 57, 303, 455
Elliger, 70, 415, 455
Ewald, 143, 455
Eynikel, 56, 293, 456
Ezra (Ibn), 163, 402, 456
Fabry, 77, 456, 465
Finsterbusch, 39, 271, 456
Fischer, G., 49
Fischer, I., 246, 250, 251

Fishbane, 55, 72, 139, 157, 237, 240, 244, 245, 276, 330, 437, 456
Fitzmyer, 45, 237, 456
Fokkelman, 247, 456
Franz, M., 3, 75, 122, 123, 240, 242, 243, 254, 358
Freedman, 141, 456, 466
Frei, 10
Fretheim, 319, 320, 324, 456
Frevel, 56, 62, 69, 226, 414, 456
Friedman, 161, 171, 172, 174, 175, 193, 293, 309, 456
Fritz, 325, 326, 456
Frymer-Kensky, 224, 456
Galbiati, 271, 457
Gammie, 1, 119, 120, 121, 123, 124, 252, 457
García López, 58, 267, 272, 340, 342, 345, 347, 350, 351
García LÓpez, 52, 58, 267, 272, 283, 328, 339, 340, 347
García MartÍnez, 58
Gertz, 51, 299, 300, 312, 377, 396, 397, 400, 402, 404, 409, 410, 452, 457, 459, 460, 470
Gevirtz, 160, 457
Gosse, 246, 247, 249, 457
Gray, 143, 457
Guillaume, 56, 457, 467
Gunneweg, 425, 457, 470
Hahn, 272, 303, 397, 457
Halbe, 386, 387, 457
Hallo, 174, 236, 237, 457
Hamp, 220, 458
Haran, 54, 320, 321, 322, 323, 414, 458
Harl, 180, 187, 307, 451, 458
Harvey, 247, 458
Hayes, 268, 329, 331, 458
Hempel, 53, 167, 458, 467
Hendel, 77, 458

Hertzberg, 424, 452, 458
Hesse, 418, 419, 421, 424, 458
Hillers, 183, 458
Himbaza, 76, 458
Hoffmann, 310, 458
Hölscher, 53, 87, 148, 340, 341, 351, 458
Holzinger, 66, 70, 230, 458
Hossfeld, 8, 328, 332, 458
Houtman, 218, 269, 292, 303, 402, 458
Huffmon, 175, 458
Jacob, B., 230
Jacob, E., 424
Jamieson-Drake, 54, 459
Janowski, 119, 325, 459, 474
Jaroš, 243, 459
Jaussen, 237, 459
Jeremias, 325, 377, 424, 459, 461
Johnstone, 2, 370, 388, 390, 392, 406, 459
Joüon, 179, 180, 231, 284, 459
Junker, 150, 160, 459
Kaiser, 49, 65, 454, 458, 459, 470, 471, 473, 474
Kaufman, 87, 459
Keiser, 246, 459
Kim, 246, 459
Kleinert, 66, 83, 86, 459
Knapp, 189, 191, 194, 459
Knauf, 56, 414, 460
Knierim, 91, 119, 459, 460
Knobel, 230
Knohl, 53, 414, 460
Knoppers, 56, 460
Knowles, 247, 460
Koch, 90, 118, 119, 120, 124, 125, 176, 184, 226, 252, 320, 456, 460, 474
König, 141, 154, 325, 460
Krämer, 182, 460
Krapf, 414, 460

Krašovec, 1, 125, 205, 211, 218, 460
Kratz, 6, 7, 8, 20, 29, *30-39*, 52, 55, 57, 64, 65, 83, 445, 446, 460, 462, 469
L'hour, 83, 460
Labuschagne, 171, 457, 461
Lang, 61
Le Déaut, 55, 167, 461
Leclercq, 87, 151, 160, 168, 183, 247, 328, 332, 453
Lee, 428, 461
Lemaire, 54, 461
Lemche, 58, 461
Levin, 50, 51, 64, 344, 348
Levinson, 47, 52, 55, 211, 222, 223, 240, 242, 243, 244, 461
Lohfink, 8, 11, 21, 23, 30, 39, 46, 48, 49, 57, 61, 62, 63, 65, 70, 71, 73, 74, 80, 81, 82, 83, 86, 88, 117, 161, 163, 166, 171, 181, 189, 191, 206, 207, 208, 211, 255, 258, 266, 267, 268, 269, 270, 271, 276, 277, 278, 280, 281, 332, 339, 340, 341, 345, 346, 347, 뒷348, 350, 453, 461, 462, 467, 473
Maier, 325, 462
Mayes, 52, 141, 147, 152, 161, 168, 172, 183, 189, 246, 247, 267, 274, 283, 290, 296, 303, 321, 327, 328, 332, 462
Mc Bride, 48, 462
Mc Carthy, C., 222
Mc Carthy, D. J., 83, 84, 93
Mc Conville, 115, 191, 463
Mc Evenue, 70, 368, 463
Mc Kenzie, 1, 56, 63, 463, 467, 470
Mendenhall, 83, 250, 463
Michaéli, 218, 230, 463
Michaud, 61, 463

Milgrom, 53, 230, 463
Minette de Tillesse, 49, 272, 280, 283, 303, 309, 317, 345, 346, 347, 350, 352, 353, 357, 358, 359, 463
Mittmann, 141, 142, 149, 191, 463
Moran, 175, 219, 247, 403
Morgenstern, 296, 321, 464
Müller, 139, 464
Muraoka, 180, 231, 284, 459
Nelson, 303, 328, 454, 464
Nentel, 66, 464
Neudecker, 230, 464
Nicholson, 6, 49, 58, 464
Nielsen, 156, 161, 171, 172, 177, 183, 189, 230, 464
Nihan, 52, 70, 202, 286, 288, 292, 294, 296, 312, 325, 414, 415, 464, 468
Nocquet, 303, 306, 464
Noth, 1, 7, 12, 13, 14, 19, 28, 30, 33, 52, 56, 62, 63, 66, 67, 69, 79, 147, 157, 230, 285, 293, 303, 306, 345, 368, 386, 387, 393, 397, 402, 403, 408, 428, 439, 441, 464
O'Brien, 48, 464
O'Kennedy, 416, 417, 418, 424, 464
Olson, 39, 151, 428
Otto, 6, 7, 8, 11, 18, 20, *21–30*, 32, 33, 47, 49, 52, 53, 54, 55, 57, 59, 62, 65, 71, 84, 144, 147, 150, 151, 156, 157, 165, 167, 171, 172, 189, 191, 194, 198, 202, 222, 227, 257, 264, 274, 275, 276, 286, 288, 291, 323, 325, 338, 353, 361, 362, 363, 366, 374, 375, 378, 379, 380, 386, 387, 390, 391, 395, 396, 414, 425, 430, 431, 443, 444, 450, 455, 458, 459, 461, 464, 465, 470, 473
Owczarek, 325, 465
Paul, S., 129
Pax, 119, 124
Peckham, 270, 272, 292, 294, 328, 340, 342, 465, 466
Perlitt, 20, 115, 116, 117, 118, 147, 166, 171, 207, 240, 242, 252, 285, 290, 291, 294, 295, 319, 343, 383, 386, 398, 407, 409, 461, 466
Person, 63
Plöger, 1, 118, 119, 120, 121, 149, 178, 252, 281, 466
Pola, 70, 71, 286, 414, 415
Polzin, 6, 39, 42, *39–43*, 43, 330, 466
Porúbčan, 91, 466
Preuss, 48, 52, 58, 59, 88, 183, 208, 245, 246, 251, 281, 466
Pritchard, 83, 174, 236, 237, 466
Provan, 70, 466
Puukko, 53, 206, 340, 341, 345, 346, 351, 466
Rabinowitz, 403, 467
Rashi, 160, 168, 230, 402, 467
Renaud, 123, 218, 240, 241, 295, 304, 309, 366, 367, 374, 396, 398, 406, 467
Rendtorff, 5, 6, 9, 14, 396, 462, 467
Robinson, 151, 467
Rofé, 160, 165, 166, 168, 320, 467
Römer, 7, 42, 48, 49, 52, 54, 56, 61, 66, 67, 74, 83, 84, 85, 87, 88, 161, 217, 264, 273, 276, 278, 281, 288, 289, 296, 316, 328, 332, 343, 357, 381, 425, 427, 429, 452, 453, 454, 455, 460, 462, 463, 464, 467, 468, 469, 470, 472, 473

Rose, 49, 50, 51, 83, 85, 86, 87, 88, 89, 155, 230, 286
Rösel, 56, 91, 468
Rossier, 416, 417, 418, 468
Roth, 58, 468
Rudolph, 76, 143, 327, 455, 468
Sanders, J., 437
Sanders, P., 246
Sarna, 55, 218, 230, 468
Scharbert, 119, 122, 151, 240, 416, 419, 420, 421, 424, 469
Schenker, 77, 79, 198, 222, 230, 458, 469, 471
Schmid, H., 61
Schmid, H.-H., 14, 50, 51
Schmid, K., 39, 55, 237, 240, 260, 261, 383, 452, 453, 457, 459, 460, 468, 469, 470
Schmidt, 414, 470
Schmitt, 50, 304, 355, 366, 367, 374, 377, 388, 395, 401, 402, 404, 419, 421, 422, 424, 425, 426, 470
Schultz, 87, 470
Scoralick, 211, 218, 241, 470
Seebass, 49, 465, 470, 472
Seidel, 242, 303, 470
Seitz, 62, 87, 89, 94, 178, 182, 270, 332, 340, 342, 470
Sherwood, 39, 86, 129, 130, 471
Sitzler-Osing, 91, 92, 471
Ska, 21, 49, 52, 56, 59, 61, 70, 408, 414, 471
Skweres, 71, 160, 471
Smend, 19, 28, 33, 34, 64, 69, 117, 344, 348, 471
Smith, 147, 152, 159, 471
Sonnet, 6, 39, 42, 43–48, 52, 55, 56, 72, 80, 81, 82, 83, 84, 131, 139, 144, 145, 146, 147, 151, 157, 171, 174, 201, 296, 320, 323, 465, 471

Speiser, 231, 471
Spencer, 231, 471
Spieckermann, 122, 238, 240, 460, 462, 471
Steck, 58, 469, 471
Steuernagel, 63, 64, 66, 87, 140, 141, 142, 148, 152, 165, 183, 280, 340, 341, 345, 346, 351, 471
Steymans, 7, 53, 161, 178, 180, 181, 182, 183, 471
Tal, 385
Talmon, 79, 139, 242, 471
Talstra, 39, 266, 336, 471
Thiessen, 246, 247, 249, 471
Thompson, 160, 471
Tigay, 135, 150, 152, 160, 166, 167, 168, 174, 227, 230, 471
Tov, 58, 77, 79
Utzchneider, 395, 472
van der Toorn, 92, 93, 184, 472
Van Seters, 6, 7, 8, 11, *14–21*, 21, 49, 50, 51, 53, 54, 56, 57, 59, 61, 240, 270, 306, 307, 308, 324, 365, 384, 409, 422, 423, 424, 441, 442, 472, 473
Vaux (de), 296, 321, 323
Veijola, 7, 48, 49, 53, 56, 64, 65, 129, 139, 141, 148, 152, 189, 191, 245, 281, 328, 340, 344, 345, 348, 351, 360, 473
Vermeylen, 65, 340, 343, 345, 381, 473
von Hummelauer, 66, 87, 473
von Rad, 14, 58, 66, 79, 82, 84, 115, 116, 118, 119, 139, 148, 151, 172, 182, 183, 266, 270, 306, 324, 325, 326, 332, 424, 459, 461, 471, 473, 474
Vorländer, 50, 474
Wagner, 50, 474
Warmuth, 219, 474

Weinfeld, 1, 7, 48, 52, 58, 66, 71, 72, 79, 83, 84, 89, 121, 122, 123, 124, 125, 126, 129, 141, 147, 149, 152, 160, 168, 171, 183, 191, 193, 200, 219, 230, 236, 237, 240, 243, 246, 279, 287, 301, 306, 307, 312, 319, 320, 327, 380, 474
Weitzman, 39, 474
Welch, 58, 474
Wellhausen, 4, 14, 33, 51, 55, 150, 151, 157, 327, 387, 474
Westermann, 56, 474
Whybray, 9, 56, 376, 454, 474
Widmer, 418, 474
Winnett, 50, 474
Wiseman, 83, 474
Wolff, 119, 167, 191, 459, 461, 471, 475
Wong, 119, 475
Wright, E., 247
Wright, R., 51
Würthwein, 56, 293, 458, 470, 475
Wynn-Williams, 49, 475
Zenger, 5, 8, 9, 21, 30, 38, 39, 49, 70, 87, 290, 292, 294, 295, 296, 387, 397, 406, 407, 408, 453, 456, 475
Zipor, 384, 475
Zobel, 320, 475